松原正全集

戰爭は無くならない

第三巻

圭書房

戰争は無くならない

編輯同人

阿部敬子
岡田俊之輔
川野正一
清見猛
小林政彦
柴田裕三
島森尚子
髙尾大輔
山本俊一
留守晴夫

目次

Ⅳ

I

人間は犬畜生ではない

猫と戯れてゐる時、人間は猫を相手に遊んでゐる積りでゐるが、事によると、猫のはうが人間を相手に遊んでゐるのではないかとモンテーニュは書いてゐる。モンテーニュはなぜその様な奇抜な事を考へたのか。人間は萬物の靈長だなどと自惚れてゐるが、實を言へば壁蝨《だに》一匹創造する事もできぬ。動物と異り知性があると自惚れてゐるが、アリストテレスは博識ゆゑに人間の不幸を免れたか。アリストテレスの論理學が痛風の痛みを和らげたか。動物と異り人間には理性があると言ふが、吾々は怒りに驅られぬ限り、惡黨や敵を攻撃出來ないではないか。それはつまり、人間の「立派な行爲が野心や自惚によつて呼び覺まされる」といふ事であつて、如何にすぐれた立派な德も、何かしら「異常な情念」無くしては存在出來ないのである。それなら、人間は決して動物よりすぐれてゐるとは言へぬ。いや、實は人間は動物よりも劣つてゐるのだ。例へば、動物は一定の期間盛りがつくに過ぎないが、人間は年がら年中盛つてゐる。そして、學問があればある程、それだけ男根が勃起しないといふ事があるだらうか、無論、ありはしない。しからば、萬物の靈長だなどといふ根據薄弱なる人間の自惚は、これを完膚無きまでに粉碎せねばなるまい。モンテーニュはさう考へた。「レーモン・スボンの辯護」に、彼はかう書いてゐる。

この（人間の）愚かな思ひ上りは踏みにじらなければならない。そしてこれらの誤つた考への笑ふべき基礎を、思ひ切つて、激しく搖すぶらなければならない。自分に何かの手段や力があると思ふ限り、人間はけつして主のおかげで得てゐるものを悟ることがないであらう。（中略）彼（人間）を身ぐるみ脱がしてシャツ一枚にしなければならない。（原二郎譯）

人間の價値を引下げ、動物を過大評價しようとして、モンテーニュは屢々度を過ごす。例へば彼は、象にも罪の意識がある、象使ひを踏み殺した象が以來食物を攝らうとせず餓死した例がある、などといふ話を肯定的に紹介してゐるるのだが、讀者はさういふモンテーニュには共感し兼ねるであらう。けれども、モンテーニュの言ふとほり、學問があらうが無からうが、吾々の男根は二六時中勃起するのであつて、してみれば、人間は動物よりもすぐれてゐるとは、吾々も輕々に斷定出來ない。

私はなぜモンテーニュの話から始めたのか。平和惚けの愚を悟るためには、モンテーニュの思考の徹底に學び、人間の理性に關する信頼を疑つてみる事が必要だと考へたからである。モンテーニュが言ふ様に、人間が動物より劣つてゐるのなら、核兵器の廢絶なんぞやれる筈が無い。しかるに、核廢絶を訴へる手合はもとより、いはゆる反核運動を批判する保守派の論客さへ、人間の理性を徹底的に疑つてみた事が無いから、判子で押した様に決り文句を言ふ。卽ち「核廢絶に反對する者は一人もゐまいが」と一言斷つてからでなければ、反核運動を批判する氣になれない。例へば昭和五十七年一月三十一日附の世界日報は、東京學藝大學の殿岡昭郎氏と早稻田大學の臼井善隆氏による反核運動批判の文章を掲載したが、兩氏はかう書いたのである。

この（反核）聲明と、聲明にもとづく行動にあへて反對しようとする日本人は、一人もゐないはずである。しかしこの聲明と、聲明を發表するといふ行爲に接して、「またか」と舌うちしたくなるのは私一人ではないはずである。（殿岡氏）

今度の「反核アピール」にも、「人類の生存のため」とか、「人類の義務」などといふ「崇高」な表現がちりばめられてをり、餘程の天邪鬼でもなければ、その主旨に反對はできないが、「人類のため」だの「人類への義務」だのと言はれると、私はまづその人が僞善者ではあるまいかと疑つてみたくなるのである。（臼井氏）

要するに殿岡、臼井兩氏は、反核聲明に反對するのは「餘程の天邪鬼」で、そんな日本人はまづゐまいが、と斷つてから反核運動に反對してゐる譯であり、兩氏の思考は不徹底である。臼井氏は英文學者だから、D・H・ロレンスを知つてゐよう。ロレンスがもしも日本の文學者の反核聲明を讀んだら、何と言ふであらうか。無論、臍下三寸を押へてから言ふに決つてゐる、「そんな物、俺のここで感じはしない」。

誤解されぬ様斷つておくが、ロレンスは臍下三寸を忘れぬ作家だつたのであつて、臍下三寸だけに關心を有した作家ではない。吾が日本國のポルノ作家川上宗薫氏も反核聲明に署名してゐるが、察するに川上氏は、全面核戰爭になつて人類が絶滅すると、ポルノを書きなぐつて荒稼ぎが出來なくなる事を案じたに過ぎまい。

それゆゑ臍下三寸だけを話題にして稼ぎ捲る三文文士なんぞはどうでもよいが、ロレンスは精神主義の綺麗事を憎むと同時に、ドン・ファンやカサノヴァをも激しく憎んだのである。また、ロレンスはレオ・トルストイの愛他主義の欺瞞を難じてから書いた。

レオ老人は、すべてが男根の罪によるものであるかのごとくに見せようとする。嘘つきめ！ 男根のすばらしさがなかつたとしたら、いつたいどこにレオの本が一冊でも存在しえたであらうか？ それにもかゝはらず、かれに一生のあひだ富を齎した血液の圓柱に非難の鋒先を向けるとはなにごとか！（中略）

ひそかに、レオは人間の雄を崇拜してゐた――貪婪な生きた圓柱としての男性を崇拜してゐた。街路で三人の精氣潑剌として肩をいからせた近衞兵に行き遭ふと、かれの口から羨望の叫びが發せられた、にもかゝはらず、十分もたつと、レオはかれらの頭上にまつ黑な忘卻と絶滅の雲を吹き送り、極端な道學者の說教の雷を爆發させるといふ始末。（福田恆存譯）

ロレンスのトルストイ批判は急所を衝いてゐる。トルストイは「人間は善行をなさねばならぬ、隣人を愛して自己を犧牲にせねばならぬ」と堅く信じた男であつたと言へば、そのトルストイの美しい信念に、反核聲明に署名した文士共は讚嘆するであらう。讚嘆する者が數千萬人にも達したら、「餘程の天邪鬼」だつて不安に思ふであらう。不安に思つて「核廢絶に反對する者は一人もゐまいが」と斷らずにはゐられなくなるであらう。かくて反核聲明を批判した保守派の論客も、都合により臍下三寸を忘れる事にした川上宗薫氏や、臍下三寸を持合せぬかの如くに振舞ふ大江健三郎氏を有效に批判出來ないといふ事になる。だが、「平和はよい事に決つてゐるが」と斷つてから、及び腰に批判したところで、平和主義者を叩きのめす事など出來はせぬ。平和主義者は沈痛な顏をして、「私が無垢の心を喪つた」時だの、「核状況のカナリア理論」だのと、言ひたい三昧の綺麗事を言ふ。いや、綺麗事を言ふだけではない、廣島長崎のむごたらしい死體の寫眞を突き附ける。突き附けて「お前だつてこんな目に遭ひたくはないだらう」と言ふ。さういふむごたらしい寫眞を突き附けられてなほ、「そんなものは俺のここで感じない」と、ロレンスに倣つて吾々は言切れるであらうか。言切れる様にならねばならぬと私は思ふ。さう言切れる様にならぬ限り、吾國の國防論議はいつまでも不毛であり續けるからである。

ところで、ロレンスのトルストイ批判が强烈な破壞力を持つゆゑんは、ロレンスがトルストイの對極にゐるからである。對極にゐて對極を斬つたからである。男根を所有してゐるからこそ、お前は愛他主義に醉拂へたのではないか、しかるにお前は「すべてが男根の罪によるものであるかの如く見せようとする」、何たる欺瞞であるか、さうロレンスは言ふ。けれども、大江健三郎の如き淺薄な手合と異り、實はトルストイは、愛他主義に徹しようとして徹しきれず、生涯、愛他主義の對極にあるものと格闘した男であつた。

愛他主義の對極にあるものとはエゴイズムである。「男根の罪」である。それゆゑトルストイは、性行爲は自己愛であり、恥づべき惡業であり、吾々は性行爲を止めねばならず、その結果人類が滅亡しても仕方が無いと言切つた。要するに、反核運動なんぞに現をぬかす手合と異り、トルストイは人類の滅亡なんぞを案じてはゐないのであり、問題は人間が今この時「恥づべき動物的狀態」を反省せねばならぬといふ事であつた。それゆゑ「世界滅ぶとも正義行はるべし」、吾々人間は今直ちに性行爲を止めねばならぬと、トルストイは書いたのである。かつて福田恆存氏が言つた樣に、「全人類の滅亡といふ事は私達の經驗を超えるものであり、私達はそれを想像しえぬのみか、たとへそれについて一片の白日夢を描きえたにしても、それは私達をいかなる行動にも驅りやらぬ。これほど不毛の思想は無い」。それゆゑもとよりトルストイもさういふ「不毛の思想」は信じない。人類が滅亡しようがそんな事は構はぬ、トルストイにとつて何より大事なのは、飽く迄おのが「男根の罪」だつたのである。

それにしても讀者は、防衛論に男根が關はる事を奇異に感ずるかも知れぬ。だが私は、當節花盛りの防衛論議が男根と關はる事の無い事を奇異に感ずるのである。例へば永井陽之助氏は「中央公論」昭和五十七年六月號にかう書いた。

現在、アメリカは約一萬發の核彈頭を保有し、ソ聯も約七千發保有してゐると推定され、その「オーバーキル」の現狀は、相互抑止といふ觀點からは說明困難である。(中略)また世界の軍事支出は、OECD加盟國の發展途上國向けの政府開發援助(ODA)二六〇億ドルの一九倍に達してゐる。正氣の人間ならば、米ソの核軍擴競爭による資源の濫費をやめ、その節約された資源を發展途上國の經濟發展にまはすべきだと考へるのがたうぜんであらう。

これこそ「男根不在」の文章である。かういふ文章しか綴れぬ永井氏にも男根は有るのだが、永井氏は物を書く時、おのが男根の存在を忘れてゐる。人間のなすべきは「神と隣人への奉仕」だが、性行爲は「自分自身への奉仕だから、いかなる場合も、神と隣人への奉仕の障礙であり、それゆゑクリスト教の見地からは墮落であり、罪惡」に他ならないとトルストイは信じてゐた。が、彼は七十歳を過ぎてなほ性欲を抑へられず、それを包まずに告白せねばならなかつた。それはつまり、終生自己愛を捨て切れなかつたといふ事に他ならない。世界各國が軍事支出をけちらないのは、「自國への奉仕」のみを考へて「隣國への奉仕」なんぞ眼中に置かないからである。「世界の軍事支出」が「OECD加盟國の發展途上國向けの政府開發援助(ODA)二六〇億ドルの一九倍に達してゐる」といふ事實は、各國が自國を他國の十九倍も大事にしてゐるといふ事に他ならないが、「正氣の人間ならば」、卽ちおのが男根を忘れぬ人間ならば、それこそが頗るまつたうな事だと「考へるのがたうぜんであらう」。永井陽之助氏は自分よりも他人を十九倍も愛してゐるのであらうか。冗談と綺麗事は休み休み言ふがよいのである。

とまれ、防衞について語る段になると、保革の別無く、識者は必ずと言つてよいくらゐ「平和はよい事に決つてゐるが」云々と言ふ。だが、平和はよい事とは決つてゐない。二千八百年昔のアッシリア時代このかた、軍縮會議が實を結んだ例しは無いが、それはつまり二千八百年もの間、人間が平和を「よい事に決つてゐる」と考へなかつたといふ事である。そしてそれが何とも愚かな所業であつたとしても、二千八百年も愚かだつた人間が、どうしてこの先賢くなるであらうかと、「正氣の人間ならば」さう考へるのがたうぜんではあるまいか。

これを要するに、永井陽之助氏と異り、モンテーニュもロレンスもトルストイも、物事を徹底して考へたのであり、それゆゑ戰争について考へるに當つても、吾々は彼等の徹底を見習はねばならない。そこで、この邊で「人間は果して萬物の靈長か」との冒頭の問ひに戻る事にしよう。萬物の靈長どころか人間は動物よりも劣つてゐるといふ事になるのなら、核兵器の廢絶なんぞやれる筈が無いからである。

周知の如く、動物には縄張を守る本能がある。例へば釣人なら誰でも知つてゐるやうが、鮎がさうである。海から川へと遡上する時や、逆に產卵のため川を下る時には、鮎は集團として行動して爭ふ事が無い。が、いはゆる垢を食する頃にはそれぞれ縄張をつくり、その中へ他の鮎が迷ひ込むと猛然と攻撃する。さういふ習性に附け込む釣法がいはゆる友釣であり、掛鈎をつけた囮《をとり》の鮎を野鮎の縄張に侵入させ、野鮎を引掛けるのである。

鮎に限らず、動物の縄張を守らうとする本能は頗る强い。ロバート・アードレイが「アフリカ創世記」（筑摩書房）に書いてゐる事だが、劍目高といふ熱帶魚の雄を六尾水槽に入れると、六尾はすぐそれぞれの縄張をつくるが、水溫を徐々に下げてゆけば、やがて雄は雌に對し性的關心を示さぬ樣になるものの、さうなつても依然、縄張を守るべく雄同士は戰ふといふ。

そこで、假に人間が動物よりも賢いとは言切れぬといふ事になれば、鮎や劍目高と同樣、人間にも縄張を守らうとする本能があつて當然といふ事になる。人間が戰爭を止めようとせぬのは、武器製造業者が儲けようとするからだと、一時信じられてゐた事があるけれども、それは皮相な見解である、とアードレイは言つてゐる。アードレイによれば、アメリカの動物學者C・R・カーペンターは、類人猿と猿を研究して、人間に最も近い動物にあつては、縄張を持つといふ事が普遍的法則だといふ事實を突止めたし、イギリスの著名な人類學者アーサー・キース卿もかう書いてゐるといふ、「國家主義、愛國主義、戰爭などの起源を探らうとするならば、なはばりを持つ性質以外のことを考へる必要はない」。

アードレイによれば、當初、動物學者は、例へば鳥の雄が縄張を守らうとするのは、雛に與へる食料を確保するためだと考へたさうである。だが、その假説は間違ひであつた。例へば潮招きといふ蟹は「どの個體にも平等に打ち寄せる潮の中から」食物を攝つてゐるのだが、それでもなほ、「各個體は二メートルほどの間隔で一列に砂の上に竝び、穴を掘つてその中にかくれ、ちつぽけな砂場の不動産を所有」しようとする。それゆゑ、縄張を守る目的の一つとして食料の確保といふ事もあらうが、潮招きに限らず、動物が縄張を守るのは「單に彼らがさうせざるを得ないから」だと、アードレイは主張し、夥しい證據を擧げるのである。ここでそのすべてを紹介する譯にはゆかないが、山ゴリラに關する部分だけは頗る興味深い。山ゴリラは滅びつつある動物で、コンゴやウガンダに棲息してゐるらしいが、その山ゴリラについてアードレイはかう書いてゐる。

一九四二年、カーペンターが「靈長類の社會には、すべて、なはばりの維持と防衞がみられる」と書いたとき、ゴリラについては、まだ研究されてゐなかつた。シャラーが觀察した少なくとも十一のゴリラの群れによれば、なはばりに關して、ゴリラだけはどうやら例外らしいのである。（中略）ゴリラの社會はなはばりを防衞しようとはしない。群れは他の群れから離れて孤立しようとし、そこにはある種の社會的な反撥がある。二つの群れが深い森の中で出會ふと、雙方が胸をたたく。だが、その次には兩群は別れ、別々の方向へ去るのだ。兩者の間になはばり的なものはない。（中略）

ゴリラは徘徊する地域の中に自分たちの土地をもたない。その代り、夜になればどこにでも地上に巣をつくつて寝る。（中略）彼らは排泄さへも巣の中でやつてしまふ。動物の中ではきはめて珍しいことだが、彼等は寝場所を不潔にする稀有の性格の持主である。

この宿命的な動物の日常生活に重大な影を落してゐるのは、彼らの性本能の弱さである。連中はごく稀にしか性交しない。シャラーが六頭のヲスと九頭のメスを含む大きな群れを追跡したとき、性交を確認したのは、わづかに二回だけだつた。その二回とも、性交したのは優位のヲスではなく、劣性のヲスが、しかも優位のヲスのゐる面前で、そのメスと性交をおこなつたものだつた。

（徳田喜三郎他譯）

私は、モンテーニュの様に「人間は動物より劣つてゐる」などと主張する積りは無い。人間もまた動物だといふ事を忘れずにゐたはうがよいと考へてゐるまでの事である。そしてさう考へれば、このゴリラの話は餘所事だとは思へなくなる。繩張を防衛しようとしないゴリラは「排泄さへも巣の中でやつてしまふ」し、ボスの面前で若い牡がボスお氣に入りの牝と交尾《つる》むのである。人間も動物なのだから、本氣で祖國を防衛しようとしない國民は、まさか蒲團の中で大小便の垂流しはすまいが、何事につけ自墮落になるのではないか。それかあらぬか、今や參議院議員の野坂昭如氏は、かつて週刊ポスト昭和五十六年十一月六日號の、筑紫哲也氏との對談において、かう語つたのであつた。

> 自分の子供がベロンと皮膚がめくれて「水！　水！」と訴へても、親は水もあげられなくて、みすみす見殺しにするやうな事態を迎へるより、一層のことボクの娘だつてソ聯兵のメカケになつてもいいから、生きてゐてくれたはうがよほどいいと思ふ。
> 空襲の時もさうだつたけど、眞つ黑コゲになつて死んで、いつたい、なにが人間の尊嚴かと思ふ。そんなことなら、〝パン助〟たちの方がはるかに人間の尊嚴につながる道を選んだと思ふね。

野坂氏は「人間の尊嚴」といふ事について途方も無い勘違ひをしてゐる。燒け死んで「眞つ黑コゲ」にならうと、絞首刑に處せられて失禁しようと、そんな事は「人間の尊嚴」とは何の關りも無い。ドストエフスキーが「カラマーゾフの兄弟」に書いてゐる樣に、いかに有德の人間であらうと、死體になればやがて必ず腐敗して、惡臭を放つ樣になる。それゆゑ「人間の尊嚴」とは、飽く迄も、生きて在る時に失ふまいと努力せねばならぬ物なのであり、腦溢血で昏倒してそのまま死ぬとか、自動車事故で卽死するとかいふ場合は別だが、例へば政治犯が絞首臺を登る時に「命ばかりは助けてくれ」と喚きつつ登るならば、それが「人間の尊嚴」を失つた死に方なのである。

それに、野坂氏に限つた事ではないが、戰爭に反對し核廢絕を主張する手合は、好んで「ベロンと皮膚がめくれて」だの、「眞つ黑コゲ」の死體だのと言ふ。例へば家永三郎氏は「太平洋戰爭」(岩波書店)に、「おそらく捕虜となつた叛亂臺灣人であらう辮髮の二人を日本の將兵が斬首してゐる實景を撮影した寫眞」を載せてゐる。それには日本兵が三人寫つてゐて、眞ん中の日本兵は左手に劍附銃を持ち、右手に臺灣人の生首をぶら下げてゐる。さういふまこと悍《おぞ》ましき寫眞を載せた理由について、家永氏はかう書いてゐる。

あへてこのやうな寫眞を本書に掲げるのは、（中略）これが太平洋戰爭における日本軍の行動様式のプロトータイプを示すものであるといふ點、歴史的に重要な意義を有するばかりでなく、現在アメリカ軍によつてヴェトナムでこれと全く同様の行爲のくり返されてゐること（中略）、そしてその殘虐なヴェトナム戰爭に日本がアメリカの軍事行動に協力するといふ形で實質的に參加することにより、この畫面と同様の行爲に對し責任を負はねばならぬ立場に立つてゐると考へざるをえないからである。

この家永氏の駄文の粗捜しは今はやらない。私が言ひたいのは、さういふ慘《むご》たらしい寫眞を見せつけられ、「日本軍の行動様式のプロトータイプ」だなどと言はれると、氣の弱い讀者は立所に參るに相違無いといふ事である。いや、參らぬまでも、「戰爭は惡いに決まつてゐるが」云々と一言斷らずには、家永氏の文章の粗捜しはやれぬであらう。それは、だが、知的怠惰のせゐなのである。この私はさういう慘たらしい寫眞をいくら見せられても、決して參りはしない。それはシェイクスピアの「ジュリアス・シーザー」において、マーク・アントニーが用ゐた見え透いた術策であり、輕佻浮薄な大衆を相手に煽動家が用ゐる常套手段だと承知してゐるからである。それに何より、人間は必ず一度は死なねばならないが、おのれの死體が火葬場で燒かれる時の事を常に考へてゐられる様に、人間は斷じて出來てはゐない。身内や親友が死んだ時こそ深刻にそれを考へるかも知れないが、葬式が終つて暫くすればそれを忘れるのである。人間とはさういふもので、慘たらしい交通事故の現場を目撃すると、暫くは皆愼重に車を運轉するが、その「安全運轉」の決意は半日とは持たない。それゆゑ「ベロンと皮膚がめくれ」たり、「眞つ黑コゲ」になつたりした死體の寫眞や、日本兵の殘虐ぶりを示す寫眞を見せつけ、「ああ、戰爭は恐ろしい」と一時讀者に思はせたとしても、その效果は持續する事が無いのであり、それに氣附かぬといふ事は家永氏の人間の本性に關する無知、すなはち知的怠惰に他ならないのである。

　それゆゑ愚昧な家永氏なんぞにこれ以上かかづらふのは止めにして、動物の話に戻る事にしよう。動物には繩張を守る本能がある。そして繩張を守らうとする本能の無い山ゴリラは、繁殖力が弱く、巣の中で排泄行爲をなす。人間もまた動物であつて繩張本能があり、それゆゑ戰爭を止めようとしない譯だが、假に全面核戰爭によつて敵も身方も破滅するといふ恐怖ゆゑに、今後一切戰爭がやれぬといふ事になつたなら、やがて人間はゴリラの様になつてしまふのであらうか。ぶ厚い胸と長い腕を持つゴリラにとつては、木の枝にぶら下がりつつ移動する生活が常態であつた。しかるにゴリラがぶら下がつても折れぬ様な大木はこの地上から無くなり、そこで詮方無く、ゴリラは徒歩でジャングルの中を彷徨する事になつた。一方、人間は二本足で立ち、二本の手を用ゐて精密な武器を作り、猛獸を射殺して自然を征服した譯だが、その折角發明した武器を使用する事が出來ぬといふ事になれば、人間は山ゴリラと同様に、「進化上の落伍者」にならざるをえないと、さういふ事になるのであらうか。「人間は武器や戰爭なしにどうすればうまくやつていくことができるか？　これは現代の危機についての最高の質問である」とアードレイは言ふ。その通りである。

　だが、人間がゴリラの様に「進化上の落伍者」になる事は決して無いと私は思つてゐる。未來永劫人間は決して戰爭を止めはしない。なぜなら戰爭がやれなくなれば、その時人間は人間でなくなる筈だからである。では、人間をして人間たらしめてゐるものとは何か。「正義とは何か」を常に問はざるをえぬといふ事、そして、おのれが正義だと信ずるものの爲に、損得を忘れて不正義と戰ひたがるといふ事である。卽ち、動物は繩張を守るために戰ふに過ぎないが、人間は自國を守るために戰ふと同時に、その戰ひが正義の戰ひであるかどうかを常に氣にせずにはゐられない。これこそ動物と人間との決定的な相違點なのである。人間も動物も共に生殖器を有してゐる。けれども人間は動物と異り、妙な言ひ方だが、男根の正しい用ゐ方を氣にせずにはゐられないのである。

　例へば犬は、母犬と交合したところで、それを正しからざる事と看做して懊惱する事は無い。しかるにテーバイの王オイディプスは、父親と知らずして父親を殺し、母親と知らずして母親を妻取《めと》り、それを知つた時は運命を呪ひ、金の留針をおのが眼に突刺す。つまり、畜生と異り人間は、正邪善悪を常に氣にせずにはゐられないのであり、母親を犯すといふ事は人間にとつては悍《おぞ》ましき不義だが、動物の場合は、例へば犬は、母犬と交尾《つる》んだとて、それを恥ぢ懊悩する事は無い。もとよりおのが運命を呪ふ事も無い。だが、さうして人間は、動物と同様繩張を守つて戰ふと同時に、正邪善悪を氣にせずにはゐられないから、動物と異り、不義の敵を殺す事になる。それゆゑ、人間が萬一、いかなる場合にも戰争をやらぬといふ事になつたなら、その時、人間は正邪善悪の別を全く氣に懸けぬ動物に墮してゐる事であらう。が、母親を犯し父親を殺し、平然としてゐられようか。平然としてゐられる様になつたら、その時この世から戰争は無くなる筈である。

　前述せるごとく、おのれは萬物の靈長だとの人間の愚かしい思上りを粉砕せねばならぬ、とモンテーニュは考へた。人間は動物と同様不死ではない。そして動物と異り二六時中性欲に苦しめられる。だが、人間は動物と異り、名譽だの眞理だの正義だのを氣にせずにはゐられない。それゆゑ人間は動植物よりも優れてゐるのだと、さういふ事が私は言ひたいのではない。正義を氣にせずにはゐられぬといふ人間の特質ゆゑに、人間だけが同類を殺すのだといふ事が言ひたいのである。動物の場合、同類同士の戰ひは相手より優位に立つ事が目的であつて、相手を殺す事が目的なのではない。鮎や鈴蟲などの様に相手を殺害する程の「武器」を持たぬ場合はさておき、ジョウゼフ・W・ミーカーやコンラート・ローレンツらによれば、齒とか爪とかの様な「危険な武器を持つ動物の場合」も、「普通は同種の仲間を殺さないやうにする特殊な抑制機能」を持合せてゐるといふ。卽ち、相手が死にさうになると、屢々、優勢な方が攻撃を中止し、手近の樹木などに猛烈な勢ひで突掛つて行く。そして肉食獸が他種の動物を殺すのは餌食としてであつて、空腹でないのに殺すといふ事は無い。しかるに人間は人間を殺し、しかもそれを食はないのである。

　ローレンツ達の言ふ様な「特殊な抑制機能」を人間は持合せてはゐない。人間には頑丈な角も牙も無い。腕力はゴリラに及ばないし、象の様な强力な鼻も持つてはゐない。人間の殺傷能力は専ら二本の手が發明し使用する武器に依存する。そして、人間の武器は角や牙の様に天賦の物ではない。それゆゑ人間には同類殺害を抑止する本能が缺けてゐるのかも知れない。

いや、そんな事はない、吾々は他人を殺さうとして逡巡するではないか、吾々人間には忍びざるの心があるではないかと、さう反論する讀者もあらう。例へばハムレットは、第三幕第三場で、叔父クローディアスが祈つてゐる時、背後から刺殺しようとして思ひ止まるのである。だが、その時ハムレットはかう言つてゐる。

やるなら今だ、やつは祈りの最中、造作なくかたづけられる――よし、今だ、(劍を拔く)やつは昇天、みごと仇は打てる。待て、そいつは。父は惡黨に殺された。忘れ形見のおれがその惡黨を天國に送り込む……ふむ、備はれ仕事ではないか、復讐にはならぬ。(中略)これが復讐になるか、やつが祈りのうちに、心の汚れを洗ひおとし、永遠の旅路につく備へができてゐる今、やつを殺して？　そんな、ばかな。(劍を鞘にをさめる)
(福田恆存譯、傍點松原)

ハムレットが思ひ止まつたのは「同類殺害抑止本能」のせゐではない。今、ここで殺す事は「復讐にはならぬ」と考へたためである。眞の復讐をハムレットはやりたかつたのだ。とどのつまりハムレットはクローディアスを殺すのだし、彼は復讐の意義を片時の間も疑ひはしない。なぜか。自他の生命よりも正義を重んずるからである。「霜すらかつかと燃え」、「理性も邪淫のとりもち役をする世の中」(第三幕第四場)がどうしても許せないからである。ハムレットは言ふ。

見るもの聞くもの、おれを責め、鈍りがちな復讐心に鞭をくれようといふのか！　寢て食ふだけ、生涯それしか仕事がないとなつたら、人間とは一體なんだ？　畜生とどこが違ふ。(中略)一身の面目にかかはるとなれば、たとへ藁しべ一本のためにも、あへて武器をとつて立つてこそ、眞に立派と言へよう。(第四幕第四場)

畜生と異り人間は、ただ「寢て食ふだけ」ではなく、正義の爲に名譽の爲に「武器をとつて立」たねばならぬと、さうハムレットは信じてゐるのであつて、かの森嶋通夫氏の樣に「ソ聯軍が攻めて來たら、赤旗と白旗をかかげて降伏せよ」と主張する手合や、「ソ聯兵の妾になつてもいいから、娘には生きてゐてほしい」と口走る手合は、ハムレットに言はせれば「畜生とどこが違ふ」かといふ事になつてしまふ。

だが、「藁しべ一本のために」人間が爭ひ、全面核戰爭になり、その擧句人類が絶滅してしまつたら、それ程愚かしい事は無いではないかと、さう思ふ讀者もあらう。アメリカの大學教授ジョウゼフ・ミーカーは「喜劇としての人間」（文化放送開發センター出版部）にかう書いてゐる。

海底の住處が不安定になつたとき鰓《えら》に代つて肺を持つやうになつた例の古代魚は、急進的な革命主義者などではなく、自らの遺傳形質を保存しようとするいはば公共心にあふれた存在だつたわけだ。產業革命で煤煙のため寄主である樹木の皮が黑く汚れたとき自らの色を淡灰色から黑に變へた、あの有名なバーミンガムのエダシャクガといふ蛾は、數千年におよぶ蛾の傳統は否定したかもしれないが、この適應によつて蛾としての存在は保持し得たのである。（中略）幾多の化石を見れば、激變する世界を前にして己の傳統に固執するあまり死滅するに至つた動物の例には事缺かない。これまで進化によつて生み出されてきた概算十億種に及ぶ生物のうち、實に九十九パーセントはそのやうにして滅びていつたのである。

（越智道雄譯）

煤煙で黑く煤けた樹に寄生するエダシャクガは、種の保存の爲に羽の色を灰色から黑に變へた。先般の文學者による「反核聲明」によれば「地球上には現在、全生物をくりかへし何度も殺戮するに足る核兵器が蓄へられて」ゐるといふ。では、人類は種の保存の爲に何を變へればよいのか。エダシャクガをしてエダシャクガたらしめてゐたものは灰色の羽であつた。人間をして人間たらしめてゐるもの、それは「正邪善惡を氣に懸けずにはゐられない」といふ特性である。では、エダシャクガが灰色の羽を捨てた樣に、人間はその特性を捨てる事が出來るであらうか。斷じて否である。吾々は父親を殺し母親を犯して平然としてはゐられまい。

卽ち、戰爭が無くならないのは、國家間の利害の對立が無くならないからだけではなく、人間が「正義を氣にせずにはゐられない」からなのである。動物が繩張を守る爲に戰ふのは、自分の繩張が自分の物だからで、人間もまた、祖國が祖國だからといふ理由で祖國を守らうとする。だが、動物と異り人間は、縄張を守る事をも正當化せざるをえない。つまり、自國の主張は正義であり、敵國のそれは不正義だと言ひ張る。自衛の場合に限らない。「侵略戰爭」をやらかす場合にも、人間は必ず何らかの大義名分を必要とする。日本にとつての大東亞戰爭は「八紘一宇」實現の爲の「聖戰」であつたし、ヒットラーもまた、ユダヤ人の拜金主義とインターナショナリズムを激しく批判して、「我々は永遠のユダヤ主義あるがゆゑに苛酷かつ容赦のない戰ひをせざるを得ない」（小松光昭譯）と主張した。ヒットラーによれば、ユダヤ人にとつては「個人の値打ちを決めるものはもつぱら所有財産や金の力であつて、個人個人の性格とか、あるいは全體に奉仕する役割りとかではない」し、またユダヤ人のインターナショナリズムは「今も昔も〝民族と國家の破壞酵素〟」だといふ事になつたのである。

猫は鼠を捕へて食ふ。けれども、猫は鼠を正義感ゆゑに殺すのではない。鼠の不義は許せぬとて鼠を殺すのではない。無論、猫の正義と鼠の正義が衝突して猫と鼠が爭ふ譯でもない。だが、人間は正義不正義を氣にせずにはゐられないから、國際紛爭は無くなる事が無いし、厄介な事に、戰爭をやつて相手を打負かしたところで、それで紛爭の火種が完全に無くなつた事にはならない。つまり、戰爭は「國際紛爭解決の手段」として決定的なものではない。戰勝國が敗戰國を力づくで支配しても、いづれ負けた國が勝つた國に復讐するといふ事がある。これは日本人が今最も理解してゐない事だが、自國が戰爭に負けたといふ事と、自國の正義を疑ふといふ事とは全く別なのである。足掛け五年に及ぶ第一次世界大戰はドイツの敗北をもつて終つたが、一九一九年に調印されたヴェルサイユ媾和條約によつてドイツは一切の植民地を奪はれ、しかも巨額の賠償金を支拂はねばならなかつた。けれども、一九三三年一月、ヒンデンブルク大統領はヒットラーに組閣を命じ、一九三五年、ヒットラーのドイツはヴェルサイユ條約を無視して空軍を復活、義務兵役制を布き、かくて一九三九年には第二次世界大戰となり、一九四五年五月に降服するまで、ドイツは第一次大戰の戰勝國に對し徹底的な復讐をやつてのけたのである。

周知の如く、ヴェルサイユ條約はドイツにとつてまことに屈辱的なものであつた。それまでの國際慣行では、戰勝國と敗戰國とが話し合つて平和條約が結ばれる。しかるに第一次世界大戰の戰勝國は、ドイツと協議する事無く、一方的に平和條約の決定案を押しつけたのである。それゆゑ當時のドイツ外相ブロックドルフ・ランツァウは、ヴェルサイユ條約に激しく抗議した。取分け、條約の第二十三條に、戰爭責任は專らドイツにあり、それゆゑドイツは賠償の義務を負ふと明記されてゐるのは、ドイツにとつて我慢のならぬ事であつた。しかし所詮は敗戰國、ドイツは受諾するしかなかつた。けれどもドイツはその屈辱を忘れなかつた。一九二三年五月、シュラゲーターといふ名のドイツ人が、フランス占領軍によつて死刑に處せられたが、そのシュラゲーター記念碑の除幕式に參列したヒトラー青年團長オットー・マーデは、から演說したといふ。

ヒトラー青年團員の勇氣と忠誠とはこの英雄とむすびついてゐる。しかしヴェルサイユ條約に對する憎惡もまた、この名前、フランス人に殺されたこのシュラゲーターといふ名前において燃え上がるのである。なぜならシュラゲーターは（中略）一事に獻身したからである。その一事とは祖國のためといふことである！ **團長として私は團員の青年男女に呼びかける。**諸君、彼の復讐者たれ！ 敵を憎むことのできる青年たれ！（中略）復讐はわれにあり！

（ウィリアム・シェルダン・アレン「ヒトラーが町にやつてきた」、西義之譯、番町書房）

さういふ譯で、戰爭は「國際紛爭解決の手段」として決定的なものではありえない。吾が日本國の樣に、たつた一度の敗戰に驚倒し、敗戰を道德的惡事ゆゑの報いと思ひ做し、自虐的なまでに反省し、復讐心なんぞ微塵も持合せぬ樣になる、さういふぐうたら國家が相手ならば、「戰爭は國際紛爭解決の手段」として頗る有效だらうが、世界にさまで腑甲斐無き國家は稀だから、戰爭は一時的に紛爭の片をつける手段でしかない。日本は戰ひに敗れて前非を悔い、戰勝國の押附けた「ごめんなさい憲法」を戴き、不法に奪はれた領土を奪ひ返す氣力も無く、廣島長崎にアメリカ軍が原爆を投下した事も、ソ聯が日ソ中立條約を無視して滿洲に攻め込んだ事も、ともに軍國主義日本の罪過を反省させる爲の、戰勝國の「公正と信義」に基く行爲であつたと信じてゐる。それゆゑ、日本の教科書には日本軍による侵略の事實は明確に記述されてゐないではないかと、韓國や中國に抗議されると、日本の外務大臣は「戰爭責任など過去の歷史への反省が教科書検定制度運用に反映されてゐないとすれば遺憾。早急に姿勢を正す必要がある」との「外相見解」を發表するていたらくであり、保守系のミニコミ紙「月曜評論」にさへ、かういふ愚劣な意見が載る始末なのである。

わが國が戰後自由民主主義國として再出發したのは、敗戰を機會に過去を反省した結果であつた。從つて、わが國の過去について是々非々の評價を示すことは、わが國の自由民主主義勢力として當然であらう。左翼のやうに過去を暗黒とのみ見るのではなく、良いことは良い、惡いことは惡いといふ均衡のとれた見方をするのである。そして日本が中國大陸で行つたことは明らかに惡い方に入れるべき事柄である。

（「月曜評論」昭和五十七年八月十六日號、「ズームレンズ」）

かうして、保革を問はず日本人は「敗戰を機會に過去を反省」し、日本が朝鮮半島や「中國大陸で行つたことは明らかに惡い」と考へてゐる。だが、過去に「侵略戰爭」をやつたのは吾が日本國だけではない。イギリスもフランスも、イタリアもアメリカもかつては植民地を持つたのであり、例へばインドはイギリスの、ヴェトナムはフランスの、フィリピンはアメリカの植民地であつた。そして今なほ香港はイギリスの、ハワイはアメリカの統治下にある。なぜ吾が日本國の植民政策だけが、日本國の「侵略戰爭」だけが、「明らかに惡い方に入れるべき事柄」なのか。周知の如く、おのが保有する銀を失ふ事無く中國茶を輸入すべく、インドの阿片を中國人に吸はせる事を思ひ附いたイギリスは、阿片の輸入を禁止しようとした中國に、一八四〇年六月、軍艦十六隻と四千名の兵隊を派遣した。所謂「阿片戰爭」であるが、當時この卑劣な遣り口をイギリス人さへもが批判したのであつた。卽ち、イギリス議會でグラッドストンはかう演説した。

中國には阿片貿易を止めさせる權利がある。しかるに、正當なる中國の權利を踏みにじり、吾國の外務大臣は不正な貿易を援助した。これほど不正な、恥づべき戰爭は、かつて聞いた事が無い。大英帝國の國旗ユニオン・ジャックは、かつては正義の身方にして壓制の敵であり、民族の權利と公正なる商業のために戰つた。しかるに今、醜惡な阿片貿易を保護するために掲げられる事となつたのである。

だが、二十世紀の今日、イギリスは十九世紀の「不正な、恥づべき戰爭」を、「明らかに惡い方に入れるべき事柄」として反省してはゐない。イギリスの教科書の記述に中國政府が抗議し、イギリスの外相が「過去の歴史への反省が教科書に反映されないとすれば遺憾」との「所見」を發表するなどといふ事も無い。

では、イギリスが全然反省してゐないのに、なぜ日本だけが反省せねばならぬのか。世界中でただ一國、吾が日本國だけが、「侵略戰爭」をやつて負けた事を道徳的罪過の報いと思ひ做し、「二度と過ちは繰り返さない」などと誓つてゐる。しかるに日本以外の國々は、よしんば戰ひに敗れようともおのが正義までを疑ひはしない。先のフォークランド紛爭でアルゼンチンは敗れたが、おのが敗戰を道徳的惡事として反省してはゐない。大東亞戰爭の勝者アメリカにしても、勝者である以上當然の事とはいへ、廣島長崎への原爆投下を反省してはをらず、それどころか時偶《ときたま》「眞珠灣を忘れるな」と叫ぶ。しかるに日本人は、「二度とアメリカに過ちを繰り返させるな」と言ふのならともかく、「二度と原爆を落とされる樣な過ちは繰返しません」と言ふ。

「勝てば官軍、負ければ賊軍」といふ。「勝敗は時の運」ともいふ。さういふ諺が日本にはあるのに、今なほ日本人は、敗戰を道徳的惡事ゆゑの應報と思ひ做す知的怠惰の微溫湯に漬つてゐる。もとより、本來道徳的惡事たりえない物を惡事と思ひ做す譯だから、眞劍な反省なんぞしてゐる譯ではなく、いづれ「世帶佛法腹念佛」の類なのだが、その知的怠惰ゆゑの道徳的怠惰は、日本人から「人間をして人間たらしめてゐるもの」を徐々に奪つて來たのである。

戰爭をやれなくなると人間は墮落する。正邪善惡よりも生命を尊重して、日本人は今、すつかり墮落してしまつた。このままゆけばいづれ日本中の男が「ソ聯兵が攻めて來たら赤旗と白旗を掲げて降伏」しようと考へ、女は「ソ聯兵の妾になつても生きてゐよう」と考へる事にならぬとも限るまい。けれども、生存を第一義とし正義を二の次三の次とするならば、吾々はジョウゼフ・ヘラーの小説「キャッチ二十二」に登場する賣春宿の經營者の樣に生きねばならぬ事になる。そのイタリア人の女郎屋の亭主はかう言つてゐる。

ムッソリーニがのさばつてたときは、わしはファシストぢやつたが、やつこさんがくびになつてからは反ファシストさね。ドイツ兵がここへきて、わしらをアメリカ兵から守つてくれようとしたときには、わしは熱烈なドイツ贔屓《びいき》になつたがね、今はアメリカ兵がやつてきて、わしらをドイツ兵から守つて下さらうといふわけだ。かうなりや、なにがなんでもアメリカ贔屓にならなくちやあ。（越智道雄譯）

このせりふを引用してジョウゼフ・ミーカーは「喜劇としての人間」にかう書いてゐる。

老人の話を聞いてゐた素朴なまでに理想主義的なアメリカ兵ネートリーは、呆れ果てて、なんといふ破廉恥で不節操な日和見主義者かと唾をとばしてまくし立てるが、老人はかう答へるだけだ。「おかげでわしは今年で百七歳になるよ」一方民主主義世界を守らうといふ理想に騙られたネートリーは、二十歳の誕生日を待たずして戰死してしまふ。老人の徳目は、生命だけは萬難を排して保持するといふ喜劇の絶對命題に基づいてゐる。この原則のためには、ほかの道德義務の一切が二の次になるのだ。（越智道雄譯、一部修正）

アメリカにもかういふミーカーの樣な愚かな學者がゐる譯で、その事自體はなんら怪しむに足りない。日和見主義者として齢百七まで生きる事は、「理想に騙られて」二十歳で死ぬよりも五倍以上も立派といふ事にはならないであらう。そして、地球上の人間のすべてが、このイタリアの女郎屋の亭主を見倣《みなら》はぬ限り、戰爭が無くなる事は無いのである。

生存が至高の價値か

百七歳のイタリアの女郎屋の亭主にとつての「德目は、生命だけは萬難を排して保持するといふ」事であり、それゆゑ「ほかの道德義務の一切が二の次になる」と、ミーカーは言つてゐる。だが、「生命だけは萬難を排して保持しようとしても、人間は永遠に生き續ける譯にはゆかぬ。百七まで生きたとしても百八で死ぬかも知れぬ。それゆゑ、「ほかの道德義務の一切」を二の次にしても百七まで生くべきか、それとも若くして死ぬ事になつても「道德義務」を重んずべきか、それを吾々は眞劍に考へざるをえないといふ事になる。卽ち、生き續ける事が至高の價値なのかどうか、といふ事である。永井陽之助氏は「中央公論」昭和五十六年一月號にかう書いた。

安全保障の積極的定義はむつかしい（中略）。强ひて定義すれば、「一國の存立上、守るべき中核價値（core value）の犧牲を必要とするやうな危機的狀況が回避されてゐる狀態のことであり、また、それが回避される度合ひに應じて、その國は安全である」といふ消極的な定義ができるのみである。守るべき一國の中核的價値が何であり、國家目標の優先順位、それへの脅威の性格をどう見るかは、國によつて異なる。戰後日本のやうに、民生の安定と福祉、生存の價値を優先させる國もあるし、國家權力、威信、獨立の價値を何よりも優先させる國もある。

（中略）チェコスロバキアのやうに、「生命あつての物種」といふ態度で、獨立と自由を失つたが、國民の生命・財產の犧牲を最小限にとどめえた國もあるし、「誇り高いドン・キホーテ」といはれるポーランドのやうに、獨ソ兩大國に抵抗して全人口の二〇パーセントちかくの死者を出した悲慘な例もある。（中略）

いづれにせよ、安全保障の根本問題は、有事のさい、その國民の大半が守るべき中核價値と信じてゐる上位の價値を守るため、それよりも下位とされてゐるものを一部、犧牲に供する、といふ手段の選擇をともなふことである。たとへば、あの軍國主義日本ですら、戰爭末期、國家主權の獨立や國體の誇りすら放棄するといふ民族的屈辱を甘受して、本土決戰をあきらめ、國民の生存と將來を優先させた。

何ともはや砂を噛む様な文章だが、かういふ駄文しか綴れぬ永井氏の店卸しは後章に譲るとして、要するに永井氏は、日本國民の「大半が守るべき中核價値と信じてゐる上位の價値」は「生き續ける事」であり、その生存といふ「上位の價値を守るため、それよりも下位とされてゐるもの」、卽ち「國家主權の獨立」や「威信保持」は二の次にしてよいと考へるのである。永井氏はまたかう書いてゐる。

> 戰後日本は（中略）國民にひろく自由な選擇をゆるすための無目的、無內容な外枠の設定といふ德川以來の中性的性格に國家の役割を限定してきたのである。
> したがつて有事にさいしても、國家の獨立や威信保持のため、政府は國民の一部の生命・財產・人權の犧牲を强要する權利を「當然視」するといふ考へ方を放棄してきた。そのことは、ハイジャックに對する日獨政府の態度を比較してみるとよくわかる。特殊部隊ＧＳＧ－９によるモガジシオ奇襲作戰を强行した西ドイツ政府のかたい對應に對して、「人命は地球より重い」といふ國情を優先させ、超法規的措置によつてハイジャックの要求をのんだ日本政府のやはらかい態度は、よかれあしかれ、戰後日本の中核價値が奈邊にあるかを暗示してゐる。
> （傍線松原）

葦といふ稻科の植物がある。「あし」とも呼ぶし「よし」とも呼ぶ。新潮國語辭典の說明によれば、「あし」は「惡し」と同音だから、それを「忌んで言ひ替へた」のである。だが、「よし」も「あし」も同じ植物なのであり、春秋の筆法をもつてすれば、さういふ善惡のけぢめに鈍感な日本文化が、永井陽之助氏の様な政治學者を拵へたのだと言つてもよい。だが、永井氏は「よかれあしかれ」といふ煙幕を張つて姿を晦《くら》ませた積りでゐるが、永井氏にとつての「中核價値が奈邊にあるか」は至つて明瞭である。「西ドイツ政府のかたい對應」を「よし」とする者が、「よかれあしかれ暗示してゐる」などといふ持つて廻つた言ひ方をする筈が無い。

さういふ譯で、永井氏は「生き續ける事」こそ日本の

「中核價値」だと主張した譯だが、永井氏がさう書いてから二年以上經つけれども、保革いづれの陣營からも永井氏は批判されなかつたのであり、それは目下の日本人にとつての「中核價値が奈邊にあるかを暗示してゐる」。それゆゑ、反核運動を批判する者も「平和はよい事に決つてゐるが」と一言斷らずにはゐられない。だが、平和はよい事に決つてゐるか。今、日本人が平和を願ふのは「生き續ける事」を願ふからだが、生き續ける事はそのまま「よい事」であらうか。生存は人間にとつての「中核價値」であらうか。

いや、さうではない、生存自體が至高の價値なのではないと、昔から人間は思ひたがつたのである。西暦紀元前三九九年、國家にとつて有害な人物として死刑に處せられたソクラテスがさうであつた。刑の執行が迫つた或る日、友人のクリトンが獄中のソクラテスを訪ねて脫獄を勸める。クリトンは言ふ、「ソクラテス、君がやらうとしてゐる事は正しくない。その氣になれば助かるのに、君は自分自身を見捨て、そのうへ子供たちや友人を見捨てようとしてゐるではないか」、國外脫出の手筈も萬端整つてゐるのだ、どうか逃げ出してくれ。

ソクラテスは答へる、クリトンよ、「大事なのは、ただ生きてゐる事ではない、善く生きるといふ事だ」。國民の許しを得ずして國外へ脫出するのは善い事か。正しい事か。それは善い事でも正しい事でもない。國家の法廷が下した判決を一個人が無效にするのは國家を否定する事ではないか。判決がよし不當であるにもせよ、「不正の仕返しに不正を行ふ事は正しくない」。それにこのアテナイに私は生を享け、アテナイが私を育ててくれた。そして私はアテナイ以外の國、例へばラケダイモンやクレテを、「そこの法律や習慣を、常々善しとしてゐたにも拘らず、アテナイの代りに選ばうとはしなかつた」。それに國外に脫出して、例へばテバイかメガラへ行つたとしても、私は祖國の法を蹂躪した人物として疑ひの目で見られるであらう。齡《よはひ》七十、「餘生も殘り少ないのに、最も大切な法を踏み躪つてまで、かくも執念深く、生き續ける事を願つたのか」、人々は必ずやさう思ふであらう。

さらにソクラテスは、三百六十票對百四十票の大差で死刑の判決を受けた直後には、から語つたのであつた。

私が敗訴したのは、諸君が最も聞くのを好む事柄を口にしなかつたからである。かういふ場合、被告は屢々、泣いたり喚いたりする。けれども、危険が迫つてゐるからとて、卑しい振舞をする様な事があつてはならないと私は思ふ。（中略）むしろ、皆のやる様にして生き延びるよりも、自分が正しいと信ずる方法に從ひ、その結果死ぬ様な事になるはうがずつとましだと思ふ。裁判においても、戰爭においても、死を免れる爲にはどんな事でもやる、さういふ事は人間、なすべきではない。戰場において死を免れるには、例へば武器を捨てて敵に憐みを乞へばよい。そのほか、死を免れる工夫はたくさんあらう。けれども、難しいのは死を免れる事ではない、むしろ下劣を免れる事なのだ。

今から二千四百年前、ギリシアの都市國家アテナイに、生存そのものが「中核價値」なのではないと言ひ張つた男がゐたのである。そしてそれはソクラテスの言ふ通りなのであり、吾々はただ生き續ける事を望むのではない。吾々は意味のある生を望むのである。さう考へない限り、なぜ人は自殺するのかを説明する事は出來まい。生甲斐とは間違ひ無く生きてゐる間にしか感じられぬ物だが、生きてさへゐれば生甲斐が感じられるといふ譯ではない。今日、世人は人類の存續自體が最高善であるかの様に考へてゐる。「人類が滅亡しちやいけないつて、誰が決めたんでせうかね。ほろびるなら、ほろびたつていい」と村松剛氏は放言したが（「人と日本」昭和五十七年四月號）、さういふ拗《ねぢ》け者は極く少數であつて、日本人の大半が今、核戰爭による人類の絶滅を憂へ顔である。けれども、人類の存續が最高善なら、人間そのものが至上の價値を持つものでなければなるまい。が、果して人間そのものが最高善か。さうではない。人間は惡を拒み善をなさねばならぬ存在である。それは誰しも承認するであらう。だが、それを承認するならば、人間そのものが最高善なのではないといふ事をも承認せねばならなくなる。なぜなら、完全に善なる存在ならば、「惡を拒み善をなさねばならぬ」などと力む筈も必要も無いからだ。

無論、よろづ「言擧げせぬ」知的怠惰の國では、かういふ議論は好まれず、無用なる屁理窟と看做される。だが、ソクラテスはこの種の「屁理窟」を眞劍に捏《こ》ね廻したのである。「ゴルギアス」の中でソクラテスはカリクレスに言つてゐる、「できるだけ長く生きる事が何よりだと言ふのか。邪惡な人間であらうと、できるだけ長生きさせる事、それが大事だと言ふのか。それなら、かういふ事を考へてみるがよい。船の乗客の中に一人、重い不治の病に冒されてゐる者がゐたとする。船長がその重病人を無事に港まで運んだとする。さて、船長は患者に有益な奉仕をしたと言へるだらうか。また、肉體よりも大切な精神において不治の病を患つてゐる手合の場合はどうか。さういふ邪惡な手合を海であれ、法廷であれ、その他どこであれ救つてやる事が、果して有益な奉仕だらうか。いや、そんなことにはならない。邪惡な人間といへども生きてゐたはうがいいといふ事にはならない」。

誰しも人命尊重を言ふ當節、このソクラテスの意見に色をなす讀者もあらう。だが、こんなふうに考へてみるがよい。猛烈な嵐に卷き込まれたが、船長は見事に船を港に着けた。が、重病人は入港の翌日に死んだ。では、病人を一日だけ長生きさせた船長は病人の爲に何をしてやつた事になるか。いやいや、これでは讀者は納得すまい。船長は重病人一人だけを港まで運んだ譯ではあるまいし、それに何より重病人が明日死ぬといふ事が神ならぬ身の船長に解る筈が無い。例へばここに一人、生命存續装置によつて生き續けてゐる所謂植物人間がゐるとして、その生命存續装置のスヰッチを切らずにおけば、病人は明日意識を取戻さぬとは限らぬし、取戻して世のため人のため大いに貢獻するかも知れぬではないか。

それに何より、吾々は不治の重病人や「植物人間」に同情せずにはゐられない。つまり、動物と異り人間は、他者の苦痛を思ひ遣り、他者の身になつて考へる。それゆゑ吾々はソクラテスの譬話に拒絶反應を起す。だが、捕へた鼠を猫が弄ぶ場合、猫は鼠の恐怖を想像して樂しむ譯ではないが、甚だ厄介な事に、人間の場合は相手の苦しみを想像しうるがゆゑに、相手を苦しめて樂しむといふ事がある。他人の不幸を樂しむ、それは人間の性なのであり、人間ほど殘忍な動物は無い。論より證據、どんな同情心の篤い人でも、いや同情心の篤い人ほど、例へばアウシュヴィッツにおける殘虐行爲の記録を讀み、許し難きナチスの非人道的蠻行に憤慨すれば、アンソニー・ストーが言つてゐる様に、「他人に拷問を加へてゐる者たちに、彼等がしてゐるのと同じ刑罰を加へてやりたい」と、吾を忘れて口走りたくなるのである。

ところで、ソクラテスが不治の重病人の生命を存續させる事の意義を疑つたのは、徒《いたづら》に長く生きる事が大切なのではなく、善く生きる事のはうが大事だと、その事を言ひたかつたからである。「植物人間」が「惡く生きる」事は無い。が、善く生きる事も無い。肉親としては一日でも長く生きてゐて欲しいだらうが、生命存續裝置のスヰッチを切らずにおくのに巨額の金が必要で、それを家族が負擔せねばならぬといふ事になつたら、家族の努力はいつまで保《も》つであらうか。以前アメリカで、カレンといふ娘の生命存續裝置のスヰッチを切つた兩親がゐて話題になつた事がある。けれども吾々はカレンの兩親を居丈高に批判する事が出來るであらうか。

　とまれ、生き續ける事が大事かといふ問題は事ほどさ樣に厄介なのである。「邪惡な手合といへども生き續けたはうがよいとは言へぬ」とソクラテスは言ふ。これだけなら讀者も納得するであらう。死刑とは「邪惡な手合」に生き續ける事を許さぬための制度だからである。けれども、善き人々は生き續けたはうがよく、惡しき人々は生き續けないはうがよいといふ事に同意するためには、何が善で何が惡かの區別が分明でなければなるまい。後章に詳しく述べる樣に、それは實は決して分明ではないのだが、とまれ讀者は、「邪惡な手合といへども生き續けたはうがよいとは言へぬ」といふ事だけは認めるであらう。けれども、それを認めるなら、「ただ生きるといふ事が大事なのではなく、善く生きる事が大事」だとのソクラテスの主張をも認めなければならなくなる。そしてもしも、ソクラテスの主張を認めないのなら、吾々は「キャッチ二十二」に登場する百七歳の女郎屋の亭主よろしく、「惡く生きる」手合に虐待されようと、名譽を踏み躙られようと、一切文句を言はずに生きる覺悟をしなければならない。

　だが、さういふ事が果して人間にやれるであらうか。「一寸の蟲にも五分の魂」がある。いかほど虐待され名譽を傷つけられようと平然としてゐる、さういふ人間が存在するとは私には到底思へない。しかるに、淺薄な學者は、書齋に籠つて原稿用紙の升目を埋めてゐる時だけ、さういふ人間の性を綺麗さつぱり忘れるのである。東京大學教授の高橋康也氏もさうである。高橋氏はフォールスタフについて、かう書いてゐる。

　　フォールスタフにまさる「生」の讚美者は稀である。
（中略）第一部五幕一場、シルーズベリーの合戰に參加するのを澁つて、彼は「名譽」について有名な一席をぶつ――「なくした脚を名譽で繼ぎたせるか？　だめさ。腕は？　だめ、だめ。傷の痛みを消せるか？　だめ、だめ、だめ。名譽は外科の名人ぢやないのか？　とんでもない。名譽とは何だ？　言葉さ。名譽つていふその言葉に何がある？（中略）ただの空氣さ」。（中略）「言葉」「空氣」にすぎない「名譽」が人びとを硬直させれば、ことの赴くところが戰爭であり、死であるのは見やすい道理である。フォールスタフが生へのしなやかな執着から死＝戰爭を嘲笑するとき、彼は（中略）偉大な戰爭批判者としての道化の系譜に連なるといへよう。戰場で死んだふりをして命拾ひをする彼を、卑怯者呼ばはりするのは、見當違ひである。卑怯とか名譽とかいふ觀念は、生きるといふ一大事の前には存在しないのだ。

（「道化の文學」、中公新書）

かほどフォールスタフに入れ揚げてゐるのだから、高橋康也氏にとつても「卑怯とか名譽とかいふ觀念は、生きるといふ一大事の前には存在しない」のであらう。それゆゑかほど雜駁な文章が書けるのだらうが、それはともかく高橋氏もまた、永井陽之助氏と同樣、生き續けることが「中核價値」だと信じてゐるのである。それゆゑ今度は高橋氏を批判する事にするが、その前にフォールスタフといふ男について説明しておかねばなるまい。

フォールスタフとは、シェイクスピアが「ヘンリー四世」といふ戲曲に登場させた頗る興味深い人物である。時はヘンリー四世の治世、ヘンリー四世の長男ハルは町の無頼漢どもと附合ひ、追剝《おひはぎ》の眞似なんぞやつて毎日樂しく暮らしてゐる。そしてフォールスタフは王子が附合つてゐる無頼漢の一人であつて、俗物であり「臆病であり、卑劣であり、滑稽であり、見え坊であり、破廉恥であり、貪欲であり、ありとあらゆる惡徳の持主」であつて、高橋氏の言ふ樣に「生きるといふ一大事の前には」どんな事でもやつてのけるのだが、それにも拘らず陰險な感じは少しも無く、まことに屈託の無い、太つちよの老人である。一方、ヘンリー四世に弓を引く事になるノーサンバランド伯爵の息子ホットスパーは、フォールスタフの對極にゐる作中人物で、何よりも名譽を重んじ、名譽のためとあらば「海の底にだつて潛つて行く」武人であつて、當然の事ながらヘンリー四世は放蕩息子の腑甲斐なさを嘆かずにゐられない。

この身にとつては辛い、嫉《ねた》ましくさへなる、ノーサンバランド卿にはああいふ立派な息子がゐるといふのに……名譽の噂の種、森にあつて一際高く聳え立つ木、運命の女神の寵兒、その誇りとするに足る息子、その譽《ほまれ》を見るにつけ、忽ちこの目に浮ぶのは放埒《はうらつ》と汚辱のしみに塗《まみ》れた吾子ハリーの顏だ。

（第一部第一幕第一場、福田恆存譯）

だが、やがてノーサンバランドたちが叛亂を起す。すると王子ハルは俄《には》かに「自墮落の衣を投げ捨て」、戰場において見事に戰ひ、父王ヘンリー四世を喜ばせ、父の死後は名君の譽高きヘンリー五世となる譯だが、「自墮落の衣を投げ捨て」るまでのハル王子は、フォールスタフとこんなふうに附合つてゐるのである。

フォールスタフ　小僧、お前さんの肚《はら》を訊いて置きたいのだが、イングランドの絞首臺はお前さんが王樣になつてもそのまま置いておく積りなのかね？（中略）まさか、お前さんが王樣になつたら、盜人を絞首刑にはしまいな？

王子　しない、それはお前の役だ。

フォールスタフ　俺の？　こいつは有難い！　それこそ名裁判官になつて見せるぞ！

王子　早くも誤審と來た。俺の積りは、お前を首絞め役人にして盜人の罪を免じてやらうといふ事だ（中略）。

フォールスタフ　さうか、ハル、成る程ね——或る程度までそいつは俺の性に合つてゐるよ。

（第一部第一幕第二場）

右に引用したくだりに明らかな樣に、フォールスタフは王子ハルとほぼ對等の附合をしてゐる。が、いづれはハルが國王になる。それゆゑフォールスタフは尋ねる、「イングランドの絞首臺はお前さんが王樣になつてもそのまま置いておく積りなのかね？　まさか、お前さんが王樣になつたら、盜人を絞首刑にはしまいな」。「しない」と王子は答へる。そしてやがてヘンリー四世が病死し、王子ハルが王位を襲ふ事になる。それを知つてフォールスタフは狂喜し、ウエストミンスター寺院前で、戴冠式を終へて戻つて來るハルに、卽ちヘンリー五世となつたかつての惡友に、呼び掛けるのである。

フォルスタフ　でかしたぞ、ハル公、萬歳！

王　院長、ひとつあの馬鹿者に言ひ聞かせてもらひたい。

院長　これこれ、その方、正氣か？　わかつて申してをるのか？

フォルスタフ　陛下！　ハル公！　お主にぜひとも話がある！

王　知らぬな、その方など。（中略）立派な白髪をして、道化、阿呆の眞似などみつともない！　さういへば長い間、そちのごとき男の夢を見てゐたやうな氣がする。いい齢をして牛飲馬食、なんとも罰當りな老人の夢をな。だが、覺めてみれば、考へるだけでも汚らはしい。（中略）よいか、昔のわしだなどと考へると、大まちがひだぞ。かつてのわしでないことは、天なる神も御照覽。やがては國民も悟るはずだ。なほついでに申せば、昔の仲間どもは、のこらず追放にいたすつもり。（中略）背けば死罪と覺悟いたすがよい。

（第二部第五幕第五場、中野好夫譯）

ジョウゼフ・ヘラーの小説に出る淫賣屋の主、「生命だけは萬難を排して保持」せんとして「道徳義務の一切を二の次」にする百七歳のイタリア人について私は、「百七まで生きたとしても百八で死ぬかも知れぬ」と書いた。フォールスタフにとつても「卑怯とか名譽といふ觀念は、生きるといふ一大事の前には存在しない」のであり、それゆゑフォールスタフは名譽を重んじたホットスパーよりも長生きはする。が、そのフォールスタフも、ハルが國王になれば「榮達昇進は思ひのまま」だと信じて、最後は見事に背負ひ投げを食ふ譯である。

けれども、なぜハルはフォールスタフを冷やかに突放すのか。名譽なんぞ「言葉、空氣」に過ぎないと信じ、「生へのしなやかな執着から死＝戰爭を嘲笑する」樣な手合は、國を治めねばならぬ身となつた以上、「考へるだけでも汚らはしい」から、或いは汚らはしいと考へねばならぬからである。「お前さんが王樣になつたら、盜人を絞首刑にはしまいな」とフォールスタフが尋ねたとき、「しない」とハルは答へた。が、王位に卽いたハルは、絞首刑にはしないものの、フォールスタフをフリート監獄にぶち込んでしまふ。盗人を處罰しなければ、卽ち正義を氣に掛けなければ、少なくとも氣に掛けてゐる振りをしなければ、一國の指導者は到底務まらない。「さあ、吾等の良心に照らして、この度の擧兵に疚《やま》しき節は聊かも無い、かうして武器を取る目的そのものが正當だからだ」と「猪武者」のホットスパーは言つてゐるが、ホットスパー達の叛亂を鎭壓したヘンリー四世も同じ事を言ふのである、「この樣に叛亂は必ず懲罰に遭ふ」と。確かにノーサンバランド伯爵の嫡男は少しく猪武者に過ぎるが、「名譽は空氣」と考へるフォールスタフを冷然と突き放すハルも、名譽の爲とあらば「海の底にだつて潛つて行く」ホットスパーを殪《たふ》して後は、その「勇猛果敢」を稱へてゐるのである。

　私は心から誓ふ、この度の謀反を別として、あの男に匹敵する勇士を私は知らない、あれ以上に勇猛果敢の若武者が、あれ以上に大膽不敵の勇士が今の世になほ生きてあり、天晴れの殊勳を以てこの末世を飾つてくれようとは思へない。（第一部第五幕第一場）

要するにシェイクスピアにとつても、「道化、阿呆の眞似」をして白髮頭になるまで生きる事、その事自體は決して立派な事ではなかつた。そのシェイクスピアが生まれる二十九年前、「ユートピア」の作者として著名なトマス・モアは、おのが宗教的信念を枉《ま》げずして、一五三五年七月六日、ロンドン塔において斬首の刑に處せられてゐる。卽ちモアも「生きるといふ一大事の前には」、「卑怯とか名譽とかいふ觀念」を無視する樣な男ではなかつた譯だが、頑《かたくな》に信念を枉げようとせぬモアに、或日、友人のノーフォーク侯爵が言つた、「讓歩したらどうだ、國王に楯突くと命が危ないぞ」。するとモアは答へた、「閣下の意見は私のそれと同じです。違ふのは私の死ぬのが今日で、閣下は明日、それだけの事」。國王ヘンリー八世の要求に讓歩せぬモアがけふ死刑に處せられたとして、妥協したノーフォークが明日、卒中で頓死する、さういふ事になるかも知れぬではないかといふ譯である。

　ところでトマス・モアは、「癡愚神禮讚」の著者エラスムスと昵懇の仲であつた。「癡愚神禮讚」をエラスムスはロンドンのモア邸滞在中に書いたといふ。そしてエラスムスは反戰平和論の「元兇」なのだから、ここでどうしても觸れておかなければならない。

「痴愚神禮讚」においてエラスムスが主張したのは、人間は決して理性に從つて行動せず、頗る痴愚であり、その愚昧ゆゑに不幸を招き、しかもそれを反省するどころか、理性的な中庸を重んじての行爲を「非現實的」と看做す、といふ事であつた。エラスムスによれば、神々のうち人間に對して最も影響を持つのは痴愚を司《つかさど》る女神モリアなのであり、そこでエラスムスは痴愚神におのが腕前の程を語らせ、さうする事によつて人間の愚昧を嗤つたのである。こんな具合である。

　まづ第一に、生命そのものにもまして、樂しく貴重なものは他にあるでせうか？　ところで、この私のおかげをかうむらずに、いつたいだれのおかげで生命は始まりますか？（中略）さうでせう？　頭をちよつと動かすだけでオリュンポス山をことごとく震撼せしめる、神々の父祖であり人類の主君である大神にしても、なんどもなんどもやられたことですが、「子供を作らう」と思はれるたびごとに、その三叉の雷火も、思ひのままに八百萬の神々に怖氣をふるはせるティタンのやうなお顔をお預けにして、喜劇役者のやうな情ない假面をおかぶりにならねばならなくなるのですからね。

　ストア派の哲學者たちは、づらづらしくも、神々と肩を竝べられるつもりでをります。それなら、三倍も四倍も、いや六百倍もストア的なストア學者をここに出してみてください。おそらく今問題になつてゐるやうなご用件の場合にも、まさかあの鬚《あごひげ》はお切りになりますまい。あの鬚は、山羊とストア學者だけに共通の知惠の印ですものね。（中略）要するにかういふ哲學者先生でも、父親になりたいと思ふときに助けを求めるのは、まさしくこの私、さうですとも、この私にです。

（中略）皆さんに伺ひますが、神々や人間はいつたいどこから產まれるのでせうか？　頭からですか？　顏、胸からですか？　手とか耳とかいふ、いはゆる上品な器官からでせうか？　いいえ、違ひますね。人類を殖やしてゆくのは、笑はずにはその名も言へないやうな、（中略）じつに滑稽な別の器官なのですよ。

（渡邊一夫・二宮敬譯、中央公論社版「世界の名著」第十七巻所收）

いかにもエラスムスの言ふ通りである。謹嚴なる聖職者も哲學者も裁判官も検察官も、「笑はずにはその名も言へないやうな、じつに滑稽な器官」から生れて來たのだし、子供を拵へるときばかりは逆上《のぼ》せあがり、「喜劇役者のやうな情ない」顔附になる。そればかりではない。女と枕を交したいばつかりに、男は女に愚にもつかぬ事を言ひ、女の氣を引く爲には「どんなばかなこと」でもやつてのけるが、一方の女とて「阿呆でとんま」であつて、「男の氣に入りたいといふこと以外に、この人生に何」も求めない、女が「あのやうに身を飾り立てて、白粉《おしろい》を塗りたくり、（中略）香油や香料をつけたりする」のもその爲なのである、エラスムスの癡愚神はさう言ふ。

そんな次第で男も女も愚かだから、何の爲に子供を拵へるのかも解らぬ癖に、「滑稽な器官」を用ゐて情事に勵むけれども、一方、どんな馬鹿であつても「自分を愛し、自分で自分に感心する」。つまり、人間には自惚れがあり、それでこそ人生は樂しいものになる譯だが、厄介な事に、阿呆がてんでに自惚れ、「自分の顔、精神、生まれ、身分、教育、祖國について不滿」を懷かずして、むしろそれらを誇りに思ふから、「結局は敵味方雙方とも得よりも損をすることになるのに、なにがなんだかわからない動機から」戰爭をやり、せつせと拵へた息子どもを戰場で死なせるのであつて、これ程「阿呆なこと」があるかと、癡愚神は言ふのである。

エラスムスには「平和の訴へ」と題する著書がある。エラスムスは「平和が善きものを、また戰爭が惡しきものをもたらす」と信じ、戰爭は何としてでも避けねばならぬと考へてゐた。言ふにや及ぶ。今日の日本國にもさういふ反戰平和主義者は掃いて捨てる程ゐるが、反戰主義を批判する連中も、既に述べた樣に、及び腰の批判しかやれぬのである。例へば音に聞えた畸人小室直樹氏も「平和主義者が戰爭を起こす」のだと主張してゐるが、それはつまり、戰爭は避けねばならないが、「平和主義者が戰爭を起こす」から困るのだと言つてゐる事になり、さういふ不徹底な主張によつて反戰平和主義者どもを成敗する事は出來ない。しかも、反戰平和主義者には頑丈な後楯がある。卽ち、エラスムスは「平和の訴へ」を書いてをり、カントも「永遠平和の爲に」を書いてゐる。それゆゑ、吾國の貧相な平和主義者を批判するだけでは不充分なのであつて、彼等の後楯を攻撃しなければならない。例へば先のフォークランド紛爭の折、アルゼンチンの巡洋艦を撃沈した魚雷は「一發一億二千萬圓」、撃沈されたイギリスの驅逐艦の「時價は、四百三十億圓とも五百六十億圓ともいはれ」、「英艦隊が一日行動するだけで十二億圓以上かかる」といつた具合に、この「モラトリアム國家」のジャーナリストは他國の懐具合を案じ、早大教授西川潤氏も「名譽のために莫大な戰費をかけてゐるといふ點では、戰爭がいかにおろかかを示す見本」だと言つたが、「ユマニストの王者」であり「ヨーロッパで最も博識の賢者」と許せられるエラスムスにしてからが、西川氏と同樣の愚かしい意見を開陳してゐるのである。「平和の訴へ」においては、平和の女神パクスが語るといふ趣向になつてゐるが、そのパクスはかう語つてゐる。

戰爭が行はれることによつてすべてのものにどの位の損害を及ぼすことになるか。また勝利のもたらす利益がどれ程になるかを計つてみて、差し引き戰爭に勝つといふことにどれだけの價値があるかをお考へくださいな。かつて、流血を見ずに勝利のをさめられた例しがありません。つまり、あなたの國民たちが血まみれになるといふことですよ。さらに加へて、公衆の風俗や規律の弛緩を計算に入れてごらんなさい。どんな利益もこの損害を埋め合はせることはできないのです。そればかりか、戰爭によつて國庫を蕩盡し、民衆をまる裸にし、善人を苦しめ、惡人を亂暴狼藉に驅りたててみたところで、結局何もかたづきはしません。(箕輪三郎譯、岩波文庫)

エラスムスもフォールスタフと同樣、正義や名譽よりも「生きるといふ一大事」を重視したのである。「およそいかなる平和も、たとへそれがどんなに正しくないものであらうと、最も正しいとされる戰爭よりは良いもの」だとエラスムスは書いてゐるし、「癡愚神禮讃」においても、三代に亙つて祖國ローマの爲に死んだデキウス家の人々や、クルティウスの自己犧牲を嗤ひ、それらは「虚榮以外のなにものでもない」と言切つてゐる。

そんな譯だから、フォールスタフを高く買ふ高橋康也教授がエラスムスに惚れぬ筈は無い。高橋氏は「道化の文學」にかう書いてゐる。

はじめルターをカトリック側に對して辯護してゐたエラスムスは、やがてルターから全面的コミットメントを要求されるに及んで、ルターを批判し、これと對決せざるをえなくなつた。カトリック側からは「エラスムスが卵を生みルターが孵《かへ》したのだ」と批判され、ルターからは「この世でいちばんの見榮つぱり野郎、ロッテルダムのエラスムス」と罵られて、（中略）親友トマス・モアでさへ、『癡愚神』が「今日の世代」にとつては有害でありうると、エラスムスに向かつて指摘し、もつとはつきりルターを批判せよと迫るのであつた。

　ルターの異議申し立てのラディカルな本質を見抜けなかつたことを、エラスムスのユマニストとしての甘さに歸することもできよう。彼は體質的に暴力を嫌ふインテリだつた。しかしわれわれの角度からいへば、それは洗練された知的道化がまじめ一徹の農民的信仰家によつて追ひつめられるドラマにほかならなかつた。エラスムスを指して「この恥知らずの惡黨にいはせれば、神さへがおもしろをかしいだけなのだ」と怒號するルターには、『癡愚神』の「まじめな遊び」は理解しがたい、いや許しがたいものとしか映らなかつたのである。

ルターはローマ教皇廳の腐敗に立腹した男である。ローマに聖ペテロ教會を新築する爲の費用に當てるべく、アルブレヒト大司教が贖宥狀を發行し販賣させるに及んで、ルターは激怒し、一五一七年十月三十一日、ウィッテンベルク城教會の扉に、かの有名な「九十五箇條の論題」を張り出し、「罪の許しは神の意志に基づくもので、教會法や贖宥狀によるものではない」との信念を公表した。エラスムスも最初のうちはルターに同情的であつた。フリードリヒ賢侯宛の書簡に彼は、「ルターの著書はところどころ讀んだに過ぎません。が、彼を知る者は誰だつて彼を是認するでせう。貪欲だとか野心家だとかいふ嫌疑をかけるのは、とんでもない事です」と書いてゐる。しかるに「ルターの異議申し立てのラディカルな本質を見抜けなかつた」エラスムス、「しかし、しかしを連發する」この「曖昧主義の王様」は、翌々年には「ルターの著書には人一倍反對の立場をとつてまゐりました。ルターはたいていよい意圖から警告を述べてゐる、それは私も承知してゐますが、間違つた治療法を試みるよりは、今は沈默してゐるはうがよいと思つてゐます」と書いた。そしてその後、この「體質的に暴力を嫌ふインテリ」は、不承不承、ルターと對決せざるをえなくなつて「自由意志論」を書くのだが、なにせ臆病な「曖昧主義の王樣」の事だから、カトリック側からもルター支持派からも批判される羽目に陥つた。エラスムスの「公正と中庸」は、對立する雙方から「犯罪的行爲」として指彈されたのである。

一方、トマス・モアも、ルター達の餘りにも過激な異議申立てに狹量な人間の「癡愚」を見てゐたし、エラスムスに對しても頗る同情的であつた。モアはかつて「ユートピア」において「平和を買ふ事」の賢明についてかう書いたのであつた

敵を金錢でもつて賣買しようとするこの（ユートピア國における）やり方は、他の國民の間では卑劣な臆病者のやる因業な仕業だとして排斥されてゐるところのものである。ところがこの點ユートピア人は全く反對であつて、むしろかういふ手段を用ゐて流血の慘事を見ることなく大きな戰爭を片づけることができるならば、これこそまさに賢人の譽をほしいままにするものであると稱してゐるのである。（平井正穗譯、岩波文庫）

けれどもモアは、「生きるといふ一大事の前には、卑怯とか名譽とかいふ觀念」を無視する樣な男ではなかつた。高橋康也氏も言ふ樣に、モアは「斷乎たる信仰を貫いて、國王ヘンリー八世の『首長令』への宣誓を拒否した。コミットしないで生きのびる、といふ道化の生きかたは、もはや彼のものでは」なかつたのである。一方、「曖昧主義の王樣」のはうは、カトリック、反カトリックの雙方にコミットせず、雙方に嫌はれ輕蔑され、晩年はバーゼルに滯在して好きな葡萄酒が存分に飮めない事を愚癡つてゐた。そしてモアの殉教を知つた時、エラスムスはかう呟いたといふ、「神學の問題は神學者に任せておけばよかつたのに」。

だが、平和と「生き續ける事」を何よりも重んじたエラスムスは、信念を枉《ま》げずして刑死したモアよりもたつたの一年先まで生きたに過ぎない。モアの刑死は一五三五年七月、エラスムスの病死は翌年七月の事である。一年だけ長生きして葡萄酒について愚癡りつつ暮らす事を、まさか讀者は見事だとは思ふまい。一方、斷頭臺に登つたトマス・モアは祈りを捧げてから、首切役人に接吻し、高名なる有德の士の首を刎《は》ねねばならぬ事となつて少々氣後《きおく》れしてゐる執行吏にかう言つたといふ、「どうした、元氣を出せ、仕事ではないか。私の頸は短いぞ。しくじつて腕前を疑は

れぬ様にせよ」。

　なるほど見事な死だと讀者は思ふであらう。だが、大法官であつた頃のモアは、異端審問に關して頗る峻烈であり、異端者を取調べ、拷問にかけた事さへあつた。アリストテレスは「ニコマコス倫理學」に「矜持ある人は大事の爲なら危險を恐れない。どうにかして生きるといふ事の價値を認めない」と書いてをり、モアは確かに「矜持ある人」だつたのだが、厄介な事にさういふ見事な「矜持ある人」は異端に對して頗る非寛容なのであり、正義と不正のけぢめを曖昧にする事が出來ない。利害得失を勘案すれば、いかに不正なものであれ、平和は「正義の戰爭に優る」といふ事が解るであらう、とエラスムスは書いたのだが、そしてモアも「ユートピア」においては「戰爭の榮光」を否定したのだが、土壇場になれば「矜持ある人」は「利害得失を勘案」する事が出來なくなる。矜持が「人々を硬直させれば、ことの赴くところが戰爭」だが、「生きるといふ一大事の前」に「名譽」を捨てたフォールスタフは「偉大な戰爭批判者」だと高橋康也氏は書いてゐるのだが、人間とはさまで單純ではない。「偉大な戰爭批判者」だつたエラスムスは「戰爭はこれを體驗せぬ者にとつてのみ美しい」と言つたが、エラスムス自身が「戰爭を體驗せぬ者」だつたのだから、吾々はかう言返す事が出來よう、「戰爭はこれを體驗せぬ者にとつてのみ忌《いま》はしい」のだと。

正義は相對的である

さういふ次第で、人間は正邪善惡を氣にせずにはゐられず、それゆゑ戰爭は無くならないのだが、愚鈍なる平和主義者にはさういふ事がどうしても理解できない。そして愚者が非武裝中立、無抵抗無暴力の「平和の論理」とやらを振り廻せば、「餘程の天邪鬼でもなければ、その主旨に反對はできない」とて保守派も及び腰になる。かくて、愚昧を咎められずして卻つて人類の絶滅を憂へる氣高い御方として買ひ被られる事にもなる譯だから、戰後三十八年、平和主義者は時知り顔をして、おのが論理を研ぎ澄ます暇も必要も無かつた。例へば哲學者久野收氏は昭和二十四年にかう書いた。

> 國家權力に三權分立を中心とする多元的構造を與へ、それを確保する仕事は、戰爭の問題を中心とした場合、戰爭防止の第一の堡壘構築の作業である。戰爭が最大の不幸と悲慘を意味する以上、國家の多元的構成は、無條件的課題となるのであつて、國民はいかなる口實によつても、この點を讓歩してはならないのである。
> (「平和の論理と戰爭の論理」、岩波書店、傍點松原)

三權分立を「戰爭防止の第一の堡壘構築」だなどと考へる愚かしさを批判すべく、私は右の文章を引いたのではない。哲學者久野收氏の「平和の論理」とやらの破綻を指摘するために引いたのである。三權分立について「讓歩してはならない」と主張する以上、久野氏は三權分立が正しいと堅く信じてゐる事になる。だが、將來この日本國において、久野氏が正しいと信ずる三權分立が否定される樣な事態になつた場合、すなはち「最大の不幸と悲慘を意味する」戰爭をやるべく、國家權力が「一元的構造」にならうと企んだ場合、斷じて「讓歩してはならない」と主張する久野氏は、當然、さういふ「無條件的課題」を無視する國家權力と戰はざるをえない事になる。だが、さうなれば、「無暴力」を標榜する久野氏の論理は破綻する筈ではないか。

これを要するに、久野氏に限らず、「無暴力」を標榜する平和主義者には事の正邪善悪を論ふ資格が無いといふ事、つまり「この點を譲歩してはならない」などと見えを切つてはならぬといふ事である。「キャッチ二十二」に登場する女郎屋の親方は、ムッソリーニに對しても、ドイツ軍に對しても、アメリカ軍に對しても、「譲歩してはならない」などと決して言ひはしなかつた。それゆゑにこそ、彼は百七歳まで生き永らへたのである。女郎屋の事を曖昧屋ともいふ。曖昧屋の親方は曖昧主義に徹すべきであり、見えを切るなどとは甚だしき心得違ひ、すべからく揉み手して愛嬌を振り撒き、女郎にだけ嚴しい内辨慶として生きるがよいのである。

しかるに、おのが論理の破綻に氣附かぬ愚鈍なる平和主義者は、「無暴力」を主張しながら屢々「譲歩してはならない」とか、「是非とも必要」とか、「許されない」とか書く。久野氏も「戰爭と戰爭準備の行爲に對しては、國家は國民を無條件に强制することを許されない」と書いてゐる。だが、何事かについて「許されない」と考へるのは、正邪善悪を氣に懸ければこそである。卽ち、國家が「國民を無條件に强制すること」は、久野氏にとつて「無條件に許されない」不正なのだが、どうでも不正を許せぬのなら、その許せぬ不正を糺《ただ》すべく、久野氏は斷乎として戰はねばならぬ事になる。では、その不正を糺すための戰ひを、「無暴力」を主張する久野氏は認めるのか、認めないのか。

久野氏はまた、「戰爭に對して抵抗する權利、不服從、非協力の權利が、基本的人權の最高の部分として、國法の上で確認されることが必要である」と書いてゐるのだが、國家が國民に「戰爭に對して抵抗する權利」を認めず、「戰爭と戰爭準備の行爲」に關して國民を「無條件に强制する」樣な事態となつた場合、それを斷じて許せない久野氏は、一體全體、どの樣な態度を採る積りなのか。久野氏は書いてゐる、「暴力の挑戰に徹頭徹尾、抵抗してゆく（中略）。だから、できうるかぎり無暴力であつて、しかも徹底的な不服從の態度、（中略）これだけが、平和の論理のとることをやむなくされる唯一の血路である」。

久野氏は哲學者ださうだが、これは哲學者にあるまじき粗雜な論理である。愚かな久野氏は氣附いてゐないが、「できうるかぎり無暴力」といふ事は、出來なくなれば、すなはち忍耐の限度を越えた場合は、暴力を揮ふといふ事である。「出來うる限り勉强しますよ、旦那」と商人が言つた場合、それは元値を切つてもよいといふ事ではない。しかも久野氏は暴力の「挑戰に徹頭徹尾、抵抗してゆく」と書いてゐるのだから、「不服從の態度」を貫かうとしてその限界に達した場合、暴力の餌食になるよりはむしろ窮鼠猫を咬む、「徹頭徹尾、抵抗してゆく」と、さういふ事にならざるをえず、かくて久野氏の「平和の論理」は破綻する譯であつて、かくも粗雜な頭腦の持主が「ベ平聯」の有力メンバーだつた事は理解出來るものの、これまで久しく哲學者として通用して來たとは、まことにもつて解せぬ話である。

要するに、無暴力を標榜する平和主義者は、「讓歩してはならない」とか「許されない」とかいふ類の大見得を斷じて切つてはならないのである。平和主義者は常にかう言ふしかない、「正邪善惡なんぞどうでもよい、自分は他人の言動のすべてを認め、いかなる虐待をも甘受する、それゆゑどうか私に構はず放つておいて貰ひたい、私は長生きをしたい、私の娘にしても、ソ聯兵の妾になつてもよい、せいぜい長生きして欲しい」。

けれども、オセローを論じてT・S・エリオットが言つた様に、「謙讓こそは最も身につけ難い美德なのであつて、自分の事をよく思ひたいといふ欲望ほど根絶し難いものは無い」。それゆゑ平和主義者も、有り樣は「この俺だけは死にたくない、死んで花實が咲くものか」といふ事が言ひたいだけなのに、「讓歩してはならない」だの「許されない」だの「是非とも必要である」だのと、思はず知らず體裁ぶつてみせたくなる。久野氏にしても、「戰爭の反價値性、徒勞性を無條件的に憎惡する信念」、及び「戰爭に對する憎惡が、正義の戰爭と不義の戰爭の〝區別〟によつて曇らされない激しさと無條件性をもつことが、是非とも必要である」などと書いて、正義の戰爭であれ不義の戰爭であれ、一切の戰爭に反對せねばならぬと說いてゐるのだが、「最も正しい合法的防衞戰爭でさへ戰爭憎惡からの例外ではありえない」とする久野氏は、要するに「戰爭をやれば死ぬ、それゆゑ戰爭は引合はぬ」と主張してゐるに過ぎない。久野氏は書いてゐる。

戰爭にかりたてられるのは、いつも〝防衞〟や〝正義〟を名としてである以上、防衞と侵略の區別にもとづいて、一方を是とし、他方を非とする態度が忍びこめば、現實には直ちに戰爭默從の態度におちいらざるをえなくなるといふ事情がある。（中略）最も正しい合法的防衛戰爭でさへ戰爭憎惡からの例外ではありえないのである。われわれがそれをいふのは、道德的、宗教的根據に立つてのことだけではなく、戰爭に訴へた自己保存の危機以上の危機が、戰爭によつてわれわれにおそひかかるといふ單純な因果の論理によつてである。

要するに久野氏は、核兵器の「極端な破壞性」によつて人類は「絶滅の危機」に直面してゐるのだから、戰爭はどう考へても割に合はないと主張してゐるのである。けれども、久野氏がさう主張したのは昭和二十四年の事なのだが、爾來、世界各地で戰爭が勃發し、割を食つたのは常に負けたはうであつた。吾が日本國は大東亞戰爭をやつて產を傾け、負けた事によつて產を成したから、日本人はとかく戰爭は割に合はぬものと思ひ込むのだが、例へば朝鮮戰爭の際も、マッカーサーの仁川上陸作戰が失敗したならば、今、釜山には赤旗が立つてゐるかも知れない。だが、韓國は負けなかつた。そして負けなかつたからこそ、韓國民は今、北朝鮮人民の想像を絶する繁榮と自由を享受してゐる。かつて第一次南北赤十字會談がソウルで開催された折、北朝鮮代表の一人が韓國代表にかう言つたさうである。「吾々が泊つてゐるホテルの周邊にはやたら自動車が多いが、あれだけ自動車を驅り集めるのはさぞ大變だつたらうね」。韓國の代表は答へた、「いや、車のはうは大した事ではなかつたが、ビルを集めるのは一苦勞でしたな」。

韓國の場合も、戰爭に負けなかつた事は割に合つたのである。周知の如く韓國は負けはしなかつたが勝ちもしなかつた。中國軍が鴨綠江を越えて參戰し、韓國軍は退卻せざるをえなかつた。けれども北朝鮮が勝つた譯でもない。韓國と同樣北朝鮮も、金日成首相が言つた樣に、「負けはしなかつたが勝ちもしなかつた」。昭和二十八年七月、朝鮮戰爭は「勝者も敗者も無い停戰」によつて幕を閉ぢた。核兵器を除くありとあらゆる近代兵器が投入された三年一箇月の物量戰爭で、韓國の非戰鬪員二十四萬五千人が死に、十二萬九千人が北朝鮮軍に虐殺されてゐる。そして北朝鮮側も四十萬六千人の非戰鬪員が死んでゐるのだが、ここで私は久野收氏に問ひ質したい、昭和二十四年も今も、戰爭は割に合はぬと考へてゐるらしい久野氏は、敵味方雙方が夥しい血を流した擧句、「勝者も敗者も無い」結末を迎へた朝鮮戰爭こそ戰爭が割に合はぬといふ眞理を立證してゐると、さう言ふのであらうか。それとも、「最も正しい合法的防衛戰爭でさへ戰爭憎惡からの例外ではありえない」と考へる久野氏は、北朝鮮軍が三十八度線を越えて韓國へ傾《なだ》れ込んだ時、韓國軍は「白旗と赤旗を掲げて毅然たる降伏」をすべきであつた、それなのに愚かなりし韓國は「最も正しい合法的防衛戰爭」をやり、二百萬もの犧牲者を出し、剩《あまつさ》へ祖國統一の好機を逸したではないかと、さう言ふのであらうか。

いや、事によると久野氏は、「惡漢反逆者李承晩の命令で、傀儡軍が侵略して來たから、人民軍は自衛の目的でこれを撃退し、正當な進入を開始した」との北朝鮮側の發表を今なほ信じてゐるのかも知れぬ。が、それならそれでもよい。その場合、「最も正しい合法的防衛戰爭」をやつた北朝鮮側は何とも愚かであつたと、さういふ事になるからである。つまり久野氏の論理に從へば、戰爭を仕掛けたはうは勿論、自衛のために應戰したはうも愚かだといふ事になるのだが、久野氏は一度ピョンヤンへ行き、そのお得意の「平和の論理」とやらを披露してみたらよいのである。

ところで、久野氏に限らず、「非武裝、無暴力」を説く平和主義者は、「最も正しい合法的防衛戰爭さへ戰爭憎惡からの例外ではありえない」と考へる。「最も正しい」戰爭さへ憎惡するのだから、正邪善惡の別は問はない譯である。それなら、正しからうが正しくなからうが、他國の、或いは他人の、言動の一切を承認せねばならぬ筈である。しかるに愚鈍なる平和主義者は、矛盾を矛盾と感じないから、そしてまた、人間誰しもよい恰好をしたがるものだから、おのれが不正と看做す事柄について、うかと「許されない」などと書いてしまふ。或いはおのれが正しいと信ずる事柄について、つい「せねばならぬ」などと書いてしまふ。例へば大江健三郎氏はかう書いてゐる。

> 國民のみなさん！　全世界のみなさん！　いま、一發でも核ミサイルが發射されたなら、(中略)かならずや地球をおほふ核戰爭へとすすむでせう。(中略)
> わたしたちは、考へ方や國のちがひを超え、またお互ひの信頼をきづいて、核戰爭を防ぎ、核兵器をなくすといふ大きな目的にむかひ、力を合はせなければなりません。(「廣島からオイロシマへ」、岩波書店)

中野孝次氏が書いたといはれる「核戰爭の危機を訴へる

文學者の聲明」にも、「人類の生存のために、私たちはここに、すべての國家、人種、社會體制の違ひ、あらゆる思想信條の相違をこえて、核兵器の廢絶をめざし」云々のくだりがあつて、政治音癡の井伏鱒二、井上靖、遠藤周作、尾崎一雄氏などは、その殺し文句にまんまと引掛つた譯だが、「考へ方や國のちがひ」も、「すべての國家、人種、社會體制の違ひ」も越えようとして遂に越えられぬものであり、それゆゑにこそ世界各國は軍備擴張を止めようとはしないのである。そして、「思想信條の相違」とは、甲が正義と信じてゐるものが、乙にとつては正義と思へぬといふ事であり、例へば大江健三郎氏や中野孝次氏が正義とするものを、レーガン氏やサッチャー女史や私は正義とは看做さない。さういふ「考へ方のちがひ」はどう仕樣も無い。「地球をおほふ核戰爭」ともなれば、大江氏も私も確實に死ぬであらうが、だからといつて大江氏の考へ方を是認するなどといふ事は、私には到底やれないのである。多分、全面核戰爭による人類の絶滅よりも先に、大江氏も私も三途の川を渡らねばなるまいが、おのれがいづれ死ぬといふ事とおのが「思想信條」を枉げるといふ事とは別だから、よし間近に死期が迫つたとしても、私は斷じて大江健三郎氏の言分を認めないであらう。

　これを要するに、大江氏と私とが「お互ひの信頼をきづいて」、「力を合はせ」るなどといふ事は決して無いといふ事である。「第二回國聯軍縮特別總會を成功させませう！　ノーモア・ヒロシマ！　ノーモア・ナガサキ！　地球の破滅を防ぎませう！　人類の未來にさいはひあれ！」と大江氏は書いてをり、この種の潤《ふや》けた文章を私は吐き氣を催さずして讀む事が出來ない。それゆゑ私は大江氏を心底から輕蔑してゐるが、さういふ私に對しても大江氏は「地球の破滅を防ぎませう。お互ひの信頼をきづいて、力を合はせませう」とて、尻尾を振り身を摩り寄せ、媚態を作つて言ひ寄る積りなのか。冗談と綺麗事は休み休み言ふがよい。

　だが、大江氏に限らず平和主義者は、決り文句の様に「考へ方や國のちがひを超え」て核戰爭に反對せねばならぬと言ふ。死の恐怖を前にして「考へ方や國のちがひ」は解消する筈だと、即ち誰しも死よりは「下劣」を選ぶ筈だと思ひ込んでゐるからである。けれども、前章に書いた通り、ソクラテスの様に「命は義によりて輕し」と考へる人間がゐる。そしてそのソクラテスは、死を恐れるのはまこと奇怪な心理だと考へてゐた。アテナイの法廷でソクラテスはかう語つたのである。

死を恐れるといふことは（中略）知恵がないのにあると思つてゐることにほかならないのです。なぜなら、それは、知らないことを知つてゐると思ふことだからです。（中略）死を知つてゐる者は、だれもゐない（中略）。ひよつとすると、それはまた、人間にとつて、いつさいの善いもののうちの最大のものかもしれないのですが、しかしかれらは、それを恐れてゐる（中略）。これに對して、不正をなすといふこと（中略）が、惡であり醜であるといふことは、知つてゐるのです。だからわたしは、惡だと知つてゐるこれらの惡しきものよりも、ひよつとしたら善いものかもしれないもののはうを、まづ恐れたり避けたりするやうなことは、けつしてしないでせう。

（田中美知太郎譯）

とはいへ、吾々凡人は死を恐れるのであり、命あつての物種と考へるのであり、「お前も死ぬのだぞ」と言はれると忽ちにして怖氣づくのである。それゆゑ、先般「反核運動」といふ集團ヒステリーが流行した際も、數千萬の日本人が「反核聲明」に署名した。だが、ソクラテスの言分は筋が通つてゐる。死後吾々がどうなるかについて吾々は何も知らない。けれども、死を免れようとして「下劣」な振舞をする事が下劣である事を吾々は知つてゐる。それなら、確實に下劣と知つてゐる事をこそ避けねばならぬとするソクラテスの言分を、吾々は否定する事が出來ない。ソクラテス自身、おのが「思想信條」を枉《ま》げずして、「下劣」よりも死を選んだが、吾々がたとへソクラテスの様に振舞へぬとしても、かつて「命は義によりて輕し」と信じたやうな男がゐた事を、否定する譯にはゆかないのである。

しかしながら、厄介な事に、「不正をなすといふこと」が「惡であり醜であるといふこと」を吾々すべてが認めるとしても、何が正で何が不正であるかについて吾々の意見が一致する譯ではない。即ち、久野收氏や大江健三郎氏が正義と看做す事柄を、例へばこの私が正義と看做さないといふ事がある。アンドロポフ氏にとつての正義は必ずしもレーガン氏にとつての正義ではない。そして、久野、大江、アンドロポフ、レーガンの諸氏もこの私も、おのが「思想信條」は正しいと思つてゐる。これを要するに、甲の正義は乙の正義ならずといふ事、正義とは相對的なものだといふ事である。しかるに人間は正義の相對性に甘んずる事が無い。つまり人間はおのが正義を絶對視したがるし、また不正をなす際にも、正・不正の別に頓着せずして不正をなすといふ事が無い。カントは「人倫の形而上學」に、ひとかけらの良心をも持合せぬ人間はをらず、「良心の判決に頓着しない」人間がゐるだけだと書いてゐる。果してさうか。不正をなす場合の吾々は、それが不正であるか否かを全く氣にせずして不正をなす譯ではない。通常吾々は惡と知りつつ惡をなすが、「盜賊にも三分の理」があつて、「良心の判決に頓着しない」のでなく、しばし頓着して後、惡事をなす事を正當化し、やがて頓着する事をやめるのである。シェイクスピアが創造した「惡魔の如き」イアゴーを評してコウルリッジは、「イアゴーは全くの惡魔ではない。或いは少なくとも、イアゴー自身はさう思ひたがつてゐる」と書いた。その通りであつて、イアゴーはおのが所業の「不正であるか否かに頓着せずして不正をなす」のではない。第一幕第三場で彼はから語つてゐる。

おれはムーアが憎い。世間の噂では、奴はおれの寢床に這ひずりこみ、おれの代りを勤めやがつたといふ。本當かどうか、おれには解らない。だが、おれといふ男は、さうと聞いたら、ただの疑ひだけでも、あたかも確證あるもののごとくやつてのけねば氣がすまないのだ。

（福田恆存譯）

勿論、オセローがかつてイアゴーの妻を寢取つたなどといふ「世間の噂」を、觀客が信ずる筈は無い。即ちこれは頗る說得力の無い臺詞なのである。だが、この臺詞が興味深いのは、稀代の惡黨たるイアゴーですら、惡事をなすにあたつて自己正當化を試みずにはゐられないといふ事實を例證してゐる點にある。シェイクスピアの天才をもつてしても、自己正當化を全く試みる事のない惡黨といふものは創造出來なかつたのであり、これを要するに、正義は相對的であつて、何が正義かといふ事になると意見の對立は不可避だが、人間はどうしても正邪善惡を氣にせずにはゐられないといふ事だけは確かだといふ事になる。いかな惡黨もおのが行爲の正當・不當を氣に懸けずにはゐられない、それだけは疑ひ樣の無い事實なのである。

それゆゑ、古來、いかなる專制君主も統治のための大義名分を必要とした。マックス・ウェーバーの言ふ樣に、政治權力とは「正當な物理的暴力行使の獨占」であり、「暴力行使」を獨占するためには、その獨占が正當である事を、被支配者はもとより支配者自身も納得しなければならない。いかほど從順で權利意識の稀薄な民を治める場合にも、支配の「正當性の根據」が無くてはならぬ。それゆゑ、原始國家の專制的支配者も神政政治といふ形態を採つたのだし、イングランド王ジェイムズ一世も、君主制を正當化し議會を抑へるべく王權神授說を主張したのであつた。福田恆存氏は「私の英國史」（中央公論社）にジェイムズ一世についてかう書いてゐる。

　彼は政治家であるよりは學者であり、敬虔なクリスト教徒であつた。（中略）王權神授說といふのも絕對王制と權力慾の爲の口實とばかりは言へず、敬虔なジェイムズは心からそれを信じてゐたのかも知れぬのである。神を後楯にしなければ落著いて玉座に腰を下してゐられぬ小心な、隨つて政治的には無能な「名君」だつたのではないか。

ジェイムズ一世に限らず、およそ世にある權力者は、おのが支配の正當性を裏打ちする何らかの「後楯」を必要とする。そしてもとより、神に對する信仰が確乎として生きてゐる時代には、神の後楯こそ最も效果的だが、厄介な事に、神意といふものは確かめ樣が無いから、われこそ神意を體する者なりと主張する叛逆者も跡を絕たない。それゆゑ、「後楯」としては神意よりも血筋のはうが確かなのかも知れないが、ジェイムズ一世の嗣子チャールズ一世は、神意と血筋の雙方を後楯にして、なほ「賴む木の下雨もる」結果になつたのであつた。周知の如く、チャールズ一世はイングランド平民院によつて「暴君、謀反人、殺戮者、及び國家《コモンウェルス》に對する公敵」として告發され、斬首の刑に處せられたが、法廷に引き出されたチャールズ一世は、終始、議會が裁判所の役割を果す事の不當を激しく難じてゐる。例へばかうである。

　如何なる權力によつてこの身はここへ召喚されたのか。是非教へて貰ひたい、如何なる權威によつて、つまり法的權威によつて――といふのは、この世には不法なる權威が橫行してゐるからだ、街道筋の追剝ぎや强盜共の如き――ともあれ教へて貰ひたい、如何なる權威によつてこの身は引摺り出され、あちこち引廻されたのか（中略）。次の一事を忘れてはならぬ、この身は汝等の王なのだ、歴とした合法的なる王なのだ、（中略）この身は神に對し、また歴史を持つた合法的なる血筋に對し、責務を負はされてゐるのだ――この身はそれを裏切り、新たなる不法な權威に對して答辯する譯には行かぬ。

（福田恆存譯）

これに對して裁判長は「イングランドの國民の名において、他でもない、被告を王に選んだ國民の名において」答辯せねばならぬと答へる。するとチャールズ一世は言ふ、「イングランドは未だ嘗て選擧制により王制を採用したことはない、ほぼ千年近く世襲の王國を維持してきた。だからこそ、教へて貰ひたいのだ、如何なる權威によつてこの身はここへ召喚されたのか」。この國王の反論に對して裁判長は、被告が法廷の正當性を問題にするのは不當であるとしか答へない。が、判決文には「被告はイングランド國王として際限なく專横なる權力を自らの掌中に收め握らむとの邪惡なる目論見《もくろみ》から、議會及び國民に對し反逆の意圖と惡意を以て兵を起し、その結果この國の何千といふ自由民を死に致らしめ、（中略）國土の大部分を荒廢に導き」云々とあつて、その判決にもとづいてチャールズは斷頭臺の露と消えたのであつた。

だが、法廷でチャールズは「この身には分らぬ、如何にして王が犯罪者たり得るのか」と言つてゐる。なるほど親カトリックであつたチャールズは清教徒を彈壓したし、「國債の强制、恣意的な課税、不法な投獄」などを斷行し、「專横なる權力」を揮つた事は事實である。さらにまた、スコットランドに國教を押附けようとし、スコットランドと戰ふための軍資金の調達を議會に要求し、意のままにならぬ議會を力づくで押へようとして失敗、かくて議會派と王黨派の武力衝突を招き、やがて敗北して捕へられ處刑されたのであつて、チャールズが善き王であつたとは言へぬであらう。けれども、善き王でなかつたとしても、「如何にして王が犯罪者たり得るのか」。卽ち、國王が「國民に對し反逆の意圖と惡意を以て兵を起」すとはどういふ事なのか。「この身は武器で吾が身を守りもした、が、未だ嘗て國民に向つて武器を取つたことは一度もない」とチャールズは言つてゐる。いかにも、チャールズは「武器で吾が身を守」らうとして失敗した。卽ち、王黨派軍は議會派軍に敗れた。が、敗者は卽ち「犯罪者」なのか。
チャールズの處刑後、イングランドを支配したのは勝者クロムウェルであつた。そしてクロムウェルが後楯にしたのも神意であつた。アンドレ・モロワが言ふ様に、「クロムウェルは生涯を擧げて、惡魔と戰つた。彼は地にひれ伏すまで神の前にへり下つた。彼は生涯のあらゆる指導を神の靈感に俟つた」（水野成夫・小林正譯）のである。けれども、國王の絶對主義的權力を打倒して後、クロムウェルもまた、長老派や平等派などの反抗勢力を肅清して軍事的獨裁政治をやつたのであつて、一六五八年彼は病死したが、一六六〇年に王制復古となるや、クロムウェルの墓は暴かれ、その死體は叛逆者として絞首臺に吊された。つまり、神意を後楯に君臨したチャールズ一世を、神意を後楯に「叛逆者」として處刑したクロムウェルは、神意を後楯にしたチャールズ二世によつて「叛逆者」の烙印を押されたと、さういふ事になる。

イギリスは惡しき王は王にあらずとて、國王の首を刎《は》ねてみたのである。が、世襲の國王を處刑しても捗々《はかばか》しい事は無かつた。それゆゑ、チャールズ二世からエリザベス二世まで、イギリスでは王制が續いてゐる。一方吾が日本國においては、天皇を遠流の刑に處した例があるものの、未だ嘗て天皇を裁判にかけ、その首を刎ねた事はない。惡しき天皇や愚昧な天皇がゐなかつた譯ではないが、「惡しき天皇は天皇にあらず」として天皇を殺害する事は無かつたのである。

けれども、天皇が「垂拱《すいきよう》して、政を聽かざる」時は、卽ち天皇に政治的實權が無い時は、「開闢以來、皇統一姓にして之を無窮に傳へ（中略）天皇の尊、宇内に二無し」（藤田幽谷）とて、雲の上の天皇を尊崇してをればよかつたが、天皇が政治的役割を果す様になると、臣下は當然敕命の理非曲直を論ふ事になる。例へば文久二年、孝明天皇は勤王倒幕の志士を「勇豪之士」と呼んで稱へたが、翌年は何と「浪士暴論之輩」と呼んだのであつて、それゆゑ眞木和泉守は孝明天皇を批判してから書かざるをえなかつた。

天下に御先だち御率勵遊ばせられ候前日之叡慮と齟齬《そご》仕《つかまつ》り候御儀にはこれなき哉。十餘年來御確定之聖斷、富嶽崩るとも、湖水涸るとも、御動搖あらせられるべき道理萬々これある間敷候。（「眞木和泉守遺文」）

また、慶應元年九月、幕府に壓力を掛けられた天皇が第二次長州征伐の敕許を與へた時、大久保利通は西郷隆盛にあてて書いた。

至當之筋を得、天下萬人御尤と存じ奉り候てこそ勅命と申すべく候得ば、非義勅命は勅命に有らず候故、奉ずべからざる所以に御坐候。（「大久保利通文書」）

この大久保の「非義勅命は勅命に有らず」と「惡しき天皇は天皇にあらず」との間に、一體どれくらゐの懸隔があるであらうか。けれども大久保利通は、天皇に叛旗を飜さうなどとは毛頭思つてゐないのである。それどころか、明治元年には皇威發揚のための大坂遷都を主張してから書いてゐる。

民ノ父母タル天賦ノ君道ヲ履行セラレ、命令一タビ下リテ、天下慄動スル處ノ大基礎ヲ立、推及シ玉フニアラザレバ、皇威ヲ海外ニ輝シ、萬國ニ御對立アラセラレ候事叶フベカラズ。

今、天皇は「日本國民統合の象徴」に過ぎない。それゆゑ、今、この國に「皇威ヲ海外ニ輝シ、萬國ニ御對立アラセラレ候事」を願ふ者はゐまい。そして天皇は現人神か人間かと問はれれば、日本國民のすべてが「無論人間に決つてゐる」と答へるであらう。日本國は「萬世一系ノ天皇之ヲ統治ス」といふ規定が現憲法には無いのだから、天皇統治の「正當性の根據」は何かと私は問ふ事はしない。が、いかなる正當的根據あつて天皇は「日本國の象徴」なのか。いかにも日本國憲法第一章第一條には「天皇は、日本國の象徴であり日本國民統合の象徴であつて、この地位は、主權の存する日本國民の總意に基く」とある。だが、その「日本國民の總意」とやらは何時いかなる方法によつて確認したのであるか。「國民の總意」とやらを確認するには國民投票が一番であらうが、それをやつて天皇の地位に關して日本國民が同意してゐる事を確かめたとしても、將來、天皇がもしも、チャールズ一世よろしく、「日本は未だ嘗て選擧による天皇制を採用した事は無い、二千年以上に亙つて世襲の皇國を維持して來た。だからこそ、敎へて貰ひたいのだ、如何なる根據あつてこの身は日本國の象徴なのか」と反論したら、吾々は一體どう答へたらよいか。

誤解を招かぬ様に斷つておくが、私は天皇制廢止論者ではない。私がここで天皇制に言及したのは、日本人が天皇の問題に關していかに無關心かと、それが言ひたかつたからである。日本人は今、天皇制について眞面目に考へてはゐない。今上陛下は永久に御存命だと思ひ込んでゐる。それゆゑ、現行憲法擁護を唱へるいはゆる左翼進歩派の知識人も、大新聞の記者も、天皇が「日本國の象徴」たる事の正當不當を決して論はない。いや、それは左翼進歩派に限らぬ。例へば自衞隊には「自衞隊法施行規則」の規定に基づき定められた「自衞隊の禮式に關する訓令」なるものがあつて、その第十一條には、「自衞官は、天皇に對し、敬禮を行ふものとする」との規定がある。けれども「統治權ヲ總攬」する「大日本帝國ノ元首」に對してでなく、なぜ「日本國の象徴」に對して「敬禮を行ふ」のか、それを自衞隊も本氣で考へた事が無いであらう。

要するに、マックス・ウェーバーの言ふ様に、國家の本質は權力つまり物理的强制力であり、その物理的强制力の獨占が正當である限り、或いは正當であると看做される限り、權力は安泰なのだが、既に述べた様に正義が相對的である以上は支配の正當性もまた相對的であつて、「神意」も「血筋」も永久に有效な後楯ではありえない。しかるに吾國は、「大日本帝國ハ萬世一系ノ天皇之ヲ統治ス」との規定から、「天皇は、日本國の象徴であり日本國民統合の象徴であつて、この地位は、主權の存する日本國民の總意に基く」との規定に乘り換へ、天皇を象徴として戴く事の正當不當を不問に附してゐる。それは知的怠惰である。そしてその知的怠惰ゆゑに、吾々は天皇をロボットとして扱ひ、その理不盡を思ひ知る事が無い。さうではないか、大日本帝國憲法によれば、天皇は「國ノ元首」であり、「法律ヲ裁可シ其ノ公布及執行ヲ命」じ、「帝國議會ヲ召集シ其ノ開會閉會停會及衆議院ノ解散ヲ命」じ、「勅令ヲ發」し、「陸海軍ヲ統帥」し、「戰ヲ宣シ和ヲ講シ及諸般ノ條約ヲ締結」し、「戒嚴ヲ宣告」する事が出來た。しかるに現行憲法によれば、天皇は「國政に關する權能」を有せず、その「國事に關するすべての行爲には、内閣の助言と承認を必要とし、内閣がその責任を負ふ」のである。何事をなすにも他人の助言と承認を必要とし、しかもその行爲に責任を負はぬとはまた、何たる屈辱的な役廻りであらうか。

天皇については今はこれ以上論じないが、統治ないし支配の正當不當について突き詰めて考へぬ鷹揚卽ち知的怠惰ゆゑに、吾々は正義の相對性を思ひ知る事が無いのである。例へば昭和二十二年文部省刊行の教科書「あたらしい憲法のはなし」の筆者は、かう書いてゐる。

そこでこんどの憲法では、日本の國が、けつして二度と戰爭をしないやうに、二つのことをきめました。その一つは、兵隊も軍艦も飛行機も、およそ戰爭をするためのものは、いつさいもたないといふことです。これからさき日本には、陸軍も海軍も空軍もないのです。これを戰力の放棄といひます。「放棄」とは「すててしまふ」といふことです。しかしみなさんは、けつして心ぼそく思ふことはありません。日本は正しいことを、ほかの國よりさきに行つたのです。世の中に、正しいことぐらゐ強いものはありません。（傍點松原）

言ふまでもあるまいが、この潤《ふや》けた文章の筆者は「正義は力なり」と堅く信じて、正義の相對性などといふ事は夢想だにしてゐない。この極樂とんぼの駄文と次に引くパスカルの文章との隔《へだた》りは、それこそ氣が遠くなるほど大きいのである。パスカルは「パンセ」にかう書いてゐる。

正しいものに従ふのは、正しいことであり、最も強いものに従ふのは、必然のことである。

力のない正義は無力であり、正義のない力は壓制的である。

力のない正義は反對される。なぜなら、惡いやつがいつもゐるからである。正義のない力は非難される。したがつて、正義と力とをいつしよにおかなければならない。そのためには、正しいものが強いか、強いものが正しくなければならない。

正義は論議の種になる。力は非常にはつきりしてゐて、論議無用である。そのために、人は正義に力を與へることができなかつた。（中略）このやうにして人は、正しいものを強くできなかつたので、強いものを正しいとしたのである。（前田陽一・由木康譯）

なぜ「正義は論議の種になる」のか。正義が相對的だからである。しかるに一方、「力は非常にはつきりして」ゐる。例へば、今日この日本國においても自民黨が正しいか共産黨が正しいかは「論議の種になる」。が、自民黨が強いか共産黨が強いかといふ事になれば、數もまた力なのだから、答は「非常にはつきりして」ゐる。それゆゑ、もとより共産黨員は自黨の正義を信じてゐようが、目下のところ「正しいものを強く」できないので、強い自民黨の拵へる法律に不承不承從はざるをえない。強い自民黨を「正しいとし」てゐる譯では決してないが、なにせパスカルの言ふ樣に「力のない正義は無力」だから止むをえない。共産黨の正義が行はれる樣になるためには、共産黨が力を持たねばならぬ。だが、再びパスカルの言ふ樣に、力さへ持てばよいといふ譯ではない。「正義のない力は非難される」からである。なぜ非難されるのか。正義は相對的であるにも拘らず、人間は正義なりや否やを氣にせずにゐられないからである。

既に明らかであらう。「世の中に、正しいことぐらゐ强いものはありません」とは、何ともはや愚かしい樂天主義なのである。それは小學生向けの、それも敗戰直後に書かれた教科書の一節ではないかと、さう思ふ讀者もあらう。だが、次に引くのは一昨年（昭和五十七年）十月、「世界」に載つた文章なのである。

端的に言へば、人間どうしのことであれ、國家のあひだ、民族のあひだのことであれ、力ある者が力によって力劣れる者にのしかかつて自分の利益を追ひ求めようとする一切の動きが「右傾化」だが、「右傾化」の判斷はもつとも端的に力ある者によつてのしかかられる力劣れる者になされ得るにちがひない。

（小田實、『八月十五日』がむきあふもの）

小田實氏が「右傾化」をよしとする筈は無い。それゆゑ小田氏は、「力ある者によつてのしかかられる力劣れる者」の言分こそが正しいと主張してゐる譯である。力と正義の雙方を無視しないパスカルの思索に較べ、これまた途轍も無い「樂天主義」ではないか。

さて、この邊で戰爭の問題に戻らねばならないが、正義は相對的なのに人間は正義を氣にせずにゐられず、それゆゑいかな專制君主にも支配のための大義名分が必要なのであつた。同樣に、戰爭の當事國は必ず戰爭の大義名分を必要とした。つまり、すべての戰爭は當事國にとつて「聖戰」であり、「正戰」だつたのである。例へば、一九五〇年六月二五日未明、北朝鮮軍は、T三十四型戰車を先頭に三十八度線を越え、韓國領に攻め込んだが、北朝鮮の平壌放送は同日午前十一時、から報じたのであつた。

　惡漢叛逆者李承晩の命令で、傀儡軍が侵略して來たから、人民軍は自衞の目的でこれを撃退し、正當な進入を開始した。李承晩一味は逮捕され、處刑されるであらう。（傍點松原）

そして翌二十六日、金日成首相はから演說したのである。

　吾々の戰ひは正義の戰ひである。祖國と人民のための吾々の正義の鬪爭は必ず勝利する。吾が祖國を統一すべき時は來た。（傍點松原）

けれども、既に述べた樣に北朝鮮の「正義の鬪爭」は「勝利」ををさめなかつた。卽ち「世の中に、正しいことぐらゐ強いものはありません」といふ事にはならなかつた譯だが、この際その事よりも、自分のはうから戰爭を仕掛けておいて、相手を「惡漢叛逆者」呼ばはりする北朝鮮の鐵面皮について考へる事のはうが重要である。なぜ北朝鮮はさまで鐵面皮たりえたのか。理由はしごく簡單である。イアゴーについて語つて既に述べた樣に、いかな惡黨もおのが行爲を正當化せずにはゐられないから、イアゴーと同樣に金日成首相も、侵略を正當化する理由に事缺きはしなかつた。金日成氏にとつてのそれは、言ふまでもなく共產主義であり、祖國の統一であつた。「愛國心は惡黨にとつての最後の隱れ蓑だ」とサミュエル・ジョンソンは言つたけれども、厄介な事に、惡黨はおのれ自身を惡黨だなどと毛頭思つてゐない。夥しいユダヤ人を虐殺したヒットラーにしても、振り翳《かざ》すための正義には事缺かなかつた。次に引くヒットラーの文章は、ユダヤ人批判としてでなく讀むならば、頗る眞つ當で理に適つたものと思へるであらう。

　彼らにとつては、個人の値打ちを決めるものはもつぱら所有財產や金の力であつて、個人個人の性格とか、あるいは全體に奉仕する役割りとかではないのである。
　彼らにとつて、民族の高低の度合ひを測るものはもつぱらその物的富であつて、その道義的・精神的な力の總體ではないのである。

からしてユダヤ人は、金とそして金を守るものとしての權力へひたすら指向することとなる。そして目的達成のためには何らの容赦もなくまだ手段を選ばないのである。（I・プレダウ編「ヒットラーはかう語つた」、小松光昭譯、原書房）

侵略戰爭は惡事か

今日、ヒットラーをいかほど罵倒しても文句を附けられる氣遣ひは無い。しかるにそのヒットラーにも大義名分はあつたのだから、すべての戰爭が當事國の雙方にとつて正戰であるのは當然で、かくて正義とは所詮相對的なものだといふ事にならざるをえない。しかるに、人間は正義の相對性に甘んずる事が出來ない。それゆゑ、絕對的に正しい戰爭とはいかなるものかといふ事を、先哲はしきりに考へたのであつた。例へばプラトンは「正戰は敵對者の不正ゆゑに行はれる」と書き、アウグスティヌスは「正戰とは不正を正す戰爭である」と書き、キケロは「理由無き戰爭は不正なる戰ひだ」と書いた。が、「理由無き戰爭」などといふものは金輪際無いのである。ハンス・ケルゼンが書いてゐる樣に、「戰爭に訴へる國家の政府といふものは、つねにさうせざるを得ない理由を、自國民に對しても、また廣く世界全體に對しても、辯明しようと試みる」のであつて、「國家が、自國の主張を、正當で正義に適つたものだと宣言しようとしなかつた例は、ほとんど一つとして記録に殘つてゐない」（「法と國家」、鵜飼信成譯）のである。

それゆゑ、先哲による正義の相對性を克服しようとする試みは、その悉くが挫折してゐるのであつて、先に引いた三人の哲人の定義もたやすく反駁出來る。すなはち、プラトンとアウグスティヌスの場合、敵の不正を正すための戰ひが正戰だといふ事になるが、敵もまた「正當で正義に適つた」戰爭をやつてゐる積りなのだから、正戰の概念は一向に分明にはならない。同樣に、「理由無き戰爭は不正なる戰ひだ」と書いたキケロは、「復讐または敵を擊退する目的」をもつ戰爭だけが正戰だと主張してゐるのだが、甲といふ國が乙といふ國の攻擊や侵略を擊退し復讐する場合、それに先立つて甲を攻擊し侵略「せざるを得ない理由」が乙にもあるといふ事になる譯だから、キケロの言分にも說得力はまるで無いのである。

要するに、正義とは何かといふ問ひくらゐ厄介な問ひは無いといふ事なのだが、この難問に挑んで先哲が悉く挫折したのは、力こそ正義であるといふ事を、卽ち「戰爭で勝つのは正しい者ではなくて强い者だ」といふ事を、どうしてもそのまま認める氣になれなかつたからである。パスカルの言ふ樣に、吾々は「正しいもの」を、いや正確に言へば「吾々自身が正しいと信じてゐるもの」を常に强くする事が出來るとは限らない。それなら、正しいものを强く出來ないのなら、强いものに從ふしかない譯だが、その場合も吾々はそれでよいとは決して思はず、性懲りもなく「正しいものこそ强くあるべきだ」と信じ、正義の最終的勝利を夢みてやまないのである。クリスト教徒は二千年もの間、「人の子その榮光をもて、もろもろの御使を率ゐきたる時」の事を、卽ち「最後の審判」の事を忘れずにゐるではないか。

それゆゑ、ここで私は、正義の相對性に甘んずべきであるなどといふ事が言ひたいのではない。斷じてさうではない。「人間からどんなものでも抹消することができようが、絕對への欲求だけは消すことはできまい」とE・M・シオランは書いてゐる。そのとほりであつて、絕對善を求めて足搔く事をやめるなら、その時人間は非人間になる。百七歲の女郎屋の親方になる。

だが、實は私には、腰拔け憲法を戴いて三十數年、吾々日本人は今、「百七歲の女郎屋の親方」よろしく生きてゐるるとしか思へない。前章に書いたとほり、天皇が「日本國の象徴」である事の正當性について、吾々は知的怠惰の三十數年を過して來た。同樣に吾々は、侵略の何が惡いかについて眞劍に考へず、侵略戰爭はもとより、戰爭と呼ばれるものの一切を情緒的に忌避し、モラトリアムゆゑの知的怠惰を享受して來たのである。原田統吉氏は昭和五十六年十二月、かう書いた。

よくもまあこんなに論爭が續けられるものだ、と、いささかの自省も含めて思ふ。─日本の安全保障論爭のことである。それは、本質的には、四半世紀以上も齒車の嚙み合はないまま空轉を續けてゐると言つていい。（中略）これはむしろ、軍事力の必要を説く、いはば〈武力肯定派〉の知的怠慢ではないか。（中略）いはゆる平和主義者は、「軍事大國化のおそれがある」とか「ファシズムへの道を開くことにならう」とか「遙かに軍靴（太鼓）の響きが……」とかいふやうな文脈の中に（中略）〈武力否定〉を説く。それに對し、〈肯定派〉の理論武裝は餘りにもお粗末と言はざるを得ないのではないか。

それを痛感するのは、たとへば「武力防衛に外交、經濟、思想等の非武裝手段が代替すべきだ」と（中略）の俗説に對して、唯「代替できるはずがない」と藝もなく繰り返すだけで、堂々と〈代替不可能〉（中略）な存立理由を論理として示さうともしない不甲斐なさを見るときだ。

（「月曜評論」、十二月二十一日號）

原田氏の言ふ樣に、これまでの安全保障論議が不毛であつた事は確かであり、それは非武裝中立の阿呆陀羅經を唱へるばかりの左翼進歩派よりは、むしろ保守派の怠慢のせゐであつた。だが、「武力防衛に外交、經濟、思想等の非武裝手段が代替」出來ぬゆゑんを「堂々と」「論理として示」すには、戰爭は惡事ではないと、侵略戰爭すら惡事ではないと、さう言切るだけの自信が無くてはならぬ。それだけの自信が吾國の保守派に果してあるであらうか。ありはせぬ。その證據に次に引く樣な文章は、この日本國においてただの一度も書かれた事が無い。

今私がどんなに深く穩健中庸に崩れ落ちてゐようとも、暴君どもに對する私の嗜好が消えてしまつたわけではない。今なほ私は贖ひ主や預言者よりも暴君の方が好

きなのである。（中略）

暴君のゐない世界などは、ハイエナのゐない動物園と同じくらゐ退屈であらう。

（E・M・シオラン、「歴史とユートピア」、出口裕弘譯）

シオランは狂人ではない。悪逆無道のごろつきでもない。頗る頭腦明晰な男であり、ヨハン・セバスティアン・バッハの音樂を愛する男なのである。シェイクスピアは「ヴェニスの商人」第五幕第一場で、ロレンゾーにから語らせてゐる。

どんな朴念仁でも聖人でも、またどんなに亂暴な男でも、音樂を聽いてゐるときだけは心が改まる。おのれのうちに音樂をもたざる人間、美しい音の調和に心うごかぬ人間、（中略）かういふ人間を信用してはいけない。

（福田恆存譯）

シェイクスピアは「ジュリアス・シーザー」においても、音樂を聽かうとせぬ男は警戒すべきだと、シーザーに喋らせてゐる。それゆゑ、音樂好きに惡黨は無いとシェイクスピア自身信じてゐたのかも知れないが、それはさておき、シオラン同樣狂人でも惡黨でもないはずの日本國の物書きは、戰後三十八年、シオランの極論に比肩するほどの「暴論」を、つひぞ一度も吐いた事が無いのである。それも無理ならぬ事で、拙著「知的怠惰の時代」に縷々述べたとほり、極端に走つてから反對方向の極端に走り、その後も「あれかこれか」と兩極の間を往來するといふ事が、考へるといふ事なのだが、日本人は少くとも三十八年間、さういふ作業とは無緣であつた。それゆゑ、シオランの樣に、「暴君のゐない世界などは、ハイエナのゐない動物園と同じくらゐ退屈」である、されば暴君出づべし、侵略戰爭の何が惡いか、などと口走つた物書きは、或いはそこまで極端に考へた物書きはこの日本國にはゐなかつたのであつて、これを要するに、世界に冠たる言論の自由を享受しながら、極言する自由だけは差し控へるといふ知的怠惰こそ、吾が言論界の特徴だつたといふ事になる。「好きだから好き」とは女の論理だと、女を蔑《さげす》んで男は言ふが、なに、男もまた「侵略戰爭は惡いから惡い」と、馬鹿の一つ覺えよろしく言ひつづけて、何と三十八年になる。

既に述べた樣に、戰後の日本人は「天皇は天皇だから天皇だ」と看做して來た譯だが、さういふ「女の論理」に安んじて、物事の「正當性の根據」をとことんまで追究しないから、例へば高坂正堯氏が「憲法論議を十年間棚上げすべし」と一流綜合雑誌の巻頭に書いても、猪木正道氏が「二十世紀中は、わが國は軍事大國になつてはいけない」と書いても、なぜ憲法論議を十年間棚上げせねばならないのか、なぜ「二十世紀中は軍事大國になつてはいけないのか」と、高坂、猪木兩氏に誰も問ひ質さうとはしなかつた。何とも解せぬ話であつて、もしも醫者が診斷の「正當性の根據」を示さずして房事を禁じたら、患者はそれに從ふであらうか。從ふとすればその患者は、「醫者は醫者だから醫者だ」と信じてゐるよほどの阿呆であるに相違無い。さういふ阿呆をフランスの劇作家ジュール・ロマンは、「クノック」と題する抱腹絶倒の喜劇を書いて、徹底的に揶揄した。息抜きも必要だから少し引用しておかう。

廣目屋　（心配さうに）御親切さまにありがたうございんす、先生。ぢやあ容體は重いんでございんすな？

クノック　いや、まだ大して重くはないかもしれん。しかし手當をせねばならん時だな。煙草を吸ふかね？

廣目屋　（手巾を出す）いいえ、嚙む方なんで。

クノック　絶對にいかんよ。嚙煙草は。酒は好きかね？

廣目屋　かなり飲むんで。

クノック　一滴もいかんよ。細君はあるかね？

廣目屋　へえ、先生。（額の汗を拭ふ）

クノック　その方も全然謹愼だよ、ええ？

廣目屋　食物《たべもの》は食べさせてもらへませうか？

クノック　今日は君は働くんだから、スープを少し食べ給へ。明日からはもつと嚴重な制限をしなければならん。それまでは僕の云つたとほりにし給へ。

廣目屋　（また額を拭ふ）ことによつたら、このまますぐ寝ちまつた方がよかあござんせんでせうか？　實際、から何だか變な氣持がして來ましたんで。（岩田豊雄譯）

詳しい説明は省くが、醫師クノックは廣目屋卽ちちんどん屋に對して、嚴しい養生を命ずる根據を何ら示さないのである。「クノック」は一昨年三百人劇場で上演され、觀客は久米明扮する醫師クノックの見事ないかさまを大いに樂しんでゐたが、敗戰直後、「日本人は十二歳だ」とてマッカーサーが數々の「養生」を命じた時、大方の日本人は唯々諸々それに従つたのであつて、してみればクノックに飜弄される廣目屋の愚昧を嗤ふ資格が、吾々日本人にあるかどうかは頗る疑はしい。物事の正當不當を論《あげつら》はずにゐられないのが人間の人間たるゆゑんだと、前章に私は縷々《るる》述べたが、正義なんぞは二の次三の次にして、長い物に巻かれたがるのは、事によると吾々の情けない習性なのかも知れぬ。

その情けない習性が存分に發揮された實例を、ここで一つ紹介しておかう。昭和二十年十二月、マーク・ゲインは「ニッポン日記」にかう記したのである。

> デモクラシイは、まだ舊時代の日本の從順といふ習慣に大きな影響を與へたとは思へない。今日九州の大分で交通違反が急に頻發しだしたといふ報告が入つた。トラック、バス、自動車などあらゆる車輛が、(中略)えらいスピードで運轉し始めたといふのだ。
>
> 米第三十二歩兵師團の憲兵司令部が『制限速度三十五マイル』といふ標識をかかげたところ、氣の毒なしかし從順な日本人の運轉手たちが、こぞつてベストを盡し始めたといふ始末なのだつた。しかしこの珍事件は土地の地方新聞が、デモクラシイとはまことに立派なものだが、いつたいそんなどえらいスピードで運轉する必要があるだらうか、といふ讓歩的な社説をかかげたのでやうやくをさまつた。(井本威夫譯)

一マイルは一千六百九メートルだから、三十五マイルなら五萬六千三百十五メートルになる。大分のアメリカ軍は「時速五十六キロ以上の運轉は罷《まか》り成らぬ」との指令を出した積りだつたのだらうが、町なかを颯爽《さつさう》と走る占領軍のジープに日頃眩惑されてゐた「氣の毒なしかし從順な日本人の運轉手たち」は、おんぼろ車に鞭をあげ、時速五十キロを目指した譯である。滑稽でいささか侘しい珍談だが、興味深いのは「そんなどえらいスピードで運轉する」事の當不當を、運轉手たちが不問に附したといふ點であつて、その理不盡は捨て置けぬと考へた地方紙の論説委員すら、「デモクラシイとはまことに立派なものだが」と斷らずにはゐられなかつた。けれども、民主主義と制限速度との間に一體何の係りがあるか。要するに論説委員も、威福《ゐふく》を擅《ほしいまま》にする占領軍の鼻息を窺つたのである。

大分の運轉手たちが「どえらいスピードで」車を走らせ

た翌年、すなはち昭和二十一年五月三日、東京市ヶ谷の舊陸軍士官學校大講堂で、東條英機元首相など二十八名の「A級戰犯」を被告とする極東國際軍事裁判、所謂「東京裁判」が始つた。開廷に先立ち、巣鴨拘置所に收監されてゐた被告に起訴狀が手渡されたが、その書出しはかうであつた。「以下本起訴狀の言及せる期間に於て、日本の對內對外政策は、犯罪的軍閥に依り支配せられ、且指導せられたり。斯る政策は重大なる世界的紛爭及び侵略戰爭の原因たると共に、平和愛好諸國民の利益竝に日本國民自身の利益の大なる毀損の原因をなせり」。

兒島襄氏の「東京裁判」（中公新書）によれば、「なんたる野蠻なヤツらか」と起訴狀を讀んで荒木貞夫大將は言ひ、「まつたくバカバカしい」と畑俊六元帥は言つたといふ。いや、荒木と畑に限らず、「A級戰犯」の全員が「力ノ强弱ハ決シテ正邪善惡ノ標準トナス可キモノニアラズ」（東條英機大將の遺書）と信じてゐた。だが、前年「どえらいスピードで」大分の町を走り廻つた運轉手と同樣、大方の日本人は起訴狀の當不當なんぞを問題にしなかつた。それに大分の運轉手と異り、權威に盲從して何の不都合も感じなかつたのである。

極東國際軍事裁判は昭和二十三年十一月十二日、七名の「A級戰犯」に死刑の判決を下して幕を閉ぢ、東條英機、廣田弘毅、土肥原賢二、板垣征四郎、木村兵太郎、松井石根、武藤章の七名は十二月二十三日、巣鴨拘置所において處刑された。極東國際軍事裁判の判事は十一名、そのうちインドのパル判事だけは「A級戰犯」二十五名の全員無罪を主張し、そのパル判事の判決文は田中正明氏の努力によつて、媾和發效の日に出版されたし、その後も間歇的に「東京裁判史觀」を批判する試みがなされはした。が、先般の「教科書檢定誤報事件」の折も明らかになつたとほり、大方の日本人にとつて「侵略戰爭」の古傷は、依然として痛みやすいものだつたのである。

それゆゑ、中國の「內政干涉もどきの强要」に政府は狼狽し、大新聞は「一億總懺悔すべし」とて、大いにはしやぎ、親中派、親韓派の言論人は鳴りを靜めた。その後、檢定によつて「侵略」が「進出」と書き改められた教科書なんぞありはせぬと知るや、保守派は反擊に轉じたけれども、そしてそれを切掛けにして「東京裁判史觀」からの脫卻が叫ばれたけれども、三十年以上も脫卻できずにゐた知的怠惰から、すさまじき外壓無くしてどうして脫卻できようかと、悲觀的な事を言つて賢《さかしら》立てする譯では斷じてないが、私はさう思はざるをえない。現に、東京裁判史觀からの脱卻に贊しながらも、さる保守派知識人はかう書いたのである。

南滿洲鐵道は日露戰爭の結果、日本が手に入れた正當な權益で、それを自衞した行爲は侵略ではないと小堀（桂一郎）氏は發言する。私も、その點は贊成だが、自衞のためといふ名目で、關東軍が勝手に、內閣や天皇の承認もなしに滿洲全土を武力制壓し、「滿洲國」なる事實上の屬領をつくつた行爲を侵略と規定しないわけには行かない。自國の侵略の歷史を正當化する行き過ぎをいましめることと「東京裁判史觀」批判とは矛楯するものではない。（「月曜評論」昭和五十七年十一月二十二日號）

竹山道雄氏や小堀桂一郎氏が「自國の侵略の歷史を正當化」しようとしてゐるかどうかの詮議はさておき、「自國の侵略の歷史を正當化」するのはよろしくないと、この匿名批評家が考へてゐる事は確かである。「何事であれ、行き過ぎといふのはよろしくない」と書いてゐるからである。だが、既に述べたとほり、日本國の言論人の特徵は極論を吐けぬ事にある。卽ち「何事であれ、行き過ぎ」ぬ事にある。「正論」昭和五十七年十二月號の「東の正義と西の正義」と題する竹山道雄、西義之、小堀桂一郎氏の鼎談は私も讀んだが、三氏の發言はいづれも頗る穩當であつて、「行き過ぎ」と評せる樣なものを私は全然見出す事が出來なかつた。卽ち、竹山、西、小堀の三氏は、いづれも「侵略戰爭の何が惡いか」などと開き直つてはゐないのである。西義之氏はかう言つてゐる。

東京裁判で問題なのは「侵略」といふ言葉の定義です。今度の教科書の問題でも「侵略」に直せ、あれはあきらかな「侵略」だから直せなんて言つてをりますけれども根本的なことがハツキリしてゐない。何が侵略かといふ點についてはニュルンベルク裁判でも決められなかつたんです。

西氏の言ふとほりであつて、侵略とは何かといふ事は決して分明ではない。しかも小堀氏も言つてゐる樣に、「侵略戰爭と自衞戰爭との區別は主觀的」であり、國際社會には「戰爭そのものを犯罪だと決めつける法も條約も（中略）存在してゐない」のである。侵略とは何かといふ事が定かではなく、侵略戰爭を「犯罪だと決めつける法も條約も存在してゐない」のなら、そんな不確かな物をなぜ人々は忌み嫌ふのか。

「幽靈の正體見たり枯尾花」といふ事がある。正體の解らぬうちこそ幽靈は空恐しいのであつて、その正體が枯れた薄の穗であると知れば、それはもはや恐怖の對象ではありえない。ソクラテスの言ふ樣に、死の「正體」を吾々は突き止める事が出來ない。卽ち死は吾々にとつて「最大の善きもの」かも知れないのだが、吾々は皆、死が「最惡のもの」であるかの如く思ひ込み、死者を哀れみ、死神を恐れるのであつて、それは吾々が「知らない事を知つてゐると思ふ事」に他ならず、まこと嗤ふべき迷信ではないかと、ソクラテスは考へた。知らぬ事を知つてゐるかの如く思ひ込むのは知的怠惰である。死に關する知的怠惰は致し方が無いとしても、吾々は死を恐れるが如くに侵略戰爭を恐れてゐる。だが、侵略戰爭を明確に定義出來ないといふ事は、侵略の何たるかを遂に知る事が出來ないといふ事であり、それならなぜ、惡事とも善事とも知れぬ侵略戰爭を、人々は忌むべき惡事と斷じて怪しまないのであらうか。

周知の如く、極東國際軍事裁判は滿洲事變、支那事變及び太平洋戰爭を「侵略戰爭」と斷じ、七名の「A級戰犯」を絞首臺に送つたが、その判決文には次の樣な一節があつた。

日本が一九四一年十二月七日に開始したイギリス、アメリカ合衆國及びオランダに對する攻擊は、侵略戰爭であつた。これらは挑發を受けない攻擊であり、その動機はこれらの諸國の領土を占據しようとする欲望であつた。『侵略戰爭』の完全な定義を述べることがいかにむづかしいものであるにせよ、右の動機で行はれた攻擊は、侵略戰爭と名づけないわけにはいかない。

明敏なる讀者に對してはくだくだしい說明は要るまい。UFOとは unidentified flying object 卽ち「未確認飛行物體」の事だが、その正體を確認する事が「いかにむづかしいものであるにせよ」、昨日東京上空を飛行した物體は宇宙人の操縦する戰鬪機であつたと斷定し「ないわけにはいかない」と新聞記者が書いたら、その原稿をデスクは沒にするに違ひ無い。しかも、日本の「イギリス、アメリカ合衆國及びオランダに對する攻撃」は斷じて「これらの諸國の領土を占據しようとする欲望」を動機とする「挑發を受けない攻撃」ではなかつた。日本の無罪を主張してインドのパル判事が言つた様に、支那事變の最中アメリカは支那に武器援助を行つてをり、交戰國の一方に武器援助をするのは、他方に敵對する行爲、或いは「挑發」する行爲に他ならない。さらにまた、所謂「ABCD包圍陣」による日本に對する經濟制裁は、日本を「挑發」して宣戰布告を餘儀なくさせたのであつた。「A級戰犯」の一人嶋田繁太郎海軍大將はかう供述してゐる。

聯合國の行つた對日經濟包圍の效果は、實に想像以上に（中略）深刻であつた。我々は米國の刻々の軍備の增强を驚愕の眼を以つて見守つたが、如何にしても單なる對獨戰のみを考慮してかかる軍事的措置が執られつつあるのであるとは考へられなかつた。米國太平洋艦隊は遙かに以前より、その西海岸の基地からハワイに移動して日本に脅威を與へて居た。米國の對日政策は冷嚴にしてその要求を容赦なく强制する決意を示してゐた。米國の軍事的經濟的對華援助は痛く日本國民の感情を害してゐた。聯合國は明らかに日本を對象とした軍事會議を實施してゐた。窮地に陷つてどうにもならないといふのが當時に於ける日本の切迫感であつた。

（「日本無罪論——眞理の裁き」、田中正明編、太平洋出版社）

それは「A級戰犯」の言分だから信憑性が無いと、さう思ふ讀者もあらうから、次にA・J・P・テイラーの文章を引いておく。

一九四一年八月、合州國政府は日本に對し、石油・資金等の供給を含む全面禁輸を斷行すると通告した。その時點から日本は無條件降伏か開戰かのいづれかを運命づけられたのである。日本には石油は六ヵ月分の備蓄しかなかつた。（中略）かうして對日包圍網を完成させようとすることによつて、具體的には合州國のはうが日本に宣戰を布告したのである。

（「戰爭はなぜ起こるか」、古藤晃譯、新評論）

要するに嶋田もテイラーも、日本軍による眞珠灣攻撃に端を發すると考へられてゐる太平洋戰爭は、決して「挑發を受けない攻擊」ではなかつた、卽ち「侵略戰爭」ではなかつたと主張してゐる事になる。そして二人の言分が正しいとすれば、先に引いた極東國際軍事裁判の判決文の一節は事實に反するといふ事になり、七名の「A級戰犯」は誤審にもとづいて絞め殺されたといふ事になる。

けれども私は、今ここで、絞首刑に處せられた「戰爭犯罪人」の弔合戰をやらうと思つてゐるのではない。問題はいか樣なる「挑發を受け」ようとも先に戰端を開きさへしなければ、その國は「侵略國」ではないと斷じうるか否かである。卽ち、「軍隊を派遣して他國の領土に侵入する事」は惡事だが、「一國からその國民の存在に必要な物資を剝奪する事」は惡事ではないと斷じうるのか。昭和五十九年の日本と同樣、昭和十六年の日本も「自給自足の出來ない國」であつた。十一月五日の御前會議における鈴木貞一企畫院總裁の報告によれば、ABCD包圍陣による「對日經濟包圍」が續けば、日本の石油供給は三年後に不能となり、日本は支那、滿洲はおろか朝鮮をも失ひ、「昔日の小日本に還元」するしかなかつたのである。さういふ「窮地に陷つてどうにもならない狀態に」他國を追ひ込む事は、追ひ込んで「侵略戰爭」を餘儀無くさせる事は、なんら批難さるべき事ではないと、果して言切れるか。嶋田繁太郎大將はかう言つてゐる。

如何なる國と雖《いへど》も、尙方途《はうと》あるに拘らず好んで第二流國に轉落するものはない。（中略）凡ての主要國は常に其の權益、地位及び尊嚴の保持を求め、この目的の爲め常に自國に最も有利と信ぜらるる政策を援用することは、歷史の明證するところである。祖國を愛する一日本人として、余は米國の要求を容れ、尙且世界に於ける日本の地位を保持し得るや否やの問題に當面した。我國の最大利益に反する措置を採るのを支持することは叛逆行爲となつたであらう。

戰爭も子供の喧嘩と同じ事であつて、先に毆つたはうが惡いとは斷定出來ないのである。それゆゑパル判事も、青山學院大學の佐藤和男氏が「憲法九條・侵略戰爭・東京裁判」（原書房）に於て紹介してゐるやうに、「太平洋における日本の行動の背後には理由と動機があつたのであり、日本の行動に先行して當該行動を必然たらしめたあらゆる事情が考慮され、かつ深く検討されなければならない」し、「經濟制裁等を含む他方關係國の先行的行動を考慮に入れることが、きはめて重要」だと主張したのであつた。

だが、「先行的行動」といふ事になれば、英、米、オランダ三國の經濟制裁に先行する滿洲事變と支那事變はどうなのか。それは三國の經濟制裁を「必然たらしめた」のではなかつたか。嘗て國聯は「侵略の定義に關する決議」を行つてをり、その第二條には「一國による（中略）兵力の先制使用は、侵略行爲の一應の證據を構成する」とあるが、昭和十二年七月七日の蘆溝橋事件は日本軍による「兵力の先制使用」ではなかつたのか。東京創元社版「日本史辭典」の「日華事變」の項目にはかう記されてゐる。

日華事變（中略）日本の中國侵略戰爭。日本は滿洲を手中にをさめた後、華北をも併合しようとして絶えず策動してゐた。一九三五年（昭和十年）十二月北京の學生が抗日に立ち、翌年十二月二十日西安事件が突發し、これを機に國民黨と共産黨との間に、抗日合作の基礎がおかれた。この時、關東軍を中心とした陸軍强硬派の率ゐる日本駐屯軍は、三七年七月七日北京郊外の蘆溝橋で中國軍に挑戰し、宣戰なき戰爭が進められるに至つた。そして全中國に對する侵略が開始され、その年末には慘虐比なき南京入城が行はれた。（後略）

けれども、支那事變の發端となつた蘆溝橋事件の場合も、史實はいまだに確定してゐないのであつて、關東軍が「中國軍に挑戰し」、「全中國に對する侵略が開始され」云々と斷定する譯にはゆかない。なぜなら、昭和十二年七月七日夜、夜間演習中の日本軍一個中隊に銃彈を射ち込んだのは何者か、それが今もつて解らぬからである。中央公論社版「日本の歷史」はかう記してゐる。

七月七日夜、七時半から、例のごとく日本軍一個中隊の夜間演習がはじまつた。演習が終りに近づいた十時四十分、演習終了を傳へる傳令に向かつて、機關銃が誤つて三、四十發の空彈を發射した。するとこんどは、どこからか射ち込まれた數發の實彈のうなりが聞こえた。中隊長は演習中止を命令、集合ラッパを吹かせたが、そのときふたたび十數發の銃彈が射ち込まれてきた。中隊長からの報告を受けた大隊長は（中略）豐臺の部隊を非常呼集、前進させて戰鬪準備を整へるとともに、蘆溝橋駐在の中國軍に調査・謝罪を要求する交渉を行なはうとした。しかしこのとき、再度にわたり中國側から射撃を受けたため、大隊長は永定河堤防に據る中國兵攻撃を命じた。時計は八日午前五時半を指してゐた。（傍點松原）

日本軍にとつて「中國側から射撃を受けた」事は明々白々の事實であつた。しかるに中國側も「最初の發砲」を否定したのである。では、蘆溝橋事件における「兵力の先制使用」は一體何者の仕業だつたのか。入江通雅氏が「教育創造」第十四號に書いてゐるところによれば、一九四七年中國人民解放軍政治部發行の「初級事務戰士政治課本」にかういふ記述があるといふ。

劉少奇同志の指揮する抗日救國學生の一隊が決死的行動をもつて黨中央の指令を實行した。暗闇の蘆溝橋で中日兩軍に發砲し、宗哲元の第二十九軍と駐屯日本軍を相闘はせるといふ歷史的大作戰に成功したのである。

要するに、蔣介石の中國軍と日本軍とを戰はせ漁夫の利を占めようとした共產軍の術計に、日中兩軍はまんまと陥つたといふ譯だが、これは果して事實であらうか。事件發生直後、日本の銚子無線電信局は「うまく行つた」といふ意味の中國語電報を傍受してゐるさうだが、その電報を打つたのが中國共產軍かどうか、今となつてはそれを確認する術が無い。

既に明らかであらう。「兵力の先制使用は侵略行爲である」などと言切る事は出來ないのである。蘆溝橋事件の樣に、交戰國のどちらが「兵力の先制使用」をなしたか、眞相が不明の場合があるばかりでなく、太平洋戰爭の如く、それが明確な場合でも輕々に侵略者の烙印を押す譯にはゆかぬ。例へば、先般のイスラエル軍によるレバノン侵攻作戰の場合、「兵力の先制使用」はイスラエルによつてなされてゐる。しからばイスラエルは侵略國なのか。責められるべきはイスラエルだけなのか。イスラエル軍の侵攻に先立ち、ＰＬＯは停戰協定を無視して大量の武器をレバノン南部に持込んでをり、取分け百五十ミリ・キャノン砲はイスラエル北部をその射程内にをさめてゐた。しかも、世界各地でイスラエル外交官に對する執拗なテロが繰返され、過去二十年間に、イスラエル外交官の被害は四十七回にも及んでゐた。それゆゑ、西ベイルートから追ひ出された敗者PLOに同情して、勝者イスラエルを批難するのは片手落と言はねばならぬ。

さらにまた、イスラエル軍のレバノン侵攻に先立ち、イギリスとアルゼンチンが戰つてゐる。いはゆるフォークランド紛争である。「兵力の先制使用」はアルゼンチン側によつてなされたが、しからばアルゼンチンが侵略者なのか。「月曜評論」五九三號に京都産業大學の須藤眞志氏はかう書いてゐる。

> 百年以上にもわたつて（イギリスが）主權を有してゐることを認められてゐた地域に、（アルゼンチンが）武力で侵入したことは明らかに侵略である。その意味でアルゼンチンのとつた行爲は國際法的には是認されない。
> （傍點松原）

なにせイギリスは「鐵の女宰相」に、片やアルゼンチンは軍人大統領に率ゐられてゐたのだから、日本のジャーナリストはどちらにも荷擔できず、兩國民の「狹いナショナリズム」が兩國政府をして「國際紛争の解決は平和的手段で」との「國聯憲章の鐵則を輕視させたことは否めない」（毎日新聞、昭和五十七年六月十九日附社説）などと、晝行燈の寢言の樣な事ばかり書いたのであつて、それゆゑ私は、須藤氏と同樣、イギリスの「主權の侵犯に對しては斷固鬪ふといふ姿勢」を支持したが、アルゼンチンの先制攻擊は「明らかに侵略である」とは斷定しなかつた。「百年以上」まで遡つて考へるなら、イギリス側にも「越度」はあるからで、一八〇六年とその翌年、いづれも失敗はしたものの、イギリスはブエノス・アイレスに對する「侵略」を企ててゐる。それゆゑ、フォークランドにおける主權回復は、アルゼンチン國民の悲願だつたのであり、アルゼンチン軍が武力による奪還を敢へてした時、アルゼンチン國民は狂喜して、ガルチエリ大統領は國民的英雄になつたのであつた。

つまりかういふ事だ。或る「兵力の先制使用」に先立つて、その先制攻擊を餘儀無くさせる樣な事情があり、その事情に先立つてまた別の事情もしくは先制攻擊がある。例へばイスラエル軍のレバノン侵攻に先立つて、五回の中東戰爭があり、それに先立つてイスラエルの建國（一九四八年）がある、といつたぐあひである。一九四七年十一月二十九日の國聯總會はパレスチナをユダヤ人の國家とアラブ人の國家とに分割し、それぞれが獨立する樣に勸告した。ユダヤ側は受諾して翌年五月イスラエル共和國を建てたが、アラブ聯盟側は拒否し、以後、イスラエルとアラブ諸國は事々に反目する樣になつたのである。しかも、國聯決議によつてパレスチナ人の領土と認められたウェスト・バンク、卽ちヨルダン川西岸地方は、舊約聖書の時代にはユダヤ人の領土であつた、それゆゑアラブ人に返還する必要は無いと、ベギン首相たちは本氣で考へてゐるといふ。「フォークランド諸島の主權囘復は、アルゼンチン國民の百五十年に及ぶ悲願」だつたと毎日新聞は書いたが、イスラエル建國は「ユダヤ人の二千年に及ぶ悲願」だつたのである。

　さういふ譯で、或る國の先制攻擊を輕々に「侵略」として非難することは出來ず、先制攻擊に先立つ事情、その先立つ事情に先立つ事情と遡《さかのぼ》つて考へなければならないが、舊約聖書の時代まで遡行せずとも、僅か百年ほど昔に、列强が侵略を當然の事と考へ、植民地の獲得に狂奔してゐた事實を吾々は知つてゐる。周知の如く、アジア諸國のうち日本だけがその毒牙にかからずに濟んだが、そのためには列强と對抗すべく、日本もまた領土の擴張を圖らねばならなかつた。太平洋戰爭はアメリカが挑撥した結果であり、支那事變の切掛けとなつた蘆溝橋事件においても、日本軍は「兵力の先制使用」をやつてはゐない。いや、さうではない、支那事變に先立つ滿洲事變の場合、「暴戾《ぼうれい》なる支那兵が滿鐵線を爆破し我が守備隊を襲擊したので我が守備隊は時を移さずこれに應戰し」云々との日本側の發表は眞つ赤な噓であつて、實は日本軍が柳條湖の滿鐵線を爆破し、それを口實にして戰端を開いたのであり、その史實は確定してゐる、當時の首相幣原喜重郎は奉天總領事から「今次ノ事件ハ全ク軍部ノ計畫的行動ニ出テタルモノト想像セラル」との電報を受け取つてゐる、されば滿洲事變の場合は明らかに日本軍による侵略ではないか、「自國の侵略の歷史を正當化する」のは「行き過ぎ」なのだと、「月曜評論」の匿名批評家に倣つて反論する讀者もあらう。けれども、滿洲事變まで遡つてもなほ、日本を侵略者と斷ずる譯にはゆかないのである。なぜなら柳條湖爆破に先立ち、中村震太郎大尉と井杉延太郎豫備曹長が支那軍に殺害されるといふ事件があり、その「中村大尉事件」に先立つて昭和六年の萬寶山事件があり、萬寶山事件に先立つて間島や敦化における排日暴動があり、といつた具合に原因結果の連鎖を遡つてゆけば、吾々はやがて日本のみならず列强が「侵略戰爭」や「植民地保有」を當然視してゐた時代に行き着くからである。そしてそこで吾々は、臺灣、朝鮮、滿洲を「植民地」とする事無く、果して日本は列强に伍し近代化を達成出來たらうかと、さういふ事を考へざるをえない事になる。「大砲彈藥は以て有る道理を主張するの備に非ずして無き道理を造るの器械なり」と信じてゐた福澤諭吉は、明治十四年、かう書いた。

火災の防禦を堅固にせんと欲すれば、我家を防ぐに兼て又近隣の爲に其豫防を設け、萬一の時に應援するは勿論、無事の日に其主人に談じて我家に等しき石室を造らしむること緊要なり。或は時宜に由り强て之を造らしむるも可なり。又或は事情切迫に及ぶときは、無遠慮に其地面を押領して、我手を以て新築するも可なり。蓋《けだ》し眞實隣家を愛するに非ず、又惡《にく》むに非ず、唯自家の類燒を恐るればなり。今西洋の諸國が威勢を以て東洋に迫る其有樣は火の蔓延するものに異ならず。然るに東洋諸國殊に我近隣なる支那朝鮮等の遲鈍にして其勢に當ること能はざるは、木造板屋の火に堪へざるものに等し。故に我日本の武力を以て之に應援するは、單に他の爲に非ずして自からの爲にするものと知る可し。武以て之を保護し、文以て之を誘導し、速に我例に倣《ならつ》て近時の文明に入らしめざる可からず。或は止むを得ざるの場合に於ては、力を以て其進歩を脅迫するも可なり。（「時事小言」）

「遲鈍」であつた支那と朝鮮に對して日本は「力を以て其進歩を脅迫」したのであり、それは、福澤の言ふ樣に「眞實隣家を愛するに非ず、又惡むに非ず、唯自家の類燒を恐」れての事だつたと、私がさう書けば、「朝鮮のもつ傳統的價値を根底から覆すことを通じて、朝鮮の停滯性、落伍性を强調」した福澤は、「日本人の優越意識を煽り、朝鮮に對する蔑視（中略）を擴大深化させた」のだ（「日韓・相互理解への構圖」）と信じてゐる李健氏は立腹するであらう。けれども、運よく阿片戰爭の轍《てつ》を踏まず、淸國によつて「中國所屬之邦」と看做される事もなかつた日本が、「亞細亞の東邊に在りと雖ども、其國民の精神は既に亞細亞の固陋《ころう》を脱し」（福澤諭吉、「脱亞論」）始めてゐたのは事實であり、「禽獸世界に處して最後に訴ふ可き道は必死の獸力」であり、「和親條約と云ひ萬國公法と云ひ、甚だ美なるが如くなれども、唯外面の儀式名目のみにして、交際の實は權威を爭ひ利益を貪るに過ぎ」なかつた當時、いつ何時清國、露國、もしくは西洋列强の植民地となるかも知れぬ事大主義の朝鮮を、日本が「自家の類燒を恐る」る心地で眺めてゐた事、これもまた確かなのである。

　福澤の言ふとほり當時の世界は「禽獸世界」であつた。先般、「教科書騷動」の折、日本の新聞、週刊誌は奇怪なる自虐性を發揮して、自國の「侵略戰爭」を難じたが、「週刊朝日」昭和五十七年九月三日號に飯澤匡氏が書いた様に、例へば「英國人たちはインドの獨立運動の英雄たちをみせしめに大砲の口にくくりつけて、發射し處刑した」のであり、「殘酷なのは決して日本人だけでは」なかつたのである。陳舜臣氏によれば、阿片戰爭當時のイギリスの殘虐無道について「廣東軍務記」はかう記述してゐるといふ。

　夫《をつと》は殃《わざはひ》に罹《かか》り、妻は辱《はづかしめ》を受け、兩《ふた》つの命みな滅ぶ。子は縛せられ、母は困居し、身家倶《とも》に殞《そこな》ふ。而して且つ田園は傷つけられ、室盧《しつろ》は毀《こぼ》たれ、邱壟《きうろう》は掘られ、老少は淫せらる。貧者の室は磬《けい》（吊り樂器）を懸けたるが如く、富者の家は徒《いたづ》らに壁のみ立つ。洵《まこと》に鬼神の積憤するに屬し、草木も愁を含む。（「實録アヘン戰爭」、中公新書）

　さういふ「禽獸世界」にあつて、即ち「侵略戰爭」や「植民地保有」を當然の事としてゐた國際社會にあつて、日本が清國の轍《てつ》を踏まずに濟んだのは、無論僥倖《げうかう》のせゐでもある。安易なヒストリカル・イフは愼まねばならぬが、イギリスがもし、道光帝の清國ではなく仁孝天皇の日本に阿片を持込んだならば、阿片戰爭に敗れて香港島を割讓した清國と異り、日本はイギリス相手に巧妙に振舞ひ、領土の一部を割讓せずして「亞細亞の固陋を脱」したかどうか、それは頗る疑はしい。なにせ「西洋の諸國が威勢を以て」迫つた時の日本の「固陋」は、清國や朝鮮のそれと甲乙無かつたからである。これまた陳舜臣氏の著書からの孫引だが、「歴戰の勇將として知られてゐた」楊芳は、イギリス軍と戰ふ前に占者の意見を徴したが、占者はかう答へたといふ。

　外夷妖邪の術が最も忌むのは、婦人の尿であります。

したがつて、敵に壓勝する具は、婦人の尿桶《ねうとう》（便器）でありまして、その蓋をとり、その口を敵船にむけますと、（敵軍の）妖術たちまち破れるでありませう。

けれども、清の楊芳が占者の獻言を用ゐて失敗してから約十年後、軍艦四隻を率ゐて浦賀へやつて來たペリーは、浦賀の海岸を警備する日本の武士たちを望遠鏡で觀察し、日本軍は酒樽や味噌樽を黒く塗り、それを竝べて大砲に見せかけてゐるが笑止である、また夕方になると火を焚いて炊事をするが、あれでは敵に所在を知られ、兵力の規模をも知られてしまふではないか、これを要するに日本の兵法は「世界の戰術の常識を外れてゐる」らしいと書いてをり、日本が「亞細亞の固陋を脱し」てゐたとは言切れない。日清戰爭を「文明開化の進歩を謀るものと其進歩を妨げんとするものとの戰」だと言つた福澤諭吉にしてからが、文久二年ヨーロッパを訪れた時は、銀行の制度や利息といふ觀念が理解出來ず、葉書に切手を貼つてポストに投げ入れるとどうして宛名どほり先方に屆くのか、それも理解出來なかつた。

けれども僥倖のせゐもあつたにせよ、日本が逸早く「亞細亞の固陋を脱し」た事は事實であり、既に述べた樣に、當時は西洋列强が「侵略」や植民地獲得を當然の事としてゐた「禽獸世界」であつたから、日本が朝鮮や支那に對し「力を以て其進歩を脅迫」したのも餘儀無き事であつた。なるほど、例へば朝鮮に對して日本は、李健氏が詳述してゐる樣に、頗る威壓的に振舞つた事は確かだが、當時清國は朝鮮を屬國視し、朝鮮の事大黨また清を恃《たの》んで日本を敵視して、日本と組まうとする金玉均、朴泳孝たちの獨立黨のクーデターを、袁世所率ゐる清國軍の支援によつて粉碎したのであつて、ぐうたら憲法を戴く平和惚けの今の日本は、朝鮮半島の赤化を毫《がう》も恐れてはゐないが、「禽獸世界」にあつて富國强兵を志してゐた當時の日本にとつて、朝鮮が清國や露國の屬領となるのは、自國の死命を制せられ兼ねぬ大事だつたのである。

そして勿論、「禽獸世界」に生きる日本にとつてロシアもまた脅威であつた。不凍港を求めて虎視眈々、ロシアは滿洲や朝鮮を狙つてゐた。滿洲事變勃發の一箇月前、幣原喜重郎は陳友仁にかう語つてゐる。

支那人は滿洲を支那のものと考へてゐる樣だが、それはロシアのものだつた。自然の推移に放置せられてゐたならば、滿洲は疾《と》くに清國領土中より喪失せられたること疑を容れない。清國をして此の廣大なる沃地を保持せしめたる所以のものは、實に日本の武力干渉に外ならない。日露戰爭の終結以來、滿洲は支那の他地方に嘗つて見ない程度の平和と繁榮とを獲得した。斯くの如き東北諸省の發展が少くとも一部分は日本の同地方に於ける企業及び投資の結果なることは、我が國民の確信する所である。

さて、少々横道へ逸れてしまつたが、侵略を「兵力の先制使用」と定義するとしても、それを世界各國が一向に躊躇しない時代があつた譯である。福澤の言ふ「禽獸世界」の時代である。それゆゑ日本を含む當時の世界列强の「侵略」を道義的に難ずるのはおよそ無意味なのであつて、日本の「侵略の歴史を正當化する」事は「行き過ぎ」でも何でもない。むしろそれこそは、平和惚けの日本人が何よりもまづなさねばならぬ事なのだ。敗戰直後、昭和二十一年、小林秀雄氏はかう語つてゐる。

この大戰爭は一部の人達の無智と野心とから起つたか、それさへなければ、起らなかつたか。どうも僕にはそんなお目出度い歴史觀は持てないよ。僕は歴史の必然性といふものをもつと恐しいものと考へてゐる。僕は無智だから反省なぞしない。利巧な奴はたんと反省してみるがいいぢやないか。

この小林氏の放言を、次に引く粕谷一希氏の駄文と較べてみるがよい。日本の知識人が今なほ「お目出度い歴史觀」に呪縛され、知的怠惰ゆゑの安直な思考の空轉をやらかしてゐる様を、讀者はまざまざと見るであらう。

日本人は能力がなかつたから軍閥の支配を許したのではなく、日本人はたいへん優れてゐて、西洋の帝國主義を模倣できる優等生であつたが故に、ヨーロッパやアメリカの帝國主義的な海外膨張を模倣した。實はむしろ優等生であるが故に軍事大國としての道を歩み、その軍事大國としての冒險に失敗してあのやうな惨めなことになつたのだといふのが、最近廣く反省されてゐることであり、私自身の實感です。

（「日本と國際環境」、日本文化會議編、三修社）

日本が「軍事大國としての冒險に失敗してあのやうな惨めなことになつた」のは、「歴史の必然」だつたのである。パル判事の言葉を捩《もぢ》つて言へば、日本の軍事大國としての冒險に「先行して當該行動を必然たらしめたあらゆる事情が考慮」されねばならず、それを私は本章で、驅け足で大雑把にやつた譯だが、日本の「軍事大國としての冒險」が必然であつたとすれば、それを「廣く反省」するのは愚劣かつ無意味な事である。ここで再び息抜きのため、敢へて脱線して、論壇遊泳術のみに長《た》けてゐる三流の物書きたる粕谷一希氏を罵る事にするが、個人も國家も、おのが能力以上の事も以下の事もやれはしない。例の「風流夢譚事件」以後、粕谷氏に或る種の「能力」があつて、粕谷氏はその後「中央公論」の編輯長になつたのであらうが、粕谷氏はその時もその後も、おのが能力以上の事も以下の事もやつてはゐない。いつだつたか、先に批判した「月曜評論」の匿名批評家が粕谷氏を痛烈に批判して、「いい加減に編輯者根性を捨てよ」と忠告してゐたが、全く同感であつて、編輯者の處世術と物書きのそれとは違ふのではないかとさへ私は思ふ。なぜなら、粕谷氏は編輯長としての「能力があつたから失敗しなかつた」のかも知れぬが、物書きとしての粕谷氏は「能力がなくて失敗してゐる」からである。粕谷氏は書いてゐる。

　日本は經濟大國になれる能力があつたが故に失敗する場合があるのではないか、それが私の懸念なのです。むしろ能力がなくて、あまり經濟發展もないやうな穩やかな國々、工業化をめざさないで暮してゐるやうな國々の方が安全ではないかと思ひます。能力がなければ失敗がないのですから。

何ともはや幼稚な文章で、中年男が綴つたものとは思へぬほどである。粕谷氏は一度、大學受驗を控へ捩り鉢巻で猛勉強中の高校生に説教してみたらよい、「能力がなければ失敗しない」のだと。それに何より、私がかうして粕谷氏の愚鈍を嗤つても、粕谷氏は斷じて私に反論出來ない筈である。だが、その場合、「能力がなければ失敗がない」と書いた男が、その論理の杜撰を批判されて反論出來なくなるといふ「失敗」をやらかし、「能力がなければ失敗がない」とのおのが主張の誤りを立證する事になる。まこと笑止千萬であつて、臍が茶を沸すほどの滑稽とはまさにかういふ場合の事である。

だが、粕谷氏如きへなちよこはこの際どうでもよい。どうでもよくないのは、いまなほ大方の日本人が、僅か百年ほど前には侵略戰爭は惡事と看做されてをらず、第二次世界大戰の幕が下りた時にも、國際社會は戰爭を惡事と考へてはゐなかつたといふ事實を、すつかり失念してゐるといふ事實である。パル判事は書いてゐる。

本官の判斷では、本審理の對象である今次大戰が開始された時までには、どのやうな種類の戰爭も國際生活上の犯罪とはなつてゐなかつたのである。戰爭の正、不正の區別は、すべて依然として國際法學者の理論の中にだけ存してゐたのである。パリー條約は戰爭の性格に影響を與へなかつたのであり、どのやうな種類の戰爭に關しても、なんらの刑事上の責任をも國際生活に導入することに成功しなかつたのである。同條約の結果として、國際法のもとで不法なものとなつた戰爭はひとつもない。戰爭そのものは從前通り法の領域の外に止まり、單に戰爭遂行の方法だけが法的規律のもとに置かれたにすぎない。（「日本無罪論――眞理の裁き」、田中正明編）

パル判事の言ふとほりであつて、「戰爭を犯罪となすやうな慣習法」は昭和五十九年の今日もなほ存在してゐない。文中の「パリー條約」とは、一九二八年パリにおいて締結された不戰條約の事であつて、アメリカの國務長官ケロッグとフランス外相ブリアンとが兩國間の不戰條約として起草し、その後ケロッグが他國にも呼び掛け、とどの詰り、日本とソ聯を含む七十八箇國が調印して成つたものである。けれども、「國際紛爭解決ノ爲戰爭ニ訴フルコト」を非難し、「國家ノ政策ノ手段トシテノ戰爭ヲ抛棄スルコト」を宣言して、「第一次世界大戰後の集團安全保障思想の頂點」と稱せられるこの不戰條約も、第二次世界大戰の勃發を阻止する事は出來なかつた。なぜか。自衞のための戰爭を認め、また條約違反に對する制裁規定を缺いてゐたからである。原案起草者ケロッグは日本を含む各國に送達した公文にかう書いた。

不戰條約のアメリカ案中のいかなる規定も、自衞權をいささかも制限または毀損するものではない。自衞權はあらゆる主權國家に固有なものであり、あらゆる條約中に暗默裡に含まれてゐる。各國は、つねに、條約規定とはかかはりなく、自國の領域を攻擊または侵入から防衞する自由を有し、かつ自國のみが、事態が自衞のため戰爭に訴へる事を必要とするか否かについて決定する權限を有する。

要するに「自衞のため戰爭に訴へる事を必要とするか否か」は今なほ各國の判斷に任せられてゐる譯であり、それゆゑ、或る國が「侵略戰爭」をやつて「これは自衞のための戰爭だ」と言ひ張つたら、それでお仕舞であつて、他國がその「侵略國」を制裁する事は出來ない。國聯の發足は一九四五年だが、その「根本組織と基本的活動の原則」を定めた國聯憲章の第三十九條は「侵略行爲」の認定を安全保障理事會の裁量に委ね、その判斷にもとづく國際的制裁措置の發動を規定してゐる。けれども、安全保障理事會の常任理事國のうち一國でも拒否權を發動すれば、國聯は制裁を行ふ事が出來ない。昭和五十七年四月二十六日附の東京新聞夕刊によれば、國聯大學副學長武者小路公秀氏は、イギリス軍が南ジョージア島を奪回した事について感想を求められ、「紛爭當事國が武力による解決といふ古い形の紛爭處理の仕方を押し通さうとしても、それは國際輿論が許さないだらう」と語つたさうだが、紛爭當事國にとつて「國際輿論」の支持などといふものはさして役に立たぬのである。イラクの原子爐を爆擊した時も、レバノンに侵攻した時も、イスラエルは自衞權の行使だと主張し、それを國聯は阻止はもとより制裁する事も出來なかつた。昭和五十九年の今日も、國際社會においては「武力による解決といふ古い形の紛爭處理の仕方」が、依然として「押し通」されてゐる。これを要するに、國際社會は今なほ「禽獸世界」なのであり、青山學院大學の佐藤和男氏が書いてゐる樣に、往時と異り今は「戰爭の人道化の名のもとに、(中略)非戰鬪員の殺傷、無防備都市・非軍事目標に對する攻擊、戰鬪能力を奪ふ必要を越えた苦痛を與へる武器の使用、捕虜の虐待、等々が、國際法によつて禁止され」てはゐるものの、さういふ戰時法規の違反に制裁する機關は、今なほこの地球上に存在してゐない。廣島、長崎への原子爆彈投下は「非戰鬪員の殺傷、無防備都市・非軍事目標に對する攻擊、戰鬪能力を奪ふ必要を越えた苦痛を與へる武器の使用」に他ならず、日ソ中立條約を無視してソ聯軍が滿洲へ攻め込み、夥しい數の日本人をシベリアに拉致して强制勞働に從事させたのは「捕虜の虐待」に他ならないが、アメリカもソ聯も戰勝國だつたから、その「人道に對する罪」は不問に附せられ、それどころかアメリカもソ聯も、極東國際軍事裁判において「平和に對する罪」及び「人道に對する罪」を犯したとて日本を訴追し、斷罪したのであつた。

けれども、私は、極東國際軍事裁判における戰勝國の身勝手をこれ以上咎め立てしようとは思はない。なぜなら、まづ第一に、「正論」昭和五十七年十二月號に竹山道雄氏が書いてゐる樣に、「ヒットラーが勝つたら、チャーチルやルーズベルトが犯罪人といふことになつた」であらうし、第二に、「東京裁判史觀」を脫卻せよと聲高に言ひ張るだけでは、日本人は決して「東京裁判史觀」を脫卻出來ないと考へるからである。小堀桂一郎氏は書いてゐる。

> 教科書の偏向といふこと自體は國內的にはそれほど重大な、憂ふべき事態ではない。幸ひにして我國の民間には、教科書などとは比較を絕した、質の高い歷史書が豐富に著作され、出版されてゐるからである。心ある青年達はそれらの民間の史書にふれて、自づからにして自分達の使はされてゐた教科書の偏向に氣づくであらう。(中略)大切なのは、教科書の論調よりも(中略)現場の先生方の教へ方である。先生がしつかりした歷史觀の持主であれば、逆に偏向教科書を材料にとつて、歷史敍述を批判的に讀む態度といつたものを高校生に傳授し身につけさせることすらできるであらう。
>
> (「正論」昭和五十七年十一月號、傍點松原)

この小堀桂一郎氏の文章と、先に引いた粕谷一希氏とのそれとは月とすつぽんである。けれども、その小堀氏の主張すら、私には中途半端である樣に思へる。なぜなら、「我國の民間」に「質の高い歷史書が豐富に」出廻つてゐるかどうかの詮議はさておき、「教科書の偏向に氣づく」樣な「心ある青年達」が今の日本國にわんさとゐるとは思へないし、「しつかりした歷史觀の持主」が、あちこちの高校で教鞭を執つてゐるとは、これまた到底信じられないからである。

それに何より、粕谷一希氏ごとき晝行燈には到底理解出のである。

來まいが、小堀桂一郎氏には解つて貰へるであらう。「東京裁判史觀」なるものが一方に著しく「偏向」してゐる事は確かである。だが、その偏向の偏向たるゆゑんを指摘し、かりにそれが效を奏してその偏向が改まつたとしても、それはいはば左が少し右へ移動して「中庸」の位置を占める樣になつたといふ事に過ぎない。が、それで問題は片附くであらうか。卽ち、非武裝中立とはナンセンスだが、「自國の侵略の歷史を正當化する」のも「行き過ぎ」だとする「中庸」の是々非々主義、それで充分だと、果して言切れようか。

否。人間はさうしたものではない。人間は正義が好きで戰爭が好きで、戰爭をせずにはゐられないのである。「吾々には戰爭と勝利が必要なのだ」とドストエフスキーは書き、「戰爭は野蠻への復歸である。戰爭に正も不正もありはせぬ」とチャールズ・ロスは書いた。さういふ極論に「行き過ぎ」を案ずるばかりの「中庸」は太刀打ちが出來ない。それゆゑ、日本國の「平和病」を撲滅するためには、國際社會において戰爭は今なほ犯罪と看做されてゐないといふ事實のみならず、なにゆゑ人間が戰爭を犯罪と看做さないのかといふ事について、眞劍に考へねばならない

力が正義なのか

　前章に述べたとほり、昭和三年のパリ不戰條約と同樣、昭和二十年の國聯憲章も自衞のための戰爭を禁じなかつた。自衞か否かの判斷は當事國に委ねられ、しかもその國が國聯憲章第二條第三項の「國際紛爭を平和的手段によつて（中略）解決」する義務に違反した事が明らかであるとしか思へぬ場合にも、國聯には制裁を執行する能力が無いのであつた。けれども、違法行爲に對する制裁の規定無しに法は有效に機能しない。例へば、刑法は殺人犯について「死刑又ハ無期若《もし》クハ三年以上ノ懲役ニ處ス」と規定してゐる。この制裁の規定が削除されるか、或いは有名無實のものとなるかすれば、日本國は忽ちにして無法者の天下となり、善男善女は枕を高くして眠る事が出來なくなる。週刊誌が頻りに報じてゐる事だが、東京都新宿區歌舞伎町の界隈《かいわい》は今や「性の無法地帶」だといふ。どうしてさういふ事になつたか。刑法第一七五條には、「猥褻ノ文書、圖畫其他ノ物ヲ頒布若クハ販賣シ又ハ公然之ヲ陳列シタル者ハ二年以下ノ懲役又ハ五千圓以下ノ罰金若クハ科料ニ處ス」とあり、罰金等臨時措置法によつて「五千圓以下」は實際には今（昭和五十九年現在）、その二百倍の「百萬圓以下」になつてゐるけれども、有樣《ありやう》は「權兵衞が種蒔けば烏が穿《ほじく》る」であり、警察は「エロ事師」どもに根負けした恰好、それゆゑ歌舞伎町は無法地帶になつたのである。

　さういふ譯で、「制裁の執行」が嚴しく行はれない場合、法秩序は維持出來ないのだが、國際社會においては、國際的に違法行爲を制裁する機關が存在しない。自國の權利の侵害に對して各國が戰爭に訴へる權利を拋棄せぬゆゑんである。國内法の場合は、個人の權利の侵害に對する制裁は國家の然るべき機關が代行するから、個人の復讐は私刑として堅く禁じられてゐる。しかるに、國際社會においては、各國はいはば「私刑」を行ふ權利を認められてゐる。「違法行爲」を違法と斷じて制裁を執行する機關が存在しないからである。しかも、國内法上の違法行爲に對する制裁は、大凡《おほよそ》の正義をほぼ達成するけれども、一國の他國に對する戰爭はさうはゆかぬ。既に縷々述べた樣に、人間が正義の實現を強く望むがゆゑに戰爭は決して無くならないのだが、戰爭が常に正義を達成出來るとは限らない。ハンス・ケルゼンは書いてゐる。

戰爭といふものは、制裁によつて課しようとしてゐる害惡の及ぶところが、つねに非行をした者だけに限られるといふことを、決して保證しない。戰爭で勝つのは、「正しい者」ではなくて、一番强い者である。

（「法と國家」、鵜飼信成譯）

要するに、今なほ國際社會は「勝てば官軍、負ければ賊軍」の「禽獸世界」なのであり、國聯といへどもそれをいかんともし難いのである。なるほど、第二次大戰後、各國は宣戰を布告しての戰爭こそ行はなかつたものの、憲章第五十一條の自衞權を擴大解釋して屢々武力行使をやつてゐる。そして國聯は、安保理事會をソ聯がボイコットしてゐた朝鮮戰爭勃發の時を除き、武力行使に對して有效な制裁を行ふ事が出來なかつた。アルゼンチンがフォークランド諸島を占領した際も安保理事會はアルゼンチンの卽時撤兵を決議してゐる。だが、決議するだけであつて、アルゼンチンを制裁する事は出來なかつた。世界は今なほ「禽獸世界」であると密かに信じて、國聯の決議なんぞにいささかも動揺せず、けれども國聯憲章第五十一條にもとづく「自衞權の行使」だと主張して、サッチャーのイギリスは大艦隊を派遣し、力づくでフォークランドを奪ひ返したのである。勝つたイギリスは自國の權利を侵害したアルゼンチンに制裁して自らの正義を存分に達成した。そして、負けたガルチエリのアルゼンチンは、自國の正義を蹂躙されたまま泣寢入りするしかなかつた。當時平和惚けの日本國の新聞は「武力に對して直ちに武力で報復するといふ十九世紀的對應ではなく、最後まで武力を控へ、言論をもつて世界に正義を訴へる。それこそ現代において最も必要な事であり」（昭和五十七年四月二十六日附朝日新聞社說）云々と說いたが、「言論をもつて世界に正義を訴へる」に止めたならば、世界各國はいづれ必ずアルゼンチンのフォークランド領有を認める樣になるであらう。國後、擇捉、齒舞、色丹はもとより、樺太の南半分もかつては吾國の領土であつたが、昭和二十年八月九日、日ソ中立條約を一方的に無視してソ聯は日本に宣戰を布告、滿洲、南樺太及び千島列島を奪ひ取つた。だが、そのソ聯の火事場泥棒的な所業を、敗戰國日本は非難する事が出來ず、「言論をもつて世界に正義を訴へる」事も不可能だつたから、世界各國は今やソ聯の南樺太領有を認めてゐる。だが、今日こんな事を言へば狂人の戯言《たはごと》としか思はれまいが、極東國際軍事裁判の不當を論ひ、「東京裁判史觀」からの脱却を叫ぶ以上は、日本がいつの日にか、北方四島のみならず南樺太の奪回を企む事も正當だと、主張せざるを得ない事になるのである。けれどもそこまで徹底して考へた者は、敗戰後三十八年、唯の一人もゐなかつた。例へば竹山道雄氏はかう書いてゐる。

ソ聯のしたことは侵略ではなくて「解放」なのであり、日本人をこれより以上の苦痛から救濟するためであつた。

そして、ヤルタ會談では、スターリンはチャーチルとルーズベルトに、ドイツ降伏の三月後に日本を攻めると約束した。（これをその通り實行したのだから、「ソ聯はそれほどまでにも約束を守る國です」とある進歩主義の大學教授が得意氣に言つてゐたときには、さすがに腹がたつた。その前の中立條約は約束の中には入らないのだつた）。すなはち英米は、中立條約有效期間中のソ聯の日本侵略に同意してゐたのである。（だからとてソ聯のあの行爲がすこしでも正當化されうるものではない）。

（「昭和史と東京裁判」、「正論」昭和五十七年十二月號）

「むしろ能力がなくて、あまり經濟發展もないやうな穩やかな國々、工業化をめざさないで暮してゐるやうな國々の方が安全ではないか」と書いた粕谷一希氏の愚鈍と同様、「ソ聯はそれほどまでにも約束を守る國」等と書いた極樂とんぼの愚鈍については贅言《ぜいげん》を要すまいが、竹山道雄氏にして「ソ聯の日本侵略」の不當を言ふ不徹底を私は意外に思ふ。昭和二十年二月、ソ聯領クリミア半島のヤルタにおける祕密會談の席上、スターリンはルーズヴェルトとチャーチルに對して、當時中立條約を結んでゐた日本に對する宣戰布告を約し、その代償として南樺太と千島列島の領有を認めさせた譯だが、程無く戰勝國となつた米英ソ三國の密約による「ソ聯の日本侵略」をこの期に及んで「正當化されうるものではない」などと言つてみても始るまい。それこそまさしく「喧嘩過ぎての棒千切り木」である。齒舞、色丹、國後、擇捉はともかく、南樺太がソ聯領である事は今や世界各國が認めてゐる。それはつまり、「中立條約有效期間中のソ聯の日本侵略」が今や「正當化され」てゐるといふ事ではないか。

要するに、國際社會においては今もなほ力が正義なのであつて、力が沒義道《もぎだう》を正當化するのである。それゆゑ日本が將來、力づくで南樺太を奪ひ返したならば、日本の南樺太領有をいづれ必ず世界各國が認める様になるであらう。私は南樺太を武力によつて奪還すべし、などと言つてゐるのではない。今、この時におけるその不可能は小童《せうどう》も承知してゐる。私はただ「東京裁判史觀」からの脱卻を主張するだけでは不充分なのであり、國際社會における正義とは今なほ力だといふ冷嚴なる事實を認めねばならぬと、それが言ひたいに過ぎぬ。いかに惡逆無道の手段を用ゐようと、戰爭は勝ちさへすればよいのであり、國際輿論がいかに指彈しようと、そんなものは所詮犬の遠吠でしかない。かくて例へば、レバノン侵攻及び西ベイルートにおけるパレスチナ難民虐殺について、國際輿論はイスラエルを激しく非難したけれども、戰ひに敗れたアラファトはレバノンから追ひ出され、イスラエルの生存を承認するフェズ憲章を呑まざるをえぬていたらくとなつたではないか。

今なほ國際社會に罷《まか》り通る不文律は「力は正義なり」といふ事なのである。そしてそれは、二千年以上も昔から人々が信じてゐた事であつた。プラトンの「國家」に登場するトラシュマコスといふソフィストは、「正義とは强者の利益にほかならぬ」と斷言してゐるし、同じくプラトンの「ゴルギアス」において、カリクレスといふ名の政治家は、正義とは强者が弱者を支配し、弱者よりも「多くを所有する」事だと言切つてゐる。弱者は衆を恃《たの》み、平等に所有する事こそ正義だと主張し、法律や習慣の力を借りて强者を縛らうとしてゐる、だが、强者は常に、ピンダロスの詩にもあるとほり、「非道の限りをなしつつも、至高の腕力によつて、非道を正義に」するであらう、さうカリクレスは言ふ。

無論、プラトンの對話篇において、ソクラテスはさういふトラシュマコスやカリクレスの主張に駁論してをり、二人は遣り込められて沈默してしまふのだが、ソクラテスの言分に說得力はあまり無い。例へばトラシュマコスに對してソクラテスは、强者たる支配者も人間である以上誤りを犯すから、おのれの利益になる様に「法律を制定しよう」として、逆に「不利益になる事柄を制定してしまふ」事もあるではないかと反論してゐるのだが、强者にとつてそんな事は凡そ問題にはならぬ。强者は常に「自分の利益になると思つた事柄」をなすのであり、「實際に利益になるかならぬかは問ふところではない」。例へばトゥキディデスの「戰史」巻五第八十九章において、强者アテナイは弱者メロスに弱肉强食の理を說き、降服を勸告してから言つてゐる。

　諸君も承知、われらも知つてゐるやうに、この世で通ずる理窟によれば正義か否かは彼我の勢力伯仲のとき定めがつくもの。强者と弱者のあひだでは、强きがいかに大をなしえ、弱きがいかに小なる讓歩をもつて脫しうるか、その可能性しか問題となりえないのだ。

（中央公論社版「世界の名著」第五巻所收）

　このアテナイの頗る亂暴な主張に對し、弱肉强食の暴擧がとどのつまりアテナイの利益にならぬゆゑんをメロスは說き、「諸君が後世への見せしめにされる日」がやがて來るであらうと言ふ。けれども、「自分の利益になると思つた事柄」をなしたいと思つてゐる强者アテナイは聞く耳を持たない。アテナイはかう答へる、「支配の座から落ちる日がくるものなら、きてもよい。われらはその終りを思ひ恐れるものではない」。

　會談は決裂し、戰端が開かれ、メロスは降伏し、アテナイはメロスの成年男子を死刑に處し、女子供を奴隸にした。なるほど、それから十二年後、アテナイはペロポネソス同盟軍に降伏する事になつたのだし、强者アテナイはおのれの利益になると思つてメロスを攻略し、結果的に不利益を招來したといふ事になるのかも知れないが、奴隸となつたメロスの女が、十二年後にそれを言つて溜飲を下げたところで、何の意味もありはしまい。アテナイの言分は「强者は好き勝手に振舞ひ、一方弱者はなさざるをえぬ事をなせ」ばよいといふ事なのだが、これをトラシュマコスやカリクレスは支持し、一方、ソクラテスやプラトンは支持しないのである。卽ちトラシュマコスやカリクレスは政治と道德とは切離すべきものだと主張し、ソクラテスやプラトンは切離すべきものではないと主張してゐる譯だが、このいづれの說が眞であるかについては先哲が腦漿《なうしやう》を絞り、今なほ解決はついてゐない。バートランド・ラッセルの言ふ樣に「雪は白いとか、シーザーは暗殺されたとか、水は水素と酸素から出來てゐる」とかいふ主張が眞である事については意見の一致がみられるものの、この倫理學及び政治學の根本問題に關する對立について、その客觀的眞僞は容易に決定する事が出來ない。吾々は公正を求むべきか、それとも力を求むべきか、善である事がよい事なのか、强いといふ事がよい事なのか。

だが、政治の世界では「强いといふ事がよい事」なのであり、それはペロポネソス戰爭以來今日まで國際政治の常識と看做されて來た。それゆゑ今もなほ、世界各國は軍擴を止めようとはしない。那須聖氏の言ふ樣に、「軍縮會議の歷史は二千八百年昔のアッシリアの時代に遡る事が出來る」が、「以來何千回となく軍縮會議が開かれたものの、實質的に成功した例は皆無だと言つても言ひ過ぎではない」のである。

しかるに、政治と道德との切離しに耐へられぬ腑拔け揃ひの日本國においては、二千八百年を要してなほ實現出來なかつた難事を、平和惚けの日本を見習ふ事によつて世界各國が實現しうるといふ、途轍も無い愚かな夢を「國際政治學者」が夢みて、それを一流綜合雜誌が掲載する。即ち、「中央公論」昭和五十七年六月號に永井陽之助氏はかう書いたのであつた。

だが、世界像の面ではたして變へるべきは日本人の役割認識であらうか。それともアメリカ人の認識の方であらうか。たしかに歐米の經濟不調に對して日本の强靭な對外競爭力と健全な企業體質を支へる一つの要因が、防衛負擔の輕さにあるといふ認識は正しいとしても、そのことから論理的にまつたく異なつた二つの對日政策が出てくるはずである。第一が、前述のレーガン世界像（″十戒″哲學）にもとづいてソ聯脅威論や只乘り論を强調して、日本に歐米竝みの軍事負擔を課し、軍事大國化の道をあゆませることである。第二の道は、日本をモデルとして、すべての國が″十戒″哲學を放棄し、あらたな世界像のうへに（中略）軍備管理と世界軍縮の方向へ步みだすことである。（「日本外交における″自然″と″作爲″」）

日本語でかういふ阿呆な事を書いても、それが歐米の讀者の讀むところとならず、それゆゑ「歐米の言論に對する日本の脆弱な對外競爭力」を見透かされる心配が無いのは御同慶の至りである。けれども、永井氏の愚論の愚論たるゆゑんを大方の日本人が悟らぬ限り、再び日本が國際社會に孤立する危險もある譯だから、ここでちと入念に永井氏を叩いておくとしよう。

まづ、「世界像の面で變へるべきは日本人の役割認識」のはうなのであり、理由は頗る簡單で、アメリカは强者であり、日本は弱者だからである。强者が常に古代のアテナイの様に振舞ふ譯ではない。過去三十八年間、强者アメリカは弱者日本に對して異常なほど寛大であつた。それゆゑ、永井氏に限らず大方の日本人が錯覺してゐるのは無理ならぬ事なのだが、韓國と同様日本も、アメリカに楯突いて無事に濟む様な强者ではない。カーター大統領の靑臭い正義感に楯突いた擧句、朴正熙大統領は暗殺されたけれども、そして當時私は朴正熙氏に深く同情してカーター氏の愚鈍を批判したけれども、トラシュマコスやカリクレスの言ふ様に、國際社會においては力こそが正義なのだから、卽ち、ぎりぎりの事態になれば、「强者は好き勝手に振舞ひ、一方弱者はなさざるをえぬ事をなす」しかないのだから、將來アメリカ國民が第二のカーターを大統領に選出した場合、韓國の大統領はまたぞろ强者の理不盡に苦悶せねばならぬ事となる。だが、實は日本の場合も韓國のそれと大差は無いのであり、釜山に赤旗が立つて後、アメリカが日本に對して無理難題を言ひ掛けた場合、弱者たる日本の首相がそれに楯突き、日本人によつて暗殺されるといふ事態にならぬとも限らない。韓國が最前線で頑張つてゐるからこそ、後衞の日本は久しく安穩無事でゐられたのだが、北朝鮮が韓半島を統一した場合、「世界像の面で變へるべきは日本人の役割認識」である事を、日本は痛感する事になるであらう。アメリカの庇護無くして自國の存立無しといふ點で、日韓兩國にさしたる違ひは無いのである。

いや、日韓兩國に限らず、小國が大國の意嚮《いかう》を徹底的に無視して獨立を維持出來る筈は無い。それゆゑ、アメリカが弱者日本に「歐米竝みの軍事負擔を課し、軍事大國化の道をあゆませる」かどうかも、强者たるアメリカの意嚮次第なのであつて、アメリカがそれを望まぬのに、日本が獨自の判斷で「軍事大國化の道」を歩み出す譯にはゆかないが、逆にアメリカが眞劍に日本の軍事大國化を望めば、日本が「防衞負擔の輕さ」を享受しつづける事など出來はしない。しかるに永井氏は、アメリカの意嚮に逆らつて、日本が「强靭な對外競爭力と健全な企業體質」とやらを維持する事が可能であると思つてゐる。卽ち、日本をモデルとして「〝十戒〟哲學」とやらを「すべての國が放棄し、軍備管理と世界軍縮の方向へ歩みだす」事が可能だと思つてゐる。平和惚けゆゑの愚論と評するゆゑんである。既に述べた様に、二千八百年も昔から軍縮會議は開かれて「實質的に成功した例は皆無だと言つても言ひ過ぎではない」。では、なぜ軍縮はさまでの難事なのか。二千八百年經たうと二萬八千年經たうと、人間はつひに人間たる事の限界を越えられぬからである。例へば大昔から男は女の魔力に苦しめられ、今も一向に煩惱の垢を洗ひ落せずにゐる。永井陽之助氏とて例外ではない。永井氏と面識は無いが、およそこの世にこれほど確信を持つて斷定出來る事柄は少からう。「宇治拾遺物語」巻四の八には、「今は昔、進命婦《しんのみやうぶ》若かりける時、常に清水へ參りける間、師の僧きよかりけり。八十のもの也。法華經を八萬四千餘部讀奉りたる者也。此女房をみて、欲心をおこして、たちまちにやまひに成て」云々とある。一生不犯《ふぼん》の誓ひを守り八十歳になつても、なほ長き夜の闇に惑ふのである。さういふ不完全な人間に永續的な軍縮なんぞやれる譯は無い。

　色好みと軍縮と一體何の關りありや、さう讀者は反問するであらうか。軍縮が難事なのは人が他人の善意を信じ切れないからである。他人の心の奥底を覗かうとして遂に覗けないからである。それゆゑ、夏目漱石の「行人」において、長野一郎は弟二郎と妻お直との仲を疑ひ、兄としての體面を構はずに、「聞き惡《にく》い所を我慢して聞く」。「形式上の答へは己《おれ》にも聞かない先から解つてゐるが、たゞ聞きたいのは、もつと奥の奥の底にある御前の感じだ。その本當の所を何《ど》うぞ聞かして呉れ」と頼む。だが、二郎が何と答へようと、一郎が「本當の所」を聞いたと思ふ事は無い。そこで一郎は二郎に言ふ、「夫《それ》では打ち明けるが、實は直の節操を御前に試して貰ひたいのだ」。

　ここで「行人」について詳述する譯にはゆかないが、八十歳にもなつて女色に溺れるのも、他人の心の奥底にあるものを讀み切れないのも、ともに不完全なる人間の宿命なのである。「他《ひと》の心は外から研究は出來る。けれども其心に爲《な》つて見る事は出來ない」と一郎は言ふ。アンドロポフ氏の「心は外から研究は出來る。けれども其心に爲《な》つて見る事は出來ない」から、レーガン氏はアンドロポフ氏の軍縮提案を輕々に信じない。レーガン氏もアンドロポフ氏も、夏目漱石氏も永井陽之助氏も、人間であるといふ點で何の違ひも無い筈だが、奇怪な事に學者といふ人種だけは、自他の心を「外から研究」する事さへしないものらしい。かくてこの高名なる國際政治學者も、天下國家を論じて人間についての恐るべき無知を随所に曝け出すのである。例へばかうである。

私見では、徐々にではあるが、陸上自衛隊を大幅に削減し（中略）、陸上自衛隊の相當部分は（中略）、技術、醫療、教育、難民救濟などの一種の平和部隊（海外援助部隊）に編成がへを行なふべきではないかと思ふ。

八〇年代に生じうべき地球的な規模での社會生態系の構造變化（人口爆發や大量貧困、飢餓、流行病、難民、環境惡化など）に積極的に對處する平和部隊の編成こそ、モラトリアム國家の體質にあつた世界平和への積極的な貢獻となりうるからである。これは從來も國內で實施してきた自衛隊の「災害救助活動のグローバリゼーション」ともいふべきものであらう。

（「モラトリアム國家の防衛論」、「中央公論」昭和五十六年一月號）

自衛隊が「災害救助活動」をやるのは、それが自國民のためだからである。それに何より、いかに經濟大國の「平和部隊」であつても、他國の「飢饉、流行病」程度ならともかく、「人口爆發や大量貧困」にどうやつて對處出來ようか。そしてまた、一年に一回だけ廣島に集つて「ダイ・イン」とかいふお遊びを樂しむ手合は知らず、自衛隊はまつたうな人間の集團だから、そんな僞善的な事業に精を出す筈が無い。天邪鬼のアンブローズ・ビアスは「敵意」を定義して「地球上の人口過剩をことのほか鋭く實感する事」だと言つたが、さういふ人情の機微に學者先生だけは觸れる事が無いものらしい。

それゆゑ彼等は屢々「己の欲せざる所」を他人に施し、その身勝手を決して悟らない。「陸上自衛隊を大幅に削減し」てから、永井氏はその「平和部隊」を率ゐて海外へ渡り、「人口爆發や大量貧困」に「積極的に對處する」事を欲するか。冗談や綺麗事は休み休み言ふがよい。永井氏がやりたいと思はぬ事は、他人もまたやりたいとは思はぬのである。永井氏は同じ論文において、「十八歳から二十歳のすべての青年男女」を、「一定期間（半年から一年）、例へば、自發的參加によるかあるいは義務によつて」、平和部隊か「都市、農村の環境整備隊」か、「老人、身體障害者、長期療養者などの看護補助部隊など」に入隊させたらどうかとの提案をしてゐる。徵兵制にかはる「道德的等價物」として役立つ筈だと言ふのである。さういふ勤勞奉仕を韓國人はやつてゐる。所謂セマウル運動だが、それは首都の四十數キロ先に敵がゐる國家においてのみ可能な事なのであり、「日本をモデルとして、すべての國が〝十戒〟哲學を放棄し（中略）軍備管理と世界軍縮の方向へ歩みだす」などといふ白晝夢に國際政治學者が耽つて袋叩きに遭はぬほど知的に怠惰な國にあつては、所詮實行に移せぬ類の机上の空論でしかない。

それに、「すべての國が〝十戒〟哲學を放棄」する事も斷じて無い。「十戒哲學」とは耳馴れぬ言葉だが、永井氏によればそれはアメリカのスタンレー・ホフマン教授の造語ださうで、面倒臭いし無意味だから詳しい説明は省くが、要するに「強いアメリカ」を再建して「諸惡の根源」たるソ聯の脅威に對處せんとするレーガン政權の「力の政策」の事であるらしい。そして永井氏は、アメリカのみならず、「すべての國が力の政策」を抛棄する事は可能だと信じて、一流綜合雜誌に九ポ二段組二十二頁の「大論文」を寄せたのであつた。紙とインクの無駄づかひと評せざるをえない。國際社會に罷《まか》り通る不文律は「力は正義なり」だからである。しかるに、永井陽之助氏は十九年前、こんな文章を綴つたのであつた。

一九四四年七月、ワルシャワに赤軍が接近した。ラヂオを通じて、ボア將軍の率ゐる約四〇〇〇の對獨抵抗地下運動者に、協同作戰をよびかけておいて、赤軍はそのまま撤退した。むろん、この愛國者たちは、無殘にも占領中のナチによつて全滅させられ、その後、赤軍はナチを撃破して、同市を占領した。おそらく、ヒューマニズムの立場からは、これ以上のマキアヴェリズムはないと、指彈されるであらう。しかし、スターリンにとつてみれば、潛在的チトー分子を間接的方法で未然に除去しておくことは、將來のソヴェトの安全にとつて、不可缺と判斷してゐたからであつて、冷酷を必要とする現實政治の立場からは、非難することはできない。

（「平和の代償」、中央公論社）

いかにも「現實政治の立場からは」スターリンのマキャヴェリズムを「非難することはできない」が、それなら永井氏は十九年經つた今、資本主義の「最後のモデル」たる日本を「米國はじめ西歐諸國」が「壓殺」しようとする事を、「歐米竝みの軍事負擔を課し、軍事大國化の道をあゆませる」事を、なぜ「愚かな道」と斷ずるのか。「世界の軍事支出は、OECD加盟國の發展途上國向けの政府開發援助（ODA）二六〇億ドルの一九倍に達してゐる。正氣の人間ならば、米ソの核軍擴競爭による資源の濫費をやめ、その節約された資源を發展途上國の經濟發展にまはすべきだと考へるのがたうぜんであらう」などといふ、愚にもつかぬ性善說の御託をなぜ竝べるのか。スターリンのマキャヴェリズムを是認するほどの「正氣の人間ならば」、強者たる米ソは「好き勝手に振舞ふ」のであり、弱者たる發展途上國の事なんぞは眼中に置かず、「核軍擴競爭による資源の濫費をやめ」ぬであらうと、さう「考へるのがたうぜん」ではないか。

　だがマキャヴェリとマキャヴェリズムとは違ふのであり、マキャヴェリほど誤解された偉人は稀であると、T・S・エリオットは書いてゐる。マキャヴェリは「貧弱な領地で木を切つたり、百姓と雜談したりしてゐた無邪氣な物靜かなフロレンスの退職せる一愛國者」だつたが、宗教に對する彼の「態度は政治家の態度であつて、政治家としては、如何なる政治家にも劣らず高貴な態度」だつたとエリオットは言ふ。エリオットはかう書いてゐる。

彼は、人間に關する眞理を語つたにすぎない。彼の描く人間心理の世界は眞實である——即ち、それは超人間的な恩寵などの附加されてゐない人間そのものである。故に、それは確固たる宗教的信念を持つてゐる人だけに受入れられる。宗教的信仰の代りに人間への信仰をもつてしようとした最近三世紀の努力からみるとマキアヴェルリの信念は我慢できないものとなる。

（「異神を追ひて」所收「ニッコロ・マキアヴェルリ」、中橋一夫譯、生活社）

かういふ高級な議論は、例へば粕谷一希氏には通じないであらう。だが、事によると永井陽之助氏には通じるかも知れぬ。いや、假りに通じないとしても、ここでエリオットとマキャヴェリについて語る事は、決して無意味ではない。國際政治も政治であつて、政治を論じてマキャヴェリを素通りする譯にはゆかない。エリオットの言ふ樣に、マキャヴェリは「人間に關する眞理」をあからさまに語つた。例へばこんな具合である。

人間は恐れてゐる他人より、愛情を感じてゐる他人を容赦なく傷つける。恩義の絆でつながつてゐるだけの愛情などは、おのが利害に關る段になれば、たちまち斷ち切つてしまふ。けれども、恐れてゐる相手に對しては、處刑の恐怖によつて縛りつけられてゐるから、決して見捨てるといふ事が無い。

これが「人間に關する眞理」である事を誰も否定する事は出來ない。マキャヴェリの愛讀者であつたスターリンの成功が、その何よりの證據である。スターリンの肅清の對象となつた連中の大半はスターリンに「愛情を感じて」ゐたのではなく、「處刑の恐怖によつて縛りつけられて」ゐた。それゆゑ、突如見捨てられるまでは「決して見捨てるといふ事が無」かつたのである。フルシチョフの證言によれば、スターリンは時々他人をじつと見詰め、かう言つたといふ、「どうして君は今日よそばかり向いてゐて、まつすぐに私の目を見ないのかね」。

ロイ・メドヴェーデフやロバート・コンクェストによれば、スターリンによる大肅清の被害者は、處刑された者二、三百萬人、逮捕された者は一千萬から一千五百萬人にも及ぶさうだが、コンクェストによれば、スターリンはカーメネフとジェルジンスキーにかう打ち明けたさうである、「犠牲者を選び、自分の計畫を詳しく練り、（中略）それからベッドに入る……世の中にこれほど樂しいことはない」（「スターリンの恐怖政治」、片山さとし譯、三一書房）。

だが、「反吐《へど》を吐きたくなるやうな大量殺人」をやつてのけたスターリンを、吾々常人とは何の共通點も無い狂人と看做して安心してはならない。加虐の快感を求める氣持は吾々にもある。それは「人間に關する眞理」なのである。しかるに昭和二十六年、スターリンを辯護して猪木正道氏はかう書いた。

> たえず存在を脅かされてゐるロシア共産黨にとつては、（中略）黨内の反對派はすなはち敵なのであり、敵を喰ふか、敵に喰はれるかのいづれかの可能性しか存在しない。今から五百四十年前に、ディートリッヒといふ司教が、「教會の存在が脅かされてゐる時には、教會は道徳の支配の埒外に出る。目的と一致すれば、狡猾、裏切、暴力、僧職賣買、幽閉、殺人などのあらゆる手段に訴へることが是認される。なぜならば、すべての秩序

は、共同社會のためのものであり、しかして個人は、共同の利益のためには、犧牲とならなければならないからだ」と說いてゐることを提起しよう。トロツキーや、ジノヴィエフや、カーメネフや、ブハーリンや、その他無數の個人の生命は、革命ロシアの共同の利益のために捧げられた貴重な犧牲なのだ。彼等がべらべら奇怪な犯罪を自白したのは、黨がすべてで、個人は無だといふ共產主義者の信念にもとづいて、最後の奉公を行つたのだとも解される。

（猪木正道・竹内好・蠟山芳郎「スターリン・毛澤東・ネール」、要書房）

いやはや何とも大膽なスターリン辯護であり、草葉の蔭のスターリンが讀んだらば隨喜の淚を流すであらう。もつとも、同じく草葉の蔭のトロツキー、ジノヴィエフ、カーメネフ、及びブハーリンは、「俺達の死を最後の奉公とは何たる言種《いひぐさ》か」と、怒髮《どはつ》天を衝かんばかりの形相で怒るに違ひ無い。例へばジノヴィエフとカーメネフが「べらべら奇怪な犯罪を自白」したのは、「彼らの生命、彼らの支持者の生命、かれらの家族の自由を保證するといふスターリンの條件をつひに受け入れた」からであり、スターリンの違約を知つたジノヴィエフは「約束を守れ」と必死の形相で叫んだといふ。

とまれ、コンクェストの著書を繙《ひもと》く者は、そこに「人間に關する眞理」を見出すのである。それは「超人間的な恩寵などの附加されてゐない人間そのもの」の姿であり、「宗教的信仰の代りに人間への信仰をもつてしようと」する者にとつて、それは「我慢できないものとなる」のだと、エリオットなら言ふであらう。だが、少々難しい話になるが、宗教的信仰なんぞを持合せてゐない猪木正道氏はスターリンの惡逆無道を「受入れ」てゐるではないかと、さう吾々がエリオットに反問したならば、エリオットは何と答へるであらうか。かう答へるに相違無いと私は思ふ。

しかし、猪木氏は「宗教的信仰」の代りに「革命ロシアの共同の利益」を重んじ、「黨がすべてで、個人は無だといふ共產主義者の信念」を持つてゐるではないか。共產主義は「代用宗教」なのだ。猪木氏はその信者ではないか。

いかにも共産主義は「代用宗教」だが、代用宗教は所詮代用宗教であつて、エリオットの文章と猪木氏のそれとを比較すれば、代用宗教の限界を吾々ははつきり見て取る事が出來る。卽ち、エリオットと異り、猪木氏は「超人間的な恩寵などの附加されてゐない人間そのもの」のおぞましい姿を冷静に受け入れてはゐない。血に飢ゑたスターリンは「超人間的な恩寵」とは無縁だが、それを猪木氏はありのままに受け入れる事が出來ず、「黨がすべてで、個人は無だ」といふ「共産主義者の信念」を援用してスターリンを辯護せざるを得なかつた。猪木氏はまたかう書いてゐる。

ロシアでは、やむをえぬ害惡として理解されうるスターリンの獨裁主義が、外國の共産黨にも適用される場合、それはもはややむをえない害惡ではなくなり、不必要な害惡をもたらすことになる。

猪木氏の思考の淺薄については拙著「道義不在の時代」に詳述したから、ここでまた丹念に叩かうとは思はないが、十六世紀のイタリアにおいてのみマキャヴェリの主張は「やむをえぬ害惡」だつたが、二十世紀の例へば北朝鮮においては「不必要な害惡をもたらす」などといふ事は斷じて無い。「人間に關する眞理」は時間空間を越えてゐるからである。

ところでエリオットは、「宗教的信仰の代りに人間への信仰をもつてしよう」とする人々、卽ちヒューマニズムを信奉する手合にとつて、「マキアヴェルリの信念は我慢できないものとなる」と書いてゐる。なぜ我慢出來ないものとなるのか。彼等は「神の恩寵」を信ぜず、代りに「人間の性は善であるといふ神話」を信ずるからである。マキャヴェリが見たのは人間性の半面に過ぎぬと彼等は思ひたがる。卽ち、人間は本質的に善なのだから、人間の邪惡な面は努力によつて矯正出來る筈だと、彼等はさう信じて疑はない。

さういふ考へ方はヒューマニズムと呼ばれてゐる。日本ではヒューマニズムは博愛主義と同義の樣に解されてゐるが、それは本來、神の恩寵無くして人間が人間だけでうまくやつてゆけるといふ信條を意味する。例へば「人間は人間にとつて神だ」とフォイエルバッハは言ひ、「もしも神が存在するならば、どうしてこの私が神でない事に耐へられようか、ゆゑに神は存在しない」とニイチェは言つた。

けれども、さういふ無神論の報いがアウシュヴィッツであり、ソルジェニーツィンの「収容所列島」であつた。勝田吉太郎氏が書いてゐる様に、ヒューマニズムが「神を見失ひ、さらに神への反逆の内的論理を徹底していく時に、人間は、人類とかプロレタリアートとかの名でよばれる新しい偶像神のいけにへと化し、そして人間主義は傷ましい人間否定と人間蔑視、人權と自由の壓殺に終る」しかなかつた。つまり、神を殺したと信じて喜んでみたものの、結局人間に何の捗々《はかばか》しい事も無かつたのでる。

それゆゑクリスト教徒は「神は死んでゐない、人間よ、附上がるな」と今なほ言ふ。そして彼等は神の恩寵無くして人間は何一つ善行をなしえないと信じてゐる。だが、さう信じて何ぞ捗々しい事があるのだらうか。恩寵無き人間の悲惨を直視すれば、無神論的ヒューマニズムがもたらしたアウシュヴィッツや「収容所列島」の「人間否定と人間蔑視」を人間は免れるであらうか。

さういふ事はとても期待できない。神殺しの以前と以後と、人間の本性に何の相違もありはしない。ダッハウの収容所で毎日ユダヤ人が虐殺されてゐた時、すぐ近くのミュンヘンではベートーヴェンの室內樂の演奏會が開かれてゐた。「大虐殺や死の収容所と距離的にも、時間的にもきはめて接近したところで、藝術が、知的な探究が、自然科學の發展が、そして様々な分野の學問が隆盛をきはめてゐた。直視しなければならぬのはこの近さの構造であり、その意味なのである。なぜ、人文主義的な傳統も、行爲の模範も、政治的な野獸性の前にはあれほどにも脆弱な防壁でしかなかつたのか」とジョージ・スタイナーは「青鬚の城にて」に書いてゐるが、一〇九九年、エルサレムを攻撃するに先立ち、十字軍のクリスト教徒はクリスト昇天の地と傳へられるオリーヴ山に登り、山頂にて跪き、「謙遜と〝痛恨〟の心もて苦しげに吐息をつき涙を流しつつ、天を仰いで援助を懇請した」のだが、さういふ「確固たる宗教的信念」の持主が、ひとたび「貧者の質素な服を甲冑に著がへ、はだしに靴をはき馬にまたがると、たちまち巡禮は戰士に豹變した」のである。橋口倫介氏は十字軍による異教徒虐殺についてかう書いてゐる。

キリスト教徒側の年代記類もこれらの殘虐行爲と掠奪のすさまじさを、別に隱さうとも辯明しようともせず淡々と語つてゐる。フーシェによると、市内に入つたレ

ーモン伯はサラセン人が城壁を乗り越えて逃げるのを見て、

「全速力でそこへ驅けつけ、部隊とともにかの憎むべき敵どもを追ひかけ斬り殺し、いつやめるとも知れなかつた」。

（中略）これに續けて、（フーシェは）神殿での大虐殺を語り、「血の池の中を脛《すね》までつかりながら歩く」凄慘な光景を描寫する。ここにいたつてさすがの冷靜な報告者も慨嘆を禁じ得ず、「何たることか、婦人も子どもも、誰一人生きのびることはできなかつた」（中略）とつぶやいて筆を投げてゐる。（「十字軍」、岩波新書）

これを要するに、神の死後、ベートーヴェンの室內樂に陶醉する事とダッハウの大虐殺とが兩立したのと同樣、神の死以前も、神に對する謙抑と異教徒虐殺とが兩立したといふ事である。いや、「確固たる宗教的信念」の持主は、「人間への信仰」の持主以上に殘忍に振舞ふのかも知れぬ。宗教戰爭は植民地獲得のための侵略戰爭以上に、惡逆無道なものとなるのかも知れぬ。ここで讀者は、先に引いた猪木氏の文章に引用されてゐるディートリッヒ司教の言葉を思ひ出すがよい。「確固たる信仰心」の持主も、吾こそ神意を體する者と信ずる時は、力の正義を主張して怪しむ事が無いのである。「人間は自力でいかなる善をも志向出來ぬ」と信じ、神に哀れみを乞ひ、神を稱へてやまなかつたアウグスティヌスにしても、論敵ペラギウスに對しては容赦しなかつたし、「神に較べて人間が一體何ほどのものであらうか」と「奴隸的意志」に書いて人間の自由意志を否定したルターも、論敵エラスムスを激しく罵つたし、農民の暴動を難じ諸侯に領民殺戮を教唆してから書きもした。

農民たちは惡魔の捕虜となつてゐる（中略）。それゆゑ敬愛する諸侯よ、領民を憐れむべし。刺し殺し、打ち殺し、締め殺すべし。そのために死ぬとしても（中略）、御身は神の命に從ひ、地獄と惡魔から隣人を救ひ出さんとして死ぬのである。

人間は正義を氣に掛けずにゐられない、それゆゑ戰爭は無くなる事が無い。正義われにありと信ずる時、人間は頗る殘忍に振舞ふ。宗教や代用宗教を信ずる事篤《あつ》ければ、それだけ人は殘忍になる。おのが正義の蹂躪されんとする時、吾々は「道徳の支配の埒外《らちぐわい》に出る」のであり、「目的と一致すれば、狡猾、裏切、暴力、（中略）幽閉、殺人などのあらゆる手段に訴へることが是認される」と、ディートリッヒ司教も、スターリンも、ルターも信じたのである。つまり宗教やイデオロギーに對する獻身が人間を殘忍にする譯だが、「新潮國語辭典」の定義によれば、獻身とは「自己の利害を顧みずに力を盡くすこと」であつて、それを誰も好ましからざる事とは思はぬであらうから、聖戰もしくは正戰を根絶する事は到底不可能なのである。

　神に對しては頗る謙虚であり、神の恩寵を信ずるがゆゑに人間の悲慘を直視してたぢろがぬクリスト教徒も、無神論的ヒューマニズムの信奉者と同樣、正義のための流血はこれを是認してためらふ事が無い。ラッセルの「西洋哲學史」によれば、四世紀の昔、アレキサンドリアの總大司教であつた聖キリルスは、異端者と認定した女哲學者ヒパティアを私刑に處したが、彼女は「二輪馬車からひきずり下され、衣類をはがれて裸にされ、教會までひきずつていかれた後に、讀經者ペトルスや、殘忍で無慈悲な狂信者の群衆によつて、非人道的に屠殺されたのである。彼女の肉は、鋭いかき（牡蠣）の殼で骨よりけづりとられ、ぴくぴく動いてゐる四肢は、火の中に投げこまれた」（市井三郎譯）のであつた。

　人間とは何と厄介な生き物であらうか。ベルジャエフが「人間の運命」に書いてゐる樣に、人間は道徳的義務に忠實たらんとして卻つて殘酷になるのであり、さういふ殘酷を失ふ時は、嚴しい道徳的感情をも失つてしまふ。アメリカの反戰小說「キャッチ二十二」の作中人物、百七歳のイタリアの女郎屋の亭主が、聖キリルスの樣に殘忍に振舞ふ事は斷じて無い。彼は百七歳まで生きて、正義について不感症になつてしまつてゐるからである。人間は殘忍であつてはならないと、吾々は氣安く言ふが、宗教的であらうとしても、道徳的であらうとしても、人間は殘酷にならざるをえないのである。ベルジャエフは書いてゐる。

　　掟は「殺してはいけない、盜んではいけない、惡をおこなつてはいけない」と命じる。また「殘酷であつてはいけない」ともいふ。なるほどかうした命令は絕對的であり、またある意味では普遍妥當的である。しかし「殘酷であつてはならない」と命じる掟は、われわれが一つの價値をえらんで他の價値を捨てるにはどうしても「殘酷にならざるをえない」といふことに氣づいてゐないのである。また「殺してはいけない」と命じる掟は、この世から殺人をなくすために、また人類にとつて最も價値あるものを守るためにあへてひとを殺さなければならない場合があることを知らないのである。

（「人間の運命」、野口啓祐譯）

この二律背反の厄介を讀者は認めるに相違無い。けれども、それなら讀者は、「人類にとつて最も價値のあるものを守るため」と信じた結果としての聖キリルスの所業、ディートリッヒ司教の主張、アウシュヴィッツ、そして「收容所列島」を、果して容認するであらうか。「宗教的信仰の代りに人間への信仰をもつてしよう」とする吾々日本人にとつて、それらはいづれも「我慢できないもの」なのではあるまいか。

しかるに、「確固たる宗教的信念」の持主だけは、さういふ人間の悲慘を受け入れる事が出來るのだとT・S・エリオットは言ふ。神の恩寵無き人間の悲慘を認める事は神を稱へる事であり、人間の卑小を痛感する事は神の偉大を證す事だからである。アウグスティヌスは「告白」を書いて、それをやつてゐる。彼は青年時代の放蕩についてのみならず、子供の頃、惡友共と葡萄畑の近くで梨を盜んだ事について長々と書いてゐるのだが、惡事とも言へぬほどの惡事を告白して、その率直を誇る嫌味を讀者に感じさせる事が全く無い。

私は學生時代、山村暮鳥の「土の精神」と題する詩集の初版本を持つてゐた。が、暮鳥がその跋文に、おのが生活苦を語り、「萬引までやつた事がある」と書いてゐるのを讀んで、何となく釋然としなかつた。その後、アウグスティヌスの「告白」を讀んで解つたのだが、要するに暮鳥は、恥づべき前非を告白するおのが正直に醉つてゐたのである。自分ほど正直な男がゐるだらうかと、さういふ事が言ひたかつたのである。

だが、暮鳥と異り「確固たる宗教的信念」の持主であつたアウグスティヌスは、梨泥棒などといふ些細な惡事にも「超人間的な恩寵などの附加されてゐない」おのが悲慘を認め、それを告白して「七つの大罪」の一つである傲慢を免れてゐる。アウグスティヌスはおのが惡行を語つて、いや、それどころか善行について語つて、およそ誇らしげになる事が無い。おのが罪を許し、煩惱の泥沼から救ひ出し、善行を行はしめたる神を一心に褒め稱へるからである。人間が傲慢を免れるのは、自分以外の何かをひたすら褒め稱へる時だけなのではあるまいか。

だが、神に對して頗る謙虚であつたアウグスティヌスも、論敵ペラギウスに對しては頗る峻嚴であつた。まさしくベルジャエフの言ふとほりであつて、「一つの價値をえらんで他の價値を捨てる」時、人は「殘酷にならざるをえない」。そして、ギュスタヴ・ティボンの言ふ樣に、さういふ二律背反は「辛いものながらそのままに受け入れなければならない」。卽ち、吾々は論敵に對して寛容でなければならず、他人に殘酷であつてはならないのだが、フォールスタフや百七歳の女郎屋の亭主の樣に振舞はぬ限り、吾々は敵に對して「殘酷にならざるをえない」のだ。そしてそれなら、どうして戰爭が無くなるであらうか。しかるに、既に述べた樣に、「左翼」文化人も新聞記者も、久野收氏と同樣、「斷乎反對」だの「斷じて許さない」だのと口走る。「斷じて許さない」と人間が言ひたがるからこそ戰爭は無くならないのだといふ事が理解出來ない。笑止千萬なる愚鈍である。

善には惡が必要である

私はかつて伊藤仁齋について語つて、考へるといふ事は「對峙」するものの間の「往來通行」だと書いた事がある。人間は「考へる葦」であり、善と惡、美と醜、肯定と否定といつた「兩極の間を往來」して止まぬのだが、さういふ事が、知的に怠惰な知識人にはどうしても理解出來ぬものらしい。「兩極の間を往來」する動的な思考と、知的怠惰ゆゑの平板な矛楯とを區別出來ないらしい。例へば前章で批判した樣に、永井陽之助氏は或る時はいとも氣安くスターリンのマキャヴェリズムを是認し、或る時は「米ソの核軍擴競爭による資源の濫費をやめ、その節約された資源を發展途上國の經濟發展にまはすべきだ」などといふ性善說の御託を竝べてみせるが、これは知的怠惰ゆゑの矛楯に過ぎず、マキャヴェリズムと「性善說」といふ「兩極の間を往來」する類の言論では決してない。「兩極の間を往來」なら、「辛いものながらそのままに受け入れなければならない」二律背反をも意識せざるをえない筈だが、永井陽之助氏の場合、或る時は黑と言ひ、或る時は白と言ひ、黑と言ふ時は白を、白と言ふ時は黑を全く意識してゐない。それはいづれか一方の極まで到らぬ思考の不徹底のせゐなのである。そしてそれは永井氏に限らぬ事で、例へば「月曜評論」の匿名批評家は第六二五號にかう書いたのである。

> 田中軍團は實力者揃ひ、中曾根內閣は實力者內閣だとしても、國政の中樞に居すわる犯罪容疑者の暗い影響を私たちが本氣になつて消し去る努力をしない限り、ネズミとりに對する國民の協力は得られない。それどころか、國民は「ネズミをとることはそつちのけにして」無能だが清潔な左翼政權にあこがれることにならう。

この匿名批評家は田中美知太郎氏を批判して、右の文章を書いたのであり、田中氏はサンケイ新聞に、鄧小平がかつて「白い猫でも黑い猫でも、ネズミをとる猫がよい猫だ」と言つたけれども、日本國では今、「ネズミをとることはそつちのけにして、黑い猫や灰色の猫を追ひかけるのに、國をあげての大騷ぎ」をしてゐる、それでよいのか、と書いたのであつた。田中氏の文章は惡文であつて、私は感心しないけれども、それはさておき、右に引いた匿名批評家の文章が示してゐる思考の不徹底を、讀者は看破る事が出來るであらうか。田中角榮氏の「暗い影響を本氣になつて消し去る努力をしない限り、ネズミとりに對する國民の協力は得られない」と彼は言ふのだが、この日本國のどこにも田中角榮氏の「暗い影響」なんぞありはしない。また、「經濟動物」たる當節の日本人が、どうして「無能だが清潔な左翼政權」なんぞに憧れようか。「有能で清潔な政權」などといふものは金輪際ありえないのである。

要するに、この「月曜評論」の匿名批評家は、政治と道德についての思考が中途半端なのであり、田中角榮氏の「暗い影響」を「本氣になつて消し去」らうなどとは思つてをらず、ましてや「本氣になつて惡を根絶しようとする惡」などといふ事は考へた事も無い。それゆゑ、次に引くベルジャエフの文章は、彼の理解を絶するに相違無い。

> われわれが惡を根絶しようと夢中になると他人に對して寛容な心を失ひ、冷酷となり、惡意をいだき、熱狂主

義者となり、容易に暴力に訴へるやうになる。善人も「惡人」と戰ふうちに「惡人」になる。なによりも善を愛し、たえず善の實現に自分を鞭うつとわれわれは、かへつて卑しくなり、かたくなになり、情け知らずになつてしまふ。惡に對する假借ない態度は「パリサイ人」を生み出さないではゐない。道德的僞善の原因はまさにここに存在してゐる。もちろんこれとは反對に、われわれが惡に對して寬容になりすぎ、道德的努力をやめてしまつても、當然、道德は亂れ、社會は墮落してしまふのだけれども……。（野口啓祐譯）

假りに田中角榮氏の「暗い影響」とやらが存在してゐるとして、それを「本氣になつて消し去る努力」をするならば、吾々は「冷酷となり、惡意をいだき、熱狂主義者となり、容易に暴力に訴へるやうになる」。けれども、日本國のどこに田中角榮氏に對する「冷酷」や「惡意」や「暴力」があるであらうか。本氣で田中氏を暗殺せねばならぬと「熱狂」的に考へてゐる者がゐるであらうか。吾々日本人の誰一人として、汚職の根絕を本氣で願つてなどゐない。「反角運動」は「反核運動」と同樣、「惡に對する假借ない態度」ゆゑの「道德的僞善」なのではない。所謂「ええ恰好しい」のお遊びに過ぎない。それゆゑ「反角運動」のファンは「惡に對して寬容になりすぎ」る事を本氣で案じてゐる譯でもない。論より證據、「腐敗の效用」についてかういふふざけた文章が書かれ、誰もそれを難じないではないか。

戰前のテロがなく、個人的腐敗の政黨政治が續き、國民は正義に鈍感になつて大東亞建設などといふ理想を持たず、歐州の大戰に便乘してしこたまもうけ續けたらよかつたのに、などと當時いつたらひどい目にあつたらう。しかしどう考へても、あの當時の靑年將校に正義感が缺けてさへゐてくれたら、政黨も財閥も大いに腐敗し續けたらうが、日本は敗戰を知らず、一般の人々も快適に腐敗の生活をおくることが出來、ビルマやフィリピンのジャングルの中で文字通り腐敗して蛆に喰はれてしまふといふこともなかつたであらう。

（渡部昇一、「腐敗の時代」、文藝春秋）

人間は正義を氣にせずにはゐられず、それゆゑ戰爭は無くならないと、私はこれまで繰返し述べた。それゆゑ渡部氏の途方も無い勘違ひについて縷々説明する必要は無いであらう。卽ち、「正義に鈍感になつて（中略）しこたままうけ續け（中略）快適に腐敗の生活をおくること」に人間は斷じて甘んずる事が無いのであり、渡部昇一氏の歴史的假定は人間についての無知にもとづく沒道徳的白晝夢に他ならぬ。

これは渡部氏に限つた事ではないが、「政治倫理」などといふ譯の解らぬ言葉を弄ぶ場合と同樣、防衞を論ずる場合も、吾國の知識人は道徳の問題を素通りする。森嶋通夫氏がさうであつた。昭和五十四年七月、「文藝春秋」に載つた森嶋氏の論文のうち、「道徳、及び人間の生き方の本質に觸れた殆ど唯一の部分」は、「萬が一にもソ聯が攻めて來た時には自衞隊は毅然として、秩序整然と降伏するより他ない。徹底抗戰して玉碎して、その後に猛り狂うたソ聯軍が殺到して慘憺たる戰後を迎へるより、秩序ある威嚴に滿ちた降伏をして、その代り政治的自決權を獲得する方が、ずつと賢明だと私は考へる」といふくだりであつた。「威嚴に滿ちた降伏」をしておいて「政治的自決權」を强《ゆ》請《す》らうなどとは何とも蟲のよい話だが、それはともかく森嶋氏は、「抵抗しなかつたのだから自決權をよこせ」との交渉もまた「威嚴に滿ちた」ものでありうると考へてゐる譯である。何たる人間性に關する無知であらうか。强者に屈服して後、弱者がもし威嚴を保持しうるとすれば、「四人組裁判」における張春橋氏のごとく、頑なに强者の慈悲を求めない時だけである。

ところで、この森嶋氏の淺薄を批判して、福田恆存氏はかう書いた。

> 私が「當用憲法論」を書いてからもう十四年になる。その中で觸れておいた事だが、ポツダム宣言の無條件降服はその條文から推して、明かに日本の軍隊に對するものであつて、日本國政府、國民一般に對するものではない、まして、國際法に反する占領中の憲法强要、教育制度の改革、文字遣ひや文化、慣習に對する容喙《ようかい》、その他、瑣末な事の樣に見えながら、實は日本人の心情を支へてゐた諸々の仕來りや、それに基く自信と矜《ほこ》りの破壞、等々、何も彼も無條件に受容れる事を意味してはゐない。（中略）しかし、何より困るのは、この明かに有條件降服以外の何物でもあり得ないポツダム宣言を無條件

降服として受取り、結果としてはすべて無抵抗に許諾してしまつた輕薄な態度が、それから三十年經つた今日に至つて、當時の昏迷を「後世に誇るに足る、品位ある見事な降伏」と見做し、それをなし得た「國民であつたからこそ」今日の繁榮を築き得たと、現代の日本の在り方を何の疑ひもなしに肯定する輕薄な（森嶋氏の様な）人間を產み落したのだといふ事である。

（「人間不在の防衛論議」、新潮社）

こつ酷く福田氏に遣つ附けられて森嶋氏は反論出來なかつた。つまり森嶋氏は降服した。しかしながら、「威嚴に滿ちた降服」とやらはやらなかつた。卽ち、その後「文藝春秋」の投書欄に投稿して福田譯シェイクスピアにけちをつけるといふ、何とも吝嗇《けち》臭い根性を丸出しにした。これを要するに「現代の日本の在り方を何の疑ひもなしに肯定する輕薄な人間」にも、何とかしておのが「威嚴」を保持せんとする欲望だけは確實にあつたといふ事に他ならない。つまり、森嶋氏の様な一寸の蟲にも五分の魂はあつたのであり、それゆゑ戰爭の無くなる事は無いのである。

だが、福田譯シェイクスピアにけちをつけてゐる時、森嶋氏はおのれの吝嗇臭い根性には氣附いてゐない。同様に、「正義に鈍感になつて」、「快適に腐敗の生活をおくる」云々と書いてゐる時、渡部昇一氏は「現代の日本の在り方を何の疑ひもなしに肯定する輕薄」を意識してはゐない。兩氏はともに「現在のおのれの在り方を何の疑ひもなしに肯定」してゐる。さうではないか。例へば渡部氏の場合、物書きとして多少とも形振《なりふり》を構つたならば、次に引く様な粗雜極まる文章は斷じて書けぬ筈ではないか。

今、日本が戰爭をしようなどと考へてもゐないのは、端的にいへば、どの黨だつて儲からないからである。ところが、權力政治だとさうはいかない。利害を超越してしまふから怖い。今、もしソ聯が金權政治をやつてくれれば、世界の緊張は一擧になくなるはずである。なぜなら、ソ聯やシナは權力政治だから、いつ利害を無視して戰爭をするかわからないからだ。一方、得をする要素がどこにもない政黨政治のアメリカから大戰爭をすることはない。イギリスから始めることもない。民衆が戰爭を始めるといふことはないのである。

（「歴史の讀み方」、祥傳社、傍點松原）

何ともはや杜撰かつ没道徳的な文章である。渡部氏にとつて戰爭は儲かるとか儲からないとかいふ次元の話でしかない。だが、「權力政治」の國であれ「政黨政治」の國であれ、「しこたまもうけ續け」て「快適に腐敗の生活をおくる」事に徹する事は出來ぬ。いかなる國家も、時に「利害を超越」し「徹底抗戰して玉碎」し、「慘憺たる戰後を迎へる」事を辭さぬ。なぜか。バートランド・ラッセルの言ふ樣に、人間の抱懷する價値觀がとどのつまり「牡蠣の好き嫌ひと同じ種類の問題」であるにもせよ、國家も個人も常に價値相對主義に甘んずる譯にはゆかず、時に對立する價値觀に對し、利害を無視して「徹底抗戰」する事に生甲斐を見出さずにはゐられないからである。人間は單に生を全うすればよいといふふうには考へない。日本「國民は正義に鈍感になつて大東亞建設などといふ理想を持たず、歐州の大戰に便乘してしこたまもうけ續けたらよかつたのに」と書いた渡部昇一氏でさへ、「あなたは何のために書くか」と問はれて「しこたまもうけ續け」るために、とはまさか答へないであらうし、私にかくもこつ酷く叩かれても「威嚴に滿ちた降伏」をする氣にもなれまい。「袋叩きに遭つても殆ど痛痒を感じない」と清水幾太郎氏は言つたが、それは噓である。人間とはさうしたものではない。

さういふ次第で、現代がいかに「價値相對主義」の時代であつても、吾々は何らかの價値を、おのが信奉する價値を實現しようとするのだし、またさうせずには生きてゆけないのである。清水幾太郎氏の國家觀とそれを批判した三好徹氏のそれとは對立してゐるかも知れないが、兩氏が互ひに相手の國家觀に對して寛容でありえないといふ事については、兩氏も兩氏のファンも認めざるをえない。そしてそれなら、吾々が「一つの價値をえらんで他の價値を捨てるには、『どうしても殘酷にならざるをえない』」といふ道德に關する逆說をも認めざるをえない筈である。三好氏は清水氏を許せぬと思ひ、その「無節操」と「煽動」を批判して「殘酷にならざるをえな」かつた譯である。そこで私は三好氏に問ひたい、あなたはどこまで清水氏に對して殘酷たりうるか。三好氏はかう書いたのである。

サンケイ・ホールで(清水)氏の講演を聞いた青年たちよ。きみたちは、誰かから、

「人間たれ」

といはれたら、それを受入れるがよい。人間であることはいいことなのだ。しかし、誰かから、
「若者よ、軍事的人間たれ」
といはれたら、返事をする前に、きみたちにさう向つて說く人物が、どういふ人間かを見きはめるがよい。さういふ言論をなす人が自分の言論に責任をもつ人かどうか、それを見きはめてから、自分の決斷を下してもらひたい。

「人間が人間である事は良い事だ」とメナンドロスは書いた。何が言ひたくてメナンドロスがそれを書いたのか私は知らない。だが、人間が人間であるためには、ベルジャエフの言ふ「道徳に關する逆說」に苦しまねばならぬ道理だから、誰かから「人間たれ」と言はれても、私は三好氏の樣に安直に「受入れる」氣にはなれない。が、それはさておき、右に引いた三好氏の文章は充分に殘酷ではないのである。清水氏に對して充分に殘酷でないから、「若者よ、清水氏に騙されるな」などといふ忠告をしたがるのであつて、それは三好氏が充分に道德的でない事の證しに他ならない。三好氏がもしも、本氣で清水氏を許せぬと思つたのなら、他人が清水氏の煽動に騙される事なんぞは二の次三の次となり、誰よりもこの俺が許さぬとの激しい氣概が文章にあらはれた筈である。それとも三好氏は「いやいや、自分は本氣で清水氏を叩いたのだ」と言ひ張るであらうか。それならそれでも結構、私としてはかう答へよう。すると三好徹氏よ、あなたは百七歳まで生きた女郎屋の亭主ではない。それゆゑ戰爭は無くならないといふ事になるが、あなたはそれを認めるか。

森嶋通夫氏にも三好徹氏にも「五分の魂」はある。それゆゑ戰爭は無くならない譯だが、「價値相對主義」、民主主義、そして平和主義の社會において、一寸の蟲が「五分の魂」を存分に發揮する事は難しいのである。平和も民主主義も絕對善ではない。平和とは戰爭が無いといふ消極的な狀態に過ぎず、平和の環境にあつていかなる價値を實現しようとするのかが問題なのである。戰爭の目的は平和だとは言へる。が、平和の目的とは何か。同樣に民主主義も、强者のエゴイズムを抑制せんとする消極的・防禦的方法に過ぎず、それ自體積極的な善をうみ出すものではない。やはり民主主義體制にあつて「いかなる價値を實現しようとするのか」、それが問題となるのであり、平和と同樣、そ

のままでは崇高な目的概念とはなりえないのである。
しかも、平和と民主主義といふ消極的なるものは必然的に道德的怠惰を齎す。戰爭はドストエフスキーが言ふ樣に、「積り積つた黴菌に毒せられた空氣を淨め、魂を療《なほ》し、恥づべき怯懦と怠惰を驅逐」する。しかも、戰時にあつて人々は眞劍に平和を希求するが、平和が三十八年間も續いてそれが今もあるのなら、現に今あるものを人々が眞劍に希求する譯が無い。民主主義とて同じ事、それもまた今あるものであり、吾々がそれを本氣で希求する譯が無い。かくて吾國の平和主義者は、戰爭に對する恐怖心を良心であるかのごとく思ひ做し、「核狀況のカナリア理論」とやらを振り翳《かざ》し、臆病を賣物にして稼いで來た。或いはさもなくば、「人間だけでなく犬だつて核戰爭で死ぬのは嫌なはず」とて、犬猫の「反核手形署名」を集めたり、「合圖一つで、ごろりと地べたにころがつて、いつせいに死んだふり」をする、かの「ダイ・イン」とかいふ遊戲をやつたりして、臆病者の阿呆同士が「連帶」の快を貪《むさぼ》つたのである。

だが、平和と民主主義が齎す弊害の最たるものは、衆を恃《たの》んで「連帶」の快を貪る弱者ばかりがのさばり、强者の力を削《そ》ぎ、逼塞《ひつそく》せしむるといふ點にある。その證據に、三十八年の平和を享受してゐる吾が日本國には、「田中角榮を有罪にする檢察官はみな殺しにしろ」と放言する畸人はゐても、「能動的な惡は受動的な善に優る」とか、「切られた蚯蚓《みみず》は鋤を許す」とか、「實行に移せぬ願望を育むよりは、いつそ搖籃《ゆりかご》の赤子を殺せ」とかいふ危險な眞理を語つたブレイクの樣な詩人はをらず、またニイチェの樣に、道德とは强者を抑へるために弱者が用ゐる武器であり、社會主義とは弱者の强者に對する嫉妬にほかならず、勇敢である事が善であり、弱さにもとづくものの一切が惡だと言ひ切つた凄じい天才もゐない。いやいや、昔からゐなかつた。それゆゑ永井荷風は「西洋人は善惡にかかはらず、自分の信ずる處を飽くまで押通さうとする熱情がある。僕はこの熱情をうれしく思ふ」と書きながら、一方ではかう書きもしたのであつた。

私は唯だ「形」を愛する美術家として生きたいのだ。私の眼には善も惡もない。私は世のあらゆる動くもの、匂ふもの、色あるもの、響くものに對して、無限の感動を覺え、無限の快樂を以て其れ等を歌つて居たいのだ。

荷風が羨んだ「西洋人の熱情」がなぜ吾々には缺けてゐるのか。既に述べた樣に、西洋人の場合、搖がぬ信仰ゆゑの殘酷といふ事がある。それゆゑ思想の殘酷といふ事もあつて不思議は無いが、吾々日本人の場合、絶對者の掟に屈從する謙抑も、絶對者と張り合ふだけの激しい傲慢も無い。「神が存在するのなら、吾々人間はおのれが神でない事にどうして耐へられよう。それゆゑ神は存在しない」とニイチェは書いたが、この凄じい傲慢は遂に吾々のものではない。吾々の神は「八百萬の神」であり、しかも吾々に道徳的な命令を下してはゐない。吾々の神は「諸の邪なる事惡しき事」をも行ふ神なのである。本居宣長は「玉くしげ」にかう書いてゐる。

> 惣じて神には、尊卑善惡邪正さまざまある故に、世ノ中の事も、吉事善事のみにはあらず、惡事凶事もまじりて、國の亂などもをりをり起り、世のため人のためにあしき事なども行はれ、又人の禍福などの、正しく道理にあたらざることも多き、これらみな惡き神の所爲なり。

この本居宣長にとつての神々とクリスト教の神との隔《へだた》りは大きい。日本のクリスト教徒は隔りを埋められると思つてゐるのかも知れないが、私にはそれは笑止千萬としか思へない。クリスト教徒の神は唯一の絶對善だが、吾々の神は「八百萬の神」であつて、しかも宣長の言ふとほり「惡き神の所爲」といふ事もある。先に一神教ゆゑの殘酷について私は語つたが、八百萬の神々を戴く吾々にとつては、唯一の神に對する信仰ゆゑの排他的殘酷は無縁のものであり、しかも吾々の神々は人間に道徳的戒律を課してゐないのであつて、それゆゑ吾々は善惡に關する極端な思考をなしえない。卽ち、「貧乏人は麥を食へ」とか「田中角榮を有罪にする檢察官はみな殺しにしろ」とかいふ程度の暴論が吐かれる事はあつても、次に引く樣な極論が吐かれた例しは決して無いのである。

> 善とは何か？　――權力の感情を、權力への意志を、權力自身を人間において高めるすべてのもの。
> 劣惡とは何か？　――弱さから由來するすべてのもの。
> 幸福とは何か？　――權力が生長するといふことの、――抵抗が超克されるといふことの感情。

満足ではなくて、より以上の權力。總じて平和ではなくて、戰ひ。德ではなくて、有能性（ルネサンス式の德、virtù　道德に拘束されない德）。
弱者や出來そこなひどもは徹底的に沒落すべきである。これすなはち、私たちの人間愛の第一命題。そしてそのうへ彼らの徹底的沒落に助力してやるべきである。
なんらかの背德にもまして有害なものは何か？――すべての出來そこなひや弱者どもへの同情を實行すること――キリスト教（「反キリスト者」、原佑譯）

これはニイチェの文章なのだが、この凄じい徹底を、次に引く三島由紀夫の僞惡的なおちやらかしと較べてみるがよい。

强者の弱者に對する態度は、生物界には一つしかないのです。それが「弱肉强食」であり、もつと上品な言ひ方をすれば、「弱い者いぢめ」であります。子供は正直ですから、不具者や病人を平氣でバカにして、からかひます。（中略）
しかし不具者や病人は、弱さを賣物にしてゐるわけではなく、やむをえず弱さに生きなければならぬ不幸な氣の毒な人たちですから、ここでは除外して、別に不具でも病人でもないのに、むやみと、「私は弱いのです。可愛想な人間です。私をいぢめないで下さい」といふ顏をしたがる人のことに限定しませう。
かういふ弱者をこそ、皆さん、われわれは積極的にいぢめるべきなのであります。さア、やつらを笑ひ、バカにし、徹底的にいぢめませう。弱者を笑ふといふのは、もつとも健康な精神です。（「不道德教育講座」）

ニイチェは「弱い者いぢめ」なんぞを勸めてゐるのではない。奴隸道德たるクリスト教を、頭數ばかり數へる事に熱中する民主主義を激しく憎み、「戰爭や兵役の義務こそ民主主義による人間の脆弱化を防ぐための齒止めであり、戰爭を拒否する國家は沒落しつつある」と信じ、「偉大にならうではないか、さもなくば偉大な者の召使にならうではないか」と書いたのである。しかるに三島は不徹底な天邪鬼に過ぎず、それゆゑ「やむをえず弱さに生きなければならぬ不幸な人たち」の事を氣にし、さういふ弱者を「除外」せざるをえない。さすがにそのぺてんに氣づいて三島はから書いてゐる。

「をはりよければすべてよし」と云はれるが、この不道徳教育講座ばかりは、さういふわけにも行きません。はじめはどうやら「不道徳」の體裁がととのつてゐたが、おしまひには逆行して、道徳講座になつてしまつたキラヒがあります。(中略)

大體日本には、西洋でいふやうなおそろしい道徳などといふ代物はないのです。この本質的に植物的な人種には、現在、國をあげて動物のマネをしてゐるけれど、血なまぐさい動物の國の、動物の作つた掟なんかは、あんまり植物にはピッタリ來やしないのです。「弱い兎に爪をかけて殺すな」などと植物に教へたところで、植物には爪はありはしないし、第一、キャベツが兎を殺すなんてことは、できつこありません。そこへ私のやうな天邪鬼が出て、「弱い兎に爪をかけて殺せ」とお講義をしても、できない點ではつまり同じことで、「殺すな」といふのも、「殺せ」といふのも、つまり同じことになつてしまふのは、知れたことです。

「殺すな」と「殺せ」とが「同じ事になつてしまふ」のは、「汝、殺すべからず」といふ絶對者の命令に接した事が無いからであり、それゆゑ殺す事は絶對惡ではなく、殺す際にも、激しい道徳的煩悶を伴はぬといふ事になる。そして道徳的煩悶が無いといふ事は、道徳に關する極論、つまり激しい不道徳も無いといふ事である。T・S・エリオットはボードレールについて論じて、「惡魔主義といふものは、それが單なる氣取りでない限り、裏口からクリスト教に入らうとする試みに他ならない。神に對する本當の冒瀆は、既に部分的に神を信じてゐる事から來るのであつて、完全なクリスト教徒のみならず、徹底した無神論者にもさういふ眞似は出來ない」と書いた。なるほど、吾々がクリスト教會の門扉に小便を引掛けたところで、それは瀆神行爲にはならない。

永井荷風の言ふ様に、西洋人には「善惡にかかはらず、自分の信ずる處を飽くまで押通さうとする熱情がある」。それは絶對者を後楯とする「熱情」、もしくは絶對者と張合はうとする「熱情」なのであつて、それは「本質的に植物的な人種」の想像を絶するほど激しい傲慢をうむ。既に述べた様に、宗教的或いは道徳的であらうとするがゆゑに人は殘酷になる譯だが、それはつまり絶對者の後楯があるからであり、一方、傲慢ゆゑに人間は殘酷になるといふ事もある。それは絶對者と張合はうとする激しい「熱情」に支へられてゐる。

ここで、「本質的に植物的」な讀者のために、傲慢について語る事にしよう。プラトンもアリストテレスも傲慢についての深刻な記述を遺してはゐない。けれども、古代ローマは流血と罪惡と傲慢の傳統を有してをり、古代ローマ帝國は傲慢の上に築かれ、歴代の皇帝は氣違ひ染みた傲慢の病に冒されてゐた。例へばロムルスは兄弟と二人の養父を殺し、絶えずおのれを讃美してゐたし、ハドリアヌスは美男の青年を殺して腹を割き、腹の中を調べさせ、愛人アンティノウスを神格化して、アンティノウスのために都市の建設を命じたし、カリギュラはおのが神性を信じて神殿を建立し、おのが彫像に孔雀とフラミンゴの生贄を供へ、金の顎鬚をつけ、ヴィーナスの衣裳を纏ひ、ギリシアから神々の彫刻を取寄せ、その頭部を切斷し、代りにおのが彫像の頭部を載せたといふ。そしてかの殘虐このうへなしのネロがゐる。彼は百二十フィートもある彫像を作らせ、奴隸ピタゴラスを宦官スポラスと結婚させ、妻としてゐた母親を殺し、舞臺でアキレスの役を演じ、摑み取りしたダイヤモンドや眞珠を臣下に投げつけては樂しんだのであつた。さういふ傲慢の罪ゆゑにローマ帝國は滅びたのだと、アウグスティヌスは言ふ。だが、神と張合ひ、神を無みし、權勢に盲ひた皇帝を戴いたローマは、世界史のうへに巨大な足跡を遺したのである。ウォールバンクによれば、テルトゥリアヌスはかう書いてゐるといふ。

世界は日ごとによく知られ、よく耕され、開化されてゆく。到るところに道路がめぐらされ、あらゆる地方は人の知るところとなり、また國として商人の爲にその扉を開かぬはない。樂しげな田畑は森林に進入し、牛や山羊の群は野獸を驅逐した。砂漠にすら種子が蒔かれ、岩山はくだかれ、沼地も干拓された。（中略）生命のあるところ、いづこにも建物があり、人間の住み家があり、組織のよい政府がある。

（吉村忠典譯、「ローマ帝國衰亡史」、岩波書店）

ロバート・ペインが指摘してゐる樣に、古代ローマ人には「不可能な事を望む」激しい熱情があつた。おのれを神にせんとする事こそ、まさしく「不可能な事を望む」事に他ならない。アルベール・カミュが描いたカリギュラも言ふ、「俺は月が欲しいのだ」。おのれを神にする事と同様、月を手に入れる事も不可能である。幕切れ近く、カミュのカリギュラは情婦セゾニアの首を絞めながら言ふ。

おれは生き、おれは殺す、おれは破壊者として氣違ひじみた力をふるふ。これに比べれば創造主の力など、滑稽な猿眞似にすぎない。まさにかういふことだ、幸福であるとは。まさにこれなのだ、幸福とは。この耐へがたいほどの解放感、あらゆるものに對する輕蔑、流れる血、俺を取巻く憎惡、己れの生涯をあますところなく見据ゑてゐる人間のこの比類ない孤立、罰せられることなき殺戮者のはてしない歡び、人間たちの命を打碎くこの無慈悲な論理。（渡邊守章譯）

「創造主の力など、滑稽な猿眞似にすぎない」であらうか。さうではない。いかにも暴君カリギュラは「罰せられることなき殺戮者」として振舞ふ。だが、結局彼も死ぬ。死ぬといふ事は不完全といふ事であり、死ぬる限り不死の神と肩を竝べる事は出來ぬ。そもそも、妹であり妻であつたドリュジラの死後、なぜそれまでの良き皇帝カリギュラが怪物に變じたのか。カミュの解釋では、「人間はすべて死ぬ、だから人間は幸せではない」といふ眞理を發見したためといふ事になる。それなら「罰せられることなき殺戮者のはてしない歡び」が幸福でありうる筈は無い。

だが、カミュ描くところのカリギュラは、人間にとつて死が不可避なら、一切の行爲は等價だと信じるのである。「ある行爲が他の行爲より美しい場合がある」などといふ事を彼は信じない。善人も惡人も同じく死ぬではないか。それゆゑカリギュラは、神と張合ふべく、氣紛れに廷臣を殺し、人民を搾取し、貴族の妻に賣春を強ひる。神が存在しないなら一切が許されるのであり、人間が神と張合つていけない道理は無い。そしてさうなれば、ドストエフスキーの「惡靈」の作中人物シガリョフの言ふとほり、無限の自由は無限の專制主義になる。

既に讀者は察してゐるであらうが、ニイチェの場合と同樣、カミュにも「善惡にかかはらず、自分の信ずる處を飽くまで押通さうとする熱情」があつたのであり、カリギュラの「絶對者と張合ふ激しい傲慢」とは、「思想の殘酷」

の謂に他ならない。カリギュラは言ふ、「論理だ、カリギュラ、最後まで論理を押し通さねばならぬ。とことんまで權力を行使するのだ」。「最後まで論理を押し通す」、それは殘酷なまでの思考の徹底であつて、この思考の徹底ゆゑに西歐は絶對者を相對化し、その合理主義精神の成果として近代科學を育む事となつたのであつた。

少々脇道に逸《そ》れた。本題に戻らう。卽ち傲慢の話である。ローマ帝國においてやがてクリスト教が公認されて後も、西洋人は一層厄介な傲慢に苦しむ事になつた。彼等は神の前に謙虛であらうとして謙虛たりえぬ事に激しく懊惱する事になつた。先に私はアウグスティヌスの謙虛について語つたが、それは尋常一樣の努力によつて獲得したものではない。ロバート・ペインは書いてゐる。

　アウグスティヌスはあちこちにプライドを見出す。（中略）彼は日中、プライドと共に散策し、プライドを相手に議論する。遂に結論が出た樣に思ふ。が、やがて程無く、プライドが隱し持つた武器を取り出す。議論は以前にも增して執拗に續けられる。夜になると、アウグスティヌスは罠を仕掛け、餌をつけ、プライドを待ち受ける。プライドがやつて來る。アウグスティヌスは（中略）飛掛り、ナイフで切附け、切刻む。（中略）そして朝、何とプライドはまだ生きてをり、アウグスティヌスはまたしても果てしのない議論をせねばならぬ。そこで彼は言ふ。「一體どこの國へ行けば、プライドを阻止出來るのだらうか」。（「ヒューブリス――プライドの研究」）

「一體どこの國へ行けばよいか」。「裏聲で歌へ君が代」といふ小説がベストセラーになる國へ行けばよい。その「政治小説」の作中人物はこんなふうに語り合ふのである。

「日本といふのは特にそんな感じのする國ですね。ただ存在する……」

　歩き出さうとしてゐたのをやめて、梨田は紙袋を持ちかへながらこの說を褒めた。

「本當だ。林さん、その日本論はとてもいいやうな氣がしますよ。今の日本の急所を衝いてゐます」

「さうですか」

と林はすこし恥しさうな樣子で、竝んで歩きながら、

「ですから、日本といふ國は現代國家の典型かもしれま

せんね。目的といふものがなくてただ存在してゐる國家の典型……」

梨田が言つた。

「それが國家として正しいことだといふのをほかの國はまだよくわかつてなくて、何かいろいろお題目をかかげてますが、あれは間違ひでね。昔の日本は、東洋永遠の平和のためと稱して戰爭を仕掛けるとか、アジアの盟主とか、八紘一宇とか、下らないお題目がいろいろありましたが、それがなくなつてから、ずつとましになりました」（丸谷才一、「裏聲で歌へ君が代」、新潮社）

日本の國家としてのあり方が「正しいことだといふのをほかの國はまだよくわかつてなくて」云々といふ考へ方は、「世界像の面で變へるべきは日本人の役割認識」ではないとの永井陽之助氏の考へ方と同質のものだから、その虚妄についてここに繰返す事はしない。けれども、江藤淳氏が批判してゐる樣に、昔の日本に「東洋永遠の平和」といふお題目があつたとすれば、今の日本には「平和と民主主義」といふお題目があるのであり、お題目が「ヒラヒラしてゐる風景は、昔も今も少しも變つてゐない」。けれども、「平和と民主主義」といふお題目を唱へてゐる手合には、それがお題目に過ぎぬといふ意識が缺けてゐるし、それに何より、「東洋永遠の平和」といふお題目のはうは、「アジアの盟主」とか「八紘一宇」といふお題目と同樣、それを唱へて「戰爭を仕掛ける」に足るものだつたが、當今の「平和と民主主義」にはさういふ積極性がまるで缺けてゐる。卽ちそれは「目的といふものがなくてただ存在してゐる國家」、「血なまぐさい動物の國の、動物の作つた掟」なんぞとは無緣の「この本質的に植物的な人種」には、いかにもふさはしいお題目なのだが、一體全體、この地上に「ただ存在する」だけの國家などといふものが存在しうるであらうか。丸谷才一氏の國家論の「根柢の薄弱さに啞然」とした江藤氏は書いてゐる。

第二次大戰後の日本は、もとより「ただ存在」してゐるのではなくて、米ソの力關係のあひだで、主として米國によつて「存在させられてゐる」のである。そして、「今の日本」に「國家目的がない」（傍點作者「丸谷氏」）のは、なんら「偶然」の所産ではなくて、そのやうな受け身の立場に置かれた見掛けだけの〝國家〟が、必然的に自ら「國家目的」を掲げる能力を剝奪されてゐるからにほかならない。

江藤氏の言ふとほりだが、江藤氏の批判に丸谷氏は動じないであらう。知的に怠惰だからである。「目的といふものがなくてただ存在してゐる」日本こそ「國家として正しい」のだと假定して、さういふ日本の有り樣を「ほかの國」が否定する場合、例へばアメリカが今後日本に「目的がなくてただ存在」する事を許さぬと決意した場合、なにせ日本は「受け身の立場に置かれた見掛けだけの」國家なのだから、「ただ存在してゐる國家こそ正しい」との信念を無視するアメリカに抵抗する事が出來ない。とすれば、その時日本は「何かいろいろお題目をかかげて」ゐるアメリカの壓力に屈して、「目的といふものがなくてただ存在してゐる國家」である事をやめる事になる。これを要するに、國家であれ個人であれ、生存の「目的がない」以上、自分たちの生き方こそ正しいなどと主張する資格は無いといふ事なのだが、丸谷氏にはさういふ理窟が理解出來ない。個人の場合も國家の場合も、何らかの目的をもつて生きるとは、おのれが正しいと信ずるとほりに生きようとする事であつて、それゆゑ「目的をもたずして生きるのが正しい」と主張するのは何ともはや滑稽な矛楯なのである。なぜならそれは、「おのれが正しいと信じるとほりに生きない」事こそ「おのれが正しいと信ずる」生き方だと、さう主張する事だからである。

要するに丸谷才一氏は、無暴力平和主義を主張しながら「讓歩してはならない」と書く久野收氏や、生き續ける事こそ「中核價値」だと信じてゐる永井陽之助氏と同樣、「受け身の立場に置かれ」ながらその危ふさに氣附かぬこの夜郎自大、平和惚けのぐうたら國家に、うようよ棲息する極樂とんぼなのだが、江藤氏も指摘してゐる樣に、丸谷氏には「樂天的になるべき充分な理由」があり、丸谷氏が「銀座か新宿の文壇酒場に行けば、常連の大半が好意的挨拶を送る」のださうで、「文藝雜誌の頁を開けばそこにも好意的な挨拶があり、文壇人・文藝編輯者必讀、大岡昇平老の「成城だよりII」(「文學界」連載中)にも別段嫌味も皮肉も記されてゐない」といふ事であるらしい。これを要するに論壇と同樣、文壇は馴合ひの快を貪つてゐるといふ事なのであらうが、「裏聲で歌へ君が代」を絶讚する批評家書評家の文章を讀めば、丸谷氏に或る種の政治的執念無くして、かほど「好意的な挨拶」に恵まれる譯が無いと知れるのである。江藤氏は丸谷氏が「雜文と食味評論」を書きながら、「十年はおろかそれ以上の年月をかけて、營々と只一筋に多數派工作に專念して來た」その政治的執念に對しては、「ほとんど感嘆の聲を惜しまない」と書いてゐる。けれども、丸谷氏自身はさういふ「政治的執念」をさつぱり氣にしてゐない。それゆゑこんなふうに書く。

政治的人間といふ言葉がある。政治が人生のいちばん大切な主題である人間、といふ意味だらう。わたしは政治的人間ではない。

しかし、そんな人間にこそ政治は襲ひかかるし、あるいは、そんな人間ほど、政治に襲ひかかられたと感じるものらしい。

丸谷氏が「營々と只一筋に多數派工作に專念」しながら、卽ち文壇政治において器用に振舞ひながら、「政治に襲ひかかられたと感じる」などと書くのは笑止千萬である。だが、もとよりその笑止千萬を丸谷氏は意識してゐない。「多數派工作」とはおのが正義を重んじない人間の、卽ちプライドを缺く人間のやる事なのであつて、おのが正義を或いはおのが價値を何としてでも他者に認めさせようとの執念は、誇り高き人間だけが所有する。例へば、おのがプライドを忌む一方、おのが偉大にも陶醉し、他の事は殆ど何も考へられない樣になつた晩年のトルストイは、日記にかう記してゐる。

私は全世界で知られ、愛される必要を感じた。私の名前を言ふ必要を感じた。私の名前の響は、すべての人々に深い感銘を與へるであらう。その結果、人々は私の周りに集つて來て、私に感謝するであらう。私がしてやつた何事かのために。

名作「セルギイ神父」を讀めば、晩年のトルストイを苦しめたものが、神の恩寵など望むべくもないほどのおのが高慢であつた事が解る。「セルギイ神父」の作者と「裏聲で歌へ君が代」の作者との決定的な違ひは、前者がおのが心中に傲慢を認め、それと戰つたのに、後者はおのが俗惡なる權勢欲に氣づきもせず、從つてそれを一向に氣にせずにゐるといふ點にある。「血腥い動物の國」のトルストイと異り、「この本質的に植物的な」國の文士のプライドとは、かくも卑俗にして劣弱なのであり、それゆゑ私は、「一體どこの國へ行けば、プライドを阻止出來るのだらうか」とのアウグスティヌスの問ひに、吾が日本國へ來ればよいと答へたのである。ラ・ロシュフコオは「自負心は、どんな身分の人にも、どんな地位にある人にも存在する」と書いてをり、もとより丸谷才一氏にもそれはある。それゆゑ「營々と只一筋に多數派工作に專念」する譯だが、その卑俗劣弱なる自負心は、ラ・ロシュフコオの言ふ「みづからを憎み、みづからの死をたくらみ、みづからの破滅にすら努力する」様な自負心ではない。言ふまでもなく、脆弱な自負心から強烈な目的意識は生じ様が無い。それゆゑ日本國は、「目的といふものがなくてただ存在してゐる」事に甘んじて三十數年にもなる。そしてプライドとは自己愛の變形だから、激しい自己愛といふ一方の極に達すれば、勢ひ他方の極、卽ち激しい隣人愛に焦《こ》がれるといふ事にもなる譯だが、さういふディアレクティックは吾々日本人には無縁のものである。それゆゑ自己愛に懊惱するがゆゑに懸命に隣人愛を說いたトルストイについて、例へば武者小路實篤はこんなふうに書く事が出來た。

肉體をかるく見すぎる傾向、罪惡視する傾向はすべての宗教家、道德家の末者たちには多いのだが、トルストイの教への精神にはまちがひなくも、少し肉の否定がゆきすぎてゐる傾向を自分は認めないわけにゆかない。

（中略）

我等の理想はすべての人が無一物になることでもなく、迫害されることでもなく、肉慾を一切否定することでもなく、ただ病的に肉慾の奴隷にならず、やすらかに生きてゆくことである。（中略）

敵を愛しうるものには敵はない。

トルストイはこの世に於て最も多くの人の本心から愛された人であり、又人間を本心から愛した人である。

性欲と自己愛に散々苦しんだトルストイについて、「敵を愛しうるものには敵はない」とか「やすらかに生きてゆくこと」こそ理想だとか、いやはや何とも暢氣な言分だが、これを次に引くシェストフの文章と較べるなら、トルストイといふ同一の批評對象について、「本質的に植物的な」武者小路は無氣力な綺麗事を言ひ、「血腥い動物の國の」シェストフが道德に關する切實な問題を提起してゐる事が解るであらう。

トルストイのいら立ちは、ますます、增大していつた。そこで避け難く現れた著作が『誰の罪?』であつた。單純で明解なトルストイの教へが實現されないのは、一體、誰の罪なのか? その罪は人々にある。そして、勿論、人々だけに責任がある。考へてもみるがよい。誰を攻擊し、誰を非難し、誰に罪過をきせることができるのか。(中略)道德の特質とは、既に、その樣なものなのである。道德の特質は、不道德といふ、おのれの敵を持たずしては存在し得ないのだ。善には惡が必要である。復讐の對象として。

(「善の哲學」、植野修司譯、雄渾社、傍點松原)

道德的であるといふ事は、おのが心中の敵と戰ふ事だから、不道德といふ敵無くして、即ち不道德といふ敵を憎み、それと戰はずして人は道德的たりえない。けれども對立を嫌ひ「和をもつて尊しとなす」この日本國において、それは容易に理解されぬ事なのである。西洋の學問を學んで百年經つて、それは今なほ理解されず、例へば「中央公論」昭和五十八年四月號にも、埼玉大學助教授長谷川三千子女史はかう書いて、「和の世界觀」を高く評價したのであつた。

ムガール帝國にせよ清帝國にせよ、誇り高く自らの文化を固持しつづけたアジアの國々は、ことごとく西洋の「實力行使」に潰された。われわれは「われわれらしさ」を捨てることによつて自らの國と文化を守らざるを得ないことを知つたのである。いはば、チョンマゲを切ることによつて武士道を守るといふ道を選んだのである。そして、その「歐化」の基にあつて、目に附かぬながらもつとも重要だつたのは、この世界の內に「對立」を見るといふこと、敵を「敵」と認じて、自らを常にそれと對峙させて眺めるといふ極めて歐米流の世界觀をもつことであつた。これによつてわれわれはからうじて危機を切り抜けたのである。止むを得ないことではあつた。しかし悔むべきことであつた。(中略)

戰後、危機の去つたのを肌に感じた時、〈もうわれわれらしく生きても大丈夫だ〉と人々は思つた。(中略)

われわれは、もう二度と再びあの血腥い「歐米式國際社會」には住むまい。いかなる「力」がわれわれを壓迫し「敵」が脅かさうとも、それを「敵」と見、「力」と見ることはすまい。（中略）一人一人が決意したこの「和の世界觀」こそは眞に獨自の「日本思想」であり、言葉の眞の意味での「超國家主義理念」である。そしてこの思想に基づいて戰後のわれわれは、すべてのエネルギーを「復讎」にではなく「復興」にそそぎ込むことができたのである。

戰後の日本人が、再びかの血腥い「歐米式國際社會」には住むまいと「決意」した、などといふ事は斷じて無い。戰後の日本國は主としてアメリカによつて「存在させられ」たのである。卽ち「受け身の立場に置かれた見掛けだけの」國家として、「必然的に自らの國家目的を掲げる能力を剝奪され」たのであつて、血腥い「歐米式國際社會」の圈外に住んでゐるかのごとく錯覺し、「すべてのエネルギー」を「復興にそそぎ込むことができた」のも、アメリカによつて「存在させられ」る事の代償としての强力な庇護があつたからに他ならない。しかも日本は今なほ、「不道德といふおのれの敵を持たずして道德は存在できぬ」と信じ、「何のためにといふ問ひに對する答への缺落」に苦しみ、「善惡にかかはらず、自分の信ずる處を飽くまで押通さうとする熱情」を持ち、「謙虛であらうとして謙虛たりえぬ事に激しく懊惱」し、「一つの價値を選んで他の價値を捨てるには殘酷にならざるをえない」と考へる、血腥い「歐米式國際社會」に組込まれてゐる。その誰しも否定できぬ嚴然たる事實を長谷川女史は忘れてゐる。恐るべき無知であるが、さういふ無知は女史に限らない。先頃、ソ聯のアンドロポフ書記長とグロムイコ外相が、歐州に向けて配備されてゐるＳＳ二十の一部を極東に移動し、日本をも射程内にをさめると發言した際、日本政府はソ聯に抗議して無視されたが、何とも悠長な話であつて、既に約百基のＳＳ二十が極東に配備されてゐるのであり、その配備濟みの百基に何基追加されようと、日本にとつての脅威は五十歩百歩である。なにせＳＳ二十は「廣島の原爆の十二倍の破壞力を持つた彈頭三つを裝備」するミサイルなのであり、その射程内にをさめられてゐて、どうして日本が血腥い「歐米式國際社會」の圈外にゐる事が出來ようか。だが、長谷川女史と同樣、大方の日本人はソ聯の脅威なんぞを感じてはゐない。田久保忠衞氏は書いてゐる。

いまさら説明するまでもなからうが、ＳＳ20は廣島の原爆の十二倍の破壞力を持つた彈頭三つを裝備し、射程五千キロ、四百メートルの半數必中界（ＣＥＰ＝發射した彈頭の半數は半徑四百メートル以内に着彈する精度）といふから、日本がこれで攻撃された場合を想像すると身の毛もよだつ。にもかかはらず、日本人はＳＳ20を眞劍に考へようとしてゐない。核は非核三原則の念佛を唱へてゐれば大丈夫と思ひ込んでゐるのか。あるいは米國が勝手に守つてくれるからいいのだと太平樂を決めこんでゐるのか。（「言論人」、昭和五十八年四月五日號）

昭和五十三年、ボンで開かれた先進國首腦會議の席上、西ドイツのシュミット首相は隣席の福田首相に對し、極東に配備されたＳＳ二十に日本としてはどう對處するかと尋ねた。が、福田首相はＳＳ二十とは何の事だかよく解らなかつた。首相にしてかほどまで無知ならば、埼玉大學助教授が日本國憲法前文の一部を引用し、そこに表現されてゐる「他人《ひと》を思ひやり、互に睦み合ふことをその本質とする」「和の世界觀」を高く評價して、日本人の「和の世界觀」が幻想ならば、「敵を『敵』と認じて、自らを常にそれと對峙させて眺める」といふ「歐米流の世界觀」も、「他者と他者とは對立し爭ふものであるといふ、同じく無根據な前提に支へられてゐる」などといふ戲言を口走るのも是非が無い。けれども、嗤ふべし、「和の世界觀」と、對立を當然とする「歐米流の世界觀」とは對立してゐるのである。かくて「他者と他者とは對立し爭ふものである」といふ信念が「無根據な前提に支へられてゐる」と斷ずる長谷川女史の言分は、臍が茶を沸す程の、滑稽極まる知的怠惰の證しだと、さういふ事にならざるをえない。

モラトリアム惚けの防衛論議

「日本國民は、恆久の平和を念願し、人間相互の關係を支配する崇高な理想を深く自覺するのであつて、平和を愛する諸國民の公正と信義に信頼して、われらの安全と生存を保持しようと決意した」。日本國憲法前文の一節である。だが、戰後三十八年間、世界各所に兵戈《へいくわ》の絶え間は無く、諸國民は決して「平和を愛」さなかつたし、「公正と信義」を重んじもしなかつた。それはあまりにも明白な事實だから、いかなる極樂とんぼも承認せざるをえまい。そこで、承認して憲法の改正を主張する樣になるかと言へば、答は勿論否である。例へば內山秀夫慶大教授は戰後の日本の「特殊性」を強調してから主張する、「『諸國民の信義』なんて實體はなんにもないのかもしれない。しかしそれでも信頼する、さういふ特殊性ですね。戰後われわれが世界に貢獻してゐるのはその一點だけだ」（「朝日ジャーナル」昭和五十七年九月三日號）。一方、埼玉大學の長谷川三千子助教授も、諸國民は「いまだにすべてを『力』に換算」し、「その計算に從つてわれわれを扱つてゐる」けれども、さういふ諸國民の「間を、われわれは、あたかもそのやうな計算法が存在しないかのごとくに——そして事實そのやうな計算法にほとんど積極的に無知なままで、渡つてゆかなければならない」と書いた。內山教授の樂天主義は凄じく、これほどの愚鈍に附ける藥は無いが、長谷川助教授のそれはちと惡質である。長谷川女史の場合は「『諸國民の信義』なんて實體はなんにもないのかもしれない」と賴り無げに言ふのではなく、「實體は何も無い」と斷言し、そのうへで「見て見ぬふり」する事を是認してゐるからだ。「積極的に無知」とは「見て見ぬふり」の事だが、それは知的誠實を宗とすべき學者にあるまじき態度だし、それに何より、眞實を「見て見ぬふり」する手合に向つては何を言はうと無駄だからである。

だが、內山氏も長谷川女史も、ともに歴とした大學の教師なので、それがどうしてかくも愚かしき極樂とんぼでありうるのか。既に述べた樣に、福田首相はＳＳ二十の何たるかを知らなかつたし、朝日新聞の筑紫哲也氏も「武器をもつのは、世界の常識だといひますよね。でも、（中略）世界の常識はまちがつてゐるんですから、それに附き合ふことはないんです」と言つたが、筑紫氏の様な極樂とんぼにしてみれば、ＳＳ二十の脅威を眞劍に考へるシュミット首相のはうが「まちがつてゐる」といふ事になる。そして筑紫氏がシュミット首相と討論する機會があれば、筑紫氏は「西ドイツの常識のはうが間違つてゐる」と主張するだらうが、筑紫氏を遙かに凌駕する頭腦の持主たるシュミット氏も、凄じい極樂とんぼに接して茫然自失、反論する氣にはとてもなれないに相違無い。そしてもとより、さういふ度し難い愚者は筑紫氏に限らない。昨年（昭和五十八年）四月五日附の毎日新聞社説の筆者はかう書いたのである。

政府筋によると、西歐各國にはいま、日本が「抑止力を備へないまま、米國などの核を抑止力に利用し、自分は何らの代償を拂ふことなく、ソ聯のミサイルの削減を求めようとしてゐる」といふ反撥が現れ始めてゐるといふ。

だから、犧牲をといふわけであらうが、この報道はもし事實なら逆に米、ソ、歐州がともに、日本の非核三原則の有效性を、うらやんでゐることになる。

世界各國が「抑止力を備へないまま」何もせずにゐる日本を羨むなどと、そんな馬鹿げた話は無いが、問題は筑紫氏といひ毎日の論説委員といひ、かくも途方もなき愚論を吐いて袋叩きに遭はずにゐるのはなぜか、といふ事である。なぜこの日本國は、アメリカの「核を抑止力に利用し、自分は何らの代償を拂ふことなく」、三十八年間も安泰でありえたのか。理由は簡單だが深刻である。今は「懸命に自國の防衞を考へる事」と「何も考へない事」との間に懸隔の無い時代なのである。今や「努力する事」と「努力しない事」との差異が目立たぬ時代になつたのであり、「備へあれば憂ひ無し」といふが、備へ無き者が安泰であり三十八年もの年月を過したのだから、日本人が懸命に有事に備へてゐる世界各國を「非常識」とて嘲笑ひ、おのが「無手勝流」を誇る樣になつたのは是非も無い。なにせ、ＳＳ二十について眞劍に考へたシュミット首相の國と、何も知らずそれゆゑ何も考へなかつた福田赳夫氏の國とは結果的に同じく安泰であり、無爲怠惰の報いあつて日本だけが酷い目に合ふといふ事にはならなかつた。それは無論アメリカの庇護があつたからだが、物解りのよいアメリカは、かつて平和憲法を押附けた事を疚《やま》しく思つての事か、度外れの寛大をもつて日本に接し、今もつて日本を十二歳の餓鬼と見做してくれてゐる。

けれどもそれは、アメリカの善意といふ事だけでは説明できない。往時と異り、今は勤勉と無爲とが同じ成果を收める時代なのである。卽ち、今は「弱者の恫喝」といふ事がある。アラファトをレバノンから追ひ出したイスラエル、フォークランドを奪回したイギリスの樣な例外はあるが、核兵器といふ「使へぬ兵器」が發明されて以來、核大國といへども所詮は「張り子の虎」だと核を持たぬ弱小國が思ひ、高を括《くく》り、弱者が强者を恫喝して憚らぬといふ事態になつて久しい。弱者が强者を恫喝して無事である以上、勤勉が無爲と同じ成果を收めるのも當然である。かくて、强者の「浪費」を馬鹿にして、弱小にして無爲の國のジャーナリストは、こんなふうに書く樣になつたのである。

> この二十年間、核戰略の專門家でない國家安全保障擔當補佐官は現在のクラーク補佐官だけであるが、彼はそのかはりスタッフに核の專門家を山のやうに雇つてゐる。この男たちの仕事は、核兵器をどう開發し、どう使ひ、どう配備するか、これによつてどのやうにソビエトと「地球規模のウォーゲーム」を展開するかを考へることである。（中略）
>
> 大統領とトップの側近たちは、つまり「どうやつてソビエトと核戰爭をするか」といふことを、といふよりは、「どうやつて核戰爭をしなくてすむか」といふことを毎日机の上で考へてゐる集團である。
>
> 片方でせつせと核をつくり核の使ひ方を考へながら、片方で「核戰爭をしなくてすむ」方法を考へてゐるわけで、これを〝浪費〟といはずして何といふべきであらう。
>
> （日高義樹、「米ソの核戰略は破綻してゐる」、「ボイス」昭和五十八年五月號）

「せつせと核をつくり核の使ひ方を考へ」てゐるアメリカを、無爲にして怠惰な國のジャーナリストが嗤へるのは、核兵器が今のところ「使へぬ兵器」であり、それゆゑアメリカも「核戰爭をしなくてすむ方法」を考へざるをえないからである。だが、物の用に立たぬと決つてゐる物を「せつせとつくる」とは、頗る「非人間的」な所行であつて、人間がそんな事をいつまでも續ける筈は無い。日高氏は

「國際的現實として、誰もこの超二大國に〃ばかげた〃ゲームをやめさせることができないでゐる」と書いてゐるが、それなら米ソの「ウォーゲーム」は馬鹿げたゲームではないのだし、またもしそれが馬鹿げてゐるのなら、人間そのものが馬鹿げてゐるのである。米國もソ聯も馬鹿で日本だけが悧口だなどと、そんな馬鹿げた話は無い。日高氏はまた「核を持つて威張つてゐられる時代は既に去りつつある」と威張つて書いてゐるが、他國の持たぬ何かを持つてゐるがゆゑに「威張つてゐられる時代」は、今後も永遠に續くのである。

だが、今のところ核兵器は「使へぬ兵器」であり、それゆゑ弱小國が「核を持つて威張つてゐられる時代は去りつつある」と考へたり、身の程を知らずして核大國を「恫喝」して無事であつたりするといふ事、それは「國際的現實」なのであつて、それを誰も否定する事は出來ない。けれども、さういふ「國際的現實」は決して好ましくはないし、それに何より、誇り高き强者が弱者の恫喝にいつまでも耐へられる筈が無い。無論、西歐精神は耐へられない。アウグスティヌスやニイチェやブレイクに限らず、凄じいプライドは西歐精神の特色であるし、しかもシェストフの言ふ様に「善には惡が必要」であり、道德的であるためには「不道德といふ敵」が不可缺ならば、不義にしてしかも弱小なる敵を撃つ事も出來ぬ狀況にあつて、西歐精神は逼塞《ひつそく》せざるをえない。ベートーヴェンは最後の絃樂四重奏曲（第十六番ヘ長調）の最終樂章に「苦しみの末の決心」という標題をつけ、グラーヴェの動機に「さうでなければならないか」、アレグロのそれに「さうでなければならぬ！」と記した。「さうでなければならぬ」との誇りに滿ちた信念無しに、ベートーヴェンの傑作は唯の一曲も書かれなかつたであらう。「サテ人情ト云モノハ、ハカナク兒女子ノヤウナルカタナルモノ也、スベテ男ラシク正シクキツトシタル事ハ、ミナ人情ノウチニハナキモノ也」と本居宣長は信じてゐた。熱情ソナタや英雄交響曲や皇帝コンチェルトを、「男ラシク正シクキツトシタル事」を否定する精神が産み落す筈は絶對に無いのである。ベートーヴェンが死んで百五十年以上になる今日、强者のプライドがその捌《は》け口を見出さずにゐる今日、西歐精神はその牙を拔かれ氣息奄々《えんえん》たるていたらくなのであらうか。私は斷じてさうは思はない。なぜなら、西歐には今なほかういふ文章を綴る男がゐるからである。

本當に生きるといふことは、他者を拒絶することなのです。他者を受けいれるためには、斷念するすべを知らねばならず、自分の本性をむりやりに曲げるすべを、おのれ自身の性向に逆らつて行爲するすべを、衰弱するすべを知らねばなりません。私たちは自分自身のためにしか自由を抱懷できないのです。精も根も盡きはてるやうな努力をして、はじめて、身近な人間にも自由を認めることになるのです。自由主義の虚妄はここに由來するのであつて、それは私たちの本能への挑戰であり、短期の奇蹟的成功にすぎず、私たちの深部から發せられた命令に反對しようとする、例外的な狀態にすぎません。生來、私たちは自由主義に向いてゐないのです。ただ、力の衰弱だけが、私たちを自由主義へと向はせるのです。

（E・M・シオラン、「歴史とユートピア」、出口祐弘譯、紀伊國屋書店、傍點松原）

今、核大國は全面核戰爭の恐怖ゆゑに弱小國の身勝手を許し、おのが「本性をむりやりに曲げるすべを、おのれ自身の性向に逆らつて行爲するすべを、衰弱するすべを」學んでをり、「精も根も盡きはてるやうな努力をして」弱小國にも「自由を認め」てゐる。だが、それが人間の「本能への挑戰」ならば長續きする筈は無い。即ちそれは「短期の奇蹟的成功」に過ぎぬであらう。

シオランの言ふ樣に、「本當に生きるといふことは、他者を拒絶すること」に他ならない。それゆゑ、弱者の恫喝に制裁出來ず、このまま弱者にも自由を認めざるをえぬ事態が永續すれば、强者は「本當に生きる」といふ事を斷念し、いづれは「力の衰弱」ゆゑに强者の地位を失ふに至るであらう。だが、一方、自由勝手に振舞つて制裁される事が無いとすると、制裁せぬ强者のみならず、制裁を受けぬ弱者までもが衰弱せざるをえない。シオランは書いてゐる。

時間は、長い間には、鎖にしばられた國民に幸運を惠む。すなはちさうした國民は、力と幻想とを蓄積しつつ、未來へ向つて、希望の方へ向つて生きるのである。だが、自由の中にある時、放漫と無事平穩と軟弱とからできあがつた、自由を具現した體制の中にある時、私たちは何を希望することがあらう？　デモクラシーとは、單にすばらしいものであるだけで、格別何も私たちに提供してくれはしない。一民族にとつて、このシステムは同時に樂園でもあれば墓場でもある。

（「歴史とユートピア」）

シオランはさういふ「自由を具現した體制の中」にあつて、卽ち「樂園でもあれば墓場でもある」自由主義陣營に屬するフランスに住んで、「鎖にしばられた國民」の住む共產主義の東歐を羨んでゐるのであり、それゆゑ彼は「暴君のゐない世界などは、ハイエナのゐない動物園と同じくらゐ退屈であらう」などと放言するのだが、かういふ自由や民主主義への激しい呪詛《じゅそ》と、「日本は自由主義陣營の一員たる自覺に徹し、片務的な現行の日米安保條約は改定せよ」などといふ、吾國の保守派の主張との懸隔は絕望的なほど大きい。フローベールの「ボヴァリー夫人」の農事共進會の場面ではないが、防衛論議の最下層に久野收氏や筑紫哲也氏の樣な極樂とんぼがをり、中層に「自由主義陣營の團結」を說く保守派がをり、そして最上層に自由や民主主義を罵倒するシオランの樣な手合がゐる。

だが、シオランの言ふとほりであつて、「力の衰弱だけが、私たちを自由主義へと向はせる」。それは否定し難い事實である。平和と「自由の中にある時」人間は倦怠に苦しみ、「倦怠よりは野蠻を」と叫びたくなる。そして野蠻が公的に認可される時、吾々の目は輝き、吾々の生は頗る充實したものとなる。今や吾々の目の前に敵がゐる、それは吾々の「正義」を認めようとしない敵である。さういふ敵におのが正義を强制せねばならぬ。吾々は奮ひ立ち、目を輝かせ、殘忍になる。敵の正義に對しても寬容でなければならぬといふ事になれば、吾々はおのが正義に對する信賴を失ひ、やがて生命力の衰弱を餘儀無くされるであらう。だが、赤旗と白旗を、いやいや萬國旗を用意して、茶坊主として百七歲までも生きる、さういふ卑屈をすべての國が是認する譯ではない。そして、「長く生きる事よりも善く生きる事が大切」だと信じる手合をいくらでも嘲笑ふ事は出來ようが、さういふ手合を根絕する事は出來ない。しかるに今、日本は世界第二位の經濟大國だから、いづれ世界各國が日本を見習ふ樣になるなどといふ、極樂とんぼの意見が罷《まか》り通るのである。例へば長谷川慶太郎氏はかう書いてゐる。

日本が經濟的には世界第二位の大國であることは、もはや常識である。そこで今後日本國は日本人に何を提供していくのか、そこがポイントである。
日本は、戰後三十七年の間に、日本人に非常に大きな成果を提供してゐる。
その一つは日本人の壽命を延ばしたことである。
戰爭が終はつた昭和二十年、日本人の平均壽命は男が二十四、五歳だつた。（中略）
今日の日本人の平均壽命は、男性はすでに七十三歳を超えた。その當時、女性の平均壽命が約四十三歳であつたが、今日では、七十八歳である。（中略）
國家の提供するものは、物質的に豊かな生活だけではなく、人間らしい生活でなければならない。國は日本國民に豊かな經濟生活を保證しただけでなく、人間らしい生活を確保・保證する社會を提供してゐる。これこそがどの國家にも、自ら目標とするにたる目標であり、それを日本がすでに實現しつつある。
今世界中で、なぜ日本ブームが起きてゐるのか。これは經濟面だけの現象ではない。充實した人間らしい社會生活を保證する――このことにこそ日本が世界のモデルとなつてゐる理由である。

（「國際關係の論理」、ＰＨＰ研究所、傍點松原）

何とも潤《ふや》け切つた惡文だが、それは今は咎めない。が、極樂とんぼたる日本が今や「世界のモデルとなつた」とて胸を張つてゐるのを、「核の傘」を差し掛けてゐるアメリカが今この時默認してゐるのは、「弱者の恫喝」の時代にあつて超大國アメリカの生命力が衰弱してゐるからに他なるまい。いやいや、さうではない、超大國こそ弱小國を恫喝するではないか、ＳＳ二十を歐州からアジアに移すぞと、先頃ソ聯は日本を脅したではないかと、さう反論する向きもあらう。が、「ざつくばらん」第十巻第四號に或る匿名批評家が書いてゐた事だが、「極東に展開されてゐるソ聯の中距離ミサイルＳＳ20は百八基あるし、戰略爆撃機バックファイアはついこの間、編隊で日本に接近して來たばかりだつたが、日本は本格的な對策を講じてゐない」のであつて、これを要するに超大國ソ聯の「恫喝」も暖簾に腕押しでしかなかつた譯である。
それゆゑ、この度し難き極樂とんぼの國において、長谷川氏の著書が持て囃《はや》されるのは當然だが、長谷川氏の頭腦のお粗末を知るには、ただ一言「あなたは人間らしい生活を強調するが、人間らしさとは一體何か」と問うてみるだけでよい。長谷川氏は答へられまい。二百餘頁の長谷川氏の著書の中には、確かに筑紫哲也氏も日高義樹氏もゐるが、アウグスティヌスやニイチェやブレイクはゐない。無論、平和と自由を呪詛するシオランもゐない。だが、シオランは人非人なのか。平和と自由ゆゑの倦怠を呪ふのも「人間らしさ」の一斑ではないか。

私は一斑を見て全豹《ぜんぺう》を卜《ぼく》してゐるのではない。シオランの尻馬に乗り長谷川氏を叩いて樂しんでゐるのでもない。なぜ日本國における防衛論議は、現象論にのみ終始して本質論を回避するのか、なぜかうも「道義不在の防衛論」ばかりが横行するのかと、それが奇怪でならないのである。吾々人間が果して敵の正義に對して寛容でありうるかと問ふ事も、他者に自由を認める事が力の衰弱を齎すとすれば「自由主義陣營の團結」といふ旗印のみによつて果してこの日本國を守れるかと問ふ事も、いづれ道徳に關はる厄介な問題なのだが、それを當節世人は素通りして怪しまぬ。だが、自由が假りに確乎たる價値だとして、その價値觀を共有する他者に對して、吾々は無限に寛容でありうるか。「社會主義」といふ價値觀を共有する國同士であつた筈のヴェトナムとカンボジアは戰つた。が、ともに自由陣營に屬してゐた筈のイギリスとアルゼンチンも戰つたのである。それはつまりナショナリズムが常に、或いは未來永劫に、インタナショナリズムより強いといふ事ではないか。

これは脇圭平氏が「知識人と政治」（岩波新書）に書いてゐる事だが、第一次世界大戰が勃發するや、ドイツでは「戰爭《クリーク》と勝利《ジーク》、苦しみ《ノート》と死《トート》の韻を合はせた詩がおびただしく」書かれ、三千名もの大學教授が好戰的なアピールに署名して、ドイツ「民族の男性的規律、誠實、犧牲的勇氣がかちとるであらう勝利」による「ヨーロッパの全文化の救濟」を信じたのである。しかもこのナショナリズムの昂揚はドイツに限つた事ではなく、ツヴァイクが證言してゐる様に、當時「シェークスピアはドイツ舞臺から追放され、モーツァルトとワーグナーとは、フランスとイギリスの音樂堂から追放され、ドイツの教授たちはダンテがゲルマン人であつたと宣言し、フランスの教授たちはベートーヴェンはベルギー人であつたと宣言した」。そして「生まれながらの世界市民、現代のエラスムスをもつて認ずるツヴァイク」ですらかう告白したのである。

眞實を重んずるために、私は告白しなければならないが、（中略）戰爭に對するあらゆる憎しみと嫌惡とにもかかはらず、この最初の頃の思ひ出を私は生涯において見失ひたくない。これまでにないくらゐ幾千、幾十萬の人びとは平和の時においてもつと感じてゐなければならなかつたこと、すなはち彼らは一つであるといふことを感じたのであつた。

だが、人間は斷じて「平和の時において」さういふ事を感じはしない。それゆゑドストエフスキーも、露土戰爭が勃發するや、ロシアを指導者とするスラヴ世界の使命を自覺し、「戰爭は空氣を淨化する。（中略）勝利とともに、新しい言葉が現れ、生きた生活が始まるであらう。（中略）いまロシアがなさうとする戰爭より、いつそう神聖かつ清淨な偉業は他にあるだらうか」と書いた。無論、ドストエフスキーは「矛楯の天才」であつた。卽ち彼は、國粹主義を主張すると同時に、愛の普遍主義を說きもした。が、私は讀者に問ひたい、ドストエフスキーほどの大天才の心を搖さぶつた國粹主義に、長谷川慶太郎氏や筑紫哲也氏なら動じないでゐられるなどといふ事が信じられようか。第一次大戰が勃發したとき、祖國ドイツによる「ヨーロッパの全文化の救濟」を謳つたアピールに署名した三千名のドイツの大學教授を、昨年「反核聲明」に署名した四百名の吾國の文士が果して嗤へるであらうか。

なるほど、ベンサムが考へた樣に人間は「理性的存在」であるべきであり、意識的にも無意識的にも、人間はおのが幸福を增大させ不幸を最小限にとどめようと努めるのであり、人間にとつて理性とは「幸福の計量」に或る程度は役立つのである。けれども、J・S・ミルがベンサムを批判して言つた樣に、「或る種の幸福が他の種の幸福より價値が高い」といふ事があり、それゆゑ、祖國の行ふ戰爭を「神聖かつ淸淨な偉業」とする手合や、「世界滅ぶとも、正義行はるべし」と言ひ張る手合に對して、ベンサム流の功利主義は齒が立たない。

さういふ厄介な問題をなぜ吾國の防衛論は素通りするのであらうか。世界各國が日本を見習はず、軍備擴張を止めようとしないのは、要するにベンサム流の功利主義を認めないからであり、おのが正義を貫く事を「神聖かつ淸淨な偉業」だと、今なほ信じたいからである。が、さういふ非理性を日本國の極樂とんぼは計量しない。經濟繁榮と長壽こそ至上の價値だと信じてゐるからである。それゆゑ長谷川慶太郎氏にとつて、中ソ對立の要因も專ら經濟的なものでしかない。長谷川氏はかう書いてゐる。

ソ聯の經濟援助なしでは、これらの（ソ聯の）衞星國が正常な經濟の發展をなし得ない狀態におかれてゐるのである。すなはちソ聯の犧牲において、衞星國は、からうじて自國の經濟を維持してゐるが、ソ聯はもはやこれ以上援助を續けられなくなりつつある。

そのあらはれが中ソ對立である。ソ聯の經濟援助の能力の限界が、中ソ對立を引き起こした最も端的な原因といへる。（「國際關係の論理」、ＰＨＰ研究所）

この長谷川氏の中ソ對立に關する何とも粗雜な說について、私は反證をあげ反駁する積りは無い。私が指摘したいのは、二國間の對立の要因として經濟しか考へられぬ長谷川氏の發想の「非人間性」である。いかにも「金の切れ目が緣の切れ目」といふ事はある。が、同樣に「一寸の蟲にも五分の魂」といふ事があり、「窮鼠猫を嚙む」といふ事がある。さういふ事を長谷川氏は全然考へない。「國際關係の論理」は道義不在の「非人間的」防衞論なのである。

だが、既に縷々說いた樣に、「不道德といふ敵」に對する寬大は西歐精神に馴染まない。西洋人は今なほ永井荷風が羨んだ「熱情」を失つてはゐない。卽ち彼等は「人はパンのみにて生くるものあらず」と信じ、正義ゆゑに「個人的損害」を無視する。それゆゑ今なほ西歐では、次に引くハンナ・アレントの文章の樣な「道德的」な文章が書かれるのである。

激怒は不幸や苦痛そのものに對する機械的な反應では決してない。不治の病や地震、あるいは變へることが不可能な社會狀況に對して激怒する者はゐない。狀況を變へることができるのに變へられてゐないと疑ふ根據がある時にのみ激しい怒りが生まれる。われわれの正義感が裏切られた時にのみわれわれは激怒をもつて反應するが、この反應は必ずしも個人的損害を反映するものでないことは革命のすべての歷史が示してゐる。

（「暴力について」、高野フミ譯、みすず書房）

いかにも、吾々は「正義感が裏切られた時」に「個人的損害」を無視して激怒する。全面核戰爭の回避が至上命令であるかのごとく思はれて久しい今日、超大國は「不治の病や地震、あるいは變へることが不可能な社會狀況に對」するがごとく、極力「激怒」の發作を抑制せざるをえず、弱小國の跳梁を拱手傍觀せねばならぬ。「怒つて然るべき時に怒らぬのは癡呆だ」と、アリストテレスは「ニコマコス倫理學」に書いたが、さういふ癡呆の役を超大國は今後いつまで演じ續けられるであらうか。永井陽之助氏は書いてゐる。

現在、平和とは、現狀維持勢力たる米ソの共存體制を確認し、その「冷たい同盟」をもりたて、人類の一大轉換期を切り拔けること以外に道はないのである。D・リースマン教授も苦しげに表明してゐるやうに、おそらく、かかる〝平和〟は、革命家にとつては〝保守〟であり、〝反動的〟ですらあらう。日本では、まだ〝平和〟と〝正義〟が一致すると素朴に考へる知識人が多いが、核兵器の出現といふことの最も深刻な意味は、現代では、革命的正義は消滅したといふことである。「正義」より「平和」を上位の價値にするゐざるをえない深刻な苦悶を味はつてゐない平和主義者は、いまなほ「平和」より「正義」を上位の價値におく素朴な革命主義者とともに、眞に二十世紀に生きる人間ではないのである。(「平和の代償」、中央公論社)

しかしながら、二百餘頁の「平和の代償」を讀めば解るが、永井陽之助氏自身にしてからが、「正義」より「平和」を「上位の價値にするゐざるをえない深刻な苦悶」なんぞ絶えて體驗した事が無い。永井氏の文章がその明確な證してある。例へばかういふ文章を彼は書いてゐる。

核兵器といふものは、政治的効果を生むための心理作戰なのであつて、「核兵器は絶對に使へないもの」であり、最初に使つたものは人類の敵として道義的非難を甘受しなければならないといふ立場を堅持し、いかなる國の〝核恐喝〟に對しても、一種の不感性、無關心になることが良策である。(傍點松原)

長谷川慶太郎氏の文章と同樣、永井陽之助氏のそれも頗る粗雜である。例へば「兵器」が「作戰」とは一體どういふ事か。ある種の兵器が或る種の作戦に使用されて役立つといふ事はある。が、兵器はそのまま作戦ではない。それは高校生にも理解出來る事だが、さういふ投げ遣りな文章しか綴れぬ學者が、何事かについて「苦悶」する筈は斷じて無い。文章に關する「不感症、無關心」はそのまま道德に關する「不感症、無關心」だからである。そしてもとより永井氏も道德の問題を素通りしてゐる。人間は「恐喝」に對して「不感症、無關心になる」べきではないし、「正義」より「平和」を「上位の價値にするゑざるをえない」狀態が永續する事に、人間は決して耐へられはしない。なるほど、「不治の病や地震、あるいは變へることが不可能な社會狀況に對して激怒する者はゐない」。けれども、人類の絶滅を恐れて超大國が核兵器の使用をためらふといふ「狀況」は、果して、未來永劫「變へることが不可能」であらうか。人間は「暴君のゐない世界」にいつまでも耐へられるであらうか。「力の衰弱」ゆゑの寛容をこのまま保持しうるか。世界各國は「放漫と無事平穩と軟弱」の國日本の經濟繁榮を、今後もこのまま看過するであらうか。

　長谷川三千子女史も筑紫哲也氏も、日高義樹氏も長谷川慶太郎氏も、その問ひに對しては肯定的である。が、永井陽之助氏は否定的であるかに見える。「弱者の恐喝」に觸れ、永井氏はかう書いたのである。

> 　かかる冷戰の基本構造からくる、大國のもつ〝力の限界〟は、米ソの同盟諸國、あるいは中間領域の小國に、ある種の〝力〟を賦與することになつた。また、冷戰を利用する子分の「弱者の恐喝」は、その弱みをもつ親分の力をいちじるしく拘束し、米ソ間の冷戰緩和の最大の障害となつてゐる。（中略）
>
> 　かかる冷戰の二極構造といふ閉ぢられた競爭關係から、多くの弱小、後進國は、力を引き出し、非同盟から米國の核のカサに入るまでの幅の廣い自由を享受してきたことも事實である。わが國も、多くの後進國のやうな、えげつなさこそなかつたけれど、この冷戰を利用して、今日の經濟復興をなしとげたが、〝大國〟となつたことは、「弱者の恐喝」といふ對米外交の有力武器が效き目を失つてきたことを意味する。米國が、とくに、ケネディ政權後、「パートナーシップ」の名のもとに、〝大國〟にふさはしい責任と義務とを日本に要求してきたのは當然であつて、この點でも、日本の外交は、新しい重

大な岐路に立たされてゐる、といはねばならない。

（「平和の代償」、中央公論社）

「平和の代償」の巻末には、「本書に収められた三論文を書くに當たつて直接、參照した書物、および執筆後に出版された新しい文獻などのなかで、なんらかの意味で筆者にとつて示唆的であり、また、おそらく讀者にとつて、參考になるだらうと思はれるものに限つた」と斷つたうへで、多數の「參考文獻」名が竝んでゐる。永井氏は博覽强記なのであらう。けれども、さまで博覽强記の永井氏が、人間の本性についてのみ頗る樂天的でありうる事を私は訝《いぶか》しむのである。右に引いた文章は昭和四十一年に書かれたものだが、その十八年後の今日も日本はアメリカから經濟「大國にふさはしい責任と義務とを要求」され、「重大な岐路に立たされてゐる」譯であり、十八年間も「重大な岐路に立」つてゐると、人間は事の「重大」性に關して「不感症、無關心」になるのが自然だから、永井氏も「中央公論」昭和五十六年一月號において、「日本は室町～徳川以來の文化と傳統に根ざしたモラトリアム國家として非核・輕武裝・經濟大國の非一貫的地位を堅持」し、「陸上自衞隊を大幅に削減し（中略）技術、醫療、教育、難民救濟などの一種の平和部隊（海外援助部隊）に編成がへを行なふべきではないか」などと、およそ人間の本性を無視した樂天的な提言をしたのであつた。また、永井氏は昭和四十一年、「非武裝平和主義」を激しく批判して、そんなものは「國際的なモラルの批判に、たうてい耐へうるものではない」と書いたのだが、昭和五十六年の、「平和部隊の編成こそ、モラトリアム國家の體質にあつた世界平和への積極的な貢獻となりうる」との見解も、「國際的なモラルの批判に、たうてい耐へうるもの」とは思はれない。「米國の大量報復政策の矛盾」や「核兵力の戰術的限界」を說く永井氏も、「重要地域での限定された、集中的、短期的な、新しい形の電擊作戰」や「周邊地域（中略）での、通常兵力以下のゲリラ戰の形をとつた長期消耗戰」の可能性は否定してゐないが、將來、例へば朝鮮半島においてさういふ「長期消耗戰」が行はれ、米韓両軍の苦戰を餘所にして日本が、「平和部隊」の派遣による、專ら後方勤務の「醫療、難民救濟など」を申し出た場合、さういふ日本の身勝手は果して「國際的なモラルの批判」に耐へられるであらうか。

要するに永井氏が「平和部隊の編成」などといふ「モラトリアム惚け」の空想に醉拂つてゐられるのも、人間性についての無知のせゐに他ならないが、永井氏は一方では「中核價値」の重要性を承知してゐるかの様に言ひ、迂闊なる讀者を惑はすのである。例へばからである。

特殊部隊GSG-9によるモガジシオ奇襲作戰を强行した西ドイツ政府のかたい對應に對して、「人命は地球より重い」といふ國情を優先させ、超法規的措置によつてハイジャックの要求をのんだ日本政府のやはらかい態度は、よかれあしかれ、戰後日本の中核價値が奈邊にあるかを暗示してゐる。（中略）

いま防衛論議が花ざかりであるが、現代日本の直面してゐる眞の問題が、この點にあることを最もするどく衝いたのは、福田恆存氏の諸論考（とくに「人間不在の防衛論議」參照）があるのみである。私の立場は、福田氏とは異なつてゐるが、問題の所在の認識については一致してゐる。つまり、日本國民の「國情」に深く根ざした「中核價値」を根底から見直して、常識的な意味での「國家」になるか、それとも、傳統に根ざした中核價値のあり方を尊重し、一種の「モラトリアム國家」として生き拔くか、これについての國民の合意が何にもまして優先する、といふことである。

（「モラトリアム國家の防衛論」、「中央公論」昭和五十六年一月號）

これは狡猾の様に見えて實は頗る迂闊な言分なのである。福田恆存氏は唯の一度も「國民の合意が何にもまして優先する」などと書いた事は無い。かつて福田氏は核兵器について「人間、發明した物は必ず使ふ」と書いた事があるが、さういふ平和惚けの國民の神經を逆撫でする様な「暴論」は、「國民の合意が何にもまして優先する」などと考へてゐる男には吐けぬ。それに何よりなぜ永井氏は、「私の立場は、福田氏とは異なつてゐるが、問題の所在の認識については一致してゐる」などと書くのか。大事なのは「問題の所在の認識」ではなく、永井氏の「立場」が福田氏のそれと「異なつてゐる」事のはうではないか。察するに永井氏は、强敵たる福田氏に秋波を送り、豫想される攻撃を未然に防止しようと考へたのであらう。福田氏は清水幾太郎氏の防衛論を批判して、「防衛の對象は日本なのではなく清水氏自身」だと書いたが、さういふ國の防衛ではなくおのが「立場」を防衛せんとする類の防衛論が横行してゐる事實こそ、日本人の道義的頽廢の何よりの證しである。福田氏を手強い敵と見做すなら、おのれの主張が福田氏のそれと「異なつてゐる」ゆゑんについて徹底的に考へたらよい。「かういふモラトリアム狀態で、道義的にも腐敗せず、經濟活力と民族士氣を維持することは、いかなる軍事國家より至難のわざであらう。もし日本がそれに成功するとすれば、十分、奇蹟の名に値する」と永井氏は書いてゐるが、將來の日本について云々するまでもなく、永井氏自身がさういふ「奇蹟」を行へずにゐる。だが、論敵一人を氣にして、前もつて秋波を送る政治的才覺の持主に、知的誠實なんぞを期待するのがそもそも間違ひなのである。

永井氏がもし「知的誠實」の持主なら、手強い敵を懷柔しようなどと考へる事無く、なにゆゑ狂人でも癡人でもない男が、核兵器について、「人間、發明した物は必ず使ふ」などと言切るのかと、それを眞劍に考へた筈である。「力の衰弱だけが、私たちを自由主義へと向はせる」と書いたシオランにしても、斷じて狂人でもなければ癡人でもない。「モーツァルトのいくつかのアンダンテからは、天空の精氣のやうな悲歎が立ちのぼつてくる。前世の葬送の夢のやうに」（及川馥譯）とシオランは書いてゐるが、モーツァルトについてかういふ事を書ける男が狂人や癡人である譯が無い。しかるに、そのシオランが「暴君のゐない世界などは、ハイエナのゐない動物園と同じくらゐ退屈であらう」と言ふ。そして、「暴君のゐない世界」の「平和と自由」にいつまでも人間が耐へられないとすれば、戰爭の無くなる道理は無いのである。

ところで、モラトリアムとは「支拂ひ猶豫」の事であり、それは當然「猶豫」してくれる他者の好意を前提とする。そして日本は何と四十年近くもの間、他者の好意に縋《すが》つて生きて來た。四十年間も「猶豫」が續けば、その有難みを意識せぬ樣になつて當然であり、かくて今、この秋津島のあちこちに「他力本願」の危ふさを一向に氣にかけぬ極樂とんぼが飛び廻つてゐる譯だが、その數の多きに氣壓《けお》されての事か、まつたうな物書きまでが屢々知的誠實を輕んじ、曖昧に言葉を濁し、政治的效果だの論壇遊泳術だのを重んずる始末である。例へば「月刊自由民主」昭和五十八年五月號に片岡鐵哉氏は、岡崎久彥氏の防衛論を批判して「岡崎氏は平和主義から究極的に脫卻することを考へながら、平和主義の砦である憲法と妥協してゐる」と書き、「私はかねがね岡崎氏の頭脳と見識と判斷を深く尊敬して來た人間の一人」だと斷り、「改憲支持」に關して中曾根「首相自身が一歩前進した今、（中略）岡崎氏がそれを支持出來ないことはあるまい」と書いて、岡崎氏の「一歩前進」に期待してゐる。片岡氏は頑強な改憲論者であり、岡崎氏が「平和主義の砦である憲法と妥協してゐる」のなら、岡崎氏の所論には片岡氏の斷じて首肯し兼ねる思想が含まれてゐる筈、それを突き止め、スペイドをスペイドと言ひ、讀者に改憲の要を説く事のはうが、岡崎氏の「一歩前進」に期待するよりも遙かに大事な事ではないか。憲法改正は日本が自力でなしうる事である。その自力でなしうる事を一向にやらうとせぬ他力本願のぐうたらを嘆くのはよい。だが、その嘆きに知的誠實が伴はぬ限り、外壓無しに日本のぐうたらは改まらぬと主張し續ける事もまた、「黑船待ち」の暢氣節、もしくは同憂の士を當てにする他力本願に墮する虞《おそ》れがある。岡崎氏が「平和主義の砦である憲法と妥協してゐる」のなら、改憲論者の片岡氏が情を掛けるには及ばない筈ではないか。

　ところでその岡崎氏の防衛論だが、片岡氏によれば、岡崎氏は「平和主義の日本が外から攻められた時に、平和主義をかなぐりすてて如何に立ち上がるかのシナリオを想定し」、から書いてゐるといふ。

　短兵急に（外敵が）日本の自衛隊の戰鬪力を擊碎し、東京まで攻め落とすといふ作戰も（中略）可能性はあります。しかしこれは他面眞珠灣攻擊と同じやうに戰略上の大失敗となる危險をはらんでゐます。（中略）日本國民全部が防衛意識に目覺めて、工業能力を總動員して立ち向つて來る可能性があります。しかも一たんさうなると、眞珠灣攻擊後、孤立主義から百八十度轉換したアメリカのやうに、最も强大な敵となつてしまふといふ、民主主義特有のこはさを日本が發揮する可能性が充分あります。

かういふ虛しいシナリオばかりを書き綴る神經が、私には何としても理解出來ない。日本國に現に今在るぐうたらを意に介せず、先々「日本國民全部」が眞劍になる場面を空想するとは何たる料簡であらうか。森嶋通夫氏を批判して福田恆存氏は、「第二次大戰以前のやうに、最小限の武器が『菊の御紋章』附きの三八式歩兵銃や手榴彈であつた時代は終り、大部分の兵器は精密な機械化を施されたもので、ずぶの素人に扱へるものではなく、それらを備へた小隊を指揮する士官の養成には三年を要する」と書いた。その通りであつて、日本が「工業能力を總動員して立ち向はうとした所で藤四郎《とうしらう》に近代兵器は扱へない。だが、それもさる事ながら、何より憂ふべきは現に今在るぐうたらである。現に岡崎氏の場合も、今在るぐうたらに染つてゐるからこそ、現行の腰抜け憲法を是認して「憲法は現狀維持でも防衞はできるといふ立場」を採り、「日本國民全部が防衞意識に目覺め」る時、などといふ空虚な白晝夢に耽る譯ではないか。

一方の片岡氏にしても、「憲法は現狀維持で好い」とする岡崎氏や佐藤誠三郎氏の意見は「憲法に對して中立であるかのやうに聞こえるが、事實上反戰平和志向を増長させることになる」などと書くのであつて、さういふ及び腰の批判によつて護憲派をたぢろがす事など出來はしない。要するに片岡氏は、岡崎、佐藤兩氏の所論は「反戰平和志向を増長させ」、それによつて敵を利する事になるぞと忠告し、兩氏の「一歩前進」を期待してゐる譯だらうが、岡崎、佐藤兩氏が「それは要らざるお節介である、物書きたる者は知的誠實を宗とすべく、時に敵を利する眞實をも語らざるをえない」と答へたら、片岡氏は一體どんな顏をするであらうか。

だが、もとより、岡崎氏も佐藤氏もさういふ事は言はない。が、政治主義の限界を痛切に知り、それゆゑ何よりも知的誠實を重んじたジョージ・オーウェルには、一九四〇年三月、卽ちイギリス軍のダンケルク撤退の二箇月程前、「私はこれまで唯の一度もヒットラーを嫌ひになる事ができなかつた。ヒットラーは岩に繫がれたプロメテウスだ」と書くだけの勇氣があつた。このモラトリアム惚けの日本國に、防衞に關する空虛なシナリオはふんだんにある。けれども、知的誠實ゆゑに敵身方思考を超える眞實が語られる事は稀である。それゆゑオーウェルの文章を引いてこの章を結ぶ事にしよう。

ヒットラーは生に關する快樂主義的な態度の欺瞞を理解してゐた。前大戰後の殆どすべての思想、無論「進歩的」な思想ならその全部が、人間は安樂、安全、苦痛の回避以外何も望まないと暗默のうちに假定してゐた。さ

うい ふ考へ方では、例へば愛國心や軍人の美德は說明出來ない。子供が玩具の兵隊で遊んでゐるのを知ると、社會主義者は狼狽するのが常だが、ブリキの兵隊の代用品を見つけてやる譯にはゆかない。ブリキの平和主義者なんぞ何の役にも立たぬのである。ヒットラーはその快樂を知らぬ精神によつて、その事實を並み外れた强さをもつて確信してゐた。人間は安樂、安全、勞働時間の短縮、健康法、産兒制限といつた樣な常識的な物ばかりを欲してはゐない。少くとも時々、太鼓、旗、觀兵式はもとより、鬪爭や自己犧牲をも欲するのである。經濟理論としてどうであれファシズムやナチズムは、快樂主義的人生觀より、心理學的には遙かにしたたかなのである。

戰争、道德、そして愛國心

「知的怠惰は道義的怠惰」だと私はこれまで屢々書いた事がある。防衞論に限らず、吾國の言論人の多くは知的に怠惰であるか、さもなくば知的に不誠實であつて、讀者の神經を逆撫でする樣な眞實や、樣々の理由により觸れる事が憚《はばか》られる眞實を素通りするが、さういふいはば「不快にして危險な眞實」の殆どが道德に係《かかは》る物だから、それを素通りする知的怠惰は卽ち道義的怠惰に他ならない。或る道德上の重要な問題について徹底的に考へて行けば、必ず解決し樣の無い矛楯に突當るのであり、それゆゑ例へばシェイクスピアの「リチャード二世」の觀客は、幕切れのボリングブルックのせりふ、「毒を必要とする者も毒を愛しはせぬ」に衝擊を受けるのだが、このモラトリアム惚けの日本國では、解決無き事を解決あるかのごとく思ふ極樂とんぼばかりが飛び廻り、國防に關する空疎なシナリオばかりが罷《まか》り通るのである。

言ふまでもなく、戰爭とは戰時に人を殺す事であり、人を殺す事は道徳上の問題である。しかるに、「人間は犬畜生ではない」の章で指摘した様に、「反戰平和」を唱へる極樂とんぼを批判する保守派の論客さへ、及び腰に難癖《なんくせ》を附けるしか無い譯だが、それも畢竟《ひつきやう》、人を殺す事はなぜ惡いかと、徹底的に問うてみた事の無い知的怠惰のせゐに他ならぬ。ここで「力が正義なのか」の章に引いたベルジャエフの文章を再び引く事にしよう。ベルジャエフはかう書いた。

「殘酷であつてはならない」と命じる掟は、われわれが一つの價値をえらんで他の價値を捨てるにはどうしても「殘酷にならざるをえない」といふことに氣づいてゐないのである。また「殺してはいけない」と命じる掟は、この世から殺人をなくすために、また人類にとつて最も價値あるものを守るためにあへてひとを殺さねばならない場合があることを知らないのである。

もとよりベルジャエフの言ふ「掟」は絶對者の定めた掟であつて、さういふ絶對的な掟を吾々日本人は持合せてゐない。けれども、「この世から殺人をなくすために、（中略）あへてひとを殺さねばならない場合がある」といふ事を、誰が否定できようか。そしてそれを誰も否定できぬと知れば、「反戰平和」の戲言なんぞの出る幕は無くなる筈なのだが、知的に怠惰で不誠實な吾國の反戰平和主義者は、ベルジャエフが指摘してゐる様な道徳的難問を回避して、専らたわいのない太平樂に興ずるばかりなのである。

私は今、道徳的「難問」と書いた。なぜならベルジャエフは斷じて、無條件に殺人を認めてゐる譯ではないからだ。それゆゑ、ベルジャエフがもし、次に引く小室直樹氏の文章を讀んだなら、小室氏の文章の粗雜と忌まはしい沒道徳に啞然とするに違ひ無い。

私はかつて、テレビの生番組で「檢事を殺せ」と發言して、囂々《がうがう》の非難をあびたが、私の眞意は、つぎの點にあつた。（中略）

角榮は現代日本の政治家としてかけがへがない。その理由については、すでに述べた（前著「田中角榮の呪ひ」）。他方、日本の檢察廳は、ある意味ではその優秀なこと世界に冠たるものがあり、人材雲のごとく、優秀な検事の一ダース、一グロスぐらゐ殺したところで、かけがへはいくらでもある。だから、検事ぐらゐ殺したつて、かけがへのない角榮を助けろと、この論理である。

（「田中角榮の大反撃」、光文社）

「優秀な検事の一ダース」は愚か、「愚かな検事」一人だつて殺してはならぬのである。なぜなら、例へば、畸人である小室直樹氏を「殺したところで、かけがへはいくらでもある」とは斷じて言切れぬからだ。そしてそれなら、「優秀な検事の一ダース、一グロス」よりも、一人の田中角榮のはうが大事だなどと、吾々は斷じて言つてはならないのである。無論、吾々は私的な場所では飛び切り猥褻な事も言ひ、「あんな奴は殺してしまふがいい」などと言ひもする。だが、吾々はさういふ事を公的な場所で口走る事を躊躇する。なぜ躊躇するか。敢へて人を殺さねばならぬ場合のある事を承知してはゐても、人を殺してよい理由が確《しか》と摑めぬからに他ならない。ただ吾々は、例へばアルベール・カミュほど、それが確と摑めぬ不思議について熟《とく》と考へてみない。フィリップ・ソディは書いてゐる。

カミュは反抗の問題について、カリアエフの解決だけを有益かつ唯一の方法であると認めるが、その解決方法とはつまり、殺人者は自分の奪つた生命の代償として、自らの生命を支拂はなければならないといふものである。かくしてカリアエフは二つの行爲によつて、殺人が犯すべからざるものであると同時に、犯さざるをえないものであることを示し、そして、反抗がもつ《諾と否とのあひだ》のほとんど不可能にちかい緊張を例證することになる。

（「アルベール・カミュ」、安達昭雄譯、紀伊國屋書店、傍點松原）

ソディも言つてゐる樣に、「虐政に對して闘ふいかなる政治組織も、もしその指導者たちがカリアエフの例に從つたとしたら、おそらくその成功を勝ちとることはできない」。それゆゑ、カリアエフの解決だけが「有益かつ唯一の方法」であるといふ事にはならぬ。だが、「正義の人々」を書いたカミュが、殺人に關する「諾と否とのあひだの緊張」を體驗した事は確實であり、一方、「検事ぐらゐ殺したつて」云々と書いた時の小室直樹氏が、さういふ緊張を體驗してゐない事もまた確實である。つまり、小室氏の場合も、その知的怠惰ゆゑの道義的怠惰といふ事であり、「或る道徳上の重要な問題について徹底的に考へ」なかつたから、「諾と否」の兩極に觸れて考へず、「解決し樣の無い矛楯に突當る」事も無かつたと、さういふ事に他ならない。

無論、さういふ怠惰は小室氏に限らぬ。清水幾太郎氏もまた、「日本よ國家たれ」と叫び、「無氣味な兵器や死を覺悟した人間、要するに、軍事力が、國家といふものの本質である」と書いたのである。さう書いた清水氏を批判して福田恆存氏は、「これほど人間性を無視した殘酷な考へ方は一體どこから出て來るのであらう」と書いたが、小室氏の場合も清水氏の場合も、その所論には「諾と否の兩極に觸れる」緊張、卽ちディアレクティックが缺けてゐる。ここで再び、知的誠實を宗としたジョージ・オーウェルの文章を引く事にするが、彼はオーデンの詩を批判してから書いてゐる。

殺人をたかだか言葉として知つてゐるに過ぎぬ者だけが、こんな文章を書けるのである。私はかうも輕々しく殺人について語らない。偶々、私はたくさんの死體を見た事がある。(中略)恐怖、憎惡、泣き喚く親族、檢死解剖、血、惡臭。私にとつて、殺人とは避けるべきものである。普通の人間にとつて殺人とはさういふものだ。(中略)引金が引かれる時は、常にどこか別の所にゐる樣な人間だけが、オーデン氏の樣に非道德的な思想を懷きうるのである。

要するに清水幾太郎氏は今、「引金が引かれる時は、常にどこか別の所にゐる樣な人間」として、國家の物理的强制力を說き、大向うを唸《うな》らせようとしてゐる譯だが、「國家といふものを煎じつめれば、軍事力になり、軍事力としての人間は、忠誠心といふ人間性に徹した存在でなければならぬ」などと勇ましい啖呵《たんか》を切つてゐる時の淸水氏は、「內灘と限らず、他の幾つかの基地の實狀」報告に淚したといふ「センチメンタル」な三十年前のおのれを、きれいさつぱり忘れてゐるのであつて、三十年前の淸水氏の淚が空淚なら、今の啖呵も所詮は空威張りでしかない。「忠誠心といふ人間性に徹」する事なんぞ出來もせぬ癖に、「軍事力としての人間」とやらについて「輕々しく」語れるゆゑんである。

だが、殺人について「輕々しく」語るオーデンの「非道德」に反撥したオーウェルは、「非戰鬪員に對する爆撃」を難ずるヴェラ・ブリテンを批判してから書きもしたのであつた。

若者の殺戮に限定されれば戰爭は「人道的」になり、老人まで殺される樣になれば「野蠻」になるとは、私は思はない。

戰爭を「制限する」ための國際協定は、それを破棄して引合ふ時には決して守られる事が無い。（中略）戰爭とは野蠻なものなのである。それを認めたはうがよい。吾々自身が野蠻人であるといふ事を認めれば、多少の向上が可能である。少くとも向上について考へる事が出來る樣になる。

「殺人とは避けるべきもの」であると言ふオーウェルに、「反戰平和」主義者も、三十年前の淸水氏も同意するであらうが、右に引いたオーウェルの文章には、今の淸水氏と保守派の知識人が同意するに違ひ無い。奇怪な事である。いづれもジョージ・オーウェルといふ名の同一人物が書いた文章ではないか。では、ヴェラ・ブリテンを批判して「戰爭とは野蠻なもの」であると書いた時のオーウェルは、オーデンを批判して「殺人とは避けるべきものである」と書いた時のおのれ自身を、きれいさつぱり忘れてゐるのであらうか。斷じてさうではない。オーウェルは淸水幾太郎ではない。いづれの文章を綴つた時も、オーウェルは物書きとしての知的誠實を重んじ、「諾と否とのあひだの緊張」を失つてはゐない。彼の二つの文章が矛楯してゐる樣に見えるとすれば、それは道德上の難問に安直な解決が無いからに他ならぬ。

しかるに、淸水氏に限らず、吾國の物書きの殆どは、防衞を論じてさういふ道德上の難問に突當る事が無い。その安直に苛立つて、私はかつてから書いた。

誰でも私としては死にたくない、けれども公の爲には死なねばならぬ。けれども、せめて一家眷族の爲ならばともかく、自由だの國體だのの爲に死ぬ氣にはなれぬ。けれども、神風特攻隊の若者は「天皇陛下萬歲」を叫んで死んだではないか。けれども、あれは若氣の至り、神憑りゆゑの輕はづみに過ぎぬ。けれども乃木希典が腹を切つた時……、この「けれども」の堂々巡りに決着はつくまい。そこで、専ら能率と實用を重んずる手合は「死にたくない」と「死なねばならぬ」との對立の平衡をとる事をやめ、おのれの屬する集團の正義に飛び附く事になる。死にたくないと公言するのは、さすがに憚られるからである。そしてさうなれば、おのが集團とそれに對立する集團との勢力均衡を案じ、世間の右傾や左傾を嘆く事を生甲斐とし、それを道徳的善事と錯覺する様になる。（「道義不在の時代」、ダイヤモンド社）

自民黨員も共産黨員も、皆、「死にたくない」と思つてゐる。が、いづれの黨派に屬したところで、人間はいづれは必ず「死なねばならぬ」。そしてまた、ソ聯兵による殺人は認められるが、日本兵によるそれは許されぬといふ事も無い。が、日本とソ聯が戰ふ事になれば、日本兵はソ聯兵を殺さねばならぬのである。「道義不在の防衞論を糺《ただ》す」にも書いた通り、パスカルは「殺人が時と場合によつて許されたり許されなかつたりする不思議について熟と考へ」たが、それはオーウェルと同様、パスカルが知的誠實を重んじたからに他ならない。オーウェルが繰返し言つてゐる様に、黨派心は知的誠實の敵なのである。

それゆゑ、私もここで知的誠實を重んじ、敢へて誤解を招く様な事を言ふが、私は正直、例へば朝日新聞の左傾に屢々立腹すると同時に、朝日の左傾を嘆いて原稿用紙の枡目を埋めてゐるだけの言論の安直にも屢々苛立つのである。朝日新聞の左傾を嘆く事は、そのまま道徳的善事なのではない。卽ち、道徳的にいかがはしい人物であつても、對立するイデオロギーを批判しうるのであつて、これを要するに、イデオロギーと道徳とは簡單に繋がらないのである。日本の共産化は斷乎阻止せねばならぬと私は思ふし、阻止せんとする眞摯においても人後に落ちない。けれども、萬一、日本が共産主義國になつたとしても、道徳的な惡事はやはり惡事なのであり、共産主義國になつたからといつて、親を殺したり、嘘をついたり、友人を裏切つたりする事が善事になる譯のものではない。それはつまり、イデオロギーよりも道徳のはうが大事といふ事で、また、さう考へなくては、共産化された祖國日本に自由を恢復せんとするゲリラ活動も、眞摯なものとは到底なりえない。

ところで、讀者がもし知的に誠實であるならば、以上私が縷々述べた事の大半を認めざるをえない筈だと私は信じる。が、もしもさうなら、讀者諸君よ、あなた方はなぜ、清水幾太郎氏のアジテイションなんぞに幻惑されるのか。なぜ、清水氏の知的・道義的不誠實に慄然としないのか。福田恆存氏は清水氏の防衞論を「破綻に滿ちた支離滅裂」と評し、返す刀で、清水氏の「變節」を辯護した渡部昇一氏を斬り、「あなたの正體は共産主義者と同じで、人間の不幸はすべて金で解決出來ると一途に思詰めてゐる夜郎自大の成上り者に過ぎぬ」とまで言切つた。けれども、清水氏も渡部氏も福田氏に反論せず、反論しないといふ處世術によつて今なほ兩氏は健在だが、一方の福田氏は清水氏に對する「嫉妬心から文句を附けたと勘違ひ」され、「それは違ふ」と「中央公論」に書いて、けれども大方の物書きやジャーナリストに理解されなかつた。これを要するに、このモラトリアム惚けの日本國では、知的誠實はまこと割に合はぬのである。いや、事によると、知的怠惰と知的不誠實は、日本人の專賣特許なのかも知れぬ。なぜなら、日本がいまだモラトリアム惚けを患つてゐなかつた頃、大岡昇平といふ小説家はかう書いたからである。

> 私が初めて米兵を認めた時、彼は既に前方の叢林から出て開いた草原に歩み入つてゐた。(中略)
>
> その顏の上部は深い鐵兜の下に暗かつた。(中略)谷の向うの兵士が叫び、彼が答へた。彼は顏を斜め聲の方向に向けた。私が彼の頰の薔薇色をはつきり見たのはこの時である。(中略)私がその薔薇色の頰を見た時、私の心で動いたものがあつた。
>
> それはまづ彼の顏の持つ一種の美に對する感歎であつた。それは白い皮膚と鮮やかな赤の對照、その他我々の人種にはない要素から成立つ、平凡ではあるが否定することの出來ない美の一つの型であつて、眞珠灣以來私の殆んど見る機會のなかつたものであるだけ、その突然の出現には一種の新鮮さがあつた。(中略)
>
> 人類愛から發して射たないと決意したことを私は信じない。しかし私がこの若い兵士を見て、私の個人的理由によつて彼を愛したために、射ちたくないと感じたことはこれを信じる。(「俘虜記」)

これは眞つ赤な嘘である。私は大岡氏よりも遙かに年下で、實戰の體驗も「生きて虜囚の辱《はづかしめ》を受け」た體驗も無いが、戰場において「人類愛から」敵兵を射たないなどといふ事を信じないのと同様、敵兵の「顔の持つ一種の美に對する感歎」などといふ事も信じない。敵兵を「愛着したために、射ちたくないと感じた」などとは途方も無い嘘である。さう斷定する事を私が躊躇しない理由は何か。大岡氏と同様、敵兵を射たなかつたジョージ・オーウェルの、「誠實」な體驗記を讀んだ事があるからである。スペイン内戰に義勇兵として參加し、ファシストと戰つたオーウェルはかう書いてゐる。

　吾々は溝に潛んでゐた。が、後方には兎も隠れる事の出來ぬ二百ヤードの平地があつた。勇を鼓してそこへ飛び出さうかと考へてゐるうちに、ファシストの塹壕に喚聲があがり警笛が聞えた。友軍の飛行機が飛んで來たのである。その時、一人の兵士が、將校に報告するためであらう、塹壕から飛び出し、胸墻の上に姿を現し、走り出した。身支度を終つてをらず、走りながらズボンを兩手で引上げてゐる。私は射たなかつた。確かに私は射撃は上手ではなく、百ヤード前方を走つてゐる男に命中させる事は出來まいし、それに何より、ファシストが飛行機に氣を取られてゐるうちに、身方の塹壕に逃げ戻らうと考へてゐた。しかしながら、私が射たなかつたのはズボンのせゐでもあつた。私は「ファシスト」を射ちに來たのである。ズボンを引上げてゐる男は、「ファシスト」ではない。それは明らかに、吾々と同じ一人の人間であり、射つ氣にはなれないのである。（傍點松原）

　大岡昇平氏と異り、オーウェルは正直である。大岡氏とオーウェルと、射撃の腕前にどれぐらゐの逕庭があつたかは知り様の無い事だが、オーウェルは「身方の塹壕に逃げ戻らうと考へてゐた」と何氣なく書く。戰場においても犬死は避けねばならないのだから、それは至極當り前の事である。しかるに大岡氏は若き米兵を射たなかつた事實について、「私は生涯の最後の時を人間の血で汚したくないと思つた」とか、「私はここに人類愛の如き觀念的愛情を假定する必要を感じない」とか、「戰爭とは集團をもつてする暴力行爲であり、各人の行爲は集團の意識によつて制約乃至鼓舞される」とか、延々數頁に亙つて「觀念的」な詭辯を弄し、擧句の果てに先に引用した米兵の「頰の薔薇色」云々のくだりに及び、最後はかう結ぶのである。

とまれかくして米兵は私を認めずに去り、私はこの青年を「助けた」といふ「美行」の陶醉と共に殘された。もつともこの陶醉には苦い味がなかつたわけではない。卽ち私はすぐ私の逸した兵士が陣地正面の戰鬪に加はり、それだけ僚友の負擔を增したことに氣がついたからである。

この反省は辛かつた。しかし米軍がかくも優勢である以上、僚友はいづれ死なねばならぬ。そして私も永く生きてはゐないであらう。この考へが依然として私の萬能の口實であつた。

「陶醉と共に殘された」とか「反省は辛かつた」とかいふ、一見誠實な告白とも思へる字句に騙される讀者もあらうが、大岡氏が「僚友はいづれ死なねばならぬ」にではなく、自分も「永く生きてはゐないであらう」に傍點を附してゐる事實こそ、大岡氏の知的不誠實の何よりの證しに他ならない。なるほどミンドロ島の日本兵の大半は「いづれ死なねばならぬ」運命にあつたであらう。が、誰一人として好んで死にたくはなかつたであらう。大岡氏は「野火」の中に、瀕死の日本軍將校を描いてゐる。彼は「ぼろのやうに山蛭をぶら下げた顏を振りながら」言ふではないか、「天皇陛下樣。大日本帝國樣」、「歸りたい。歸らしてくれ。戰爭をよしてくれ。俺は佛だ。南無阿彌陀佛。なんまいだぶ。合掌」。

ミンドロ島であれ東京都世田谷區成城であれ、戰時であれ平時であれ、大岡昇平氏であれ他の誰であれ、自分が「永く生きてはゐないであらう」事を「萬能の口實」にして行動する人間を想像するのは難事である。それゆゑ、「反省」が「辛かつた」とは眞つ赤な嘘で、大岡氏は忽ち「僚友はいづれ死なねばならぬ」のだからと思ひ直したのだと、私にはさうとしか思へない。つまり、大岡氏が若き米兵を射たなかつたのは、射擊によつておのが所在を示す事を恐れたからなのだが、オーウェルと異り、大岡氏はその肝腎要のところを認めたがらず、「硬質的文體」とやらを驅使して自己欺瞞を隱蔽しようとしたのである。だが、三十六年前の、事實上の處女作において、おのが不誠實を「ぼかし」て「犯罪的捏造《ねつぞう》」をやり、その後も一向に反省してゐない大岡氏が、「堺事件」における森鷗外の「切盛と捏造」について、「鷗外の皇室もしくは山縣（有朋）へ身をすり寄せるやうな忠誠心は、いぢましいといふべきか、あはれといふべきか」などと書いてゐるのは許し難き身勝手である。

「堺事件」とは森鷗外が大正三年に書いた歴史小説であり、堺事件とは明治元年二月、泉州堺を警備してゐた土佐藩の兵隊が、フランス兵十一名を銃撃し殺害した事件である。フランスの要求を呑んだ明治政府は、土佐藩の兵士に切腹を命じたが、隊長箕浦猪之吉の切腹の模様を鷗外はかう描いてゐる。


　呼出の役人が「箕浦猪之吉」と讀み上げた。寺の内外は水を打つたやうに鎮《しづま》つた。箕浦は黑羅紗の羽織に小袴を着して、切腹の座に着いた。介錯人馬場は三尺隔て、背後に立つた。總裁宮以下の諸官に一禮した箕浦は、世話役の出す白木の四方を引き寄せて、短刀を右手に取つた。忽ち雷のやうな聲が響き渡つた。

「フランス人共聽け。己《おれ》は汝等《うぬら》のためには死なぬ。皇國のために死ぬる。日本男子の切腹を好く見て置け」と云つたのである。

　箕浦は衣服をくつろげ、短刀を逆手に取つて、左の脇腹へ深く突き立て、三寸切り下げ、右へ引き廻して、又三寸切り上げた。刃が深く入つたので、創口は廣く開いた。箕浦は短刀を棄てゝ、右手を創に挿し込んで、大網《だいまう》を摑んで引き出しつゝ、フランス人を睨み付けた。

　馬場が刀を拔いて項《うなじ》を一刀切つたが、淺かつた。

「馬場君。どうした。靜かに遣れ」と、箕浦が叫んだ。

　馬場の二の太刀は頸椎を斷つて、かつと音がした。

　箕浦は又大聲を放つて、

「まだ死なんぞ、もつと切れ」と叫んだ。此聲は今までより大きく、三丁位響いたのである。

　初から箕浦の擧動を見てゐたフランス公使は、次第に驚駭《きやうがい》と畏怖とに襲はれた。そして座席に安んぜなくなつてゐたのに、この意外に大きい聲を、意外な時に聞いた公使は、とう〳〵立ち上がつて、手足の措所《おきどころ》に迷つた。（傍點松原）

大岡氏によれば、實は切腹の場に皇族もフランス公使ロッシュも立會つてはゐなかつたのださうで、これは鷗外の用ゐた資料「泉州堺烈擧始末」の間違ひなのだから、鷗外を咎めても仕方が無い。だが、大岡氏は右に引いた箕浦切腹の場についてから書いてゐるのである。

外國人が日本人の壯烈な切腹を見て怯えるところは、讀者が溜飲を下げるところで、「堺事件」の中心である。『始末』はロッシュと特定してゐないが、鷗外はこの滑稽な役を公使に演じさせて、效果を增した。

既に述べた樣に、臨席してゐなかつたフランス公使を狼狽させるといふ「捏造」について鷗外を難ずる譯にはゆかないから、大岡氏も「效果を增した」としか評せぬ。だが、話は前後するが、明治政府に對してフランス公使は五箇條の要求を突き附けたのであり、そのうちの一つ、「外國事務係執政の親王がヴェニュス號に赴いて日本政府からフランス艦隊指揮官への謝辭をいふこと」を、鷗外が「省略」してしまつた事について大岡氏は、その「理由としては、皇室に體裁の惡いことを書かないといふ以外には考へられない」と言ひ、かう書いてゐる。

このやうな切盛を見てゐると、鷗外の切盛や捏造の觀念、彼が「歷史其儘」とか「歷史の自然」といふ言葉で意味するものは、われわれとはまつたく違ふのではないか、といふ疑念に囚はれる。それは多くの擁護者が論ずるやうな、高尚で哲學的なものではなく、恐らくもつと次元の低い現實的なものである。

小林秀雄氏は生前、「成城だより」を書き綴る大岡氏を、「虛榮心の塊」と評したさうだが、その「虛榮心の塊」が森鷗外の「次元の低」さを云々して憚らぬ事を、私は「いぢましい」とも「あはれ」とも思はない。大岡氏の知的・道義的怠惰に啞然とするばかりである。いかにも、鷗外も人の子、「自分の都合のいい物語を書く」事が絕對に無かつたとは言へまいが、當時「開國和親から開國征夷」へと政策の轉換を計つてゐた山縣有朋を支持すべく、假りに鷗外が「公平めかした擬似考證によつて、眞實の外觀を作り出し、擬似眞實性を愛好する輿論を誘導しよう」としたとしても、その鷗外の行爲はなほ、「俘虜記」や「野火」における大岡昇平氏の反道德的自己欺瞞よりは遙かにましなのである。なぜなら、大岡氏はおのれ一身を美化せんとして破綻してゐるのに反し、鷗外は切腹した土佐藩の兵士、及びその「皇國意識」を美化してゐるからである。卽ち、専らおのれ以外のものを美化せんとした鷗外は「虚榮心」の跳梁を免れてゐるのであり、その道徳的眞摯は「虚榮心の塊」の及ぶ所ではない。

さて、ここで私は讀者に問ひ質したい。明治元年に「皇國のために死ぬる。日本男子の切腹を好く見て置け」と叫んだ箕浦猪之吉を、その「皇國意識」を美化した森鷗外を、あなた方は輕蔑しうるか。鷗外について大岡氏は「人は比類のない才能をもつて、最も下らない政治に奉仕する」とまで書いてゐる。その點について鷗外を辯護する爲には、「かのやうに」や「空車」や「興津彌五右衞門の遺書」にも觸れねばならず、それは次章に譲るが、ナショナリズムゆゑに戰爭が無くならないといふ事もあるのだから、箕浦猪之吉に限らず、戰時中「天皇陛下萬歳」を叫んで死んでいつた夥しい日本兵を、今日の吾々が果して輕蔑出來るかどうか、それはここでどうしても考へておかねばならぬ。昭和二十七年、火野葦平はかう書いた。

「日の果て」「野火」「眞空地帶」などを傑作と思ふけれどもそれらの中にさへ、私には一つの不滿がある。（中略）兵隊が戰場から脱走したり、部下をすてて指揮官が逃亡したりすることを、肯定したり賞揚したりする態度で書かれた戰場小說を私は疑問の眼で見る。（中略）私は自分で銃をとり、心底から祖國の勝利をこひねがつて戰かつたとき、私の周圍には、どんな苦境の中にあつても戰線を離脱せず、祖國や天皇陛下の萬歳を絶叫して絶命する兵隊がたくさんあつた。（「戰爭文學について」）

さういふ「心底から祖國の勝利をこひねがつて」戰死した昔人《せきじん》を今人《こんじん》が憫笑《びんせう》しうるとすれば、今人は昔人より賢いといふ事になる。が、果してさう言切れるか。今日の文士は昔の文士よりも賢いか。賢いと思つてゐる様である。それゆゑ、大岡昇平氏は夏目漱石を批判してかう書いた。

結局漱石はいくら國家に對して批判的であり、權力に憤慨的であるにしても、結局どこかで折れ合ふ點を見附けて來ます。權威としての國家には服するのです。將軍の髷を見て、涼しき涙を流したつてそれが何でせう。暇人の知識人の感傷といつてしまへばそれまでです。

（「漱石と國家意識」、「世界」昭和四十八年一、二月號）

「権威としての國家」の重壓を一向に感ずる事の無い「太平の逸民」にして、「モラトリアム惚け」の「虚榮心の塊」が何を言ふか、と言ひたいが、それはともかく、「將軍の髯を見て」云々は、漱石の短篇「趣味の遺傳」の一節についての評言なのである。日頃「圖書館以外の空氣をあまり吸つた事のない」學校の先生である主人公が、或る日、新橋驛で日露戰爭から凱旋した胡麻鹽髯の將軍を目撃、「胸の中《うち》に名狀しがたい波動が込み上げて來て、兩眼から二雫《しづく》ばかり涙が落ちた」のだが、凱旋將軍の「日に焦《や》けた色」と「髯の胡麻鹽」とに流したその「涼しき涙」は何ゆゑの涙か、そんな事「分るものか。何故とか此故とか云ふのは事件が過ぎてから冷靜な頭腦に復したとき當時を回想して始めて分解し得た智識に過ぎん」、さう漱石は書いた。それを評して大岡氏は、「暇人の知識人の感傷」と言つた譯だが、鷗外の箕浦猪之吉にせよ、漱石の「學校の先生」にせよ、文學者の「反核聲明」とやらに署名して人類の將來を憂へてみせた大岡昇平氏と異り、なにゆゑかくも「偏狹」なる「皇國意識」に對して脆《もろ》いのであらうか。

　だが、私は今人のはうが昔人よりも賢いといふ事を斷じて認めない。將来ロケットが冥王星に到達する様な時代にならうと、惚れた腫《は》れたの刃傷沙汰の愚に何の變化も無いであらうし、或る國民が自國による他國の「懲罰」に快哉を叫び、溜飲を下げ、驛頭に凱旋將軍を迎へ、「胸の中に名狀しがたい波動が込み上げて來て、兩眼から二雫ばかり涙」を落すといふ事態も、決して無くならないであらう。カール・B・レーダーの言ふ様に、ナショナリズムがいかに「愚劣」であるとしても、それはイデオロギーよりも遙かに強力なのであり、例へばソヴィエトとユーゴスラヴィアとの對立、ヴェトナムとカンボジア及び中國との紛爭、そして中國とソ聯の對立、さらには「ユーゴスラヴィアとアルバニアとの紛爭や、ほとんどすべてのバルカン諸國間の紛爭も、もちろん昔ながらの民族問題にほかならない」（「戰爭物語」、西村克彥譯、原書房）。

　では、なにゆゑナショナリズムはイデオロギーよりも強力なのか。それは幼兒期に吾々が「兩親の言葉とまなざし」によつて、兩親の價値觀や民族感情を承認してしまふからだとレーダーは主張して、かう書いてゐる。

　民族感情の發端とともに、自國民を過大評價する發端も幼兒の時代に置かれてゐる。幼兒からみれば兩親がえらいのは自明のことである。（中略）ほかの人間を知らないのだから、兩親は何とも評價しやうがないか、これを距離を置いて評價することができないのだ。（中略）兩親の言行はつねに正しい。幼兒は兩親の喜怒哀樂にしたがふのである。

はじめは兩親だけに妥當してゐる價値判斷が、やがて兩親と同樣の人たち全部に擴大される。つまり、同じ言葉を話し、同じ價値體系を肯定し、同じ「神々」をうやまひ、同じ敵を憎む人たちである。家族といふ小さなサークルでの同族感情が、氏族、部族、民族、そして國民にまで擴大される。このやうな共感をともなふ國民感情が、幼兒の感情界に深く根を下ろしてゐる。してみれば、壯大なイデオロギーのはうが根が淺いのは意外ではない。それらはたいてい個人が大きくなつてはじめて受容されるのだから、意識の層の中では新しいのである。

（「戰爭物語」）

なるほどそんなものかと思ふ。だが、海波を揚げざる日本國において、ナショナリズムは當節頗る不評だから、レーダーの說が正しいとすると、目下「價値觀」も「民族感情」も持合せぬ兩親の「喜怒哀樂にしたが」つてゐる日本の子供たちは、いづれ成人して、昭和二十二年に公布された教育基本法にある樣な、專ら「世界の平和と人類の福祉に貢獻」する事だけを考へる國籍不明の國際主義者になるであらう。そして彼等は大岡昇平氏の漱石批判に喝采するであらうが、同じ大岡氏が「ながい旅」（新潮社）の後記に、なにゆゑB級戰犯として處刑された東海軍司令官岡田資中將の遺稿の一部を引用したのかは、決して理解しないであらう。大岡氏によれば岡田中將はかう書いてゐるといふ。

敗戰直後の世相を見るに言語道斷、何も彼も惡いことは皆敗戰國が負ふのか？　何故堂々と世界環視の內に國家の正義を說き、國際情勢、民衆の要求、さては戰勝國の壓迫も、亦重大なる戰因なりし事を明らかにしようとしないのか？　要人にして徒《いたづら》に勇氣を缺きて死を急ぎ、或いは建軍の本義を忘れて徒に責任の存在を辯明するに汲々として、武人の嗜みを棄て生に執着する等、眞に暗然たらしめらるるものがある。

言ふまでもなく、敗戰直後の日本人は「堂々と世界環視の内に國家の正義を説き」はしなかつた。説けぬ事を無念殘念に思つた者は極く少數であつた。そしてやがて「世界環視」の内に「平和憲法」を「確定」し、おのが「國家の正義」でなく「平和を愛する諸國民の」情けに縋《すが》つて「安全と生存を保持」する事にしたと宣言した譯である。さういふ恥づべき憲法を改正せずして三十數年、毒はじわじわ利いて來たのであり、福澤諭吉が大事にした「瘠我慢」も、森鷗外の「意地」も今や地を掃ひ、吾々は今、「人事國事に瘠我慢は無益なりとて、古來日本國の上流社會に最も重んずる所の一大主義を曖昧模糊の間に瞞着」して憚らないと、私はかつて「道義不在の防衛論を糺す」に書いた。大岡氏の「ながい旅」を讀めば解るが、岡田資中將は「瘠我慢」ゆゑに從容として巣鴨の十三階段を登つた譯ではない。死刑の判決を受けて後、中將は笹川良一氏に宛てて、「國敗れて、徒に將領の生き伸びる事のつらさは、是で解消します。人生の最後に、多少の光芒を曳き、次代の青年を多少とも照すよすがともなれば幸甚です」と書いたのであつて、彼をして「男ラシク正シクキット」させてゐたものは、物靜かなる愛國心だつたのである。

ナショナリズムと愛國心を混同してはならないと、ジョージ・オーウェルは言つてゐる。オーウェルによれば、ナショナリズムとは「自己を國家もしくはその他の單位と一體化し、それを善惡の彼岸に置き、その利益を推進する事以外の義務は認めようとしない習慣」だが、愛國心とは「自分では世界中で最もよいものだとは信じるが、他國民にまで押附けようとは思はない、特定の地域と特定の生活樣式に對する獻身」であつて、愛國心が「本來防禦的なもの」であるに反し、ナショナリズムは「權力欲と切り離す事が出來ない」といふ。だが、厄介な事に、とかく人間は「最もよいものだと信じる」物を、何としてでも他人に押附けようとする。いかにもベルジャエフが「ドストエフスキーの世界觀」において縷々説明してゐる樣に、「善の强制はもはや善ではない、惡である」。けれども他人に强制したいと思ふほど善を信じてはいけないといふ事になれば、他者に自由を認める場合と同樣、吾々は「生命力の衰弱をいかにすべきか」といふ難問に直面する事になる。巣鴨拘置所の岡田資中將は丸腰だつたから、「次代の青年」に期待して「防禦的」な愛國心の昂揚に止つたが、戰場にあつて銃を持つて戰つたならば、「どんな苦境の中にあつても戰線を離脱せず、祖國や天皇陛下の萬歳を絶叫して絶命」したに相違無いのである。

要するに、「物靜かな愛國心」がどこで終り、攻撃的なナショナリズムがどこから始まるか、さういふ事は確《しか》と解らぬ。確實なのは、愛國心やナショナリズムがイデオロギーよりも强力だといふ事であり、特に戰時にあつて、自國の正義が「善惡の彼岸」にあるものだと信じるや、忽ちにして「物靜かな愛國心」は攻撃的なナショナリズムに轉化するといふ事である。そしてさうなれば、夏目漱石は「二雫ばかり」の涙を流し、森鷗外は「かのやうに」の曖昧主義を捨てて一氣呵成に「興津彌五右衞門の遺書」を書き上げ、G・K・チェスタトンは「安つぽい空威張り」の戰爭詩を作り、エルンスト・ユンガーは戰爭の野蠻に醉ひ、ドストエフスキーは「ロシアはコンスタンティノープルを奪還せねばならぬ」と書く事になる。では、吾々は大岡昇平氏と共に、これらはいづれも「暇人の知識人の感傷」であり、彼等は「比類のない才能をもつて、最も下らない政治に奉仕」したのだと評すべきか。それともオーウェルと共に、ナショナリズムゆゑの偏向は誰しも免れないが、それを認め、それと戰ふ事は可能であり、「それがまさしく道德的努力なのだ」と言ふべきか。

私は無論オーウェルに與《くみ》する。大岡氏と異り、オーウェルは道德的努力の必要を力說してゐるからである。そして、既に述べた樣に、道德的であるとは知的誠實を重んじて自他の矛楯を認め、それと戰ふ事なのだが、モラトリアム惚けの日本の論壇における知的怠惰ゆゑの道義的怠惰は凄まじく、先頃、或る熱烈な反ソ主義の知識人は私に、日本製ロボットの優秀について語つたついでに、いづれ北海道の自衞隊にロボットが配備されれば、北方の守備は萬全のものとなるであらうと宣《のたま》うた程である。言ふも愚か、機械には道義心は無い。つまりは將棋の駒と同樣で、敵の手に渡れば情け容赦も無く身方を攻撃する。さういふ機械に國防を委せるなどと、「これほど人間性を無視した考へ方は一體どこから出て來るのであらう」。

これまた言ふまでもない事だが、ロボットも將棋の駒も、おのが矛楯を認め、それと戰ふなどといふ事はやれぬ。そしてまた、ロボットにも將棋の駒にも黨派心は無い。愛國心も無ければナショナリズムも無い。つまり人間が人間である限り、黨派心も愛國心もナショナリズムも、免れる事は出來ない。そしてそれを恥づる必要は無いのであり、恥づべきはそれに氣附かぬ事、それに溺れる事なのである。オーウェルは非體制知識人の安直を輕蔑したが、同時に彼は政治主義の虚僞をも激しく批判せざるをえなかつた。彼は平和主義者を批判してから書いてゐる。

彼らは原則として暴力そのものを排撃するのではなく、西歐諸國の防衛に用ゐられる暴力だけを非難するのである。ソヴィエトはイギリスと違つて、戰爭のやうな手段によつて自己防衛をしたからといつて非難されることはない。といふよりも、そもそもこの種の平和主義のプロパガンダは、ソヴィエトや中國については觸れないやうにしてゐる。（小野協一譯）

この四十年前に書かれた文章は今日そのまま通用する。そしてこれを讀んで、安直な反ソ主義の保守派言論人は喜ぶに相違無い。だが、さういふ保守派知識人も次に引くオーウェルの文章を讀めば顏を顰《しか》めるのではないか。

イギリスの保守黨員は、ヨーロッパにおける民族自決には贊成し、インドのそれには反對しながら、しかもそこになんらの矛楯も感じない。行爲それ自體の價値によつてではなく、だれがやるかによつて善惡が決められ、いかなる暴虐行爲——拷問、人質の利用、强制勞働、集團强制移住、裁判ぬきの投獄、文書僞造、暗殺、非戰鬪員の爆撃——も「味方」がやつたとなるとその道德的色合ひが變はつてくる。自由黨系の『ニューズ・クロニクル』は驚くべき野蠻行爲の例として、ドイツ人に絞首刑にされたロシア人の寫眞を掲載したが、一、二年後には、ロシア人によつて絞首刑にされたドイツ人のほとんどそつくりそのままの寫眞を、今度は熱烈な贊意をもつて發表した。（小野協一譯）

何ともはや身勝手だが、人間とはそもそも頗る身勝手なもので、早い話がこの私にしても、金大中氏を攫《さら》つてどぢを踏んだＫＣＩＡのへまには舌打ちし、それを非難したがらず、一方、レフチェンコ證言に困惑する手合を見ては快哉を叫びたくなる。卽ち、親韓派の積りでゐる私は、金大中氏に假りに「拷問、强制勞働、强制移住」の制裁が加へられたとしても、それを非難したがらず、北朝鮮やソ聯における「拷問、强制勞働、强制移住」は激しくこれを批判したくなるのだが、誰の手によつて、またいかなる理由に基いて行はれようと、「拷問、强制勞働、强制移住」は斷じて道德的善事ではない。が、厄介な事に、道德的善事のみを行ふ國家なんぞ金輪際ありえないし、それに何より人間はおのが正義を他者に强制せずにはゐられず、また他者に自由を認める事は「生命力の衰弱」を齎すといふ事もあるから、吾々はベルジャエフの言ふ「善の强制はもはや善ではない、惡である」といふ理窟を認めても、おのが正義を承認せぬ敵に課せられる制裁は是認し、時に奬勵もするのであり、それゆゑ人間はまこと矛楯の塊なのだが、それがまた機械にあらざる人間の人間たるゆゑんに他ならない。

けれども、チャップリンの「モダン・タイムス」ではないが、人間が機械に墮するといふ事がある。安直な敵身方思考の機械的反復は道義心を痲痺させる。偏狹なナショナリズムと同樣、安易な政治主義は人間をロボットにする。そしてそれはイデオロギーのいかんを問はない。反米親ソの機械的反復があり、反ソ親米の機械的反復がある。どちらか一方の例を擧げるのは公平でないから、昭和十八年に出版された大日本言論報國會編「國家と文化」から、「日本思想戰叢書の序」の一節を引く事にする。

神州は不滅なるが故に日本は必ず戰ひに勝つ。いかなる難局に遭逢すると雖も、窮極において勝つことに疑ひはない。併しながら、飜つて內を顧みる時、現在あるが如き態勢を以てして果して征戰目的の完遂に遺漏なきや否やを仔細に檢討し、さらに當面現實の樣相を正視するに至れば、われらは一片忡々《ちゆうちゆう》の憂心なきを得ないのである。何となれば、猶ほいまだ決戰態勢の整備全からず、しかもその最も憂ふべきものとして敵性的思想の包藏を隨所に指摘し得るからである。曰く自由主義的觀念、民主主義的形體、個人主義的信條、これら一連の思想的系列の殘滓餘殃《よあう》を各分野の土壤の中に發見し得るからである。

くだくだしい解說には及ぶまい。これは「神州不滅、鬼畜米英」のオートマティズムである。當時この類の駄文は機械的に大量に生產され、今日誰も讀み返さうとはしない。また再讀の價値も無い。なぜか。筆者は「當面現實の樣相を正視」した樣な事を言ふが、おのが心中は決して覗いてゐない。それゆゑアジテイションのためのレトリックだけがあつて、ディアレクティックは全く缺けてゐる。

さういふ御用學者の思考停止を苦々しく思つた小林秀雄氏は、「皆吾が身の紋切型で吾が身を滅さうとしてゐる」（「學者と官僚」）と書き、「文學に興味を持ち出して以來、どの様な思想もたゞ思想として僕を動かした例しはなかつた。イデオロギイに對する嫌惡が、僕の批評文の殆どたゞ一つの原理だつたとさへ言へる」（「『ガリア戰記』」）と書いた。そして勿論、「學者と官僚」も「『ガリア戰記』」も、今なほ再讀に價する文章なのだが、それは小林氏が安直に割切れるイデオロギーの紋切型を嫌惡し、むしろ道德上の重要な問題に惹かれ、解決し様の無い矛楯と取組んだからに他ならない。例へば小林氏は戰時中から書きもした。

日本のインテリゲンチャよ、日本に還れ、といふ叫びにしても、僕は其處に一應尤な聲を聞くとともに、一種の恐怖を嗅ぎ分ける。嘗ての僕等の西洋崇拜の裏には、どんな西洋恐怖が宿つてゐたかを語られるやうな氣がする。インテリゲンチャに限らず、誰でも、何處に還れと言はれて、現在ある自分自身より他に還る場所はない。

（「滿洲の印象」）

「無魂洋才」の國

けれども、大岡昇平氏の自己欺瞞は三十數年間指彈されなかつたのである。昔、島崎藤村が「新生」を書いた時、芥川龍之介は『新生』の主人公ほど老獪な僞善者には出會つたことはなかつた」と書いたのであつて、まさに隔世の感に堪へないが、「俘虜記」や「野火」における大岡氏の自己欺瞞に氣附かぬ程の知的怠惰ゆゑに、或いは氣附かぬ振りをする道義的怠惰ゆゑに、戰後の文壇は馴合ひの快を貪つたのであつた。この日本國は今も昔も「言擧げせぬ國」なのである。ここで再び、四十年前に書かれた文章を引く事にしよう。井澤弘は大日本言論報國會編「世界觀の戰ひ」にかう書いた。

「もののふ」の精神こそは、脈脈一貫して上下三千年を經たところの日本の魂であります。卽ち淸く明き正しき直き心の結集でありまして、批判や分析を許さない遙かに高度な直感的なものでありまして、日本人のみが會得し得る至純な境地であります。元來日本は「言擧げせぬ國」であり、そこに神人交感の至妙なる絶對境があるわけでありますが、合理主知主義を旨とするヨーロッパ人にはこのことが判りません。彼等は、すべてのものを分析し批判し、知的解明によつてものを律せんとする。しかしながらこれは大間違ひであります。（傍點松原）

「すべてのものを分析し批判し、知的解明によつてものを律せんとする」事が「大間違ひ」であり、「批判や分析」を許さない「至純な境地」を「會得」するのが大事といふ事は、要するにタブーに對して知的怠惰であつてよいといふ事である。そして四十年前の井澤も、今の言論人も、さういふ「日本人のみが會得し得る至純な境地」とやらを尊重したがるといふ點において甲乙は無い。例へば高坂正堯氏は「文化會議」（昭和五十六年一月號）にかう書いた。

私は、憲法の改正を唱へてゐる人が好きです。特に、奥野法務大臣などはさうです。（中略）しかし彼の誠實さは女の誠實さだと思ふのです。（中略）もつと世の中の狀況が難しく嚴しいものであるならば、本心は言へないと思ひます。本心が言へないながら國家のために盡すのが、政治家、實務家の任務です。本心を言つていいのは學者だけであつて、その意味で學者といふのは女性的な職業だと言へます。（中略）

憲法改正といつたことは、あと十年くらゐ議論するのは止めた方がいいといふことです。

かういふ高坂氏の考へ方を批判して福田恆存氏は、「いくら官界の御用學者とならうとも、言ふべきことは、はつきり言はねばならない」、いや、高坂氏は言つてゐる積りであらうが、それがをかしいのだ、「不愉快でも沈默し、なすべきことをなすといふのが御用學者の倫理」ではないのか、と書いた（「問ひ質したき事ども」）。高坂氏が御用學者なのかどうか私は知らないが、「本心を言つていいのは學者だけ」と書いてゐる學者の高坂氏が、憲法論議の「十年間棚上げ」を主張してゐるのだから、話はややこしくなる。一體全體高坂氏は「文化會議」に寄稿した時、本心を語つたのか語らなかつたのか。「憲法の改正を唱へてゐる人が好き」と書いてゐるのが本心なら、福田氏も私も高坂氏に好かれてゐるのかも知れず、「もつと世の中が難しく嚴しいもの」となつたならば、福田氏や私に對して高坂氏は、「實は昔からあなた方の主張を支持してゐたのだ、憲法は改正しなければならない、これからはお互ひに本心を語らう」と言ふ積りなのであらう。だが、政治家にせよ學者にせよ、例へば女房に對して、「實はお前が好きだ」と一言斷つておいて以後本心を語らず、十年經つて「狀況が難しく嚴し」くなつてから、「本木に勝る末木無し」などと辯明し、それでうまく事が運ぶものであらうか。

けれども、さういふ事よりも、高坂氏が十年間の憲法論議棚上げを主張した事は、政治家に對して十年間の知的怠惰を勸めた事なのであり、その高坂氏の「暴擧」に世人が慄然としなかつた事のはうが私には興味深い。やはり日本國は四十年前と同樣「言擧げせぬ國」なのである。それゆゑ、さういふ知的怠惰に苛立つて野暮な「言擧げ」をすれば、大手筋のジャーナリズムからは相手にされず、かくてその「言擧げ」も所詮は糠に釘、暖簾に腕押しといふ事になる。例へば高坂氏が十年間の知的怠惰を勸めると論壇の話題になるが、「憲法の冒頭には眞つ赤な嘘が明記されてゐるではないか」と、吉村正氏が「言論人」第五五六號に書いても、「なるほど吉村氏の言ふ通りかも知れぬ」と大手筋のジャーナリストが思ふ事は無い。いや、たとひさう思つたとしても護憲派の諸先生の鼻息を窺ひ、支援しようなどとは決して思はない。だが、吉村氏の言分は反論の餘地無き正論なのである。吉村氏はかう書いてゐる。

もしも子供が、「私の母は私が産んだのよ」といつたら、この子供は頭が狂つてゐると何人《なにびと》も直觀するにちがひない。それは絕對不可能なことだからである。ところが、わが憲法には驚くことに、このやうな絕對不可能のことがまことしやかに冒頭に明記されてゐる。『日本國民は正當に選擧された國會における代表者を通じて行動し……この憲法を確定する』といふのがそれである。『正當に選擧された代表者から成る國會』といふのは、現行憲法が成立し、それに基づいて始めてつくられたものである。現行憲法が產みの親で、國會はその子である。憲法が先きで、國會は後に出來たものである。從つて國會でこの憲法を確定したといふのは眞赤なウソで、絕對不可能である。

かういふ「日本國憲法の矛楯と欺瞞」を思ふと、「憲法記念日が來る度毎に」憂鬱になると吉村氏は言ふ。私もさうである。同號の「言論人」に氣賀健三氏は、現行憲法の「運用の妙」に頼らうとする護憲派を批判して、「憲法の條文が政治の必要に應じて解釋しなほされたりするやうでは、憲法とかぎらず、法一般にたいする不信が國民のあひだに擴がるであらう」と書いてゐるが、この「言擧げせぬ國」ではそれをいくら言はうと糠に釘なのである。私は「プレジデント」昭和五十八年四月號で最高檢次長檢事の知的怠惰を批判して、次長檢事ともあらう者が「法を破つてよい」などと書いてゐるのは許せぬ、法務大臣は「次長檢事の首を斬れ」と主張したが、次長檢事は私に反論出來ず、大新聞の「論壇時評」も私の主張を無視し、私のやけくそを理解してくれたのはテレビに出て「檢事を殺せ」と口走つた畸人小室直樹氏だけであつた。だが、既に述べた樣に、誰それを殺せなどと言論人が口走るのは許し難き事だと私は考へるから、畸人に同情されて、私は今浮かぬ顔でゐる。

　とまれ、日本國が今患つてゐる最も重い病はよろづ「言擧げせぬ」知的怠惰であり、一方、本書において縷々述べた樣に、西歐精神は「すべてのものを分析し批判し、知的解明によつてものを律せんとする」精神、カール・レーヴィットの言ふ「凡そ現存するもの、國家及び自然、神及び人間、教義及び偏見に對する批判——凡べてのものを取つて抑へて質問し懷疑し探求する判別力」を重視する精神であるから、そして、日本は再び鎖國する譯にはゆかないのだから、このまま「モラトリアム惚け」の太平樂を謳歌し續ければ、いづれ必ず世界中の國々から袋叩きにされるであらう。カール・レーヴィットは戰前仙臺の帝國大學で教鞭を執つた事のある哲學者だが、彼は「ヨーロッパのニヒリズム」に、日本における西洋學の限界を指摘してから書いた。

　勿論（日本の）學生は懸命にヨーロッパの書籍を研究し、事實またその知性の力で理解してゐる。しかし彼等はその研究から自分たち自身の日本的な自我を肥やすべき何等の結果をも引き出さない。彼等はヨーロッパ的な概念——例へば「意志」とか「自由」とか「精神」とか——を、自分たち自身の生活思惟言語にあつてそれらと對應し乃至はそれらと喰違ふものと、區別もしないし比較もしない。即自的に他なるものを對自的に學ぶことをしないのである。（中略）二階建の家に住んでゐるやうなもので、階下では日本的に考へたり感じたりするし、二階にはプラトンからハイデッガーに至るまでのヨーロッパの學問が紐に通したやうに並べてある。そしてヨーロッパ人の教師は、これで二階と階下を往き來する梯子は何處にあるのだらうかと、疑問に思ふ。（柴田治三郎譯）

要するにかういふ事だ。吾々日本人は西洋の學問を學んで百年以上になるが、大學の教師も學生も、西洋の學問は二階にあげ、二階でそれを弄《いぢ》くつて、一端《いつぱし》國際事情に通じた積りでゐる。何か事件が起ると、新聞記者は各界の學者に意見を徵するが、學者はその時、二階から物を言ふ。それゆゑ階下に住む庶民にはいつかな通じない。通じないから庶民は内心馬鹿にするし、新聞記者は敬遠する。そして勿論、新聞記者に喜ばれる學者のはうが敬遠される學者よりも上等、といふ事にもならない。

とまれ日本の學者は二階から物を言ふ。例へばニイチェといふ哲學者は民主主義や社會主義を蔑《さげす》んだ男である。いや、殆ど憎惡した男だと言つてよい。民主主義だの社會主義だのは、强者に對抗すべく劣弱なる大衆が考へ出したがらくただとニイチェは考へてゐた。さういふニイチェを日本の學者は專ら二階で讀み、ニイチェに關する論文を書く。そしてそのニイチェ學者が、「二階と階下を往き來する」存在しない梯子を下りて來ると、忽ちにして義理人情を重んじて「言擧げ」を嫌ふ生粋の日本人になる。それゆゑニイチェ學者が例へば教授會の席上、「民主主義的に學生と話合へ」と主張して一向に怪しまない。本人だけではない、同僚も怪しまない。

しかるに「ヨーロッパ精神は先づ批判の精神」なのである。それは「自分と神、自分と世界、自分とその民族或は國家、自分と人間、自分と自分自身の『厭ふべき我』（パスカル）、眞と僞、諾と否を」峻烈に區別せんとする。だが、日本人は「境界をぼかしてしまふ氣分の中でする生活」をしてをり、それゆゑ「論理的歸結の回避、人間との交際に於ける妥協、一般に通用する風習への因襲的服從、萬事仲介による間接的な形式等」を好む。レーヴィットはさう言つてゐる。その通りである。そしてその通りだと書いた以上、私はここで「人間との交際に於ける妥協」を排し、昵懇《ぢつこん》の勝田吉太郎氏に苦言を呈する事にする。勝田氏は近著「敗戰後遺症シンドローム」（日本教文社）にかう書いた。

　百年ほど前に、ドイツの哲學者ニイチェが「神が死んだ」と宣言しました。それがどんなに恐ろしい事態かは、大部分の人間はまだまどろんでゐるから理解できないでゐるが、（中略）「神が死んだ」といふのは、最も深い意味で、道徳を支へる絶對的な價値規準が消滅したことを意味する、といふのです。（中略）「やがて漆黑の夜が訪れるであらう」とニイチェは文學的な表現で書いてをります。それは要するに、ニヒリズムが到來する、といふことであります。

　「神が死んだ」といふ時の「神」は、キリスト教的な「唯一絶對の神」でありませうが、ありとあらゆる點で西歐を眞似してきたわが國も、いまではニヒリズムといふ西歐文明の毒がだんだんと體內にまはつてをります。

　日本が「ありとあらゆる點で西歐を眞似してきた」といふのは噓である。洋魂だけは、或いはヨーロッパの批判精神だけは、吾々は今も眞似をしようとして遂に眞似られずにゐる。それに、「ニヒリズムといふ西歐文明の毒が體內にまは」る爲には、それに先立つて、「絶對的な價値規準」に對する激しい信仰が無くてはならないが、それを吾々が所有した事はあるであらうか。勝田氏は「離婚の增大、家庭の崩壞、少年犯罪の激增、校內暴力、赤ん坊をドラムくわんで燒いたり、ロッカーに置き去りにしたりする母親の出現、或は西歐が生み落としたマルクス・レーニン主義といふイデオロギーにとりつかれた人たちの內ゲバ殺人など、どう考へても道德の絆が弛緩して」云々と書いてゐるのだが、それ等はすべて日本古來の道德が「弛緩」した爲に他ならぬ。過激派の內ゲバ殺人にしても、「西歐が生み落としたマルクス・レーニン主義といふイデオロギー」なんぞとは何の關係も無いのであり、往時のやくざの出入りとさして選ぶ所が無い。それに何より、現今の日本人の道德的頽廢を「ニヒリズムといふ西歐文明の毒」のせゐにするのは、日本古來の道德の輕視であつて、私はそれを斷じて肯《がへ》んずる譯にゆかぬ。

　ここでもう一度斷つておく。勝田吉太郎氏は私が親しく附合つてゐる言論人なのであり、その勝田氏の所論を率直に批判したのは、レーヴィットの言ふ西歐の批判精神、卽ち「人間との交際に於ける妥協」を排し、「眞と僞、諸と否」とを峻別し、「論理的歸結の回避」を拒絶する西歐精神を眞似るとはどういふ事か、それを讀者に示したいと考へたからに他ならない。言論人は言ふべき事を、はつきり言はねばならないのであり、專ら論壇遊泳術を重んじて言ふべき事をはつきり言はぬのは、讀者に對する詐欺なのである。

けれども私も日本人である。人間關係における妥協の快、「境界をぼかしてしまふ氣分の中でする生活」の快は知つてゐる。「モラトリアム惚け」のままでは早晩必ず袋叩きに遭ふと思ふから、物を書き始めて以來、私は保革の別無くめつた斬りをやり、「言ふべき事をはつきり」言つて來た積りだが、なに、日本の讀者も「モラトリアム惚け」であり、鈴木健二氏の俗論なんぞを喜んでゐるし、めつた斬りをやつて私は孤立無援、村八分になつたし、私は今後、保守派の無差別爆撃だけは止めようと思ひ定めた。日本は韓國ではない。軍人も文民も眞摯を忘れて久しい。そんな所で本音ばかり語り續けるのは大戲《たは》けに他ならぬ。

周知の如く、昭和五十四年十二月、韓國の國軍保安司令官全斗煥少將は、つとに朴大統領暗殺事件連座を疑はれてゐた當時の陸軍參謀總長兼戒嚴司令官鄭昇和大將を逮捕したが、少將が大將を捕へるのだから、しくじつたら全少將は銃殺刑に處せられたであらう。當時、日本人として誰よりも早く全斗煥少將を支持した私は、縁あつて少將と知合ひ、韓國の特戰隊と第一師團を見學した。その經緯は「道義不在の時代」に詳しく書いたが、韓國軍の眞摯に私は驚倒したのである。取分け、特戰隊司令官鄭鎬溶氏と第一師團長崔連植氏の軍人氣質の見事に、私は衝擊的なまでの感銘を受けた。鄭、崔兩將軍に迷惑を掛けたくなかつたから、二人が語つた事のすべてを書きはしなかつたし、今後も書くまいが、その軍人氣質は私の想像を絶するものであつた。いや、專守防衞などといふ戲言を半ば信じ、せめて合憲の存在でありたいといぢらしい努力をしてゐる吾が自衞隊の諸氏や、自衞隊を輕蔑して國軍として認知せず、久しく繼子扱ひにして來た文民諸氏にとつても、それは等しく衝擊的であるに相違無い。その後全斗煥氏は大統領になり、青瓦臺の主となつてからのその治政については、正直、釋然としない事もあるし、本氣で韓國及び韓國軍を論つた結果、私は痛まぬ腹を探られたり、痛い目に遭ひもしたが、この「モラトリアム惚け」の日本國に住む韓國人が、日本人同様に腑抜けになつてゐるのは是非も無いし、一方、韓國にゐる韓國人の中にも馬鹿者はゐる。さういふ馬鹿者を馬鹿者と言はずに辛抱するのが「日韓親善」といふ事らしいから、私は昨今「近くて遠い國」の事を語らないのだが、日韓關係の悍《おぞま》しさに呆れてゐる私が、懲りもせずに語らずにゐられないのは、彼の國人の國防意識の眞摯についてなのである。

だが、幕末から明治にかけては、この日本國にも多數の鄭鎬溶や崔連植がゐた。例へば「專ら理に依つて斷決」して、大久保利通は竹馬の友西郷隆盛を見捨てたが、明治十一年、清水谷で暗殺された時、大久保は西郷の書簡を懐中に所持してゐたといふ。また、乃木希典は明治三十九年一月十四日、明治天皇に第三軍の戰闘經過を報告し、本心を語つてから言つた。

作戰十六箇月間我將卒ノ常ニ勁敵ト健闘シ、忠勇義烈死ヲ視ルコト歸スルガ如ク、彈ニ斃レ劍ニ殪ル皆陛下ノ萬歳ヲ喚呼シ、欣然トシテ瞑目シタルハ臣之ヲ伏奏セザラント欲スルモ能ハズ。然ルニ斯クノ如キ忠勇ノ將卒ヲ以テシテ、旅順ノ攻城ニハ半歳ノ長月日ヲ要シ、多大ノ犧牲ヲ供シ、奉天附近ノ會戰ニハ攻撃力ノ缺乏ニ因リ退路遮斷ノ任務ヲ全ウスルニ至ラズ、又敵騎大集團ノ我ガ左側背ニ行動スルニ當リ、此ヲ撃摧スルノ好機ヲ獲ザリシハ、臣ガ終生ノ遺憾ニシテ、恐懼措ク能ハザル所ナリ。

かう言つて野戰服の乃木は慟哭し、居竝ぶ將軍連中を辟《へき》易《えき》させたのだが、さういふ乃木の愚直に海千山千の軍人も政治家も一目置かざるを得なかつたのである。第十一師團長だつた時、乃木はかう書いてゐる。

我明治元年ノ當時、所謂維新ノ元勳タリシ諸氏ノ品行ハ如何。其家ヲ爲シタル後、家風ハ如何。其多數ハ實ニ恐ルベキ害毒ヲ後輩ニ傳染セシメタルニアラズヤ。然ルモ今日死者ニ就テハ猶更、生者ト雖モ訐《あばき》テ之ヲ言フハ忍ビザル處ナレドモ、今ニ於テ尚ホ悔悟スルナキノミナラズ、稀有ニモ其己レニ習ハザル者アル時ハ、卻テ之ヲ忌惡スルニ至ルハ如何ゾヤ。而シテ之レヲ憤慨スルモノナキカ。

軍人としての乃木希典は有能ではなかつたかも知れぬ。そして「維新ノ元勳タリシ諸氏」が乃木の様に愚直であつたなら、日本國の存立は危殆に瀕したであらう。だが、乃木が死んだ時「維新ノ元勳タリシ諸氏」は、乃木が何か批判的な言辭を書き遺してゐるのではないかと、それを何よりも案じたのであつて、これが何より大事な點である。卽ち、明治の政治家には、眞の愚直と僞善のけぢめがついてゐたのであつて、それゆゑ森鷗外も乃木の死に衝撃を受け、それを包み隠す事無く、殉死を肯定する小説「興津彌五右衞門の遺書」を、一氣に書き上げたのであつた。「戰爭に行く途中孫娘のやうな雛妓を買つた東郷大將に比すれば、乃木大將はまだ眞面目かも知れぬが、要するに偏狹な、頑迷な、舊思想で頭の固まつた一介の老武辨に過ぎない」と荒畑寒村は言ひ、「乃木さんが自殺したといふのを英子からきいた時、『馬鹿な奴だ』といふ氣が、丁度下女かなにかゞ無考へに何かした時感ずる心持と同じやうな感じ方で感じられた」と志賀直哉は日記に記したけれども、後世の吾々には、荒畑や志賀が賢く鷗外が愚昧であつたとはどうしても思へまい。「皇室は神の集合にあらず」と書いた漱石にしても、明治天皇の崩御と乃木の殉死に明治の終焉を見、「明治のなくなつたのは御同様何だか心細く候」と友人に宛てて書いたのだし、乃木の死を知つた山縣有朋も「痛く其の感情を刺激」され「涕涙《ているい》瞳を沾《うる》ほし」たのである。してみれば、眞面目と不眞面目とのけぢめは鷗外漱石以後、急速に失はれたのかも知れぬ。

乃木希典の殉死は「かのやうに」における鷗外の彌縫策を粉碎し、鷗外は自らの姿勢を正して「興津彌五右衞門の遺書」を書いた。鷗外をいたく眞面目にならせたのは、「日本に於ける唯一の型らしい型を形成した儒教と武士道」の權威であつた。唐木順三氏は書いてゐる。

幸德秋水事件は鷗外の眼には右の形式と型と規範をおびやかす無茶なものと映つた。彼は事件直後に書いた『食堂』（明治四十三年十二月發表）の中で、ああいふ連中は「先づお國柄だから當局が巧みに柁を取つて行けば、殖えずに濟むだらう」と書いた。先の國語問題に於ては、無茶な口語を規整する實證的な規範としての文語の假名遣があつた。いまの場合、無茶な人民を規整する「お國柄」はしかく實證的な權威ではない。ここで鷗外は自ら折衷派、人生社會國家に役立ち、尋常爲政家（具體的には山縣公）を喜ばせる實用派となつて、「かのやうに」といふ當座の安全辨を工夫した。祀るにいますが如くすといふ程度の人爲的假定的な「かのやうに」といふ形式を權威としてもちだすといふ似合しからぬことをした。その安易な人爲性は乃木大將殉死といふ一事件によつてたちまちにして粉砕され、鷗外は自らの姿勢を正して、『興津彌五右衛門の遺書』以下を書くにいたつた。現實に規範と生活形式を樹立しえないことを知つた鷗外は退いて歴史のうちに、否、日本に於ける唯一の型らしい型を形成した儒教と武士道のうちに權威と形式を求めたのである。（「現代史への試み」、筑摩書房）

前章において、大岡昇平氏を批判した際にも觸れた樣に、鷗外は「尋常爲政家を喜ばせる實用派となつて當座の安全辨を工夫した」譯ではない。天皇暗殺などといふ「無茶」な事を企む手合は「お國柄だから殖えずに濟むだらう」し、またさうあつて欲しいと願ひはしたものの、批判精神が「形式の疵瑕《しか》を發見」すれば、天皇制などといふ「莊重なる儀式は忽ち見功者《みがう》の目に映ずる緞帳芝居となる」（「禮儀小言」）といふ事を知つてゐたのである。「かのやうに」の五條秀麿は言ふ、「僕は人間の前途に光明を見て進んで行く。祖先の靈があるかのやうに背後を顧みて、祖先崇拜をして、義務があるかのやうに、徳義の道を踏んで、前途に光明を見て進んで行く。さうして見れば、僕は事實上極《ごく》蒙昧な、極從順な、山の中の百姓と、なんの擇ぶ所もない。只頭がぼんやりしてゐない丈だ」。しかるに昭和の今、「山の中の百姓」も「義務があるかのやうに、徳義の道を踏んで」はゐまい。そして鷗外も、秀麿の友人で畫家の綾小路にかう語らせたのであつた。

人に君のやうな考になれと云つたつて、誰がなるものか。百姓はシの字を書いた三角の物を額へ當て丶、先祖の幽靈が盆にのこ／＼歩いて來ると思つてゐる。（中略）みんな手應《てごたへ》のあるものを向うに見てゐるから、崇拜も出來れば、遵奉も出來るのだ。人に僕のかいた裸體畫を一枚遣つて、女房を持たずにゐろ、けしからん所へ往かずにゐろ、これを生きた女であるかのやうに思へと云つたつて、聽くものか。君のかのやうにはそれだ。

要するに、乃木の殉死に鷗外が衝撃を受けたのは、「只頭がぼんやりしてゐない丈」といふ事が、或いはその事を誇つてみる事が、それだけでは「山の中の百姓」の「蒙昧」や「從順」につひに及ばぬと知つたからなのである。乃木希典は「山の中の百姓」の「蒙昧」や「從順」を支へてゐる型に從つて身を處した。しかるに、乃木の「蒙昧」を嗤ふ白樺派の教養とは何であるか。所詮、附焼刃の西洋學問に過ぎぬ。しかも彼等は附焼刃の鈍刀を振り廻すだけで、「莊重なる儀式」が「緞帳芝居となる」事の恐ろしさを知つてゐない、危いかな。さう鷗外は思つたのである。

つまり鷗外は知識人とは「眞面目に遣らうとすると、八方塞がりになる職業」だと承知して、「お國柄」にメスを入れるのを憚つたのだが、周知の如く、やがて日本は天皇を絶對視する軍に牛耳られ、大正の教養派もプロレタリア文學派も、「軍國主義支配」の前に、爲す所無く敗退した。いづれ附焼刃の西洋學問、「手應のあるものを向うに見てゐる蒙昧や從順」に叶ふ筈は無かつたのである。そして日本人は敗戰後、マッカーサーに「日本人は十二歳だ」と言はれて浮足立ち、いや浮れ出し、競つて「お國柄」の「疵瑕を發見」し、見巧者になつたかの様に錯覺し、かくて今、一切は「緞帳芝居」と化した。その何よりの證據として、井上ひさし氏の緞帳芝居「しみじみ日本・乃木大將」の一部を引いておく。

靜子夫人　この間、親戚の娘がさる陸軍士官の許へ嫁ぐことになり、軍人の妻の心掛けをあれこれ書き示してもらへまいかと頼まれました。そこで、これは、このわたしにとつてもよい機會と思ひ、一所懸命考へて、十八條の心得を書きつけ、その娘に與へたのでございます。只今のは、そのうちの一條で……。お恥しうございます。

乃木將軍　いやいや天晴れな心掛けぢや。靜子も型といふものがどんなに大事か、わかつてきたやうぢや。それでほかにはどんなものがある?

靜子夫人　はい。でもあのう、これはお若い方のための心得でございますし……

乃木將軍　聞かせてくれ。

靜子夫人　は、はい。……殿御は何誰様《どなたさま》にても寵愛の増すにつれて、種々なことをなされ、また抉《さぐ》りなどし給ふことあり。斯様な時、心掛なき女性は興に乘じあられもなく大口を開き、心を萌《もや》して鼻息あらく鳴らし、恥もなき擧動をなさるる御方様もありとか申事《まうすこと》に候。これ吃度《きつと》愛想をつかされ申すべく候。色は柔くして恥かしき内こそ味のあるものにて候。故に殿御より輿に乗じて種々嬲《なぶ》り給ふことありとも、只只殿御の胸に顔を差し入れて恥かしき面色《めんしょく》を保ち、殿御、いよいよ御用事にかかり給ひなば……（中略）……殿御の胸に顔を確と差し當て餘り動き給ふべからず。又、如何に心地好く耐《たま》りかね候とも、たわいなき事を云ひ、或は自分より口を吸ひ、或は取りはづしたる聲など出《いだ》し給ふべからず。又、佳境に入り給ふには殿御と同時か、先か、どちらかに致し、殿御より後に行き給ふは猥《みだり》の御振舞ひなるべし。殿御佳境に入り給へば如何に溢るる共耐へて殿御の措き給ふときに止め給ふべし。（後略）

防衛や戰爭の問題とはずいぶん懸け離れた所まで來てしまつたが、私は吾國の防衛論議が久しく道徳の問題と無縁でありえた事を、何より奇怪に思ふのである。もしも一切が「緞帳芝居」なら、敵軍と戰ふ事も無意味であり、福田恆存氏の言ふ様に、「それなら、核武装は固より軍備は一切必要としないといふ事になり、非武装中立の方がまだしも論理的といふ事にならう」。福田氏は「戰爭を前提として軍備を充實せしめる以上、大敗、滅亡も覺悟するだけの（中略）ものがなければならぬ筈である。それが行き掛り、意地、面子に過ぎぬものであるにしても」と書いたのだが、民主主義だの自由平等だの主權在民だの文民統制だのといふ附焼刃の鈍刀で、「お國柄」の「疵瑕」を暴き盡したかの觀がある日本國に、さういふ「意地」が果して殘つてゐるだらうか。明治の昔、福澤諭吉は「强弱相對して苟も弱者の地位を保つものは單に此瘠我慢に依らざるはなし。啻《ただ》に戰爭の勝敗のみに限らず平生の國交際に於ても瘠我慢の一義は決して之を忘る可らず」と書いたが、昭和の今、世人は核兵器廢絶だの憲法改正だの「政治倫理の確立」だのといふ、自分一人では決してやれぬ事ばかりを論ひ、自力でなさねばならず、また自力でなしうる事は等閑《なほざり》にして怪しまない。だが、瘠我慢こそは自分一人がなすべき事、自力でなしうる事なのである。「よど號ハイジャック」事件の際、日本國政府は「瘠我慢」をしなかつたし、先般の「教科書騒動」の時も同様であつた。物書きもまた、「眞面目に遣らうとすると、八方塞がりになる」様な時代ではないにも拘らず、右も左も目高よろしく群れたがり、「何とかを考へる何とかの會」の類を拵《こしら》へ、會員同士の批判をタブーとし、馴合ひの言論を樂しんでゐるが、そこはよくしたもので、讀者のはうも言論人に痩我慢の知的誠實なんぞを決して期待しないから、例へば著名な知識人が、同時に別の出版社から殆ど同一內容の著書を出しても、袋叩きに遭ふ氣遣ひはまるで無いし、一方、論壇の大ボスや賣れつ子の著者を批判すれば、さういふ向う見ずは覿面《てきめん》に干されてしまふ。「政治主義は知的誠實と相容れない」と、ジョージ・オーウェルは堅く信じてゐたが、私の知る限り、日本國の物書きは、さういふオーウェルの信念から途方もなく遠い所にゐる。「月曜評論」第六四三號の匿名批評欄に、牛若丸なるペンネームの筆者は、西修氏の憲法論を批判して、「自らの文章の意味を吟味せぬ儘に主語不在の漫文を綴つてゐる」だの、「俗受けのする素性怪し氣な民主主義なる語を用ゐる限り憲法問題は何一つ進展しない」だのと書いてゐるが、この種の保守派による保守派に對する假借無き批判は、「月曜評論」の樣なミニコミ紙上でしか見受ける事が無い。だが、牛若丸は西修氏を叩いて喜んでゐる譯ではない。勝田吉太郎氏の所說を批判した際にも書いた樣に、「人間との交際に於ける妥協」を排し、「眞と僞、諾と否」とを峻別し、「論理的歸結の回避」を拒否するから、卽ち、憲法に關する自說と西修氏のそれとの間の差異を曖昧にする事は讀者に對する裏切りだと信じるから、牛若丸ははつきり物を言つてゐるに過ぎぬ。そしてその知的誠實は文章に現れてゐる。西氏は「國民の思惑など氣にせずに學者として自分の說を開陳すればよい」ではないかと、牛若丸は書いてゐるのだが、なるほど彼自身、讀者の「思惑など氣にせずに」歷史的假名遣に從つてゐる。今日、「痩我慢」せずして歷史的假名遣を守る事は出來ないのである。

とまれ、當節、防衞論議や教育論議における知的道義的怠惰は目に餘る程であり、しかも惡貨は良貨を驅逐して、紫の朱を奪ふ有樣だから、本書でも私は保革の別無く名指しのめつた斬りをやつた譯だが、それは今後はやるまいと思つてゐる。早稻田大學の親愛なる同僚臼井善隆氏や昵懇の勝田吉太郎氏まで言ひ詰めたのだから、充分以上であつて、以後私はちと處世術を重んじようと思つてゐる。だが、私は「日本が心配でたまらない」などといふ樣な見え透いた嘘はつきたくないが、專ら處世術を重んじて欲と二人連れ、知的誠實を擲《なげう》つ物書きも、わが子の將來は眞顏で案ずるに相違無いと思ふ。森鷗外の「かのやうに」の作中人物五條秀麿の父親は、「子供に神話を歴史として教へ」てゐる大人たちは「自分が信ぜない事を、信じてゐるらしく行つて、虚僞だと思つて疚《やま》しがりもせず、それを子供に教へて、子供の心理狀態がどうならうと云ふことさへ考へても見ないのではあるまいか」と心中に呟く。皇國史觀が粉碎され、言論の自由が保證されてゐる今日、人類の絶滅を案じ、「政治倫理の確立」を言ひ、道德教育の緊要を言ひながら、「自力でなしうる事」ばかりは投げ遣りにしてゐる物書きは、「自分が信ぜない事を、信じてゐるらしく行つて、虚僞だと思つて疚しがりもせず、それを子供に教へて」ゐる事になる。だが、後生畏るべし、今の讀者やジャーナリズムを欺き果《おほ》せたとしても、いづれ吾が子吾が孫の批判の的にならぬとも限るまい。例へば岡田資中將の「國敗れて、徒に將領の生き伸びる事のつらさは、是で解消します。人生の最後に、多少の光芒を曳き、次代の青年を多少とも照すよすがともなれば幸甚です」といふ言葉は、死して餘榮あり、中將の兒孫にとつての誇りに他なるまい。だが、私が先に批判した粕谷一希氏の戲言を、粕谷氏の兒孫は到底誇りにする譯にはゆくまい。粕谷氏は論壇遊泳術だけで物書きが勤まるといふ、途方もない勘違ひをしてゐる樣であり、それは一時世人を欺き果せても、再び言ふ「後生畏るべし」、必ずや後人の酷評を受けるであらう。昭和五十八年五月二十五日附の朝日新聞、「私の紙面批評」欄にも、粕谷氏は何とも不潔な文章を書いた。眞摯といふ事から限りなく遠い、遊泳術の見本の樣な文章だから、その一部を引いておく。


　五月三日朝刊には論說主幹岸田純之助氏が「座標」欄に「平和憲法の現實性」を論じ、五月十一日朝刊では、中江東京編輯局長がビクトル・アファナシェフ・プラウダ編輯長と對談してゐる。

　かつても申し上げたやうにかうした首腦部の紙面への登場は、朝日の姿勢を理解する上で大切なことである。

　レフチェンコ證言がながく尾を引いてジャーナリズムの話題となつてゐる。CIAやKGBの活躍に日本人が不感症なほど無警戒なのも問題だが、それに惡乘りしてジャーナリズムが疑心を擴大してゐることはあまりほめた圖柄ではない。

　朝日が「プラウダ紙取材團」を招き、相手の言ひ分を聞き、自らの主張を堂々と展開することは民間外交の一

環として適切である。（中略）
また（中略）岸田氏のあげる論點は私もほぼその通りだと思ふ。しかし、「あらゆる制度がつねに再検討を加へられねばならない」のであつて、再検討の討議のなかで理念や論理は強化されていかねばならない。
（中略）國内的にも、江藤淳氏の戰後憲法論、清水幾太郎氏の「核の選擇」、あるいは吉本隆明氏の反核運動批判など、決して默殺すべきではあるまい。福田恆存氏の平和論批判以來、日本の革新運動、革新勢力は默殺の論理で先細りになつてきたのである。（傍點松原）

何度でも言ひたいが、これは何とも不潔な文章であつて、二流の物書きの淺ましい處世術が透けて見えるのである。「かつても申し上げた」と粕谷氏は書いてゐるが、一體誰に「申し上げた」のか。無論、朝日新聞の「首腦部」に、である。物書きが讀者に向つて「申し上げ」る必要は無い。ここで粕谷氏は「私の紙面批評」に書かせて下さつた朝日新聞の「首腦部」に諂《へつら》つてゐる。なぜ諂ふか。知れた事、賣込みのためである。つまり粕谷氏の場合は、「自分が信ぜない事を、信じてゐるらしく行つて、虚僞だと思つて疚しがりもせず」にゐるばかりでなく、乞食よろしくあちこちに諂つて「評論家」として身を立てようとし、右顧左眄の「論理で先細りになつてきた」のであらう。例へばレフチェンコ證言についても、「KGBの活躍に」とだけ書く事はせずに、「CIAやKGBの活躍に」と書き、「無警戒なのも問題だが」とだけ書いて朝日の氣を損じては損だから、レフチェンコ證言に騒ぎ過ぎるは「あまりほめた圖柄ではない」と書き加へ、朝日がプラウダ相手に「自らの主張を堂々と展開すること」は「適切」だと書く。岸田純之助氏の見解についても「ほぼその通り」と書き、朝日や「進歩的文化人」を喜ばせ、一轉して「しかし」ながら江藤、清水、及び吉本氏の所説を「默殺すべきではあるまい」と書いて保守派を喜ばせようとし、そこで「だが待てよ。福田恆存氏は清水幾太郎氏を批判してゐるではないか、それでは」といふ譯で、「福田恆存氏の平和論批判以來」云々と書き足すのである。

粕谷氏がいたく信頼してゐる筈の物書きの一人は、からいふ粕谷氏の遣り口について「淺薄極まる全方位外交」と評したといふ。親しく附合つてゐる知人からもさう評される程、粕谷氏の處世術は粗雜なのだらうが、粕谷氏の文章も同じ事で、一般の讀者には粕谷氏は何が言ひたくて文章を綴つてゐるのかは解るまい。他人の思惑ばかり氣にしてあちこちすれば、讀者の心を打つ事は出來ぬ。私の友人の一人は「まるで古文書の如し」と粕谷氏の文章を評した。それゆゑ私は今回、友人と讀者のために、「古文書」の一部を「解讀」した譯であり、いづれ暇と機會と根氣の三拍子が揃つたら、どの道刀汚しではあるが、この右顧左眄して自他の「境界をぼかしてしまふ」男の古文書を丹念に「解讀」しようと思つてゐる。

だが、既に述べた様に福田恆存氏は清水幾太郎氏のでたらめを批判して、卻つて下衆《げす》の勘繰りの被害者になつた。ここ日本國では、知的誠實ほど間尺に合はぬ物は無い。しかも絶望的なのは、讀者も物書きに誠實を求めはしないといふ事である。それゆゑ、次に引く渡部昇一氏の文章が示してゐる西歐精神に關する恐るべき無知も、誰からも批判される事が無かつた。渡部氏はかつてイエス・クリストについてかう書いたのであつた。

大宗教家は大修辭家である。それゆゑ大宗教家は、修辭學を學ぶ上で大いに參考になる。

キリストの例をあげよう。愛を說くキリストをためして、訴へる口實を得ようとする律法學者やパリサイ人たちが、彼のもとに姦通した女を連れてきた。

「モーゼは律法のなかで、かういふ女を石で打ち殺せと命じたが、あなたはどう思ふか」と迫つた。もしキリストが「その女を助けよ」といつたらユダヤの掟にそむく彼を訴へよう、「助けるな」といつたら、あなたの說く愛は噓かと問ひつめようと思つてゐた。するとキリストは默つて周圍の人びとを見渡して、

「あなたがたのうち、罪を犯さなかつたものがゐたら、この女に石を投げなさい」といつた。（中略）

またあるとき「お前が全能なら、この高い崖から飛んでみろ」といはれたキリストは、「汝、神をためすなかれ」と、縱横に修辭を驅使するのである。

（「レトリックの時代」、ダイヤモンド社）

渡部昇一氏は上智大學教授で、カトリックである。が、これ程クリストについて無知なカトリックがゐるとは、私もつひぞ思はなかつた。イエス・クリストは斷じて修辭學の大家だつたのではない。律法學者やパリサイ人の追及か

ら「縦横に修辭を驅使」して逃れようなどとする男が、ゴルゴタへの道を眞直に歩む筈が無い。律法學者やパリサイ人から、「師よ、この女は姦淫のをり、そのまま捕へられたるなり。モーセは律法に、斯かる者を石にて撃つべき事を我らに命じたるが、汝は如何に言ふか」と問はれた時、イエスは身を屈め、地面に指で何か書いてゐた。聖イエロニスムによれば、イエスは姦淫を犯した女を告發する手合の「罪を數へ上げてゐたのである」といふ事になるが、「單純な眞實はそんなことよりもずつと美しい」と、フランソワ・モーリヤックは「イエスの生涯」に書いてゐる。モーリヤックの解釋によれば、イエスは「不幸な女がおそろしさよりも恥づかしさのために氣絶しさうになつてゐるのを知つてゐて、その方を見なかつたのである」（杉捷夫譯）といふ事になり、私としては少々飽き足らぬけれども、ヨハネ傳第八章のこの場面は頗る美しく感動的だと言ふモーリヤックの評言には全く同感である。だが、この場面におけるイエスが感動的なのは、姦淫を犯した女に對する彼の慈悲のせゐではない。俯いて地面に何か書いてゐた時の彼の心中を吾々が忖度《そんたく》して、「兄弟の目にある塵を見て、おのが目にある梁木《うつばり》を認めぬ」（マタイ傳第七章）人間の身勝手に對するイエスの絶望と苛立ちを、感知するからに他ならない。

　かれら問ひて止まざれば、イエス身を起して『なんぢらの中、罪なき者まづ石を擲《なげう》て』と言ひ、また身を屈めて地に物書きたまふ。彼等これを聞きて良心に責められ、老人をはじめ若き者まで一人一人いでゆき、唯イエスと中に立てる女とのみ遺れり。イエス身を起して、女のほかに誰も居らぬのを見て言ひ給ふ『をんなよ、汝を訴へたる者どもは何處にをるぞ、汝を罪する者なきか』女いふ『主よ、誰もなし』イエス言ひ給ふ『われも汝を罪せじ、往け、この後ふたたび罪を犯すな』

だが、イエスは確實に知つてゐたのである。何を知つてゐたか。その女が「ふたたび罪を犯す」であらう事を。渡部昇一氏の様な極樂とんぼの似非《えせ》カトリックは知るまいが、ドストエフスキーはバーゼルの美術館でホルバイン作「十字架から降されたクリスト」を見、激しい衝撃を受けた。十字架から降された時のイエスの顔は、笞で打たれて腫れあがつてゐる。クリストでさへかくも酷《むごた》らしい死を迎へねばならぬこの世に、果して償ひなんぞがありえようか。さういふ事をドストエフスキーは本氣で考へたのであつた。そして、イエス・クリストがよし間違つてゐるとしても、自分は斷然イエス・クリストと共に過つ事を選ぶと、ドストエフスキーは言つたのである。

だが、「カラマーゾフの兄弟」の中に、ドストエフスキーはイエスを批判する大審問官を登場させてゐる。イエスに大審問官はこんなふうに言ふ。お前は馬鹿だ。度し難い程の大馬鹿だ。人間といふものを、お前は全く理解してゐない。奇蹟を行ふ能力のあつたお前は、惡魔の忠告に從ひ、「高い崖から飛んで」みせればよかつたのだ。石をパンに變へればよかつたのだ。しかるにお前は何と答へたか、「神をためすなかれ」、「人はパンのみにて生くるものにあらず」、さう答へた。大馬鹿だ、お前は。人間はな、悉く「パンのみにて生くる」のだ。大金を積まれて帯を解かぬ女はゐない。しかるに大馬鹿のお前は「人はパンのみにて生くるものにあらず」と答へた。だが、「ほかならぬこの地上のパンの名において、地上の惡魔はお前に叛旗をひるがへし、お前に戰ひをいどみ、つひにお前に打ち克つのだ。（中略）何世紀かののちに、人類はその叡知と科學の口をかりて、犯罪なるものはない、したがつて、罪もない、あるのはただ飢ゑたる人間のみであると公言することになるのを、お前は知つてをるのかな。《まづわれらに食を與へよ、しかるのちわれらに善行を求めよ！》と書いた旗を押し立てて、人間はお前に迫り、その旗によつてお前の教會は破壞されるのだ。そしてお前の教會の跡に新しい建物が建設される、またもやあの恐ろしいバベルの塔が築かれるのだ」（小沼文彦譯）。要するにお前は、人間共が奇蹟を目の邊に見てお前の力を信ぜざるをえない様になり、いはば強制的にお前を信ずる様になる事を望まず、飽くまでも自由意志に基いてお前を信じてくれる事を願つた。だが、人間は自由なんぞを求めてはゐない。人間にとつて永遠の惱みは「誰の前に跪拜すべきか」といふ事だ。そして人間共をして跪拜せしむるに足るものは「この地上にわづか三つしかない」。卽ち奇蹟、神祕、そして權威。しかるにお前はその三つを悉く拒絶した。惡魔がお前を「宮の頂上に立たせ」、「汝もし神の子ならば己が身を下に投げよ」と言つた時も、お前は「主なる汝の神を試むべからず」と答へた。勿論、それはお前の修辭學なんぞでは斷じてない。「お前は、神としての誇りを守つて立派にふるまつたにちがひない。（中略）もしもお前があのとき少しでも足を踏み出し、身を投げる動作をしただけでも、たちまちお前は神を試みることになつて、神に對するすべての信仰を失ひ、お前が救ふためにやつてきた大地にぶつかつて粉砕され、お前を試みた智慧のある惡魔を喜ばせたに相違ないことが、お前にはそのときすぐわかつたのだ。だが、繰り返して言ふが、お前のやうな人間が果たしてたくさんゐるものだらうか？（中略）お前は、人間といふものは奇蹟を否定するやいなや、ただちに神をも否定するといふことを知らなかつた。（中略）多くの人々がお前をからかひ、お前をひやかして《十字架から下りてみるがよい、さうすればお前がキリストであることを信じてやる》と叫んだときも、お前は十字架から下りようとはしなかつた。お前が十字架から下りなかつたのは、これもまた奇蹟によつて人間を奴隷にすることを望まず、奇蹟によらない自由な信仰を渇望したからだつた。お前が渇望したのは自由な愛であつて、恐ろしい偉力によつてその心に永久に消えることのない恐怖心をうゑつけられた囚はれびとの奴隷的歡喜ではなかつたのだ。しかしここでもまたお前は人間をあまり高く買ひすぎた。（中略）まあよく觀察して判斷するがよい。あれからもう十五世紀の年月を經たのだから、自分の高さまで引き上げたのがどんな相手だか、行つてよく自分の目で確かめることだ。わしは噓は言はぬ、人間といふものはお前が考へてゐたより、はるかに弱く、卑しくつくられてゐるのだぞ！（中略）あまりにも人間を尊敬しすぎたために、お前の行爲はかへつて彼らにとつて思ひやりのないものになつてしまつたやうだ、それはお前が彼らにあまりにも多くのものを要求したからなのだ――しかもそれをあへてしたのは誰であるか、人間を自分以上に愛したお前ではないか！」

ずいぶん長い引用になつた。本書に引いた他人の文章のうちこれが最長である。だが、ドストエフスキーは大審問官に、何と私が引用した分量の約十倍、熱つぽい語調で語らせてゐるのであつて、それを讀めば、本書において私が繰返し指摘した西歐精神の凄じさに壓倒されるであらう。森常治早大教授は「日本人＝〈殼なし卵〉の自我像」と題する著書に、「あと二百年もすれば西歐の人々もかなり日本的になるから、焦るな、焦るな、といふくらゐの氣持で、のんびり構へるべきでせう」と書いてゐる。渡部昇一氏といひ、森常治氏といひ、吾國の西洋學者はどうしてかうも西洋について無知なのか。考へてもみるがよい。イエス・クリストといふ男は、處世術を徹底的に無視した大馬鹿者なのである。イエスはかう言つてゐる。

「姦淫するなかれ」と云へることあるを汝等きけり。されど我は汝らに告ぐ、すべて色情を懷きて女を見るものは、既に心のうち姦淫したるなり。もし右の目なんぢを躓《つまづ》かせば、抉《えぐ》り出して棄てよ（中略）。
「目には目を、歯には歯を」と云へることあるを汝ら聞けり。されど我は汝らに告ぐ、惡しき者に抵抗《てむか》ふな。人もし汝の右の頬をうたば、左をも向けよ。（マタイ傳、第五章）

ドストエフスキーの大審問官が罵るのも無理は無い。右の頬を打たれて「左をも向け」るほどの大馬鹿者がどこにゐるか。「色情を懷きて女を見」、右の目を「抉り出して棄て」る大戯《たは》けがどこにゐるか。
だが、さういふ大馬鹿者を、大戯けの癡言《しれごと》を、二千年もの間、西歐は常に氣に懸けて來たのである。二千年の間に培はれた習性を、どうして「あと二百年」くらゐ經つて捨てられるであらうか。そして、イエス・クリストといふ大馬鹿者の癡言を二千年間も氣にして來た西歐は、正義の爲には世界の滅亡さへ意に介しない、或いは少なくとも意に介したがらない。ドストエフスキーは西歐の人ではない。が、レーヴィットが言ふ樣に、十九世紀のロシア人は「ヨーロッパと批判的に對決」した。そして、十九世紀の西歐は神との批判的對決を濟ませてゐた。卽ち、神は死んでをり、いや死につつあり、片や「進歩の理念」のはうも疑はれつつあつた。人間が神の扼殺《やくさつ》に成功したとして、人間は神無くしてよく生きうるか。神が無いのなら人間が神となつてよい筈だが、果して人間は神たる事に耐へられるか。西歐と批判的に對決してドストエフスキーはさういふ事を一心に考へた。が、吾々日本人はそれを眞劍に考へなかつた。今も考へてはゐない。いや、明治の昔は「和魂洋才」なる瘠我慢を張つてゐたが、今は「無魂洋才」に慄然とするどころか、すつかり「モラトリアム惚け」して西歐の「無魂」化を待ち望む始末なのである。渡部昇一氏は「歴史の讀み方」にかう書いてゐる。

少なくとも、今の日本文化を百年間つづけさせてみたい。江戸以後の日本文化は、どれも「腐敗」を理由に四十年で潰されてきた。そして、日本は現在、經濟は榮えに榮え、すでに腐敗してゐるといはれてゐる。

だから、今までの法則《パターン》からいくと、あと十年ぐらゐすると、また、ぜいたくや平和に飽きてくる危險があるのではないだらうか。しかし、そこを飽きないで、さらにもう四、五十年つづけてほしい。もしこれが百年もつづくといふことになれば、それこそ、どんな大輪の文化の華が日本に咲くか想像もつかないほどである。そして、日本人の生活が世界の手本となり、白色人種も黄色人種に倣ふといふことになり、人種差別の終止符が打てるのである。東京が十八世紀以降のロンドンの地位になることは夢ではないのである。

そしてそのためには、「文化の爛熟は腐敗であり、惡である」といふ見方が、田舍武士的貧乏根性であるといふことに、一日も早く多くの日本人が氣づいてほしいと思ふ。

「正義」といふ錦の御旗のもとに、どれだけ多くの人が殺され、どれだけ多くのすばらしい文化が破壊されてきたか。一方、「腐敗」とののしられた世にあつては、どれだけ多くの人が平和で愉快な人生を送つたことか。


もはやくだくだしい批判には及ばぬであらう。正義といふ「錦の御旗のもとに、どれだけ多くの人が殺され」ようとも、今後も西歐やアメリカが正義に對して無感覺になる事は斷じて無い。「大輪の文化の華が日本に咲」き、「白色人種も黄色人種に倣ふ」などといふ事態になるよりも先に、かういふ沒道徳的な文章を綴る男が袋叩きに遭はぬ、この夜郎自大のアジアの成上り國家は、白色人種によつていづれ手酷く痛め附けられるに相違無い。

だが、私は日本人である。いかにぐうたらな國であらうと、この國だけが私の國である。そして私が今、ここにかうして存在してゐるのは、日清、日露戰爭、支那事變、及び大東亞戰爭の夥しい戰歿者の御蔭であり、それゆゑ「月曜評論」の寄稿家牛若丸の言ふ樣に、現行のぐうたら「憲法の下に於て未だに日本國は戰歿戰士の御靈を鎭められずにゐる」といふ事を私は無念殘念に思つてゐる。前章に引いた大日本言論報國會編「國家と文化」の一節に明らかな樣に、戰時中の知識人は「自力でなしうる事」を等閑にして、「鬼畜米英」の阿呆陀羅經を唱へてゐた譯だが、南洋のビアク島で戰死した無名の一將校は、いはば「自力でなさねばならぬ事」のみをなさざるをえぬ極限狀況に置かれて、道義的にまこと見事な文章を綴つてゐる。それを以下に引用して筆を擱く事としよう。

七月二十八日　所感

八月も近し八月迄生命ありとは思はざりき、今日吾々の最も欲しあるは一握の鹽ナリ藥に等しき少量の鹽なり、調味品として鹽のみあらば人間死する事なし、（中略）

動物性蛋白質不足は、蛇とかげを食し、カタツムリを喰ふ、いづれも美味なり、鹽分は人間に一定量必要なれば空腹感以外に欲する事絶大なり、

或る日麥のみをたきたる上に鹽をかけて食シ、其の美味なるに驚嘆せし事あり。（後略）

七月三十日

紙も少なくなり後補充ハナシ、ノートに記載スルモ字ヲ小サクシ、永續ヲ圖ル必要を生ジアリ昨夜寝る時月ヲ見タク久シク見ザルモノニシテ美シク懐シキモノナリ、月ヲ見テ感情ヲ燃ス事、昔カラ記シアルモ自分ニテ體驗且深刻ナル喜ビヲ感ズルハ非境ニ在ルガ故ナラン、太陽を月ヲ風ヲ求メル昨今ノ心境ナリ昨夜妻の夢を見るなつかしきものなり（中略）。

吾々の生命とする芋畑へ敵が出て來た、一、二日斥候程のものが迫撃ヲ以テブチ込んで來たので止むなく轉進する。青空を戀ひ、食物を求め愈々ビアク島の蟲となるのだ。立派な蟲だ、敵に對する反攻の機を得る迄土人と同じよう褌一本になつてガン張らねばならぬ。（後略）

八月十二日（中略）

慾望

洗ひ立ての糊の良くきいた浴衣を着て、夏の夕方を散歩したい。陸軍將校ノ軍服を着て、指揮刀と軍帽をかぶつてみたい。セビロも良い。合服を着たい。たんぜんもよい。火鉢の前にどつかりあぐらをかいてみたい。いづれにしても清潔な洗ひたてのものをきたい。白いシーツの糊氣のあるフトンでふつかりとねてみたい。明るい。スタンドの下で机にもたれ熱い紅茶を喫し乍ら、「光」をフカして本を讀みたい。やわらかな座蒲團の上にすわつて。冬の夜勉强をする傍らに妻が居る光景を再現したい。酢だこで酒がのみたい。酒と云へばその添物を數限りなく思ふ。

數の子、燒松茸、刺身、すき燒きは云う迄もない事。鳥の刺身、茄子の紫色の酢みがゝつたのか、きうりの種

のあるのに醬油をかけてお茶ずけにしてみたい。朝ゆら〳〵り湯氣の上る味噌汁に熱い御飯をあゝたべたいよ。

（後略）

八月十日（中略）

敵は傳單を散布した、「部隊長ハ戰死、軍旗は燒卻した。今日、何を目的に抵抗を續行してゐるか？我々の方では捕虜ハ優遇して故國へ歸す」とか、笑止極まる事を云つてゐる。

問題にするに足らない。敵の宣傳だ。まだ〳〵日本人の心を知らない。服はなく、食ハ草木を噛んでも戰ふ兵隊の心を知らないのだ。（中略）敵なれば此の生活に到底堪へ得ない。亦內地の人々が目撃したならば泣いてしまふであろう。嗚呼戰前紅顏の現役兵が今は四十に近いようだ。心の中で泣いて眺めてゐる自分だ。

（「故陸軍主計中尉淺野寛氏の日記」、「濠北を征く」、濠北方面遺骨引揚促進會）

最後に、やはり繰返して言つておきたい。この大日本帝國陸軍の將校は、蛇や蜥蜴や蝸牛を捕へる事から自害する戰友の介錯まで、自力でなさねばならず、また自力でなしうる事のみを、渾身の力を籠めてなし、南海の孤島に陣歿したのであつた。それこそが道德的な生き方なのである。洋魂について無知であり、しかも無魂洋才の吾々が、どうして彼の和魂を憫笑出來ようか。洋魂の凄じさについて、私は執拗に語つたが、私は唯の一度も和魂を貶めた事は無いのである。

後書

本書は既に發表した文章を一本に纏めた物ではない。最後の二章を除き、十三箇月もの長きに亙つてラヂオ日本で放送した物である。前著「暖簾に腕押し」の端書にも書いた様に、「同じテーマで毎日語るのはラヂオ番組ではいかがなものかとのモニターの意見を一切無視し、私は毎回戰爭についてだけ語つ」たのであり、それは吾が國の放送界において空前絶後の事であつた。卽ち、聽取率を無視するさういふ向う見ずが、未だ嘗て敢行された事は無く、今後も決して敢行される事は無いであらう。私自身にしてからが、二度と再びやらかさうと思つてゐない。

それゆゑ、今、上梓にあたり、私は誰よりもまづラヂオ日本の遠山景久社長に感謝せねばならぬ。遠山氏については惡しざまに言ふ者もあつて、先頃私もさる三流雜誌に、「强いものにより添ひ、利用しながら自らの浮上をはかるといふ、あざとい性格」云々との評言を讀んだ。だが、遠山氏は强者であつて、强者が「强いものにより添」ふ必要は無い。一昨年、遠山氏はソルジェニーツィンを招いたが、その大事な賓客の無禮に遠山氏は腹を立てて「謝罪せよ」と怒鳴つた。「世界の文豪」は遠山氏の劍幕に驚き、英語で「アイ・アム・ソリー」と言つた。「强いものにより添ひ、利用しながら自らの浮上をはかる」しか能の無い男に、どうしてさういふ「向う見ず」がやれるであらうか。

けれども私は、今や私にとつてすこぶる少數の「拾ふ神」となつた遠山氏に阿《おもね》つてゐるのではない。遠山氏に「より添ひ、利用しながら自らの浮上をはかる」のではない。遠山氏は强者だが、私も負けず劣らず、强者でありたいと思つてゐるからである。「現在のアール・エフ・ラヂオ日本は遠山氏のワンマン會社であり」云々と、その三流雜誌には書いてあつた。當節、强者は悉く「ワンマン」と評される譯だが、「ワンマン」にも效用はあるのであり、早い話が、私が「モニターの意見を一切無視」できたのも、遠山氏が「ワンマン」だつたからに他ならない。實を言へば、遠山氏は宵張りの朝寢坊、午後にならないと起床しない。それは私の放送を一度も聽いた事が無いといふ事である。一度も聽いた事が無いから、私の放送に一度も難癖を附けた事が無い。勿論、「毎回違つたテーマでやれ」とか、「文學論をやりすぎる」とか、愚劣淺薄なモニターからの「雜音」は耳にしてゐるであらうが、それでも私を信用してゐるのは、午後に起床して私の文章を讀み、かういふ文章を綴る男にでたらめはやれぬと信じ切つてゐるからである。私はその遠山氏の信頼を裏切らなかつた積りだが、本書がその何よりの證據だといふ事を、讀者が認めてくれるとよいのだがと、さう私は思つてゐる。

私にも少數の愛讀者がある。そして私の愛讀者は、私が他人を褒める事は滅多に無いといふ事は認めるであらう。その私が、今、かうして遠山氏を褒めてゐる。が、既に述べた樣に、私は「拾ふ神」に阿つてゐるのではない。論より證據、「ワンマン」であり、强者である遠山氏と、私はこれまで何回か「喧嘩」をした「實績」がある。例へば、或る日、或るホテルの一室で、私と遠山氏とは、「自由のディレンマ」についてだつたか、ナショナリズムについてだつたか、とまれ激しく論爭し、遠山氏が私に「それを認めないなら、あなたも僞物だ」と言ひ放つた。激昂した私は「あなたこそ僞物ではないか」と言ひ返し、居合はせたラヂオ日本の南丘喜八郎氏に、以後ラヂオ日本の番組には出ないと斷言し、憤然席を蹴立てて立ち去らうとした。その時である。遠山氏は兩手を擴げ、仁王立ち、私の行手を遮つてかう言つた。「歸さない、どうしても歸さない、暴力を揮つても」。

私は怯《ひる》んだ。相手は本氣であつた。私は腕力にかけては丸切り自信が無い。それゆゑ私はその場に釘附けとなり、ややあつて二人は縒《よ》りを戻し、雨降つて地固まる事となり、私は今、ここにかうして遠山氏に謝辭を述べてゐる。なるほど、怯んでその場に留つて、正直、暫くは憤懣遣る方無かつたが、やがて私は思ひ返したのである。遠山氏は當年六十五歲だが、六十路を越えてなほかくも直向《ひたむ》きな男には當節、滅多に出交す事が無い。無論、遠山氏とて聖人君子ではなし、缺點はある。それは私の場合も同樣である。そして人間はおのが缺點を棚上げして他人のそれを論ふものであり、人一倍向う氣の强い私も時々、遠山氏の向う氣の强さに閉口する。だが、これまで私は、物を書く事は眞劍勝負だと信じて、でたらめな物書きを斬り、ぐうたら編輯者と渡り合つたけれども、こちらが眞劍に挑んで、眞劍に應ずる男には滅多に出交した事が無い。それゆゑ私は遠山氏の眞劍を頗る貴重に思ふのである。「爭氣ある者とは與《とも》に辯ずるなかれ」と荀子にあるが、それは必ずしも眞ではない。

　とまれ、容赦なく人を斬る事と同樣、手放しで人を褒める事も弱者にはやれぬ。褒めて先々欺かれたらと、それを案じて臆病になるからである。そしてそれは誰しも承知してゐる處世術だが、實はどんなに利口な男も時に裏切られるのであつて、裏切られた時に徹底的に懲らしめるだけの強さがあるのなら、裏切りを恐れて臆病になる必要は無い。それに何より、裏切るよりは裏切られるはうが、道徳的には遙かにましなのである。

　ところで、本書は前著「暖簾に腕押し」に引續き地球社から刊行され、しかも今回は正字正假名で印刷される。正しいとは解つてゐても儲からぬ事をやりたがらぬ當節、地球社の勇斷を私は頗る忝なく思つてゐる。また、校正は千葉縣立千葉南高等學校の駒井鐵平氏、及び「改革者」編輯長中村信一郎氏の手數を煩はせたが、國語國字に關して搖がぬ信念の持主である兩氏は、利よりも理を重んずる直向きな人物であつて、事ある毎に眞劍を振り廻す野暮天として嫌はれてゐる私が、駒井、中村兩氏の樣な眞摯な友人に惠まれてゐる事を、私は誇らしく思つてゐる。まこと「直きを友とし、諒《まこと》を友とし、多聞を友とするは益なり」である。

　さらにまた、私はラヂオ日本の南丘喜八郎氏にも感謝せねばならぬ。南丘氏は毎回私の放送に附合つてくれたばかりでなく、週二回、二葉亭四迷やシェイクスピアについて語る私の話相手になつてくれたのである。二葉亭について私は毎週二回五箇月間ラヂオで語つたのだが、これも空前絶後の試みゆゑ、愚昧なモニターの淺薄な批判を受け流すべく、南丘氏はさぞ苦勞した事であらう。二葉亭論はいづれ活字になると思ふが、それに先立ちここに謝意を表して置きたい。

II

著者
全斗煥國軍保安司令官（當時）
（大韓民國國軍保安司令部にて）

申相楚

（右から）
福田恆存
著者
申相楚

二つの正義――力と數のバランス

或る男が川の向うがはに住んでゐ、また、その男の王が――私とは少しも爭ひをしてゐないが――私の王と爭ひをしてゐるといふ理由で、私を殺す權利をもつとは、これほど笑ふべきことがあらうか。（津田穰譯）

といふ譯で、何が正義かは決して分明ではなく、正義は人の數だけあるといふ事なのかも知れないが、アリストテレスの言ふ通り人間は社會生活を營む動物であり、プロタゴラスの言ふ通り社會生活を營む以上畏敬と正義といふ二つの德は不可缺であり、また、人間は現實主義に徹しうるほど強くはないから、いかなる支配者も國を治めるにあたつて何らかの大義名分を必要とした譯であり、一方、統治される側には二つの道が殘され、それは正しい者に服するか強い者に服するかの二者擇一だといふ事になる。再びパスカルを引く事にしよう。

正しいものに服從するのは正しいことであり、最も強いものに服從するのは必要なことである。力をもたぬ正義は無能力であり、正義をもたぬ力は暴力である。力をもたぬ正義は反抗せられる、なぜなら惡人がつねにゐる

「道德は便宜の異名である。『左側通行』と似たものである」と、「侏儒の言葉」に芥川龍之介が書いてゐる。これは要するに道德は約束事でしかなく、場所により時代により變化する相對的な虛構にすぎないといふくらゐの意味である。

つまり、パスカルの言葉を借りるなら、「緯度が三度ちがふと」正義は覆るのであり、「子午線が眞理を決定する」といふ事になる譯であつて、何を正義とし何を不正とするかは事ほどさやうに曖昧なのだと言へば、人を殺す事が惡いといふ事は萬古不易の絕對的な眞理ではないかと反論する讀者もあらうが、これも決して自明の理ではないのであり、戰場における殺人は罪ではなくて正義だと、日本は知らず、現在大半の國家が考へてゐる譯なのだ。そこでパスカルはかう書いたのである。

から。正義をもたぬ力は非難せられる。されば正義と力とを共に備へなければならぬ、さうしてそのためには、正しいものを強くあらしめるか、力強きものを正しくあらしめるかしなければならない。

パスカルが何を正義と考へてゐたかはさて措き、問題は人間が正しき者を強くあらしめる事に成功しなかつたといふ點であつて、パスカル自身も言つてゐるやうに、人間は「正しいものをして力あらしめることができず、力あるものをして正しいものと」したのであつた。そして被支配者が力ある者をして正しき者となす以上、そこで行なはれる政治は専制政治もしくは獨裁政治だといふ事になる譯である。

けれども、かういふ「力は正義なり」の専制・獨裁政治に對しては被支配者の多數意見を重んずる、いはば「數は正義なり」の民主政治があるのであり、正義が相對的なものであるならば、正しき者に服するか強き者に服するかの二者擇一よりも、獨裁政治と民主政治のいづれを選擇するかのはうが問題なのだといふ事になる。

そして、改めて言ふまでもなく、今日わが國においては、この二つの政治體制のうち前者すなはち獨裁政治が惡であり、後者すなはち民主政治が善である事に疑問の餘地は無いと考へられてゐる譯だが、果たしてそれは自明の理であらうか、私はさういふ事をここで考へてみようと思ふのである。

この原稿が活字になる頃自民黨の内紛がどのやうに解決されてゐるか、それは勿論解らないけれども、これまでのところ三木、反三木の兩陣營の言ひ分には一つだけ興味深い共通點があるやうに思はれる。と言つても、黨五役の示した三項目の收拾案の事ではなく、三木派も反三木派もともに「民主主義のルール」なるものを重んじてゐるらしいといふ事、つまり雙方ともに多數の意見に從へと主張してゐるといふ事である。

ただ、反三木派が自民黨代議士の三分の二の意見に從へと主張してゐるのに對し、三木派は國民輿論が三木首相を支持してゐると主張してゐるといふ違ひがあり、私としては目下のところ「輿論」なる化け物を一切信じない事にしてゐるから、當然反三木派の肩を持つけれども、それはともかく三木派も反三木派も多數意見をもつて正義としてゐる點では差違は無いと言へるであらう。

もつとも數の正義を信奉してゐるのは自民黨に限つた事ではなく、すべての野黨がさうであつて、本來最も戰闘的であるべき筈の共産黨さへ、本音はともかく建前は、議會制民主主義を尊重する事になつてゐる譯である。

かくてわが國においては、マスコミは勿論政治家も國民も數の正義を信じて疑はず、人々は「非民主的」とか「ファッショ」とかいふレッテルを貼られる事を極度に恐れてゐるけれども、それほどまでに民主主義の萬能が信じられてゐるのは頗る不健全かつ危險な傾向だと言つてよい。なぜなら、人々が建前ばかりを、すなはち數の正義のみを讃美してゐるうちに、地下に潛つた本音すなはち力の正義がいづれ必ず勢ひを盛り返すに相違無いからであり、まことマキャヴェリの言ふとほり、理想のために現實を無視する者は早晩破滅せざるをえないからである。

そもそも、民主主義は決して萬能ではなく、數は正義だなどと決して言ひ切れないといふ明白な事實に、世間はどうして氣づかないのか、私はそれが不思議でならない。

イプセンに「民衆の敵」といふ戯曲があつて、多數意見は過つといふ事を主題にしてゐるけれども、多數意見が正しいとは限らないといふ事を知るためにはイプセンを讀む必要は無い。あの戯曲の主人公ストックマンが最終幕で追ひやられる狀況は、家庭にあつて餘暇を持て餘し、手を汚す事の殆ど無い主婦ならばともかく、家を出れば七人の敵を持つ男性たるもの、殆どすべてが少なくとも一度は體驗してゐる筈なのである。

民主主義は萬能ではない。多數決が正しいとは決して言ひ切れぬ。なぜなら、プラトンやアリストテレスが理想としたやうな「市民すべてが相互に顏見知りでありうる程度」に小規模な社會や、市民に理性を期待しえた近代社會ならばともかく、今日のいはゆる大衆社會においては、大衆は無責任で移り氣で騙されやすく、從つて「多數のはうが少數より腐敗しにくい」とは決して言へず、「多數が激情に驅られて同時に過つ」といふ事も充分考へられるからである。

さうではないか、ヒットラーもムッソリーニも大衆の支持をえて獨裁者となつたのである。私達はその事實を決して忘れてはならない。

ところでイプセンは、一八八二年、ブランデス宛の手紙の中で次のやうに書いてゐる。

いはゆるリベラルなジャーナリズムの態度は何たる事であるか。また、行爲や思想の自由を說きかつ筆にしながら、かへつていはゆる購讀者の意見なるものの奴隸と化しさつてゐる新聞の指導者たちの態度は何たる事であるか——。（中略）ビョルソンは『多數はつねに正義を持つ』と言ひます。さうしてまた實際政治家として、彼はしか言ふを餘儀なくされるのであらう、と想像します。しかし私は、その反對に、『少數こそつねに正義を持つ』と言はざるをえないのです。……こゝに少數といふのは、いまだ多數が追從しえざるところに先驅してゐるものを言ふのであります。（中略）わが國民をデモクラティックな社會となさう、といふ努力は、元來はもつとも讚へらるべきものではありながら、そのためにわれらの社會は、しらず〳〵のうちに、甚だしい程度に賤民の團體に化し了つたのであります。われらが鄕土に於ては、精神的高貴といふものは次第に消滅しつゝある。（竹山道雄譯）

常に「少數が正義を持つ」とは無論言ひ切れないが、少數のエリートの權威を尊重しないなら、その國は「賤民の團體」と化する他無いといふ指摘は正しい。

しかるに、プラトンの言ふとほり、病氣になつた時われわれは技能のすぐれた醫者にかかりたがるのであり、それなら國が病んでゐる時われわれは政治の技術に長《た》けた識見豐かなエリートにすべてを委ねるべきであるにも拘らず、實際には政治家の選擇を無知で移り氣で騙されやすい大衆に委ねる事の不條理を、人々は一向に怪しまない。

すなはち「馬鹿も一票、悧巧も一票」の不合理を人々は少しも不合理だと思つてゐないのだ。が、アリストテレスの言ふとほり、醫者の評價は醫者がなすべきであり、人間は一般に同等である他人によつて評價さるべきなのであつて、同じ事は選擧の場合にも言へる筈なのである。

今日かういふ事を言へば狂人扱ひをされるかも知れないが、この「馬鹿も一票、悧巧も一票」の惡平等こそは民主主義政治最大の癌であると言つてよい。なぜなら、古今東西を通じてエリートは常に少數であり、バーナード・ショーによればそれは全人類の五パーセントに過ぎず、從つて平等が建前である限り、少數は所詮多數の敵たりえず、「多數の追從しえざるところに先驅してゐる」少數は常に負け軍《いくさ》を覺悟しなければならないからであり、「民衆の敵」の主人公ストックマンは「輿論だの多數だのといふべらばうなものに、この俺が負けて旗を巻いて逃げるとでも思ふのか」、「この世で最も强い人間とは、世界にただ一人で立つ者なのだ」と最終幕で叫ぶけれども、民主主義の世の中では、それも所詮泣き事でしかないのであり、數の正義の前に力の正義は屈服せざるをえないのである。

かくて、民主主義は「强い人間」を骨抜きにしてしまふ譯だが、それはニーチェの言葉を借りれば「民主主義とは弱者の嫉妬」であり、「天才に對する信仰の缺如」であり、凡庸を重んじ優秀を憎み、「力の及ばぬ事は何もしない事を善とする」やうな消極的な政治原理だからである。そこでは平等が善とされるから、民主主義國家はいづれ福祉國家たらざるをえない。そして福祉國家は强者を育てない、天才を育てないのである。

例へば、所得分配の平等といふ點で世界一と言へる福祉國家スウェーデン、國民の大半が約一箇月の有給休暇を與へられ、充實した社會保障制度を有し、小學校から大學まで授業料は無料であるばかりか奬學金制度もまた充實してゐるスウェーデンを考へてみるとよい。今年（一九七六年）の五月三日號のニューズウィークは、スウェーデンの映畫監督ベルイマンが夫人と共に祖國を脱出した事を傳へ、ベルイマンのやうな名士にとつては、成功するといふ事は大衆に嫉妬され税務署に疑はれる事を意味すると書いてゐたが、資本主義體制を崩さずに高福祉を實現しえたスウェーデンは、インフレと重税に喘いでをり、税の取立てもまた頗る苛酷であつて、ニューズウィークによれば、ある女優を訪れた税吏は「ナチスのやうに振る舞ひ」、彼女は警察に連行され、脱税の容疑で三十六時間に及ぶ取調べを受け、辯護士を呼ぶ事も自宅に殘して來た幼い娘に電話をかける事も許されなかつたといふ。

重税を課すれば脱税の手口は巧妙になる道理だから、スウェーデンでは國民十六人に一人の割合で税務に携はる官吏がゐるさうであり、重税と苛酷な税の取立てに嫌氣がさして、毎年五千人以上のスウェーデン人が祖國を見限り海外へ移住してゐるのである。資本主義の枠内で高福祉を達成する譯だから、法人税の增税や所得税累進率の引上げには當然限度がある筈だが、それでも高額所得層の不滿は大きいのだ。

私は映畫を好かないので、ベルイマンといふ男がどれほどの天才なのか知らないけれども、今後のスウェーデンが再びストリンドベリのごとき天才を生む可能性はまづ無いであらう。

なぜなら、人間は金錢や功名のためにだけ仕事をするのでない事は確かだけれども、一方、あまりにも勞多くして功少ない仕事に人間は精を出す氣になれぬといふ事も等しく眞實だからだが、平等を目指す福祉國家も社會主義國も、所得分配の不平等と弱肉强食の生存競爭が人間を勤勉にするのだといふ事實を失念してゐる譯なのだ。平等は人間を勤勉にしない、それは平和が人間を勤勉にしないのと一般である。

とすれば、資本主義には資本主義の長所がある譯であつて、通常資本主義の惡とされてゐる不平等もその一つなのである。もつとも昨今の資本家はずいぶん物解りがよくなつてゐるけれども、資本家の弱氣がスウェーデンにおけるほどの平等を達成した時、資本主義固有の長所は確實に失はれたとみてよいであらう。

勿論、資本主義國である限り、スウェーデンにもいくらかの不平等は殘されてゐる譯であり、不平等が殘されてゐる以上そこには自由競爭の餘地も殘されてゐると言へる。要は程度問題であつて、度を超えた平等は自由の抑壓に向かはざるをえず、從つて經濟における自由主義たる資本主義はその本領を發揮出來ないのである。因に今日人々は自由と平等の兩立を信じて疑はないやうだが、自由と平等は兩立しない一面を持つのであり、さればこそ平等を建前とする社會主義國において自由の抑壓が行なはれてゐる譯だが、その問題はここでは觸れない。

以上、數をもつて正義となし、平等をもつて善となす民主主義が强者を骨抜きにする所以について述べて來たが、すでに仄めかしたやうに、弱者がいつまでも强者を抑へうる譯ではないのである。プラトンは「ゴルギアス」の中でカリクレスに次のやうに語らせてゐる。

われわれはその法律なるものによつて、自分たちのなかの最も優れた者たちや最も力の強い者たちを、子供の時から手もとにひきとり、彼らの性格を型通りに作りあげて、ちやうど獅子を飼ひならすときのやうに、呪文を唱へたり、魔法にかけたりしながら、彼らをすつかり奴隷にしてゐるわけだ。平等に持つべきであり、そしてそれこそが美しいこと、正しいことだといふふうに語りきかせてだね。しかしながら、ぼくの思ふに、もしかして誰か充分な素質をもつた男が生まれてきたなら、その男は、これらの束縛をすべてすつかり振ひ落し、ずたずたに引き裂き、くぐり抜けて、われわれが定めておいた規則も術策も呪文も、また自然に反する法律や習慣のいつさいをも、これを足下に踏みにじつて、このわれわれが奴隷としてゐた男は、われわれに反抗して立ち上り、今度は逆に、われわれの主人として現はれてくることになるだらう。（加來彰俊譯）

民主政治は常に獨裁政治を招來する危險を孕んでゐるものなのであり、無知で移り氣で劃一的で非理性的な大衆は煽動政治家の恰好の餌食となる。しかも現代のごとく大量傳達が可能となつた時代にあつては、新聞が「輿論」を作り出し、その作り出された「輿論」に輿論が從ふといふ事になつて、新聞に節操が無い場合、煽動政治家は遙かに效率よく大衆を操作しうるのだ。

「わが鬪爭」の中でヒットラーは、大衆を操作するには論證を回避し、「偉大な究極の目標」を示してやればよいと繰り返し述べてゐる。その通りである。いつの世にも大衆は無知なのであり、冷靜に判斷する事はなく、むしろ「感情的に行動」するものであり、從つて大衆に對しては論證抜きで理非曲直を明確にする事が何よりも大切であるといふ事を、ヒットラーは充分に承知してゐたのである。

つまり大衆に理解されるためには善玉と惡玉を明確にする必要があるのであり、卑近な例をとれば三木首相は清潔ではあるが無能であり從つて退陣すべきだといふやうな論理は大衆には理解しえないし、また最近高木書房から出版された「自由社會は生き殘れるか」の中で志水速雄氏が述べてゐる自由と倫理のディレンマといふ問題は、自由について考へる者すべてが避けて通れぬ深刻な問題なのだが、これまた、大衆が志水氏の意見を理解するなどといふ事は到底ありえない。

同樣に私が今扱つてゐる問題にしても、數の正義を惡とし力の正義を善とするといふふうに明快に割り切れば理解され易くなるのかも知れないが、數の正義は虛妄だが力の正義にも異論がある、しかしわれわれは數の正義を否定しなければならないなどと言へば、これは確實に說得力を失ふのである。しかし、いづれ大衆に理解されようとは思はないから、私はそれをやつてみようと思ふ。勿論、程々にしておかうとは思ふけれども。

民主政治は常に獨裁政治を招來する危險を孕んでゐる、

と私は言つた。それは本當の事である。すでに述べたとほり、ヒットラーもムッソリーニも選擧によつて選ばれたのであり、ファシズムを惡とするのなら、これこそ多數の犯した大きな前科であると言はねばならない。が、例へばヒットラーをわれわれは果たして强者として認めうるのであらうか。

カリクレスは正義とは强者が弱者を支配する事だと主張する。けれども、ソクラテスに反駁されて結局は沈默してしまふのである。が、加來彰俊氏の言ふとほり、カリクレスは「心から納得したのではない」。なぜか。「自分が不正を行なふはうが人に不正を受けるよりも醜い」といふソクラテスの說に納得出來ないからである。では、なぜ彼は沈默してしまふのか。彼もまた人間であり、ノモス（法律習慣）を無視し、善惡の彼岸にとどまりうるほど强くなかつたからである。

弱者への憐れみを惡とし恬然としてゐられるほど强くなかつたからである。人間とはさうしたものなのだ。そして人間が人間である事はよい事なのである。

とすればわれわれはヒットラーをそのまま强者として認める譯にはゆかないといふ事になる。

ニーチェは弱さに由來するものはすべて惡であり、强さに由來するものはすべて善であると言ひ切つたけれども、例へば大衆の無知、すなはち弱者の弱みに附け込んで權力を握るといふ事を、卑怯だとか公正でないとか、あるいはポロスのやうに醜いとかわれわれが感じるならば、それはわれわれがノモスから自由になりえてゐないからに他ならない。

要するに人間は現實主義に徹しうるほど强者たりえず、必ずなにほどかの理想を必要とするのであり、それゆゑわれわれは「人に不正を行なふはうが自分が不正を受けるよりも醜い」といふ主張を虛妄として退ける譯にはゆかないが、人間、理想主義に醉つ拂へるほど弱者たりえぬといふ事、或いは弱者たるべきでないといふ事、それもまた等しく眞實なのである。

チェスタトンの言ふとほり、ニーチェの理想はトルストイの理想とは一致しない。そしてなるほどニーチェもトルストイも「十字路で途方に暮れた」かも知れないが、確實に言へる事は、十字路で途方に暮れてゐるだけでは仕様が無いといふ事である。チェスタトンはそのためには人はジャンヌ・ダルクとならねばならぬと言ふ。

なるほどトルストイとニーチェの理想をともに實踐しうるためには信仰が必要なのかも知れないが、それはともかくわれわれとしては、數の正義、弱者の正義がのさばり返つてゐるところでは、執拗にその虛妄をあばかねばならない。

それは負け軍かも知れない。なぜならそれは、力の正義の限界を心得たうへで數の正義を否定するといふ、相對主義の泥濘に足を取られての軍だからであり、理想と現實の二元論はその緊張を失ふ時無氣力な中庸に墮するからである。しかし、負け軍を覺悟のうへで、われわれはそれをやるしか無いのである。

（昭和五十一年十一月）

「親韓派」知識人に問ふ

日本を愛する日本人として

「勿論、日本が將來、韓國を侵略しないとは斷言しませんよ。國家は戰爭をするものなのです、戰爭がやれないと人間は駄目になる」、私は韓國で「東亞日報」論說主幹の金聲翰氏にさう言つた事がある。金氏がその時何と答へたか、それは大方の讀者の想像を絕すると思ふ。につこり笑つて、彼はかう答へたのである、「さうですとも、仰有るとほりです。但し、日本が侵略するより先に韓國が日本を叩くかも知れませんがね」。

私は感動すると同時に慄然とした。日本では殆ど通じない話が韓國で通じる事を知つて感動し、一方、日韓戰爭が勃發したら、精銳揃ひの韓國軍に專守防衛が建前のわが自衞隊は齒が立つまいと、それを思つて慄然としたのである。

國家は戰爭をするものなのであり、日韓戰爭さへ起りうるのである。昭和五十五年一月四日附「サンケイ新聞」の

「正論」欄に猪木正道氏は、「八〇年代には第三次世界大戦争が破裂する公算はほとんど」無く、米ソの指導者が發狂でもせぬ限り熱核戰爭は回避できるだらうと書いてゐたが、私は猪木氏の樂天的な占ひを信じる氣には到底なれない。猪木氏は前年八月一日、同じ「正論」欄に、ソ聯はアメリカとのパリティ（均等性）を望んでゐると書き、それに對してアメリカ戰略國際研究センターのデニス・D・ドーリン氏が、「ソ聯はパリティなど望んだ事は一度も無い。ソ聯は優越性を求めてゐるのだ」と反論したが、私はドーリン氏を支持する。ソ聯の指導者に限らず、人間はいつ何時「發狂」するか知れたものではないのだし、個人の他者に對すると同樣、國家もまた他國を凌がうとして鎬《しのぎ》を削るものだからである。日本は西歐先進國に追ひ附かうとしたのではない、追ひ附き追ひ越さうとしたのである。

ジョージ・オーウェルが言つてゐるやうに、ナショナリズムはなるほど強烈な感情だが、それがいかに壓倒的かを知り盡くしてゐる者だけが、それを理性的に制禦しうるのであつて、それは丁度、おのがエゴイズムに手を燒く者が、時に激しく愛他的でありたいと願ふのと一般である。さういふ事が理解できぬナショナリストもインターナショナリストも、ともに私は信用する氣になれない。が、これは猪木氏の事ではないが、「親中派」にせよ「親ソ派」にせよ、「親米派」にせよ、「親韓派」にせよ、とかくわが國の知識人は、西義之氏の言葉を借りれば、おのれが親しみを感じてゐる他國の「缺陷を指摘されると、わがことを誹謗されたごとくに激昂し、一方、自國はこれ以上なく惡しざまに語る」のである。さういふ手合は、間違ひ無く人間の姿をしてゐながら、人間といふものが解つてゐない。さうではないか、他人の缺陷を指摘されてわが事のやうに激昂し、自分の事は惡しざまに言ふ、そこまで卑屈になれる人間がこの世に存在する譯が無いのである。それゆゑ、金聲翰氏に對しても、私は日本を愛する日本人として振舞つた。が、金氏はそれを少しも不快に思はず、却つて胸襟を開いてくれたのであり、もとより「日韓、戰はば……」などといふ物騷な話ばかりした譯ではないから、まことに樂しく有益な午後の一時を私は過したのであつた。

身近な友人を大切にしない者が遠い他人を愛せぬ如く、自國を大切にしない者に他國を愛せる道理は無い。日本人が韓國以上に日本を愛するのは當然過ぎるくらゐ當然の事である。それゆゑ、韓國人に向つて日本の事を惡しざまに言ふ日本人を、心有る韓國人は決して信用しないであらう。民社黨の春日一幸氏に聞いた話だが、かつて春日氏は、外遊の途中日本に立寄つた韓國新民黨の李哲承氏に會ひ、その識見に惚れ込んだが、その折、春日氏が金大中氏を批判して「國外で自國の批判はすべきでない」と言つたところ、李氏は大きく頷き、實際、外遊中ただの一度も朴政權批判をやらなかつたといふ。また、春日氏自身、民社黨議員を率ゐて訪中した折、佐藤内閣を激しく批判する中國側と渡り合ひ、翌日の萬里長城見物に春日氏だけは出掛けようとしなかつた。それでよいのである。春日氏の事を、中國側は手強い相手だと思つたに相違無い。

「親韓」とは何か

私は昭和五十四年十月下旬、韓國政府の招待により韓國を訪れ、連日、韓國の知識人と意見の交換をしたが、韓國人に對して卑屈に振舞ふ事だけは一切しなかつた。また、さういふ暇は無かつた。本氣になつて國家を語り人間を語れば、必ず相手が本氣で應じ、毎日それが樂しくて、私は屢々國籍を忘れたのである。例へば維新政友會の申相楚議員とは大いに語り、大いに意氣投合したが、私は今、申氏を敬愛する先輩のやうに思つてゐて、韓國人であるやうな氣がしない。

一見、矛楯した事を言ふやうだが、國籍を忘れて語つたのだから、私は韓國人を前にして日本を批判した事もある。が、その代り私は韓國をも批判した。勿論、私の韓國批判は勢ひ控へめにならざるをえなかつたが、日本を批判する時は本氣で怒つた。怒つてゐる振りをして韓國人に媚びる氣なんぞさらに無かつた。それゆゑ、日本に關する相手の意見に承服できない場合はそれをはつきり言ひ、徹底的に議論したのである。「お前は運がよかつたのだ、韓國人の反日感情は複雑で、そんな生易しいものではない」と言はれればそれまでだが、私は十二日間のソウル滞在中、偏狹なナショナリズムを制御できる見事な知識人にばかり出會つた。そして眞劍勝負の國でさういふ見事な知識人の存在を知り、一方、馴合ひ天國日本の親韓派知識人が、かつて韓國を訪れ、韓國の役人に、韓國の女を世話しろと言つたなどといふ話を聞かされると、私は日本人として、さういふでたらめな親韓派を憎んだのである。日本國内で馴合ふのは致し方が無いし、女道樂も各人の勝手たるべく、何人妾を持たうとそれは當人の甲斐性次第だが、國外へまでぐうたらを輸出する事だけは許せない。日本人として許せない。けれども、私はここで親韓派の私行を發かうと思つてゐるのではない。それをやるなら、筒井康隆氏の「大いなる助走」の流儀でやるしかないであらう。私はただ、いかさま親韓派の文章のでたらめを批判しようと思つてゐるのである。そしてそれは何よりも日本のためを思つての事だが、それが日本のためになるのなら、韓國のためにならぬ筈は無い。

だが、親韓派、親韓派といふが、「親韓」とは一體どういふ事なのか。「親」とは兩親、肉親、親戚の事であり、轉じて身內であるかの如き親しみを感ずる事である。それゆゑ、「親韓」とは一應韓國に對して親しみを感ずる事だと言へよう。が、韓國の何に親しみを感ずるのか、それは人により様々であらう。

韓紙人形に親しみを感ずる者もあり、木工藝や民族衣裳チマ・チョゴリに親しみを感ずる者もある。私も先日、韓國文化院でチマ・チョゴリの着附けを見學し、晴着の美女の歳拜《セベ》の品位に感じ入つた。だが、周知の如く、韓國には今後の韓國はいかにあるべきかについて相容れぬ二つの考へ方がある。例へば金大中氏のやうに韓國の「民主回復」こそ急務と信じてゐる者がをり、「金大中氏などには斷じて政權を渡せない」と言ひ切る者がゐる。「親韓」とは韓國に親しみを感ずる事だとして、では、かういふ對立する雙方に等しく親しみを感ずる事は可能であらうか。そんな藝當がやれる筈は無い。なるほど高麗人參やチマ・チョゴリの話なら、車智澈氏にも金載圭氏にも通じよう。が、眞劍勝負をしてゐる韓國人をして胸襟を開かしむるには、その種の「韓國文化」の話だけではどうにもならぬ。例へば朴正熙大統領の場合、「外國の賓客との對話中、おほよそ三十パーセントが國防に關するものだつた」といふ。大統領にしてみれば、車智澈派とも金載圭派ともつかぬチマ・チョゴリ派に對して肝膽を開く氣にはなれなかつたに相違無い。

だが、私が成敗しようと思つてゐるのはチマ・チョゴリ派ではない。また、金大中氏を支持する韓國人が確かに存在するのだから、例へば宇都宮德馬氏も親韓派だらうが、私は宇都宮氏には全く興味が無い。「朝日ジャーナル」昭和五十四年十一月九日號に宇都宮氏は、「今度の事件を契機として韓國の民主化が進むならば、現在の北の指導者の思考方法からいつて、緊張緩和は可能であり、相互軍縮によつて南北とも、經濟力をより多くの國民生活の向上にまはすことさへ可能であると思ふ」と書いてゐたが、さういふ樂天的な占ひを私は信ずる氣にはなれないのである。

それに、今の私には、進歩派のでたらめ以上に保守派のぐうたらが腹立たしい。西義之氏は「變節の知識人たち」（ＰＨＰ研究所）において戰後の進歩派知識人のでたらめぶりを丹念かつ辛辣に批判してをり、私は色々と教へられたけれども、實は知識人のでたらめに保守革新の別は無いのである。

朴大統領の弔合戰

ところで、保守派で親韓派の私が、宇都宮氏なんぞを叩く氣になれず、なぜ保守派の親韓派を成敗しなければならぬと考へるのか。それは敵を斬るよりも身方を斬るはうが困難だからであり、敵を斬るよりも身方を斬るはうが今や日本國のためになると信ずるからである。とまれ、早速、成敗に取掛らう。私が今回斬つて捨てようと思ふのは、朝日新聞編輯委員鈴木卓郎氏、及び京都産業大學教授小谷秀二郎氏である。

まづ鈴木卓郎氏である。鈴木氏は月刊誌「ステーツマン」に「新聞記者の社會診斷」と題する文章を連載中だが、昭和五十四年十一月號に載つた「ソウル旅行から東京を見れば」と題する文章や、「諸君！」同年十二月號に寄せた「義士安重根は生きてゐる」といふ文章から察するに、朴大統領健在なりし頃の鈴木氏は朴體制支持の親韓派だつたのではないかと思はれる。「諸君！」に鈴木氏はかう書いてゐるからである。

今日の日本人には韓國内のできごとを日本の國内問題のやうに錯覺してゐる人が全くゐないといへるだらうか。（中略）萬事が自由な東京の物差しで準戰時體制である韓國を論評すると、マトはづれにとどまらず、お節介になつてしまふ。

鈴木氏はさらに「日本が過去に韓國を侵略したからといつて韓國に卑屈になることはないが」、大藏省と日銀が「（安重根に暗殺された伊藤博文の）千圓紙幣の肖像畫に心の痛みを感じてモデル・チェンジに氣がつく事が、眞の日韓親善への出發ではないだらうか」と書いてゐる（傍點松原）。

何と愚にもつかぬ事を書く男かと思ふ。いつぞや志水速雄氏が、吾國では「尾籠な話だがと、一言斷ればかなり尾籠な話もできる」と斷つて少々尾籠な話を書いてゐて、私はなるほどと思ひ笑つたが、さういふ人情の機微が鈴木氏にはさつぱり解らぬらしい。「卑屈になる事はないが」と斷つて卑屈な文章を書く事は許されるか。許されはしない。そして鈴木氏の文章は紛れもなく卑屈な文章なのである。韓國には「龜甲船」といふ煙草がある。確か二十本で三百ウォンである。龜甲船とは、昔、日本軍撃退に活躍した新鋭船の名前である。が、煙草「龜甲船」の發賣中止を韓國政府が考へる筈は無く、またその必要も全く無い。なるほどソウルの町なかで「昔の朝鮮總督府はどこだ」などと口走るのは言語道斷の愚鈍だが、徒《いたづら》に過去の日韓併合の非を打ち贖罪を云々するのは無意味なのであり、日韓兩國にとつて何の得にもなりはしない。それはさて措き、鈴木氏は「ステーツマン」昭和五十四年十一月號にかういふ朴體制支持の文章を綴つたのである。

　韓國は目下、北朝鮮とは休戰中の準戰時體制である（中略）。このやうな國で日本のやうに野放しの自由を國民に許したならば、どうなることであらうか。（中略）いまの韓國は北朝鮮の脅威に備へた準戰時體制をとつてゐるので、東京で通用するやうな完全な自由が許されるはずがない。したがつて東京の物差しをもつて今日のソウルや朴體制を論評することはマトはづれになつてしまふ。

しかるに二箇月後、同じ「ステーツマン」の昭和五十五年一月號に、鈴木氏は次のやうに書いたのである。

　人間は神でも惡魔でもないし、その中間ぐらゐのものであらうが、いつたん權力を握つた人間は必ず、長い間には果てない權勢欲におぼれて腐敗することは政治學の古い法則である。朴大統領の場合も、初心は崇高な民族の英雄にあこがれたのであらうが、權力の座が長びくにつれて權勢を保持したい私心が露骨になつてきた。つひには他人に權勢を讓渡することを考へず永久政權を策して、大統領の三選を禁止した憲法を改正（六九年）、自己の選出を有利にせしめる維新憲法を制定（七二年）、大統領緊急措置一號發令（改憲運動の禁止）など强權政治を確立した。（中略）朴大統領は自分の權力を防衛するために祕密警察網をつくり、ＫＣＩＡ、大統領警護室、大統領祕書室の三者を相互にけん制、競合させた。軍部は國家保安司令部と首都警備司令室に分割して、これら五者の間には常に紛爭への火ダネを與へて一體化を防いだ。これらの祕密警察の策動によつて多くの自由を國民から奪つたが、なんといつても最大の「罪」といはねば、なるまい。

その「罪」の告發は言論や協議では到底達せられない深みにおちいり、全く皮肉なことに朴體制の改良は（中略）貴賓室で部下の發砲した拳銃しかなかつた。

（傍點松原）

この種の惡文に附合ひ丹念に批判するのは氣が腐るから、作文技術の劣惡については傍點を附した部分に限らうと思ふが、それよりも、大方の讀者にとつては、この僅か二箇月の間隔をおいて書かれた二つの文章が、文體の下等こそ同樣ながら、同一人物の手になるものだといふ事が信じられぬくらゐであらう。すなはち「東京の物差しをもつて今日のソウルや朴體制を論評することはマトはづれ」だと書いた男が、二箇月後、朴大統領が「祕密警察の策動によつて多くの自由を國民から奪つた」のは最大の「罪」であると書き、朴體制を批判してゐるのである。人間にこれほど鮮やかな轉向が可能だとは、讀者にとつて信じ難い事かも知れぬ。明らかに鈴木氏の轉向は朴大統領の死が契機だつたと思はれるが、「何たる變り身の早さか、許せぬ」などといふ事が私は言ひたいのではない。愚者を相手に道義論は禁物であつて、論理の破綻を指摘してやればよい。但し、私が今この文章を綴つてゐるのは、尊敬する朴大統領の弔合戰の意味もあるから、鈴木、小谷兩氏を私は少々口汚く罵らうと思つてゐる。朴正熙氏の無念を思ひ遣れば、愚者の論理の破綻を淡々と指摘するといふ譯にもゆかない。

杜撰な論理と文章

まづ、鈴木氏は朴大統領について、次第に「權勢を保持したい私心が露骨になつてきた」と書いてゐるが、いかなる根據あつてさう斷定しうるのか。いかにも大統領の三選を禁じた憲法の改正は六九年であり、維新憲法の制定は七二年である。だが、當時、韓國の內外でいかなる事態が起りつつあつたか、鈴木氏はそれを失念してゐるらしい。六八年一月二十一日には北朝鮮ゲリラによる青瓦臺襲擊事件があり、六九年にはニクソン大統領の所謂グアム・ドクトリン宣言があり、七〇年八月にはアグニュー副大統領が、駐韓米軍撤退を通告すべく訪韓、翌七一年にはアメリカ第七師團が韓國側との充分な協議無くして撤收、さらに七五年四月三十日にはサイゴンが陥落してゐるのである。またその頃、金日成主席は中國を訪問してゐるが、その折周恩來は、南進の決意を披瀝した金日成氏に對し「韓國へ攻め込むのは勝手だが、敗走して中國領土へ逃げ込む事は斷る」と言つたといふ。一方、韓國内では、第七師團撤收後も、金大中氏といふ「政敵」が、「國民の自由を最大限に保障し、貧富兩極化の特權經濟を棄てて、大衆經濟を具現して（中略）われわれの良心を保障する民主的内政改革を果敢に實行」すべきだとか、「韓國のやうに經濟的に惠まれない不幸な國の例が世界のどこにあるだらうか。（中略）私たちが一番大切にしてゐるのは、人間の生命だが、その生命を守る上でもつとも肝要なことは、國民が、どれほど平和を愛し、平和に徹するかといふことであらう」（「獨裁と私の鬪爭」、光和堂）などと、空疎で無責任な戲言を書き綴つてゐた。さういふ情勢にあつておのが「權勢を保持」しようとする事が、どうして「私心」ゆゑの「權勢欲」なのか。さういふ情勢にあつて鈴木氏の言ふ「多くの自由」を、金大中氏の言ふ「最大の自由」を、どうして韓國が享受できようか。朴大統領は「有備無患」を座右の銘にしてゐた。そしてアグニュー氏とは夕食も忘れて激論を交し、七九年には民主回復を要求するカーター氏を相手にして一歩も退かず、「國家の安泰こそ最大の人權擁護ではないか」と切り返し、カーター氏を壓倒したといふ。一方、米軍の完全撤退を不可避と見て取つた朴大統領は、自分の國は所詮自力で守るしかないと考へ、まづは内憂を絶つべく大統領緊急措置令第九號を公布したのである。當時、KCIAがアメリカの議會人を買收しようとしたのも、在韓米軍の撤退を少しでも遲らせ、自主防衞態勢を確立しようとする、いはば時間稼ぎのためでもあつた。買收と聞いただけで怖《おぞ》氣《け》立《だ》つほど鈴木氏は純情なのか。さまで初々しい人物でなければ、大新聞の編輯委員は務まらないのか。奇怪千萬である。

人間は神と惡魔の「中間ぐらゐのもの」ではない。そんな中途半端な存在ではない。人間は神たらんとして惡魔に墮するのである。「肉欲と慈愛は兩立しない。オルガスムは聖者を狼に變へる」とシオランは言つてゐるが、鈴木氏に限らず、愚鈍な物書きにはさういふ事がどうしても理解できぬと見える。これも鈴木氏に限つた事ではないが、朴大統領の治世について必ずその功罪を論ふのはそのせゐであらう。が、神ならぬ人間に「罪」抜きの「功」なるものが可能かどうか、わが身を省みとくと考へてみるがよい。いたづらに罪を恐れるなら、人間、沈香も焚かず屁もひらずにゐるしかないが、さういふ事勿れ主義者に、日本國の首相は知らず、大韓民國の大統領が務まる筈は斷じて無いのである。

要するに、鈴木氏のやうな愚鈍な男が頭腦明晰な朴正煕氏の眉を讀み、次第に「權勢を保持したい私心が露骨になつてきた」などと書くのは、笑止千萬である。燕雀いづくんぞ鴻鵠の志を知らんや、小人の器で天才を量るなと言ひたい。さうではないか、滿足に胡麻も擂《す》れぬ男に天才の心事を察しうる譯が無い。鈴木氏にはこんな具合にしか胡麻が擂れないのである。

本誌前回の「新聞記者の社會診斷」では、「學歴社會を斬る」といつた視角から「學歴なし、閨閥なし……」といつた沒落者の家の少年秦野章が努力一筋で警視總監、參院議員に大成したことを説いたが、朴大統領の場合も生ひ立ちを觀察すると學ぶべきものが多い。

「本誌」とは「ステーツマン」の事である。そして「ステーツマン」には毎號必ず秦野章氏が登場する。「ステーツマン」は秦野氏の息が掛つた雜誌ではないかと思はれる。それを鈴木氏が知らぬ筈は無い。これ以上は何も言はぬ、それだけ言へば讀者には充分理解できると思ふ。

次に愚鈍な人間はいかに劣惡な文章を綴るかについてである。二〇四頁に引用した文章の傍點を附した部分だが、まづ「罪の告發」が「深みにおちい」るとはどういふ事なのか。「告發」とは「犯罪事實を申告する事」、もしくは「罪人の非を鳴らす事」である。朴大統領の「罪」が「言論や協議では到底達せられない深みにおちいつた」といふ事なら意味だけは何とか通じるやうな氣もするが、文の主語は「罪」ではなく「罪の告發」なのである。とすれば「罪人の非を鳴らす事」が「深みにおちいつた」とはどういふ事なのか、私には理解できない。いや、實を言へば理解できぬ事もない。が、それはおんぼろエンジンさながらの粗雜な頭腦といふものは多分かういふぐあひに作動するのであらうと、勉めて好意的に解釋してやる場合に限られる。

また「朴體制の改良は……拳銃しかなかつた」だが、これもまた杜撰な文章である。例へば「愚鈍な物書きの成敗は拳銃しかない」などと書く事は許されない。全體主義國であれ民主主義國であれ、さういふ事は許されない。道義的に許されないのではなく、文章作法としてその種の迂闊は許されないのであつて、體制の如何を問はず「愚鈍な物書きの成敗には拳銃しかない」と書かなければならないのである。

急遽バスを乗換へて

以上、道義論を持出さずして私は鈴木卓郎氏を斬つた。同じ流儀で次に小谷秀二郎氏を斬らう。小谷氏は京都産業大學教授であり、「サンケイ新聞」の「正論」欄の執筆者であり、月刊誌「北朝鮮研究」の前編輯長であり、「國防の論理」「日本・韓國・臺灣」「防衛力構想の批判」「朝鮮戰爭」「朝鮮半島の軍事學」などの著書があり、「朴大統領とは何回か青瓦臺の大統領官邸でお目にかかつ」た事があるといふ。その親韓派の小谷氏は、昭和五十四年三月九日附の「サンケイ新聞」の「正論」欄にかう書いた。

世界を賑はした中越戰爭は、韓國でもトップ・ニュースである。ところが北朝鮮では、この戰爭が發生して以來今日に至る迄、そのニュースは一度も國内で流されてゐない。完全な報道管制が實施されてゐる。一方が、いろいろな現象から判斷して、異常な國家であることを問題にせず、韓國だけが反政府分子を抱へてゐる實情のもとで、更に民主化を强化して統一のための對話にのぞんだとした場合、結果的には獨裁國家に民主主義體制そのものすらも呑み込まれてしまふ恐れがないわけではない。

しかるに小谷氏は、約八箇月後の十一月十四日、今度は小谷豪治郎と署名して、韓國の「國民感情」について次のやうに書いたのである。（「正論」昭和五十五年一月號）。

しかし、十八年はあまりにも長過ぎたといふのも、同じ國民の感情である。强力な指導者を今も必要としてゐることには變はりはない。しかし、獨裁制はもう必要はない、といふのが正直なところであらう。

更にもう一つ引く。

午後十一時。ホテルの窓から見るソウルの街路には、一人の人影も見當たらない。（中略）ソウルの眞夜中は外出禁止令によつて人影は完全に絶えるのだが、現在の状態は、朴大統領時代とは何か違つてゐる。

それは本格的な政黨政治の幕開きが、國民の前に訪れてゐるといふ大きな期待であり、そしてそれは國民生活の民主化につながるといふ希望である。

十一月十四日といへば、朴大統領が暗殺されてから十九日目である。大統領が健在であつた頃、「北朝鮮研究」の編輯長として、「政治學者」として、北朝鮮の脅威を說いてゐた親韓派の小谷氏は、大統領の四十九日も濟まぬうちに、韓國における「民主回復」は必至と考へ、急遽バスを乘換へた譯である。だが、その變り身の早さ、無節操を、道義的に難詰するには及ばない。鈴木卓郎氏の場合と同様、愚鈍ゆゑの矛楯を衝けば足りる。小谷氏は三月九日、「反政府分子を抱へてゐる」韓國だけが「更に民主化を强化」すれば、韓國の「民主主義體制」は北朝鮮といふ「獨裁國家に呑み込まれてしまふ恐れがないわけではない」と書いたのだが、十一月十四日には、朴體制の「十八年はあまりにも長過ぎた」と韓國人は感じてをり、「獨裁制はもう必要はない、といふのが正直なところであらう」と書いた。

小谷氏に尋ねたい。北朝鮮といふ「獨裁國家に呑み込まれてしまふ恐れ」のある「民主主義體制」の韓國に獨裁者がゐる筈は無い。してみれば、韓國は三月九日には民主主義國だつたのだが、十一月十四日には「獨裁制はもう必要はない」と國民が感ずるやうな國家になつてゐた、といふ事になる。朴正熙大統領は三月九日から十月二十六日までの間に突如獨裁者に變貌したらしい。それは一體いつ頃の事なのか。また、もしも大統領が變貌したのでないとすると、三月九日には「更に民主化を强化」すれば韓國の「民主主義體制」は危殆に瀕する「恐れがないわけではな」かつたのに、十一月十四日には同じ朴體制を「もう必要はない」と國民が判斷するやうになつたと小谷氏が判斷する根據は何か。さらにまた、朴大統領が死んで「獨裁制はもう必要はない」といふ事になり、「本格的な政黨政治の幕開き」となり、それが「國民生活の民主化につながるといふ希望」を抱かせると、そのやうに判斷するに至つた根據は何か。

小谷氏は私の問ひに到底答へられまい。その場限りの愚者の判斷に根據なんぞある譯が無い。今や韓國の民主化は不可避と見て取つて、バスに乗遅れまいと焦つた擧句、粗雜な思考の樂屋をさらけ出したまでの事である。愚者は往々にして鐵面皮だから、事によると小谷氏は「自分は韓國人の感情をありのまま語つたのだ」などと辯解するかも知れぬ。それゆゑ豫め小谷氏の退路を斷つておくが、將來、日本國民が「北方領土奪還のため日本は再軍備をし、ソ聯に宣戰を布告すべきである。弱腰外交の三十數年（或いは四十數年か）はあまりに長過ぎた」と感じるやうになつたとして、その場合、さういふ偏狹なナショナリズムにもとづく「國民感情」をありのままに語るに過ぎない政治學者は政治學者の名に値しないのである。

無神經な文章

小谷氏はまた次のやうに書いてゐる。

> 京都で今回の（朴大統領暗殺）事件を聞いたとき、驚きの餘り、思考が中斷して、それがなんとなく息苦しくて、一瞬もがいたやうに思つたのだが、かうしてお墓の前に頭《かうべ》を垂れた瞬間、その時のことが信じられないやうな、平穩さに包まれてゐた。（中略）花輪を捧げてお詣りできたことは、なんとなしに重荷をおろしたやうな感慨であつた。（中略）このホッとした氣持ちを味はふ人びとも決して少なくはないに違ひない。何故ならば、戒嚴令下であつてみれば、遠慮勝ちにしかものが言へないかもしれないが、彼の人を絶對視しか許されなかつた雰圍氣は、もはや韓國には存在しないからである。

驚きのあまり「思考が中斷して、それがなんとなく息苦しくて、一瞬もがいたやうに思つた」などといふ拙劣な描寫は、文藝愛好クラブの高校生にも到底やれないのではないかと思はれる。そして、その程度の描寫力で韓國國民の感情がありのまま語れる筈は無い。が、それはさて措き、朴大統領の墓前に花輪を捧げただけで「重荷をおろし」、「ホッとした氣持ちを味は」つた小谷氏は、途端に「彼の人を絶對視しか許されなかつた雰圍氣」がもはや韓國には存在せず、それが「國民生活の民主化につながるといふ希望」を肯定できるやうになつた譯であり、それなら朴大統領の訃音に接して小谷氏が韓國に驅けつけたのは一體全體何のためだつたのか。墓前に花輪を捧げるためではなくて、何かもつと樂しい旅行目的があり、墓參りは事のついでで上の空だつたのかも知れぬと、さうでも勘繰らぬ事には辻褄が合はぬほど小谷氏の文章は支離滅裂なのである。

そして、大統領の墓參りを濟ませ、大統領を「絶對視しか許されなかつた雰圍氣」がもはや存在せぬ事に「ホッとした氣持ちを味は」つた小谷氏は、多分ホテルに戻つて、まづ最初に民主回復のバスに乘遲れてはならぬと考へ、ついで次の大統領は誰かと考へたのである。丁一權氏か、李厚洛氏か、朴鐘圭氏か。いや、この三人ではない、決つてゐる、金鍾泌氏である、さう小谷氏は考へた。そこで小谷氏は、金鍾泌共和黨總裁に胡麻を擦るべく「正論」に寄せた文章の三分の一を割いたのであつた。その一部を引用する。

> 新總裁・金鍾泌氏に對する人氣は、目下鰻のぼりにのぼつてゐる。それは大統領暗殺事件のいはば布石となつた釜山の暴動では、J・P（金鍾泌氏）を次の大統領に、といふスローガンが學生たちの手で掲げられたことに明らかに示されてゐる。

朴大統領とは「何回か青瓦臺の大統領官邸でお目にかかつてゐたし、特に北朝鮮に對する戰略構想については、個人的にいろいろと説明してもらふといふ光榮に浴し」た小谷氏が、早々、金鍾泌氏に胡麻を擦るとは少々不謹愼だが、くどいやうだが愚者を道義的に批判するには及ばない。小谷氏はここでもまた愚鈍であるに過ぎないからである。さうではないか、右に引用した件りを金鍾泌氏が讀んだならば、金氏は小谷氏の愚鈍に呆れ、顏を顰めるに相違無い。周知の如く、釜山の暴動は朴體制を覆さうとした連中、ないしは朴體制に不滿な連中が起したものである。そして、金鍾泌氏に限らず、老練な政治家ともなれば、多少は小手を翳して世間の動向も窺はねばならぬ。昭和五十四年十一月、「東亞日報」がソウル大學社會科學研究所に依賴して行つた調査によれば、「經濟成長より民主化を支持する」との回答は七二・八パーセントに達したさうだが、その後、十二月十二日には、全斗煥國軍保安司令官の指揮によつて、鄭昇和戒嚴司令官が逮捕され、民主回復を叫び結婚式を装つて集會を開いた連中は一網打盡、尹潽善元大統領は軍法會議にかけられる事になつた。朴大統領が死んだ以上急速な民主回復は必至であり、今や「彼の人を絶對視」する事なく朴大統領の功罪を論じなければならぬ、さう考へた手合は少々淺はかだつたといふ事になるが、金鍾泌氏ともあらう政治家がさまで淺はかである筈は無い。とすれば、釜山の學生たちが「Ｊ・Ｐを次の大統領に」と叫んだといふ話を持出されて金氏が喜ぶ筈が無い。まこと「愚鈍以外に罪惡は無い」のであり、愚者とはかくも無神經かつ不器用なのである。小谷氏は金氏を褒めちぎり、卻つて金氏に迷惑を掛けたに過ぎない。鈴木卓郎氏の場合も同樣であつて、ここで讀者はすでに引いた秦野章禮讃の文章を思ひ出して貰ひたい。「千慮の一得」といふが、やはり愚者の千慮には一得すら無いのかも知れぬ。

賴りにならない知識人

さて、これで朴正熙氏の弔合戰としての、無節操すなはち愚鈍な親韓派の成敗は濟んだ。鈴木、小谷兩氏は韓國における民主回復は必至と早合點し、慌ててバスを乘換へた粗忽者なのである。「サンケイ新聞」によれば、韓國國防省のスポークスマンは、全斗煥將軍は朴大統領暗殺事件捜査の「絶對的な功勞者」なのであり、將軍の豫備役編入などといふ噂は事實無根だと言つたといふ。全斗煥將軍は親朴派だと言はれてゐるが、鈴木、小谷兩氏は「全斗煥將軍が全軍を掌握したとおもはれる」といふ「サンケイ」の記事を、どんな顏をして讀んだのであらうか。もしも將來韓國に鷹派の大統領が誕生し、弛んだ箍《たが》の締直しをやり始めたら、鈴木氏や小谷氏は韓國についてどんな事を書くのであらう。またぞろバスを乘換へる積りであらうか。

けれども、バスを乘換へた粗忽者をさうして嗤つてゐるお前にしても、もしも全斗煥將軍が失脚したらどうなるか、お前もまた粗忽者だつたといふ事になるではないか、さう反駁する向きもあらう。實際、私は友人にそれを言はれた事がある。十二月十二日の十日後、すなはち十二月二十二日附の「サンケイ新聞」に私は、「全斗煥將軍が鷹派なら私は將軍を支持する」と書いたからである。私は勿論、全斗煥將軍とは面識が無い。韓國滯在中、テレビで記者會見中の將軍を見、歸國後、新聞で鄭昇和司令官逮捕の經緯を讀み、何と肚の坐つた軍人かと感心してゐるに過ぎない。それゆゑ、將軍が朴路線を繼承する鷹派ならば、將軍の失脚を私が望む筈は無いが、萬一さういふ事になつても、朴路線そのものの正しさを信ずる私の考へはいささかも搖らぎはしない。朴大統領の私生活についても、私は有る事無い事、色々と聞いてゐるが、何を聞かされようと、さういふ類の事で私は衝撃を受けはしない。「世界」昭和五十五年二月號のT・K生なる人物の「反動の嵐吹けども」といふ記事には「朴正熙氏の月四、五回に及んだ歌手やタレントの女優とのスキャンダルは、この憂うつな季節の大きな話題である」と書かれてをり、それを讀んで私は笑つた。笑はざるを得ないではないか、朴大統領にも生殖器があつたと主張して喜ぶからいふ手合にも、間違ひ無く、生殖器はあるのである。英雄豪傑にも生殖器があつたといふ事實を發見して喜ぶのは愚劣な事で、進歩派の日本史學者が戰後にやつたのは、さういふ無駄事、要らざるお節介であつた。自分と同樣に生殖器がありながら、朴大統領にはあれほどの事がやれたのだと、なぜ人々はさういふふうに考へないのであらう。

だが、すでに述べた如く、私は日本人であり、韓國が直面してゐる試練以上に日本の知識人の生態のはうが氣掛りなのである。太平洋戰爭末期、日本の敗色が濃厚となつても、依然として徹底抗戰を叫びつづけた高村光太郎は、「日本が敗けたら引込みがつかなくなるぞ、程々にしておけ」と忠告されたといふ。これは「早々、全斗煥將軍を支持すると危いぞ」といふ友人の忠告と同質だが、私にとつてはさういふ忠告をする知識人の生態のはうが遙かに興味深い。朴大統領の死後、「サンケイ新聞」紙上で、儒藤濬吉氏、鹿内信隆氏、「文藝春秋」で福田恆存氏、及び「言論人」で大石義雄氏が、それぞれ朴體制批判に興ずる風潮に冷水をぶつかけてゐたが、私の知る限り、朴體制支持の親韓派の發言はそれくらゐのものであつて、朴大統領健在なりし頃あちこちでお見受けした親朴派知識人は、十月二十七日以後、忽然として行方不明になつたのではないか、私にはどうしてもさうとしか思へない。そして、愚鈍な粗忽者よりも、この行方不明の親韓派の生態を分析する事のはうが大事かも知れない。戰前、特高に逮捕され、ぬらりくらりと訊問を躱《かは》し、「貴樣は得體の知れぬ奴だ。右か左かはつきりしろ」と刑事に言はれ、釋放されて後は「いかなる主義主張にも同調しなかつた」といふ大宅壯一は、日本人特有の處世術についてからう書いてゐる。

私にいはせると、日本人といふのは、天孫民族でなくて、天候觀測民族である。といふのは、大昔から日本人の生活は、主に農業と漁業に依存してゐた。どつちも天候に左右されやすい。

おまけに日本は、地震國であり、颱風圏内でもある。颱風は毎年ほとんど定期便のやうにやつてくるが、地震はいつくるかわからない。(中略)

恐らくわれわれの先祖は、毎朝目をさますと、まづ空を仰いで、その日の天候をよく見きはめてから、仕事にとりかかつたことであらう。(中略)

むかしは主に大陸から朝鮮半島を通つてきた文化的な颱風が、明治以後はたいていヨーロッパからきた。最近はアメリカやソ聯や新しい中國の方からやつてくる。その颱風の性格、進路、强度を人よりも早く、正確に知るといふことが、大多數の日本人にとつて、最大の關心事となつてゐるのだ。

そこで、毎朝毎夕、空を仰ぎ、小手をかざして天候をうかがふかはりに、新聞に目を通し、ラジオに耳を傾けてゐるのだともいへる。

(「現代の盲點」、春陽堂)

これこそ日本人特有の處世術である、それは「無思想人」の視點である、さう大宅は言つてゐる。なるほど「無思想人」の「天候觀測法」とは言ひ得て妙であり、日本人は常に「小手をかざして天候をうかがふ」のである。その癖、かつて曾野綾子女史が言つたやうに、日本人は笊の上の小豆で、笊を「一寸左へ傾ければ一齊に左へ、右へ傾ければ一齊に右へ寄る」。天下の形勢が定かでないうちは小手を翳してゐるが、大勢が決定的になれば、どちらの方角へも吾勝ちに突走る。大勢に抗して不撓の信念を貫くなどといふ事は、大方の日本人の最も不得意とするところなのである。そしてそれは今に始めぬ事で、敗戰と同時に人々は先を爭つて反省競爭に專念したし、極東軍事裁判においてA級戰犯に判決が下つた時も、インドのパール判事やオランダのローリング判事の少數意見を知りながら、大方の日本人は「敗けたのだから仕方が無い」と考へて諦めたのであつた。

そして今、韓國の情勢が流動的であるかに見える今、例へば「早々、全斗煥將軍支持を打出すのはまづい」と親韓派は考へ、小手を翳して遙かソウルの雲行きを窺つてゐるのであり、それは彼等が「天候觀測法」の達人だからに他なるまい。なるほど「〝現實〟の進展」に對應して身を處するこの「天候觀測法」にもそれなりの利點はあらう。が、北朝鮮が朝鮮半島を武力統一し、釜山に赤旗が立つといふ現實に直面したら、さういふ「現實の進展」に親韓派の知識人は一體どう對處する積りなのであらうか。

常に「天候を觀測」し、常に「既成事實」に屈服して涼しい顔をしてゐられるのは、保守革新を問はぬ日本の知識人の特色ではないかと私は思つてゐる。つまり、日本の知識人は「無思想」なのではないか。これまで朴路線を支持してゐた親韓派が、韓國を取巻く國際情勢の嚴しさは少しも變つてゐないにも拘らず、朴大統領が死んだ以上韓國における民主回復は必至と考へたり、小手を翳してソウルの雲行きを窺ひ、早々全斗煥氏を支持するのはまづいと考へたりするのは、彼等が大宅壮一の言ふ「無思想人」だからではあるまいか。だが、朴體制強固なりし頃はその現實に屈服して朴體制を支持したものの、目下韓國の情勢は流動的だからとてソウルの雲行きを窺つてゐるかつての親朴派は、萬一、釜山に赤旗が立つといふ「既成事實」に直面したら、反共の看板を下すばかりでなく朝鮮民主主義人民共和國との平和共存を聲高に叫ぶのであらうか。それは大いにありうる事だと私は思ふ。

昭和五十四年三月、中國がヴェトナムに攻め込んだ際、社會主義國は戰爭をしないと信じ切つてゐた進歩派の知識人は激しい衝撃を受け、大いに狼狽した。けれども、それを笑止千萬だと嘲笑つた保守派の知識人にしても、福岡ならぬ釜山に赤旗が立つただけで、あつさり簡單に「反共の信念」とやらを擲ち、またぞろ反省競爭に現を抜かすのではあるまいか。愚鈍に保守革新の別は無い。例へば菊地昌典氏の純情を保守派が嗤つたのは、實際は「猿の尻嗤ひ」だつたのではないか。友邦韓國の前途を案じつつも、私はその事が何より氣掛かりなのである。

最後に韓國に對しても私は苦言を呈したい。それは、今日までいい加減な親韓派が罷り通つてゐたについては、韓國側にも責任があるといふ事である。かつて私は、歴代の自民黨政府のやり方を批判して「利をもつて釣上げた支持者は理に服してはゐない」と書いた事がある。利とは必ずしも金錢を意味しないが、同じ事が、日本の親韓派に對する韓國側のやり方についても言へると思ふ。私は「Voice」昭和五十五年四月號でも、親朴派と言はれる全斗煥將軍のために辯じたが、さういふ事をやつた以上、反朴派が大統領になつたら、私は韓國政府にとつて好ましからざる人物とならう。私にとつて親韓は商賣ではないから、それは一向に平氣である。そして釜山に赤旗が立つたら、私はもはや親韓派ではありえない。が、朴正煕氏が死んだとたんに朴體制を批判したりする親韓派の中には、韓國と利で結び附いてゐる手合もをり、さういふ手合にこれまで韓國側が頗る甘かつた事は事實である。私自身、不愉快な話を色々と聞いてゐる。

眞の親韓派は利をもつて釣上げる譯にはゆかない。眞の親韓派が韓國を大事に思ふのは、私利私欲とは無關係の筈である。ともあれ、韓國側は今回の不幸な事件を契機として、日本の保守派のすべてが眞の親韓派ではないといふ事を知り、眞の親韓派と利によつてではなく、理によつて繋がる事を眞劍に考へて貰ひたいと思ふ。

（昭和五十五年四月）

朴大統領はなぜ殺されたか

ニューズウィークは本氣なのか

米韓安保協議會に出席すべくソウルを訪れたブラウン國防長官は、昭和五十四年十月十八日、朴正煕大統領と會見、韓國における人權抑壓の緩和を求めるカーター大統領の親書を手渡したが、憤慨した朴大統領は「內政干渉はやめて貰ひたい」と言ひ、兩者は激しく口論、「互ひに大聲を張り上げる程であつた」といふ。道義外交の元締カーター氏の「正義病」は病膏肓《かうくわう》、朴氏はさぞ苛立つた事であらう。しかも正義病患者はカーター氏だけではなかつたのである。それより先、十月四日、アメリカ國務省のスポークスマンは、「アメリカは韓國國會が金泳三氏を追放した事を深く遺憾とする。それは民主政治の原則に反する」との非難聲明を出し、グライスティーン駐韓大使に一時歸國を命じたのであり、一方、意を強くした金泳三氏は、十月十五日、共同通信の記者にかう語つたのである。

「朴大統領は、野黨のすべての國會議員が現體制を批判して辭表を提出した以上、憲法を改正し、國民の直接投票による大統領選擧を實施すべきである。朴大統領がそれを拒むなら、韓國は國際輿論から孤立し、アメリカに見放され、國家の安全が危ふくなる。何より朴大統領が不幸な事態に遭遇するであらう」。

周知の如く、朴大統領が兇彈に斃れたのは十月二十六日であつて、つまり、金泳三氏の十一日前の豫告は的中した事になる。勿論「アメリカのＣＩＡが事件の黒幕であつた」などといふ事を私は言ひたいのではない。さういふ事は私には解らぬ。だが、確實に言へるのは、アメリカの正義病患者たちが韓國における反朴勢力を勇氣づけたといふ事であつて、朴正熙氏はアメリカの正義病に手を燒き、アメリカの愚鈍に止めを刺されたのである。私は朴正熙氏を尊敬してゐる。それゆゑ、朴氏の弔合戰をやらねばならぬと思ひ、最初は日本の新聞を斬る豫定であつた。朴大統領暗殺を報じて、例へば朝日新聞は「獨裁十八年、流血の政變」と書き、サンケイは「銃彈に倒れた强權十九年、獨裁に人心うむ」と書き、毎日は「力で政權とり、隱された力で崩壞の、歴史の皮肉」と書いた。さらにまた朝日は、十二月二十三日、「獨裁者、ああ受難の年」と題し、何と「暗黑の大陸」に君臨した「三人の暴れん坊」、すなはちウガンダのアミン氏、中央アフリカのボカサ氏、赤道ギニアのマシアス氏と、朴大統領とを同列に扱つたのであつて、韓國の政變を論じて日本の新聞が口走つたこの種の暴論愚論の數々を、私は徹底的に批判しようと思つてゐた。だが、とどのつまり、日本の新聞の愚鈍はアメリカの愚鈍の反映に過ぎない。それなら日本の新聞を叩くのは迂遠の策であつて、アメリカの愚鈍をこそ叩かねばならぬ、私はさう考へるに至つたのである。

さういふ譯だから日本の新聞を斬つても仕様が無い、むしろアメリカの愚鈍を批判せねばならぬ、取分けニューズウィークを成敗せねばならぬ、私は福田恆存氏にさう言つた。すると福田氏は殘念さうに答へた、「ああ、そいつは僕にやらせて欲しかつたなあ」。それは當然の事で、福田氏は「文藝春秋」昭和五十五年一月號でニューズウィークの記事に觸れ、ニューズウィークの朴正熙氏に對する「惡意の誹謗」を批判し、「この十八年間、サン・グラスを懸けた小柄の峻嚴な男が、この國を恰も自分の私領の如く支配して來た」とニューズウィークが書いてゐるのは事實に反する、「朴正煕氏がサン・グラスを掛けてゐたのはクーデタ前のことで、大統領になつて以來、この十八年間は全く用ゐない」と書いたのだが、それを讀んだニューズウィーク東京支局から福田氏に電話が掛つて來て、「そんな事をわがニューズウィークは書いてゐない」と抗議して來たのである。それは實は東京支局の失態であり、支局長のクリシャー氏は本國版しか讀んでをらず、十一月五日附の國際版に「サン・グラスを懸けた小柄の峻嚴な男」云々のくだりがある事を知らず、それを福田氏に指摘され、東京支局は謝つたといふ。

してみれば福田氏がニューズウィークのでたらめを成敗しようと思ひ立つたのは無理ならぬ事である。だが、私としても朴正煕氏の弔合戰はどうしてもやりたかつた。福田氏にだつてそれは讓りたくなかつたのである。

以上少しく私事に亙つたが、それもニューズウィークが本氣で韓國について考へてゐるかどうかが甚だ疑はしいと、何よりその事が言ひたかつたからである。私は正義病患者を一概に否定しない。けれども、本氣で物を考へようとせぬ知的怠惰ゆゑの正義感ほど始末の惡いものは無い。そしてニューズウィークの韓國報道はまことに淺薄、かつ無責任であり、それは東京支局長クリシャー氏が自分の雜誌の國際版にも目を通してゐないといふ事實が雄辯に物語つてゐる。一事が萬事である。私はニューズウィークのこの種のでたらめを許す譯にはゆかない。

アメリカが朴大統領を殺した

だが、ニューズウィークを斬る前に、指摘しておきたい事がある。それは正義病患者アメリカの要らざるお節介によつて勇氣づけられたのは韓國の反體制派だけではない、といふ事實である。實際に朴正煕氏を暗殺したのは金載圭KCIA部長だが、金部長が軍の支持無しに朴氏を殺す事はありえず、軍の内部にも反朴勢力が存在してゐた事は確實であり、これら體制内の反朴勢力は度重なるアメリカの内政干渉によつて徐々に形成されたものに相違無い。「世界」昭和五十五年二月號にT・K生なる人物が、金載圭部長の軍事法廷における「發言の一部」を「再生して」ゐる。それによれば金部長はかう發言したといふ。

（朴政權は）對内的には緊急措置で全くでたらめではなかつたか。口を開けば捕へられるといへるほどであつた。對米關係も傷だらけであつた。アメリカとの關係は、國防、政治、經濟あらゆる面において不可分のものではないか。そのアメリカが民主化の道をすすめ、人權問題について忠告すると、内政干渉だといふ。アメリカはわが國の解放と獨立を助け、六・二五（朝鮮戰爭）にはいつしよに血を流してくれた血盟の友邦である。そのやうな忠告は、友情ある助言である。（中略）私は、朴大統領をそのままにしては、打開すべき道がないと思つた。

T・K氏は「國際輿論が金載圭氏の命を救はねばならない」との友人の言葉を引いてゐるくらゐであり、右に引いた金載圭氏の證言も事實かどうかは頗る疑はしい。が、右のとほり金氏が語つたとしても、それは少しも怪しむに足りぬ。暗殺直後の閣議の席上、「俺にはアメリカが附いてゐる」と口走つたといはれる金載圭氏は「アメリカとの關係はあらゆる面において不可分のもの」であり、アメリカとうまくやれぬ「朴大統領をそのままにしては、打開すべき道がない」と思つたに相違無い。

勿論、目下のところ韓國は、日本と同樣、自力だけで國を守れる状態ではない。それゆゑ、アメリカ軍の完全撤退は不可避と見た朴大統領は、その對策を眞劍に講じつつあつたのだが、それがアメリカには氣に入らない。例へばグライスティーン駐韓大使は九月十二日、「韓國の防衞力の水準はアメリカの核の傘による保障と第七艦隊の役割を必要とすべきだ」と語つたのである。グライスティーン大使はまた、朴政權は「アメリカの意圖について根據の無い疑念を抱きがちである」と發言、それを傳へ聞いた朴大統領は激怒したといふ。私は大統領に同情する。實際、大國アメリカの身勝手に大統領はさぞ手を燒いた事であらう。

一九六九年ニクソン大統領はグアム・ドクトリンを宣言、翌七〇年アグニュー副大統領が訪韓して、駐韓米軍の一部撤收を一方的に通告、七五年四月三十日にはサイゴンが陷落、アメリカは南ヴェトナムを見捨てたのであり、大統領緊急措置九號が發令されたのは同年五月の事であつた。朴大統領ならずとも、さういふ状況下にあつては、内憂を絶つべく反政府運動を規制する一方、アメリカ軍の完全撤收に備へて自主防衞態勢を確立しようとするのは當然の事だが、それをやれば軍事費の支出は增大し、經濟成長は鈍り、オイル・ショックなどの外的要因も加はつてインフレを招き、民衆の不滿は募り、それは緊急措置九號などにより抑へ込まねばならない。

しかるに、身勝手なアメリカは「韓國の自主防衞能力は、その目覺ましい經濟成長ゆゑに增大したのであり、もはや在韓米軍の駐留は不要となつた」として自主防衞を肯定するかの如き言辭を弄しながら、一方では朴政權の抑壓政策を激しく非難しつづけたのである。さういふ大國のむら氣と無理解に朴大統領はさぞ腹立たしい思ひをした事だらう。しかも鄰國日本は平和憲法を護符として稼ぎ捲るばかり、韓國の苦惱なんぞ、まるで察しようとはしなかつた。昭和五十四年九月、青瓦臺を訪れた福田恆存氏に朴大統領はかう言つたといふ。

「五年か七年したら、日本と韓國は安全保障條約が結べる時が來る、どうしてもさうしなければいけない、兩國が手を結んでアメリカを牽き附けておかなければなりません、一つ一つがばらばらでアメリカと繫つてゐるだけでは危ない」。

その時、福田氏が何と答へ、朴大統領がどういふ反應を示したか。直接、福田氏の文章を引く事にしよう。

私は大統領の言葉に同感しながらも、「しかし、今の日本には韓國の脚を引つ張りこそすれ、閣下の御期待に應へるやうに努力しようとする政治家が果してゐるでせうか」と答へた時、沈默のまま、じつと私の目を見詰めてゐた大統領の表情は沈鬱そのものだつた。

（「孤獨の人、朴正熙」「文藝春秋」昭和五十五年一月號）

さうして孤立無援の自國を思ひ、朴正熙氏は屢々沈鬱な表情となつたに相違無い。他國の元首の事ながら、その胸中を思ひ遣る時、私は深い同情を禁じえないのである。アメリカ政府とアメリカのマス・メディアの、韓國に對する無理解と幼稚な正義感が、朴大統領を殺したのだと、私にはさうとしか思へない。

おめでたき正義漢

さういふ譯だから、朴正熙氏の弔合戰として、私はニューズウィークを斬る事にする。まづ、ニューズウィーク一九七九（昭和五十四）年十一月五日號はから書いた。

朴の人權抑壓に加へ、最近數週間は經濟成長の鈍化が市民の不滿を募らせてをり、それは六十六名の野黨全議員の辭職、及び朴を釜山と馬山に戒嚴令を布かざるをえぬ羽目に追ひ遣つた學生の暴動となつて一層明確な形をとるに至つた。（中略）「吾々が望むのは、吾々がすでに達成した經濟發展に見合ふ政治的自由だけなのだ」と欲求不滿に陥つてゐる韓國知識人の一人は語つた。

この傳でニューズウィークは、常に韓國の體制に嚴しく、朴政權にも言ひ分はあるかも知れぬといふ事を全く考へてみようともしない。右の文章の筆者にしても、「朴の人權抑壓」と「經濟成長の鈍化」が野黨議員總辭職と連動してゐたかの如く書いてゐるが、これは事實に反する。野黨議員の辭職は新民黨黨首金泳三氏の除名に抗議しての事である。

だが、金泳三氏はなぜ除名されたのか。實は除名されるまでに金氏は數々の愚行を演じたのである。まづ、前回の新民黨總裁選擧において、金氏は對立候補の李哲承氏を破つて總裁に就任したのだが、その際不正を行つたとして李哲承派に訴へられ、裁判の結果、有罪となり、總裁の職を解かれるといふ事があつた。また、話が少しく前後するが、總裁就任後の金泳三氏は、新民黨役員の何と九割以上を自分の派閥で固めたのであつて、「日本の大平正芳氏が、總裁になつたからとて、自民黨役員の九割を自派で固めたら一體どういふ事になるか。金泳三氏は口を開けば民主主義を云々するが、彼は黨內民主主義さへ守つてゐないのだ」と、これは李哲承氏から私が直に聞いた事である。

それぱかりではない。金泳三氏はカーター大統領に單獨會見を求めて拒否され、白斗鎭國會議長に斡旋を依頼して、國會主催のリセプションの席上カーター氏に會へたに過ぎないのに、それをさも政治的な意味を持つ單獨會見であつたかの如く宣傳し、アメリカ大使館に抗議されるなどといふ失態をやらかしてゐるが、何よりも金氏が評判を落し、除名される直接の原因となつたのは、ニューヨーク・タイムズ東京特派員ヘンリー・スコット・ストークス記者のインタヴューを受けた際に吐いた暴論だつたのである。すなはち金氏は、ストークス記者にから語つたのであつた。

朴大統領に公的かつ直接的に壓力をかける事によつてのみ、アメリカは朴氏をコントロールできるのだと、私はよくアメリカの高官に言ふのだが、さういふ場合彼等は常に「韓國の內政には干涉できない」と答へる。だが、それはをかしな理窟だ。アメリカは吾國を守るべく三萬の地上軍を駐留させてゐるではないか。それは內政干涉ではないのか。

私はニューズウィークを批判しようと思つてゐるのであり、金泳三氏の「をかしな理窟」を嗤つてゐる暇は無いが、この「アメリカに對して內政干涉を要請するといふ事大主義的妄動」は、多數の韓國民の神經を逆撫でしたのであつて、反體制に同情的であるといはれる東亞日報までが金氏を批判する論說を載せたほどであつた。それに金氏の「妄動」は韓國の刑法に抵觸する行爲だつたのである。韓國の刑法第百四條その二にはから記されてゐる。

第一項　內國人が國外において、大韓民國若しくは憲法によつて設置された國家機關を侮辱若しくは誹謗し、又はそれに關する事實を歪曲若しくは虛僞事實を流布し、又はその他の方法で大韓民國の安全、利益若しくは威信を害し若しくは害するおそれを生ぜしめたときは、七年以下の懲役又は禁錮に處する。

第二項　內國人が外國人又は外國團體等を利用して、國內において前項の行爲をしたときも、前項の刑と同じである。

第三項　前二項の場合には、一〇年以下の資格停止を併科することができる。

（「韓國六法」、法務大臣官房司法法制調査部編、株式會社ぎやうせい）

つまり、アメリカに對して朴正熙大統領をコントロールせよと要望する事は、「外國人又は外國團體等を利用して、國內において」、「憲法によつて設置された國家機關」たる大統領を「侮辱若しくは誹謗」する行爲に他ならず、してみれば金泳三氏は「七年以下の懲役又は禁錮」、及び「一〇年以下の資格停止」の刑を受けても仕方が無いのであり、韓國國會が金氏の議員としての「資格停止」を決議したのも當然の事であつた。

韓國の刑法にさういふ規定がある事をソウルに支局を置

いてゐないニューズウィークが知つてゐたとは思はれぬ。知つてゐたなら、すでに引用したやうな、野黨議員の總辭職を「朴の人權抑壓」と「經濟成長の鈍化」に結びつけるといつた思考の短絡は到底不可能だつた筈である。言ふまでもない事だが、充分な調査をせずに斷定する事はジャーナリストたる者の何より愼まねばならぬ行爲である。六年前、ハーバード大學のコーエン教授は「朴政權下の韓國は地獄であつて、毎日何百人もの人間が殺され、何百人もがリンチ同然の軍事法廷に送られてゐる」と發言したが、アメリカの知識人がこれ程の暴論を吐いて憚らぬのは、アメリカのマス・メディアが流すでたらめな韓國情報に惑はされての事ではないかと思ふ。

いや、事によるとニューズウィークは、「朴政權の人權抑壓は許し難く、またそれは自明の事で、今更調査の必要も無い」と考へてゐるのかも知れぬ。冬の鰡《ぼら》は眼にも脂肪がのつて物がよく見えなくなるといふ。ニューズウィークも冬の鰡で、脂肪ならぬ正義感ゆゑに盲ひて、眞實が見えないといふ慘めな狀態にあるのかも知れぬ。例へば、十一月十二日號のニューズウィークはかう書いたのである。

公表された寫眞には、通常の刑事犯のやうに手錠を掛けられ、先週の訊問中に受けた打撲のために顏面の腫れ上がつた金載圭が寫つてゐた。

しかるに、同じ記事の中にはかういふ一節がある。

（逮捕されて）車の中へ押し込まれた時、金載圭は隱してあつた拳銃を取らうとして空手チョップを見舞はれたといふ。（中略）これは金の顏面の打撲傷を説明するために流布されたお話だと、解釋してゐる者が多い。

この二つの文章は明らかに矛盾してゐる。つまり前の文章で「金載圭の打撲傷は訊問の際に受けたものだ」と斷定しておきながら、後の文章では「反抗しようとして空手チョップを受けたといふが信じない者が多い」と言つてゐるのである。勿論、ニューズウィークにも空手チョップ云々のお話を信じない自由はある。けれども、その代り、打撲傷は訊問中に受けたものだと斷定する自由も無い筈である。

だが、このニューズウィークの矛盾を、捜査本部の沒義道を印象づけようがための意識的犯罪だと考へるのは買被りであつて、金載圭氏の顔面に打撲傷があつた事が、ニューズウィークにとつては許せない。「それ見たか、金載圭氏は拷問を受けたではないか、許せぬ」、ニューズウィークはさう考へ熱《いき》り立つたのである。何ともおめでたい正義漢だが、この手の正義漢が寄つて集《たか》つて朴大統領を斃したのである。

だが、當然の事ながら、ニューズウィークには朴暗殺に一役買つたなどと言ふ意識は無い。正義感ゆゑに盲ひて愚鈍だからである。愚鈍とはつまり知的怠惰といふ事で、矛楯を矛楯と感じない無神經に他ならない。例へばニューズウィーク十二月十日號は、サッカー試合のキックオフで球を蹴つてゐる崔圭夏大統領の寫眞に、「彼の重い靴は反體制派を蹴るためのものでもあつたのか」といふキャプションを附け、本文にはかう書いてゐる。

「一つの小さな孔も時に堤防全部の決壊に繋がるのである」と民主共和黨總裁金鍾泌は言つた。だが、反體制派は、河は時に氾濫するものだと言ふ。「もはや誰も政府を信用してゐない」と尹潽善元大統領は言つてゐる、「國中にデモが擴がるだらう」。學生たちが長い冬休みに入つてゐるため激しい反抗は春まで起らないかも知れない。が、春になつても、韓國の新しい指導部が時勢に従はうとせぬ場合、朴後の政府の存立はますます困難になるかも知れない。

崔圭夏大統領について、「反體制派を蹴る重い靴も履いてゐたのか」と書いてゐるくらゐだから、ニューズウィークは反體制派の反抗には同情的なので、「河は時に氾濫するものだ」との反體制派の言ひ草を肯定し、休暇明けの學生たちの活躍に期待してゐるのだと、さう勘繰られても仕方のない、これは書き振りである。しかるに、これより先、十一月五日號のニューズウィークはこんなふうに書いたのである。

イランにおけるシャーの沒落の際と同様、アメリカは今回、當然の事ながら、重要な同盟國の元首の死に驚いた。が、韓國の場合、アメリカは、有力な後繼者と目される人物や野黨の有力者と比較的よい接觸を保つてゐる。かてて加へて、好戰的な北朝鮮の繼續的脅威ゆゑに、韓國のいかなる新政府も概ね朴路線を繼承する可能性が高いと思はれてゐた。だが、政治的不安定は殆どいかなる事態をも招來し得るのであり、それゆゑにこそアメリカは朴正熙に取つて代る人物を捜し求める韓國を不安げに見守つたのであつた。

いかにも、時に河は氾濫する。が、この場合氾濫とは極度の政治的不安を意味しよう。さういふ甚だもつて穩やかならざる反體制の言ひ草を引き、少なくともそれを批判しないニューズウィークが、韓國においても「政治的不安定は殆どいかなる事態も招來し得る」のだから、アメリカは「不安げに見守つた」と言つてゐるのである。これは勿論、抑壓政策の繼續を危惧しての事であらうが、抑壓だけが政治的不安定をもたらすのではない。弱い政府の讓歩、すなはち急激な民主回復もまた極度の不安定を招來しよう。そしてまた、「河は時に氾濫する」と言ひ放つ樣な手合に、どうして政治的安定をもたらす器量が期待できようか。この件りに限らず、ニューズウィークの文章には矛楯葛藤に苦しむ韓國への同情が缺けてゐる。同情を缺きながら「不安げに見守」つてゐるかの如く言ふ。その自家撞着のいい加減は許し難い。

民主主義は絶對善にあらず

無論、自家撞着は人の常である。相剋する肉體と精神を持つ以上、誰しもそれを免れはしない。が、それは飽くまでも意識されたものでなければならぬ。意識された自家撞着だけがディアレクティックたりうるのである。が、ニューズウィークの文章に、ディアレクティックなどありはせぬ。ニューズウィーク十一月五日號は「社會の健全は高層アパートの數によつて計らるべきではなく、同情と博愛によつて計られねばならぬ」との朴大統領の言葉を引き、「朴もまた同じ基準によつて計られねばならぬと、朴を批判する人々は考へてゐる」などと、したり顏に書いてゐるが、よき政治のためには時に好ましからざる手段も許されるし、また已むを得ず人道的ならざる手段を時折用ゐながらも、なほ自身は高潔たらんと努めねばならぬ政治家の宿命を、ニューズウィークは全く理解してゐない。愚鈍なる正義病患者たるゆゑんである。

そして、もとより意識せぬ自家撞着とは怠惰といふ事に他ならない。さういふ知的怠惰は法に關するニューズウィークの淺薄な意見が例證するところであり、例へばニューズウィークは、戒嚴令すなはち martial law も law であり、維新憲法もまた法であるといふ事を忘れてゐるのではないかと思はれる。ニューズウィークはかう書いてゐるのである。

暗殺された大統領の一箇月に亙る服喪期間が過ぎると、政府は（反體制派の）取締りをやり始めた。今なほ戒嚴令が布かれてをり、崔圭夏大統領代行は、反體制鎭壓のため、そしてまたおのが政權の延命のため、非常大權を行使してゐるのだと、批判者たちは言つてゐる。崔は今週、統一主體國民會議の投票によつて正式の大統領に就任するであらうが、この統一主體國民會議は、常に（中略）朴の大統領としての地位を强固にするだけの、忠順な選擧機關だつたのである。（中略）韓國の高官たちは（反體制派の）不滿は不當だと主張してゐる。「民主回復と戒嚴令違犯とは二つの別物である」と、民主共和黨の總裁であり、大統領たらんとの野心の持主である金鍾泌は言つた。

要するにニューズウィークは、アメリカ政府と同樣、戒嚴令や維新憲法が氣に食はない。それは市民の自由を抑壓し、獨裁を正當化する惡法であり、反體制派の憤激も當然だと考へてゐるらしい。そして「惡法」も法無きにまさるといふ事が、ニューズウィークには理解できないのであり、それは大方のアメリカ人と同樣、民主主義を絶對善と信じて疑はぬからである。君主制や貴族制を體驗した事が無く、舊體制との葛藤も知らず、國內に今なほイデオロギー的對立の存しないアメリカは、人間が大昔から、民主制と獨裁制の是非について激しい論爭を行ひ、今なほそれは決着がついてゐないといふ事實について考へてみようとはしないものらしい。ハインツ・ユーローのH・D・ソロー論「路傍の挑戰者」によれば、「現代アメリカのリベラリスト」は自分の考へる正義こそ絶對善だとする「道德的絶對主義の立場をとりがち」であり、それゆゑ往々にして、自分と意見を異にする他人を認めようとせず、「獨善的な批判を浴びせがち」なのである。そして、さういふ獨善的なリベラリストは、道德と「道德的現實主義」とを峻別する事ができないとユーローは言ひ、續けて次のやうに書いてゐる。

ここにいふ道徳的現實主義とは、善惡の認識を意味するのではなく、道徳的生活を送るに際して生ずる様々な曖昧と異常性の認識を意味する。道徳とは對照的に、道徳的現實主義の認知するところでは、善き結果と惡しき結果は對立的な可能性として存するのではない。むしろ、兩面價値的な統一體として「善くもあり惡くもある」結果が生ずるのである。

ユーローの言ふ通りであつて、獨裁制にせよ民主制にせよ「善くもあれば惡くもある」結果を招來する。それゆゑ、人事萬端、何が正義かといふ問ひに對する決定的な解答なんぞは存在しないのである。パスカルが言つたやうに「力を持たぬ正義は無力であり、正義を伴はぬ力は暴力」なのだから、「正しき者を強くするか、強き者を正しくするか」、そのいづれかの解決しかありえない事になるが、殘念ながら、人間はいまだかつて「正しき者を強くする事ができず、それゆゑ强き者を正しき者とするしかなかつた」譯である。そして、三百年も昔にパスカルが知つてゐたこの事實を、今日なほ正義病に盲ひたるアメリカは承知してをらず、强大な核兵器を笠に着る「强き者」として世界に君臨し、「强き者」をそのまま「正しき者」と認めたがらぬ國、例へば韓國に對して「獨善的な非難を浴びせ」、おのれの信ずる正義こそ絶對善と思ひ込み、執拗に「民主囘復」を迫つてゐるのであり、この道徳と道徳的現實主義とを峻別できぬ幼稚な正義病患者が、到頭、朴正熙大統領を斃したのである。

それゆゑ、一種のショック療法として、ここで心行くまで民主制を罵倒し、獨裁制を辯護したいところだが、それはまた別の機會にやるとして、これだけはニューズウィークに言つておかう。ニューズウィークがいかに顔を顰めようと、例へば、大統領緊急措置令の發動は維新憲法第五十三條にもとづく合法的な行爲なのであり、統一主體國民會議の設置にしても、これまた憲法の定めるところ、もとより合法的な行爲なのである。それゆゑ、自國において正義とされてゐるもののみを絶對と考へる「道徳的絶對主義の立場」に固執して、韓國を十二歳の學童なみに扱ひ、韓國における人權抑壓を批判する前に、ニューズウィークはアメリカが國內の人種差別問題さへ滿足に解決できずにゐるといふ事實に思ひを到したらよいのである。

ところが、ニューズウィークはアメリカ國內の未熟を忘れ、韓國のやる事なす事に「獨善的な批判を浴びせ」るのであり、例へば、十二月十二日、全斗煥國軍保安司令官は、朴暗殺事件に關與したとの容疑にもとづき、鄭昇和戒嚴司令官を逮捕したが、ニューズウィーク十二月二十四日號は「將軍たちの夜」と題する記事にかう書いたのであつた。

なるほど朴暗殺當夜の鄭の行動は充分に釋明されてゐなかつた。けれども、全斗煥國軍保安司令官の率ゐる反鄭の將軍たちが、速やかにかつ意表に出て權力鬪爭に勝つたといふのが眞相であらうと、大方の外交官は信じてゐる。鄭逮捕の直後、ウィリアム・グライスティーン駐韓アメリカ大使はワシントンに電報を打つて、民主回復に反對してゐる朴支持派がクーデターを起したと報告した。(中略)ワシントンは速やかに對應した。數時間後、國務省は強い調子のステートメントを出し、韓國における混亂に附け入るなと北朝鮮に警告し、同時にソウルの將軍たちに對して、民主的統治に向けた進展を阻害せんとするいかなる行爲も、米韓關係に「重大なる惡影響」を及ぼすであらうと警告した。アメリカの高官たちは、今回、多數の韓國軍最前線部隊がソウルに於ける權力奪取を支援すべく、國家の安全を犧牲にして、三十八度線附近から移動せしめられた事に取り分け激怒した。韓國に於ても中南米の小國同然の政情不安が現實化するのではないかといふ惡夢に、ワシントンは怯えたのである。「もしも一つの將校のグループがそんな事をやれるなら」と或る外交官が警告した、「別のグループも同じ事をやれる」。

「民主回復に反對してゐる朴支持派がクーデターを起した」とワシントンに報告したグライスティーン大使も、韓國の將軍たちに「民主的統治に向けた進展を阻害せんとするいかなる行爲も、米韓關係に『重大なる惡影響』を及ぼす」と警告したアメリカ國務省も、全斗煥將軍の寫眞に「勝利ををさめた全、民主主義に關する疑惑」といふキャプションを附けたニューズウィークも、いづれも何とも愚鈍な解らず屋である。ニューズウィークに尋ねたい。全斗煥將軍は戒嚴司令部合同捜査本部長なのであり、差し當つての任務は朴暗殺事件の徹底的究明である筈である。それはニューズウィークも否定しまい。それなら「親朴派のクーデター」と極め附けたグライスティーン大使の言ひ分を、いかなる根據あつて、ニューズウィークは肯定できたのか。つまり、「鄭司令官の暗殺關與」といふ合同捜査本部の主張は口實に過ぎず、實際は親朴派の全斗煥將軍がやらかした「クーデター」だつたのだと、いかなる根據あつて判斷できたのか。ニューズウィークが好むと好まざるとに拘らず、國家の元首が暗殺された以上、その捜査は徹底的に行はれねばならぬ。そしてその場合暗殺に關與したと思はれる容疑者は、それがいかなる權力者であらうと逮捕せざるをえまい。例へば、アメリカの大統領A氏が暗殺され、副大統領B氏がそれに加擔したのではないかと疑はれてゐる時、FBI長官が副大統領を逮捕したとして、その場合、アメリカ駐在の韓國大使が本國に電報を打つて、「黑人の民主回復に反對してゐる親A派が、CIAもしくはマフィアと組んでクーデターを起した」と報告し、それを韓國の週刊誌がそのまま報じたら、ニューズウィークは一體どんな氣がするか。ケネディ暗殺の眞相についても樣々な揣摩《しま》臆測が流れたではないか。少しは我が身を抓《つね》つて他人の痛さを知つたらよいのである。

さういふ次第で、親朴派の全斗煥本部長が權力を握るための障礙になる戒嚴司令官を、正當な理由無く、專ら權力欲ゆゑに逮捕したなどとは決して斷定できぬ筈である。そしてそれなら、捜査本部長全斗煥將軍のやれる事は「別の將軍のグループもやれる」などとは決して言へまい。全斗煥將軍の寫眞に「民主主義に關する疑惑」といふキャプションを附してゐるニューズウィークは、合同捜査本部長としての全斗煥將軍の職權の合法性を疑つてゐるのか、それとも失念してゐるのか。職權の合法性を疑つてゐないのなら、なぜ將軍の行動を「民主主義に關する疑惑」と極め附けたのか。疑つてゐるなら愚鈍であり、失念してゐたのなら輕率である。

全斗煥將軍を辯護する

一九八〇（昭和五十五）年一月二十一日號のニューズウィークによれば、全斗煥將軍はニューズウィーク東京支局長バーナード・クリシャー氏のインタヴューを斷つたさうだが、クリシャー氏が單獨會見に成功した周永福國防相は、「どうか信じて貰ひたい、今回の事件は、朴大統領暗殺に關與したとの容疑のある將軍を、動かし難い根據にもとづいて逮捕しようとしたといふ事に過ぎない」と語つてゐる。周國防相には惡いが、いくらそれを言つてもクリシャー氏には通じまい。ユーローの言葉を借りれば、クリシャー氏も自分の考へる正義こそ絶對善だと思ひ込む「道徳的絶對主義者」だからであり、それを承知してゐたからこそ、全斗煥將軍はインタヴューを拒否したのであらう。

ニューズウィークは全斗煥將軍を屢々「强者」と形容してゐるが、ニューズウィークは强者はすなはち惡黨だと考へてゐるのであらう。朴正煕氏を嫌ひ、維新憲法に「忌み嫌はれてゐる」といふ形容詞を附し、全斗煥將軍の動機を疑つてゐるニューズウィークは、「力ある者は正しからず」といふ事は自明の理だと信じ切つてをり、それゆゑ、民主主義と文民統制の萬能をいささかも疑つてゐない。「多數決は最良の道である。それは一目瞭然であるし、服從させるだけの力を有するからである。が、それは衆愚の意見に他ならぬ」とパスカルは書いたが、ニューズウィークはさういふ事を一度も本氣で考へた事が無いらしい。何とも羨ましいほどの樂天家だが、朴大統領の弔合戰として、ここに全斗煥將軍を辯護すべく、さういふニューズウィークの樂天的正義感、すなはち道徳的絶對主義を徹底的に批判しておかうと思ふ。

ニューズウィークに限らず、アメリカ人には道徳的絶對主義の信奉者が多いのであり、かつてジョージ・ケナンが指摘したやうに、「國際問題に對する法律家的＝道徳家的アプローチ」はアメリカ外交の特色であると言つてよい。とかくアメリカ人は、自國の法と道徳律が世界中すべての國々にそのまま適用できると信じてゐて、正義の相對性といふ事を考へてみようともしない。モンテーニュは「法律が信奉せられるのは、それらが正しいからではなくて、それらが法律であるからである」と書いた。わが芥川龍之介も道徳とは『左側通行』と似たもの」だと書いてゐる。これを要するに、正義とは約束事でしかなく場所により時代により變化する相對的な虚構に過ぎぬといふ事である。地上の正義たる法も同樣であり、世界各國の國內法が國により區々《まちまち》である事は改めて言ふまでもない事であらう。

パスカルの言葉を借りれば「緯度が三度ちがふと」法體系は覆るのであり、「子午線が眞理を決定する」のである。何を正義とし何を不正義とするかは事ほど左樣に曖昧なのだが、人間は正義の相對性を肯定する現實主義に徹しうるほどに强くはないから、いかなる支配者もおのが信じる正義に則つて國を治めるに際しては何らかの大義名分を必要としたのであり、一方、被支配者としては二つの道を選ばねばならず、それは正しい者に服するか、強い者に服するかの二者擇一なのである。パスカルは書いてゐる。

　正しいものに服從するのは正しいことであり、最も強いものに服從するのは必要なことである。力をもたぬ正義は無能力であり、正義をもたぬ力は暴力である。力をもたぬ正義は反抗せられる、なぜなら惡人がつねにゐるから。正義をもたぬ力は非難せられる。されば正義と力とを共に備へなければならぬ、さうしてそのためには、正しいものを強くあらしめるか、力強きものを正しくあらしめるかしなければならない。（津田穰譯）

だが、すでに述べた通り、人間は正しき者を強くする事には成功しなかつたのであり、「正しきものをして力あらしめることができず、力あるものをして正しきもの」としたのである。そして被支配者が力ある者を正しき者とする場合、その國の政治は獨裁政治だといふ事になり、さういふいはば「力は正義なり」の獨裁制に對して、被支配者の多數意見を重んずる、いはば「數は正義なり」の民主制があつて、今日の吾國においては、アメリカにおけると同樣、前者すなはち獨裁制は惡であり、後者すなはち民主制は善だと信じられてゐるのだが、それは決して自明の理ではない。

　なぜなら、多數意見が正しいなどとは言ひ切れず、往々にして少數意見のはうが正しいといふ事があるからで、それに何より、何をもつて正しいとするかといふ事自體、決して自明の事ではないからである。そしてそれなら、力ある者が常に正しいと斷定できぬ代り、力ある者は常に正しくないとも言ひ切れぬ、といふ事にならう。

　ところが、以上縷々說明した正義の相對性といふ事が、おのが正義こそ唯一の正義と信じ切つてゐるアメリカには理解できず、かつて禁酒法の如き世界史上殆ど類例の無い愚擧を敢へてして失敗した前科がありながら、アメリカは性懲りも無く自分と意見を異にする他人を認めようとせず、韓國に對して「獨善的な批判を浴びせ」續けたのであり、何度でも繰返して言ひたいが、さういふピュリタンの末裔の幼稚な正義感が朴正熙氏を斃したのである。

　アメリカ國務省にしても、全斗煥將軍の行爲を「民主的統治に向けた進展を破壞せしめんとする行爲」と呼び、

「米韓關係に『重大なる惡影響』を及ぼす」と警告した。つまりアメリカは自國の民主主義が韓國においてもそのまま行はれねばならないと、頑《かたくな》に思ひ込んでゐる譯で、國務省の高官にもまた、不正不純を蛇蝎《だかつ》の如く忌み嫌ひ「見ゆる聖徒」同士の交はりを求め、果てしない分裂を繰返したかつての分離派ピュリタンの血が流れてゐる。それゆゑ、アメリカが同盟國の不法行爲に對して甚だ非寛容なのは怪しむに足りぬ。例へばニューズウィーク一九七九（昭和五十四）年十二月二十四日號はかう書いたのである。

先週、鄭昇和を倒すために使用された前線部隊は、理論的には米韓の合同指揮下にある。先週の部隊の移動は米韓二國間の防衛協定に違反するものであり、一方、韓國の他の將軍たちがそれぞれのクーデターを企てたなら、（韓國の）安全は崩壞してしまふであらうとの恐怖を抱かしめた。

要するに、アメリカ國務省もグライスティーン大使もニューズウィークも、全斗煥少將が鄭昇和大將を逮捕したのは單なる下剋上であり、他の將軍たちがそれを眞似たら韓國は累卵の危機に瀕すると考へ「恐怖」に驅られたのであらう。ニューズウィークによれば、グライスティーン大使は、大使館の門を閉ぢさせ、アメリカ人に外出せぬやう勸告したさうだが、朴大統領暗殺の當日ソウルにゐた私は、グライスティーン大使の處置を嘲笑ひはしない。

けれども、ニューズウィークはともかく、アメリカ大使までが全斗煥將軍の職權の合法性に思ひ至らず、「全斗煥氏のやれる事なら、他の將軍たちにもやれる」と思ひ込んだとすると、その餘りの認識不足に、私は暗澹たる氣分にならざるをえないのである。

いかにも十二月十二日、全斗煥將軍は米韓防衛協定を無視して、多數の韓國軍最前線部隊を「三十八度線附近から移動」させたのであつて、それは「アメリカの高官たち」を「激怒」させたとニューズウィークは言ふ。グライスティーン大使も激怒したのであらうか。「全斗煥將軍にからいふ無茶苦茶が許されるなら、他の將軍たちにもそれは許され、かくて韓國の政治的不安に附け込んで、北鮮軍が攻め入るであらう」とグライスティーン大使も、ウィッカム司令官も考へたのであらうか。十二月十五日附のニューヨーク・タイムズによれば、全斗煥將軍麾下《きか》の兵士たちは、盧載鉉國防相の執務室のドアを蹴破り、國防相は祕密のトンネルを通つてアメリカ陸軍第八軍司令部へ避難したといふ。

また、十二月十六日附のサンケイ新聞によれば、盧國防相はグライスティーン大使やウィッカム司令官と共に、米韓合同司令部の塹壕の中で緊張の數時間を過したといふ。眞僞のほどは解らぬが、さういふ體驗をしたグライスティーン大使に私は同情する。そして、全斗煥將軍が米軍司令官の承認無くして兵を動かした事は、確かに米韓相互防衞協定の違反であつて、私もそれは否定しない。けれども假に私が全斗煥將軍だつたなら、私もやはり米韓相互防衞協定を無視して、精强無比の第九師團をソウルに投入したであらう。なぜなら、非常の際にはおのづから非常の奇策ないし詭策を採るべきであり、もしも全斗煥將軍がのこのこウィッカム司令官に會ひに行き、第九師團移動の承認を取り附けようとして、それが鄭昇和戒嚴司令官の察知するところとなれば、九仞《きうじん》の功を一簣《いつき》に虧《か》き、逆に全斗煥將軍が戒嚴司令部に逮捕されたかも知れず、或いは逮捕されぬまでも指揮系統の混亂から、韓國軍同士が激しく衝突、それこそ收拾のつかぬ混亂を生じたかも知れない。

實際、一説によれば鄭昇和戒嚴司令官は、公邸の非常ボタンを押し、全軍に非常出動を命じたが、全斗煥派に先手を打たれ萬事休したといふ。窮鼠猫を咬むといふ事も大いにありうる。とすれば、非常時には非常手段をためらふべきではない。テヘランのカナダ大使館に逃げ込んでゐたアメリカ大使館員を、先日カナダ政府は詐術を用ゐて無事脱出させたが、その後、ヴァンス國務長官はカナダ外相マクドナルド女史に感謝の電話を掛けてゐる。これはつまり、カナダ政府が非常事態に際して非常の手段を用ゐ、ヴァンス長官はそれを認め感謝したといふ事ではないか。

文民統制を絶對視する愚鈍

さて、ニューズウィークの韓國報道についてその非を打ちたい事はまだまだあるが、最後に、文民統制に關するニューズウィークの甘い考へだけはどうしても批判しておきたい。民主主義についてと同様、文民統制についても、ニューズウィークはその萬能を信じ、解決無き事を解決あるかの如く主張して、これまで韓國を散々苦しめ、ニューズウィークの權威を信じ、その言ひ分を金科玉條の如く尊重する韓國の反體制知識人を勇氣づけて來たからである。例へば、ニューズウィークはかう書いてゐるのである。

下級將校のグループが、先月、韓國の戒嚴司令官を強制的に逮捕した時、アメリカのアジア戰略上重要な同盟國は軍部の獨裁といふ危險な時期に入つたのではないかと危惧する向きが多かつた。

もう一つ引かう。

最近、ジョン・ウィッカム駐韓米軍司令官は、「任務を正しく遂行するために、軍は常に軍務を念頭におかねばならぬ……政治上及び憲法上の進展については文民の指導に任せねばならぬ」と言つた。ウィッカムは全斗煥と直接取引する事を拒み、韓國の四つ星の將軍との交渉を好んでゐる。「吾々は（實權を握つてゐる將軍たちに）會つて、彼らの十二月十二日の行動を追認したかの如く思はれたくないのだ」と、ソウルの或るアメリカの高官は語つた。

以上はいづれも一月二十一日號からの引用だが、同じ號のニューズウィークは、軍の政治的中立を求める記事を載せた韓國の新聞が發賣禁止になつた事を報じてをり、文民統制についてのニューズウィークの執心は頗る強いと言へよう。そして、ニューズウィークの權威に弱い日本の新聞や知識人もまた、文民統制の萬能を信じて疑はぬやうに思はれるから、彼らの迷妄を醒ますためにも、私はここで、文民統制について思ひ切り身も蓋も無い事を言つておからと思ふ。

文民統制とは、要するに、軍人は常に文民の統制に服さねばならぬといふ説である。從つてそれは、文民は常に軍人よりも賢いとの前提に立つてゐる。だが、これほど根據薄弱な前提は無い。愚かな軍人は確かにゐよう。が、愚かな文民も同樣に確かにゐるからである。正直、例へば全斗煥將軍が金大中氏よりも愚かだとは、私にはどうしても思へない。そして偉大な政治家朴正熙氏もかつては軍人だつたのであり、今や誰もが蛇蝎《だかつ》視するヒットラーは文民だつたのである。文民が常に軍人よりも賢いなどと、どうしてそのやうな事が言へようか。文民以上に賢い軍人がゐる。だが、どんなに賢い軍人も、武器を持つてゐるといふ理由だけで、常に文民の後塵を拜さねばならぬのか。それは餘りの理不盡ではないか。

それに、もしも軍人が政治的に中立でなければならぬとすると、軍人とは專ら殺し合ひに精を出すロボットに過ぎぬといふ事にならないか。韓國の軍人にも、日本の自衛隊員にも、確かに選擧權が與へられてゐるが、軍人とは所詮殺し專門のロボットでしかないのなら、そんなものに選擧權を與へるのはこれまた頗るつきの理不盡である。一朝有事の際、その政治的信念にもとづいて行動する事を許されず、常に文民政府の意嚮に從つて行動し、左翼の文民の統制を受ければ右翼を殺し、右翼の文民の統制を受ければ左翼を殺す、さういふ恐るべきロボットに、選擧權なんぞを與へるのは馬鹿げた事である。途方も無い無駄である。

文民統制については以上で充分かと思ふ。以上述べたやうな事を、ニューズウィークも、ニューズウィークの權威を盲信してゐる日韓兩國の知識人も、およそ考へた事が無いのであらう。さういふ知的に怠惰な手合に對して、かういふ事を言ひ添へるのは無駄事かも知れないが、文民統制について以上の如き身も蓋も無い事を言つたからとて、私は「軍人統制」を善しと考へてゐる譯ではないのである。ニューズウィークに限らず、文民統制を金科玉條の如くに考へる手合の知的怠惰を私は嗤つたに過ぎない。民主主義と同樣、文民統制も絶對善ではなく、人事のすべてと同樣、その問題に決定的な解決なんぞありはしない。が、ニューズウィークに限らず知的に怠惰な人間は、解決無き事を解決あるかの如く思ひ込む。アメリカもさうであり、壓倒的な軍事力を笠に着て、自分の信ずる正義こそ解決濟みの絶對正義だと思ひ込む「道徳的絶對主義者」として、ジョージ・ケナンの言ふやうに、「國際問題に對する道徳家的アプローチ」に固執し、「アングロ・サクソン流の個人主義的法律觀念を國際社會に置き換へ、それが國内において個人に適用される通りに、政府間にも適用させようと」躍起になるのである。そして、政治的判斷を善惡の判斷と混同し、自國の規準で他國を裁かうとするこのアメリカの正義病こそ、これまで久しく朴大統領を苦しめ、韓國内の浮薄な反體制派を增長させたのであり、例へば金大中氏は「軍の役割はいかにあるべきか」とのニューズウィークの問ひに、「それは明らかです。軍は中立でなければなりません。軍は人民の意志に從ふべきです」と答へ、また朴大統領の暗殺については、「あれは事故ではない。朴大統領は身近な側近に殺された。が、眞の原因は民主回復を求める人民の願ひです」などと言つてをり、その淺薄は論評の限りでない。が、金大中氏ほどの愚鈍な政治家が日本やアメリカで持てるのは、とどのつまり、金大中氏がアメリカ正義學校の優等生だからに他ならぬ。

けれども、果してアメリカは韓國よりも賢いのか。ここで私は、韓國の國會議長だつた白斗鎭氏から送られて來た、韓國の或る大學教授の論文の一部を引用しようと思ふ。讀者はそれを、私がこれまで引いたニューズウィークの文章と比較して貰ひたい。

しかしながら、自由の亂用は社會的混亂を招來し、放《はう》埓《らつ》で無法な國家を作り出すだけの事である。同樣に正しい政治權力の行使は、國家の建設と社會の進歩に資するところ大であるが、その亂用は壓政と腐敗と獨裁を生むための有害な武器とならう。富の力は人民を幸福にし、國家を繁榮せしむる大いなる手段となりうる。けれどもその亂用は、腐敗、墮落、奢侈を招來し、社會の癌となるのである。正しく運用されるなら、民主主義は人民に自由と平和と幸福とを保證する最上の策だが、その誤用は派閥抗爭と非能率と不經濟を伴ふ衆愚政治をもたらすのである。健全な新聞とマス・メディアは、社會の批判と啓蒙といふ本來の機能を果して大いに社會に貢獻するが、マス・メディアの墮落は、マス・メディアをして富と權力に追隨する從僕、有害無益な詭辯と無駄口の方便たらしめるのである。

言ふまでもなく、この文章の筆者は民主主義の萬能を信じてはゐない。と言つて、例へば私がやつたやうに、民主主義や文民統制を罵つてショック療法を試みるといふ事もやつてゐない。ショック療法を施す餘裕が無いからであり、それはそのまま、韓國のおかれた立場の苦しさを物語つてゐる。私はその苦しさを理解する。が、さういふ辛い立場にあつても、韓國の體制派の知識人は、少なくとも十二日間のソウル滯在中に私が知りえた限りでは、いづれも眞劍勝負を強ひられてゐる者特有の見事な生き方をみせてくれたのである。昭和五十四年十一月三日、長女朋子が急死したため、私は韓國滯在を切り上げ急遽歸國しなければならなかつたが、いづれ再び訪韓し、あの眞劍勝負の國の見事な知識人と存分に語り合ひたいと思つてゐる。彼らのひたむきな生き方は利那的快樂に現を拔かす、その日暮らしの日本ではもはや滅多に見られぬもので、彼らの眞劍から吾々は實に多くの事を學べると、私は信ずるからである。

むしろ日本を苛《いぢ》めるべし

かつてマッカーサーはアメリカ議會の聽聞會で、「アングロサクソンが四十五歳なら、日本人は十二歳である」と言つた。そして日本人は「なるほど敗けたのだから十二歳だ」と思ひ込み、正義病の教師アメリカの教へる民主主義を懸命に學び、卑屈なまでに善い子にならうと努め、押附けられた腰拔け憲法を後生大事に守り通し、かくて今日の道義小國、經濟大國を築き上げたのである。が、朝鮮戰爭を體驗し、今なほ好戰的な北朝鮮と對峙してゐる韓國にさういふ餘裕は無かつた。日本は勇み肌の坊ちやんアメリカとうまく附合ひ、腑拔けになりはしたものの大儲けをしたが、韓國は勇み肌の坊ちやんのむら氣に手古摺《てこず》つて、大いに苦しまねばならなかつた。が、「艱難汝を玉にす」であつて、苦しめられた韓國はアメリカの身勝手と幼稚な正義病を知り盡した筈である。

四年ほど前、英誌エコノミストが、アメリカは「非民主主義的な」同盟國へのコミットメントの是非を絶えず檢討すべきであり、日本といふ「民主主義國」を友邦とする爲に韓國といふ「非民主主義國」をも支持せざるをえぬ事は危險だと書いてゐて、半可通のジョン・ブルが何を言ふかと私は腹を立てた事がある。が、エコノミストは同時に「殆どのアメリカ人にとつて韓國の國民が朴正熙大統領の右翼獨裁體制のもとに生きるか、それとも北鮮の金日成元帥の個人崇拜的共產主義體制のもとに生きるかは、さして重要な事ではないのかも知れぬ」と書いてをり、このエコノミストの推測は當つてゐるのではないかと私は思つた。ニューズウィーク十二月二十四日號は、韓國軍內部における下剋上によつて脅威にさらされるのは、韓國の民主主義ではなくて韓國の生存であると書いてゐるが、ニューズウィークがそれほど韓國の存亡を案じてゐるとは私にはどうしても思へない。エコノミストの言葉を捩《もぢ》つて言へば、ニューズウィークにとつては、韓國がアメリカ民主主義の優等生にならぬのなら、「韓國民が親朴派大統領の右翼獨裁體制のもとで生きるか、それとも金日成の個人崇拜的共產主義體制のもとで生きるかは、さして重要な事ではない」のであらう。そして、「韓國の安全は日本にとつて不可缺だから」韓國を守るのだと、ニューズウィークも考へてゐるに過ぎまい。「朝鮮半島の平和は日本の安全にとつて頗る重要だ」と言つたのは日本の外務大臣だが、これくらゐ韓國にとつて屈辱的な言ひ草は無い。が、アメリカも日本も、その韓國の無念を思ひ遣つた事があるのであらうか。

實際私は、韓國くらゐ割に合はぬ立場の國は無いと思ふ。アメリカが正義病の興奮から醒め、孤立主義に戻り、國益中心の現實主義に徹しようとすれば、眞先に見捨てられるのは韓國であり、またアメリカが正義病を患つてゐる最中は、その抑壓政策を道學者アメリカに批判されつづけねばならない。そして、アメリカの核の傘の下で雨宿りしつつ、自由を謳歌してゐる日本は、捨てられるにしても韓國よりずつと先であり、それまではGNPの一パーセント以下を軍備に割くだけで、せつせと稼ぎ捲れるといふ譯である。なぜ、アメリカはかくも日本に甘く韓國に嚴しいのか。それは、いかに自墮落でも、ふんだんに自由のある民主的な國がアメリカは大好きだからである。チャイルド・ポルノのモデルに使つてくれと自分の娘を賣り込みに來る父親がアメリカにはゐるさうだが、さういふ破廉恥な親がゐても、自由があるのは何よりもよい事だと考へてゐるからである。

だが、この自由を絶對視するアメリカは、獨善的であるばかりか頗るむら氣であつて、孤立主義とメシアニズムとの間を搖れ動く。周知の如く、十九世紀のアメリカは孤立主義を守つてゐたが、二十世紀のアメリカは世界の憲兵として正義のための戰爭を一手に引受ける事となつた。けれどもその際も、助けようとする國におけるアメリカ的ならざるものを忌み嫌ひ、それを改革すべく躍起になつたのである。助けて貰ふ國が、例へば日本のやうに、アメリカの教へをそのまま受け入れればよいのだが、自國の文化を重んじ自尊心を捨てたがらぬ強情な國もあるから、アメリカの對外政策は勢ひ極度のお節介と極度の冷淡を交互に繰り返す事になる。正義漢のアメリカの事ゆゑ、戰爭は常に正義のための戰爭でなければならないが、助けようとする國に不正義を見出せば、正義漢の戰意はとかく萎《な》えてしまふ。

時にアメリカは損得を無視して友邦のために戰ふ。けれども、助けてやる友邦は常にアメリカ的な聖徒でなければならない。今のアメリカは、やはり、不純を徹底的に嫌つて、純粋な「見ゆる聖徒」との交はりだけを求め、ゆゑに分裂に分裂を重ねて孤立した先祖、分離派ピュリタンの氣性を失つてはゐない。植民地時代の分離派ピュリタンの一人、ロジャー・ウィリアムズは「見ゆる聖徒」との交際に徹し、遂に妻以外の誰とも聖餐を共にしないやうになつたといふ。ロジャー・ウィリアムズと同樣、今のアメリカも、韓國が「見ゆる聖徒」でない事に失望し、いづれは韓國を見捨てるやうになるであらう。

そして、かういふアメリカの道德的絕對主義は容易な事では改まらぬ。それゆゑ日本の如く、ぐうたらで愚鈍でも、アメリカの正義たる自由と民主主義に逆らはぬ國には滅法甘いアメリカの「道義外交」が、日本はもとより韓國の淺薄な反朴派を增長させ、それが朴正熙氏を殺したのだなどと、いくら言つてみても所詮は甲斐無い事かも知れぬ。けれども、三百五十萬の讀者を持つニューズウィークの絕大なる影響力を認めるがゆゑに、これまた甲斐無き業かも知れぬが、私はニューズウィークに一つ註文しておきたい事がある。それは、韓國ばかり苛めずに、日本をもつと苛めて貰ひたいといふ事である。

アメリカは昨今、日本の蟲のよい安保只乘りに苛立ち始めたといふ。それは田久保忠衞氏が「カーター外交の本音」（日本工業新聞社）で入念に分析してゐる通りである。田久保氏は書いてゐる。

問題は米國がこれだけ繰り返して日本に（軍備强化を求めるといふ）眞意を知らせてゐるのに對して、日本の反應がまるきり鈍いといふ事實である。それを米側はよく知つてゐる。だから、政策的に米政府がやらうとしてゐるのは、日本に自發的に軍備强化をさせることであらう。日本列島周邊のソ聯の海空軍力の脅威を絕えず日本にPRし、石油の輸送路確保の必要性を强調することによつて、日本の自發的な軍備强化を促さうといふのが米國のハラであらう。

田久保氏の推理を私も肯定する。そして田久保氏の著書は、アメリカの日本に對する苛立ちを詳細に分析してゐるから、私は「カーター外交の本音」をひろく江湖に薦めたいが、ただ一つ、田久保氏が次のやうに書いてゐるくだりは頂けない。

實は、この邊で肝心なことにふれたいのである。韓國駐留米軍撤退論の本當の狙ひは何かである。（中略）ニクソン政權下の外交教書からブラウン國防長官に至るまでの一つ一つの點をつないで一本の線にすれば、米國がいかに強く日本に防衞分擔を要求してゐるかは自づと明らかであらう。しかし、日本はいくら防衞責任を米國から要求しても一向に動かうとしない。これを米國の戰略家たちはよく知つてゐる。だから、國際環境を變へることによつて、日本が自發的に國防を自前でやらねばといふ意識になるのを狙つてゐるのではないかと考へられるのである。

このくだりを讀んだ時、信頼してゐる田久保氏の言だけに私は啞然とした。何の事はない。田久保氏の説は、相も變らぬ他力本願の對米依存である。「日本が自發的に國防を自前でやらねばといふ意識になる」には、アメリカに助けて貰はねばならず、しかも韓國を犧牲にしなければならない、田久保氏はさう主張してゐる事になる。日本が他國に助けられ他國を犧牲にして初めて「國防を自前で」やる氣になつたとして、それを果して日本が「自發的に國防を自前で」やる氣になつたと言へようか。

だが、私はここで田久保氏を批判しようと思つてゐるのではない。人權さへ抑壓されてゐなければ、どんなに自墮落でぐうたらな國でも咎めないアメリカ、或いはニューズウィークの、淺薄かつむら氣の「道義外交」が、田久保氏ほどの頭腦をも鈍らせてゐるといふ事が言ひたいに過ぎぬ。が、「こんな國家に誰がした」などといふ事は言ひたくないから、ニューズウィークに對する註文を繰返しておかう。淺薄な認識にもとづいて韓國を苛めるのは程々にしておいて、ニューズウィークは今後、精々日本を苛めて貰ひたい。エコノミストの言ふやうに、アメリカの對韓政策は「人參と鞭」の使ひ分けであつた。さういふアメリカに手を燒いて、樣々な苦勞をし、韓國はもはや充分に賢くなつてゐる。それゆゑ、韓國は當分そつとしておいて、その代り、ニューズウィークは日本の安保只乘りを激しく批判し、憲法の改正を要求し、軍備の强化を迫る內政干涉的キャンペインを華々しくやつて、日本を存分に苛めてくれまいか。先に訪日したブラウン國防長官は、日本の軍事費をせめてGNPの一パーセントにせよと要求したが、〇・一パーセント豫算を殖やしたところで、自衞隊の士性骨を叩き直せる譯が無い。ニューズウィークを散々に扱《こ》き下した私が、こんな事を賴めた義理ではないが、田久保氏と同樣私も他力本願の佛教徒ゆゑ、ここは一つ、絶大な影響力を持つニューズウィークに頼むしかない、と思ふ譯である。

日本の軍事力の増强は朴大統領が期待してゐた事でもあつた。が、朴正熙氏の場合、それは弛《たゆ》まぬ自主防衞の努力を傾注した上での友邦日本への期待であつた。十二日間のソウル滞在中、私が最も樂しみにしてゐた朴正熙氏との會見は、朴氏の急逝により果たせなかつたが、語り合つた韓國の知識人の殆どすべてから私はさういふ日本への期待を感じ取つた。しかもそれは、所詮空しい期待と知つての期待であつて、維新政友會の申相楚議員などは、別れの握手を交しながらかう言つたのである。「どうか日本は、韓國の迷惑になる事だけはしないで戴きたい」。

大平首相は朴大統領の葬儀に參列しなかつた。日本の新聞は昭和五十四年十月二十七日以後、韓國について暴論愚論の數々を竝べ立てた。日本は韓國の事なんぞつひぞ本氣で考へた事が無い。そして、釜山に赤旗が立たうと、大方の日本人はもとより、自民黨も自衞隊も少しも狼狽しないかも知れぬ。昨今日本人がソ聯の脅威をひしひしと感じ始めたなどと言ふ人もゐるが、私はそんな事は信じない。先に栗栖統幕議長が解任された際、自衞隊の幹部は誰一人追腹を切らなかつたし、久保田圓次氏の如き人物にも、短時日とはいへ、防衞廳長官が勤まつたのである。それに何より、ソ聯の脅威を說く論文を讀んでゐて、私が常に疑はしく思ふのは、筆者が果して日本國憲法前文を承知して書いてゐるのかといふ點である。日本國憲法には吾國は「平和を愛する諸國民の公正と信義に信頼」して「陸海空軍その他の戰力はこれを保持しない」と書いてある。それなら、ソ聯も「平和を愛する諸國民」であつて、北方領土を返さうとしないのも、アフガンに攻め込んだのも「公正と信義」ゆゑの行爲であり、ソ聯を憎んだり嫌つたりするのは、平和憲法の精神に反する行爲ではないか。

底拔けに明るく、甘く、かつ卑屈な憲法を吾々は持つてゐる。さういふ腰拔け憲法を改正せぬ限り、日本は軍隊を持てず、海外派兵も徵兵もやれはしない。日本がいづれ憲法改正に踏切るとして、それは一體何十年先の事なのか。私は時々朴正熙氏の寫眞を取り出して眺め、「五年か七年たつたら、日本と韓國は安全保障條約が結べる時が來る」と福田恆存氏に言つた時の朴氏の眞劍な顏つきを想像し、「日本は閣下の御期待には應へられまい」と福田氏に言はれ、沈鬱な表情で默り込んだ時の朴正熙氏の心中を思ひ遣り、日本もアメリカも韓國より賢くはない、賢い筈があるものかと、さう呟きながらこのニューズウィークを叩く文章を綴つて來た。「蜀犬、日に吠ゆ」。筆を擱くに當り、朴正熙氏の冥福を祈る。

（昭和五十五年四月）

全斗煥將軍の事など

軍人獨裁者か

本年（昭和五十五年）五月十八日午前零時、韓國には全國非常戒嚴令が布かれ、戒嚴司令部は金大中氏を「學生や勞働者の騷動を背後から操つた容疑者」として、また金鍾泌民主共和黨總裁を「不正蓄財容疑者」として連行し、一切の政治活動を禁止したが、それを第一面に報じて朝日新聞は「事實上の軍政移行、全司令官が前面に」との見出しをつけた。「全司令官」とはもとより、國軍保安司令官兼中央情報部長代理・全斗煥中將の事である。五月十九日附のサンケイ新聞に、星野伊佑特派員が「全國非常戒嚴令の主役、全斗煥中將のプロフィル」を紹介してゐる。その一部を引かう。

昨年十二月十二日の〝肅軍クーデター〟いらい、軍の實權を握つた陸軍中將、全斗煥國軍保安司令官はさる四月、中央情報部の部長代理に任命され、それまでの戒嚴行政の裏方から一躍表舞臺にをどり出、脚光を浴びたが、こんどの非常戒嚴令全國擴大といふ强硬策でも主役を演じたことは間違ひない。

昨年十二月十二日、全斗煥將軍は、つとに朴大統領暗殺事件關與を疑はれてゐた當時の戒嚴司令官鄭昇和大將を逮捕したが、これは性急な「民主回復」に强力な齒止めをかけ、朴正熙大統領が十八年を要してなほ成就し得なかつた難事業を、大統領殺害といふ不法行爲によつて成就し得ると思ひ込んだ一部の淺薄な韓國の政治家や知識人を震へ上がらせたのである。

例へば、これは維新政友會の申相楚議員から聞いた話だが、昨年十二月十一日附の韓國の或る新聞に、「民主回復」こそ焦眉の急であるといつたやうな綺麗事を七十歳の知識人が書いたといふ。ところが翌日、彼は鄭昇和逮捕の報に接して仰天、申相楚氏に電話をかけて來て、「あんな事書いてしまつて大丈夫だらうか」と震へ聲で言つたといふ。申相楚氏はかう答へた、「あなたはもう七十歳、棺桶に片足を突込んでゐる。いまさら當世風に振舞ふ事はない。今後はもう何も言はずにゐる事だ」。

けれども、喉元過ぎれば熱さを忘れるのが人情で、一時は意氣鎖沈した「民主回復」派も、去る五月一日、日米首腦會談の席上でのカーター大統領による全斗煥批判に勇氣づけられてか、幼稚な正義病を患ふ手合を煽動し、學生たちは全斗煥將軍に見立てた藁人形を「火刑に處し」、金大中氏は公然と申鉉碻首相及び全斗煥將軍の辭任を要求、かくて今日の事態を招くに至つたのである。五月十九日附の朝日新聞はかう書いてゐる。

十八日に出された非常戒嚴令の全土への擴大を機に、全斗煥中央情報部（ＫＣＩＡ）部長代理兼國軍保安司令官が韓國政治の實權をにぎることになつた。與黨の民主共和黨總裁で、元首相の金鍾泌氏らを連行、國會の活動は停止といふ、豫想をはるかに超える强い姿勢で權力の座についた全氏だが、ソウルから傳はる情報では、その周圍は韓國陸軍士官學校十一期生の若手將軍たちが固め、先輩の國軍幹部らは手出しもできぬ狀況にあると傳へられる。

かういふ新聞報道にばかり接する大方の日本人は、「強い姿勢で權力の座に」つき、「先輩の國軍幹部」も手が出せぬ全斗煥將軍の事を、冷酷無殘、泣く子も默る「軍人獨裁者」の如くに思つてゐよう。そして、さういふ先入主が日本人の韓國に對する反感や無關心を助長する事になる。けれども、私は全斗煥將軍に會ひ、その人柄に惚れ込んだのだが、將軍は頭腦明晰にして誠實、何とも魅力的な男だつたのである。實は私は金鍾泌氏にも會つた。會つて失望した。いや、正確に言へば、會ふ前から失望してゐた。金鍾泌氏が連行された今、安心してこれを言ふのではない。私は韓國でも金氏を批判したのであり、その事については證人もゐる。全斗煥將軍もその一人である。金氏についてはいづれ觸れるが、とまれ、私は將軍にぞつこん惚れ込んだのであつて、何はさて措き、それを讀者に傳へたいと思ふ。

私が先般、韓國を訪れようと思立つたのは、取分け全斗煥將軍に會ひたかつたからであつた。「VOICE」昭和五十五年四月號に私は、鄭昇和戒嚴司令官を逮捕した全斗煥將軍を辯護する一文を寄せたのだが、書き終つてからの私は、將軍に會つてみたいと頻りに思ふやうになつた。辯護した當の相手の人柄を直接確かめてみたくなつた。そこで私は、先方の迷惑も考へず、維新政友會の中相楚議員に「VOICE」を送り、全斗煥將軍に會へるやう取り計らつて貰ひたいと賴み込んだのである。將軍に直接手紙を書かうとさへ思つたが、將軍が日本語を讀めるかどうか、それが解らない。それに立場上全斗煥司令官が外國人になど會ふ筈は無いと、友人は口を揃へてさう言つた。たまたま訪日した維新政友會の趙一濟議員も「將軍は外國人はもとより、韓國のジャーナリストにも會つてゐない。無用の誤解を避けるためだ。まづ會ふのは難しいだらう」と言つたのである。

だが、たとへ全斗煥將軍には會へずとも、敬愛する中相楚氏には確實に會へる。中相楚といふ名前を知つてゐる日本人は少いだらうが、昨年十月訪韓した際、私が最も魅せられた政治家が中相楚氏であり、彼と再會できる以上、全斗煥將軍に會へなくても構はぬ、私はさう思ひ、大韓航空七〇三便で成田を發つたのである。

けれども、ソウルに着いて、昨年十二月十二日全斗煥將軍が發揮した勇猛心の意義を改めて考へると、身命を賭して信念を貫いた勇將に一目會つてみたいといふ思ひは募る一方であつた。しかも私は、將軍が「ＶＯＩＣＥ」四月號の拙文を讀んだといふ事實を知つたのである。となれば、なほの事、斷念する譯にはゆかぬ。申相楚氏を口說き、たうとう私は念願を果したのであつた。

素顏の全斗煥將軍

ソウル市光化門の國軍保安司令部に全斗煥司令官を訪ねたのは四月二日の午後であつた。「富國强兵」と認《したた》めた朴正煕大統領の書を壁面に懸けた司令官室に請じ入れられた時、私がまづ見たのは、にこやかな表情の全斗煥將軍で、それはまさしく新聞やテレビで見知つてゐる將軍に違ひ無いのだが、滿面に笑みを湛へた將軍は、まるで別人であるかのやうに思はれた。

將軍は日本語を話さなかつた。背廣の青年が通譯を勤めたのだが、私はまづその通譯の顏を見て驚いた。色白の、利發さうな美青年だつたが、美青年だから驚いたのではない。「私が通譯を勤めさせて頂きます」と彼が言つた時、緊張のあまりその聲がうはずつてゐたからである。私は大學の教師だが、これほど緊張し切つた青年をつひぞ見た事が無い。私は思つた、この青年の緊張ぶりはまことに美しい、が、今の日本に、青年をこれほどまでに緊張させる大人がゐるだらうかと。私はかつて新聞で、大平首相と小學生の遣り取りを讀み、頗る不愉快になつた事がある。一人の小學生が大平首相に「大平さんは自分の顏をどう思ひますか」と聞いたといふ。言語道斷である。それに首相が何と答へたかは覺えてゐない。が、首相が小學生を叱らなかつた事だけは確かである。

通譯は緊張してはゐたものの一所懸命であつた。私は生來の早口であり、しかも、世間話は得手ではない。かてて加へて、同席してゐる申相楚氏は日本語を自國語のやうに話せる。後で知つたが、全斗煥氏も私の話の七割くらゐは理解できたといふ。さぞ通譯はやり難かつたであらう。私が長々と一氣に喋る事を、彼はメモに書き留めねばならぬ。そのペンを持つ手がかすかに震へてゐる。少々可哀想だつたが、私はゆつくり喋らうとはしなかつた。「艱難汝を玉にす」るのであつて、大人の思ひ遣りは卻つて若者を弛緩させるに過ぎない。

型通りの挨拶を濟ませると私は、昨年十二月十二日の戒嚴司令官逮捕の經緯を新聞で讀み、將軍の機略と膽力に感心したと言つた。すると將軍が答へた、「いやいや、あれは言つてみれば巡査が泥棒を捕へたやうなもの、私はただ職務に忠實に振舞つたに過ぎない」。

私は「さうは思はない」と言ひ、さう思はない理由を憑かれたやうに喋つた。立場上、將軍としては到底答へられまいと思はれるやうな事まで喋つた。私もいささか緊張してゐたし、また行き掛り上、それしか喋りやうがなかつた。だが、その頃から、保安司令部の若き通譯は次第に能力の限界を露呈し始めたらしい。私の鄰に腰掛けてゐた申相楚氏が、「將軍の仰有つた事はですな……」と、通譯の手助けをやり始めたのである。私は申氏の協力を得、言ひたい事を言ひたいだけ喋つた。まるで將軍に喋らせる事を恐れてでもゐるかのやうに、最初のうちは一方的に喋り捲つた。

申相楚氏は韓國の政治家である。だが、私は申氏を政治家らしからぬ政治家として尊敬してゐる。それゆゑ私は、韓國の政治家についても忌憚の無い感想を述べた。立派な政治家にも私は出會つたが、韓國の新聞や週刊誌が報じてゐる三人の大統領候補者金鍾泌、金泳三、金大中氏の言動を知り、またぐうたらな政治家や知識人にも會つて、この危急存亡の時、學生や民衆に迎合し、票集めに汲々たるていたらくは何事かと、私は驚き、呆れ、かつ寒心に耐へなかつたのである。このていたらくで、軍までが腰砕けとなれば、韓國は亡國の憂き目を見るであらう、が、それを韓國軍が坐視する譯が無い、私はさう言つた。すると、全斗煥將軍は深く頷き、かう言つたのである、「なるほど、仰有るとほり、政治家や知識人はぐらついてゐる、が、韓國軍はしつかりしてゐます、その點だけはなにとぞ御安心願ひたい」。

それだけ聞けば充分であつた。私は將軍の率直に驚いた。それゆゑ歸國後金鍾泌氏連行のニュースに接しても、私は少しも驚かなかつたのである。やがてやや寛《くつろ》いで私は、司令官の寫眞を撮らせて貰へないか、また自分は軍事にかけてはずぶの素人であり、軍事機密を見せられたところで、機密の機密たるゆゑんも理解できまいが、是非とも眞劍勝負の韓國軍を見學したいのだが、と言つた。

將軍はインターフォンで寫眞撮影の手配を命じてからかう答へた、「韓國軍見學の件については考慮します」。通譯の言葉を聞いて私が咄嗟に思つたのは、「考慮します」とは誤譯ではないか、といふ事であつた。日本の政治家の常套語「前向きに検討します」などといふ類のせりふを、全斗煥ともあらう男が口にする筈は無い。果して、ややあつてその點は明確になつた。將軍がかう言つたからである、「ここは保安司令部で、背廣を着た男もゐます。が、ここでなく最前線を御覽になれば、きつと松原さんもびつくりなさると思ふ」。つまり、將軍が「考慮する」と言つたのは、どこの部隊を見せようかと、それを「考慮する」といふ意味だつたのである。

やがて寫眞技師がやつて來て、歡談中の吾々を撮影した。が、それで御仕舞になりさうな氣配だつたので私は思ひ切つて言つた、「私と司令官と、二人で一緒に撮りたいと思ひますが……」。

全斗煥將軍は頷き、私の手を取つて立上がつた。「國軍保安司令官陸軍中將全斗煥」と記した大きな机を背にして二人が立つた時、中相楚氏が笑つて言つた、「これが日本の新聞に出たら大變、大變……」。私は言つた、「祕密、祕密……」。すると將軍も笑つて言つた、「祕密、祕密……」。それは將軍が最初に口にした日本語であつた。

私には「祕密、祕密」と言つただけだが、この時くらゐ日本と韓國のずれを痛切に感じた事は無い。日本の新聞記者は全斗煥といふ名前も碌に知りはすまい、私はさう思つた。實際、これは歸國後家内に聞いた事だが、去る四月十四日、全斗煥氏が中央情報部の部長代理に任命された事を傳へた或る日本のニュースキャスターは、終始「金斗煥將軍」と呼んでゐたといふ。それを嗤つた愚妻にしても、亭主の口から全斗煥といふ名前を再三聞かされてゐて、いはば耳に胼胝《たこ》ができてゐた、それだけの事に過ぎない。

寫眞撮影が濟んで再び腰を下した時、將軍は私を晩餐に招待したいと言ひ、私はまことに忝《かたじけな》いと答へ、やがて吾々は辭去したのだが、將軍と會つて私が最も感銘を受け、かつ大いに安心したのは、彼の頭腦の明晰といふ點であつた。例へば、これを書く事を私は少々ためらはざるをえないのだが、實は將軍に會ふ前日、私は或る政治家から將軍宛の手紙を託されたのである。彼は私だけを書齋に通してから言つた、「あす全斗煥將軍にお會ひになるさうだが、將軍は立派な男です、私が紹介狀を書きませう」。

咄嗟に私は、これは私を利用して將軍に胡麻を擂らうとの魂膽ではないか、と思つた。私がいかに將軍に會ひたがつてゐたかは既に書いたとほりだが、中相楚氏に賴み込んで會へる事になつた以上、紹介狀などまつたく不必要なので、それをこの男が知らぬ筈は無い。が、私は「それは忝い」とだけ答へた。さう答へるしかなかつた。彼はハングルで紹介狀を書き、封筒に「全斗煥仁兄」と書いた。その紹介狀を私は、將軍と語り始めてからややあつて內隱しから取出し、「實はかういふ紹介狀を頂戴したのですが……」と言ひつつ、差出したのである。何と頭のよい男かと私が感心したのはその時であつた。將軍は一瞬頗る嚴しい表情になり、受取つた封筒を裏返し、差出人の名前を見、封筒の中身を取出さうともせず、それをそのまま脇手のテーブルの上に置き、再び何事も無かつたかの如く語り始めたのである。

「知的怠惰は道義的怠惰」だと、私はこれまでに何囘か書いた事がある。全斗煥將軍に會ひ、申相楚氏と深附合をして、私はそれを確認した。申氏は金大中、金泳三兩氏について「頭の惡い人間の發想は、賢い人間の想像を絕する」と評したが、さういふ愚鈍な手合に、昨年十二月十二日、全斗煥將軍が示したやうな膽力と搖がぬ節操は到底期待できないであらう。

眞の自由とは

だが、頭腦明晰と搖がぬ節操はもとより軍人だけの特色ではない。それゆゑ私はここで、韓國のあつぱれな文民についても語らねばならぬ。十九日間の韓國滯在中、私は申相楚氏と殆ど毎日のやうに會ひ、朝鮮日報前主筆の鮮于煇氏と三人で、扶餘、群山まで彌次喜多道中をやつた。ここでその樂しい思ひ出をつぶさに語る紙數は無いが、ともあれ、申氏も鮮于氏も頗る頭のよい男であつた。そして當然の事ながら、志操堅固の人であつた。それればかりではない、日本について、韓國について、齒に衣着せず物申す兩氏の自由闊達はまことに見事であつた。あの二人を眺めてゐると、日本よりもむしろ韓國のはうにこそ言論の自由があるのではないか、とさへ思はれたのである。アメリカや日本や韓國の政治家を私は糞味噌に言ふ事があつたが、さういふ時も、申氏と鮮于氏の喋りやうはまつたく自由であつた。およそ右顧左眄する事が無く、それゆゑ二人は自由なのである。

鮮于氏は朝鮮日報のコラムに「金載圭は犬畜生よりも劣る。犬だつてあのやうな事はしない」と書いたといふ。右にも左にもよい顏をしたがる韓國の大統領候補も、平和憲法は改正さるべきだと內心思ひつつも、國內國外の情勢を氣にしてそれを言ひ出せぬ日本の政治家も、右顧左眄するがゆゑに自由ではない。友人から聞いた話だが、日本社會黨の或る代議士は、「非武裝中立」なんぞ荒唐無稽と承知してはゐるが、なにせそれが社會黨の表看板、どう仕樣も無いのだと告白したといふ。この代議士も、要するに、黨の建前に縛られて本音が吐けぬ、つまり自由でない譯である。

もとより韓國にもさういふ手合は多い。鮮于氏から聞いた話だが、或る著名な大學教授が「維新憲法は四月頃までに改正しなければならない。さもないと學生がをさまらぬ」と言つたといふ。そこで鮮于氏が「あなた自身どう思つてゐるのか」と尋ねると、教授は「自分としては改正の要無しと考へるが、それでは學生が承知しない」と答へたさうである。日本の大學にも、學生に迎合して學生に束縛されるこの種の腑拔けが多い事は、私自身がよく知つてゐる。

とまれ、申氏も鮮于氏も頗る自由闊達であつた。二人が日本を腐すと私が笑ひ、私が韓國を腐すと二人が笑つた。が、眞劍に論ずべき時は、三人とも頗る眞面目になつたのである。例へば、扶餘へ向ふ車中で申氏が言つた、「松原さんはずいぶん自衞隊の惡口を仰有るが、自衞隊にも頭のよい侍がをりますぞ」。申氏はかつて日本を訪れ、自衞隊を見學した際、ブリーフィング役の將校が申氏にから言つたのださうだ、「ええ、日本の自衞隊は男なのか、女なのか、それが解りません。日本の軍隊か、アメリカの軍隊か、それも判然としない。要するに妾のやうなものでありますから、いかが致しませう、ブリーフィングなんぞは止めにして、早速一杯やるに如くは無いと存じますが……」。なるほど見事な將校である。相手が韓國有數の飮兵衞と看破つての應對ならなほの事見事である。が、その申氏の話を聞き終ると、鮮于氏が大層眞劍な表情で言つた、「しかし、申さん、そんな妾の軍隊にゐて、誇りだの生甲斐だのは一體どうなるんだ、え?」

鮮于氏と申氏はともに一九二二年生れ、同鄕の、竹馬の友である。鮮于氏は著名な小説家で、小説家だけあつて大層話上手で、彼の冗談に私は車中で何回となく腹の皮を縒《よ》つた。が、すでに述べたやうに、申氏にせよ鮮于氏にせよ、時に頗る眞劍になる。私は鮮于氏が「子供に土產を買つて歸る時なんぞ、ふと思ひますよ、この國はこの先どうなるか、今のうちにうまい物を食はせておいてやらう、つてね」と言つた時のしんみりした口調を忘れる事ができない。これまた飲兵衞の鮮于氏の事だから、「子供に土產を買つて歸る」のは、大方、飮み過ぎを反省しての事だらうが、それだけでは決してない。太平樂を享受してゐる日本の飮兵衞が、「この國はこの先どうなるか」などと、さういふ事を考へる筈は斷じて無いであらう。

申相楚氏にしても、普段はにこやかだが、時に頗る眞劍な表情になる。申氏は若い頃まづ日本軍から、ついで八路軍から、三度目は北朝鮮軍から脫走した體驗の持主なのだが、三月三十日、申氏の案內で「自由の橋」まで行つた時、これまで三度脫走した申氏が、四度目の脫走を敢行せねばならぬやうな事態だけはどうしても避けねばならぬ、と私が言つたところ、彼は急に嚴しい表情になり、かう答へたのである、「いや、もう逃げようとは思ひません。年が年だから兵隊にはなれないが、今度北が攻めて來たら、手榴彈で一人でも敵を殺して死ねれば、それで本望だと思つてをります」。

この二人の飮兵衞を時に頗る眞劍にならせるもの、それが韓國にあつて日本に無いものなのである。そして、頭がよくて、つまり知的に怠惰でなくて、それで眞劍勝負を强ひられると、人間は道義的にも見事に振舞ふのだといふ事を、私は今回韓國で確かめた。道義的に振舞ふと言つても、それは道學先生振るといふ事ではない。自由奔放に振舞つてゐるかに見えながら、どこかで節を折らうとはしないといふ事である。申氏は髮はぼさぼさで、風采を構はず、濃紺の背廣の胸のポケットに、黃色い大きな女物の櫛を突込んで平氣でゐるやうな男だが、朴大統領の思ひ出を語る時の語調には、節を折らぬ人間特有の眞情が溢れてゐた。或る時、申氏に朴正熙氏は「君のやうに權力を授けようとすると斷る人間がゐるものかね」と言つたといふ。また、禁煙中の朴正熙氏に會つた時、煙草を吸ひたくて申氏がもぢもぢしてゐると、朴大統領が言つたといふ、「申議員、もぢもぢしてゐるのは、要するに煙草が吸ひたいのではないか」。「お察しのとほり」と申氏が答へると、朴氏は言つた、「よし、では一緖に煙草を吸ふ事にしよう」。

かういふ思ひ出を語る時、申氏は眼を細め、懷しくてたまらぬといふ風情だつたが、朴正熙氏の孤獨について語る時、申氏は何とも悲しげになるのであつた。或る時、朴氏が尋ねた、「申議員、君は今でも李承晩の惡口を言つてゐるのかね」。「言つてをります」。すると朴氏は言つた、「さうか、私はもう言はない。大統領といふ地位が惡黨に利用されがちなものなのだ。私はもう李承晩の悪口は言はない」。

だが、殺される十日程前、朴大統領は與黨議員のパーティーに出席し、退席する際、竝んで見送る議員達と握手をしたが、申氏の前まで來ると、申氏の耳元に口を近づけ、「近頃、なぜ酒を飲みに來ないのかね」と尋ねたさうである。晩年の大統領は、茶坊主どもが巧妙に張り回らした「人のカーテン」によつて外部から遮斷されてゐた。「知りて言はざるは不忠」といふ事を重々承知してゐた申氏も、まさか「人のカーテンゆゑに」とも言へず、「昨今、酒を愼んでをります」と答へたが、朴大統領は「をかしいな」とでも言ひたげに、申氏をじつと見詰めたといふ。「それが私の見た最後の大統領でした」と悲しげに申氏は言つた。

これを要するに、「大統領といふ地位が惡黨に利用されがちなもの」だといふ事をよく承知してゐた頭腦明晰なる朴正熙氏も、いつの間にかおのれの周圍に張られたカーテンには氣づかなかつた、といふ事なのかも知れぬ。が、それを神ならぬ身の吾々がどうして輕々に批判できようか。昔、韓國の或る代議士は、代議士のでたらめに腹を立て、「代議士なんぞ、皆、白手《ぺくす》乾達《こんだる》だ！」と、自分が代議士である事も忘れ、國會で叫んださうである。「白手乾達」とは、ゆすりたかりで生計を立ててゐるならず者、といふほどの意味らしい。實際、今回私は韓國の右顧左眄する政治家には失望したが、一方、事大主義やローカリズムを脱しえないさういふ「白手乾達」をも持駒にせざるをえなかつた朴正熙氏はさぞ大變だつたらうと、私は朴氏に同情を禁じえなかつた。

見事な軍人たち

ところで、ここで私は、朴正熙氏の死後、右顧左眄する事の無かつた韓國の軍人について語らうと思ふ。申相楚氏を通じて國軍保安司令部から、四月八日は丸一日韓國軍のために割いて貰ひたいとの聯絡があつたのである。朝から夕方まで韓國軍を見學し、夜は全斗煥將軍と晩餐を共にするのだといふ。そして私は、八日午前九時半、申氏の車でホテルを出發、途中から韓國軍のジープに先導され、十時きつかりに特戰隊司令部に到着、鄭鎬溶司令官の出迎へを受け、申氏の通譯で、私は鄭少將としばし懇談した。ごく短い時間だつたが、少將の率直な人柄と軍人とは思へぬ柔和な表情を私はよく覺えてゐる。鄭少將は福田恆存氏の

「孤獨の人、朴正煕」を讀んで大變感動した、と言つた。また、自分は銃を何時間持つてゐても疲れないが、ペンのはうは十分間持つてゐても疲れる、と笑ひながら言つた。が、それを言ふ少將に、申氏や私に對する阿諛は微塵も感じられなかつた。何ともすがすがしい武人であつた。

やがて私は外へ出て、閱兵臺に司令官と竝んで立ち、パラシュートの降下訓練を見學した。副官の説明によれば、私に見せてくれたのは心理的に最も恐怖を感ずる高度からの降下だといふ。長方形のまだ開かないパラシュートが空を舞つてゐる。降下地點からずいぶん外れてゐて、あれで目標に無事降りられるのかと、ずぶの素人は心配する。が、それは取越し苦勞で、ややあつて見事に降下した兵隊が整列、私はその一人一人と握手し、私が知つてゐる殆ど唯一の韓國語「カムサハムニダ（有難う）」を連發した。

だが、この後「ブラック・ベレー」と呼ばれてゐる勇猛果敢の特戰隊で何を見學したかについては、殘念ながら端折らねばならない。次に訪れた第一師團についても語らなければならないからである。ただ、これだけは書いておかう。實彈射撃をふくむ特戰隊の訓練のすさまじさに私は舌を捲いた。さすがは一騎當千のブラック・ベレーだと、私は大いに感服したのである。

さて、次に訪れた第一師團だが、これは韓國の最前線を守つてゐる。師團長は崔連植少將で、これまた鄭鎬溶少將と同樣、知的で、柔和な表情の、けれども大層肚の坐つた軍人であつた。師團長と共に、北朝鮮の掘つたトンネルをそのどん底まで降りて行き、師團長の熱心な説明を受け、記念撮影をやり、歸りは私が先頭で、師團長がその後につづいた。歸りはもとより昇り坂である。途中に二三箇所休憩所があつて軍醫が待機してをり、酸素マスクが用意されてあつた。かつて心臟痲痺で倒れた見學者があつたのださうで、無理をせずゆつくり歩いたはうがよいと師團長が頻りに忠告した。が、途中でへたばつては日本男子の名折れだと、私は一度も休まずに、けれども殆どよろけんばかりになつてトンネルを出た。

私は體重四十五キロ、しかも平生運動なるものはやつた事が無い。けれども、その非力の私が頑張つたのは、眞劍勝負の軍人の眞摯に魅了されたからに他ならない。昨年十月二十六日、朴大統領が暗殺され、ついで北朝鮮の兵力動員が傳へられた時、崔連植師團長は將兵の家族をソウルへ疎開させ、將校を集めてから訓示したといふ、「北が攻めて來たら、わが師團はこれを粉碎する。軍人は戰場で死なねばならぬ、それが軍人の最高の名譽である」。

それを崔少將はいささかの力みも無く淡々と語つた。それはトンネルの中で、守備をしてゐる兵隊の肩を叩いて無言で激勵する動作と同樣、まつたく自然であつた。私はいたく感動した。まさに全斗煥將軍の言つたとほりであつた。特戰隊で、第一師團で、淡々と身命を賭して戰ふ覺悟を口にする武人を、私は目の邊りに見たのである。

歸國後、私は崔連植少將から寫眞同封の手紙を受取つた。少將はまこと流暢に英語を喋つたのだから、これを私は敢へて書くが、それは流麗な日本語では決してなかつた。が、それは友情と誠意の籠つた手紙で、引用できぬ事が殘念でならない。その手紙を何度も繰返し讀んで、私は呟いた、「さうなのだ、この男のためなら死んでもいいと、本氣でさう思はせるやうな人間が、やはりこの世にはゐるのだ」と。朴正熙氏がさうだつた。そして、全斗煥將軍も二人の少將もさうである。そしてそれは軍人に限らない。申相楚氏にしてもさうなのである。鮮于氏の話では、申氏は犬の肉が好物だといふ。私は、申氏のためなら死んでもよいとまでは思はぬが、申氏と共に犬の肉ぐらゐは食つてもよいと思つた事はある。もつとも、思つただけで、それを言ひ出す勇氣は無かつたが。

全將軍と夕食の席で

ソウルへ戻る吾々を、非武裝地帶のはづれまで、崔少將はジープで送つてくれた。そこで吾々は申相楚氏の車に乘換へ、その晚七時、とある韓式料亭に着くと、三つ揃を着こなした全斗煥將軍が待つてゐた。妓生が侍《はべ》つて酒盛りが始まると、特戰隊と第一師團はどうだつたかと將軍が尋ね、私は「何とも見事だつた」と答へた。ついで、どういふ經緯でそんな話になつたのかよく覺えてゐないのだが、全斗煥氏が私に、自分にはいささか觀相學の心得があるのだが、どうも松原教授は自分より先に死ぬやうに思ふと、言つたのである。私が全氏の照り輝く禿頭を見ながら、「さうとは限りますまい。失禮ながらその禿げ具合、鐵兜の被り過ぎのせゐだけではありますまい」と言ふと、全氏は笑つて「この禿頭ゆゑに自分は女性に持てないのだ」と言ふ。なるほど、歸國後、出來上つて來た寫眞を調べてみると、全氏の脇に侍つた妓生はまつたく全氏と接觸してゐない。どの寫眞にも寛いだ全氏と鯱張《しやつちよこば》つた妓生が寫つてゐた。

だが、やがてアコーディオンと打樂器の伴奏でダンスが始まると、全氏は妓生と手を組み、何とも嫋《たを》やかに踊り始めた。ウキスキーをストレートでぐい飲みしていささかも亂れぬ將軍と異なり、私はかなり醉つてゐたが、立上つて全氏に近寄り、妓生を引剝し、全氏と二人で踊り始めた。とはいへ私にはダンスが全然できない。時々相手の足を踏附けながら太く逞しい全氏の首つ玉にぶら下つてゐただけである。が、さうして抱き合つてゐる時、私は全氏に囁いた、「司令官、朴大統領は可哀想ですね」。すると全氏は日本語で「可哀想ですね」と答へ、私を激しく抱き締めたのだつた。

また、ダンスの後だつたか、それとも先だつたか、これもよく覺えてゐないのだが、韓國きつての女性歌手だといふ美女が歌ひ、ついで皆が一曲づつ歌ふ事になつた。全斗煥氏も背廣の副官も申相楚氏も私も歌つた。申氏はまづ韓國の歌を、ついで「荒城の月」を、瀧廉太郎が聽いたら腰を拔かすやうなすさまじい節回しで、それでも歌詞だけは正確に歌つた。次に、背廣を脫いでチョッキだけになつた全氏が歌つたが、全氏は國軍保安司令部で「軍はしつかりしてゐるから御安心願ひたい」と言つた。だが、私は思つた、たとへ軍だけがいかにしつかりしてゐても、右顧左眄する「白手乾達」や、保身しか念頭に無い官僚、大學教授や、若者に迎合しかつ煽動する無責任な政治家が、良識ある人々を壓倒し、時の花をかざしてのさばつてゐるかに見える今日、軍人だけがしつかりしてゐるだけで、韓國はこの未曾有の危機を乘越えられるであらうか。

全斗煥氏に醜い政治的野心は無い。「其の位に素して行ひ、其の外を願はず」、それが彼の本心であらう。軍事クーデターをやりさへすれば萬事うまくゆくなどと考へるほど、彼は愚かな男ではない。だが、愚かな政治家や知識人や學生が、「民主回復」だの「政治發展」だのと、何の事やら自身もよく解らぬ美辭麗句のお題目を唱へるばかりで今後も馬鹿踊りを踊りつづける積りなら、一體全體韓國といふ國は、「どこまで續く泥濘《ぬかるみ》」なのか。韓國軍をして「政治的中立」を守らせるためには、すなはち「其の位に素して行」はしむるためには、せめて軍人と對等の頭腦と必死の覺悟が文民にも必要ではないか。

「ざつくばらん」本年五月一日號に、奈須田敬氏は、アーサー・ブライアントの「參謀總長の日記」の讀後感として、「眞の軍人こそ眞の政治家を理解しうるし、また眞の政治家こそ眞の軍人を理解しうる」と書いてゐる。さういふものだと思ふ。が、日本におけると同樣、今の韓國にも、さういふ「眞の政治家」が多いとは、私にはどうしても思へなかつたのである。例へば日本で不當なまでに英雄視されてゐる金大中氏の愚鈍について、日本の新聞は眞實ありのままを報じてゐないが、私は今回、金大中氏の頭腦の粗雜には呆れ返つた。公民權回復後、金大中氏は何とかう放言したのである、「皆さん、私はクリストの弟なのであります」。

作り話ではない。それを日本の新聞が報じなかつたのは、「知らせる義務」を怠つたのは、さすがにこれは酷すぎると思つたからに他ならぬ。金大中氏に對する日本人の信頼が一擧に失はれると、それを恐れたからに他ならぬ。

韓國への苦言

政治家の愚鈍と淺薄は金鍾泌、金泳三及び金大中氏に限らない。保安司令部で全斗煥將軍に會つて後、私は韓國の政治家から「全將軍は政治についてどう考へてゐるか」と何回か尋ねられた。私はそれを訊かれる度にむかむかした。「そんなに知りたければ、直接將軍に聞いたらいいでせう」と突撥ねた事もある。昨年十二月十二日、剃刀の刃を渡つた全斗煥氏や、死ぬる覺悟を淡々と語つた軍人に較べて、私は今回、與野黨を問はぬ韓國の文民の腑甲斐無さに苛立つ事が屢々であつた。その癖、彼等は軍を恐れてゐる。北朝鮮軍をではない、韓國軍を恐れてゐる。が、文民に身命を賭す覺悟があるのなら、なぜ軍を恐れねばならないか。さらにまた、彼等はアメリカを恐れてゐる。だが、韓國は立派な獨立國である。ユーゴにはユーゴの社會主義がある、と言切つたチトー大統領の傳に倣ひ、「韓國には韓國の民主主義がある」とて、韓國人が一致團結アメリカの內政干渉を突撥ねれば、アメリカといへども容易に手出しはできない筈である。

私は韓國が好きである。好きだからこそ苦言も呈したくなる。そして私が韓國を愛するのは、例へば申相楚氏のやうな、韓國にしかゐない友人の運命に無關心たりえないからである。それゆゑ、これを私は所謂「維新殘黨」に言ひたい。ルソーが言つてゐるやうに、眞の自由は野蠻人だけの特權なのである。韓國は野蠻人の吹き溜りではあるまい。それなら、文明國としての抑壓は必要惡であり、必要以上に必要惡に怯えるのは知的怠惰に他ならぬ。「維新殘黨」は朴體制による抑壓を疚《やま》しく思ひ、若造の唱へる「民主主義」だの「言論の自由」だのに幻惑され、言ひたい事も言へずにゐるのか。奇怪千萬である。これを言ふのは大層心苦しいが、敢へて言はう、朴體制の抑壓政策を、今、多少なりとも疚しく思つてゐる人々は、この際、とくと考へて貰ひたい、あなた方は非凡なる朴正熙氏の抑壓あつてこそ、これまで國家の安泰を維持しえたのではなかつたか。

もとより韓國には浮薄な民主化熱を内心苦々しく思つてゐる人々もゐる。だが、自ら惡役は引受けたがらず、軍が惡役を引受けてくれるだらうと思つてゐる手合も多いのである。そしてさういふ手合は、軍がうまく混亂をさめたら、安心して「民主回復派」を叩かうと思つてゐるのではないか。要するに他力本願である。私は軍を持ち上げ、軍事政權の誕生を唆《そそのか》してゐるのでは斷じてない。日本國のぐうたらを棚上げしてこれを言ふのはまことに心苦しいが、身命を賭す覺悟は文民も持たねばならず、それこそは今の韓國が最も必要としてゐるものではないかと、その事が言ひたいのである。

正直、韓國へ行く前の私は、いつその事、淺薄な野黨の政治家や學生たちには當分喋りたい事を喋りたいだけ喋らせ、やりたい事をやりたいだけやらせたらよい、所謂民主回復派に言ひたい事を言はせておけば、そのうち必ず襤褸《ぼろ》も出さう、弱音も吐かうと、そんな風に思はぬでもなかつた。が、ソウルに着いて私は、民主回復派の底の淺さはすでに充分に露呈されてゐるにも拘らず、政治家も新聞も、民主回復派に愛想盡かしをするどころか、金鍾泌民主共和黨總裁までが、新民黨本部を訪れたりして、民主回復派に色目を使はざるをえぬ現狀を知り驚いたのである。金大中、金泳三氏の空疎なまやかしの論理など、何ともひどいものである。金鍾泌氏もまたそれに附合ひ、「自意牛、他意牛」などといふ譯の解らぬ事を口走つてゐる。

こんな狀態がつづけば、韓國の民主政治はいづれすさまじい衆愚政治と化し、世界中の物笑ひの種になるであらう。それを、私は何よりも恐れたのである。今回の韓國滯在中私は、深く物を考へてゐる見事な知識人に出會つたものの、韓國の學者知識人の多くは「民主主義」について深考を缺いてゐるやうに思へてならなかつた。鮮于氏から聞いた落語のやうな實話だが、韓國の石部金吉を友人が說得して、やつと女と寢る決心をさせたところ、女が約束の場所に姿を現はさなかつた、すると石部氏はかんかんになつて言つたといふ、「怪しからん、これは民主的ではない、約束を守るのが民主主義ではないか」。

韓國の事だけは言へぬ。今の日本にもありさうな話だが、とまれ韓國の政治家も知識人も、口々に「民主回復」を唱へ、或いは民主回復派に色目を使ひ、それでゐて何を喋つてゐるのか、喋つてゐる當人もよく解つてゐないのではないか、私はさう思つた。「政治發展」にしても同様である。政治家も新聞も頻りに「政治發展」を言ふ。「政治發展とは何か。發展的解消といふ事だつてあるではないか」と、前國會議長の白斗鎭氏は皮肉つてゐたが、實際、愚者が愚者を煽動し、愚者が賢者を壓倒するのが衆愚政治なのだ。その理不盡の恐しさを韓國の知識人はまづ骨身に徹して知り、その理不盡と戰はねばならぬ筈である。

ある娘との出會ひ

だが、韓國に苦言を呈するのはこれくらゐにしておかう。私自身それをやつてゐて決して樂しくない。私は最後に名も無く地位も無い崔星熙嬢の事を書かうと思ふ。私が崔嬢に初めて會つたのは昨年十一月二日の夜である。韓國政府の招待でソウルに來て以來、私は毎日人と會ひ、土産物を買ふ暇が無かつた。韓國は紫水晶が安い。せめて自分のカフス・ボタンでもと思ひ、その夜、ふと思ひ立つて泊つてゐたホテルの地階にあるショッピング・アーケードまで降りて行つたのである。朴大統領の死後、外出禁止時間は午後十時からになつてゐて、私が降りて行つた時は殆どの店が閉つてゐた。が、一つだけ貴金屬店があいてゐて、そこで店番をしてゐたのが崔星熙嬢だつたのである。私がショウケイスの中のカフス・ボタンを指差し、崔嬢がそれを取出した。値段を訊くと三十八萬ウォンだといふ。「そんな高い物は買へない」と私が言ふと、彼女はそれより安い品物を五つ六つ取出し、それを吟味してゐる私にかう尋ねたのである。

「お客様は日本人なのに、なぜまだソウルにいらつしやるのですか」

「それ、どういふ意味?」

「だつて、大統領が亡くなられてから、北が攻めて來るかも知れないといふ事で、日本人は殆ど皆歸つてしまひました。成田行の便は滿員で、金浦に着く便はがらがらだと聞いてゐます。それなのにお客様はまだここにゐる……」

私は、自分の滞在豫定は四日までだし、また自分は朴大統領を尊敬してゐるから、いづれにせよ國葬が濟むまで歸らない、まだ死にたくはないが、北が攻めて來たら、かうして喪章を着けてゐる以上、仕様がない、朴正熙氏の國民と一緒に逃げ回るだけの事だ、と言つた。すると崔孃は、自分も大統領を尊敬してゐるが、お客様は大統領のどういふところが好きなのか、と訊いた。そこで私は、何よりも不正を嫌ひ、身邊が清潔だつた事だと答へ、朴正熙氏がいかに質素だつたかについて知つてゐる限りの事を話したのである。

すると思ひがけない事が起つた。崔孃がショウケイスの上のカフス・ボタンを一つ一つ仕舞ひ始めたのである。日本の一流ホテルの寶石店に勤める娘に向つて、外國人の客が日本の首相の質素な生活を稱へる事はまづ無いであらう。が、萬一それをやつたとしても、首相の質素を力說する客に高價なカフス・ボタンは賣り難いと、そんな事を考へる娘は決してゐないであらう。

崔孃はカフス・ボタンを仕舞ひ終ると、どの國にも缺點がある、あなたは韓國の缺點をも見た筈である、それを話してくれといふ。私がそれに何と答へたかは省略する。

が、私が店を出ようとすると彼女が言つた、「あすは國葬で、お店も休みです。でも四日の九時半には私はここにゐます。もう一度降りて來て下さい」。

私は答へた、「四日の午前中は人と會ふ約束があるし、それに歸國する日だから忙しい。忘れてしまふかも知れない。でも、私は韓國が好きになつたからまた必ずやつて來る。その時は、飯でも食ひながらゆつくり話さう」。

その夜おそく、私は國際電話で長女の危篤を知らされ、翌朝慌しくホテルを發ち歸國したのだから、崔孃と四日に會ふ事はもとよりできなかつた。そこで今回、私は文化公報部行政事務官金俊榮氏に崔孃の事を話し、毎日お偉方に會ふばかりが「文化交流」ではない、私は崔孃のために一日を割く、つまり「デイト」をする、先方と聯絡をとつて貰ひたいと賴んだ。金俊榮氏は日本語を流暢に喋らないが誠實で率直な人物で、やがてその金氏が調べてくれ、私は、昨年十一月の約束を果し、夕食を共にして語り合ふ事ができた。彼女は老母と弟、妹との四人暮し、弟は高麗大學四年生、大學院へ進みたがつてをり、妹も大學に通つてゐて、それゆゑ二十八歳の彼女がもう少しの間家計を支へなければならないといふ。私は少々殘忍な質問をした、

「しかし、大學院を出るには、日本の場合と同じなら、最低五年はかかる、弟さんが一人前になつた時、君は三十三歳、完全に婚期を逸するではないか」。よい人に出會へば結婚すると彼女は答へたが、それは當てがあつて言つてゐるやうには思へなかつた。

私は崔嬢相手に野暮な話ばかりした。野暮天なのだから、それは致し方が無い。だが、昨年十一月と同様、朴大統領に對する彼女の氣持は少しも變つてゐなかつたのである。それを確かめて私はほつとした。そして實際、右顧左眄するお偉方よりも、この名も無く貧しい娘のはうがよほど立派だつたのである。

別れしなに崔嬢は、自分は月に二日休めるのだが、そちらの都合のよい日に休みをとつて、今度は韓國の大衆料理を御馳走したいと言つた。私は喜んで承諾し、十一日にもう一度會ふ約束をした。そして立上り、彼女の家まで送つて行かうと言つた。彼女は固辭した。委細構はず私はホテルの外へ出た。そこに丁度タクシーが駐つてゐる。先に乗込まうとする私の背に崔嬢が聲を掛けた、「あたしを送つて行くと、歸れなくなりますよ」。

私はぎくりとした。時計を見ると十一時、なるほど、彼女を送つて行き、歸りに運惡く英語も日本語も通じない運轉手にぶつかつたらどうなるか、あちこち引き廻され、外出禁止時間になつたら大變だ、一度だけだが韓國語しか喋れぬ運轉手の車に乗つて閉口した事のある私は、咄嗟にそれを思つたのである。よし、それなら運轉手にタクシー代をと、財布を取出すと、彼女は別のタクシーを拾はうとして走り出した。運轉手も、ホテルのボーイも、怪訝な顔で私を見てゐる。これには參つた。「いいよ、解つた」と私が言ふと、彼女は戻つて來てタクシーに乗り込み、手を振りつつ去つたのである。

男に奢らせ、男に送つて貰ふ事を、當節の日本の女性は當然と思つてゐるであらう。崔嬢は豊かな暮しをしてゐない。私は女性の服や装身具について全く無知だが、その私にも彼女のイアリングが上等でない事くらゐは見て取れた。彼女の月給も大した事はあるまい。十一日はどうしても私が奢らねばならぬ。

だが、次に會つて、晝間、國立博物館の陳列品を見て廻り、夕方、武橋洞で燒肉料理を食べた時、私は見事にしてやられた。委細は省くが、「それはいけない、男が拂ふのが日本の……」と言ひつつ私が立上つた時、すでに彼女から金を受取つてゐた店員は韓國語で何か言ふばかりで、どう仕様も無かつたのである。

崔孃は女だから、崔連植少將のやうに身命を賭す覺悟なんぞは語らなかつた。無論、全斗煥中將のやうに命懸けの大事業もやれはしない。が、申相楚、鮮于煇兩氏について私は、「この二人の飲兵衛を時に頗る眞劍にならせるもの、それが韓國にあつて日本に無いもの」だと書いたけれども、それは崔孃にも確かにあつたのである。「カー附き、家附き、婆抜き」を理想とし、新婚旅行にはハワイくんだりまで出掛ける底抜けに明るい日本の若い女性と異り、崔孃には何かしら暗い影があり、平生、何かしら眞劍に考へざるをえぬものがある。そして「よりよく生きる」といふ事を彼女は念じてゐる。それは尊敬の對象があるからで、それが朴正熙大統領だつたのである。無論、よりよい生活を心掛けて果せぬのが人間の常である。が、尊敬の對象がある限り、人はひたむきに向上を圖るのではないだらうか。賢を見ては齊《ひと》しからん事を思ふ、とはさういふ事ではないだらうか。

本氣の附合ひ

全斗煥將軍も、申相楚氏も、鮮于煇氏も、崔星熙孃も、ひたむきに生きてゐる人間であつた。彼らに共通するものは眞劍といふ事であつた。それゆゑ、私が本氣で接した時、彼らも本氣で應じたのであり、私は韓國で、昨今日本では滅多に味はへなくなつた本氣の附合ひを樂しみ、堪能したのである。

全斗煥將軍に見立てた藁人形を、ソウルの大學生は燒いたといふ。「全斗煥を八つ裂きにせよ」との横斷幕を光州の暴徒は掲げたといふ。そんな兒戯に類する愚行を將軍は何とも思つてゐるまい。が、萬一、光州に赤旗が立つやうな事態となつたなら、觀相學の「達人」全斗煥氏はもとより、申相楚氏も鮮于氏も、その時までに確實に死んでゐよう。それは私には耐へられない。本氣で接したら本氣で應じてくれた、さういふ友を失ふ事は、國籍の如何を問はず、耐へられない。

全斗煥將軍は、昨年十二月十二日の鄭昇和司令官逮捕を「巡査が泥棒を捕へたやうなもの」だと評した。「國家元首を殺した犯人も處罰できずして何が民主化か」と彼は思つてゐるに相違無い。そして彼は今回再び剃刀の刃を渡つた譯だらうが、さういふ將軍を私は見事だと思つたから、本氣で辯護し、本氣で會ひたいと願つた。そして將軍も本氣で私に附合つてくれたのである。特戰隊を見學して後、第一師團に向ふ車中で申相楚氏は、「特戰隊は韓國人にも滅多に見せない、あそこを見學した外國人は松原さんが最初でせうな」と言つた。全斗煥將軍はそんな事は一言も言はなかつた。それだからこそ、私はそれを知つて一層感激したのである。もつとも、素人の悲しさで、貴重なものを見せて貰ひながら、その貴重たるゆゑんを私は充分理解できなかつたけれども。

崔嬢にしても、自分の事をからして外國の雜誌に書いて貰つたからとて、それで彼女が得をする譯が無い。が、私が本氣で韓國を、朴正熙氏を論じたから、彼女も本氣で私に附合つたのである。申相楚氏にしてもさうである。すでに述べたやうに、申氏は頗るつきの音癡なのだが、その申氏が、かつては抗日運動をやつた事もある申氏が、自尊心の強い申氏が、醉拂つて日本の軍歌を歌ひ、上體を屈《かが》め、兩手を打ち鳴らし、舊制高校の寮歌を、殆ど聞くに耐へぬ惡聲で歌ひ、ぎごちない蠻カラ踊りをやつてみせた時、私は胸に應へ、胸が一杯になり、涙を抑へる事ができなかつた。

周知の如く、かつて日本は申相楚氏たちに日本語の使用を强制したのである。韓國を植民地にして數々の理不盡を强ひたのである。日本の韓國に對する過去の罪惡を徒に論《あげつら》ふのは無意味だと、私は書いた事がある。お題目よろしく贖罪を云々する手合が本氣でない事を知つてゐたからである。が、今回の韓國滯在中、私は屢々思つた、本氣で附合ふと本氣で應ずる韓國人の直向《ひた》きに、これまでの日本人はとかく本氣で應ぜず、それどころか、相手の直向きに附け込んだのではなかつたか、と。韓國に對する「過去の罪」を知識として知つてゐるだけでは殆ど無意味である。今後の日本が、本氣で韓國と附合ふ、それが何よりの「贖罪」に他なるまい。

ところで、申相楚氏や鮮于煇氏のやうな愉快な飮兵衞を時に頗る眞劍にならせるもの、それが韓國にあつて日本に無いものだと私は書いた。それは戰爭の危機であり、亡國の危機なのである。それが一瞬腦裡を掠めると、彼らは忽ち本氣になる。冗談もそこでぴたりと止み、彼らは眞劍そのものになる。さういふ事が、今のところ、日本にはまるで無い。眞面目になるべき時眞面目にならうとすると、附合ひ難い野暮天として、二階へはふり上げられ、梯子を外されてしまふ。それゆゑ私は、昨今流行の防衛論議の眞劍を疑つてゐる。韓國から歸つて來て、ますますそれを疑ふやうになつた。

全斗煥氏にせよ、申相楚、鮮于煇兩氏にせよ、この世のすべてを茶化してはをられない。彼らには本氣になつて考へねばならぬ事があるからである。それゆゑにこそ彼らは、本氣で附合ふと必ず本氣で應ずるのである。だが、彼らが今、本氣で考へてゐる事は、早晩吾々日本人が頭を絞らねばならぬ當の物ではないか。それなのに、日本人にとつての韓國はなぜかうも「近くて遠い國」なのであらう。

四月十五日、金浦空港まで私を見送つてくれた申相楚氏は、いつもの蓬髪に、その日ばかりはポマードを塗り附けてゐた。私は感動した。どうしてこの愛すべき先輩を裏切れようか。この次韓國を訪れる時は、よし、この敬愛措く能はざる先輩に附合つて、必ず犬の肉を食はう、さう決心して私は、申相楚氏の右手をかたく握り締めたのである。

（昭和五十五年七月）

反韓派知識人に問ふ

遊びで石を投げる日本人

金俊榮氏は三十四歳、文化公報部の行政事務官であり、先般、ソウル滯在中、私が最も親密に附合つた韓國人である。誠實で溫厚な金氏の人柄に私は惚れ込み、吾々は國籍、年齢の違ひを殆ど意識する事無く附合つた。

或る日、その溫厚な金俊榮氏が、嚴しく日本のマスコミ報道を批判した事がある。それを私は密かに錄音した。文字だけでは所詮微妙な語氣や抑揚を傳へられず、まことに隔靴搔痒だが、金氏の許可を得てゐるから、以下戲曲ふうに金氏との對話を再現する事にする。

金　ね、日本の記者はね、なぜ北に對してね、北朝鮮に對して、ね、南よりも全然きくない（意味不明）……。

松原　同情的……。

金　ね、なぜ……、この理由をわたし解りませんよ。

松原 詰り、それはかういふ事――

金 （激して）なぜ韓國に、韓國ばつかり、あの、噂をきんちよう（意味不明）でね、書きますか。これが私が理解しない――

松原 できない……。

金 できない事ですよ。

松原 北を褒める事はあつても、惡口は書かないな。何で韓國の惡口ばかり――

金 さうですよ。それ、わたし、理解できませんですよ、日本に對して。（間）ね、韓國の俗談ね、俗談で、あの、池がありますよね、池の、あの、あのう、池の中で。あの、あのう、何ですか、かわり、かわ……、ね、これ……（漢字を書いて見せる）。

松原 蛙……。

金 蛙。蛙がありますよ。蛙、泳ぎしてゐるね。あの、或る田舍の、あのう、子供がね、あの、遊びでね、石を、少し石を投げて、ね……。

松原 蛙に投げた……。

金 いや、蛙ぢやない。池に投げたね。蛙は、ね、unfortunately この石に當つて死ぬ。ね、この子供はね、遊ぶですよ。この蛙はね、死ぬですよ。この俗談がありますよ。日本はね、今、自分はね、遊びでね、あの、石をね。韓國はね、今、あの、何ですか、この、この……（漢字を書きつつ）これ問題ですよ。

松原 生命……。

金 生命ね。生命の問題ですよ、韓國人はね。それが、日本、もう惡いですよ。子供は遊びで池に石投げる、蛙は unfortunately ね、死ぬ……。ねえ、日本が、さうですよ、私が考へて……。

朴正熙大統領の死後、日本は韓國に「遊びで石を投げ」續けた。それは大方の日本人にとつて、韓國民の直面してゐる試練が對岸の火災だつたからに他ならない。例へば次に引用するのは「ステーツマン」昭和五十五年十一月號所載の島良一氏の文章だが、島氏は韓國を惡し樣に言つてはゐないものの、やはり「遊びで石を投げ」てゐる。金俊榮氏の稚拙だが懸命の日本語を思ひ出しつつ、島氏の文章を讀んで貰ひたい。

しかし、全大統領の權力の基盤をなす軍部內には、まだ豫斷を許さぬ狀況が現存してゐることも事實であらう。（中略）軍部内に反全斗煥派、あるいは全大統領に好感をもたないグループがかなりの割合で存在する可能性は、けつして低くないのである。（中略）

たとへば、現在ソウルの消息筋のあひだでことあるごとに語られる有力な觀測——今回成立した「全斗煥體制」が全斗煥大統領の〝獨裁政權〟であると見なすことはあまりにも時期尚早であり、陸士十一期生四名の實力者による一種の〝集團指導體制〟と考へる方が妥當である、といふ觀測を十分に吟味してみるとき、そのことはきはめて眞實味を帶びてわれわれの眼前に迫つてくる。陸士十一期生四名とは、全斗煥大統領のほかに、金復東中將（中略）、盧泰愚中將（中略）、鄭鎬溶中將（中略）の三氏をさす。（中略）

現在のところ、以上の三氏と全大統領とのあひだに意見の對立はまつたくなく、陸士十一期生四名は「一枚岩」の團結を誇つてゐるとの觀測が支配的であるが、今後彼らの關係がどのやうな推移をたどるかは、もとより何人にも斷言しうることではない。（中略）全斗煥氏にたいして、いづれ他の三氏が異をとなへる可能性も大いに考へられよう。（中略）

きはめて確度の高いある情報によれば、すでにさうした事態はいくつか散見されたといはれる。（傍點松原）

さて、讀者はかういふ文章の非人間性に氣附いたらうか。島氏はジャーナリストださうだが、なるほどこれはいかにもジャーナリストらしい文章である。まづ、「きはめて確度の高いある情報」と島氏は言ふが、それがどの程度の「確度」かは島氏にも解つてゐないのだから、「韓國軍内部の動向」についてくだくだしく語りながら、要するに「何人にも斷言しうることではない」事柄を斷言しようと足掻いてゐるに過ぎない。傍點を附した部分は島氏の言分がすべて不確かな憶測にもとづく事を示してをり、憶測を何百何千と集めても所詮眞實を語つた事にはならない道理だが、韓國の諺にもあるとほり「十回斧を當てられて倒れぬ木は無い」のだから、かういふ根も葉も無い噂ばかり聞かされてゐるうちに、人々はやがて「盧將軍と、金將軍ががつちりとスクラムを組み、全斗煥大統領にたいして對抗するやうになる」に違ひ無いと考へるやうになる。それゆゑ島氏は、韓國に石を投げてゐる事になる。しかも島氏は本氣ではない。本氣で全斗煥氏の失脚を願つてゐるのではない。つまり「遊び」である。そして「遊び」で石を投げてゐる以上、全斗煥氏が失脚したら韓國はどうなるかといふ事は一切考へぬ。一衣帯水の鄰國に對して、これはまた何たる非情か。

考へてもみるがよい。金復東、盧泰愚、鄭鎬溶の三氏が全斗煥氏にたいして、いづれ「異をとなへ」たり、盧將軍と金將軍が「全斗煥大統領にたいして對抗するやう」な事態となつたりすれば、韓國軍は分裂するかも知れぬ。そして國軍が分裂したら韓國はまたぞろ存亡の危機に臨む事になる、それを島氏は本氣で望んでゐるのか。

だが、手に負へないのは、島氏自身に韓國に對して冷酷な事を書いたとの意識が無いといふ事なのである。實際、島氏は韓國軍の分裂を望むとは書いてゐない。島氏は「對立の可能性を一笑に附すことはできない」といふふうに書く。が、全斗煥氏と將軍たちの對立の可能性を云々しながら、本氣でそれを期待してゐるやうにも、勿論本氣で案じてゐるやうにも見えず、それゆゑ冷酷に振舞ひながらその自覺を缺くこの手のジャーナリストを、私は韓國軍を罵倒する手合よりも惡質だと思ふ。例へば鄭敬謨氏のやうに「全斗煥のあのバカが……」(「新日本文學」昭和五十五年八月號)などと口走つてくれれば、それで忽ちお里が知れる譯だが、一見客觀的であるかに思へる島氏の文章に、とかく讀者は騙されるからである。

「客觀的報道」の非人間性

それゆゑ、これは韓國とは直接關はりの無い事だが、昨今日本のマスコミを横行闊歩するジャーナリストやルポ・ライターの非人間性について、日頃考へてゐる事の一端を書いておから。大方のジャーナリストやルポ・ライターは、島氏もさうだが、耳に觸れた有る事無い事を記述して、その有る事無い事についての價値判斷は下さない。それを彼等は「客觀的報道」と稱し、世間もまたそれを望ましい事のやうに考へてゐる。かくて例へば、アメリカで目下流行してゐるといふフィスト・ファッキング(げんこつ性交)について詳細に記述しながら、フィスト・ファッキングを筆者が奬勵してゐるのか、それとも憂慮してゐるのか、それがさつぱり解らぬといふ奇怪な文章が書かれ、讀者もまたそれを一向に奇異と感ずる事が無い、といふ事になる。例へば次の立花隆氏の文章はどう讀むか。

山口組の幹部が、アメリカのマフィアに招かれて渡米したことがある。彼がマフィアの有力者の主催する正装したパーティーにまねかれていつたところ、宴たけなはとなつたところで、會場にしつらへられたステージでアトラクションがはじまつた。（中略）シロクロの實演ショーで、さすがにプロらしく見事なセックスを披露したが、彼としては日本でも見慣れてゐるものなので、さして感心もしなかつた。ところが、最後に女がクライマックスに達したところで、その女の首を刀でスッパリ斬り落し、それがころがり落ち、血がドッと吹きだした。それに對して會場からは大きな拍手が湧いたが、山口組の幹部は脚がガクガクしてふるへがとまらなかつたといふ。（「諸君！」昭和五十三年五月號）

「アメリカSEX革命報告」と題するこの立花隆氏の連載記事は、その後一本に纏められたさうだが、私はまだ讀んでゐない。が、「諸君！」五月號の文章から判斷する限り、かういふおぞましい話を紹介する立花氏が、何かを本氣で憂へてゐるやうにはとても思へない。といふより、憂へてゐるのか樂しんでゐるのか、それがよく解らない。立花氏はフィスト・ファッキングやチャイルド・ポルノについて蘊蓄を傾けるが、さういふおぞましい記述を、「性的快樂と殺戮快樂」には「つながりがあるといへるのではないだらうか」との陳腐な文章で結んで平然としてゐられる立花氏を、私はフィスト・ファッキングや鮮血滴《したた》る生首同樣薄氣味惡く思ふ。

勿論、韓國軍の分裂と「シロクロの實演ショー」における頽廢的な殺人とは同日の論ではない。が、島氏の文章は、そのおぞましさにおいて、立花氏のそれと甲乙無いのである。フィスト・ファッキングや生首について語つて立花氏が、憂へてゐるのか樂しんでゐるのか解らぬと同樣、島氏も韓國軍分裂の可能性を語つて、それを案じてゐるのか期待してゐるのかは判然としない。だが、奇妙な事だ、それなら立花氏や島氏は何のために書くのか。それは愚問だ、決つてゐる、身過ぎ世過ぎのために書くのだと、さういふ事になるのなら、立花氏も島氏もゲシュタポ地下室の速記者と寸分變らぬ、といふ事になる。ジョージ・スタイナーは書いてゐる。

ナチ時代特有な恐怖のひとつが、じつは、起つたものはいつさい記録され（中略）たといふことであり、それまではいかなる人間の口をとほしても語られたことのないもの（中略）が、言葉によつて果たされたといふことであつた。（中略）ゲシュタポの地下室には、速記者たちがゐて（通常は女性であつた）、身體を捻ぢまげられ、焼きごてをあてられ、毆り倒された人間の聲からもれてでる、恐怖や苦悶の喧噪を、丹念に書き留めてゐたのである。

（「空洞の奇蹟」深田甫譯、「言語と沈默」、せりか書房）

ゲシュタポの速記者に「何のために書くのか」と問ふのはおよそ無意味である。ヒットラーなら尤もらしい理由を滔々と述べるであらう。が、速記者は身過ぎ世過ぎのために書いたのであつて、それ以外に理由は無い。とすれば、ゲシュタポの速記者と島良一氏との間にさしたる懸隔は無いといふ事になる。島氏を「自覺無き冷血漢」と呼ぶゆゑんである。

傳聞で「眞相」が語れるか

ところで、もとより島氏の場合とは逆に、頗る主觀的な、惡意を剝出しにした韓國報道もある譯で、例へば毎月「世界」に寄稿し、「韓國からの通信」と稱して飽く事無く韓國に石を投げてゐるT・K生の文章がさうである。そして、韓國を惡し樣に言ふ反韓派は屢々T・K生の文章を引用するのだから、「韓國からの通信」が反韓派の情報源として大いに役立つてゐる事は明らかである。さらにまた、「韓國からの通信」は岩波書店から新書版としてすでに第四巻が出版されてゐるが、第一巻の出版は昭和四十九年であつて、韓國に對してこれほど執念深く石を投げ續けた人物はゐないのではないかと思ふ。ともあれ、T・K生はこんなふうに書くのである。

ソウルの友人の記者たちや市民の間に流れてゐる情報を総合すれば、光州の事態は次のやうな模樣である。

（中略）

兵士たちは、ほとんど無差別に銃劍で刺した。彼らは「全羅道の連中は滅種してもかまはないんだ」と叫びながら、子供たちもつき刺した。タクシーのドアをあけて運轉手をつき刺した。

（「軍政と受難――第四・韓國からの通信」、岩波新書）

光州事件については稿を改めて書かうと思つてゐるから、ここでは觸れない。私がまづ言ひたいのは、かういふでたらめな文章を讀まされ、韓國軍が同胞に對してそんな無意味な蠻行を敢へてする筈が無いと反論したところで、それは所詮水掛け論に終るしかないといふ事である。なるほど戒嚴司令部の公式發表があつて、それにはかういふ趣旨の事が書かれてゐる。

止むを得ず戒嚴當局は、午後四時四十分頃、兵力を投入した。その際の示威行爲に加はつてゐたのは大部分學生であり、阻止せんとする若い軍人に對し投石と暴行をもつて對抗した。やがて一部市民も合流、軍人に投石し、雙方に負傷者が出、若き軍人と若き學生はともに興奮、罵聲と怒號をもつて對抗するに至つた。一方、この騷亂のさなかに、不純分子の所業と思はれる流言蜚語、すなはち、「慶尚道軍人が全羅道人の種を絶やすためにやつて來た」とか、「慶尚道軍人のみを選んでやつて來た」とか、理性的にはとても考へられないやうな、地域感情を刺戟し煽動する噂が、短時間のうちに光州市内に廣まり、それが市民を興奮させ、かくて示威の樣相は激化する事となつたのである。

私はもとより戒嚴司令部の話を信じる。光州の暴動を鎭壓した特戰隊の司令官鄭鎬溶中將の人柄を知つてゐるからである。鄭中將の威ありて猛からざる人柄についてはいづれ書くが、そしてそれを讀めば讀者はT・K生よりも私の言分のはうを信ずるやうになるに違ひ無いと思ふが、それはともかく、T・K生も私も當時光州にはゐなかつたのであつて、どちらも現場にゐなかつたのに、一方が戒嚴司令部の發表が正しいと言ひ、他方が正しくないと言ふだけでは、それは不毛の水掛け論、堂々廻りの押し問答である。が、光州事件について特戰隊の暴虐を强調する手合は、「確たる事實には立たず、あやしげな情報」に頼つてゐる危ふさを一向に意識する事が無い。

例へば反韓派は、光州から届けられたメッセージなるものを證據としてゐるが、それが確かに光州から發送されたものかどうか、及び光州市民の過半數が事實と認めるものかどうかについては、反韓派も、もとより親韓派も、斷定的な事は一切言へない筈である。T・K生も私も、當時光州にはゐなかつた。しかるに、反韓派が例へば私を戒嚴軍に加擔する許し難き奴と極め附けるなら、私のはうも反韓派を、北朝鮮のスパイつまり「不純分子」に加擔する許し難き奴と極め附けてよい譯で、かくて戒嚴軍と「民主回復を求める民衆」のどちらを支持するかによつて、雙方ともに光州にはゐなかつたにも拘らず、互ひに相手の「情報」を「あやしげ」と形容し、徒勞の口爭ひが果てしなく續けられる事になる。さういふ口爭ひの空しさに、親韓派も反韓派も、そろそろ氣附いてよい頃である。

反韓派は「光州での民衆の抵抗と戒嚴軍によるその血まみれの彈壓」について語るのだが、當時光州にゐなかつた反韓派は、いかなる「具體的な根據に立つ」て戒嚴軍の行動を「血まみれの彈壓」と評するのか。實は私は『光州事態』の眞相はなにか?」と題する小册子を持つてゐる。在日本大韓民國居留民團中央本部が發行したものである。いづれ光州事件について論ずる際、私は參考資料として用ゐる積りだが、その際も私は戒嚴司令部や居留民團の發表を鵜呑みにはしない。小册子の「はしがき」には「初期の集團意志示威行動から遂には武装暴徒化し、一部不純分子たちの暴威は、無分別な殺人・掠奪・公共建造物の破壞・放火といつた具合に、あたかも無法の修羅場さながらに光州全域を吹き荒れた」といふ一節があるけれども、それこそまさしく「光州事態の眞相」だと私が主張したところで、それはさしたる說得力を持ちえない。光州事件の死亡者數にしても、戒嚴司令部の發表では「民間人一四四名、軍人二二名、警察官四名」といふ事になるが、それが正確な數字だと私がいくら主張しても、反韓派にしてみれば戒嚴當局に加擔する惡玉の言分としか思へず、それゆゑ耳に掛ける氣にはなれぬであらう。

だが、ここで誤解されぬやう斷つておくが、私は戒嚴司令部や居留民團の努力が空しいなどと言つてゐるのではない。無責任極まる反韓報道が罷り通る以上、目には目を、齒には齒を、正當防衞の公報活動は是非とも必要である。だが、その種の對症療法は短期的には奏效するかも知れないが、それだけでは不充分なのであり、私はそれが言ひたいに過ぎない。

話を本筋に戻さう。執拗に韓國に石を投げてゐるＴ・Ｋ生の文章は反韓派の情報源として大いに役立つてゐる、と私は書いた。だが、Ｔ・Ｋ生の記述の大半が傳聞證據なのである。「ソウルの友人の記者たちや市民の間に流れてゐる情報を總合すれば」とか、「民主化運動をしてゐる友人の一人は語つた」とか、「全斗煥の上官であつた尹泌鏞少將が再び軍部に復歸して、近く中央情報部に就任するといふ噂がとんでゐる」とか、さういふふうにT・K生は書く。要するに「友人の一人がT・K生に語つた」といふ事や「ソウルではかくかくの噂がとんでゐる」といふ事だけが事實であるに過ぎない。

しかるにT・K生の權威を反韓派はいとも無邪氣に信じ込む。T・K生の文章は「韓國からの通信」と題してゐる。眞僞のほどは無論解らぬが、T・K生は韓國に住んでゐるとの事であり、それなら日本人よりも韓國の事を正確に知つてゐる筈だと、反韓派はもとより、一般の讀者もつい思ひ込む。それはつまり、事實の量に目が眩《くら》み、事實の質を怪しまないからである。「諸君!」昭和五十五年四月號に「朝鮮日報」の鮮于煇氏は、「韓國からの通信」の「九十パーセントが事實であり、その情報のくはしさには時に驚く」と書いた。が、假に「九十パーセントが事實」だとしても、その九十パーセントの大半が低級で瑣末な事實なのであつて、低級で瑣末な事實なんぞに驚く必要は無い。頭を使はずとも足さへ使へば、そんな物はいくらでも蒐集できるからである。

シェイクスピアが受取つた洗濯屋の請求書を發見したところで餘り意味は無いが、いづれ天才的な學者がそれを用ゐてすぐれたシェイクスピア論を物するかも知れず、それゆゑ或る藝術作品についての低級な事實を蒐集する學者のはうが、獨斷的な批評家よりもましであると、T・S・エリオットが書いてゐる。その通りである。だが、洗濯屋の請求書が發見されてシェイクスピアが傷つく事は無いし、イギリスの小説に麒麟《きりん》が登場する回數を調べる學者も無害だが、T・K生の蒐集する「低級な事實」は、金俊榮氏が言つたやうに「遊びで韓國に石を投げる」ために用ゐられてゐる。かてて加へてT・K生は傳聞による「低級な事實」を蒐集するだけでなく、鮮于氏の言葉を借りれば「何でもないやうな個所に眞實とは違ふチョットした話」を挾《さしはさ》むのだが、「實にそれが韓國に對する認識を根本的に變へる扇の要のやうな重大な役割を果す」のである。鮮于氏は「世界」編輯長に對する「情誼」を考へてかやや控へ目に批判してゐるが、要するにT・K生は九十パーセントの「低級な事實」を集め、殘る十パーセントに小細工を施すのであつて、その小細工の小細工たるゆゑんを知りさへすれば、T・K生の「權威」なんぞに惑はされる事は無い。戒嚴司令部が正しいと一方で言ひ張り、「民主化を願ふ光州の市民」が正しいと他方が言ひ張るばかりなら、それは不毛の水掛け論で、所詮決着はつきはしないが、T・K生を打ちのめすには、彼の文章の小細工とでたらめを、T・K生が反駁できぬほど徹底的に批判すればよいのであり、そのためには戒嚴司令部の發表を參照する必要は無いし、全羅南道を訪れる必要も無いのである。

T・K生の愚昧

では、T・K生の成敗に取り掛らう。まづ指摘したい事はT・K生の頭腦の粗雜である。「世界」昭和五十五年十一月號に彼はかう書いてゐる。

全斗煥の人となりを示すといはうか、國民の全斗煥に對する見方を示すといはうか、かういふ話もある。彼が陸軍保安司令官でまだ少將の時分であつた。すでに實權を握つてゐる時であつたので、彼も國務會議に出席したが、いつしか彼の肩には大將の四つ星が光つてゐた。その後はその間違ひに氣づいたのか、三つ星の中將になつてゐた。（傍點松原）

例によつてこれも傳聞であつて、「かういふ話もある」といふ事實を傳へてゐるに過ぎない。それはともかくT・K生は、全斗煥氏が「少將の時分」、「すでに實權を握つてゐ」たと書く。だが、右に引用した文章の直前に彼はかう書いてゐるのである。

全斗煥は大統領就任を待ちきれず、統一主體國民會議といふのが大統領選出茶番劇を演ずる二日も前に、大統領官邸青瓦臺に入つた。それは彼が大統領になることにしたことに對して、どのやうなことが、とりわけ軍部の中に起るかしれないと恐怖にかられたからであつた。青瓦臺には保身の防備が徹底してゐるし、いつでも逃亡できるやうな飛行機の準備もできてゐるからである。

實はこのくだりも傳聞なのだが、頭の惡いT・K生には矛楯する二つの傳聞證據を竝べるのは賢明でないといふ事が解つてゐないのだ。さうではないか、「少將の時分」すでに實權を握つてゐたのなら、大統領就任の二日前、「どのやうなことが、とりわけ軍部の中に起るかもしれないと恐怖にかられ」る筈が無い。それに何より、大統領就任を二日後に控へて軍部の叛亂を恐れねばならぬほどどぢな少將に、どうして鄭昇和大將が逮捕できたらうか。シェイクスピアがジュリアス・シーザーに言はせてゐるやうに「臆病者は現實の死を迎へるまでに何度でも死ぬ」（福田恆存譯）が、全斗煥氏は斷じてそのやうな臆病者ではない。T・K生も認めてゐるやうに、全氏は大統領就任直後、地方巡視に出掛けてゐる。それなら、就任二日前の八月二十五日に軍部の叛亂を恐れてゐた男が、どうして十日後の九月四日に光州なんぞへ出向くであらうかと、常識を働かせ、さう考へるだけで、T・K生の小細工のお粗末はいともた易く看破できる筈なのである。

もつともT・K生は「新聞には（全斗煥大統領が）光州の道廳で訓示をしたとして或る官廳のみすぼらしい一角の寫眞が出てゐるが、實は光州には恐れをなして、足を踏み入れることができなかつたといふ噂が流れてゐる」と附け加へてゐる。が、これもT・K生の愚鈍の證しに他ならない。假に全大統領が「光州には恐れをなして、足を踏み入れ」なかつたとしよう。その場合、大統領の臆病と小細工は、側近のみならず「或る官廳のみすぼらしい一角」を撮影したカメラマンにも、「大統領が光州の道廳を訪れた」との虚僞の新聞報道を讀む道廳の役人にも知れてしまふ道理であつて、それくらゐならいつその事光州なんぞに近附かぬはうが遙かにましであつて、その程度の才覺なら中學生でも持合せてゐよう。要するにここでもT・K生は、おのれの器で人を量り、おのが才覺の乏しさを露呈してゐるに過ぎない。それぱかりではない、T・K生が韓國人なのか日本人なのか私は知らないが、彼はまた「金大中は中學生竝みの才覺の持主にしてやられた」と主張してゐる事になる。それこそ、體制反體制を問はず、韓國民に對する最大の侮辱ではないか。

T・K生はまた、全斗煥少將が「國務會議に出席した」際、「大將の四つ星が光つてゐ」る軍服を着用してゐたといふ「流言」を紹介する。が、途轍も無いほど野蠻な國ならいざ知らず、少將が大將の階級章を所有してゐるといふ、そんなでたらめな軍隊がこの地球上に存在する譯がない。實際韓國では、大將の階級章は大統領が手づから授與する事になつてゐる。

しかもT・K生は「間違ひに氣づいた」全斗煥少將が

「その後は」中將の階級章を着けてゐたさうだと書いてゐる。さうなると、大將の階級章と中將の階級章を少將が所有してゐた事になる。いやはや何とも驚き入つたる次第であり、開いた口が塞がらないとはまさにこの事だ。韓國軍はさまで無規律な軍隊なのか。だが、一旦大將になつたからには、「すでに實權を握つて」ゐたのだから、「その間違ひに氣づいた」としても、そのまま大將で押通したはうがよささうなものである。慌てて中將に戻つたら却つて權威を失墜しよう。再び、全斗煥氏は中學生竝みの才覺も持合せぬ愚者なのか。そして大韓民國はそれほどの愚者にも大統領が務まる國なのか。それなら、それほどの愚者に「國務會議」のメンバーや韓國軍が牛耳られ、金大中氏たち反體制派が手玉に取られてゐるのなら、T・K生が願つてゐるらしい韓國の「民主回復」なんぞ夢のまた夢ではないか。

騙されたがつてゐる反韓派

諄《くど》いやうだがここで馬鹿念を押しておかねばならない。T・K生の記述の大半は傳聞證據なのである。そして、傳聞だと斷れば何を書いても大丈夫だと彼は思つてゐる。底の淺い噂話に興ずるのはおのが淺薄を滿天下に曝す事だといふ事が、彼には理解できないらしい。だが、T・K生のこの途方も無い愚昧に日本の反韓派は氣附かず、「韓國からの通信」を金科玉條の如くに有難がるのである。實際、大江健三郎氏などは「韓國の民主主義回復のための運動の、われわれが眼にしうるかぎりの最良の自己表現」とまで評してゐる。反韓派がさまでたわいも無く欺かれるのは一體全體どうした事なのか。

それはかうである。島良一氏を批判してすでに述べたやうに「憶測を何百何千と集めても所詮眞實を語つた事にはならない」が、T・K生の場合は、「友人のジャーナリスト」や「民主勢力の或る長老」が語つたと稱する噂話に、ちよつとした細工が施されてゐるのである。例へばT・K生はこんな具合に書く。

> 今度の金大中氏事件關聯者に對する陸軍保安司令部での拷問は、言語に絶するものであつた。金大中氏も入れられた地下室牢は悲鳴がみなぎつてゐた。その中には金大中氏の悲鳴もあつたと思はれるが、區別ができないほどであつた。ただ高齢者の一人である文益煥牧師の悲鳴が、もつとも耐へられないものであつた。

「地下室牢の悲鳴」を聞けるのは國軍保安司令部の軍人だけである。してみれば、T・K生には保安司令部に勤務してゐる友人がゐるらしい。T・K生に情報を流すスパイも捕へられないほどお粗末な國軍保安司令部なら、全斗煥前司令官が鄭昇和前戒嚴司令官を逮捕できた筈は無いが、それはともかく、假に保安司令部に勤めるT・K生の友人が「地下室牢は悲鳴がみなぎつてゐた」云々と語つたといふ事だけは事實と認めるとしよう。そこでT・K生の、いやT・K生の友人の、言葉遣ひに注目して貰ひたい。

國軍保安司令部の「地下室牢は悲鳴がみなぎつて」ゐて、「その中には金大中氏の悲鳴もあつたと思はれるが、區別ができないほどであつた」と彼は言ふ。これがT・K生の、或いはT・K生の友人の、見え透いた小細工なのである。「思はれる」といふのはもとより推量である。つまり彼は傳聞證據の中にもこつそり推量を忍ばせるのだ。推量は所詮推量であり、事實を語つた事にはならないが、それで充分用に立つ、寄せ餌に群がる小鯖よろしく、迂闊な讀者が擬似鉤に飛び附いてくれるといふ譯だ。悲鳴の「區別ができないほど」だつたのなら、「文益煥牧師の悲鳴」だけが區別できた筈は無い。しかるにさう考へるだけの分別は、保安司令部を惡玉、金大中氏や文益煥氏を善玉と割り切つてゐる正義病患者には到底期待できないのである。

要するに、反韓派がT・K生の文章の粗雜や小細工に氣づかないのは、氣づきたがらないからであり、彼等は、それがいかに安手のものであれ、信じたくない事實よりは「正義感」を滿足させてくれる嘘のはうを好むのであつて、要するにT・K生に騙されたがつてゐるのである。そして反韓派は、その幼稚な正義感ゆゑにこそ、弱者を善玉、强者を惡玉と割り切るのであり、かくて逮捕された金大中氏は善玉だが、逮捕した全斗煥氏は惡玉であり、鎭壓された民衆は善玉だが、鎭壓した特戰隊は惡玉だ、といふ事になる。金載圭もかつて强者だつた頃は惡玉だつたが、「惡玉」朴正熙氏を暗殺した途端に「善玉」になつた。敵の敵は身方といふ譯だ。T・K生は昭和五十五年二月、次のやうな「友人のジャーナリスト」の言葉を記錄してゐる。

軍人どもが自分らの力を過信し、ただ敵意に燃えて過ちをおかすことのないやうにと祈つてゐる。いま金載圭氏らを無期ぐらゐにしたら國民はホッとして喜ぶだらう。彼らを處刑すれば、殘黨は最惡だといふ印象がますます強くなる。將來の韓國の歴史が金載圭氏を愛國者として記錄するのは間違ひない。（「軍政と受難」）

もとよりかういふ安直な善玉・惡玉二分法はT・K生に限らない。例へば鄭敬謨氏もさうである。鄭氏はかう語つてゐる。

光州の事態はあくまでも全斗煥軍のまさに殺人鬼的な殘虐行爲から自然發生的に發したものです。光州で錄畫されたビデオテープを見ましたが、何人かの市民が出てきて、「われわれは人間としての當然の努《ママ》めとして政府軍と撃ち合ひをやつたのだ。誰が好きこのんで武器をとるやうなことをするだらうか」と言つてゐます。（中略）光州のあの悲慘な事態についての責任は、全面的に全斗煥側にあると言はざるを得ません。

（「新日本文學」昭和五十五年八月號）

プラトンが書いてゐるやうに「語り掛けるべき人に語り、語り掛けるに價せぬ人々には沈默する」のが賢明なのかも知れぬ。それゆゑ私も鄭敬謨氏の淺薄について長々と語らうとは思はない。T・K生と鄭敬謨氏の類似點を指摘しておくにとどめよう。鄭敬謨氏も、數人の友人の話だけが眞實を語つてゐると考へるT・K生と同樣、ビデオ・テープに錄畫された「何人かの市民」の言分だけが光州事變の眞相を傳へてゐると思ひ込んでゐる。そして、「人間としての當然の努《ママ》め」を果した「何人かの市民」は善玉だから、責任は「全面的に全斗煥側にある」といふ事になる譯である。さらにまた、T・K生と同樣、鄭敬謨氏も、安手の正義感と思考の混濁ゆゑに、傳聞證據が傳聞證據に過ぎぬ事をうかと失念する。鄭氏はかう語つてゐる。

ソウル驛前の廣場に七萬人の學生が動員されたとき、バスが徵發され、乘客を下ろして警官隊の中につつ込んでいつたといふ事件があり、警官が一人死にました。學生たちはそこまでいつたのかと最初私は思つたのですが、あとから話を聞けばそれをやつたのは學生ではなかつたと言ふんです。むしろそれをやつた人間を學生の方が捕まへて警察につき出したさうです。明らかに政府側の挑發だつたわけです。（傍點松原）

鄭敬漢氏に限らぬ。反韓派は常にこの傳で傳聞と眞實とを混同する。「警察につき出したさうです」と言ひ、その舌の根も乾かぬうちに「明らかに」と斷定する。しかも鄭氏はその詐術を詐術と意識してゐる譯ではない。

　さういふ愚鈍な手合に對していかな反證を擧げようと、反證が傳聞なら所詮は徒勞であつて、こちらも傳聞と眞實とを混同できるほど愚鈍かつ鐵面皮になり、「明らかに暴徒側の挑發だつた」と負けずにがなり立てるしかない。が、それには體力と根氣が必要で、それは叶はぬとなれば、T・K生や鄭敬謨氏の愚鈍ゆゑの粗雜な思考を嗤ふしかないのである。例へば私が指摘したT・K生の思考の粗雜について、T・K生もしくは鄭敬謨氏は、到底反論できぬであらう。「文は人」なのであつて、粗雜な文章は粗雜な思考の決定的證據になるのである。

賢愚をわかつもの

　諄いやうだが、私と同樣、T・K生も鄭敬謨氏も光州にはゐなかつたのである。それゆゑ私は、「光州事態の眞相はなにか」について斷定する積りは無い。私がここで問題にしたいのは、韓國に石を投げる反韓派が、測り難き眞相についての敬虔な感情を缺いてゐるといふ事である。つまり、安手の正義感に盲ひたる反韓派にとつて、「光州事態の眞相」は自明の事なので、眞相は結局「藪の中」かも知れぬといふ事を反韓派は考へてみようともしない。そして、さういふ眞實に對する敬虔な感情を持合せぬ手合が、戒嚴司令部といふ權威を信ずる韓國の民衆よりも賢いとは斷じて言切れないのである。

　ここで讀者は金俊榮氏の言葉を思ひ出して貰ひたい。「なぜ韓國に、韓國ばつかり、あの、噂をきんちようでね、書きますか」、さう金氏は言つた。勿論、金氏も「光州事態の眞相」を知つてゐる譯ではない。が、私はT・K生や鄭敬謨氏よりも、文公部の若い役人のはうが賢いと思ふ。なぜなら、金氏はおのが「知力では判斷を下す資格がない」と知れば「權威を受け入れる」からである。ホイジンガは書いてゐる。

　かつての時代の農夫、漁夫あるいは職人といつた人びとは、完全におのれじしんの知識の枠内で圖式を作り、それでもつて人生を、世界を測つてゐたのである。自分たちの知力では、この限界を越える事柄については、いつさい判斷を下す資格がない、さうかれらは心得てゐた。いつの時代にも存在するほら吹きもふくめて、さうだつたのである。判斷不能と知つたとき、かれらは權威をうけいれた。だから、まさしく限定において、かれらは賢くありえたのである。

（「朝の影のなかに」、堀越孝一譯、中央公論社）

「限定において、賢くありえた」とはどういふ事かを知りたければ、きだみのる氏の「につぽん部落」（岩波新書）を讀めばよい。「終戰前後から十五、六年くらゐ」の頃、「東京都の西の端を限る恩方村」邊名部落に「限定において賢い」としか評しやうの無い人々が住んでゐた事が解る筈である。その一人がかういふ名言を吐いてゐる、「本なんておめえら讀むでねえ。本を書くにや筆が要らあ。本書きの使ふ上等な筆になればなるだけ狸の毛ばが餘計入るもんなあ。化かされて暇と金をすつちや藝もねえからよ」。

「狸の毛ばが餘計」入つてゐる毛筆の代りに萬年筆を握り、韓國についてのまことしやかな噂を書き散らすT・K生は、「藪の中」の事柄、或いは「限界を越える事柄については、いつさい判斷を下す資格がない」などと、ただの一度も考へた事が無いであらう。そして、なにせ國軍保安司令部の「地下室牢」の內部までお見通しらしいから、戒嚴司令部の如き權威は一切受け入れる必要が無いのであらう。だが、「友人のジャーナリスト」や「民主勢力の或る長老」といつた淺薄な手合に從つてゐるT・K生が、戒嚴司令部の權威を受け入れてゐる金俊榮氏よりも賢い筈は斷じて無い。「賢い人に從ふのは賢い事と同じだ」とアリストテレスは言つた。その通りであつて、吾々は皆、病氣になれば醫師の診斷に從ふのである。

知らされすぎの弊害

「こんにち西洋に生きてゐるごくあたりまへの人のばあひ、かれはあまりにも多くのことを知らされすぎてゐる」とホイジンガは言ふ。洋の東西を問はず、それは憂ふべき現代病である。光州で何が起つたかは吾々にとつて「藪の中」である。が、テレビのスイッチを捻るだけで、或いは新聞の社說やT・K生の駄文を讀んだだけで、人々は「自分で思考」した積りになり、「自分で表現」してゐる氣になつて、「金大中氏を殺すな」のデモに參加し、ハンストをやり、「民主勢力との連帶の挨拶」に醉ふ。それは嗤ふべき淺薄だが、同時に憂ふべき現代病でもある。マスコミやルポ・ライターによつて吾々は、イラン・イラク戰爭だの、ポーランドのストライキだの、原子力發電だの、藝能界の「噂の眞相」だのと、「あまりにも多くのことを知らされ」ながら、といふよりは知らされるがゆゑに、「限界を越える事柄については、いつさい判斷を下す資格がない」との謙虚な心構へを今や喪失してゐる。そして「あまりにも多くのこと」のすべてについて「自分で思考」する譯には到底ゆかないから、人々は、出來合ひの思想を探し求める事になるが、出來合ひといふものは、服であれ思想であれ、多くの人々に利用されるやうに拵へてあるから、當然の事ながら非個性的であり、非個性的だから同志との糾合を圖るのに便利で、かくて身方を善玉、敵を惡玉とする安直な二分法が持て囃され、人々は敵を罵る事によつて肌を合せ、身方との「連帶」を無上の快とし、身方が自分と同じ考へである事を確認して安心したがるのである。例へば次に引く文章を見るがよい、最後の一行が特に興味深い。

五月二十三日、平壤放送は韓國への〝不介入〟を宣言する朝鮮中央通信の聲明を放送した。（中略）「多くの市民と全斗煥軍が全面衝突して多數の死傷者が出た」「高校生たちも授業を拒否して市街をデモした」。（中略）平壤放送の、煽動調ではなく、重々しい調子の語り口には迫力があつた。

とくに三十日朝のニュースは「四・一九（六〇年の韓國學生革命）の教訓を忘れず、たたかふ人民の側、父母兄弟の側に立ち、反維新・反ファッショ闘爭隊列に勇敢に立ち上るべきである」と、韓國人民や兵士にたいして訴へたのは印象にのこつた。

この放送を日本でききながら二つのことを考へた。第一は事件の客觀的事實と政治的本質を明快に指摘したことに對する共感であつた。しかし、第二には、海をへだてた日本でこの放送をききながら、何んともいひやうもないもどかしさや無力感をもつた。

小中陽太郎も、筆者とおなじやうな無力感をもつたらしい。

（松浦總三「光州事件とマスコミ」、「統一評論」昭和五十五年九月號、傍點松原）

最後の一行については説明を要しないと思ふ。何ともはや砂を嚙むやうな駄文だが、文章作法上の缺陷も指摘しない。だが、この松浦氏の駄文には、反韓派を批判してこれまで縷々述べて來た事柄が集約されてゐる。まづ、「藪の中」の眞實に對する畏敬の念を持合せぬ松浦氏は、平壤放送を鵜呑みにして「光州事態の眞相」すなはち「事件の客觀的事實」を把握できたと思ひ込んでゐる。次に、松浦氏は「たたかふ人民の側、父母兄弟の側」が善玉で「全斗煥軍」は惡玉だと「明快」に區分けする平壤放送の「煽動調」の非人間性に氣附かず、その「明快」な「政治的本質」に「共感」してゐる。出來合ひの思想が「明快」で「政治的」なのは怪しむに足りないが、それはまた頗る非人間的なのであつて、これは少しく説明を要する。

　松浦氏は「統一評論」に寄せた同じ論文の中で、「諸君！」を「タカ派文化人の機關誌」と呼び、「まもなく『正論』（サンケイ出版）も創刊され、右傾の『中央公論』とならんで〝右翼雑誌トリオ〟を形成した。これらのメディアは親韓文化人の飼育の溫床だつた」と書いてゐる。つまり、松浦氏は「左傾」の「統一評論」や「世界」は善玉で、私のやうな「右翼」を「飼育」した「中央公論」は惡玉だと割切つてゐる譯である。だが、私は「中央公論」昭和五十五年四月號で「親韓文化人」を徹底的に成敗した。彼等のでたらめな「變節」を人間として許せないと思つたからである。「中央公論」が「右翼雑誌」なら、どうしてさういふ事が可能だつたのか。

　要するに、「藪の中」の眞實を把握する事の難しさを痛感しない者は、人間を理解する事の難しさをも痛感する事が無く、人間を善玉と惡玉に二分して能事足れりとなす。「御意に任す」を書いたピランデルロは、さういふ淺薄な手合に我慢がならなかつた。「御意に任す」の幕切れで、ポンザ一家の奇行の謎を解かうとして、すなはち「藪の中」の眞實を知らうとして躍起になつた金棒曳きは、見事背負投げを食ふのだが、ピランデルロはただ單に「眞實の相對性」を主題にして觀客を飜弄しようとしたのではない。ピランデルロは「眞實は時に隱蔽されねばならぬ。同情にもとづく噓に較べれば、眞實などはさして重要ではない」といふ事が言ひたかつたのである。ポンザ夫人は金棒曳きたちに言ふ、「あたくしどもの生活には、隱しておかねばならぬ事がございます。さもないと、お互ひの愛情によつて見附け出した救ひが、臺無しになつてしまひます」。

これはしかし、善玉惡玉二分法に執着する手合にはちと高級すぎる問題かも知れぬ。が、「同情にもとづく嘘」を尊重しないなら、すべての家庭は破壞されよう。いや、家庭に限らず、全ての社會生活は成り立たない。そして實際、吾々は妻子や親友を善玉と惡玉に二分してはゐない。身近な友人と附合ふ時、吾々は友人の謎は謎のままにしておく思ひ遣り、或いは、眞實を隱蔽する思ひ遣りを忘れてはゐない。そしてまた、百パーセントの善玉も百パーセントの惡玉もこの世には存在しない事をも吾々は皆承知してゐよう。それなら吾々は、韓國人に對しても、なぜ同じ態度で接しられないか。

「中央公論」昭和五十五年七月號にも書いたとほり、私には「韓國にしかゐない友人」がある。それゆゑ私は、韓國について知り得た眞實のすべてを、ルポ・ライターよろしく語る事はしない。友人について知つた事のすべてを明け透けに語るのは背信行爲である。私は例へば申相楚氏の人柄を賞讃した。あれはいくら何でも褒め過ぎだと笑つた淺はかな韓國人もゐたらしいが、私は申氏の缺點を知らぬではない。申氏も人間であつて、もとより完全無缺ではない。が、それはお互ひ樣であり、私にも多くの缺點がある。申氏は確實にそれを知つてゐよう。この世に百パーセントの善玉がゐる筈は無い。無論、百パーセントの惡玉もゐる筈は無い。

けれども、反韓派にはこの至極簡單な道理がどうしても理解できぬらしい。それゆゑ彼等は、かつては朴正煕氏を、今は全斗煥氏を、極惡非道の惡玉に仕立て、一方、金大中氏を完全無缺の善玉として渴仰する。だが、それも、本氣で金大中氏の人柄に惚れ、友情ゆゑに金氏の缺點を知りたがらぬ、といふ事ではない。彼等はただ、闇雲に善玉を稱へて空疎な文章を綴り、惡玉を難じて惡罵の限りを盡くすだけなのである。

例へば、「變節」した清水幾太郎氏を進歩派は罵倒する。身方を裏切つた者はすなはち敵だからである。だが、出來合ひの思想を弄び、敵を罵り身方を稱へ、連帶をもつて無上の快となす、さういふ自分たちの政治主義の安直な生き方ゆゑに、今、清水氏の「裏切り」を有效に批判できず、ただ罵るばかりなのだといふ苦い認識は、彼等には無い。

いや、それは保守派も同じである。保守派の中には「蕩兒歸る」とて清水氏を歡迎する向きもある。敵の敵となつた者は身方だからである。私は改憲論者であり、自衞隊が國軍として認知される事を切に望んでゐる。けれども一方、昨今の所謂「右傾化」の輕佻浮薄をも苦々しく思つてをり、その輕佻浮薄をいづれ批判せねばならぬと考へてゐる。が、それをやれば、私は「折角高まつた防衞意識に水を差す裏切者」として保守派に嫌はれるに決つてゐる。だが、身方のすべてが善玉で、敵のすべてが惡玉と割切り、身方との連帶に醉ひ癡れるべく敵を罵る、さういふ安直な生き方に慣れ、知的誠實を抛棄して久しい進歩派に、「右傾化」の淺薄を批判できる筈は斷じて無いのである。

「おやりなさい」

だが、もうこれくらゐにしておかう。何を言はうと愚かな反韓派には所詮通じまい。通じるくらゐなら、あれほどぞんざいな文章を書きなぐる譯が無い。それは百も承知ゆゑ、專ら讀者を當てにして、彼等に通じないゆゑんを縷々述べて來た譯だが、最後に反韓派が百パーセントの惡玉と見做し、呪咀してやまぬ全斗煥大統領に關する三つの文章を引用し、反韓派の善玉惡玉二分法の安直を讀者にとくと味はつて貰はうと思ふ。

獨裁者朴をしのぐ全斗煥によつて、光州の民衆の貴い血潮がおびただしく流され、しかもその血を贖ふべき者の首の代はりに、惡虐なすりかへによつて、こともあらうに金大中氏らの生命を彼らは求めてゐます。

（「季刊クライシス」第五號、讀者投稿欄）

金載圭氏を英雄視する民心はいつそう高まつてゐる。しかし全斗煥グループの敵意はつひに無謀にも彼を死に追ひやるのではないかといふ悲觀論がつよくなつてゐる。一二・一二事態を經驗した國民は、全斗煥のやうな人物は何をしでかすかわからないと思ふ。

（T・K生、「軍政と受難」）

次に引くのはその「何をしでかすかわからない」全斗煥大統領の長男で、延世大學二年生の全宰國君が、一九八〇年十月一日附の「朝鮮日報」に寄せた文章の一部である。

本當に長い「冬休み」であつた。（中略）その間私たち韓國民は、多大の犧牲を拂はねばならなかつた。が、その鬱陶しい梅雨も明けた。四月の或る日、大學へ行くと、友達が父の事を話してゐた。父全斗煥《チョンドファン》を「剪頭漢《チョントハン》（人殺し）」と呼んでゐた。

　私は大學での徹夜籠城はしなかつた。早く歸宅して母や弟や妹を安心させねばならず、また「維新殘黨の首魁」と謗られてゐる父を慰めてやりたかつたからである。けれども、この不肖の倅は、夜おそく歸つて來る父を慰めるよりは、むしろ父の惡口を言ふ友達につい同感し同情してしまふのであつた。一度父にかう言つた事がある、「お父さん、お父さんひとりですべてをうまくやれますか。お父さんが自分の惡口を聞く事ができるといふ事實、それこそ民主主義の存在を實證するものではありませんか」（中略）

　或る日、夜おそく、歸宅した父が言つた、「お前の學友が、私を維新殘黨のボスと呼び、私の藁人形を拵へて、火刑式をやつたさうだな」。怒りや疲勞ではなく、悲哀と孤獨の籠つた聲で父がさう言つた時、父の目に涙がうかんでゐた。その涙の意味を私は理解した。それを一生忘れずに生きてゆかうと思ふ。神に誓ふ、私は今後一瞬たりともそれを忘れない。忘れたら、いかやうの罰を受けてもよい。私の知る限り、父は誰にもまして鋼《はがね》のやうな意志を持つ軍人であつた。その父が涙を見せるなどといふ事は、とても想像のつかない事だつた。（中略）

　冷たい風が吹いてゐる冬の夜、十二月十二日、十年間住んだ延禧洞の思ひ出深いあの家で、長い歳月、信じ合ひ助け合つて暮して來た幸福な夫婦と四人の子供たちが、向き合つて坐つてゐた。父の表情は堅く、母は窓外の闇を默つて見詰めるばかり、子供たちは何事かが起るとの不吉な豫感に息詰まるやうな思ひだつた。すると父が言つた、「お前たちは、正しくないと知りながら、大きな流れにそのまま身を任せるはうがよいと考へるか。それとも、男と生れた以上、命を懸けてでも、自らが正義と信ずるもののために、歴史の流れを變へるべく全力を盡さねばならぬと考へるか」。ぼんやりして默り込んでゐた子供たちにとつて、それは思ひもよらぬ質問であつた。が、四人の子供たちは口を揃へて言つた、「おやりなさい」。

　權威ある家長にとつて、子供たちのこの信頼がどのくらゐ役立つたかは解らないが、少しばかり堅い表情を弛めて父は言つた。「私は田舎の貧農の子として生れ、かうして將軍にまでなれた。これで滿足だ、これ以上の野心は無い。だが、もしもこの私の身に不幸な事が起つて、お前たちが世間から侮辱され蔑視されるやうな事になつたとしても、お前たちは挫折する事無く、勇氣を失はず、雄々しく生きてゆくのだぞ」。

さう言ひ殘し、振向かず、父は冷たい戸外へ悠々と出て行つた。

（昭和五十六年三月）

〈對談〉日本にとつての韓國、なぜ「近くて遠い國」か

申相楚《しんさんちょ》（大韓民國國會議員）
松原正

朴大統領が暗殺された時

松原 申さん、覺えていらつしやいますか、朴正熙大統領が暗殺された時、私はたまたまソウルにゐて、その翌日だつたか、私は申さんに電話を掛けた。そしてから言つた、「私は新聞記者ぢやないから、大統領暗殺の眞相なんぞ知りたいとは思はない、ただ今後の日韓關係について、申さんとはもう一度語り合ひたい、折も折、たいそうお忙しいだらうが、お目にかかれないだらうか」。

實は、申さんの他にもう一人、野黨新民黨の代議士にも會ひたいと思つたのです。新民黨について率直な疑問をぶつけてみたいと思ひましてね。そこでまづその野黨の代議士に電話を掛けた。が、斷られたんですね。「松原さんもご承知のやうに、今は國家未曾有の危機である、お會ひできない」。まあ、それはそのとほりで、あ

の時は野黨の代議士だつて猫の手も借りたいくらゐだつたらう。まして申さんは維新政友會の代議士、いはば與黨だつた。これはもう斷られるに決つてゐると思つて、おづおづと電話した。すると申さんはおつしやつた。「いやあ、私は忙しくありませんよ」。たとへ忙しくなくても忙しいと言ふのが政治家だらうにと、私は驚き、感動し、訝《いぶか》しんだ。

申 つまり、政治家としての力量を訝しんだわけでせう。（笑）

松原 ええ、それはもう。（笑）議員會館で最初にお目にかかつた時に訝しんだ。あの時、吾々は三時間語り合つたけれど、申さんは日本の政治家や知識人を、名指しでぼろくそにけなしたでせう。

申 いや、それは松原さんが先にやつたんだな。それで私もつい心を許して……。（笑）それに松原さんは韓國や韓國の政治家についても、ずいぶん激しい事を喋つたんですよ。覺えていらつしやらないかも知れんが。

松原 いや、覺えてゐますよ。申さんに對してだけではなく、私は韓國で日韓雙方の批判をやりましたから。私怨ゆゑの惡口はいけないけれど、私は個人的に怨んでゐる韓國人なんて當時一人もゐませんでしたから。孫世一といふ人がゐるでせう。東亞日報の論說委員の。

申 ええ、いまは代議士ですが。

松原 孫さんに初めて會つたのは、朴大統領が殺される數時間前、東亞日報の彼の部屋でだつた。私は孫さんに言つたのです。「朴大統領は偉大だが、ああいふ偉大な政治家の取卷きはとかく墮落しがちなんだ。あなた方は朴さんがいつまでも生きてゐると思ひ込んでゐる。けれども朴さんも人間、いつ死ぬか解らない、いつ殺されるか解らない」。孫さんは頗る眞劍に私の話を聞いてくれましてね、もう一度會はうぢやないかといふ事になつた。二度目に會つたのは無論、朴大統領が殺された後の事ですが、ホテルの私の部屋で、夜空に行き交ふ探照燈を時々緊張した氣持で眺めながら、吾々はまこと眞劍に話合つたのです。正直、孫さんの意見には承服できないところがあつた。だから私はそれを率直に言つた。そしてその結果、私にとつて孫世一さんは、忘れられぬ人の一人となつたといふわけです。

申 それが何より大事なんですよ。韓國人と日本人が率直に話合ふといふ事が。孫君とはその後お會ひになりましたか。

松原　ええ、韓國へ行けば必ず會ひます。三度目の訪韓、あれは昨年の七月だつたけれど、その時の孫さんは失意のどん底で……。何しろ彼は金泳三氏に賭けて、その金氏が失脚してしまつたのだから。確か、金泳三氏の主席補佐官になつたのでしたね。

申　ええ、まあそんな役でした。

松原　でも失意の時であらうと得意の時であらうと、友情に變りは無いはずですからね。私は文公部に孫さんと再會できるやう取り計らつてくれと賴んだ。ところが文公部は消極的でしてね。ああいふ態度、よくないな。

申　それは無理からぬ話ですよ。なにしろあの頃は混亂期だつたし、それに何より、どこの國でも役人根性と人情は水と油だ。

金鍾泌氏との對談

松原　それはさうです。でも、覺えていらつしやいますか、昨年（昭和五十五年）七月訪韓した時、金浦空港からソウルへ向ふ車の中で私、「金鍾泌さんに會ひたいのだけれど、會へるだらうか」つてたづねたでせう。

申　さうでした。覺えてゐます。

松原　昨年四月、二度目の訪韓の折、私は金鍾泌さんに會つた、大統領候補としての金鍾泌さんに、民主共和黨の總裁室で。金さんは私との會見に一時間半も割いてくれたのですよ。もつとも私のはうから會ひたいと言つたわけではなかつたけれども。とまれ私は金鍾泌さんにかなり率直に話した、「韓國は日本と違ふ。ソウルの四十數キロ先に敵がゐるではないか。しかるに韓國の政治家は日本やアメリカにおけるやうな民主主義が韓國でも可能であるかのやうに思つてゐる。それは途方もない間違ひだ」。そんなふうに話したのです。すると金鍾泌さんは頗る眞劍になつて、三十分の會見豫定が九十分になつてしまつた。私はあの頃、軍人が大統領にならなければ韓國は持たないと思つてゐたし、申さんもその點は同意見でしたけれど、「袖振合ふも他生の緣」といふ事があるでせう。九十分語り合つたら「多少の緣」ですよ。逮捕され失脚したからとて知らぬ顏はできないでせう。

申　その通りです。

松原　勿論、友情や信賴關係だけでは政治はやれない。マックス・ウェーバーの言ふ通り「政治家は惡魔の力と契約する」。だから、金鍾泌さんだつて私の意見を書生論だと思つたに違ひない。私のはうもさうで、私は當時國軍保安司令官だつた全斗煥さんに會つて、あの人の人柄にぞつこん惚れたばかりでなく、全斗煥さんがいづれ金鍾泌さんを逮捕するのではないかとさへ思つてゐましたけれど、そんな事はおくびにも出さなかつた。金鍾泌さんには惡いけれど、人格識見、勇氣、そのいづれにおいても全斗煥さんのはうが上だと私は思ひましたからね。でも金鍾泌さんとの「多少の緣」、これは否定しやうがない。なるほど政治家は「惡魔の力と契約」するけれど、そして金鍾泌さんがどんなふうに契約したのか、私は知らないけれど、政治家も人間ですからね、權力を失つて後も「多少の緣」を忘れぬ友人知己の存在は、これは必ず必要とする筈だと思ふ。

申　おつしやる通りです。人間は絕對的な孤獨に耐へられるものではありません。それに人間には、自分の信念に對する誠實のほかに他人に對する誠實も必要ですから。

松原　その「他人に對する誠實」といふ事ですけれど、申さんと私とは七つ違ひ、勿論申さんのはうが先輩です。そして吾々が知り合つてまだ二年にしかならないけれども、何回會つても私に對する申さんの態度は少しも變らない。これこそ「他人に對する誠實」といふもので――

申　いや、それは松原さんもさうだ。知り合つて二年にしかならないけれども、私としてはまるで數十年附合つたかのやうです。何しろ先月日本へ來た時は、千葉縣勝浦の旅館でいつしよに風呂に入つて、背中を流して貰ひましたから。

松原　だつて、私も流して貰つたのだから……。もつとも申さんの背中の面積は私の背中のそれよりも大きくて、大きなイボがあつて、（笑）七つ年上だけあつて皮膚の老化が進んでゐて（笑）……いやいや妙な脫線をしてしまつた。（笑）强引に本論に入る事にします。

六十億ドル、米の壓力で澁々貸す

松原　周知の如く、當面の日韓の厄介な問題として、例の六十億ドル公共借款があります。これは今後どうなるのか。いや、どう處理すべきか。その點についてのお考へを話して頂きたいのですが。

申　まあ、兩國の外相會談も閣僚會談も物別れに終つてしまつた譯ですね。その後も兩國の政治家が頻繁に往來して、兩國の友好親善を强調してゐるんですが、どうもそれも口先だけの美辭麗句でしてね、問題の解決を先に延ばすための方便ではないかと私は思つてゐます。けれども、これは大事な問題で、うまく解決しないと韓日關係に大きな禍根を殘します。韓日の當局者が眞劍に忍耐強く話合つてうまく解決しなければならない。交渉のやり方にも色々ありますが、役人同士、政治家同士の交渉だけでなく、日米賢人會議のやうなもの、それが韓國と日本の間にも必要なのではないかと思つてゐます。役人や政治家はとかく保身の術にたけてゐて、輿論に迎合するでせう。つまり本音を吐かんのです。本音と建前を使ひわけるのは日本人の特技だと、日本人は思つてゐるでせう。ところがさうぢやない、韓國人のはうがそれは徹底してゐる、とさへ私は思ふ。ともあれ、韓國人も日本人も、競つて使ひ分けをやつとるんですな。これでは何事も解決しません。

松原　ですが、私はかう思つてゐるんです。日本はいづれ必ず韓國に六十億ドル貸すやうになると。六十億が四十億になるといふ事はあるだらうが、貸す事は必ず貸す。だが、それは日本が韓國の言分を理解して、といふ事ではない。

申　さう、アメリカに壓力をかけられて澁々貸すといふ事である。

松原　さうなんです。實際、二三日前の新聞に、アメリカ共和黨のヘルムズ議員が、日米對等の防衞分擔を求め、日米安保條約改定決議案を提出しようとした。結局は引つ込めましたけれども、あれは最初から引つ込めるつもりだつたのだらうと思ふ。つまり、アメリカは日本に對して今後、日本に防衞分擔をさせるべく、手を替へ品を替へ壓力をかけてくるだらうと思ひます。韓國に對する經濟協力だつて、アメリカに壓力をかけられて澁々やる、さういふ事にもなり兼ねない。けれども、さういふ事になつたら甚だ困る。この點、いかがですか。

申　全く同感ですな。この前、オタワで先進國首腦會議がありましたね。あの時、鈴木首相とレーガン大統領とは、日米兩國にとつて最も重要なる地域に對する經濟協力といふ點について合意したわけですね。日米兩國にとつて重要な地域とはどこか、間違ひなしに韓國がさうです。けれども、日米共同聲明についても「そんなものに日本は束縛されない」とか日本側が言ひ出して……。

松原　韓國人も啞然としたでせう。

申　啞然としましたな。（笑）

松原　園田外相の輕佻浮薄には困つてしまふな。でも、御安心下さい、そのうち內閣改造があつて、まさか外相の留任はないでせうから……。

申　ついでに、鈴木首相の留任もありえないでせうか。（笑）

松原　あ、さうか。事態は深刻なんだなあ。（笑）「御安心下さい」なんて輕々に言つちやいけないんだ、外國人に。これ、人から聞いた話ですけれど、園田外相は昔、落下傘部隊の隊長だつたさうですよ。で、その話をある時、記者會見でヘイグ長官が披露した。するとアメリカ人記者が笑つた。落下傘部隊の隊長つてのは頭が惡いんださうです。だから——

申　ちよつと待つて下さい。うちの大統領も落下傘部隊の隊長だつたんですが……。

松原　あ、さうだ、すつかり忘れてゐた。（笑）でも、例外の無い法則は無いでせう。（笑）しかし、同じ落下傘部隊出身で、あの二人、どうしてああも違ふのか。

申　まあ、園田さんは三十數年、落下傘つけての降下をやつてゐないから……。

經濟協力はすべて安保絡み

松原　とにかく話題を變へませう。（笑）さういふ事で、ええと何の話でしたか。

申　アメリカの壓力で澁々貸すのはまづいのではないかといふ話です。その通りです、アメリカに言はれて、澁々貸したとなると、日本側は不快だらうし、韓國側にも色々とまづい事が起る。これはやはりうまく解決しなければならない、韓日雙方が努力しなければならない。日本人の殆どは、「今頃、唐突に大金を貸せと言ひ出して、韓國といふ國は尊大で生意氣だ」ぐらゐに思つてゐるのではないですか。

松原　さうなんです。一方、韓國にも頗る非理性的な反日感情がある。ですから、アメリカの壓力を受けてから貸すといふ事になると、日韓雙方の馬鹿が騷ぎ出しますね。韓國の馬鹿はかう言ふ、「ザマを見ろ、アメリカに叱られて結局金を出したぢやないか」。そして、さういふ韓國の馬鹿の態度が日本でも報道される。すると日本の馬鹿がいきり立つ。

申　かくて韓日關係は最惡の狀態になる。

松原　それは何としても避けなければならない。

申　日本はいはゆる安保絡みの經濟協力はできないといふ考へでせう。私にはそれが理解できないのですよ。現代世界において、經濟協力とはすべて安保絡みなんですから。ソ聯の衞星國に對する經濟協力だつて、無論安保絡みだ。例へばの話、ソウルの下水道改善のために日本から金を借りる。その金で下水道を直す。生活環境がよくなりソウル市民がいつそう健康になる。健康な市民の中から兵隊をとる。富國强兵といふ事になる。ですから、安全保障と無關係の經濟協力なんぞありえない。

それと、日本の方々に是非とも理解して頂きたいのは、韓半島における南と北の勢力比といふ事です。北が强いと戰爭になる可能性があるが、南が强ければその心配は無い。それはアメリカとソ聯の關係についても言へる事です。その事が日本人にはどうも解つて貰へないらしい。今、南と北には軍事力の格差があつて、北のはうが少し强いのです。その格差を埋めるべくアメリカ軍が駐留してゐる譯ですが、韓國としてはいつまでもアメリカに依存せず、獨力で格差をなくさなければなりません。そのために韓國は、軍事的にも經濟的にももつと强くならなくてはならない。そのために日本に金を借りたいと、さういふ事なのです。日本の新聞は、六十億ドルとは法外な、と考へてゐるやうですが、私は法外だとは思ひません。一時に六十億借りたいといふのではなく、五年に割つて六十億、つまり一年間に十二億貸してくれないかといふ事ですからね。日本のGNPは今、一兆二千億ドルでせう。十二億ドルとはその千分の一だ。要するに、千圓持つてゐる日本に對して、韓國は一圓だけ貸してくれと言つてゐるのです。日本の海外經濟協力資金は、アジア向けが年間二十五億ドルでせう。二十五億のうち韓國に半分も貸す譯にはゆかんと、さういふ考へもある。けれども、日本の安全と平和にとつて、一番重要な國は韓國ではないだらうか。重要な國に優先的に貸したはうが、日本の國益に合致するのではないだらうか。もしも韓半島で戰爭が起つたら、日本はそれを對岸の火事として眺めてゐられるだらうか。もはやさういふ事はできないと私は思ふ。一九五〇年から五三年にかけての戰爭の際、日本は對岸の火事のやうに眺めてゐたでせう。

松原　ええ、それどころか、火事場泥棒よろしく、と言つては語弊があるけれども、とにかく特需でしこたま儲けました。

申　ところが、あの頃とは違つて、今の國際政治の權力構造を考へたら、韓半島における戰火は、少なくとも極東全域にひろがる可能性がある。日本としては、とてもそれに乘じて稼ぐといふ譯にはゆかない。

松原　さうです。第一、そんな事をアメリカが許すはずもない。

申　さうなりますとね、戰火が日本にも及ぶといふ事にもなりかねない。さうなつたら六十億ドルどころの出費ではすまなくなる。それを考へれば、さういふ事態を未然に防ぐための六十億、これは決して法外な額ではない。

韓國は「戰爭屋」ではない

松原　私個人としては、全く同感です。けれども、日本人の殆どは、このまま「モラトリアム國家」としての繁榮を永遠に享受できると思ひ込んでゐますからね。韓半島の安定が日本にとつて大切だと、韓國がいくら强調しても信じないわけですよ。それどころか、さういふ韓國の主張を、比喩はまづいが、惡女の深情けのやうに思ふ。（笑）つまり、「あたしを大事にするとあなた仕合せになれるわよ」つて、美女に言はれたら、男はその氣になるけれども、殘念な事に、日本人は韓國を美女だとは思つてゐない。ですから、「韓半島の安定は日本にとつても重要」だなどと言はれても、惡女の深情けで迷惑だと、さう感じてしまふのです。

　どうしてさういふ事になるか、つまりなぜ日韓關係はかくも厄介なのか、それは日頃、私と申さんとが倦む事なく語り合つてゐる事で、けふもいづれその點について、ざつくばらんに語らなければならないでせう。けれども、まづ考へなければならないのは、日本と韓國との、國防意識の懸隔ですね。韓國は國防について頗る眞劍だけれど日本はさうぢやない。日本では今、ソ聯が脅威かどうかなんて悠長な議論をやつてゐるんですが、大事なのはそんな事ぢやない、ソ聯の脅威を日本人が本當に感じてゐるかどうか、でせう。韓國では、北朝鮮が脅威かどうかについての議論、やつてゐますか。

申　やつてをらんですな。皆、北の脅威を痛感してゐるから、さういふ馬鹿げた議論はやりません。

松原　さつき申さんは、「韓國としてはいつまでもアメリカに依存せず、獨力で北との格差をなくさなければならない」とおつしやつた。それは要するに、北朝鮮だけでなく、アメリカもまた韓國にとつての脅威だといふ事ですね。

申 さうです。アメリカが韓國を見捨てるといふ事が、絕對にないとは言切れない。

松原 そこなんですよ。さういふ事を日本人はまるで考へてゐないのです。ですから、ソ聯の脅威といふ事はさかんに論ずるけれども、アメリカの脅威は全然論じない。

申 奇妙ですな。むしろアメリカのはうが日本にとつては脅威のはずですがね。

松原 それに、國際經濟といふマラソンで、アメリカもECも韓國も、いはば鎧をつけて走つてゐる。軍事費といふ鎧を。しかるに日本だけがパンツ一枚で走つてゐるでせう。(笑)昨今、日本に對するアメリカやECの壓力が強まつたけれども、要するにあれは、「パンツ一枚とはけしからん、日本にも鎧をつけさせろ」といふ事なんですね。

申 さうです。日本側の言分に理があるかどうか、さういふ事は問題ぢやない。日本とソ聯、この二つの國さへ無かつたら吾々も安心して眠れるんだがと、ヨーロッパの連中は言ふ。が、今やヨーロッパだけではない。アジア諸國もさう思つてゐますよ。

松原 つまり、軍事的なソ聯の脅威と、經濟的な日本の脅威といふ事ですね。韓國の對日貿易赤字も相當のものになつてゐるでせう。

申 一九六五年から今日までの累積赤字が二百十五億ドルになつてゐます。最近は每年三十億ドルの赤字ですから、今後五年で百五十億ドルになる。

松原 つまり、百五十億ドルも儲けるのだから、六十億ドルぐらゐ貸したつてよいではないか、さういふ事になる。

申 さうです。さういふふうに考へて頂きたい。ところが、それが中々に難しいわけです。何しろ日本のマスコミは、韓半島における情勢は安定してゐるのに、韓國はさかんに戰爭の危險があると言ひ立ててゐる、韓國は「戰爭屋」として飯を食つとるぢやないかと、さう考へてゐるんですから。でも、韓國が過重なる軍事費を支出して頑張つてゐるために、日本が得をしてゐる事は事實ではないか。その點だけは日本の方々に理解して頂け

ないか。いやいや、かういふ事を言ふから「惡女の深情け」になるわけですな。（笑）

松原　要するに、日韓がなぜお互ひに「近くて遠い國」なのか、その原因はたくさんありますね。けれども、雙方の國防意識の違ひ、これがまづ厄介だと思ひますね。日本の政治家や知識人は板門店や第三トンネルを見るべきですよ。

北はいつでも戰爭をやる氣

申　昨年四月、松原さんは第三トンネルを視察なさつた。あの時、トンネルから出て來て、師團長の求めに應じて「見事なり、第一師團」とお書きになつたでせう。

松原　だつて本當に見事でしたもの。崔連植少將にしても、鄭鎬溶司令官にしても、見事としか言ひやうのない軍人だつた。無論、全斗煥大統領もさうです。當時は國軍保安司令官だつたけれども。私はね、申さん、敗戰の時、中學三年だつたのです。ですから死ぬる覺悟で大事業をやつてのけた男といふものを、目の邊りに見た事がない、全斗煥さんに會ふまでは。それですつかり感激して、日本へ歸つて手放しで褒めたわけですよ、韓國を。「中央公論」で。

申　さう、そしてひどい目にあつた。當然の事だ、何しろ本氣で「惡女」を褒めたのだから……。で、ひどい目にあつて後悔なさいましたか、褒めた事を。

松原　いや、全然。だつて事實ありのまま、感激した事をそのまま書いたんですから。ですから後悔はしなかつたけれども、色々と考へさせられましたね。日韓關係の難しさを痛感しました。もう韓國の事は書くまいと思つた。まあ、それはともかく、先日もアメリカの偵察機が北朝鮮軍のミサイルで攻擊されるといふ事件が起りましたね。あの程度の事はあつても、北朝鮮が韓國に攻擊をしかけるといふやうな事はないと、大方の日本人は考へてゐるのです。この點、いかがですか。

申　いや、それは間違つた考へです。今、韓半島において、戰爭が起らないのは、空軍の力のせゐなのです。勿論、陸海空三軍の總合戰力が北の攻擊に對する抑止力になつてゐるわけですが、空軍に限つて言へば、アメリカ空軍の力を合せるなら、南のはうが北よりも強い。ところが、もしもソ聯が北にミグ二十三とかミグ二十五とかを與へるといふ事になると、さうなつたら北は侵略をやりかねない。北はリビアに操縦士を送つて、訓練を受けさせてゐるんです。

松原　どうしてリビアなんですか。

申　リビアにはオイルがたつぷりありますからね。金をかけずにミグの操縦訓練がやれます。リビアにゐる北の空軍の兵士は數百名といふ事ですが、訓練が終ると歸國して新しいのがまたやつて來る。さうやつて、ミグを操縦できる兵隊が一定の數に達した場合、ソ聯がミグを北に渡す。さうなれば戰爭を仕掛けてくる可能性は大きい。とにかく金日成といふ男は、人民の血を大量に流しても、ソ聯の支援さへ得られれば、いつでも戰爭をやる氣でゐますからね。かの南侵用のトンネルだつて、北が掘つたといふ事實は、今や全世界が認めてゐるでせう。いや、日本の新聞だけは認めてゐないのでしたか。

松原　日本の新聞の韓國報道のでたらめ、これは本當に困つたものです。私は昨年ソウルで、ソウル新聞の文胎甲社長に會つたのですが、文さんが嘆いてゐましたね。日本の新聞は北朝鮮についてどうしてあんなに斷定的に物を言ふのか。自分は一九七二年の南北會談の折、記者として北へ行つたが、吾々が十分間話合へば、何しろ言葉が同じなのだから、相手が何を考へてゐるか、日本の記者以上によく解る。勿論、吾々に偏見が全く無いとは言はないが、北の連中の考へは、日本人以上に微妙なところまでよく解る。ところが日本の新聞は、日本の知識人や政治家が北に招待されて、北の公式的な説明を鵜呑みにして歸つて來ると、それをそのまま信じて北を褒め、韓國を惡しざまに言ふ、あれは實にけしからん。文社長はさう言つてゐましたね。

申　とにかく私の國の軍事費の支出はＧＮＰの六パーセントです。ところが北はＧＮＰの四十パーセントですからね。世界中にＧＮＰの四割を軍事費に割いてゐる國は、北以外一つも無いんですな。

松原　勿論、韓國のＧＮＰと北朝鮮のそれとは比較にならないけれど、要するに、ＧＮＰの四割を軍事費に割いても、國民から一切文句が出ない國といふわけで、それは恐るべき獨裁國家だからでせう。

申　そのとほりです。その邊のところを日本の方々に解つて頂きたい。

松原　つまり、國民に苛酷な耐乏生活を强ひる事のできる閉鎖社會たる北朝鮮と、さういふ事のやれない自由主義陣營に屬する韓國と、この二つの國を同列に論ずる譯にはとてもゆかない。けれども、その點についての日本人の理解が缺けてゐるんですね。何せ今の日本には自由がふんだんにある。世界中に日本ほど自由を享受してゐる國はない。だからどうしても韓國を自由の無い閉鎖社會のやうに考へてしまふ。軍人ばかりがのさばつてゐる野蠻な國だと思つてしまふ。けれどもそんな事ないですよ。例へばこれ、韓國天主教中央協議會の李鍾興神父に聞いた話だけれど、陸軍參謀總長の李熺性大將が戒嚴司令官を兼ねてゐた頃、神父さんたちと會食した事があつた。その時、李神父は戒嚴司令官に、「あなた方軍人はとかく信仰心が無い。そのくせ信仰心のある兵隊は勇敢に戰ふなどと言ふ。そんな事を言ふのなら、將軍達も信仰心を持つべきではないか」と、さう言つたさうです。すると李熺性大將、頭をかいて苦笑したらしい。（笑）

申　あれは大層立派な軍人なんですよ、李熺性將軍は……。

松原　さうらしいですね。とにかく、李神父が强調してゐたのは、「戒嚴司令官にだつて吾々は自由に物を言へるのだ、軍人に文民が抑へつけられてゐると日本人は思つてゐるのだらうが、とんでもない誤解だ」といふ事でした。

申　韓國の軍人は大日本帝國陸軍の軍人とはまるで違ふ。まあ、それは松原さんがよく御承知のはずだけれど。

松原　ええ、それはもう……。例へば、あの光州暴動を鎭壓したのは特戰隊でせう。あの頃、日本の週刊誌は、特戰隊の兵隊が妊産婦の腹を割いて胎兒を取り出したとか、およそありえないやうな蠻行をやつたと書きました。でも、私は當時特戰隊の司令官だつた鄭鎬溶中將から直接聞いたのですが、そんな馬鹿げた事、特戰隊は全然やつてゐない。そして鄭中將は私にかう言つたんです、「自分はこれまでただの一度も部下を毆つた事が無い。この大韓民國に自分に毆られた軍人は一人もゐない。それは自分の名譽にかけて斷言する」つて。無論、光州暴動の時、現地にゐたわけぢやないけれど、私は鄭鎬溶さんの人柄を知つてゐる。ですから特戰隊の蠻行云々なんていふ話、信じないわけです。

申　要するに「百聞一見にしかず」でしてね、韓國のありのままを見さへすれば、日本のジャーナリズムがいかにでたらめか解るはずなんですな。ところが、知識人はとかく臆病だから、ありのままを言はないんでせう。新聞記者だつてさうです。ソウル駐在の日本の新聞記者は、ありのままに記事を書いて送つても本社のデスクがボツにするものだから、しまひにはデスクの喜びさうな事ばかり書くやうになる。しからば、「日本に言論の自由ありや」と言ひたいですな。それに何より、自由とはあくまで相對的なものでせう。日本にはふんだんに自由がある。何しろ國を守らない自由もあるんだから。ほら、あの何ていひましたつけ、「ソ聯が攻めて來たら、赤旗と白旗を掲げて降服しろ」つて書いた人……。

松原 ロンドン大學の森嶋通夫さん。

申 あれにはたまげたなあ。（笑）あんなすつとんきやうな事書いても通用するんだから。（笑）

松原 いや、笑ひ事ぢやない、まつたくお恥しい話です。實際今の日本が韓國に見習ふべき點は多々あるんですよ。李鍾興神父にしても孫世一さんにしても、とにかく一所懸命に考へてゐる。何しろ李神父とはベルジャエフを論じ、アウグスティヌスを論じ、轉じて金大中、金泳三を論じといつたぐあひでしたが、宗教についても俗事についても、あの人頗る眞劍でしてね。ああいふ神父さん、日本にはゐないと思ひます。私は無信仰だけれど、あの神父さんには惚れました。

申 いや、惚れて當然です。あれは立派な神父だから。

松原 どうも私は惚れやすい質なのかもしれませんが。とまれ、韓國人の見事なところを日本人が本氣で認識すべきだと私は思ふ。ところが、それが難しい。「眞劍勝負つていい言葉だなあ」つて、孫世一さんが呟いた事がある。けれども、あの晩、朴大統領が殺された翌々日、孫さんは眞劍そのものだつた。が、さういふ事が日本人には解らないんです。いや解らせられないんです。

申 要するに、韓國のよい面や明るい面を見ずに、暗い面ばかりを強調する。あら捜しばかりやる。いや、あら捜しだつていい、事實なら文句は言ひません。が、無責任なデマばかりでせう。金大中事件の時もさうだつたし、光州事件の時もさうです。光州事件はうちの大統領が、いや、あの時はまだ大統領になつてゐなかつたけれど、とにかく軍の最高責任者だつたんですが、松原さんも御承知のやうに、全大統領や鄭鎬溶將軍みたいに極めて誠實な人間に、妊婦の腹を割かせるなんて事、できるはずないでせう。あれは初めから嘘なんですよ。特戰隊はね、人命の犧牲を最小限にするために、最大限の努力を拂つたぢやないですか。日本のジャーナリズムが言ふやうに手段を選ばずにやつてよいものなら、あんな暴動、一時間で鎭壓できますよ。それなのに一週間もかかつた。それは人命を尊重したからです。

松原 さういふ事なんだけど、それをいくら喋つても信じて貰へない。何しろ、森嶋通夫さんのやうな學者の防衞論が通用する國ですからね。軍人とは人非人だぐらゐに思つてゐる。一昨年、崔連植將軍が動亂當時の北朝鮮軍の殘虐行爲について說明してくれたのですけれど、その時、崔連植さんがかう言つたのですよ。「北朝鮮ではこんないたいけな子供にまで銃を持たせて訓練をやつてゐる。子供だつて愛國心が旺盛なんだと言ひたいのだらうが、私たちはさうは考へない。そんな事、非人間性のあらはれではないか」。私はそんなにたくさん韓國の軍人を知つてゐるわけぢやない。けれども、私の知りえた限りでは、彼らほど野蠻や尊大と緣遠い人間は無いと思ひます。けれども、日本ぢやそれを言つても信じて貰へない。いや、信じて貰へないのは仕方がないとして、韓國軍に限らず韓國を褒めますと、色々と厄介な事になるんですね。つまり韓國を褒める動機を勘繰られるんですよ。

申 日本においてでせう。

松原 いや日韓雙方においてです。日韓には理でなく利によつてつながるおぞましい關係といふやつがある。ですから韓國を褒めますとね、「あいつは韓國人に利用されてゐる」と、さういふ事になる。

申 ですから、それは日本においてでせう。

松原 いいえ、韓國においてもですよ。例へば、「あいつは申相楚さんを褒めるが、申さんはそんな立派な男ぢやない。松原は申さんに利用されてゐるんだ」。

申 なるほど私は「そんな立派な男」ぢやないが、「松原さんを利用」とはひどいね。馬鹿みたいな奴らだな。要するに、日本の諺にあるぢやないですか。「蟹は甲羅に似せて穴を掘る」。それですよ。氣にする事はない。けれども、戰後三十六年、さういふ「おぞましい關係」がつづいた事は事實ですね。戰前の事は私、あまり言ひたくないし、言ふ必要も無い。問題は戰後の三十六年だ。嘘と馴れ合ひの三十六年だつたぢやないですか。日本人が韓國へ來ると、調子のよい事ばかり言つて韓國人を喜ばせ、玄界灘を渡ると同時に、ぺろりと舌を出す。韓國人の場合も同じですよ、東京へ來て、おべんちやら言つて、玄界灘を渡ると惡口を言ふんだな。日本の惡口言ひたければ、日本人の前で言つたらいい。そして韓國へ歸つたら、日本を擁護すべきですね。

松原 さうです。日本人の場合も同様です、韓國を批判したければ韓國人の前でやつて、日本へ戻つたら韓國を擁護しなくてはね。ところがそれをやらない。どんな國にも缺點はある。韓國にだつて反省すべき點は多々あるんです。一昨年十月、最初に訪韓した時、私はそれを見て取りましたもの。中さんには何もかもざつくばらんに喋つたけれども。

淺はかな反日ナショナリズム

申 では、ずいぶん日本を批判したから、この邊で韓國批判をやりますか。

松原 と、韓國人が切り出す事はめつたにないのだけれど、さう言はれると日本人としては「お立場上まづい事になるでせうから……」と言はざるをえない、一應は。(笑)

申 私はね、一九七三年にアメリカ國務省の招待を受けたんですよ。そして歸國後、アメリカの印象を書けと言はれて、かう書いた、「アメリカは人種差別と階級差の甚だしい國であつて、アングロ・サクソンはいはば將官、それ以外の白人は佐官、ユダヤ人は尉官、韓國人や日本人は下士官、そして黑人は兵卒である」。それを讀んでアメリカ大使館の或るユダヤ人が怒つてね、「せつかく金を遣つて招待したのに何たる事を書くか」……。(笑)

松原 でも、ユダヤ人が怒るのは無理ないけれど、それだけの事だつたでせう。後腐れはなかつたでせう。私も二十年ほど前、國務省の招待でアメリカへ行きましてね、歸國後アメリカの劇團や劇作家の惡口書いた事もあるけれど、別にどうといふ事はなかつたですね。やつぱりアメリカを褒めなくてはならないか、などとは全然思はなかつた。もつとも當時、アメリカに反日感情はほとんど無かつたから。

申 韓國における反日感情についてですけれども、總じてナショナリズムは感情的なものになりがちなんですね。しかも韓國の場合、日本帝國主義から解放されてまだ日が淺いといふ事がある。だから、日本が少しでも氣に障る事を言ふと、ナショナリズムに火がついて、わいわい騷ぎだす。腹を立てるのは解るが、わいわい騷いでなにが解決できるか。

松原　先般、オリンピックの開催地がソウルに決定した時、私は心から喜んだ日本人の一人なんです。けれども、ソウルが名古屋に勝つた事は「對日外交の勝利だ」と、韓國の新聞が書いたと知つて、私は正直、情けないなと思ひましたね。

申　要するにあれは、先進國でばかりオリンピックをやらずに開發途上國でもやらうぢやないか、といふ事でソウルに票が集つたんでせう。對日外交とは何の關係もない話なんだ。さういふ妙な考へ方をする連中がをるから困る。

松原　さういふ淺はかなナショナリズムは、無論日本にもあるのだけれど、何とか抑制しなければなりませんね。さもないと、ずる賢い日本人に乘せられてしまふ。それあ誰だつて褒められて腹は立たない。けれども、シェイクスピアが描いたリア王のやうに、甘い言葉に醉ひ癡れてゐると、いつか必ず足を掬《すく》はれる事になる。褒められてたわいなく喜び、苦い事を言はれたとたんに怒る、さういふ現金な態度をとつてゐると、本當の身方が寄り附かなくなるでせう。昨年、ソウルのホテルのバーで、かういふ事がありました。或る韓國の代議士と私と私の友人の三人で酒を飮んでゐたら、或る日本の代議士が大聲で「全斗煥は偉い、俺は全斗煥のためなら死んでもいい」つて喚いたんです。すると驚いた事に、その韓國の代議士が「あの人は韓國の身方だ、眞の親韓派だ」と言つたんですよ。

申　をかしな事ですな。で、松原さん、その韓國の代議士をたしなめましたか。

松原　いや、たしなめるといふのではなくて……、その韓國の代議士は立派な人でしてね、私、好きですから、色々と話しましたけれど。でも、申さんには解つて頂けると思ふけれども、さうやつて「でたらめな親韓派に騙されるな」と忠告するでせう、韓國人に。さうすると、妙に不快な氣分になつてくるのです。何と言つたらよいのかな、つまり忠告する事は「この私は信用していいんだよ、この私だけは本當の親韓派なんだ」と主張してゐる事になるのではないか。或いは少なくとも、相手がさう疑つてゐるのではないかと、こつちが疑ふやうになる。（笑）

申　なるほど、厄介ですな。

松原　厄介ですよ。しまひには面倒臭くなつて、ええい、抛つておけといふ事になります。

現金な處世術を反省せよ

申　でも、抛つておけないでせう。日本の親韓派の中には立派な方もたくさんゐるのですけれど、でたらめなのも多い。そしてそれは、うちの政府にも責任があると思ひますね。過去に色々とまづい事をやつてゐるんです。口先だけのおべんちやらを言ふ奴を招待して、氣骨のある人を招待しない。いつそ韓國の惡口を言つてゐる人たちを招待して、ありのままの韓國を見せたらいいんです。

松原　さうですね。褒めてくれると喜んでまた招待する、さういふの、一番いけないと思ひますね。かういふ事言ふのは大變心苦しいけれども、そして誤解されるかもしれないけれども、この際だから言つておきます。大方の日本人にとつて、韓國は「追ひつき追ひ越す」べき先進國ぢやなかつたわけでせう。近代化のために學ばねばならなかつたのは、歐米諸國であつて韓國ぢやなかつたでせう。ですから學者だつて歐米諸國の政府に招待されると喜ぶが、韓國にはあまり行きたがらないわけですよ。で、その行きたがらない人たちを招待すればいいのだけれど、實際問題としてそれは難しい。ですから、不愉快な事だけど、金や女が目當てのでたらめな奴でも、韓國の事を褒めて書いてくれるからとて招待する。かくして理ではなくて利でつながる事になる。さうなりますとね、氣骨のある連中はますます韓國から遠ざかるのですよ。

申　そこなんです、問題は。私は今回も日本の或る學者に言はれたんですよ、實は自分は韓國に關心を持つてゐるのだけれど、どうもああいふ墮落した連中と一緒にされてはかなはん、それでこれまで招待されても斷つて來たんだと。これは要するに、これまで韓國がでたらめな日本人とばかり附合つてをつたから、まともな日本人が親韓派になりたがらない。さういふ狀況になつてをるんでせう。私はその學者が書いたもの讀んで感心したから會ひに行つたのですが、のつけから嚴しい韓國批判を聞かされて、驚きました。とにかくこれまでのやうな招待のやり方は考へ直さなくてはならない、さう痛感してゐます。

松原　さつき私は金鍾泌さんの事、喋つたでせう。金鍾泌さんと私とは九十分語り合つただけの仲なんです。ところが韓國には金鍾泌さんと深い附合ひをした人がゐるわけでせう。さういふ韓國人が、金鍾泌さんが失脚したとたんに、新しい權力者に追從して保身を圖るのを見せつけられますとね、心ある日本人は眉を顰《ひそ》めると思ふ。朴大統領の死後もさうだつたでせう。朴さんの死後、屍に鞭うつやうな事を言つた日本の親韓派知識人を私は斬つたけれども、さういふ人でなしは韓國にもゐたわけですね。「類は友を呼ぶ」んです。どつちもどつちなんです。李朝の兩班《ヤンパン》以來の惡しき習性かもしれないが、保身のためのあまりにも現金な處世術を反省しないと、いつまでたつても無節操な日本人としか附合へない。

申　そのとほりです。吾々は大いに反省しなくちやなりません。さもないと、無節操な日本人としか附合へないばかりでなく、眞の身方に愛想づかしをされてしまふ。例へば福田さんね、福田恆存さん。あの人は朴大統領が死んで、日本中が鞭うつてゐた頃、「孤獨の人、朴正熙」を書いた。死んだ人を褒めて何の得があるんですか。それなのに福田さんは挽歌を捧げてくださつた。あれを讀んで感激した韓國人がたんとをるんですよ。ところが、その福田さんも今や韓國に愛想づかしをしてをられるんだから……。

松原　福田さんは朴大統領と親しくしてゐたでせう。そこで、私が全斗煥大統領を褒めちぎりますとね、福田さんは次第に面白くなくなるんですね。「あんた、そんな事言ふけど、朴さんは日本の陸軍士官學校を一番で卒業してゐるんだ。三番で卒業といふ事になつてゐるけれど、韓國人を首席にしたくないとの日本人のけちな根性ゆゑに三番といふ事になつてしまつた。全斗煥さんも偉いが、朴さんはもつと偉い」、一度さうおつしやつた事がある。さういふ福田さんの氣持、私にはとてもよく解りますね。死んだ朴さんにそんなに肩入れしたつて、何の得にもなりはしないんだから。

申　要するに、眞實、韓國に對して同情と理解を持つてをられるお方が、韓國に愛想づかしをしてしまふ、さういふ風土を誰がつくつたか。やつぱり、うちのはうの責任が大きいんですね。これはどうしても是正しなければならんと思つてゐます。

松原　國家と國家の附合ひは誠實といふ事だけではやつ

てゆけないけれども、何せ日本と韓國は鄰り同士でせう、未來永劫に引越すわけにはゆかないでせう。それなら、ざつくばらんに語り合ふ個人と個人との附合ひが、もつとあつてしかるべきですね。さもないと、日韓は互ひにいつまでたつても「近くて遠い國」、といふ事になる。

眞の身方こそ苦言を呈する

申　これから徐々によくなるのぢやないですか。やがて日本も淺薄な安保只乘り狀態を脱して、國防を眞劍に考へなければならないやうになる。さうなれば必ず韓國に對する理解も深まると思ひます。けれども勿論、ざつくばらんな話合ひ、それが何より大事です。吾々二人が今やつてゐるやうな、友情と信頼にもとづく附合ひが、百組、千組、といふふうに增えてゆけばいい。

松原　さうです。そしてそれは別に難しい事ぢやない。申さんと附合ふの、私にとつてはそんなに難しい事ぢやないもの。(笑)誰だつて、ざつくばらんに喋れる友人は持つてゐるはずでせう。私たちの場合はたまたま國籍が違ふといふだけの事です。もつとも殘念ながら私は韓國語が喋れなくて、申さんが日本語を話してくださるからこそ——

申　いや、そんな事ぢやありませんよ。何語を喋るかなんていふ事は問題ぢやない。信頼できる相手かどうか、それが大事なんです。スパイは相手國の言葉を流暢に喋るぢやないですか。(笑)

松原　なるほど。けれども、その言葉の問題ですけれども、私は申さんと附合ふやうになつてから、韓國語が喋れたらなあとつくづく思ひます。思ひながら勉强しないけれど、それは齡五十を越え、日本語を使つてやりとげたい事がたくさんあるからなんです。これ、必ずしも辯解ぢやないんですよ。例へば五十の手習ひやるよりも、日本語を用ゐて日韓を「近くて近い國同士」にするために努力したはうがいいではないか。それは必ずしも韓國のために辯ずるといふ事ではない。さつき、おつしやつたやうに、日本人の國防意識を確乎としたものにしようとして書く事も、日韓關係を好轉させるための一助になるわけですからね。そしてさうやつて、吾々韓國語を喋れない世代が眞劍に努力すれば、若き世代が韓國の事を本氣で考へてくれるやうになる。韓國語をやらうといふ連中も出てくる。早い話が、この申さんと私の對談ですが、若い連中が讀んだら、韓國にはこんなざつくばらんな代議士がゐたかと驚いて、韓國を見直すのぢやないかと思ふ。

申 ざつくばらんな代議士とは形容矛楯だな。(笑)むしろ八方破れなんですよ。

松原 八方美人よりはましでせう。(笑)とにかく私は若い世代に期待しますね。私が昨年「中央公論」で韓國のために辯じた時も、若い連中からずいぶん手紙を貰ひましたもの。それあ、不愉快な目にも遭ひましたよ、たつぷりと。「全斗煥を褒めるとは何事か、あんな奴に書かせるな」といふ事にもなりましたし、脅迫電話もかかつて來たし……。

申 馬鹿みたいな奴らだな。どうせ北のシンパでせう。

松原 さうでせうね。でも、北朝鮮のシンパの脅迫なんぞ大した事ぢやないですよ。閉口するのは韓國の現金な政治主義です。現金といふ事がなによりも困ります。褒められればたわいなく喜び、ちよつとでも不都合な事を言はれるといきり立つ、さういふ淺はかな反應は身方を遠ざけるだけですよ。眞の身方が苦言を呈する事もあるし、韓國のため良かれと思つて、不都合な事を書いてしまふ事だつてあるでせう。でも、日韓關係に關する限り、私は若い連中に期待しますね。でも、そのためには、吾々の世代がやつておかなければならないことがありますから……。

申 さうです。吾々が若い連中に範を垂れなくてはならない。欲得づくの嘘の附合ひをやつてをつたんでは、示しがつきません。

松原 「示しがつかない」なんて日本語、ずいぶん久し振りに聞いたなあ。申さん、先月日本においでになつた時も、今回も、申さんは日本の若者に強烈な印象を與へたのですよ。「VOICE」編輯部の安部文司君なんぞ、ぞつこん惚れ込みましたね。何しろ京都のホテルで同じ部屋に泊つて、午前二時頃まで附合つて頂いて、翌朝、新幹線の始發に間に合ふやう起して貰つて、「あんな代議士は斷じて日本にはゐない」と、安部君はいたく感激してゐました。つまり、「示しがつく」やうに振舞つたといふ事なんです、さういふ事が。

申 いやあ、あの晩は愉快でしたな。(笑)

松原 ただし、安部君も申さんの鼾にはまゐつたやうですがね。

申 私の鼾、そんなにひどいですか。

松原 ひどいなんてものぢやない。何しろ叫ぶんですから、突如として。（笑）

申 いや、それだけは解らんな、松原さんを果して信用すべきかどうか……。（笑）

松原 いや、信用すべきですね。私は以後決して申さんとは寝ませんから。（笑）酒を飲みすぎるんぢやありませんか、要するに。

申 いやいや、酒と鼾は關係ありません。酒が飲めるといふ事はすばらしい事なんです。それは健康である證據、そして友達のある證據ですからな。まさに「酒は百藥の長」なんです。

松原 「百藥の長とはいへど、よろづの病は酒よりこそ起れ」と吉田兼好は言ひましたがね。さうだ、面白い話があります。韓國では、夜十二時以降は外出禁止になるでせう。韓國の或る有名な飲兵衛が、十二時過ぎに或るバーへ入つて行つたんです。そしたらそこに、たくさんの夜の蝶がゐた。バーに夜の蝶がゐて不思議はない。けれどもそこに一人、制服制帽の巡査がゐたんですつて。そこでどうなつたか、飲兵衛は巡査をどなりつけた、「こら、お巡りがバーへ來る時は、私服で來い、馬鹿野郎！」すると巡査が「馬鹿野郎とは貴樣の事だ。ここをどこだと思つとるか！」そこはバーではなくて警察署だつたんです。（笑）夜の蝶は外出禁止令違反で調べられてゐたといふわけ。さういふ話なんですが、そのどう仕樣もない飲兵衛の名を申相楚といふ……。

申 さういふ事があつたらしいですな。しかし、今はめつぽふ弱くなつて、武勇傳なんぞ一切ありません。頗る穩やかな飲兵衛です、今は。

松原 そのやうですね。扶餘で飲んだ時も、鮮于煇さんは少々荒れたけれど、申さんは穩やかだつた。鮮于さん、お元氣ですか。

申 ええ、健筆を揮つてゐます、相變らず。

松原 鮮于さんも私より七つ年上だけれど、ああいふ人も今の日本國にはゐないのぢやないかと思ひますね。昨年七月、ソウルのホテルで話してゐた時、鮮于さんの意見に承服できなかつたものだから、私は言つたのですよ、「鮮于さんのやうな人ばかりぢや大韓民國は持たない。鮮于さんはチェホフが好きらしいけど、十九世紀のロシアにはトルストイもゐた、ドストエフスキーもゐたぢやありませんか」。するとね、鮮于さんは頭をかきながら答へたんですよ、「解つた、解りました。どうも僕は重要な問題をちやかしてしまふ惡い癖があつてね」。私は感動しましたね。まじめになるべき時にもまじめにならない、それが今の日本の何よりも困る風潮なんです。韓國ではさういふ事はない。それこそまさに、日本が韓國に見習ふべきところだと思ひます。

申　鮮于さんのやうな人間がゐるといふ事こそ、韓國が健全な國家である證據なんですな。とまれ、韓國人の意見に承服できない時、承服できないとはつきり言ふ、それが何より大事なんですね。けふは幸か不幸か、松原さんと意見の對立はなかつたけれども……。

松原　いや、意見の對立があつても、互ひに信頼し合つてゐたら、感情的なしこりを殘す事無く話合へるんですよ。

申　さうです。ですから、韓國人と日本人がざつくばらんな附合ひをやつて、韓日兩國が一刻も早く「近くて近い國」同士になつてもらひたいですね。

（昭和五十六年十二月）

道義不在の防衛論を糺す

言論を動かすのは外壓のみ

「君の意見に私は同じない。けれども、君が意見を述べる自由だけは、命を懸けても保證する」とヴォルテールは論敵に言つた。まことに立派な心構へであつて、いかなる場合も暴力は斷じて許されず、冷靜な談合が何より大切だと、昨今は猫も杓子も言ふのである。けれども何事にも程がある。例へばかういふ文章を綴る政治學者を相手に、どうやつて冷靜な談合がやれようか、それこそ杓子で腹を切らうとするの類ではあるまいか。

　われわれには軍備は要らないのですから、アメリカに對して經濟援助をする分だけ、防衛費を削つていけばいい。頭の中の空想だけで軍備が要ると思つてゐるのだから、現實認識を深める議論を繰り返すことによつて、軍備必要といふ空想論をだんだんに減らしていけばいい。

さういふ空想論が減つた分だけ防衛費を削つていけばいい。

私は「非武装平和」論こそ「空想論」の典型だと思つてゐる。それゆゑ、「空想的平和主義者」の口から、「頭の中の空想だけで軍備が要ると思つてゐる」手合の「空想論」に對處すべく「現實認識を深める議論を繰り返すべきだ」、などといふ臺詞を聞かされると、しばし茫然自失して、わが耳を疑ふのである。「大人は頭の中の空想だけで、國籍の違ひや年齢差が愛の障礙になると思つてゐるのだから、現實認識を深める議論を繰り返すべきだ」などと、十歳以上も年上の、首狩族の女を伴つて歸國した面皰《にきび》面の倅に言はれたら、父親はどうしたらよいか。言語道斷、一家眷族の名折れとて、馬鹿息子をぶん毆るか。さうはゆくまい。今は民主主義の世の中で、暴力は斷じて許されない事になつてゐるからである。

ではどうするか。冷靜な談合が望ましいなどと言はれても、なにせ相手は草津の湯でも癒《いや》せぬ病に取り憑かれてゐる。首狩族と愛の巣を營み、共白髪までやつてゆけるなどとは所詮「空想論」でしかないと懇《ねんご》ろに說諭したところで、相手はさういふ現實主義こそ「空想論」だと信じ切つてゐるのだから、何の驗《げん》もありはしない。幸田露伴なら「婦女《をんな》が何だ！。戀が何だ！。たとひ美女だらうが賢女だらうが、我を迷はせりやあ我の仇敵《かたき》だ。男兒《をとこ》の正氣《ほんき》になつて働かうといふ事業《しごと》の、障礙《しやうがい》になる奴あ悉皆《みんな》仇敵だ。戀たあ料簡《れうけん》の弛みへ出る黴だ、閑暇《ひま》な馬鹿野郎の掌《て》の中の玩弄物《おもちや》だ」と怒鳴るかも知れぬ。が、今時、そんな勇ましい啖呵を切れる雷親父がゐる筈は無い。かてて加へて、父親とて若かりし頃、戀愛至上主義に感《かぶ》れた事があらう。首狩族と昵懇《ぢつこん》の仲になる機會こそ無かつたものの、愚かしき青春の思ひ出には事缺くまい。それを思へば大きな顔をする譯にはゆかない。さう思つて父親は諦め、運を天に任せる事になる。つまり、しばし捨て置くのである。しかし、捨て置きながらも父親はひたすら待つ。何を待つか。無論、破鏡を待つ。そして待つた甲斐あつて現實が倅の「空想論」を打ち砕いた時、父親は心中密かに凱歌を奏するのである、「それ見たか、言はぬ事ではない」。

私は防衛論と丸切り無關係な事を語つてゐるのではない。先に引いた文章は立教大學で政治學を講じてゐる神島二郎氏のものだが、かういふ空想的平和主義者が勝手な熱を吹く様を、常識を辨《わきま》へた人々は、首狩族の女に惚れ込んだ男を目の前に見る時さながら、呆氣にとられて眺めるのではあるまいか。俗に「鰯の頭も信心から」といふけれども、鰯の頭は所詮鰯の頭でしかないと、いくら言ひ聞かせた所で、何せ信心なのだからどう仕樣も無い。どう仕樣も無いから抛つて置く。が、一旦、空想家が現實の壁に打ち當つて挫折した時は、「それ見たか」とて寄つて集《たか》つて痛め附けるのである。ヴェトナム軍がカンボジアに攻め込み、その「懲罰」として中國軍がヴェトナム北部に侵攻した時がさうであつた。戰爭は帝國主義國が仕掛けるもので、社會主義國同士が戰爭する事は無いと信じ、常々さう主張してゐた進歩的知識人は衝撃を受け、周章狼狽、世の笑はれ者になつた。例へば菊地昌典氏は「人權彈壓は、民主主義の抑壓と同義語なのであり、現代社會主義國に共通した重大な缺陷である」とまで書いて、保守派の失笑を買つたばかりか、進歩派にまで袖にされる始末であつた。けれども私は釋然としなかつた。「それ見たか」との保守派の得意顏をいかがはしく思はざるをえなかつた。そこで私はかう書いた。日商岩井の海部八郎氏を新聞や週刊誌が袋叩きにして樂しんでゐた頃の事である。

弱い者いぢめはさぞ樂しからう。まして今回は辣腕《らつわん》の副社長が落ち目になつたとあつて、身震ひするほど樂しからう。さういふ殘忍は私も知つてゐる。例へば、社會主義に幻滅した社會主義者菊地昌典氏の困惑を眺めてゐると、私は無性にいぢめたくなる。が、さういふ時、私は用心する。皆が菊地氏をいぢめる時は、懸命に菊地氏の長所を探し出さうと努め、どうしても見附からない場合は菊地氏の短所を無理やりおのれの中に探し出す。それだけの手順を踏んでおかないと、いつの間にか魔女狩を樂しんで阿呆面をしてゐるおのれを見出す、といふ事になりかねない。

これを書いた時、私はかういふ事を考へてゐた。なるほど菊地昌典氏は社會主義の夢から覺めたのではなく、實は夢から覺めた夢を見てゐるだけの事かも知れぬ。が、人間はいくつになつても性懲りも無く夢を見る。すれつからしの現實主義者も誰かを信じて騙される。男に騙されない男も女にはころりと騙される。それなら菊地氏の困惑を小氣味よげに眺めてばかりゐず、彼の短所をおのれの中に探さねばなるまい。さういふ手數を省いてここを先途と菊地氏を叩くのはつまらぬ。さういふ言論はまことに空しい。菊地氏をして「轉向」せしめたのは保守派の言論の力ではなく、ヴェトナム軍と中國軍の行動であつた。これを要するに、吾國の言論は外壓によつてしか動かぬといふ事ではないか。

　その後、菊地昌典氏がどういふ事を書いたのか、私は知らない。けれども、ソ聯軍がアフガンに侵攻して以來、「右傾」の度合はますます強まつた。保守派は意氣揚々と胸を張り、一方、神島二郎氏のやうな樂天家は別だが、進歩派は今や意氣阻喪して、そろそろと逆艪《さかろ》を使ふ者まで出て來る始末である。だが外壓次第ではこの狀況とていつ何時ひつくり返らぬとも限らない。レーガン大統領の對ソ強硬路線が挫折して、またぞろ米ソ兩國は「平和共存」でゆかうといふ事にでもなれば、目下囂《かまびす》しいソ聯脅威論なんぞ跡形もなく消し飛んでしまひ、逆艪を使つてゐる進歩派までが、「それ見たか」とて胸を張るに相違無い。サイゴン陷落後、朝日新聞の「素粒子」の筆者は「南ベトナムの〝安定性〟をいひ續けてきた日本外務省、一部評論家のご意見を聞きたい」と鼻蠢《うごめ》かせて書いたのである。

百年千年經つて變らぬもの

殿岡昭郎氏の「言論人の生態」（高木書房）は、二年間にわたつてヴェトナム戰爭に關する言論人の發言を丹念に調べあげたあげくの成果であり、私は精讀して色々と教へられたが、殿岡氏もまた、風向き次第で脹らんだり萎《しぼ》んだりする言論の空しさを慨嘆してをり、それが私には頗る興味深かつた。殿岡氏はかう書いてゐる。

　日本の論壇がきはめて〝實證主義的〟であり、言論上の勝敗が道理ではなく情況の變化いかんに決定的にかかつてゐるといふことは、日本の言論のいつそうの脆弱さを證明してゐることにもなるだらう。

　言論は他の言論を傷つけることも、他の言論によつて傷つけられることもない。從つて言論による説得も勝敗もありえない。雙方は勝手放題にいひ散らして、最後の審判は事態の變化である。

　殿岡氏の言ふとほりである。だが、なぜなのか。なぜ「言論による説得も勝敗もありえない」のか。なるほど首狩族に頸つ丈になつてゐる若者に何を言はうと徒勞だから、といふ事はあらう。だが、それだけではない。日本人は和を重んずるから、何が正しいかは二の次三の次であつて、仲間うちの批判はタブーなのである。實際、神島二郎氏の粗雜な論理に顔を顰める進歩派もゐる筈だが、そんな事、噫《おくび》にも出せはせぬ。出したら村八分になる。そしてそれは保守派も同じであつて、それゆゑ「言論による說得も勝敗もありえない」といふ事になる。もつとも昨今は、「内ゲバはやめろ、進歩派を利するばかりだ」とて、留め男が割つて入つたりする程、改憲の是非を巡つて保守派同士の對立が目立つ樣になりはした。例へば「VOICE」昭和五十六年八月號で、片岡鐵哉氏は猪木正道氏と高坂正堯氏の「現實主義」を批判してゐる。けれども猪木氏も高坂氏も決して反論しないであらう。「雙方は勝手放題にいひ散らして」といふ事にならぬ代り、「最後の審判は事態の變化」だといふ事になるであらう。つまり、「軍備はいまの憲法でも充分可能」であり、「十年間は憲法論議を棚上げ」すべしと主張する高坂氏が正しいか、それとも「侵略といふショックが來るまで改憲も國防も不可能ではないか」と危惧する片岡氏が正しいか、それは「最後の審判」待ちといふ事になる。それゆゑ猪木、高坂兩氏としては反論せずにおく方が賢明である。

だが、果して「言論上の勝敗」は「道理ではなく情況の變化いかんに決定的にかかつてゐる」と言切れようか。なるほど情況すなはち現實は變化する。が、この世には何百年何千年經つて一向に變化しないものもある。ヴォルテールは近代文明を稱へて、「おお、この鐵の世紀のすばらしさ、爽やかなワインも、ビールも、ジュースも、イヴのあはれな喉を潤す事が無かつた」と書いたが、何、百年千年經つても變らぬアダムとイヴの原罪はヴォルテールも背負込んでゐた。「科學と理性の勝利」を信じて、「パスカルの絕望なんぞ少しも感じない」と書いたヴォルテールのフランスにおいても、新幹線を凌駕する高速列車を有するミッテランのフランスにおいても、惚れた腫れたの刃傷沙汰の愚かしさに何の變化もありはしない。

さういふ譯で、十年經つたら變る物があり、百年千年經つてなほ變らぬ物がある。高坂正堯氏は憲法論議を十年間棚上げすべしと主張する。それはつまり、今は賢明でない事が十年經つたら賢明になるかも知れぬといふ事である。つまり、今は政治的にまづいといふ事であつて、道德的によくないといふ事ではない。「今後十年間は嘘をついてはいけない」とは誰も言はないからだ。しかし、今後十年間憲法論議をやる事が賢明でないと假定して、十年間賢明でない事がいつ賢明になるのであらうか。なるほど、けふ賢明でない事があす賢明になるといふ事はある。昔、會澤正志齋が言つたやうに「今日のいふところは、明日未だ必ずしも行ふべからず」といふ事もある。それゆゑ政治家がけふ賢明でない事をけふ口にせぬやう心掛けるのは是非も無い。けれども、いかに優れた政治家も所詮は不完全な人間であり、「けふ賢明でない」との判斷において過つ事がある。かつて改憲の焦眉の急を說いて「眞情を吐露」した奥野法相を批判して高坂氏は、法相の「誠實は婦人の誠實」ないし「書生の誠實」だと書いた。「政治は結果倫理の支配する世界」であり、「自分の心を忠實に語るといふのは二の次」だといふのである。なるほど、高坂氏の意見を認めるとしても、政治家が「自分の心を忠實に語る」事を二の次にせず、「書生の誠實」に徹するはうが卻つて結果的に賢明である場合もあらう。それに、現行憲法は「自主憲法」ではない、「作り直すしかない」といふ法相の發言は今は賢明でないとする高坂氏の判斷が、かりに今、賢明だとしたところで、それが今後十年間賢明であり續けるといふ保證はどこにもありはしない。なるべくけふ賢明と思はれる事をけふ語らうとするのは處世術であり、それは誰でも持合はせてゐようが、けふ賢明と思はれぬ事をけふ語る政治家がゐたとして、誰もそれを「書生の誠實」として嘲笑ふ譯にはゆくまい。その誠實が「具體的に何の益もない」どころか「マイナスの效果」を齎したと斷じうる時期になつて初めて、吾々はその政治的責任を云々する事ができる。高坂氏の言ふとほり「政治は結果倫理の支配する世界」だからである。

高坂正堯氏はもとより神島二郎氏ではない。頭腦明晰なる高坂氏は右の私の批判に文句は附けぬであらう。私の言分を認めるであらう。私は高坂氏の人格を攻撃したのではなく、その論理の破綻を指摘したに過ぎないからである。これを要するに、高坂氏と私の「雙方は勝手放題にいひ散らし」た事にならず、しかも「事態の變化」といふ「最後の審判」の手を煩はせる必要も無かつたといふ事に他ならないが、既に述べた樣に「今後十年間は嘘をついてはいけない」とは誰も言はないのだから、「憲法論議を十年間棚上げすべし」とは政治的判斷なのである。全面媾和や日米安保條約や非核三原則の是非についての甲論乙駁は、それが政治的判斷にもとづく限り、とかく雙方が「勝手放題にいひ散らして」決着がつかず、「最後の審判は事態の變化」だといふ事になる。けれども論理には決着がつく。論理の矛楯は十年經つても矛楯だからである。いや、十年は愚か百年千年經つても、論理學のルールは變り樣が無い。「平凡な事は非凡な事よりも遙かに非凡である」とか、「狂人は論理的である、頗る論理的である」とかいつた類の逆説を賞味するためにも、吾々は論理學のルールを無視する譯には行かない。

「事の實際を奈何せん」と言ひたがる愚かしさ

要するに、この世には、文化大革命だの非核三原則だの人力車だの皇國史觀だのといふ、十年經つて變る物があり、癡話喧嘩や思考のルールのやうに百年千年經つて一向に變らぬ物がある譯だが、中江兆民の「三醉人經綸問答」この方、吾國の防衞論議はとかく十年經つて變りうる事柄にのみ氣を取られてゐたのであつて、「言論上の勝敗が道理ではなく情況の變化いかんにかかつて」ゐたのは當然の事である。「三醉人經綸問答」の三醉人とは、空想的平和主義者洋學紳士と、空想的軍國主義者豪傑君と、現實主義者南海先生だが、まづ洋學紳士はかう主張してゐる。日本は「民主平等の制を建立し、人々の身を人々に還《か》へし、城堡を夷《たひら》げ、兵備を撤して、他國に對して殺人犯の意有ること無きことを示し、亦他國の此意を挾《さしはさ》むこと無きを信ずるの意を示し（松原註して言ふ、この行《くだり》、平和憲法前文にさも似たり）、一國を擧げて道德の園と爲し、學術の圃《はたけ》と爲」すべきであり、「兇暴の國有りて、我れの兵備を撤するに乘じ、兵を遣《つか》はし來りて襲ふ」などといふ事はよもやあるまいが、「若《も》し萬分の一、此《かく》の如き兇暴國有るに於ては、（中略）我衆大聲《わがしゅうたいせい》して曰《い》はんのみ、汝何ぞ無禮無義なるや、と。因《より》て彈を受けて死せんのみ」。

この洋學紳士の非武裝無抵抗主義は、日本社會黨の非武裝中立主義よりも遙かに正直である。けれども、傲慢や自尊心やエゴイズムといつた百年千年經つて變らぬものを勘定に入れぬ空論だから、自由民權運動が退潮し「軍國主義への傾斜」の度合が強まるにつれて古證文も同然となつた。すなはち「事態の變化」といふ「最後の審判」に伏するしかなかつた。

空想的軍國主義たる豪傑君の意見もさうである。洋學紳士に反論して豪傑君は言ふ。そのやうな非武裝平和主義は現實無視の空論に他ならぬ。「六尺男兒、百千萬人相聚《あつま》りて一國を爲しながら、一刀刃《じん》を報ぜず、一彈丸を酬ひずして、坐《ゐ》ながら敵寇の爲に奪はれて、敢て抗拒せざるとは、狂人の所爲」ではないか。「抑《そもそ》も戰爭の事たる、學士家の理論よりして言ふ時は如何に厭忌す可きも、事の實際に於て畢竟避く可からざるの勢なり。（中略）争は人の怒なり。戰は國の怒なり。（中略）人の現に惡德有ることを奈何《いかん》せん、國の現に末節に徇《したが》ふことを奈何せん、事の實際を奈何せん」、されば日本は鄰接する弱小國を侵略し、植民地となし、先進國を凌駕せねばならぬ。

言ふまでもあるまいが、この豪傑君の主張は大日本愛國黨のそれよりも正直である。けれども、「自分の子供が戰爭に驅り立てられ、殺されるのが厭だからと言つて、戰爭に反對し、軍隊に反撥し、徵兵制度を否定」する「母親の感情」といふ、これまた百年千年經つて變らぬものを無視する空論だから、昭和二十年八月十六日からは古證文も同然となつた。もつとも昨今、その古證文の埃を拂つて懷かしげに眺め、あたりを窺ふ者もゐるが、さすがに「鄰接する弱小國を侵略し、植民地とせよ」とまでは言ひ出せずにゐる。

ところで、洋學紳士と豪傑君の主張は、恰《あたか》も小田實氏と三島由紀夫の主張ほど眞向から對立し、妥協の餘地はまつたく無いかのやうに思へるであらう。しかるにさにあらず、三醉人はブランデーを飲み、ビールを飲み、南海先生が笑ひ、「二客も亦噱然《きやくぜん》として大笑し、遂に辭して去れり」といふ事になる。どうしてさういふ事になるか。それを知るには南海先生の意見にも耳を傾けねばならぬ。洋學紳士と豪傑君の論述を締め括つて南海先生は言ふ。洋學紳士の說は「未だ世に顯はれざる爛燦《らんさん》たる思想的の慶雲」であり、一方、豪傑君の說も「今日に於て復《ま》た擧行す可《べか》らざる」ものである。そしてまた、兩君の說は一見「冰炭《ひようたん》相容れざるが如」くであるが、實は同一の「病源」に發してゐる、すなはち「過慮」である。さうではないか。目下プロシアとフランスが「盛に兵備を張るは、其勢甚《はなはだ》迫れるが如きも、實は然らずして、彼れ少く兵を張るときは或は破裂す可きも、大に兵を張るが故に、破裂すること有ること無し」、兩君ともに取越し苦勞をしてゐる、大事なのは「世界孰《いづ》れの國を論ぜず與《とも》に和好を敦《あつ》くし、萬已むことを得ざるに及ては防禦の戰略を守り、懸軍出征の勞費を避けて、務《つと》めて民の爲に肩を紓《の》ぶること」である。

要するに南海先生は「現實主義者」なのであり、それゆゑ、洋學紳士の説を「未だ世に顯はれざる」空論とし、一方豪傑君の説をも「今日に於て擧行す可らざる」空論と極め附けるのだが、「冰炭相容れざるが如」くに見えた洋學紳士と豪傑君は、あつけなく南海先生の説に伏するのである。つまり、明治二十年に出版された防衞論も、今日のそれと同様、「其時と其地とに於て必ず行ふことを得可《べ》」き事柄にのみ心を奪はれてゐるのであつて、「事の實際を奈何せん」、そんな事をやれる筈が無い、と豪傑君に言はれると洋學紳士はお手上げになり、豪傑君もまた、「今日に於て復た擧行す可らざる政事的の幻戯」と南海先生に言はれると大人しく引下つてしまふ。かくて一見「冰炭《ひようたん》相容れざるが如」くであつた平和主義者と軍國主義者は、「今日に於て」實行可能な事柄だけを考へる事の賢明を悟り、和氣藹々と現實主義者の茅屋《ばうをく》を辭するのであつて、洋學紳士も豪傑君も、南海先生同様、單純な現實主義者に過ぎない。「或は云ふ、洋學紳士は去りて北米に游《あそ》び、豪傑の客は上海に游べり、と。而て南海先生は、依然として唯、酒を飲むのみ」と、兆民は「三醉人經綸問答」を結んでゐるが、北米や上海に遊んだところで、別人の様になつて戻つて來るとは限るまい。

「三醉人經綸問答」の上梓は明治二十年、すなはち九十四年前の事である。だが、今日の防衞論議も、三醉人のそれと同様、百年千年經つて變らぬものを無視する單純な理想主義か、さもなくば「事の實際を奈何せん」とて胸を張り、「情況の變化いかんに」よつては「それ見たか」と居丈高になる單純な現實主義であつて、それゆゑ吾々は、百年千年經つて變らぬものを無視ないし輕視するのが百年千年經つて變らぬ日本人の特性ではないかと、さう疑つてみたはうがよいのではあるまいか。

絶對者なき理想主義の虚妄

國木田獨歩は人間を「驚く人」と「平氣の人」の二種に分け、日本人の大半は「平氣の平三の種類に屬」すると書いた。一方、プラトンは「驚異の念こそは哲學者のパトスであり、それ以外に哲學のアルケーは無い」と言ふ。無論、吾々日本人も、百年千年前に「驚異の念」をパトスとした先哲を有する筈で、それは獨歩も承知してゐたであらう。獨歩は「世界十幾億萬人の中、平氣な人でないものが幾人ありませうか」と書いてゐるくらゐだから、「驚く人」が少ない事に腹を立ててゐた譯ではない。ただ、世間が「平氣の人」である事に平氣でゐるのを怪しんだまでの事である。

獨歩は「牛肉と馬鈴薯」の作中人物岡本にかう語らせてゐる。「諸君は今日のやうなグラ〳〵政府には飽きられたゞらうと思ふ、そこで（中略）思切つた政治をやつて見たいといふ希望もあるに相違ない、僕も實にさういふ願を以《もつ》て居ます、併《しか》し僕の不思議なる願はこれでもない」。その願ひは妻子を犠牲にしても、殺人强盗放火の罪を犯しても、どうしても叶へたい。「此《この》願が叶はん位なら今から百年生きて居ても何の益《やく》にも立《た》ゝない、一向うれしくない。寧ろ苦しう」思ふくらゐだが、それは「宇宙の不思議を知りたいといふ願ではない、不思議なる宇宙を驚きたいといふ願」、「死の祕密を知りたいといふ願ではない、死てふ事實に驚きたいといふ願」である。「必ずしも信仰そのものは僕の願ではない、信仰無くしては片時たりとも安ずる能はざるほどに此宇宙人生の祕義に惱まされんことが僕の願であります」。

けれども、「信仰そのもの」を得ずして、「信仰無くしては片時たりとも安ずる能はざるほど」の惱みを手に入れる事はできまい。岡本は「ヲルムスの大會で王侯の威武に屈しなかつたルーテルの膽は喰ひたく思はない、彼が十九歳の時學友アレキシスの雷死を眼前に視て死そのものゝ祕義に驚いた其心こそ僕の欲する處であります」と言ふ。だが、獨歩は遂にルターの「其心」をおのがものとはなしえなかつた。なぜか。皇帝カール五世の召喚狀を受取つたルターは、火刑に處せられる危險を物ともせずにウォルムスへ乘込んだが、その搖ぎ無き信仰は、若かりし頃「學友アレキシスの雷死を眼前に視」、「聖アンナ樣、お助け下さい、私は修道僧になります」と誓つて以來十六年、孜々《しし》として育んだものであつた。「ルーテルの膽」を食ふ覺悟無しに「祕義に驚いた其心」をおのがものとなしうる筈は無い。

國木田獨歩と異り、絶對者への搖がぬ信仰を持つてゐたルターは、「神のもの」と「カイゼルのもの」とを峻別し、百年千年經つて變らぬ「神のもの」を重んじて、「情況の變化いかん」によつて、右から左、左から右へと變りうる「カイゼルのもの」を徹底的に無視した。それは要するに、信仰のためとあらば「妻子を犠牲にする」事も、

「殺人强盜放火の罪を犯す」事も恐れなかつたといふ事に他ならない。それゆゑ「戰爭は神の最大の刑罰」であり、「人は平和のために讓らなければならない」と書いた筈のルターが、農民一揆を難じてかう書いたのである。「今こそ劍を取るべき時であり、怒るべき時であり、恩惠を施すべからざる時である。領主よ、吾々を助けよ。彼奴等を皆殺しにせよ」。

絶對者への信仰があれば、相對的な現實を徹底的に無視するすさまじき理想主義と、逆に現實を徹底的に重視するしたたかな現實主義との、兩極端を激しく往來する事になる。しかるに吾々日本人は、絶對者を持たぬゆゑに、皇國史觀だの平和だの自由だのといふ相對的なるものを絶對視するしかない。そしてその弱みを忘れるや忽ち神憑り的な絶對主義者となり、現實の變化を無視する事になるが、そこまで徹底する者は稀であり、多くは現實の顏色を窺ふから、當然「情況の變化」に腰碎けとなる譯である。要するに、理想主義は强き現實主義に反撥する爲の强さを缺き、一方、現實主義は强き理想に反撥する强さを缺いて、理想主義といふ現實主義もしくは「平氣の平三」主義に墮するのである。例へば三島由紀夫は絶對者のために腹を切つた譯ではない。天皇も國體も相對的なものだといふ事を三島は知つてゐた。相對的なものに「殉じた」以上、一方に「狂氣の沙汰」と決めつける者がをり、他方にその「憂國」の至情を思ひ襟を正す者がゐて當然である。今後も同樣で、國體つまり「事態の變化」いかんによつては、十年經つて三島は神と祭られる樣になるかも知れず、或いは狂人扱ひされて誰も顧みない樣になるかも知れぬ。

三島は大方の日本人が「平氣の人」である事に腹を立て、頗る派手に振舞つた擧句、腹を切つたが、獨歩はせめても事おのれは「驚く人」でありたいと願つて果せず、「十年間人に認められ」ず、「認められて僅かに三年」、靜かに三十八年の生涯を終へた。なぜ獨歩は「驚く人」たりえなかつたのか。獨歩は「岡本の手帳」の中にかう書いてゐる。

何故にわれは斯《か》くも切にこの願を懷きつゝ、而も容易に此願を達する能はざるか。(中略)

英語にWorldlyてふ語あり、譯して世間的とでもいふ可きか。人の一生は殆んど全く世間的なり。世間とは一人稱なる吾、二人稱なる爾《なんぢ》、三人稱なる彼、此三者を以て成立せる場所をいふ。人、生れて此場所に生育し、其感情全く此場處の支配を受くるに至る。何時《いつ》しか爾なく彼なきの此天地に獨り吾てふもの、俯仰して立ちつゝあることを感ずる能はざるに至るなり。（中略）

何故にわれは斯くも切に『この願』を懷きつゝ、なほ容易に達する能はざるか、曰く、吾は世間の兒なれば也。吾が感情は凡て世間的なればなり。

心は熱くこの願を懷くと雖《いへど》も、感情は絶え間なく世間的に動き、世間的願望を追求し、『この願』を冷遇すればなり。

獨歩は自分ばかりでなく大方の日本人が和と馴合ひを重んじ、「獨り吾てふもの、俯仰して立ちつゝあることを感ずる能」はず、ひたすら「世間的願望を追求」する事實には無論氣づいてゐた。三島はそれに腹を立て、「生命尊重以上の價値の所在を（中略）見せてやる」と叫んだが、では、果して三島の死は「世間的」なものを超えてゐたかといふ事になると、それはここで論じ盡くすには少々複雜な問題になる。

なぜ「自明の理」を疑はぬ

獨歩は「宇宙の不思議」と「人生の祕密」に「驚魂悸魄」したいと切に願つたのだが、世人は「知れざるものは如何にしても知れず」とし、簡單に諦めてしまふ、「閑人の閑事業と見做し」てしまふ、だが、それでよいのだらうかと問うたのである。古代ギリシアの哲學者タレースは「宇宙の不思議」を考へ、夜空の星を眺めてゐて溝《どぶ》に落ち、下女に笑はれたといふ。なるほど「宇宙の不思議」も「人生の祕密」も、百年千年經つて一向に變らないが、そんなものに驚き、その祕密を知らうとするのは「閑人の閑事業」であつて、十年經つて變るものばかり氣にする「世間的」な手合が「閑事業」なんぞに精を出す譯が無い。哲學者のパトスたる驚異の念なんぞに拘泥する譯が無い。

取分け明治この方、吾々日本人は「實なき學問は先づ次にし、專ら勤むべきは人間普通日常に近き實學」とて、「閑人の閑事業」を等閑《なほざり》にして怪しまず、世間有用の學を重んじて、當座の用に役立ちさうもないテオリアを輕んじたのである。テオリアといふギリシア語は實用を離れ、專ら見るためにのみ見る事を意味する。「宇宙の不思議」や「人生の祕密」を見据ゑたら、それについてとことん考へる様になつて當然である。勿論、ショーペンハウエルも言つてゐる通り、そんな事に沒頭してパン一つ燒ける様になる譯ではない。溝におちて下女に笑はれるが關の山であらう。けれども、宇宙の不思議と人生の祕密に「驚魂悸魄」したからには、その「不思議を闡明《せんめい》せん」とする者がゐて當然である。例へばデカルトはバヴァリアの寒村で、「一切の憂ひから解放され、たつたひとり、平穩なる閑暇を得」、ただの一度でも「自分を欺いた物は決して信用すまい」と決意してそれをやつた。太陽は吾々の目には小さく見えるが、實際は巨大であつて、それなら感覺は吾々を時に欺くのである。感覺の一切を疑はねばならぬとなれば、おのが肉體の存在すら覺束無いものになる。また二足す二は四とは果して自明の理であるか。吾々が二に二を足す時、常に誤つて四にしてしまふやう、もしも神が吾々を創つたとしたら、一體どういふ事になるか。さういふ事をデカルトは本氣で考へたのである。

無論、これは多少なりとも西洋哲學を齧《かじ》つた者なら誰でも知つてゐる事だが、デカルトの徹底的な懷疑について知る事は、そのまま自ら物事を合理的に究めようとする事を意味しない。西周がフィロソフィアを「希哲學」と譯してから百年以上の歳月を閲し、知を愛して自明の理を疑ひ拔いたソクラテスやデカルトが譯されて同様に久しいが、依然として吾國の論壇は、「事の實際を奈何せん」と言はれてぐらつく程度の、現實的であるがゆゑに空疎な防衛論を、囂《かまびす》しく上下してゐる。吾々の洋學は「恰も漢を體にして洋を衣にするが如し」と福澤諭吉なら言ふであらう。おのが肉體さへ疑つて掛つたデカルトは、西洋哲學史上有數の天才との定評ゆゑに尊敬されてゐるに過ぎない。「二二が四は死の端緒だ」と「地下室の手記」の主人公も言つてゐるが、これまた大天才ドストエフスキーが創造した人物だから、人々は一目置いてゐるに過ぎない。日本人のドストエフスキー好きはよく知られてゐるが、「作家の日記」の中の次の様な文章を、ドストエフスキーの愛讀者は一體どんな顏をして讀むのであらうか。

「しかし血だからな、なんといつても血だからな」と、賢者たちはばかの一つ覺えのやうにいふ。が、まつたくのところ、この血云々といふ天下ご免のきまり文句は、時とすると、ある目的のために乘ぜんとする思ひきつた空疎な、こけおどかしの言葉の寄せ集めにすぎない。

（中略）ずるずるべつたりに苦しむよりは、むしろひと思ひに劍を拔いたはうがよい。そもそも今の文明國間の平和のいかなる點が、戰爭よりもいいといふのだらうか？　それどころか、かへつて平和のはうが、長い平和時代のはうが、人間を獸化し、殘忍化する（中略）。長きにわたる平和は常に殘忍、怯懦、粗野な飽滿したエゴイズム、そして何よりも、知的停滯を生み出すものである。

（米川正夫譯）

戰後三十數年、日本の「賢者たち」もまた、保守革新の別無く、「しかし血だからな。なんといつても血だからな」との「天下ご免のきまり文句」を空念佛よろしく唱へ續けた。戰爭を惡とし平和を善とする自明の理を人々は疑はず、戰爭の何が惡いかと開き直つた者は殆どゐなかつた。それゆゑ「日本は軍事大國になつてはいけない」と、保守も革新も口を揃へて言ふのであつて、猪木正道氏は「少くとも二十世紀中は、わが國は軍事大國になつてはいけない」と書き、三好徹氏は「日本が清水（幾太郎）氏の望むやうな軍事大國になつてから後悔したところで間に合はない」と書き、五味川純平氏は「自民黨としては（中略）軍事大國の道へ日本を推進しようとするであらう。そのツケは全部國民にまはつて來る」と書き、上山春平氏は「私たちは、いま、軍擴にたいする齒どめを失つた情勢のもとで、重大な決斷をせまられてゐる」と書き、日本國の代表たる鈴木善幸氏も、ワシントンまで出向いて、「日本は軍事大國にならず、平和憲法を守り、專守防衞に徹する」とアメリカの大統領に言つたのである。「軍事大國になつてはいけない」とは天下御免の決り文句、自明の理なのであつて、自明の理だから誰も本氣で疑はうとしない。が、日本が軍事大國になれるか否かの詮議はさておくとして、軍事大國になる事がなぜ「いけない」事なのか。

道德と私情を素通りする怪

「日本は軍事大國になつてはいけない」と主張する人々は、日本がまたぞろ侵略戰爭をやらかす事を恐れてゐるのであらう。だが、軍事大國になる事と侵略戰爭をやる事とは全く別だが、それはともかく、侵略戰爭であれ專守防衞であれ、戰鬪狀態となつたら敵兵を殺さねばならぬ。それは專守防衞論者といへども否定しないであらう。「武士の心はやめた方がいい、商人の氣がまへ、前垂れかけて、膝に手を當て、頭を下げる」のが「一億一千萬の生きる道」だと野坂昭如氏は書いた。揉み手して愛嬌を振り撒いても、毆られる時はやはり毆られる。それは小學生でも知つてゐる常識だが、卑屈な「商人の氣がまへ」を說いた野坂氏にしても、侵略されたらゲリラとして戰ふと言つてゐる。だが、戰へば當然敵兵を殺す事になる。では、敵兵を殺す事は善い事なのか。

昨今囂《かまびす》しい防衞論議が、かういふ道德上の問題を素通りして怪しまぬ事を、私は怪しむのである。「軍事大國になつてはいけない」とか「侵略戰爭はいけない」とか言ふ場合、その「いけない」とは道德的に「いけない」事なのか。それとも政治的にまづいといふ事なのか。「侵略戰爭はいけないが、專守防衞つまり正當防衞としての殺人は許される」と專守防衞論者は主張するであらうが、時と場合によつて許されたり許されなかつたりするのなら、戰爭は絕對的な惡事ではないといふ事になる。そしてそれを認めるなら、殺人は絕對惡ではないといふ事をも認めねばならぬ事となららう。だが、戰場において敵を殺す事が惡事でないとしても、敵兵のすべてが惡しき人なのではない。それゆゑパスカルはかう書いた。

或男が河の向うに住んで居り、彼の殿樣が私の殿樣と喧嘩をして居るといふので、私は少しも其男と喧嘩などしては居ないのに、彼に私を殺す權利があるなんて、こんなをかしなことがあるものだらうか。(關根秀雄譯)

なるほどをかしな事である。山田氏がイワーノフ氏と親交を結んでゐても、ブレジネフ氏が鈴木善幸氏と「喧嘩」をすれば、戰場でイワーノフ氏が山田氏を殺す事は許されるやうになる。餘りにも當り前の話ではないかとて常人は決して怪しまないが、パスカルは常人が自明の理とするものを怪しんだのであつて、さういふ驚異の念が哲學のパトスなのである。しかるに常人は、「防衞力の整備」や「ソ聯の脅威」や「專守防衞」の要を說いて、それらがいづれも「殺人のすすめ」である事を意識しない。無論、當人も決して死にたくはないから、「平和はよい事に決つてゐるが」云々と一言斷らずには防衞を論ずる氣になれないが、なぜさう斷らずにゐられないかを決して考へないから、殺人が時と場合によつて許されたり許されなかつたりする不思議について熟《とく》と考へてみる事が無い。非武裝中立論とて同じ事であつて、何せ日本は戰後三十數年、戰爭に捲き込まれず、「それ見たか」と嘲弄される羽目には一度も陷らなかつたから、政治的に「よい事に決つてゐる」に過ぎぬ平和を說いて、道德的善行をなしつつあると錯覺し、それゆゑ他の德目の一切を輕んじて今日に至つたのである。愛情や友情は私事であり、私事であつて當然だが、公ばかりを考へる政治學者は私を無視して非人間的に振舞ひ、遂にその非人間性を悟らない。例へば坂本義和氏は、「民族解放」を旗印に戰つた筈の「ヴェトナムが侵略的行動をとつたことを根據に、過去のヴェトナムの反戰自體が誤りあるいは無意味であつたかのやうな言說が現れ、それがヴェトナム反戰の立場をとつた人々の間にも困惑を生んだ」事を遺憾とし、進步派の結束を計るべくから書いた。

われわれがヴェトナム民族の解放鬪爭を支援するというのは、ヴェトナム人のその特定の行動を支持することであつて、ヴェトナム人のすべての行動を支持したり、ヴェトナム人であること自體を格別に好感することを意味しないのは當然のことである。(傍點松原)

いかにも政治學者らしい、頗る非人間的な文章である。かつて高坂正堯氏が說いた樣に、「國際政治に直面する人びと」は屢々「最小限の道德的要請と自國の利益の要請との二者擇一を迫られる」。つまり、平時にあつては自國の利益ばかりを追求する事はできないが、一方、他國の「すべての行動を支持」するなどとは論外だといふ事である。だが、私生活において吾々は、友人の「特定の行動」だけを「支持する」事によつて親交を結ぶ譯には行かぬ。專らおのが利益を考へて友人の「特定の行動」だけを支持すれば、友人の信賴を得る事は難しからう。それゆゑ吾々は、時におのが利益や「最小限の道德的要請」を無視しても、友人の「すべての行動を支持」する、或いは支持したいと願ふ。かくて世間がいくら指彈しようと、殺人鬼の妻は夫を庇《かば》はうとし、いくら拷問されても、天野屋利兵衞は赤穗浪士に義理を立て、「利兵衞は男でござる」とて頑として口を割らない。だが、それも百年千年經つて一向に變らぬ人情の不思議なのだが、坂本氏にはそれが全く見えてゐない。福澤諭吉は「立國は私なり、公に非ざるなり」と書き、「大義名分は公なり表向なり、廉恥節義は私に在り一身に在り」と書いた。が、專ら公を重んじて平和を說き、私を忘れて非情になる政治學者に、福澤の説は理解し難いであらう。

それぱかりではない。目下「滅公奉私」の氣樂を享受してゐるこの日本國において、私にこだはる人情の機微なんぞを云々すれば、漸う受け始めた「父親の論理」を振り廻して、おのれもまた死にたくないとの私情に氣附かぬ保守派には嫌がられ、一方、ただもう死にたくないの一念で、正直に、といふよりは俗受けを狙つて、女々しい「母親の論理」に縋り附く進歩派には喜ばれる、さういふ事にもなり兼ねない。けれども、「死にたくはないが死なねばならぬ」のが人間である。誰しもいづれは三途の川を渡らねばならないし、自由などといふ抽象的なもののためでなく一家眷族親友のためにおのれを殺さねばならぬ事もある。死にたくないが死なねばならぬとは別段奇怪な事ではあるまい。いや、どうでも奇怪でならぬなら、その不思議を熟《とく》と考へたらよい。さうすれば、公と私との、すなはち政治と道德との對立緊張を合點する樣になるであらう。誰でも私としては死にたくない、けれども公の爲には死なねばならぬ。けれども、せめて一家眷族の爲ならばともかく、自由だの國體だのの爲に死ぬ氣にはなれぬ。けれども、神風特攻隊の若者は「天皇陛下萬歳」を叫んで死んだではないか。けれども、あれは若氣の至り、神憑りゆゑの輕はづみに過ぎぬ。けれども乃木希典が腹を切つた時……、この「けれども」の堂々巡りに決着はつくまい。そこで、專ら能率と實用を重んずる手合は「死にたくない」と「死なねばならぬ」との對立の平衡をとる事をやめ、おのれの屬する集團の正義に飛び附く事になる。死にたくないと公言するのは、さすがに憚られるからである。そしてさうなれば、おのが集團とそれに對立する集團との勢力均衡を案じ、世間の右傾や左傾を嘆く事を生甲斐とし、それを道德的善事と錯覺する樣になる。おのが黨派の正義に合致せぬものをすべて惡とするのだから、いたつて解り易く頗る氣樂だが、死にたくないが死なねばならぬかと煩悶するのは氣骨が折れるし、それに何より、常住坐臥おのが死を考へる樣に人間は出來てゐないから、「公の爲に死なねばならぬ」と主張する保守派は自分が死ぬ事は考へず、「死にたくない」と口走る進歩派も、まさか死ぬ事はあるまいと高を括つてゐる。そこで政治と道德とのごつた煮とも許すべき平和憲法を戴き、空念佛さながらに平和の善を唱へつつ、吾々は遮二無二稼ぎ捲つたのであつた。憲法前文には「政治道徳の法則は、普遍的なもの」であり、「いづれの國家も、自國のことのみに專念して他國を無視してはならないのであつて」云々とあり、これは道學先生よろしく世界各國に說教してゐるのか、各國に憐みを乞うてゐるのか、いづれにせよ卑屈極まる文章だが、さういふ恥づべき憲法を改正せずして三十數年、毒はじわじわと利いて來たのである。「死なねばならぬ」、「いや死にたくない」と言ひ合つてゐるうちに、生きてゐる間に「死んでもやりたくない」と昔なら思つた事を、人々は平氣でするやうになつた。昔、白木屋百貨店が燒けた時、衣服が亂れるのを恥ぢて飛び降りずに燒死した女が數多くゐたといふ。が、今の女はパンツをはいて六本木を步くのである。かくて福澤諭吉の「瘠我慢」も森鷗外の「意地」も今や地を拂ひ、吾々は「人事國事に瘠我慢は無益なりとて、古來日本國の上流社會に最も重んずる所の一大主義を曖昧糢糊の間に瞞着」して怪しまない。例へば猪木正道氏は、自衞隊に「非核裝備としては第一級の武器を配備すれば、精神面の問題もおのづから解決する」と書いてゐるが、私は猪木氏に同じない。よろづこれほどぐうたらに處して事無き日本國の軍隊である。「第一級の武器」を手にした位の事で奮ひ立つ譯が無い。

自國の軍隊を腐して樂しむのは言語道斷である。それゆゑ私は自衞隊を腐してゐるのではない。それどころか、私は自衞隊のファンであり、自衞隊が國軍として認知される日を待ち侘びてゐる。だが、何よりも私は「自衞隊」といふ名稱が氣に食はない。それは「軍備增强」と言はずして「防衞力整備」と言ふが如きもので、戰爭を惡事とする淺薄な思做しゆゑのまやかしに他ならぬ。そこで、わが愛する自衞隊の爲に、その思做しの淺薄を嗤《わら》つておくとしよう。

「一匹」か「九十九匹」か

周知の如く、カンボジアのポル・ポト政權はプノンペン制壓後、百萬人のカンボジア人を虐殺したといふ。「百萬人の處刑とは途方もない」とポル・ポト氏は言ひ、ついで聲を潛めて「革命にとつて敵對的で、箸にも棒にもかからない人口の約五パーセントは處分した」と、NHK取材班に告白したといふ。ポル・ポト氏の信奉する正義がいかなるものか私は知らぬ。が、毛澤東は何と千五百萬の中國人を殺したと聞いてゐる。毛澤東自身が認めてゐるのは八十萬人だが、八十萬で結構である。八十萬人殺したと聞けば人々は慄然とするであらう。だが、肅清されたのは「惡しき人々」だつたのである。共産革命以前、中國の農民は凄じい搾取に喘いでゐた。毛澤東は貧農の伜ではなかつたが、若き毛澤東が國民黨や地主や軍閥による社會的不正に憤り、革命運動に身を投じたとして、それを誰も非難する事はできまい。人民の塗炭の苦しみを餘所事として、ひたすら立身出世を願ふ青年を誰も好ましくは思ふまい。が、苛斂誅求を恣《ほしいまま》にする惡黨なら何十萬殺さうと構はぬと、果して言切れるか。言切れまい。なぜなら、毛澤東が殺した八十萬人のすべてが、虐げられた人々を搾取する惡黨だつたかどうかは疑はしいからである。つまり正確に言ふなら、八十萬人は「人間毛澤東によつて惡人と判定された人々」だつたのであり、絶對者ならぬ人間の判斷に誤謬は附き物だから、毛澤東が善人をも肅清した事は確實なのである。

　これを要するに、暴政を憤り、社會正義の爲に戰ふのは立派な事だが、その爲には惡人を排除せねばならず、その際、惡人との判定を獨裁者がやらうと、多數決に從はうと、誤謬は避けられず、獨裁者の恣意や無責任な群集心理ゆゑに、惡人を除かうとして善人が除かれる事は不可避だといふ事になる。それに、中國革命に限らず、元來は純粹な正義感に發する筈の革命が、たとひ政治的に良き事態を招來したとしても、その過程において、暗殺、裏切、密告、拷問などの道徳的惡事が行はれるのはこれまた不可避なのである。

　以上の事を否定する者は一人もゐないと私は信ずる。が、それならここで私が、「暗殺、裏切、密告、拷問は、社會的不正を糺《ただ》す良き政治にとつて不可缺だ」と言切つたら、讀者は私に同じるか。同じまい。では、なぜ同じないのか。無論、それは目的の爲に手段を選ばぬ事を認めたくないからであらう。だが、手段を選んでゐては、革命などといふ荒療治をやれる筈が無い。强者が恣に振舞ひ、弱者が極度の貧苦に喘いでゐる時、吾々はルソーと共に、同胞の悲慘を見るに忍びない「生來の感情」を信じ、「義を見てせざるは勇無きなり」とて荒療治を躊躇せぬであらう。他人の苦惱をおのが苦惱以上に苦しむといふのは嘘である。が、厄介な事に、人々は決して嘘ではないと思ひたがるのである。ソクラテスは「不正をなすよりも不正を忍ぶはうがよい」と言つたが、そんな「理性的な德」で人間は動きはしない、とルソーは言ふ。苦惱する同胞を見て「反省せずに助けようとする」のは憐憫の爲であり、それは「自然な感情」であり、ゆゑに「精密な議論」なんぞを必要としない、と言ふ。

なるほど不正を忍び懊惱する同胞を尻目に、「死にたければ死ぬがよい、俺さへ安全なら何百何千死なうと構はぬ」などと嘯《うそぶ》く冷血漢を、吾々は許せないのである。それなら、さういふ冷血漢は成敗せねばならないか。荒療治をやらねばならないか。それに何より、人を殺すのは道徳的に惡しき事だといふが、人を殺した惡い奴を殺す事は果して惡い事なのか。惡人を殺す事が惡いなら、なぜ死刑制度を撤廢しないのか。私は詭辯を弄してゐるのではない。これは難問中の難問であつて、古來多くの哲人が考へ拔いたが、今なほ決着はついてゐないのである。「汝の敵を愛せ」と言つたイエス・クリストは決着をつけた積りだらうが、吾々凡人は「カイゼルのもの」にこだはつて、「神のもの」だけを重んずる譯には到底ゆかない。

イエスはかう言つてゐる。「なんぢらの中《うち》たれか百匹の羊を有《も》たんに、若《もし》その一匹を失はば、九十九匹を野におき、往きて失せたる者を見出すまでは尋ねざらんや」。けれども、九十九匹を重んじて、いや五十一匹を重んじて、「失せたる一匹」どころか「失せたる四十九匹」を切り捨てるのが政治といふものだ。道徳は切り捨てられる四十九匹は愚か「失せたる一匹」にもこだはるであらう。殺人鬼の妻は何とか夫を庇はうとするであらう。が、カイゼルの世界、卽ち政治の世界では、殺人鬼はやはり切り捨てねばならない。すなはち處刑されねばならない。

政治・道徳そして瘠我慢

既に充分であらうが、この政治と道徳との對立も、百年千年經つて一向に決着がつかないのである。そして、防衞とはもとより一朝有事の際敵兵を殺す事だから、防衞を論じて道徳の問題を避けては通れぬ筈だが、吾國の防衞論議は核武裝がどうの、文民統制がどうの、ソ聯の脅威がどうのと、十年經てば變りうる政治の問題にのみかかづらつてゐる。だが、善人ぶるのも人間の性《さが》だから、當人は政治の次元で考へてゐる積りでも、ついうつかり道徳の次元に迷ひ込む事はある。その時はどうなるか。政治と道徳とをいとも安直に混同する事になる。さういふ例は枚擧に遑《いとま》無しだが、ここでは猪木正道氏の文章を引くとしよう。猪木氏は三十年前から書いた。

ほんたうの革命は、――イギリスの革命も、アメリカの革命も、フランスの革命も、ロシアの革命も、又中國の革命も、――破壞的であると同じに創造的である。否、破壞的であるよりは、創造的なのである。新秩序を創造する革命は、したがつて新道徳を創造するから、道義の頽廢等起りやうがない。（「革命と道徳」）

若き日の猪木氏は革命と道徳に言及して屢々兩者を混同してゐる。現在の猪木氏は防衞や憲法を論じて「道義の頽廢」に言及する事が無いけれども、例へば次のやうな文章を書いてゐるのだから、猪木氏が今もなほ政治と道徳とを峻別してゐない事は明らかである。

全世界を敵として戰ふといふ暴擧をあへて行つた軍國日本は、敗戰と全土占領の結果、非軍事化されてしまつた。これはいはば天罰である。

（「空想的平和主義から空想的軍國主義へ」、「中央公論」昭和五十五年九月號）

無論、「全世界を敵として戰ふ」のは下策だが、大東亞戰爭は果して「暴擧」だつたか。個人と同様に國家も、全世界を敵に廻してもおのが信念を貫かねばならぬ時がある。そして、全世界が相手だらうが、一國が相手だらうが、戰爭は所詮殺し合ひである。敵も身方も道徳的惡事たる人殺しに専念するのである。天罰とは「天が加へる罰」ないし「惡事の報いとして自然に來る災ひ」の謂《いひ》だが、殺し合ひの結果、軍門に降つたはうにだけなぜ天罰が降るのか。猪木氏の論理の粗雜についてここではこれ以上論じないが、要するに、猪木氏は政治と道徳とを峻別してゐないのである。それゆゑ、大東亞戰爭は侵略戰爭で、侵略戰爭の惡事たるは自明の理だと思つてゐる。そして世間が自明の理としてゐるものを疑はぬこの種の知的怠惰は、もとより猪木氏に限つた事ではないのであり、自衞の爲の戰爭はよいが、侵略戰爭は惡いと信じてゐる手合は頗る多いのである。だが、自衞の爲の戰爭を肯定する以上、他國の侵略を想定してゐる譯であつて、それなら専守防衞論者は、侵略が絶對に許されないのは自國の場合だけだと主張してゐる事になる。けれども、自國には絶對に許さないが他國の場合は仕方が無いといふ事なら、それは絶對に「絶對的惡事」ではない。專守防衞とは先に手出しをしないといふ事でしかないが、子供の喧嘩と同樣、先に手出しをしたのがどちらかが常に解るとは限らないし、先に手出しをした方が惡いとも言切れまい。

　さういふ次第で、戰爭を絶對惡とするのは知的怠惰ゆゑの虛說なのである。平和とは國際政治の場で巧妙に振舞つて保持するのが賢明、といつた程度のものでしかない。先に引いたドストエフスキーの文章にもある樣に、「むしろひと思ひに劍を拔いたはうがよい」といふ事があり、「長い平和」が「人間を獸」とし、「知的停滯」を齎すといふ事がある。平和すなはち道德的に善き事だなどと、どうして言切れよう。が、吾々日本人は今、平和と繁榮を享受し、「モラトリアム國家」を決め込み、政治と道德を峻別せぬ「知的停滯」に落ち込んでゐる。俗に「味噌も糞も一緒」といふ。味噌と糞とを區別できない者には、味噌の何たるかも、糞の何たるかも遂に解るまい。政治と道德を峻別出來ぬ者は、政治の何たるかも道德の何たるかも知らず、その雙方を眞劍に考へる事が無い。それゆゑ、福澤諭吉の「瘠我慢」も森鷗外の「意地」も今や地を掃つた。福澤は「强弱相對して苟《いやしく》も弱者の地位を保つものは單にこの瘠我慢に依らざるはなし。啻《ただ》に戰爭の勝敗のみに限らず平生の國交際に於ても瘠我慢の一義は決して之を忘る可らず」と書き、自分は勝海舟と榎本武揚の「功名をば飽く迄も認《みとむ》る」が、兩氏が幕臣の身ながら「新政府の朝に立つの一段に至りては」感服できぬとて、二人の「瘠我慢」の無さを批判した。これに對して勝海舟は「從古《いにしへより》當路者古今一世之人物にあらざれば、衆賢の批評に當る者あらず。不計《はからず》も拙老先年之行爲に於て御議論數百言御指摘、實に慚愧に不堪《たへず》、御深志忝《かたじけなく》存候」と、皮肉たつぷりの返事を出してゐるが、「行藏《かうざう》は我に存す、毀譽は他人の主張、我に與らず我に關せずと存候」と書いただけで、眞つ向からの反論はしなかつた。勝は「德川幕府あるを知つて日本あるを知らざるの徒」が何を言ふかと、思つたのではない。瘠我慢の大事はこれを認めざるをえなかつたのである。榎本武揚も「其中《そのうち》愚見可申述《まうしのぶべく》候」との短い返書を認めたが、榎本にしても、戰歿した「隨行部下の諸士」を思ふ時、「殘燈明滅獨り思ふの時」、「死靈生靈無數の暗鬼を出現して眼中に分明なる」事があつた。明治三年、榎本は幕府軍の戰歿者について、「諸君を追想し、苟《いやしく》も涙あるものは慰弔の嘆あらざるなし。況《いはん》や諸士と肩を並べて幕府に仕へし我輩の如きをや、嗚呼哀しい哉」と書いたのである。

勿論、勝にとつても榎本にとつても、福澤の批判は忌々《いまいま》しかつたらうが、福澤の批判は道德に關るものであり、しかも二人には「殘燈明滅獨り思ふの時」おのが心中を覗くだけの良心があつたから、反論はしなかつた。一方、福澤は勝と榎本に宛てた書簡に、「小生の本心は漫《みだり》に他を攻擊して樂しむものにあらず、唯多年來心に釋然たらざるものを記して輿論に質《ただ》し、天下後世の爲めにせんとするまでの事」だと辯明してゐる。後世の吾々はそれを信じるであらう。勝の「奇にして大」なる功績や榎本の「天晴の振舞」を認めるとともに、福澤の本心をも信じるであらう。「立國の要は瘠我慢の一義に在り、況んや今後敵國外患の變なきを期す可らざるに於てをや」と福澤は書いたのである。隔世の感に堪へない。

（昭和五十六年十一月）

猪木正道氏に問ふ
——現實的保守主義者か、空想的共產主義者か

日本は軍事大國になれない

吾國は「大國たりうる素質」を有しながら、怠惰のせゐか卑屈な根性のせゐか、身體障礙者よろしく振舞つてゐるが、「日本こそ眞先に核兵器を製造し所有する特權を有してゐるのではないか」と淸水幾太郎氏は書いた。そんな「突拍子もない」事を放言して無事に濟む日本國ではないから、案の定、淸水氏は保守革新の雙方から叩かれた。「袋叩きに遭つても、殆ど痛痒を感じない」と淸水氏自身言つてゐるのだから、もとより淸水氏に同情する必要は無い。私はただ淸水氏を叩いて保守と革新が、判子で押したやうに同じ事を言ひ立てたのを、頗る奇異に感じたのである。例へば猪木正道氏は淸水氏の防衞論を「空想的軍國主義」の所產と斷じ、「舊大日本帝國的な軍事大國に逆戻りするのは、ごめんかうむりたい」と書いたが、猪木氏に限らず、防衞を論じて大方の論者は「わが國は軍事大國にな

つてはいけない」とする奇説を自明の理と看做して一向に疑ふ事が無いのである。無論、政治家もさうであり、昭和五十六年二月三日附のサンケイ新聞によれば、「二日から始まつた通常國會の豫算審議は、專守防衞を批判した竹田統幕議長の發言をめぐつて冒頭から紛糾し、同日午後、早くも審議中斷となつた」が、「制服組の發言が强化されれば日本は危ふくなるのではないか」との社會黨議員の質問に對して、鈴木首相は「日本は平和憲法下にあり、從つて專守防衞に徹しなければならない。（中略）わが國が軍事大國になることはない」と答へたといふ。つまり「わが國は軍事大國になつてはいけない」と、自民黨も社會黨も、男も女も、猫も杓子も言ふ譯だが、吾國が軍事大國になつてなぜいけないのか私にはさつぱり解らぬと、私は前章に書いた。

何たる無知蒙昧か、思ひ起すがよい、軍事大國たらんと分限も辨へず背伸びした擧句、大日本帝國は敗戰の憂目に遭つたではないか、さればこそ「軍事大國に逆戻りするのは、ごめんかうむりたい」のだと、猪木正道氏に倣つて大方の讀者は言ふかも知れぬ。が、軍事小國でありさへすれば再び決して敗戰の憂目に遭はないと、いかなる根據あつてさう斷じうるか。猪木氏は書いてゐる。

一九四一年十一、二月の大日本帝國と一九八〇年の日本國とを比べて見れば、淸水幾太郎氏の讃美する軍事大國と彼が輕侮する軍事小國との國際的な立場の相違は餘りにもはつきりしてゐる。〝舊い戰後〟の日本國は孤立せず、北方を除いては友好國にとりかこまれてゐるのに反して、軍國日本はＡＢＣＤ包圍陣に自爆しなければならなかつた。

（「空想的平和主義から空想的軍國主義へ」、「中央公論」、昭和五十五年九月號）

猪木氏に尋ねたい、日本が軍事大國にならない限り、以後決して「ＡＢＣＤ包圍陣」ごときものに「自爆」する事が無いと言切れるか。言切れるとすればその根據は何か。アメリカとソ聯は軍事大國である。が、兩國はそれぞれ友好國ないし衞星國に取り圍まれてゐる。軍事小國でなければ「友好國にとりかこまれ」ないなどと斷じうる根據などありはせぬ。軍事大國が四面楚歌となり「自爆」する事もあらう。だが、軍事小國が「自爆」もできずして滅ぼされる事もある。それに何より、日本はアメリカやソ聯のやうな軍事大國になれる筈がない。なれる筈が無いのになつては大變と騷ぎ立てるのは滑稽の極みではないか。

政治と道德の混同

しかるにその滑稽を大方の日本人は意識してゐない。昭和二十年八月十五日、戰爭と道德的犯罪とを混同するといふ途方も無い考へ違ひをして、すなはち本來失敗に過ぎぬ敗戰を道德的惡事ゆゑの應報と勘違ひして、以來羹《あつもの》に懲りて膾《なます》を吹き續け、平和憲法を金科玉條として知的怠惰の三十數年を過して來たからである。それゆゑ、ここでまづ、その勘違ひの發端に溯《さかのぼ》り、知的怠惰の有樣を吟味するとしよう。まづは小田實氏の文章である。

砲兵工廠の壞滅後、ビラの豫告通り、敗戰が來た。敗戰は「公狀況」そのものを無意味にし、「大東亞共榮圈の理想」も「天皇陛下のために」も、一日にしてわらふべきものとなつた。私は、中學一年生といふ精神形成期のはじめにあたつて、ほとんどすべての價値の百八十度轉回を經驗したのである。「鬼畜米英!」と聲高に叫んだ教師がわづかの時日ののちには「民主主義の使徒アメリカ」、イギリスの紳士のすばらしさについて語つた。その經驗は、私に「疑ふ」ことを教へた。すべてのものごとについて、たとへどのやうな權威をもつた存在であらうと、そこに根本的懷疑をもつこと、その經驗は私にそれをいまも强ひる。(「『難死』の思想」)

小田氏が一切を疑ふやうになつたと言ふのは噓である。噓でないなら自己欺瞞である。小田氏は昭和二十年八月十四日まで「權威をもつた存在」として通用してゐたものの一切を、十五日から疑ふやうになつたに過ぎない。その證據に小田氏は、民主主義や文民統制の萬能をつひぞ「根本的」に疑つた事が無いであらう。そしてそれも、猪木正道氏と同樣、「第二次大戰でわれわれ日本人がをかした罪」を「まざまざと想起」した結果、「おのづから嚴肅な精神」とやらを「體得」したからであつて、平和憲法の「前文や、第二章、第三章、及び第十章のあたりを熟讀玩味」(猪木氏)した結果、「わが國は軍事大國になつてはいけない」と頑なに信ずるやうになつたために他なるまい。

ところで、かつての「べ平聯」の「鬪將」が右に引いた文章を綴つたのは昭和四十年だが、昭和二十七年、先の防衞大學校長猪木正道氏も、「空想的平和主義者」小田實氏の言分と大差無い事を書いたのであつた。からである。

道義の頽廢の原因を究明してゆくと、結局ポツダム革命がほんたうの革命ではないといふところに歸着するやうだ。舊秩序はもう燒がまはつてをり、内部的に崩壞してゐるから、舊道徳の復活によつて、道徳の頽廢を防がうといふ考へ方は失敗するにきまつてゐる。そこで正しい解決法は、ほんたうの革命をやるよりほかにないといふことになる。ところがこれが一番難題であつて、中國やロシアのやうな流儀で、共産主義革命をやらうとしても、日本では成功の公算はない。（中略）

それではこの難問が解けるまでの間は、どうするか？今まで道徳と革命との關係の面ばかりを強調して來たが、道徳には、實は連續的な面がある。道徳の現象形態は革命を通じて變化するが、道徳の本質は、人間が人間である限り變るものではない。（中略）この不變の道徳を何と名づけるか、これは名づける人の勝手だ。（中略）何かはつきり書いたものが欲しいといふならば、憲法に限る。占領軍が作つたからいけないといふ人もあるやうだが、これはとんでもない話で、誰が草稿を書いたにしても、よいものはよい。日本にほんたうの革命が行はれるまで、あの憲法を精讀することだ。

あの憲法の前文や、第二章、第三章、及び第十章のあたりを熟讀玩味すれば、第二次大戰でわれわれ日本人がをかした罪はまざまざと想起され、おのづから嚴肅な精神さへある程度體得できる。

（「革命と道徳」、「現代隨想全集」第十六卷所收、東京創元社、傍點松原）

猪木氏はここで政治と道徳とを混同して、平和憲法には「不變の道徳」が「はつきり」表現されてゐると信じ、「日本にほんたうの革命が行はれるまで」は平和憲法を護らねばならず、改憲など斷じて許されないと主張した譯である。猪木氏の言ふ「ほんたうの革命」とは、傍點部分の「あたりを熟讀玩味すれば」、共産主義革命の事だといふ事が解る。やはり昭和二十七年上梓の「戰爭と革命」、百五十六頁にも、猪木氏は「イギリスでは、議會主義を堅持しながら、プロレタリアートの獨裁が實現されるのかも知れません」などと書いてゐるのだが、プロレタリア獨裁と議會制民主主義とは水と油で、そんなものが兩立する筈は無い。さういふ突拍子もない事を言ふから、「貧弱かつ劣悪な知識しかなく、わが國の防衛政策を論じるに全く適さない人物」だなどと評されるのである。

空想的平和主義者だつた猪木氏

ところで、昭和五十六年の今、猪木氏は依然として日本に「ほんたうの革命」が起ればよいと考へてゐるのであらうか。右に引いた約三十年前の文章は「空想的平和主義」の所産に他ならず、猪木氏はさらに「新憲法の平和主義も、今日ではもう眞面目に問題とされてゐない」、遺憾であるとか、「第二次大戰の放火者であり、かつ完敗者であるわれわれ日本人が、さう簡單に動搖しては、ならないはずだ。第二次世界大戰を通じて、われわれは勝利者達に教へてもらつたが、今や敗北者が敎へるべき時ではなからうか？」とか書いてゐるのだが（「革命と暴力」、「私の愛國心」、いづれも「現代隨想全集」第十六卷所收）、今日の猪木氏はどうなのか、空想的ならざる平和主義者なのか。

猪木氏は今なほ「日本人がをかした罪」を「まざまざと想起」し、「新憲法の平和主義」が「今日ではもう眞面目に問題とされてゐない」事を遺憾に思ひ、「敗北者」たる日本が「勝利者」たる英米ソ中の四箇國に「新憲法の平和主義」の精神を教へてやるべきだと考へてゐるのであらうか。昨年、清水幾太郎氏を批判して猪木氏はかう書いた。

かねがねから私は、戰後日本の空想的平和主義が、空想的軍國主義を生むのではないかと懸念してゐた。戰後の空想的平和主義が戰前・戰中の空想的軍國主義の裏返しであるからには、敗戰後三十五年をへた今日、またその裏返しとしての空想的軍國主義が噴出したとしても決して不思議ではあるまい。

その通り、決して不思議ではない。不思議なのは、さうして昭和五十五年に空想的平和主義を批判してゐる「現實主義者」の猪木氏が、昭和二十七年には空想的平和主義だつたといふ事實なのである。「革命自體が、實は不變の道德によつて可能となつた」のであり、それは吾國の平和憲法に表現されてゐるなどと主張する者を「空想的」と呼ばずして何と呼べようか。若き日の猪木氏には度し難い權力欲が見えてゐない。正義感に燃える革命家の內部にも權力欲は潜んでゐる。そしてそれが仲間に向けられる時は肅清となり、民衆に向けられる時は獨裁となる。無論、猪木氏も人間なのだから、三十年前も今も、權力欲があつて當然である。が、三十年前も今も、猪木氏はおのが權力欲を一向に氣にしない。實生活においては、吾々と同様、結構權力欲に駈られて行動する事もある筈だが、文章を綴る段になると、おのが權力欲には目を瞑《つぶ》り、とたんに空想的な道學先生になる。この手の空想家ほど始末の惡い存在は無い。それは計り知れない害毒を流す。おのがエゴイズムを抑へうる者はおのがエゴイズムに手を燒く者だけだといふ事を、すなはち有徳たらんと欲する者は、おのが不徳に思ひをいたす者だけだといふ事を、昨今人々は眞面目に考へようとせず、平和憲法護持を唱へればすなはち道徳的であるかのごとく思ひ込んでゐるが、さういふ僞善と感傷の流行に空想的平和主義者たちは大いに貢獻したのである。

　だが、猪木氏は清水氏を空想的軍國主義者と極めつけてゐる。「かねがねから私は、戰後日本の空想的平和主義が、空想的軍國主義を生むのではないかと懸念してゐた」と猪木氏は言ふ。「かねがねから」とは一體いつ頃からの事なのか。いつ頃から、いかなる回心を經て、猪木氏は「現實主義者」に變貌したのか。昭和五十五年現在、空想的軍國主義と空想的平和主義の雙方を批判してゐるのだから、往時は知らず、今の猪木氏は現實主義者なのである。或いはその積りでゐるのである。それゆゑ猪木氏は人間の行動の「動機」よりも「結果」を重視する。猪木氏は書いてゐる。

　清水幾太郎氏の思想の軌跡には、私は關心がない。（中略）ただ困るのは、清水幾太郎氏の今度の論文が、日本の防衛力整備にとつてむしろマイナスの效果をもたらすと思はれる點である。單に國内的にさういふ逆效果があるだけでなく、國際的にも、日本の〝軍國主義化〟といふいはれのない非難を生む心配は大きい。

　歴史をふりかへれば、人間の行動がその動機とは正反對の結果をもたらした例は少くない。

いかにも「人間の行動がその動機とは正反對の結果をもたらした例は少くない」。が、猪木氏の清水批判にしてからがさうではないか。現に東京新聞の「論壇時評」で奥平康弘氏は、猪木氏は「清水の憲法敵視論にも有效な批判を加へてゐる」と評し、讀賣新聞の「今月の論點」では正村公宏氏が、猪木氏の論文は「清水論文にたいするゆきとどいた批判である」と評した。猪木氏の清水批判が非武裝中立を主張する護憲派を勢附ける「結果をもたらした」といふ事も充分に考へられるのである。

もつとも、猪木氏は昭和二十七年、「民主主義と平和主義との憲法をかたく守つて行くことが、日本を世界に結びつけ、日本人を人類に媒介する唯一つの正しい道だ」（傍點松原）と書いたのであり、この考へが今も變つてゐないとすれば、頑な護憲論者たる猪木氏の「改憲論批判」といふ「行動がその動機とは正反對の結果をもたらした」とは言へなくなる。そしてそれなら、猪木氏の清水批判によつて非武裝中立論者が勢附くのは、猪木氏が望むところだといふ事にならう。

改憲論者なのか護憲論者なのか

しかるに猪木氏は昨年、憲法「改正はほとんど不可能」だとする清水氏を批判して、改憲は「不可能どころか、充分に可能」であり、「國民の壓倒的多數が納得する改正案ができれば、いつでも改憲に踏み切つてよい」と書いたのである。猪木氏に問ふ、平和憲法を「かたく守つて行く」との三十年前の信念を、猪木氏はいつ拋擲してしまつたのか。堅く護るといふ事なら、部分的な改正にも應ずべきではない。猪木氏は清水氏を評して「狐が落ちたやうに變身」とか「百八十度の轉針」とか言つてゐるが、猪木氏もまた變身し轉身したのなら、それこそ目糞鼻糞を嗤ふの類ではないか。しかも厄介な事に、三十年前の猪木氏の意見と今日のそれとが矛楯してゐるだけでなく、今日の猪木氏の主張も頗る不得要領なのである。猪木氏は書いてゐる。

> 憲法第九條第二項を小、中學生が讀めば、自衞隊を違憲だと思ふだらうといふのならば、第二項を「前項の目的を達するため自衞軍を置く」とでも改正すればよい。（中略）國民の壓倒的多數が納得する改正案ができれば、いつでも改憲に踏み切つてよいと私は考へてゐる。
>
> 問題は改憲の國際的反響にある。そもそも日本國憲法が日本を國際社會へ復歸させるための條件をととのへるといふ國際條約的な意味を持つてゐたからには、改憲、特に第九條第二項の改正は當然國際的な反響を伴ふ。（中略）憲法、特に第九條の改正は日本が軍事大國化を決

意したと見られる公算は大きいのである。

「平和主義」の「憲法をかたく守る」どころか、第九條第二項の改正私案まで披露し、しかも、いづれ述べるが、「憲法の前文削除」を主張し、輿論の風向き次第では「いつでも改憲に踏み切つてよい」と言ひ、舌の根も乾かぬうちに「第九條の改正は日本が軍事大國化を決意したと見られる公算は大きい」と言ふ。一體全體、猪木氏は何が言ひたいのか。

　かういふふうに考へる事ができる。「防衛大學校の校長まで勤めた猪木氏が、まさか……」と大方の讀者は思ふに相違無いが、猪木氏は三十年前と少しも變つてをらず、依然として「日本にほんたうの革命が行はれる」日を待ち侘び、「共産主義の誤謬ばかりを見て、眞理を見落すのは片手落だ」（「共産主義問答」、「現代随想全集」第十六巻所收）と信じてゐるのであり、それゆゑ、空想的なものではあつても軍國主義的言動を許す事ができないのではないか。とすれば、猪木氏は三十年前の「空想」を今も捨ててゐないといふ事になる。今なほ「空想的平和主義者」なのだといふ事になる。勿論、この解釋には無理があつて、それはいづれ説明するが、無理があるといふ事はすなはち、別様の解釋が成り立つといふ事である。つまり三十年前「空想的平和主義者」であつた猪木氏は、その後「狐が落ちたやうに變身」して現實主義者になつたのであり、それゆゑ平和主義であれ軍國主義であれ、およそ「空想的」なものには我慢ができぬのだと、さう解釋する譯である。

　説明の都合上、しばらくさう解釋して置くとしよう。すなはち猪木氏を現實主義者と看做すのである。昨年猪木氏は「少くとも二十世紀中は、わが國は軍事大國になつてはいけないのである」と書いた。なぜ二十世紀中はいけないのか理解できないが、好意的に解釋すれば、これも猪木氏の頭腦の粗雜の證しではなく、なんら理由を示さずに斷定するはうが政治的に賢明だといふ、現實主義者特有の判斷にもとづくのであらう。しかしながら、「日本國憲法第九條が、軍事大國になることを阻止してゐることはたしか」だが、「國民の壓倒的多數が納得する改正案ができれば、いつでも改憲に踏み切つてよい」、けれども「二十世紀中は軍事大國になつてはいけない」などと言はれると、「いつでも金を貸してやるが、二十世紀中は他人に借金するやうな男であつてはいけない」と言はれた時と同様に面喰ひ、猪木氏が正氣なのか狂氣なのか、改憲論者なのか護憲論者なのか、私にはさつぱり解らなくなる。いや、それとも猪木氏は、護憲改憲いづれか一方の立場に立つ事が「マイナスの效果をもたらす」のであり、時に應じていづれの立場にも立つ事が「プラスの效果をもたらす」と考へてゐるのかも知れぬ。さういふ考へ方の是非については前章に縷々述べたから、ここでは繰返さないが、これを要するに、猪木氏もまた淺はかな實利主義者にすぎないといふ事になる。

　ところで日本が軍事大國になつてなぜいけないのか、と私は書いた。吾國は今後遮二無二軍事大國を目差すべく、核の保有もためらふべきでないなどと、私はさういふ景氣のよい事が言ひたいのではない。軍事大國になる事を政治的に賢明ならざる事、もしくは道徳的に惡しき事であるかの如く言ふ知的怠惰を怪しむまでの事である。さういふ知的怠惰ゆゑに人々は政治と道徳を混同し、政治を論じて道徳を論じてゐるかのやうに錯覺する。それゆゑ昨今は道徳の問題が眞劍に論じられる事が無い。猪木氏は「改憲とか、ソ聯の脅威とか、核武裝とかの、防衛にとつて當面虚なる問題を防衛論議から切り離」せと言つてゐるが、猪木氏に限らず大方の日本人は道徳の問題を「當面虚なる」ものと看做してゐる譯であり、それゆゑ猪木氏のやうに「防衛豫算中の裝備費を倍増し、施設整備費を二倍半にし、研究・開發費を十倍に増加」すべしなどと、專ら「當面實なる問題」を論じて「精神面の問題」を一向に論じないのである。猪木氏は自衞隊についてもかう書いてゐる。

> 裝備をいくら近代化しても、士氣、紀律を向上させなければ役に立たないといふのは空論である。時代遲れの武器を使はせて、士氣を高めよといつても無理だ。非核裝備としては第一級の武器を配備すれば、精神面の問題もおのづから解決する。募集の問題もこれにともなつてますます改善されることは疑ひない。

なるほど「時代遲れの武器を使はせて、士氣を高めよといつても無理」である。が、「第一級の武器を配備」しても、戰ふ氣力の無い軍隊なら「專守防衞」すら覺束無い。今の自衞隊が必要としてゐるのは、「當面虚である」かに見える國軍としての誇りではないか。國民が自衞隊に「奴隸的苦役に從事」する土建屋としての存在理由しか認めてゐないのなら、「第一級の武器」を與へられたとしても心有る青年が進んで入隊する筈が無い。防衛問題の「權威」として自他ともに許す猪木氏の書庫には、汗牛充棟、定めし「第一級の文獻・資料が配備」されてゐるに違ひ無い。だが、それで猪木氏の「精神面の問題」は「おのづから解決」してゐるか。いかほど士氣旺盛であらうと知力を缺けば猪武者に過ぎぬ。同樣に、第一級の文獻が「配備」されてゐようと、緻密に頭を使ふ事ができなければ立派な學者とは言へまい。そして次のやうな文章が緻密な頭腦の所産とは私にはどうしても思へない。

法學に無緣の人々が、奇妙な法理論を展開してゐる情景は、こつけいだと思ふ。〝一億總法匪〟時代になつては大變だ。すぐれた憲法學者が少いことを考へると、他の分野の知識人が憲法を論じたくなる氣持はわかるが、文學者や哲學者の憲法論議は、やはり一國民としての意見以上の意味はあるまい。

（「防衛論議の虛實」、「中央公論」、昭和五十六年一月號）

「すぐれた憲法學者が少い」との判斷を「すぐれた憲法學者」が下すとは限るまいが、猪木氏は屢々憲法を論じてゐるのである。では猪木氏は、自分も「すぐれた憲法學者」の一人だと言ひたいのか。それとも自分は「他の分野の知識人」で、自分の意見にも「一國民としての意見以上の意味は」無いと承知してをり、自分はこれほど謙虛なのに「文學者や哲學者」が身の程を辨へずして憲法を論《あげつら》ふ厚かましさに苦り切つてゐるのか。けれども「第九條だけを非難彈劾するのは、まるで子供の論理」だとして高飛車に清水幾太郎氏を批判してゐる猪木氏が、さまで謙虛だとは思へない。とすれば猪木氏は「すぐれた憲法學者」をもつて自ら任じてゐる事になる。つまり猪木氏は「文學者や哲學者の憲法論議」は取るに足らぬが、「すぐれた憲法學者」たる自分の憲法論には「一國民としての意見以上の意味」があると主張してゐる事となる。だが、それほどの自信があるのなら、「國民の壓倒的多數が納得する改正案ができれば」などといふ心にも無い事をなぜ書くのか。それに何より、日本國憲法は音符で書かれてゐるのではない。憲法は文章であり、憲法學者も文章を綴つて憲法を論ずるのである。猪木氏の文章は杜撰だが、杜撰な文章を綴る「すぐれた憲法學者」などといふ化物は斷じて存在しない。

ところで、軍事大國になる事を道德的惡事と思ひ做す知的怠惰についてだが、この怠惰は戰後三十數年、日本國に蔓延《はびこ》つて今なほ猖獗《しやうけつ》を極めてゐる。そしてそれは敗戰に際して大方の日本人が、自明ならざる事を自明と思ひ込んだ迂闊に端を發する。先に述べたやうに、猪木氏も「第二次大戰でわれわれ日本人がをかした罪」を「まざまざと想起」した譯だが、猪木氏のいふ罪とは道德的な罪なのである。猪木氏は當時、「道義の頽廢を嘆く聲は、次第に高まつて」をり、「しかもこの聲が、右旋回の波に乘つてゐることも、大體豫期の通り」だが、「汚職も、エロも、暴力も、皆戰爭中から始まつてゐる」のであつて、「國內には暴力やエロが一見少いやうに見えた時でも、國外で日本人が何をしてゐたかを想起すれば、敗戰ではなくて、戰爭が責任を負はなければならないことは明らかだ」（「革命と道德」）と書いたのであつて、それは淺薄にも戰爭を道德的な惡事だと思ひ込んだために他ならない。

戰時中「國外で日本人が何をしてゐたか」。勿論この場合は「侵略」を意味しよう。つまり猪木氏は「敗戰」ではなく「侵略戰爭」が道義的頽廢を齎したと主張してゐる譯だが、道義的頽廢を齎したものが道義的に善きものである筈は無いから、猪木氏は侵略戰爭を道義的に惡しきものと思ひ做した譯である。そしてさうなれば、敗戰を善き事と思ひ做すのも自然であり、さればこそ猪木氏は大日本「帝國が崩壞した時、私は正直にいつて、一種の解放感を味はつた」（「私の愛國心」）と書く事ができたのであつた。

そして猪木氏に限らず、敗戰によつて「解放感を味はつた」日本人は、「僕は無智だから反省なぞしない。利巧な奴はたんと反省してみるがいいぢやないか」と放言した小林秀雄氏や、「眞の勇氣ある自由思想家なら、いまこそ何を措いても叫ばなければならぬ事がある。天皇陛下萬歲！」と書いた太宰治のやうな旋毛《つむじ》曲りを除き、一億一心、「一億總懺悔」の迂闊を演じて、侵略戰爭のみならず一切の戰爭を道德的犯罪と思ひ込んだのであり、「一億總懺悔」とは政治と道德とを峻別できぬ知的怠惰が齎した世にも稀なる怪現象であつた。しかも日本國民は、今なほその後遺症を患つてゐるのである。

改正すべき憲法

その度し難き後遺症を嗤ふべく、私は前章にから書いた。

要するに、猪木氏は政治と道徳とを峻別してゐないのである。それゆゑ、大東亞戰爭は侵略戰爭で、侵略戰爭の惡事たるは自明の理だと思つてゐる。（中略）だが、自衞の爲の戰爭を肯定する以上、他國の侵略を想定してゐる譯であつて、それなら專守防衞論者は、侵略が絶對に許されないのは自國の場合だけだと主張してゐる事になる。けれども、自國には絶對に許さないが他國の場合は仕方が無いといふ事なら、それは絶對に「絶對的惡事」ではない。

　敢へて誇り顏に言ふが、これは誰にも否定できぬ論理ではあるまいか。そして知識人が知的誠實を重んじなければならぬとすれば、論理的に正しい事は、それがいかに不快な事實であれ、そのまま率直に認めなければならない筈ではないか。「日本は飽くまでも專守防衞に徹する所存であり」云々と、國會で政治家は紋切型の答辯をする。政治家の紋切型は構はぬ。總じて政治家はその時々政治的に賢明と思はれる事だけを語るのである。が、政治家も含め、人間には知的誠實といふ事も大切なのであつて、それはつまり、專ら黨派の利害のみを顧慮して物を言つてはならぬといふ事である。そして、知的誠實を旨とする以上、政治的賢明は二の次とせざるをえず、保守のでたらめは見逃して革新のそれは論ふ、さういふ不誠實な態度を採つてはならない。例へば、かうして私は猪木正道氏を批判してゐるが、それを保守陣營の和を亂す淺はかとして保守派は苦り切るかも知れず、「保守同士の內ゲバ」と看做して革新は喜ぶかもしれぬ。が、さういふ精神の陋劣を私は蔑む。さうして黨派の利害ばかりを重んじて生きてゐるから、敵身方思考を超えるものにはさつぱり思ひ至らない。が、政治と道德に關する難問は黨派を超えてゐる。「沂《き》に浴し、舞《ぶ》雩《う》に風し詠じて歸らん」と曾晳《そうせき》が言つた時、孔子は「喟然《きぜん》として嘆じて」答へたといふ、「吾は點（曾晳）に與《くみ》せん」（「論語」先進篇第二十六章）、これまた黨派心なんぞとは何の關りも無い話ではないか。

　もとより政治家は黨派の利害を無視する譯にはゆかぬ。が、政治家も人間であり、「舞雩に風し詠じて歸」る樂しさは知つてゐよう。また、治國平天下のためには「惡魔の力と契約する」政治家も、黨派を超える道德、すなはち修身を無視できまい。今は昔、國防を論じて日本の政治家も知識人も頗る眞劍であつた。そして例へば佐久間象山にせよ會澤正志齋にせよ、治國平天下を論じて必ず修身齊家に言及してゐる。なるほど「公の私」といふ事もあつたが、私の爲すべき修身なくして治國平天下はありえぬと、彼等は信じて疑はなかつた。しかるに今、識者は專ら治國平天下を論じて修身に言ひ及ぶ事が無い。國防を論じて道徳に言及する事が無い。修身といふ言葉によつて人々が聯想するのはかつての德目教育なのである。が、修身とは吾身を修めるの謂である。そして吾身を修めるためには、時に自己犧牲をも辭さぬ心構へが無くてはならぬ。道徳とはいつの世にも自己犧牲を强ひるものだが、さう考へれば、ここでも吾々は政治と道徳とを峻別せざるをえない事となる。國家が他國に對して自己犧牲に徹するなどといふ事は、金輪際ありえないからである。

それはつまり、國家と國家との間には利害の一致による友好關係がありえても、道徳的な附合ひは成り立たないといふ事だ。が、さういふ事が大方の日本人には理解できない。もとより政治と道徳との混同を好むからであつて、憲法前文こそその混同の好箇の實例に他ならぬ。「平和を愛する諸國民の公正と信義に信頼して、われらの安全と生存を保持しようと決意した」などといふ、專ら他國の善意を當てにして生きようとする卑屈極まる文章を含む憲法は、世界に類例の無いものである。

それゆゑにこそ私は憲法を改正すべきだと考へる。猪木氏は第九條第二項を「前項の目的を達するため自衛軍を置く」とでも改正すればよいと言ふ。さういふ姑息な彌縫策ではもはやどうにもならぬ。政治と道徳、法と道徳を峻別できぬ、日本人の脆弱な精神を矯《た》めねばどうにもならぬ。憲法は聖書ではない。聖書の改正は無論不可能である。それは道徳に關する聖典だからだ。が、憲法は「カイゼルのもの」である。何度改正しようと一向に構ひはしない。猪木氏は書いてゐる。

歴史を尊重し、價値を守る立場に立つ人々の中に、現行憲法を無效呼ばはりするものが見受けられるのは、遺憾この上ないことと言はなければなるまい。

現行憲法無效論によつて、最大の利益をうるのは破壞勢力にほかならない。

（「憲法と自衞力の限界」、「月刊自由民主」、昭和五十二年八月號）

猪木氏はなぜ「破壞勢力」の利益などを慮《おもんぱか》るのか。なぜ他人の思はくばかり氣にするのか。猪木氏は清水幾太郎氏について「清水氏の今度の論文が、日本の防衛力整備にとつてむしろマイナスの効果をもたらす」と書き、ソ聯の脅威を力說する識者について「ソ聯軍がいとも簡單にわが國を制壓する狀況を怪しげな〝專門知識〟で描寫すれば、善良な日本國民のなかには震へ上がる人も少なくあるまい」と書き（「防衛論議の虛實」）、栗栖統幕議長について「國民が誤解しても不思議でなく、誤解が生ずるおそれは當然豫期されたはず」と書く（「文民統制を考へる――栗栖統幕議長の解任をめぐつて」、「文藝春秋」、昭和五十三年九月號）。だが、好んで誤解を招くやうに振舞ふ馬鹿はゐまいが、人間は時に他者の思はくを無視し、誤解は覺悟の前で「眞情を吐露」せねばならぬ事もあるではないか。

猪木氏の御都合主義

さて、私はこれまで猪木氏を現實主義者と看做して來た。が、それにも少々無理がある。現在の猪木氏の文章のあちこちに、三十年前の「空想的理想主義」がはつきり讀み取れるからであつて、猪木氏は實は、三十年前と少しも變つてゐないのではないかと私は思ふ。今もなほ猪木氏は、「日本にほんたうの革命が行はれる」日を、一日千秋の思ひで待ち侘びてゐるのではないか。かつて防衛大學校の校長を勤めたのも、今、總理大臣の諮問機關たる總合安全保障硏究グループの議長を勤めてゐるのも、「ほんたうの革命が行はれる」までの身過ぎ世過ぎ、いはば世を忍ぶ假の姿なのだが、自民黨も世人も猪木氏の「遠謀深慮」を看破れずして、「保守イデオローグの第一人者」と看做してゐるのではあるまいか。

清水幾太郎氏は一所懸命に辻褄合せをやつたのである。それはなるほど悉く破綻したかも知れぬ。が、私は清水氏の辻褄合せを猪木氏の御都合主義もしくは「遠謀深慮」より好ましく思ふ。辻褄を合せようとして足搔くのは、知的誠實を全く持合せぬ人間の決してやらぬ事だからだ。が、猪木氏は三十年前の自說と今日のそれとの辻褄合せをやつてゐない。三十年前の猪木氏は「民主主義と平和主義との憲法をかたく守つて行くことが（中略）唯一つの正しい道だ」と書いたのである。猪木氏は今、「あの時はあのやうに書く事が政治的に賢明だつたのだ」と言ふのであらうか。

だが、昨年九月三十日附の「やまと新聞」によれば、猪木氏は「自民黨・國防議員聯盟の勉強會に出席、憲法の前文削除や第九條の改正など改憲の注目される具體的提言をし、「現行憲法の前文は大戰爭が終つた後の非常に特殊なふん圍氣のもとで書かれてゐるから現狀に合はない」と發言したといふ。

しかるに、同じく昨年、猪木氏は「中央公論」九月號に、憲法第九條を改正すれば「日本が軍事大國化を決意したと見られる公算は大きい」と書いた。「やまと新聞」の記事が正確なら、猪木氏は「中央公論」九月號の讀者を愚弄した事になる。許し難き事である。それとも、九月號の原稿を書いてゐた時から、國防議員聯盟の勉强會の當日までの間に、第九條の手直しをやつても「日本が軍事大國化を決意したと見られる公算」は突如として小さくなつたのか。猪木氏は三十年前、熱烈な護憲論者としてから書いた。

わたくしは、民主主義と平和主義との憲法をかたく守つて行くことが、日本を世界に結びつけ、日本人を人類に媒介する唯一つの正しい道だと考へます。（中略）

この憲法を守つてゆくことによつて、われわれ日本人は、イギリス、アメリカ、フランスの革命と結びつき、ロシア、中國の革命ともつながるのです。この憲法を捨てたり、改惡したりすれば、そのとたんに、日本の國土に住むありとあらゆる闇の力が、一齊に活動しはじめ、われわれ日本人は奈落の底へと落されてしまひます。これに反して、憲法さへ守り拔くことができれば、現在はいかに苦しくとも日本の前途には光明があります。

（「戰爭と革命」、雲井書店）

現行憲法を「かたく守つて行くこと」が「唯一つの正しい道」ならば、憲法前文の削除はもとより、第九條第二項を「前項の目的を達するため自衞軍を置く」と改める事さへ許し難い暴擧であり、それを默過すれば「日本人は奈落の底へと落されてしま」ふ事とならう。

とまれ、三十年前の猪木氏は紛れも無い「空想的平和主義者」であつた。では、私は猪木氏に問ふ。あなたの空想的平和主義は痲疹《はしか》のやうなものだつたのか。そして痲疹を濟ませた時、ついでに知識人として「かたく守つて」ゆかねばならぬ筈の知的誠實をも思ひ切りよく抛擲し、以來その都度、賢明と思はれる事だけをその都度語つて、御都合主義で世を渡り、年貢の納め時をつひに迎へなかつたといふ事なのか。それとも、イギリスにおける「プロレタリアートの獨裁が實現」しなかつたにも拘らず、猪木氏は今なほ、日本國における「ほんたうの革命」成就を一日千秋の思ひで待ち侘びてゐるのであらうか。

（昭和五十六年十二月）

Ⅲ

戰爭は何故無くならないのか一

アメリカ「べつたり」で何が惡いか

一

福田恆存は、晩年、腦梗塞の發作を起して以來、餘り物を書かなくなつたが、それ以前も、頭腦の働きが全うだつたにも拘らず、産經新聞の「正論」欄には書けなくなつた。福田に書かせる事は日本國の爲にならないと猪木正道が産經に警告したからである。實は自分も改憲論者だが、今、福田のやうにあからさまに改憲を主張すると、將來なし得る筈の改憲も不可能になつてしまふ、さう猪木は云つたといふ。それは福田から私が聞いた話で確證は無いのだから、ここで猪木の言論抑壓を批判する積りは無く、またその暇も無い。が、福田は「問ひ質したき事ども」に高坂正堯を批判してから書いてをり、このはうは少しく論ふに足る。

> 今後十年間、憲法論議を棚上げせよと言ふが、それは（中略）政治家の問題としていちわう認められよう。「不愉快でも沈默し、なすべきことをなすといふのが政治家の倫理である。」が、政治學者はどうしたらいいのか、批評家はどうしたらいいのか。いくら官界の御用學者とならうとも、言ふべきことは、はつきり言はねばならない、いや、高坂氏は言つてゐるのかも知れない。が、それなら「中央公論」に憲法論議を十年間棚上げせよ、十年後には喋つてもよいといふやうな、豫言めいた御託宣をせず、「不愉快でも沈默し、なすべきことをなすといふのが御用學者の倫理」ではなからうか。

しかく痛烈に批判されて高坂は「不愉快でも沈默」し、沈默する事によつて勝ち、福田は今更のやうに言論の虚しさを痛感する事になつたのだが、高坂も福田も共に鬼籍に入つた今、ここで高坂を批判する積りも無い。如何なる問題についてであれ、論議の棚上げを主張する識者はとてつも無い化け物だとだけ云つておかう。論議をしない識者とは魚を賣らない魚屋の類だからである。だが、高坂が憲法論議の棚上げを主張したのは昭和五十五年、すなはち二十年も昔の事だが、以來事態は微塵も變らずに推移して、今もなほ改憲論議は「棚上げ」された儘である。いや、憲法論議に限らない。日本が近代國家なら避けて通れぬ類の問題は、敗戰後、その全てが棚上げされてゐる。例へば教育問題である。教育は文部省や教育委員會のなすべき事ではなく親や教師の「專權事項」だが、親や教師は子供を、一體全體、「良き國民」に育てたいのか。それとも「善き人」に育てたいのか。今は往年の威勢を失つた日教組高教組も、時の花を翳《かざ》しつつある「新しい教科書をつくる會」も、共に「良き國民」を育てようと考へてゐる。だが、かのオサマ・ビン・ラディンも、タリバン支配下のアフガニスタンにおいては「良き國民」だつたし、世界貿易センター・ビルに突込んだテロリストもタリバンにとつては英雄で、事程左様に「良き國民」とは相對的な概念なのである。では「善き人」のはうはどうか。我が子が成年式を迎へてなほ頗る附きの善人である場合、親はそれを不安に思はないだらうか。思ふに決つてゐる。善惡綯《な》ひ交ぜのこの世を渡つて行くには惡智慧が不可缺で、善人は常に輕蔑せられる。惡魔は滑稽でないが善人は滑稽である。だが、なぜ滑稽なのか。イエス・キリストを例外として善人は必ず滑稽だが、尊重されて然るべき善人をなぜ人々は笑ふのか。なぜ善人が他者を不幸に陥れるのか。それはドストエフスキーが「白癡」を書いて眞劍に考へた問題だが、生憎、昭和平成の日本國にドストエフスキーのやうな「閑人」はゐない。善の問題に限らず、よろづ厄介千萬な難問を眉根を寄せて考へるといふ事、それがこの國の知識人には無い。それゆゑ、「御用學者」に限らず、また憲法論議に限らず、この國の知識人は云ふべき事を云はないのではない。抑も「言ふべきこと」が無いのである。眞に「言ふべきこと」なら情勢の變化とは無關係に「言ふべき」だが、彼等は邊りを窺つて云へるやうな情勢になつてから云ふ。そしてさういふ安手の言論に讀者がまた頗る寛容なのである。大東亞戰爭當時も、戰後もさうであつた。で、この儘ではどうなるか。知れた事、またぞろ「いつか來た道」を辿る事になる。昨年（平成十三年）十二月、産經新聞「正論」欄に芳賀綏は、柳田國男のあらまし以下のやうな言葉を引いて、「擧國一致」の齒止めたるべき「知的誠實」の大事を說いた。

（戰中、老若男女が）口をそろへて一種の言葉だけを唱へ續けたのは、强ひられたのでも欺かれたのでもない。これ以外の言ひ方、考へ方を修練する機會を與へられなかつたからだ。かういふ狀態が今後も續くならば、どんな不幸な擧國一致が、これからも現れてこないでもない。

だが、柳田を茶化す譯では斷じてないが、日本國の輿論が「擧國一致」でなかつた事は實は唯の一度も無いのではないかと私は思ふ。何せ邊りを窺ひ云へるやうになつてから云ふのだから皆の意見が一つになる事に何の不思議も無い。政治家にも知識人にも「言ふべきこと」の持合せが無い。眞に「言ふべきこと」とは容易に讓れない己れだけの道德的信念だからである。今は民主主義の御時世だから多種多樣な意見が共存してゐると讀者は思つてゐるかも知れないが、多樣なのは道德的信念ではなくて瑣末な政治的見解に過ぎない。平成十四年一月二十四日の產經新聞によれば、アメリカのアフガニスタン攻擊の是非については「保守派」知識人の間に意見の對立があり、アメリカを支持する田中英道、田久保忠衞及び八木秀次とアメリカを批判する長谷川三千子及び小林よしのりとが「對決」するシンポジウムがこの程開かれる事になつたといふ。馬鹿らしい話である。アメリカを批判する事もアメリカを支持する事も、道德とは寸分の關はりも無いし、日本の「保守派」に支持されてアメリカが喜ぶ筈も無く、批判されてしよげる事も無い。詰りは全くの無駄事である。私は無論アメリカを支持するが、それは支持する事が日本國の利益になるからで、アメリカを道義的に支持するからではない。外國を道義的に支持するなどといふ事はナンセンスである。私は北朝鮮を支持しないが、それは支持する事に何の利益も見出せないからで、それゆゑ私は北朝鮮を道義的に批判した事が一度も無い。北朝鮮には金正日なる獨裁者がゐて人民に言論の自由が與へられてゐない。けれどもそれは致命的な政治的缺陷ではあつても道德的缺陷ではない。政治的缺陷を多々有する國にも善人はゐる。北朝鮮にもゐるに決つてゐる。ゐるに決つてゐるが、その北朝鮮の善人は政治的に非力で我が日本國を寸毫も益しない。それゆゑ私は北朝鮮に對して非友好的で、友好的に振舞ふ手合を輕蔑してゐる。

二

同樣に、私はアメリカを批判する手合をも輕蔑する。周知の如く、アメリカは世界最大の債務國、日本は世界最大の債權國である。然るに日本は、幾ら不況に喘いでも、所有するアメリカの莫大な國債を賣却する譯に行かない。軍事的に非力だからである。小林よしのりにも長谷川三千子にもその事が解つてゐない。陸海空自衞隊の武器は米軍のそれに到底及ばない。例へば我が海軍は航空母艦を有しないが、空母を所持しない國は所持する國と到底互角の戰ひが出來ない。タリバンの指導者オマルにはその事が解つてをらず、國内の反米輿論を抑へてアメリカに協力したパキスタンのムシャラフには解つてゐた。ムシャラフは賢明な指導者で、オマルのはうは愚昧な指導者だつた。宗教的信念といふ事になれば回教徒ムシャラフも持合せてゐる。が、宗教道徳と政治とは切離して考へなければならない。

小林よしのりは産經新聞を「アメリカべつたり」と評したさうだが、「アメリカべつたり」で何が惡いのか。ブッシュが報復を決意するとブレアは早速アメリカへ飛んでブッシュと握手し支持を表明したではないか。核兵器も空母も所持してゐないのだから、イギリス以上に我が日本國は「アメリカべつたり」でやつて行くしかない。それは道義に關はる迎合ではない。マキャヴェリや夏目漱石が云つたやうに、究極のところ、國家と國家との間に道義は入り込む餘地が無い。而も、「アメリカべつたり」の協力をしながら一目置かれるやうに振舞ふ事は出來る。例へば改憲である。憲法を改正して日本國の陸海空軍が米軍と共に堂々と戰へるやうにする。さうなつたらアメリカは一目も二目も置くやうになる。アラビア海の洋上で米海軍の補給艦に燃料を補給したり、空自の輸送機が米軍の物資をグアム島へ運んだりする、そんな姑息な手段では到底駄目である。「專守防衞」の看板を下さず「テロ對策特別措置法」なるいかさま法にもとづく「支援」だから、燃料や物資くらゐしか運べないが、恐らく今回自衞隊が補給し輸送した物資は米軍が自力で補給し自力で運べる物ばかりだつたに相違無い。無論、米軍にとつて自衞隊の協力は不愉快ではなかつたらうし、軍事的貢獻をしないといふ事は重大な瑕疵ではないとブッシュも云つたが、それは外交辭令に過ぎない。半世紀もぐうたら「平和憲法」に呪縛されてゐるやうな國を諸外國が輕蔑しない道理は無い。北朝鮮はなぜ我國の良民を拉致するか。軍事的報復を皆目怖れてゐないからである。もう書いてもよいと思ふし、本人は書き難いだらうから本人の許可も得ずに書くが、佐藤守が南西航空混成團司令だつた頃、尖閣列島の領有を主張する臺灣がヘリコプターを用ゐて侵犯を計畫した事がある。それを知つた佐藤は、F四ファントムを一機交替で常時張附け、T四を哨戒させ、場合によつては撃墜するといふ意志を明確にした。臺灣はどうしたか。侵犯を斷念した。斷念してぐうたら國の空軍を見直したに相違無い。

では、臺灣が警告を無視して斷念しなかつたらどうなつたらうか。無論、我がファントムがヘリコプターを撃墜して、それは極樂蜻蛉國の大事件になつて、佐藤は詰腹を切らされたであらう。だが、それを知つて諸外國の軍人は佐藤を稱揚し深く同情するに決つてゐる。國家と國家との間に道義は入り込む餘地が無いと書いたが、國家が他國から一目置かれるやうになるためには、政治家や外交官や軍人個人の、飽くまでも一個人の、叡智や道徳的な勇氣が不可缺なのである。

三

さういふ個人の孤獨な道徳的決斷の大事に較べれば、アメリカを支持するか否かを巡る論戰なんぞ所詮は閑人の寢言に過ぎない。「アメリカべつたり」以外に我國の選擇肢は無い。選擇肢の無い事柄について論議するのは閑人の所行である。さういふ至極簡單な道理がなぜ長谷川や小林に解らないのか。自國の軍事的非力を自覺してゐないからに他ならない。詰りは夜郎自大なのだが、その道理輕視の夜郎自大がまたぞろこの國を亡國の淵へ引き摺り込む事になる。小林は「戰爭論」にかう書いてゐる。

さて支那兵・歐米兵の惡を檢證してきた　ソ聯が惡黨だつたのは日ソ中立條約を破つて　突然　滿洲に侵攻してきたのだからもう自明だらう　しかもソ聯兵は戰地で女を强姦するのが褒美として認められてたのだから始末に負へない　日本人に暴虐の限りを盡くしたわけだが……例へばソ聯がベルリンに侵攻した時は　ベルリンの全女性の五十パーセントが强姦され　十パーセントが性病にかかつたといふ（中略）アメリカはこれほどの大殺戮兵器を　何の警告もなしに　六日　廣島にウラニウム爆彈リトル・ボーイを　九日　長崎にプルトニウム爆彈ファットマンを落とした　ウラニウム型とプルトニウム型　二種類とも何が何でも一般市民の住む都市に落とし　その破壞狀況・人體に及ぼす影響を確かめねばならなかつたのだ　それは惡魔の仕

業だつた！（中略）單なる實驗で大虐殺を成し得たアメリカが　そして大虐殺兵器である核を保有する中國とアメリカが　仲良く日本の戰爭責任を未だに追及する資格などあるわけがない！核を捨ててから言へ！（原文の改行は無視）

北朝鮮を道義的に批判した事が無いと先に書いたが、私はソ聯を道義的に難じた事も無い。ユダヤ人の虐殺はナチスの「專賣特許」ではない。スターリン支配下のソ聯もやつてゐる。スターリンは日本人とドイツ人だけを虐待した譯ではない。スターリンがベッドの上で安らかに死ぬるまでに、無數のロシア人がシベリアへ送られて殺されてゐる。けれども、それを道義的に難じても仕様が無い。それは比喩的には「惡魔の仕業」だが、スターリンは人間であつて惡魔ではない。かの頭腦明晰なるジョージ・スタイナーも、戰後に書かれたT・S・エリオットの文化論を批判して「アウシュヴィッツの悲劇に全く言及してゐない」と書いたが、私はエリオットのはうが遙かに賢いと思ふ。人間はどんな殘虐もなし得るのだと、多分、エリオットは云つたであらう。實際、これはその後スタイナーの書いた事だが、舊約聖書は殺戮に充ちてゐる。カインによる弟のアベル殺害以來、大量の血が流されてゐる。が、それを今更道義的に難じても始らない。始らないから全世界の誰も難じない。人間は殘虐な動物なのであり、それを自覺せず、敵に鹽を送る美談に醉ふやうなお人好しだから、日本人は戰爭を道義的に裁斷する。その事に「保守革新」の別は無い。大江健三郎も土井たか子も小林よしのりも無類のお人好しなのである。無論、戰勝國が敗戰國を道義的に裁くといふ事はあつて、ニュルンベルク裁判も東京裁判も共に茶番だが、何せ勝てば官軍なのだから、官軍の手前勝手を賊軍が咎めても仕様が無い。然るに、日本國が敗れて五十數年經つた今、小林が列國を難じて安手のアジテイションをやらかすのは何のためなのか。知れた事、これまで大いに幅を利かせた「左翼・進歩派」の自虐的な史觀を否定するためである。然るに、自虐的史觀と同樣、それがまたぞろ亡國の引金になる。

四

だが、それについては次回に讓るとして、ここでついでに書いて置きたい事がある。產經新聞は今回のシンポジウム開催を傳へる記事に「保守派同士が初論戰」なる大見出しを附けてゐる。アメリカを批判する保守派がゐて、アメリカを支持する保守派がゐる、さう產經の記者は思つてゐるらしい。だが、他國を難ずる事も擁護する事も、共に保守とは何の關はりも無いのだから、これを機會に「保守派」なる言葉を輕々に用ゐぬやう產經に忠告しておく。抑も何を保守するのが「保守派」なのか。他國との友好關係を保守するのが保守ならば、產經の記者も田久保も土井たか子も保守である。だが、他國との友好關係の保持は斷じて保守の對象ではあり得ない。アメリカや臺灣と戰ふ事が未來永劫絕對に無いとは云ひ切れない。我々が保守せねばならぬのは、我々の、我々だけの文化だが、それを保守する事がいかに難事かを世人は痛感してゐない。安井佐代のやうに見事に振舞ふためには、パンティーを脱ぎ腰巻を巻き、キーボードを捨て墨を擦らねばならない。それが出來るか。出來はしまい。和魂洋才とはとどのつまり畫餅だつたのである。

戰爭は何故無くならないのか二

政治が緩褌《ゆるふん》の生き甲斐

一

畫餅とは繪に描いた餅である。繪に描いた餅は食べられない。和魂洋才とは西洋から文明の利器は採り入れるが根性は父祖傳來のそれでやつて行くといふ事だが、さうは問屋が卸さなかつた。確かアーノルド・トインビーが指摘してゐた事だが、西洋文明はそれを採り入れる異國の文化に破壞的な影響を及ぼす。女が腰巻を巻いてゐた頃、男は褌《ふんどし》を締めてゐて、男が決心して何かをやらうとする時は褌を締めて掛つた。所謂「緊褌《きんこん》一番」である。だが、今の我々はパンツを穿《は》いてゐる。何か大事をなさうとする時、パンツでは締め様が無いし、ズボンのベルトを締め直したところで肝が坐る筈も無い。それゆゑ、褌を締めて「和魂洋才」なる負け惜しみの合言葉を信じ、惡戰して苦鬪した幕末の先祖に較べ、我々は格段に緩褌になつた。緩褌は「ゆるふん」と讀む。パンツは西洋褌ではない。パンツとは詰り「緩褌」である。西洋人がパンツを穿いても緩褌にはならないが、日本人がパンツを穿けば緩褌になる。大袈裟な事を云ふと讀者は思つて笑ふに相違無いが、それも西洋文明の破壞的影響力の一つである。

和魂洋才を「廣辭苑」は「わが國固有の精神と西洋の學問。日本固有の精神を以て、西洋の學問・知識を學び取ること」と定義してゐる。無論、褌は「わが國固有の學問・知識」ではない。だが、褌を締める事は紛れも無く「わが國固有」の文化である。文化とは何か。T・S・エリオットが簡潔かつ的確に定義したやうに、我々の生をして生き甲斐あらしむるものである。重ねて大袈裟な事を云ふが、褌は御先祖様に生き甲斐を與へ、パンツは我々にそれを與へない。「緊パン一番」なる言葉は無い。緊褌一番、褌を締めて掛かれば、忽ち氣が締まると御先祖は信じてゐた。成程、氣持を引締める事が生き甲斐を與へるといふ事は確かにある。生き甲斐とは「生きてゐてよかつたと思へる」事だが、寶籤《たからくじ》に當たつたり、初孫が誕生したり、金メダルを取つたりして、詰りは幸福に醉ひ癡れる時だけ、人は生き甲斐を感ずる譯ではない。人生意氣に感じ、損得を全く考へず、身に迫る危險をも顧みずして己が信念を貫く時にも、人は確實に生き甲斐を感ずる。緩褌でなかつた或る明治人はかういふ文章を遺してゐる。會津戰爭當時の俠客の話である。

この間、若松よりの銃砲聲いぜんとして絶えず、一同その勝敗を案ず。この音やめば主君をはじめ城中の一同全滅なりと、きさ女、忠女は語る。敵兵きたると聞けば血氣の兵藏銃と刀取りて驅け出で、しばしば兄（太一郎）より輕擧を戒めらる。この兵藏の郷里は越後濁川と聞く。相撲好きにて田舎力士の關取なり。賭博を好み喧嘩を日常の事とするも情誼まことに厚く、自ら俠客をもつて任ず。（中略）越後軍破れて若松に引上げ、八月二十三日朝、東松嶺にいたりて鶴ヶ城を望めば一面火と黑煙の海なり。太一郎これを指して、

「會津すでに落ちたり。吾等これより城に馳せ參じて死するのみ。汝は元より會津藩には何の由緣もなし。吾とともに死する義理まつたくなし、すみやかに歸郷せよ」と金若干を與へて訣別せんとすれば、兵藏にはかに怒りて色をなし、

「これは驚き入りたることかな、主人の言とも覺えぬ無

情無慈悲のお言葉なり。吾等下賤の博徒なりといへども一宿一飯の義理をたつとぶ、その家に難あれば身命を棄つるものなり。しかるに何ぞや、主君ただいま國難に赴くにさいし暇をたまはらんとは、まこと義理もなく人情もなし。御命令なれど、だんじてお斷わり申す」と坐り込み、挺子にても動かぬ憤然たる面構へなり。

（石光眞人編著「ある明治人の記録」、中公新書）

この兵藏の根性すなはち「和魂」を見事だと思はぬ日本人は一人もゐまい。「一宿一飯の義理」を尊び、緊褌一番、「身命を棄つる」覺悟でゐる兵藏は、無論、生きてゐてよかつたなどと思つてはゐない。そんなゆとりは無い。けれども、彼の心はいたく昂揚してをり、「お斷わり申す」とて坐り込んだ時には、主君の命を拒む己れに無意識に陶醉してゐたに相違無い。己が行動の正しさを確信する事は、その正しさが自國の文化に支へられてゐる限り、苦しい時悲しい時にも、人に生き甲斐を與へるのである。自分だけで自分を立派だと思ふのは只の自惚れに過ぎない。だが、國や「家に難あれば身命を棄つる」事を是とするのが我々の文化だから、兵藏の至極微量の自己陶醉は斷じて自惚れではない。

兵藏の主君は太一郎だが、太一郎は人間であつて絶對者ではない。但し、主君とは並の人ではなく「人の上の人」である。「人の上の人」を戴いてゐないのなら兵藏の見事な振舞も無い。主君無しに主君の命を拒む見事も無い道理だからである。平生は主君に仕へる事が兵藏の生き甲斐だが、今この場合、主命を拒む事が生き甲斐になる。國や「家に難あれば身命を棄つる」事を是とする文化のはうが、主命よりも遙かに強力だからである。然るに、その我國固有の文化は、明治以降、パンツのみならず西洋文明の利器の移入と共に次第に稀薄になつて、取分け「大正デモクラシー」の流行後は急速に衰微した。「森鷗外とともに、事實上何かが終つたと私は思ふ。そして夏目漱石とともに、事實上何かが始まつたと思ふ」と高橋義孝は書いてゐるが、成程、例へば「人の上の人」たる明治天皇の崩御は、強い衝撃を鷗外に與へ漱石には殆ど與へてゐない。無論、志賀直哉や武者小路實篤とは異なり、漱石に「人の上の人」の權威を茶化して喜ぶ輕薄は無いが、漱石は「人の上の人」の權威を鷗外程は認めてゐない。

けれども、鷗外と共に何かが終り漱石とともに何かが始つたといふのは正確な云ひ方ではない。「何かが終」り「何かが始まつた」のは、詰り、日本文化の變質が始まつたのは、浦賀に黒船がやつて來て、やむなく國を開いて後、取分け「人の上に」人ならぬ絶對者を戴く歐米の平等思想にかぶれて後の事である。西洋文明の攝取を喫緊の課題と信じた福澤諭吉は、明治五年、「學問のすゝめ」にかう書いた。

> 天は人の上に人を造らず人の下に人を造らずと云へり。されば天より人を生ずるには、萬人は萬人皆同じ位にして、生れながら貴賤上下の差別なく、萬物の靈たる身と心との働を以て天地の間にあるよろづの物を資《と》り、以て衣食住の用を達し、自由自在、互に人の妨をなさずして各安樂に此世を渡らしめ給ふの趣意なり。

お前の云ふ天とは天空の事か、それとも「お天道様」の事かと問はれたら、福澤は目を白黒させて當惑したに相違無い。「天より人を生ずる」のならば、福澤の云ふ天とは明らかに造物主だが、天地萬物を絶對者の創造とする信仰は日本には無い。右に引いた件りが「アメリカ獨立宣言」の引寫しに等しいといふ事はよく知られてゐるが、福澤の說く平等がアメリカ製だつたといふ事は、「人の上の人」たる天皇や將軍家や藩主を戴き、服從に生き甲斐を見出す我々の文化と、ぎりぎりの處、絶對者にしか服從しない歐米の文化とが、所詮は水と油だといふ事の證しである。早い話が、人間をして「安樂に此世を渡らしめ」ようなどと、エホバもイエス・キリストも毛頭考へてゐない。イエスは云つてゐる、「われ地に平和を投ぜんために來れりと思ふな、平和にあらず、反《かへ》つて劍を投ぜん爲に來れり。それ我が來れるは人をその父より、娘をその母より、嫁をその姑嫜《しうとめ》より分たん爲なり。人の仇はその家の者なるべし。我よりも父または母を愛する者は、我に相應しからず」。

このイエスの激しい言葉と「互に人の妨をなさずして各安樂に此世を渡らしめ」云々の福澤の言葉との間には無限大の隔たりがある。「忠ならんと欲すれば則ち孝ならず、孝ならんと欲すれば則ち忠ならず」と、昔、平重盛は嘆いたが、重盛にとつては後白河法皇も父清盛も共に「人の上の人」だから、どちらか一方を捨てる譯には行かなかつた。絶對者に従つて父母を見限るなどといふ非情は我々の文化には無い。文化に裏づけられてゐない物は輸入しても根附かない。日本のキリスト教が紛ひ物たるゆゑんである。キリスト教國の文明はその「破壊的な影響力」によつて日本の文化を歪め、我々は「無魂洋才」の緩褌になつたが、それは歐米の文化が移植されたといふ事ではない。平成の今も例へば平等思想は移植されてゐない。平民の奴隷根性を嘆じて福澤は、「目上の人に逢へば一言半句の理屈を述ること能はず、立てと云へば立ち、舞へと云へば舞ひ、其柔順なること家に飼たる痩犬の如し」と書いたが、「人の上の人」たる鈴木宗男に對して外務官僚は頗る從順だつたし、長年、「一言半句の理屈」も述べられなかつた。後白河法皇を幽閉しようとする父清盛を諫めて重盛はかう言つてゐる。

　神明佛陀の感應あらば、君もおぼしめしなほすことなどか候はざるべき。君と臣とをくらぶるに、君につきたてまつるは忠臣の法なり。道理とひが事をならぶるに、いかでか道理につかざるべき。

「人の上の人」たる父親を諫めたのだから重盛は「一言半句の理屈」をも述べられぬ從順な「痩犬」ではないが、「君と臣とをくらぶるに、君につきたてまつるは忠臣の法」云々は脆弱な論法であり、假に誰かが、では、惡しき君に「つきたてまつる」のも「忠臣の法」かと問うたら、重盛は答へに窮したであらう。實際、後白河院と清盛との對立は清盛の側にだけ非があつて生じた譯ではない。

二

　さういふ次第で平等思想は我々の文化に馴染まない。そこからは兵藏の覺悟も重盛の苦衷も生じ様が無い。「平家物語」には、重盛諫言の場に先立ち、かの有名な白拍子義王のあはれを物語る一章がある。清盛の寵愛を失つて後、或る日、清盛が目下寵愛してゐる白拍子の無聊《ぶれう》を慰めるべくやつて來て舞へと命じられる。義王は殺されても、都の外へ追放されても、行くものかと思ふ。すると母親が「あめが下に住まん者は、ともかうも入道殿の仰せをばそむくまじきことにあるぞ」と云ふ。

「このたび召さんに參らねばとて、命を召さるるまではよもあらじ。都のほかへぞ出だされんずらん。たとへ都を出ださるるとも、わごぜたちは年若ければ、いかならん岩木《いはき》のはざまにても、すごさんことやすかるべし。（中略）ただわれを都のうちにて住みはてさせよ。それぞ今生《こんじやう》、後生《ごしやう》の孝養《かうやう》にてあらんずる」と言へば、義王、憂しと思ひし道なれど、親の命をそむかじと、泣く泣く出でたちける心のうちこそ無慚《むざん》なれ。

兵藏も重盛も義王も從ふべき「人の上の人」を戴いてゐる。兵藏は主君に逆らふが、主君と己れとの人間としての平等を信じて逆らふ譯ではない。武者小路實篤は茄子や南瓜の繪を描いて、そこに「仲よき事は美くしき哉」と認めたし、高見山が太鼓を叩いて登場する「世界は一家、人類は兄弟」といふ甘たれのコマーシャルもあつたが、いづれの場合も、茄子や南瓜や世界や人類の平等が信じられてゐた譯ではない。茄子のやうな人間も、南瓜のやうな人間も、馬鹿も悧口も、天皇も乞食も、凡そ人間はすべて平等だと、キリスト教國では考へるが我々は考へない。是非も無い。福澤は平等思想をジェファソンから貰つたが、ジェファソンはそれを絶對者から貰つてゐる。正確に云へば貰つたと信じてゐる。絶對者の前で初めて萬人は平等なのである。「アメリカ獨立宣言」冒頭にはかう書かれてゐる、「すべての人間は平等に創造され、造物主によつて他に譲渡し得ない權利を附與され、その權利には生命、自由、及び幸福追求の權利が含まれる。これは自明の眞理である」。

けれども、我々の國には我々だけの文化がある。そしてそこからは誰一人として拔け出せない。拔け出したら我々は生き甲斐を失つて仕舞ふ。生き甲斐とは褌を締め直す時にだけ感じられるものではない。泣く泣く清盛と母親に從ふ義王も、自國文化に從ふ微量の滿足は味はつてゐる。同じく微量だが、厠《かはや》に蹲《またが》る時にも生き甲斐は感じられる。但し、厠とは西洋風のトイレではない。飽くまで和風の雪隱《せつちん》である。「陰翳禮讃」と題する美しい短文に谷崎潤一郎はかう書いてゐる。

漱石先生は毎朝便通に行かれることを一つの樂しみに數へられ、それは寧ろ生理的快感であると云はれたさうだが、その快感を味はふ上にも、閑寂な壁と、清楚な木目に圍まれて、眼に青空や青葉の色を見ることの出來る日本の厠ほど、恰好な場所はあるまい。さうしてそれには、繰り返して云ふが、或る程度の薄暗さと、徹底的に清潔であること丶、蚊の呻《うな》りさへ耳につくやうな靜かさとが、必須の條件なのである。私はさう云ふ厠にあつて、しと〱と降る雨の音を聽くのを好む。殊に關東の厠には、床に細長い掃き出し窓がついてゐるので、軒端や木の葉からしたゝり落ちる點滴が、石燈籠の根を洗ひ飛び石の苔を濕ほしつゝ土に沁み入るしめやかな音を、ひとしほ身に近く聽くことが出來る。まことに厠は虫の音によく、鳥の聲によく、月夜にも亦ふさはしく、四季をり〱の物のあはれを味はふのに最も適した場所であつて、恐らく古來の俳人は此處から無數の題材を得てゐるであらう。

同じ文化を共有してゐるから、平成の今人も俠客兵藏の振舞を見事だと思ふ。但し、見事だと思つても肯らうとはしない。「緩褌」だからである。同じ文化を共有してゐるから、右の谷崎の文章を我々は美しいと思ふ。だが、暖房完備のタイル貼りのトイレでは「蚊の呻り」も雨の音も聞えないし、青空も青葉の色も見る事が出來ない。それゆゑ今の我々は厠で生き甲斐を感ずる事が無い。「花に鳴く鶯、水にすむ蛙《かはづ》の聲を聞けば、生きとし生けるもの、いづれか歌をよまざりける」と、「古今和歌集」の冒頭に書かれてゐるが、文明開化とともに和歌は急速に廢《すた》れ、今はもう無い。では、風流を解さぬ經濟動物の「緩褌」に、金儲け以外の生き甲斐は無いか。ある。政治主義である。親米か反米かなどといふ下らぬ議論を上下する時、政治家や知識人は紛れも無い生き甲斐を感じてゐて、樂しくて樂しくて仕樣が無いに違ひ無い。だが、讀者諸君よ、新聞雜誌にかくも政治問題ばかりが論はれてゐる現狀を狂つてゐるとは思はないか。「物のあはれ」をしみじみ痛感させる「平家物語」や「陰翳禮讃」のやうな文章、或いは、次に引く政治を超える鋭い論理的な文章が、どうしてこの國では書かれないのか。

寧ろ私が關心を持つのは、さしたる希望を有さず、現下の趨勢を變へたいとの野心も懷かず、芳しい結果が望めないやうに見えても意氣銷沈したり挫折したりする事なく、只管問題の核心を見拔き、到達した眞理を說き聞かせるべく努力する事に專念する少數の作家が、どうしても存在せねばならない、といふ事である。
かかる作家に相應しい領域とは、政治的なそれではなく、云ふならば、「政治に先行して存在する」とでも稱せられる領域である。（中略）「政治に先行する領域」とは、いかなる政治思想もそこに向つて根を伸ばし、そこから滋養を得なければならぬ地層であつて、（中略）それは倫理の領域、畢竟するに神學の領域に他ならない。

戰爭は何故無くならないのか三

徒黨を組んでやる事やれぬ事

一

エリオットの云ふ「政治に先行する領域」としての「神學の領域」を我々は有しない。我々の國には神學が無い。平成の今無いのではなくて大昔から無い。天照大神も素戔嗚尊もエホバのやうな絶對者ではない。絶對者を戴かぬ國に神學なんぞ有り得る道理が無い。神道には教理も教典も無いし、佛教も儒教も支那からの輸入品だが、キリスト教が宗教なら佛教儒教は宗教ではない。眞の宗教は政治を超えるものだからである。サーキヤ族の王子だつた釋迦は居城を抜出し出家して、解脱を求めて斷食、骨と皮だけになる程の凄まじい修行をしたのだから、政治には何の關心も有しなかつたが、日本の佛教は、古來、政治に深く係はつてゐる。「賀茂川の水、雙六《すごろく》の賽、山法師、是ぞ朕が心に隨はぬ者」と白河法皇は零《こぼ》したが、平安末期、僧兵の軍事力はさまで强大であつた。武裝する僧侶はもはや聖職者ではないが、白河法皇にしても出家して後に權勢を揮つてゐるし、「北面の武士」と呼ばれる院直屬の軍隊を創設してもゐる。平清盛は白河院の落胤だと云はれるが、清盛もまた出家して後に權勢を恣にしてゐる。白河上皇も清盛もいはば「生臭坊主」で、「政治に先行する領域」なんぞ一向に重んじてゐないのである。「文明論之概略」に福澤諭吉は書いてゐる。

> 宗教は人心の内部に働くものにて、最も自由最も獨立して、毫も他の制御を受けず、毫も他の力に依頼せずして、世に存す可き筈なるに、我日本に於ては則ち然らず。(中略)古來名僧智識と稱する者、或は入唐して法を求め、或は自國に在て新教を開き、人を教化し寺を建るもの多しと雖ども、大概皆天子將軍等の眷顧を徼倖《げうかう》し、其餘光を假りて法を弘めんとするのみ。甚しきは政府より爵位を受けて榮とするに至れり。(中略)故に古來日本國中の大寺院と稱するものは、天子皇后の勅願所に非ざれば將軍執權の建立なり。概して之を御用の寺と云はざるを得ず。(中略)其教は悉皆政權の中に攝取せられて、十萬世界に遍く照らすものは、佛教の光明に非ずして、政權の威光なるが如し。

徳川時代になると御用學問が朱子學になつて佛教は逼塞《ひつそく》したが、御用學問だから、朱子學もまた「政治に先行する領域」を重んじなかつた。朱子學に限らず儒教は「修身齊家」即ち倫理を重視したが、それ以上に重んじたのが政治即ち「治國平天下」であり、「修身齊家」も學問も「治國平天下」の爲に行はれねばならぬのであつた。「明君の興し玉ふ學校にて候へば、初《はじめ》より章句文字、無用の學問に成り行《ゆき》候は深《ふかく》恐れ戒められ、必《かならず》學政一致に志し人才生育に心を留め玉ふことに候。然に其學政一致と申す心は、人才を生育し政事の有用に用ひんとの心にて候」と、嘉永五年、横井小楠は書いてゐる。政治に役立つ學問でなければ本當の學問でないと云ふのである。

小楠がさう書いた翌年、浦賀にペリー率ゐる四隻の黑船がやつて來て、幕府は上を下への大騷ぎになつた。「泰平のねむりをさます上喜撰《じやうきせん》、たつた四はいで夜も寢られず」といふちよぼくれが遺つてゐるが、無責任な庶民は爲政者の狼狽を茶化して樂しんだ。「上喜撰」とは當時の高級煎茶の名前で、同音異義の「蒸氣船」に掛けたのである。二世紀半にも及ぶ「泰平のねむり」を覺まされ、翌七年、幕府は國を開く事になつたが、さてそれからは、何せ未曾有の國難に直面したから、開國の是非を巡つて侃々諤々、以前にもまして政治主義の時代になつた。憂國の士吉田松陰は「書畫眞玩具、詩歌亦閑事」と云つてゐる。國家一大事の秋《とき》、書畫を愛で詩歌を吟ずる暇なんぞありはしないと云ふのである。

二

私には書畫の心得が無いし、詩歌にも興味が無いし、小說も滅多に讀まない。音樂は大好きだが、それも西洋音樂で日本の音樂ではない。キリスト教が宗教なら佛教儒教は宗教ではないと先に書いたが、西洋音樂が音樂なら越天樂も黑田節も音樂ではない。黑田節も演歌も、例へばモーツァルトの歌劇「ドン・ジョヴァンニ」の中で歌はれる「乾杯の歌」に較べれば殆ど無價値である。だが、どうしてさうなのか。我々はなぜ優れた音樂を持たないのか。「文明論之概略」に福澤諭吉はかう書いてゐる。

> 日本人の智恵と西洋人の智恵とを比較すれば、文學技術商賣工業、最大の事より最小の事に至るまで、一より計へて百に至るも又千に至るも、一として彼の右に出るものあらず。彼に敵對する者なく、彼に敵對せんと企る者もなし。天下の至愚に非ざるの外は、我學術商工の事を以て西洋諸國に竝立せりと思ふ者はなかる可し。誰か大八車を以て蒸氣車に比し、日本刀を以て小銃に比する者あらん。我に陰陽五行の說を唱れば、彼には六十元素の發明あり。我は天文を以て吉凶を卜したるに、彼は既に彗星の暦を作り大陽大陰の實質をも吟味せり。我は動かざる平地に住居したる積りなりしに、彼は其圓くして動くものなるを知れり。我は我邦を以て至尊の神洲と思ひしに、彼は既に世界中を奔走して土地を開き國を立て、其政令商法の齊整なるは卻て我より美なるもの多し。是等の諸件に至ては、今の日本の有樣にて決して西洋に向て誇る可きものなし。日本人の誇る所のものは唯天然の物産に非ざれば山水の風景のみ、人造の物には嘗てこれあるを聞かず。（中略）是に由て之を觀れば、方今我邦至急の求は智恵に非ずして何ぞや。學者思はざる可らず。

だが、「智恵」に關する限り、今の日本にも「西洋に向て誇る可きもの」は何も無い。早い話が、私はこの原稿を「契沖」及び「エイトック」を用ゐて書いてゐて、「エイトック」は大變よく出來たソフトだと思ふが、「世界に向て誇る可き」ソフトではないし、それを動かす肝心のウィンドウズは米國製である。コンピューターを發明したのが日本人で、而も國語改革などといふ世界に恥づべき愚行がなされなかつたなら、私は今、「窓二千」ならぬ「窓十四」を用ゐて書いてゐる筈である。

而も、西洋に「敵對」し得ないのは「智恵」だけではない。先述の通り、「智恵」だけで拵へる譯に行かぬ音樂も「敵對」し得ない。文學哲學の場合も同樣であつて、我國は一人のシェイクスピアも一人のカントも生まなかつた。橋本左内は「仁義之道、忠孝之教は吾より開き、器技之工、藝術之精は彼より取」れと云つたが、「仁義之道、忠孝之教」なる和魂を維持したままで洋才を攝取しても、「和才」が洋才を凌駕するといふ事にはならなかつたし、今後も決してなりはしない。コペルニクスやガリレオを生んだ西洋がモーツァルトやベートーヴェンを生んだ。これを要するに、洋魂と洋才とは不可分であり、兩者を繋いでゐるものが「政治に先行する」宗教キリスト教であり、キリスト教無くしては洋魂も無く洋才も無いといふ事なのである。

福澤諭吉は誇るべき偉大な御先祖の一人だが、さういふ事が皆目解つてゐなかつた。成程、明治の日本にとつて「至急の求は智恵」であり、洋才の攝取であつた。それがやれたから日本は列强の植民地にならずに濟んだ。けれども、洋才の猿眞似が一通り濟んで後も、「仁義之道、忠孝之教」を以てしては一人のモーツァルトも生めず、一臺のコンピューターも作れなかつた。モーツァルトの音樂もウィンドウズXPも政治とは何の關はりも無い。自民黨にも共産黨にもモーツァルト好きはゐるし、親米の自民黨員も反米の自民黨員もウィンドウズを使つてゐる。これを要するに、政治を超越する宗教を有しない國には、モーツァルトのみならずビル・ゲイツも生れ樣が無いといふ事なのである。成程、演奏家の技術は西洋の演奏家のそれに引けを取らないかも知れないが、彼等と西洋音樂との間には全てを見通せぬ壁が存在してゐるに相違無い。平成十四年三月十二日の産經新聞夕刊に戸田彌生といふヴァイオリニストのインタヴューが載つてゐて、私は頗る興味深く讀んだ。戸田はかう語つてゐる。

　生粋のウィーン人であるシューベルトの音樂にはものすごく距離を感じてしまひます。好きで好きでたまらないのに、あちらから大きな壁を作られてしまふ。

高村光太郎は詩人であり彫刻家であつた。パリに留學してロダンに師事したが、彼とフランス人との間にも「大きな壁」が存在した。高村は書いてゐる。

　僕には又白色人種が解き盡されない謎である。僕には彼等の手の指の微動をすら了解する事は出來ない。相抱き相擁しながらも僕は石を抱き死骸を擁してゐると思はずにはゐられない。その眞白な蠟の様な胸にぐさと小刀《クウトウ》をつつ込んだらばと、思ふ事が屢〻あるのだ。僕の身の周圍には金網が張つてある。どんな談笑の中團欒の中へ行つても此の金網が邪魔をする。海の魚は河に入る可からず、河の魚は海に入る可からず。駄目だ。早く歸つて心と心とをしやりしやりと擦り合せたい。寂しいよ。

日本に歸れば日本人同士「心と心とをしやりしやりと擦り合せ」て樂しめるが、パリではそれがどうしても出來ない。フランス人の裸モデルを立たせ、粘土を摘んでその肉體を摸する事は出來る。けれども、裸モデルが今何を考へ何を感じてゐるか、それがさつぱり解らない。高村にとつての西洋は立入禁止の「金網」の中にあつた。平成の我々の場合も同様である。晩年、小林秀雄は「僕がドストエフスキーをやつて駄目だつたのは、キリスト教が解らなかつたからです。今もつて解りません」と語つてゐる。小林に解らなかつた物は私にも解らない。「月曜評論」の讀者にも解らないに決まつてゐる。

三

片務的な軍事同盟に支へられ、半世紀の惰眠を貪り、精神的鎖國を續けたものだから、大方の日本人は歐米文化と自國文化との絶望的な隔たりを意識してゐないが、「方今我邦至急の求」は彼の「智惠」ではなくて、彼我の絶望的な隔たりを、高村の云ふ「金網」の存在を、痛切に意識する事なのである。彼と我とは何が一番違ふのか。彼は絶對者を戴き、我は「人の上の人」を戴いてゐる。それゆゑ我々には祈りの對象が無い。「人の上の人」も人だから、何事かを願つたり頼んだりする事は出來る。が、祈る事は凡そ無意味である。「廣辭苑」によれば「祈る」とは「神や佛の名を呼び、幸ひを請ひ願ふ」行爲であつて、我々は神佛に幸福を祈る。然るに、例へば「ランダムハウス英語辭典」には、第一項に「神もしくは信仰の對象に祈願する」とあつて、「神の慈悲を祈る」とか「罪の許しを乞ふ」とかいふ例文が掲げられてゐる。我は神佛に幸福を祈願するが、彼は絶對者に罪の許しを乞ふ。云ふまでもあるまいが、幸福の祈願は現世の利益を求める打算的な行爲だが、罪の許しを乞ふ事は打算ではない。許されるのはあの世に於いてだからである。

キリスト教は眞摯な祈りの對象を有し、神道佛教儒教は有しない。それゆゑ我々は祈りの音樂を有せず、一人のバッハも一人のモーツァルトも生まなかつた。ヨハン・セバスティアン・バッハは世俗音樂の他に大量のミサやモテットを作曲してゐる。バッハ程ではないがモーツァルトにも多くの宗教音樂がある。そして世俗音樂たる彼の交響曲や協奏曲にも、宗教音樂と同質の祈りを見出せる。例へば歌劇「フィガロの結婚」第三幕には、伯爵夫人が夫の愛の失はれた事を嘆く美しい詠唱があるけれども、その旋律は「戴冠式」と呼ばれるミサ曲中の一曲のそれと全く同じなのである。更にまた、最後の交響曲は「ジュピター」と呼ばれてゐるが、その緩徐樂章アンダンテ・カンタービレは紛れもない祈りの音樂であつて、ピアノ協奏曲第二十四番の緩徐樂章も同じである。小林秀雄は絃樂四重奏曲第十九番ハ長調のアンダンテ・カンタービレについてから書いてゐる。

若し、これが眞實な人間のカンタアビレなら、もうこの先き何處に行く處があらうか。例へばチャイコフスキイのカンタアビレまで墮落する必要が何處にあつたのだらう。明澄な意志と敬虔な愛情とのユニッソン、極度の注意力が、果しない優しさに溶けて流れる。この手法の簡潔さの限度に現れる表情の豊かさを辿る爲には、耳を持つてゐるだけでは足りぬ。これは殆ど祈りであるが、もし明らかな良心を持つて、千萬無量の想ひを託するとするなら、恐らくこんな音樂しかあるまい、僕はそんな事を想ふ。

これは典型的な小林節で、私は若い頃この手の情緒的な文章に耽溺したが、今はその空虚を痛感する。が、それはともかく、小林の云ふ通り絃樂四重奏曲第十九番の第二樂章は祈りである。モーツァルトの緩徐樂章は全て祈りである。いや、モーツァルトに限らない。小林はハイドンについて「何かしら大切なものが缺けた人間を感ずる」などと頗る不當な事を書いてゐるが、ハイドンの音樂にも「眞實な人間のカンタアビレ」はある。カンタービレとはイタリア語で「歌ふやうに」といふ意味である。私はブルノ・ワルターが指揮してコロンビア交響樂團が演奏するモーツァルトの交響曲第三十六番の、リハーサルを錄音したCDを持つてゐるが、ワルターは頻りに「歌へ」と樂員に命じてゐる。緩徐樂章だけではない。アレグロであれメヌエットであれ、「表情の豐かさ」を有する旋律は全て歌はねばならない。なぜ歌はねばならないか。祈りだからである。私も日本人だから體驗して解つてゐる譯ではないが、己が罪を悔い絕對者の許しを乞ふ時は、誰しも「明らかな良心を持つ」しかないであらう。「許し給へ」とて眞摯に祈る時は呻くであらう。その呻きが祈りの歌になり、許されたと信じたら喜びの歌を歌ふ事になる。

四

聊か藪から棒を出すやうだが、人間、死ぬる時は獨りである。絕對者に祈る時も獨りである。眞摯になる時、人は必ず獨りになる。徒黨を組んで死ぬ奴はゐないし、徒黨を組んで祈る奴もゐない。この事を否定する者は一人もゐまいが、それは政治主義のやくざを明證する儼然たる事實なのである。政治は徒黨を組んでやる。一人では決してやれない。だが、日米安全保障條約の自動延長を決める時、當時の首相岸信介は閣僚を全て歸宅させ、唯一人、デモ隊の取卷く官邸に留つた。決斷は孤獨な行爲であり、政治家と雖も決斷する時は一人である。政治と同樣、戰爭も一人では出來ないが、戰鬪は一人きりでやる。小隊長が「突擊」と叫ぶのは小隊長個人の決斷であり、命令に從ふのは部下一人一人の決斷である。これまで何度も引いたから、またぞろ引くのは心苦しいが、大東亞戰爭末期、米軍に包圍され南洋のビアク島にあつて、晝間は穴の中で過ごし、夜になると土人の畑から芋を盗み、蛇や蜥蜴を捉へ、それらを食つて命を繋いでゐた或る将校はかういふ手記を遺してゐる。

紙も少なくなり後補充ハナシ、ノートに記載スルモ字ヲ小サクシ、永續ヲ圖ル必要を生ジアリ昨夜寝る時月ヲ見タク久シク見ザルモノニシテ美シク懐シキモノナリ、月ヲ見テ感情ヲ燃ス事、昔カラ記シアルモ自分ニテ體驗且深刻ナル喜ビヲ感ズルハ非境ニ在ルガ故ナラン、太陽を月ヲ風ヲ求メル昨今ノ心境ナリ昨夜妻の夢を見るなつかしきものなり

月明りを頼りに一人ぼつちで書かれたこの眞摯な文章を、次に引く小林よしのりの、徒黨を組みたがつてゐる弱い「ゴーマニスト」の、ふやけ切つた政治主義の駄文と讀み較べてみるがよい。ビアク島の将校にあつて小林に無いものが眞摯の二字である事が立所に解るであらう。


平和だ……あちこちがただれてくるよな平和さだ（中略）今の日本に祖國のために死ねる者などゐない。

ここでわしはマルクス主義の影響のある者を「左翼」と漢字で書き、無意識に「人權」などの價値に引きずられ反權力・反國家・市民主義になる者を「サヨク」とカタカナで書く。（中略）今や殘存左翼はかつて日本と戰つた中國に飛び、アメリカに飛び、日本は戰爭犯罪國家だと世界にPRすることで、反權力・反國家運動を展開してゐる。

このサヨクな空氣に逆らふわしは惡黨になる。

ごーまんかましてよかですか？

戰前も戰後も、空氣に逆らへぬだけの個のない論調。

本當に個のある者はゴーマニストになる。

戦争は何故無くならないのか四

死ぬる覺悟と安易に云ふな

一

小林の文章は典型的なアジテイションである。「メリアム・ウェブスター」はアジテイションを「公衆の感情を掻き立てようとする試み」と定義してゐる。成程、シェイクスピアが「ジュリアス・シーザー」で鮮やかに描いたやうに、或いは田中眞紀子の高い支持率が證してゐるやうに、公衆は常に愚かだから、これまでに多くの愚かな「公衆」が小林の漫畫を眺め、「憂國」の感情を「掻き立て」られたに相違無い。「今の日本に祖國のために死ねる者などゐない」と小林は云ふ。演說會なんぞでそんなふうに叫ばれると、叫ぶ奴が愛國者に見え、聽衆も愛國者であるかのやうに錯覺して昂奮するが、「今の日本に祖國のために死ねる者などゐない」のならば、小林自身にも國のために死ぬる覺悟は無いといふ事になる道理である。

「全ての日本人は嘘吐きだ」と日本人が云つたなら、「全ての日本人は嘘吐きだ」といふ主張も嘘である。そんな道理は二千數百年前のギリシア人が知つてゐた事だが、何せ煽動を好む手合が冷静に思考する事は決して無いから、小林も己が沒論理に氣附かない。沒論理と云へば「本當に個のある者はゴーマニストになる」の件りも同じであつて、眞に傲慢な男なら「ごーまんかましてよかですか」などとは口が裂けても云ひはしないし、「ゴーマニスト」などといふ國籍不明の怪しげな造語を愛用する筈も無いし、傲慢を「ごーまん」と書ける道理も無い。小林は「保守派」ださうだが、父祖傳來の書き方を尊重し保守しない保守派とは、國を愛さない愛國者、魚を賣らない魚屋の類である。それゆゑ、小林に限らず、略字新假名で書く保守主義者全てを私は信じない。祖國を守るといふ事は祖國の文化を守るといふ事で、祖國の文化とは先祖の流儀以外の何物でもない。その父祖傳來の文化が西歐のそれに比して貧相であるゆゑんについては前回詳述したが、國の文化とは兩親の如きものであり、貧相な親だから愛せないといふ事は決して無い。よしんば親に數多の缺點があらうと、親だから我々は親を愛する。敗戰直後、火野葦平はから書いた。

終戰後は日本人であることを後悔する日本人が激増し、日本のやうな貧寒な國を輕侮することが流行となつてゐるけれども、私は日本がどんなにつまらない國であつたとしても、日本を愛する心に變りはない。（中略）私は日本が負けてもよいと思つたことは一度もなかつた。なんとかして祖國を勝利に導きたいと思つた。

無學ながら古風で道徳的に見事な母親に火野が嚴しく躾けられた事について語つて留守晴夫は、陸軍中將栗林忠道もまた「君臣ノ義」なる前近代的道徳觀に縛られてゐて、けれども、その儼然たる事實と「硫黄島に於ける凄じい奮闘」ぶりとは到底切離せないと書いてゐたが、その通りであつて、その事こそは我々にとつての最大の問題、いやいや最大の難問なのである。日頃デカルトやカントを讀み、モーツァルトを聽き、ウィンドウズを使つてゐながら、いざとなつて「天皇陛下萬歳」を叫べるか。前述したやうに、我々は絶對者を戴いてゐない。我々が戴くのは「人の上の人」であり、天皇は「人の上の人」である。「人の上の人」も人だから、時に權威の失墜は免れない。が、權威の失墜を喜び平等を謳歌するだけの淺はかな手合に、火野や栗林の愛國の至誠なんぞは到底期待出來ない。洋の東西を問はず、人間が眞摯になるのは己れ以外の何物かに從ふ時だからである。「戰前も戰後も、空氣に逆らへぬだけの個のない論調」と小林は云ふ。眞に「個のある」人間なら「空氣」だの「論調」だのを氣にする筈が無いのだから、小林には實はまるきり「個」が無くて、「個」が無いからこそ徒黨を組みたがるのだが、それは兎も角、愛國の至誠は「空氣」をも含む何物かの前に己れを殺し得る者にしか宿らない。無論、その前に己れを殺し得る「人の上の人」が道徳的に立派であるはうがよい。けれども敬へぬ親だからとて親を愛さなくてもよい道理が無いやうに、どんなにつまらない人の上の人であつたとしても、人の上に人を戴いてやつて來た先祖の流儀を、我々は重んじねばならない。

だが、敗戰から半世紀、今の我々に果してそれがやれるだらうか。「空氣」にすら逆らへずして略字新假名を用ゐる小林は、無論、それをやつてゐない。正字正假名は一人きりで守り得る先祖の流儀であつて、その一人でもやれる事すらやれぬ者に、「人の上の人」を敬ふ先祖の流儀を重んずる事の至難たるゆゑんを理解し得る道理が無い。留守によれば、男の子は、「自分の子であつて、自分の子ではない。天子さまからのおあづかりものだから、立派に育てて、お役に立つ年になつたら、お返しをしなくてはならない」と、火野の母親は信じてゐたといふ。平成の今、金の草鞋を履いて捜しても、さういふ母親は見附かるまい。平成の母親が火野の母親のやうになる事は不可能乃至至難なのである。今なほ安直な尊皇節に酔拂へる手合は、その不可能乃至至難を痛感してゐない。而も、なほの事厄介なのは、その不可能乃至至難を知つた處で、それで問題が片附く譯ではないといふ事である。さうではないか。時計の針を逆に廻す譯には行かないが、敬ふべき「人の上の人」を持合せぬ氣樂な極樂蜻蛉國に「國難に殉ずる武人」なんぞが育つ筈は無い。半世紀前、敗戰直後には、若き頃左傾した事のある太宰治すら、こんなふうに書く事が出來たのである。

戰時日本の新聞の全紙面に於いて、一つとして信じられるやうな記事は無かつたが、（しかし、私たちはそれを無理に信じて、死ぬつもりでゐた。親が破産しかかつて、せつぱつまり、見えすいたつらい嘘をついてゐる時、子供がそれをすつぱ抜けるか。運命窮まると觀じて默つて共に討死にさ。）たしかに全部、苦しい言ひつくろひの記事ばかりであつたが、しかし、それでも、嘘でない記事が毎日、紙面の片隅に小さく載つてゐた。曰く、死亡廣告である。羽左衞門が疎開先で死んだといふ小さい記事は嘘でなかつた。（中略）五・一五だの二・二六だの、何の面白くもないやうな事ばかり起つて、いよいよ支那事變になり、私たちの年頃の者は皆戰爭に行かなければならなくなつた。事變はいつまでも愚圖々々つづいて、蔣介石を相手にするのしないのと騒ぎ、結局どうにも形がつかず、こんどは敵は米英といふ事になり、日本の老若男女すべてが死ぬ覺悟を極めた。

實に惡い時代であつた。その期間に、愛情の問題だの、信仰だの藝術だのと言つて、自分の旗を守りとほすのは、實に至難の事業であつた。（中略）昭和十七年、昭和十八年、昭和十九年、昭和二十年、いやもう私たちにとつては、ひどい時代であつた。（中略）しかし、私は何もここで、誰かのやうに、「余はもともと戰爭を欲せざりき。余は日本軍閥の敵なりき。余は自由主義者なり。」などと、戰爭がすんだら急に、東條の惡口を言ひ、戰爭責任云々と騒ぎまはるやうな新型の便乗主義を發揮するつもりはない。いまではもう、社會主義さへ、サロン思想に墮落してゐる。私はこの時流にもまたついて行けない。

私は戰爭中に、東條に呆れ、ヒトラアを輕蔑し、それを皆に言ひふらしてゐた。けれどもまた私はこの戰爭に於いて、大いに日本に××しようと思つた。私の協力など、まるでちつともお役にも何も立たなかつたかと思ふが、しかし、日本のために××つもりでゐた。この點を明確にして置きたい。この戰爭には、もちろんはじめから何の希望も持てなかつたが、しかし、日本は、やつちやつたのだ。（中略）

日本に於いて今さら昨日の軍閥官僚を罵倒してみたつて、それはもう自由思想ではない。それこそ眞空管の中の鳩である。眞の勇氣ある自由思想家なら、いまこそ何を措いても叫ばなければならぬ事がある。天皇陛下萬歳！　この叫びだ。昨日までは古かつた。古いどころか詐僞だつた。しかし、今日に於いては最も新しい自由思想だ。

（「十五年間」、××は伏せ字）

ビアク島の將校と同樣、火野も太宰も頗る正直である。そして正直以外に人を感動させる物は無い。「親が破産しかかつて、せつぱつまり、見えすいたつらい嘘をついてゐる時、子供がそれをすつぱ拔けるか」、無論すつぱ拔けはせぬ。それは本當の事ではないか。本當の事だけを太宰は正直に語つてゐるではないか。國家と國民とは親子の仲で親の缺點なら誰よりも子供がよく承知してゐる。日本といふ親の始めた大東亞戰爭には「はじめから何の希望も」持てないが、何はともあれ親は「やつちやつたのだ」。それなら、東條や近衞は輕蔑しても、親の「やつちやつた」戰爭には協力しなければならない。

二

太宰の言分は齒切れがよくない。けれども、知的に誠實な言論はすべて齒切れがよくない。絶對者ならぬ人間は矛楯の塊だからである。然るに、動物ならぬ人間である筈の衆愚は、黑白の明らかな齒切れのよい政治主義的な言論にしか動かされない。それゆゑ、屢々、見え透いた嘘にたわいなく騙される。小林よしのりは書いてゐる。

國や歴史や共同體から切り離された浮遊する個になつ

たために、携帯電話で必死で他者とつながつてないと不安になる女子高生は多い。浮遊する個を金と物で支へるしかなくなつた者、自分に對する金額評價で支へるしかなくなつた者が、援助交際といふ少女賣春にはまつてしまふ。哀れなものだ。

何と歯切れのよい安つぽい眞赤な嘘か。女子高生は携帯電話を用ゐてお喋りを樂しんでゐるのであつて、他者と繋がらうとして「必死」になつてゐるのではないし、「援助交際といふ少女賣春」の體驗は、生憎、私には無いが、それの無い事を時に「哀れ」に思ふ事こそあれ、體驗者を憐れんだ事なんぞ只の一度も無い。「月曜評論」の男性讀者とて皆私と同じだらうと思ふ。然るに、續けて小林はかう書いてゐて、このはうは迂闊な讀者ならつい同感するかも知れないのである。

オウムの信者たちの個も似たやうなもの。彼らは國も家族も、この社會全てがリアルに感じられない。リアルに感じるのはサブカルチャーの世界だけ。(中略)彼らは愛する者を持たない。守るものがないから、「自分のために」以外では死ねない。從つて地下鐵サリンの時も、實行犯が途中で逃亡せぬやうに、一人一人に見張り役をつけねばならなかつた。自死する覺悟でサリンの袋を破つたやつは一人もゐない。(中略)特攻隊の若者たちの死ぬ覺悟には全く及ぶべくもない。

「愛する者を守るために死ねるか」と小林は屢々問うて、特攻隊員は愛する者を育んだ祖國のために死んだと云ふ。だが、愛する者を守るためには必ずしも死ぬ必要は無い。生きて守れる時、或いは守るべき時は、生きて守らなければならない。而も、生き續けて守るはうが一思ひに死ぬ事より苦しい場合もある。先月、産經新聞紙上に私は頗る感動的な記事を讀んだ。切抜きを紛失したから忠實に紹介出來ないが、それは確か八十六歳の老夫婦の話であつた。ぢいさんは健康だが、ばあさんがアルツイハイマーで、大小便は垂れ流し、無論、會話も全く不可能で、何か要求したい事があれば「ううう―」と呻くばかり、それを八十六のぢいさんが看病してゐて、老妻が「ううう―」と呻けば、それが何の要求か、ほぼ理解出來るやうになつたといふ。産經の記者にぢいさんが語つた言葉を正確に引用出來ないのが残念だが、それは確かかういふ言葉だつた、「ばあさんがやがて回復して、若い頃のやうに、胸の膨らみに私の手を當てて、あたしの思ひを聴いて頂戴と、もう一度、それを是非是非云つて貰ひたい」。

時に絶望しても生き續け、惚けたばあさんを懸命に守つてゐるこのぢいさんと、若い身空で敵艦に體當たりした特攻隊員と、どちらが辛くどちらが立派かを論ふ譯には行かぬ。國のために死ぬはうが妻のために生きる事より立派だとは讀者は云ふまい。特攻隊員とて死にたくて死んだ譯ではない。生きて國に盡す事が不可能だから死んだまでである。而も、大東亞戰中に死んだのは特攻隊員だけではない。栗林中將もビアク島の將校も死んでゐるし、夥しい數の老若男女が米軍の焼夷彈と爆彈で殺されてゐる。「敵は米英といふ事になり、日本の老若男女すべてが死ぬ覺悟を極めた」と太宰は云ふが、私は當時中學生で、太宰の云ふ「老若男女」に含まれてゐた。奈良縣に疎開してゐたものの、一度だけだがグラマンの狙撃を受けた事もあり、いづれ赤紙を受け取つて戰地で死ぬ事になるのかと時々は思つた。が、祖國のために立派に死なうなどとは一度も考へなかつたし、兩親も教師も國の爲に死ねとは云はなかつた。然るに、小林よしのりは若者に死ぬる覺悟を求めてゐる。道徳的に許し難き所行である。死ばかりは、人間、體驗する事が絶對に出來ず、それは我々の想像を絶してゐる。いづれ必ず我々は皆死ぬのだが、生きてゐるうちに死の何たるかを知る術は無い。そして我々は、よろづ己れの知らぬ事どもについて謙虚であらねばならぬ。カトリックでもなし、死ぬる覺悟を己れが固めるのは勝手だが、斷じて他者にそれを求めてはならぬ。それは忌はしき破廉恥である。無論、切羽の際に、死ぬる覺悟で突撃せよと、上官が部下に命ずる事は許される。が、その場合、上官は先頭に立たねばならず、その時に立たないとしても、いづれは立たねばならず、立つ機會を逸したら、日本人ならば、海軍中將大西瀧治郎のやうに腹を切らねばならぬ。

人間は己れの知らぬ事を知つてゐると思つてゐる。死は事によると至福なのかも知れないのだが、それを悲しい事と思ひ込んで恐れてゐる。さう云つたのはソクラテスであ る。毒杯を傾け從容として死んだソクラテスの、この理窟は反駁し得ない。だが、洋の東西を問はず、またいつの時代にも、人は死を恐れ死を悲しんだ。我が師福田恆存の遺體が火葬場の窯の中へ滑り込んだ時、私は矢張り泣いた。

もう二度と師匠を笑はせる事も怒らせる事も出來ない。いやいや、それは正確ではない。長い長い附合ひだつたが、私は師匠を怒らせた事も無く叱られた事も無い。本當に只の一度も無い。その師匠に死なれたから私は悲しく淋しかつた。死んで後の師匠が至福を體驗したのかどうか、無論、それは解らないし、心優しき師匠もそれをもう教へてくれない。死について私は何も知つてゐない。確實に云へるのは、私がただ師匠の死を悲しんだといふ事である。さういふ悲しい思ひを部下の親族知人にさせる以上、死を覺悟の突撃を部下に命ずる上官も、死の覺悟を固めてゐなければならない。上官に限らない。言論人とて同様である。ジョージ・オーウェルは、オーデンを批判してから書いた。

殺人をたかだか言葉として知つてゐるに過ぎぬ者だけが、こんな文章を書けるのである。私はかうも輕々しく殺人について語れない。私は澤山の死體を見た事がある。（中略）恐怖、憎惡、泣き喚く親族、檢死解剖、血、惡臭。私にとつて殺人とは避くべきものである。（中略）引金が引かれる時、常にどこか別の場所にゐる人間だけが、オーデンのやうに沒道德的な思想を懷けるのである。

大急ぎで斷つておく。オーウェルは社會主義者だが、土井たか子や大江健三郎のやうな愚昧な平和主義者ではない。くだくだしい解説はしないが、彼は「ヒットラーを一度も憎んだ事が無い」と書いてをり、そんな平和主義者がこの世に存在する筈は無いとだけ云つておかう。それは兎も角、私と同様、齡五十を越えてゐる小林よしのりもまた、戰時、「引金が引かれる時、常にどこか別の場所にゐる人間」であつて、死ぬる覺悟で突込めと上官に命じられる虞れは皆無である。それを私は意識して物を書くが、小林はさつぱり意識しない。それゆゑかういふ非人間的な文章が綴れるのである。

高村武人さんといふ方がゐる。現七八歳。元陸軍將校。（中略）戰地に赴き砲兵隊中隊長として活躍するが、七回上陸して生還したといふ强運と旺盛な生命力の持ち主である。（中略）ほぼ勝ちつぱなしで歸國した高村氏の日記から、戰爭の爽快感、戰爭の充實感、戰爭の感動を學ぼうではないか。（中略）勝つてる戰爭はやつぱりカッコイイぞ！

戰爭は何故無くならないのか五

中國に强姦された知的怠惰の國

一

日本は中國に强姦されたのだが、强姦した中國は、さうではない、日本が同意したのだと云ひ、さう云はれて日本は「衆人環視の中すつかり取り亂してしまつた」と、中西輝政は「諸君！」平成十四年七月號に書いてゐる。全く同感である。何せ我が祖國が世界中に恥を曝した譯だから、前回に引き續き愚昧な小林よしのりなんぞを論ふ氣にはとてもなれない。それゆゑ、まづは遙かに頭脳明晰な中西の文章を引き、我が祖國がいかに情けない國かについてまたぞろ論ふ事にする。中西はかう書いてゐる。

　ここが重要なのですが、これは中國が非常に頭がよくて考へついた「したたかな外交」といふだけではなく、そのやうな戰略を中國側なら誰でも思ひつくほどの情報をもたらした「内通者」が存在するといふ現實があつたのです。今回それは、外務省の「チャイナ・スクール」を中心とした親中派外交官、その背後にゐる日本側の親中派政治家、あるいは親中派の國内メディアの存在です。（中略）中國側は當初ウィーン條約の杜撰な擴張解釋で應酬してゐましたが、條約では、火災その他、本當に緊急の場合以外は入れないことになつてゐますし、その場合でも公館長の許可が必要です。すると今度は「同意があつた」と言ひ換へてきました。日本の外務省は當然ながら同意などしてゐないと否定したのですが、調査報告書の出た翌日の十四日といふ絶妙のタイミングで、「亡命者は追ひ返せ」といふ阿南中國大使の決定的な發言が明らかになりました。（中略）

　しかしより重要なことは、北京の日本大使館内といふのは中國側の「情報端末」が無數にある場所だといふことです。この大使館内ほど日本の國益に關はる重要な事柄を話してはいけない場所は他にないと言つていいほど中國側と直結してゐます。言ふまでもなく、チャイナ・スクールの「内通者」がゐるわけです。まことに切なく、やるせない限りと言はねばなりません。（中略）「内なる敵《エネミー》」こそ眞に恐ろしいものです。情報戰略上は、その日のうちに阿南發言は中國側の政府上層部にまで達したと考へるべきです。

右に引いた件りだけではなく、中西が書いてゐる事の殆ど全てを私は肯定する。「月曜評論」の讀者は、是非是非「諸君！」七月號の中西論文を讀むべきである。だが、年のせゐかも知れないが、私は中西以上に「切なく、やるせない」思ひでゐる。「内なる敵」なんぞより遙かに厄介なのは「内なる」知的怠惰だと思ふからである。さうではないか。「日中關係を重視して」云々と小泉も猫も杓子も云ふが、なぜ日中に限らず他國との親善を重視せねばならぬのか、親中派も反中派もその事をさつぱり考へてゐない。知的に怠惰だからである。既にどこかに書いた事だが、全ての外國は潜在的な敵國なのであり、アメリカにとつてはイギリスすら敵國で、最下位にではあるが潜在敵國のリストに載せられてゐる。然るに我が國の潜在敵國はどこの何といふ國なのか。小林よしのりにとつてはアメリカで、石原愼太郎にとつては中國だらうが、全ての外國を潜在敵國と見做す日本人が果してゐるだらうか。私をも含めて一人もゐないと思ふ。なぜさう斷ずるか。我々の文化が和と馴合ひの文化だからである。武者小路實篤は茄子や南瓜や胡瓜が竝んでゐる繪を描いて、そこに「仲よき事は美くしき哉」と書き加へたが、日本人全てが武者小路なのである。三文文士の愚昧を論ふ暇は無いから、飛切り阿呆な文章を一つだけ引いて置かう。

我は今の日本に悲觀すべき理由を認めず。今の日本を以て最も面白き國と思ひ居るなり。日本が思想上偉大なることをなし得る時は、この五十年の内なるべし。我はしか信ず、しか感ず。日本にゲーテ、シルレル、エマーソン、ホイットマン、ドストエウスキー、トルストイ、イブセン、ビョルンソン、マーテルリンク、ベルハーレンの生るゝは今なり。若き國、目覺めつゝある國、オーソリチーのなき國こそ樂しけれ。

「オーソリチーのなき國」なんぞこの世に未だ嘗て存在した例しは無いし、トルストイとドストエフスキーを生む國ならば、「仲よき事は美くしき哉」などと嘯《うそぶ》いてはゐられない。トルストイにしても、女房や子供とも和合出來ず、「オーソリチー」たる教會とも「仲よ」くやつて行けなかつた。それに何より、ジョージ・スタイナーの云ふやうに、「トルストイかドストエフスキーか」の二者擇一ほど深刻な二者擇一は無い。

二

けれども、我々は武者小路の愚を嗤ふ事が出來ない。我々が何より大事にするのは和合であり馴合ひであり、それゆゑ我が論壇には論爭が滅多に無い。その宿痾と戰ふべく私は右と左とを見境無しに批判して、只の一度も相手に反論された事が無いものの、今は「月曜評論」以外に書く場所が無い。けれども、その私も、實生活上、目上の誰かに反論する時は「お言葉ですが」とか「仰る事はよく解りますが」とかどうしても云ひたくなる。他者との對決を本能的に嫌ふからだが、「仰る事がよく解る」のなら贊成すべきであり、反論の餘地なんぞ無い道理である。然るに、その道理がまたこの國ではさつぱり通じない。今回の國辱事件にしても、小泉純一郎もしくは川口順子が中國にかう理詰めの抗議をしたならば、いかに破廉恥な中國も謝罪して、拉致した五人を引渡したに相違無い。

撮影され世界中に放映された光景が事實そのものである事は貴國も認めると思ふ。私はここに我國の主權が侵害された事に強く抗議する。貴國は速に遺憾の意を表明し、五人の身柄を引渡さなければならない。さもなくば、我國は貴國との友好關係を見直す事となるであらう。

中西が指摘してゐるやうに、「事件當初、中國政府部内は大混亂をきたしてゐた」筈であり、それゆゑ暫く公的な聲明を出さずにゐた。いや、出せずにゐた。佐藤榮作の臺詞を捩つて云へば「新聞は嘘を吐くがテレビは吐けない」からである。詰り、不味い事になつたと中國政府は思つた。その相手が困惑してゐる間に謝罪と引渡しを求めなければならない。假にその時、總領事館の馬鹿が「謝々」と云つたとか、武裝警官の帽子を拾つたとか、中國が辯解したとしても、「その件はまだ確かめてゐないが、いづれそれは我々の問題で貴國の問題ではない。調査の上、事實だつたと解れば、阿南及び總領事を卽刻罷免する。だが、VTRで觀る限り、總領事館の諒解を求めてゐない事ははつきりしてゐる。第一、あれでは感謝したり帽子を拾つたりする暇も無いではないか。先立つて貴國の武裝警官による侵犯があつたのである」と、これまた理詰めの反論をすればよい。

だが、情けない事に、かういふ理窟を我が政府は思ひ附かなかつた。小泉は「冷靜に愼重に」と云つた。「怒るべき時に怒らぬ者は癡呆だ」とアリストテレスは書いたが、首相が癡呆だといふ事は、さういふ首相を戴く日本國民の大半が癡呆だといふ事であり、武者小路は「お目出たき人」といふ小說を書いてゐるが、日本人は世界に冠たる「お目出たき」國民なのである。その證據に、屈辱的な瀋陽事件なんぞは綺麗さつぱり忘れて、今は「日韓親善ムード」とやらに醉ひしれサッカー試合に熱狂してゐる。

讀者諸氏も觀たらうが、VTRには大馬鹿者が帽子を拾ふ場面までしか映つてゐないが、中西によれば、總領事館の館內にまで逃げ込んだ北朝鮮の男二人は「革ベルトでぐるぐる巻きにされて連行」されたといふ。その場面を韓國のNGOが公表しないのは「中國の公安部あるいは國內情報機關とどこかで結び」ついてゐるからだらうと中西は云ふ。多分さういふ事だらうと私も思ふ。韓國の大統領が誰であれ、韓國もまた日本の潜在敵國だからだが、さういふ意識は所謂「反韓派」にはあつても「親韓派」には無い。政治主義と知的・道徳的怠惰とは不卽不離なのである。さういふ度し難き馬鹿揃ひの國だから、取分け戰後の半世紀、恥曝しの「平和憲法」は改正されず、小泉も猫も杓子も「平和」と「人道」なる綺麗事を口にして、その綺麗事たるゆゑんについては本氣で考へない。だが、抑もなにゆゑ「人道主義」を尊重せねばならないのか。北朝鮮の五人の人權なんぞ、我々にとつては二の次三の次四の次である。「諸君！」には「紳士と淑女」なるコラムがあつて、私は每月愛讀してゐるが、その頭腦明晰な筆者すら、政治主義に盲ひてか今回はかういふ愚かな事を書いた。（序でに書いておきたい。エイトック十二には「盲目」があつて「盲」が無い。「契沖」にはある。なぜエイトックに無いか。知的に怠惰だからに他ならない。その癖「盲蛇」や「盲判」はある。奇々怪々である。）

昔シナ人は外敵に備へて萬里の長城を築いた。いま瀋陽の「壁」は目には見えぬが、北朝鮮が自らの民の逃亡を防ぐためにある。（中略）壁の內側に住んで愚劣な獨裁者を拜むことしか許されない北朝鮮人民の身の上を見て、世界の自由を愛する人々は泣いてゐる。（中略）ここで阿南に腹を切らせても、いづれ現シンガポール大使「髭の槇田」が後を繼ぐだらう。李登輝のビザ申請で嘘をついた男。外務省にチャイナスクールがあり、政界に公明黨と橋本派があり、報道界に朝日、日經、NHKの親中御三家があるかぎり、日本は完全な獨立國ではない。

「世界の自由を愛する人々」が、日本國の對應を嘲笑する事はあつても、北鮮人民を思つて泣く筈が無い。氣の毒といふ事になれば、北鮮人民と同樣に、或いはそれ以上に氣の毒な人民が、この地球上に澤山生息してをり、さういふ氣の毒な人民は切に麪麭《パン》を欲して自由なんぞを切望してはゐない。麪麭ならふんだんにある日本國の人民とて同じである。「人の生くるは麪麭のみに由るにあらず」とイエスは云つたが、それは麪麭なんぞ重要でないといふ意味ではない。人は麪麭によつて生きるが、同時に强制を憎んで自由を切望する、イエスはさう信じてゐたのである。それゆゑ、荒地で修行中、イエスは惡魔の誘惑を拒んで「人の生くるは麪麭のみに由るにあらず」と云つた。惡魔の誘惑に屈して石を麪麭に變へたなら、不完全で弱い人間がイエスを疑ふ事は不可能になる。早い話が、この私が石ころをダイアモンドに變へたなら、小泉も猫も杓子も、いやいや全世界の人民が、奇蹟を行ひ得る私の前に平伏すであらう。それは詰り、全世界の人民が私を疑ふ自由を失ふといふ事である。

さういふ事態をイエスは望まなかつた。イエスを信ずる自由があつて信じない自由がある、さういふ自由な狀態で自分が信じられる事、それをイエスは切に望んだ。政治主義に盲ひた愚昧な手合はどこの國にもゐようが、キリスト教國の「自由を愛する人々」の大半はその事を知つてゐると思ふ。これを要するに、「紳士と淑女」の筆者にとつて自由とは政治的な自由に過ぎない。が「共觀福音書」のどのページにも政治主義は見出せない。麪麭や政治は下らないとイエスが思つてゐたからではない、さう思つてゐたのなら「カイザルの物はカイザルに」などと云ふ筈が無い。

三

さういふ事を「紳士と淑女」の筆者はまるきり考へてゐない。「外務省にチャイナスクール」が、「政界に公明黨と橋本派」が、「報道界に朝日、日經、ＮＨＫ」が無くなつても、政治主義を超えるものとして「花鳥風月」と好色しか持合はせぬこの情けない知的怠惰の日本國が、歐米諸國に伍して「完全な獨立國」になんぞなれる道理が無い。元祿の昔、本居宣長はかう書いた。

うまき物食はまほしく、よき衣きまほしく、よき家にすままほしく、寶えまほしく、人に尊まれまほしく、いのちながゝらまほしくするは、みな人の眞心也。

（「玉勝間」）

この宣長の主張を否定する日本人は全て知的怠惰の僞善者である。我々は皆、旨い物を食ひたがり、上等の衣を着たがり、豪邸に住みたがり、人に尊敬されたがり、金さん銀さんのやうな長生きをしたがる。小泉も猫も杓子もさうであり、斷じて自由なんぞを切望してはゐない。然るに、さういふ情けない現實を、生なかの西洋學問をやつて政治主義に盲ひた知識人だけが認めたがらない。「歌につきて理くつめくこと、議論めくこと、あらそひほこること、ひとをあなどることなどあるべからず。ただ優にやさしかるべきこと也」と宣長は云つてゐるが、成程、「古池や蛙飛び込む水の音」には「理くつめくこと」も「議論めくこと」も無く、それゆゑ、例へばブレイクの詩の前には色褪せて見えるのだし、「あらそひほこること、ひとをあなどることなどあるべからず」と信じてゐるから、論壇文壇に論爭が滅多に無い。先頃、西尾幹二が入江隆則を批判したが、入江は決して反論しないに相違無い。今月號（平成十四年七月號）の「諸君！」に西尾は頗る不潔な文章を書いてゐるが、それを咎める知識人は一人もゐないに相違無い。いづれ和合を尊ぶ日本人だからである。私は西尾とも入江とも面識がある。入江には何の恨みも無いが、西尾は嘗て私に對して道義的に許し難き振舞に及んだ事があり、私は勿論西尾を許さなかつた。武士の情といふ事もあるからその委細は語らないが、この事だけは書いておく。或る日、新宿の町なかでばつたり逢つた時、西尾は私にかう云つた、「福田さんはこのところ芝居にのめり込んで政治について發言しなくなつただらう。誠に憂ふべき事だから、松原さんから忠告してくれないか」。

福田恆存が芝居に入れ揚げてゐる事を西尾が憂へるのは政治主義に盲ひてゐるからで、それに何より、眞實、それを憂へてゐるのなら、直接福田に「忠告」すればよい道理である。だが、さういふ至極簡單な道理は遂に西尾の腦裏を掠めなかつた。西部邁によれば、初めて西部に逢つた時、西尾は西部に「君たちを許さない」と云つたといふ。なぜ許さないのか。若き西部が全共闘の闘士だつたからである。だが、全共闘の闘士だつた事がなぜ惡い事なのか。西部にしても嘗て投獄された事や保守に「轉向」した事を、なぜいつまでも氣にしなければならないのか。知的に怠惰だからである。社會主義共産主義に入れ揚げた事は道義的に少しも惡い事ではない。かのグレアム・グリーンも若き頃は「左傾」してゐたし、晩年、「モンシニョール・キホーテ」なる作品を書いてゐる。カトリックの神父が共産黨員の前町長と共に旅をする大層愉快なお話である。町長と神父とは賣春宿に泊りポルノ映畫を觀る。賣春宿に泊つて町長は賣春婦と寝るが、神父はドアに鍵を掛け、町長に勸められたマルクスの「共産黨宣言」を讀む。翌日、讀後感を問はれて神父はかう答へる。

　とても氣に入りました。マルクスといふ人は本當は善き人だつたんですね。大變驚かされる件りもあつて、退屈な經濟學なんてものぢや全くない。

神父のいふ「善き人」とは道徳的宗教的な意味での善き人である。「北朝鮮にも善人はゐる」と私は先に書いたが、社會主義とか共産主義とかいふ政治上の主義主張と宗教乃至道徳とは、全く次元の異なる問題なのである。それゆゑ漱石は「詐僞師も大和魂を有つて居る」と書いた。明治の昔に漱石の知つてゐた事を、西尾西部だけではない、平成の日本人の大半が知らずにゐる。知的に怠惰だからに他ならない。早い話が、右翼が共産黨員と一緒に旅をするなどといふ物語がこの國の小説家に書けるだらうか。到底書けはしない。なぜ書けないか。右と左とを繋ぎ得る物が無いからである。モンシニョール・キホーテと町長との間にはそれがある。友情である。何しろ神父と共産主義者だから、二人の意見は事ごとに對立するが、友情が壞れる事は無い。物語の最後に神父は死ぬが、遺された町長をグリーンはこんなふうに描いてゐる。

　それまで一度も考へた事の無い事を町長は考へるやうになつた。一體なぜなのだらう。或る人間への憎しみは、よしんばそれがフランコへの憎しみであつても、相手が死ねば消え失せるのに、自分が今キホーテ神父に對して懷くやうになつた愛は、最後の別れと決定的な沈默にも拘らず、生き續け、募つて行く。それは一體全體なぜなのだらう。

戰爭は何故無くならないのか六

團結と和合の微溫湯

一

かういふ事を考へ始める共産黨員はカトリックに益々近附く事になる。町長の「なぜ」に對する答へを、無論、作者グリーンは知つてゐる。知つてはゐるが書かない。大和島根の讀者のために書いてゐる譯ではないから、そんな事は書くに及ばない。けれども、大和島根の讀者ではあつても、右に引いた件りに示された道理は誰一人否定出來まい。輕蔑したり憎んだりしてゐた知人が死ねば、その輕蔑や憎しみは忽ち消え失せる。私は「夏目漱石」上卷及び中卷を書いて江藤淳を散々貶《けな》したが、江藤が自殺した途端に、下卷は著しく書き難くなつた。私には信仰が無いから、グリーンのカトリシズムについては論《あげつら》はないが、グリーンの道理は大和島根でもそのまま通じる。論理に國籍は無いからである。

然るにそれを、どの國にも、どの時代にも通じる論理や道理を、さつぱり尊重しない國が我々の國であり、その日頃の政治主義と知的怠惰の附けが、今回、支那の瀋陽でまたぞろ廻つて來た。日本の知識人は政治ばかり論つて愛や道德を論はない。グリーンの描いた町長は愛について考へるが、愛は政治主義とは全く無緣で、アルツハイマーの老妻を看護する八十六の老爺が、自民黨を支持してゐようと共產黨を支持してゐようと、その道德的見事が增減する道理は無い。讀者諸氏もその道理を誰一人否定し得まい。

それなら、政治主義ゆゑの知的怠惰が我々の宿痾である事を、徒黨を組んで物を考へるから、或いは徒黨を組むやう唆《そそのか》す類の事ばかり考へるから、淺薄な事しか考へられないのだといふ事を、この際、是非是非痛感して貰ひたい。人が眞劍に考へる時は常に一人きりである。徒黨を組んで深く考へる事は出來ない。寒村の爐部屋に閉ぢ籠つて考へたデカルトはただ一人であつて、一人きりでなければ考へられないやうな事を考へた。「方法序說」に彼はから書いてゐる。

當時私はドイツにゐた。（中略）そして皇帝の戴冠式を見たのち、（中略）ある村にとどまることになつたが、そこには私の氣を散らすやうな話の相手もをらず、また幸ひなことになんの心配も情念も私の心を悩ますことがなかつたので、私は終日爐部屋にただひとりとぢこもり、このうへなくくつろいで考へごとにふけつたのであつた。（「方法序說」、野田又夫譯）

一人きりでデカルトは何を考へたか。疑ふ餘地の無い物が一體全體存在するだらうか、存在するとすればそれは何か。例へば、今、自分がここにゐる事、爐端に腰掛けてゐる事、冬服を着てゐる事、一枚の紙を手にしてゐる事、これらの事柄は、眞實、確かであらうか。成程、爐端も冬服も紙も目に見える。爐端の堅さ、冬服の厚み、紙の冷たさを感ずる事も出來る。だが、感覺は時に人を欺く。早い話が、太陽は巨大だが、我々の視覺はそれを小さな圓としか捉へない。それなら、自分は今、爐端に腰掛けて一切を疑ふ夢を見てゐるのだらうか。さうでないとは斷ずる譯に行かぬ。「これは夢ではない」と頻りに自分に言ひ聞かせてゐる、さういふ夢をこれまで何度も見た事があるではないか。してみれば、今、自分が夢を見てゐないといふ事が、絕對に確實だとは云はれない。では、絕對に確實な事柄とは何か。一切は疑はしいと考へてゐるこの自分、それが存在してゐる事、それだけはどうしても疑ふ譯に行かぬ、一切を疑ふ私、それだけは確實に存在してゐる、疑ふ、ゆゑに私は存在する。

我々の先人には、無論、かういふ氣違ひのやうな天才は一人もゐない。だが、氣違ひ染みた懷疑無くして一流の哲學は無いから、我々は哲學を有せず、また哲學を必要としてゐない。一人きりで考へて世人が自明の理として疑はずにゐる事どもを徹底的に疑ふ、さういふ事の無い國に自前の哲學なんぞが有る道理が無い。この國に存在する哲學は總て西洋哲學の拙《つたな》い摸造品に過ぎない。西尾幹二は「國民の歴史」にかう書いてゐる。

> 私の友人で、長く九州大學で哲學を講じてゐたY君から久しぶりに新著を贈られた。Y君はカント以後のドイツ哲學の研究家で、すでに何冊もの著書を出してゐる。（中略）私はまへがきを讀んでなるほどと思つた。Y君のまへがきには、これまで自分はカントやニーチェやハイデッガーの研究ばかりしてゐて厭氣がさしてきた。齡五十歳も半ばにして、率然思ひ立つて、誰にも遠慮せずに自分の哲學を語ることにした、と書いてある。Y君の心境が私にはよくわかるので、その意氣ごみに大いに敬意を抱いた。彼は哲學者だから眞理についてつねに考へを巡らしてゐる人だが、彼における眞理の位置が今ぐらりと搖れ、大きく移動したわけだ。彼は眞理の研究家だつたが、今や探求家、ないし實踐家にならうといふのである。
>
> 私はあとがきを讀むに及んで、さらにY君への信頼を深めた。彼は少し恥づかしさうに書いてゐる。自分はまへがきで自分の哲學を語るなどと大口を叩いたが、ご覽のとほり、プラトンやカントやキルケゴールやその他西洋の哲學者の言葉をたくさん引用し、それに即して思索してゐる。自分の哲學を語るといつても、素手で語るわけにはゆかない。ことに西洋の層の厚い哲學的思辨の傳統を無視して、好き勝手なことをいくら言つても、自分を語ることにはならない。（中略）私はY君のちよつとはにかんだやうな文章の奥にある正直で、しかも正確な自己把握に好感を覺えて、讀むに値する本だなと思つた。

これは駄文であるばかりでなく不潔な文章だが、どこが不潔か、なにゆゑに不潔か、それが讀者諸氏に解るだらうか。齡五十を越え「自分の哲學」を語れるなどと思ひ込んだ「哲學者」の迂闊はともかく、さういふ淺はかな迂闊を咎めずに、「眞理の位置」がぐらりと搖れて「移動」したなどと、よくもまあ空々しい噓が吐けるものだと思ふ。「眞理の位置」が「移動」するとは初耳だが、それは言ひ囘しの杜撰といふ事に過ぎない。不潔なのは「大いに敬意」とか「信頼を深めた」とか「讀むに値する」とか、およそ讀者を利する事の丸切り無い、けれどもその愚昧な友人を確實に喜ばせる事を書かうとする魂膽である。要するに西尾は御太鼓を叩いて九州の友人を喜ばせようとしてゐる。その癖、友人の著書の前書きと後書きだけしか讀んでゐないに相違無い。

だが、西尾と九州の友人に限らず、御太鼓を叩く事、叩かれる事、詰りは徒黨を組んで「エールの交換」をする事、それが我々は大好きなのである。徒黨を組まずに考へるといふ事は、漱石の云ふやうに「自己本位」の辛さ寂しさに耐へるといふ事だが、それは我々の大いに苦手とする處である。我々は度し難いまでに「他人本位」で他人がどう思ふかを氣にするし、或いは、武裝警官の帽子を拾つてやつた馬鹿役人のやうに、本能的に他者を喜ばせようとする。そしてその際、物の道理は常に無視される。

けれども、大事なのは和合ではなく道理の尊重であり、漱石の云ふやうに「意見の相違は如何に親しい間柄でも何うする事も出來ない」のだから、而も、和合よりも道理を尊重する國々と附合つて行かねばならないのだから、列國に輕蔑され國益を損ねる事の無いやうにするためには、まづ日本人同士による馴合ひのぬるま湯を出なければならない。「文人相輕んず」、政治家の場合は仕方無いとして、知識人同士は大いに對立し輕んじ合つたらよい。知識人がいかに啀《いが》み合つても、國益を損ねる事には決してならない。知識人の影響力なんぞ微々たるものである。「戰後保守論壇の最も良質な部分を體現したのは、小林秀雄と福田恆存といふ二人の文學者である。彼らを中心として、文化的な傳統意識の覺醒や、進歩主義的觀念への批判といったテーマに關しては、非常に水準の高い議論が展開された」と中西輝政は「諸君!」平成十四年八月號に書いてゐるが、小林は政治に背を向けてゐたし、晩年の福田は言論の虛しさを痛感して、屢々、それを嘆いてゐる。福田が「進歩派」を斬り始めた時、「保守派」は掩護射撃をしなかつたが、

「保守派」を斬るやうになつてからは敬して遠ざけるやうになつた。小林と福田を「中心として」云々の中西の言分は間違つてゐる。

二

私は先に瀋陽事件に關する中西論文の一讀を勸め、中西が書いてゐる事の「殆ど全てを肯定する」と書いた。「殆ど全て」とは無論「全て」を意味しない。私の肯定出來ない部分とは文末、結論を出してゐる部分であつて、中西はかう書いてゐる。

たしかに瓢つて日本の現實を見れば、かうした主權意識の囘復はまだ遠いところにありますが、方向感覺だけは、今囘の事件がはつきりと我々に教へてくれたのではないでせうか。文明の原則に則る主張は決して妥協せずに訴へること。そしてその間にたゆまず國家としての「心・技・體」の囘復に努めること。これが今囘の事件から導かれる「日本の結論」なのです。

「決して妥協せずに訴へる」のは常に個人であつて集團ではない。「今囘の事件」が中西個人や松原個人に何かを「教へてくれ」るといふ事はあつて、現に中西個人の書いた文章を松原個人が讀み多々「教へ」られた譯だが、中西の云ふ「我々」とは集團であつて、集團が眞摯に物を考へるといふ事は決して無い。さらにまた、「心・技・體」の心技は飽くまでも個人が錬成すべく努める物であり、國家の「心・技・體」を云々するのは無意味である。中西の云ふやうに我々の國は「レイプ」されたが、それを憤つたり憂へたりするのは個人であつて「國民」ではない。國民は「ワールド・カップ」とやらに熱狂して、「レイプ」の屈辱なんぞけろりかんである。豫言しておくが、中西の「良質」の提言は無視され、いづれまた日本國はどこかの國に「レイプ」されるに決つてゐる。

それゆゑ、國家に何かを期待してはならない。國家を立派にするのは國民一人一人の「心・技・體」である。然るにそれは、心技の一致は、殆ど絶望的である。人間、道徳的に全うにならうとするなら、徒黨を組まずに一人きりでやるしかないが、政治主義・經濟主義全盛の今、國家とか國益とかを考へる段になると、まるで條件反射のやうに、世人は孤立の大事を忘れるからである。中西も例外ではない。「諸君！」八月號に彼はかう書いてゐる。

『新しい歴史教科書』を世に問うた「保守」陣營の論客たちはどうしてゐただらうか。九・一一テロ以後、對米感情における些細な立場の違ひを巡つて、仲間割れをしてゐるといふ有り様である。

いつたい、いまは呑氣に保守論壇内部の揚げ足とりに憂き身をやつしてゐられるときなのだらうか。衰退の歩を早める國家の現状に正面から向き合ふなら、答へは自づから明らかであらう。あの教科書が一般の國民からは廣い支持を受けたことを重く受け止めて、正しい歴史觀の浸透と回復の好機を逃すことなく、次の攻勢に打つて出るべきなのではないだらうか。

日本の保守勢力は、いま大きくひとつになり、政治的、思想的な結集點を築かなければならない。まさに小異を捨て大同につくべきときなのである。

「あの教科書が一般の國民」に廣く支持されたのなら、全國の高校の大半が採用した筈であつて、ここでも中西は現實をありのままに見てゐない。それに何より、「正しい歴史觀」とやらを生徒に傳へるのは、飽くまでも個人たる教師であつて教科書ではない。下らない教科書を使つてゐても、教師さへしつかりしてゐたら、生徒は必ず感化される。「こんな事が書いてあるが、俺は同意しないね」と立派な教師が云つたなら、生徒は必ず教師の云ふ事のはうを信ずる。逆に、良い教科書を使つてゐても、尊敬されてゐない教師の授業なら生徒は眞摯に耳を傾けはしない。どういふ教科書を採用するかは教育行政の問題に過ぎないが、生徒を感化するのは教師個人の人格であつて、人格の錬磨は徒黨を組んでやる事ではなく、またやれる事でもない。

然るに中西は「小異を捨て大同につく」事の大事を云ふ。「大同團結」とは對立する黨派が或る目的を達成すべく小異を捨てて團結する事だが、その「或る目的」とは常に政治的經濟的な目的であつて道德的な目的ではない。無論、我々は良き國民であらねばならないが、それ以上に重要なのは善き人である事、或いは善き人たらんと努める事であり、それが人生の道德的な目標である。そして、政治的「小異」なら簡單に捨てられるが、道德的な「小異」はさうは行かぬ。社會の成員の大多數にとつて「小異」としか思へぬ事どもを、個人が斷じて捨てようとしないといふ事がある。例へば、知識人の大多數は略字新假名を用ゐて物を書いてゐる。漢字も假名遣ひも今や「小異」である。が、「月曜評論」が略字新假名を强要したら私は直ちに寄稿を中止するし、十倍の原稿料を拂ふからと云はれても、假名遣ひを改める事だけはしない。戰爭とは國家のエゴとエゴとの單なる衝突ではない。他國からすれば「小異」でしかない樣な道德的な信念と信念との衝突、それが戰爭を引き起すのである。

だが、さういふ事が日本人には最も理解し難い。和合や團結が大好きだからである。きだみのるによれば、八王子恩方村の或る村民は、きだにかう語つたさうである。

> そらあ、多數決の方が進歩的かも知れねえが部落議會にやあ向かねえや。多數決つうなあ決戰投票だんべえ。ここいらで決めるのはわが身の損得になる問題が多いんだわ。だから負けた方は論には負けるし錢はふんだくられるし、仲よしも向うにつくでは、どのくれえ口惜しいか解るめえ。だからその恨みが何時までも忘れられずに殘らあ。それぢやあもう部落はしつくり行かなくなるんで部落會ぢやあやりたがらねえのよ。（中略）十中七人贊成なら殘りの三人は部落のつき合ひのため自分の主張をあきらめて贊成するのが昔からの仕來りよ。どうしても少數派が折れねえときにやあ、決は採らずに少數派の說得をつづけ、說得に成功してから決を採るので、滿場一致になつちまふのよ。（「につぽん部落」、岩波新書）

京都大學教授にとつても恩方村の部落民にとつても、「自分の主張をあきらめて」大同につく事が何より大事なのである。中西に限らず、日本の知識人は大同團結が大好きだから、マクベスやハムレットのやうに呟く事が無くて、常にアントニーのやうに多數に呼び掛ける。嘗て清水幾太郎は「日本よ　國家たれ」と題して「諸君！」に書いたし、今、石原愼太郎は「日本よ」と題する文章を產經新聞に連載してゐる。石原の人柄は私も好きだし、文章もよい文章だが、讀者個人ではなく「日本」に呼び掛ける惡趣味は頂けない。漱石の言葉を借りれば、都民も國民も「日本」も獨り立ちの出來ぬ「槇雜木《まきざつぽう》」であつて、そんな物は凡そ呼び掛けるに値ひしない。束ねて抛つておけばよい。政治よりも遙かに道義を重んじた漱石は、とかく徒黨を組みたがる手合をからかつて、「槇雑木でも束になつてゐれば心丈夫」だらうと云つた。漱石は随分讀まれてゐて、小泉も川口も阿南も「坊つちやん」くらゐは讀んでゐる筈だが、讀んではゐても理解してゐないと思ふから、晩年、學習院で行つた講演「私の個人主義」からちと長い引用を敢へてする。

　國家の爲に飯を食はせられたり、國家の爲に顔を洗はせられたり、又國家の爲に便所に行かせられたりしては大變である。（中略）一體國家といふものが危くなれば誰だつて國家の安否を考へないものは一人もない。國が强く戰爭の憂が少なく、さうして他から犯される憂がなければない程、國家的觀念は少なくなつて然るべき譯で、其空虚を充たす爲に個人主義が這入つてくるのは理の當然と申すより外に仕方がないのです。（中略）もつと詳しく申し上げたいのですけれども時間がないから此位にして切り上げて置きます。たゞもう一つ御注意までに申し上げて置きたいのは、國家的道徳といふものは個人的道徳に比べると、ずつと段の低いものの様に見える事です。元來國と國とは辭令はいくら八釜しくつても、徳義心はそんなにありやしません。詐欺をやる、誤魔化しをやる、ペテンに掛ける、滅茶苦茶なものであります。だから國家を標準とする以上、國家を一團と見る以上、餘程低級な道徳に甘んじて平氣でゐなければならないのに、個人主義の基礎から考へると、それが大變高くなつて來るのですから考へなければなりません。だから國家の平穩な時には、徳義心の高い個人主義に矢張重きを置く方が、私にはどうしても當然のやうに思はれます。

政治は高々政治である

一

漱石の云ふ「個人主義」とは、無論、利己主義の事ではない。安易な和合や妥協を排し、己れが正しいと信ずる事どもを、正しいと信ずる流儀でやり遂げようとする事である。だが、それをやれば、當然、多數を敵に廻す事になつて、孤立する個人に何の利益も齎さない。イプセンが「民衆の敵」に描いた醫學士トマス・ストックマンの場合がさうである。民衆はおよそ當てにならず、當座の利害しか顧慮しないから、眞實や正義は强き少數者によつて守られねばならぬとストックマンは信じ、「民衆の敵」となつて戰ひ、孤立して「一人きりで戰ふ者こそ强者だ」と云ふ。觀客は「一人きり」の强さに感動し多數の愚を痛感するが、その痛感や感動は永續しない。翌朝出社すれば忽ち「弱き多數者」に逆戻りする。「束になつてゐれば心丈夫」だし、さうしなければ儲らないし、儲らないどころか暮して行けないからである。

だが、人類の歴史を動かして來たのは愚なる多數ではなく賢なる少數である。弟子どもが皆逃去つたから、十字架に掛けられた時のイエスは「一人きり」だつたし、地球が丸くて太陽の周りを廻つてゐる事は、今は世界中の小學生も知つてゐるが、それはガリレオだのブルーノだのといふ少數者が、異端として迫害される事をも覺悟の前で言ひ張つたからで、その時、愚なる多數は「徒黨」を組んで、無論、迫害する側に與してゐた。いやいや、外國の事はよい。我々の國はどうだつたか。我々の國には一人のイエスも一人のガリレオも一人のブルーノもゐなかつた。成程、明治の文壇にあつて漱石は孤立してゐたが、殺された譯でもなく、異端視され迫害された譯でもない。和合と團結の大好きな我々の國に變人はゐるが異端は存在しない。大東亞戰爭當時、近鄰諸國を併合し支配して我々は何と云つたか。「大東亞共榮圈」と云つた。「共に榮える」とは必ずしも空念佛ではない。自國本位に振舞ひながら共に榮えようと念じてもゐた。日本の植民統治は世界に冠たる寛大な統治である。自慢出來る事ではない。異質な文化に對する寛容乃至無節操が我々の文化の特色で、それは自前の信念の缺如を物語る憂鬱な事實だからである。自前の信念がまるきり無いから佛教儒教をさしたる抵抗も無く受入れ、やがて神佛儒は習合し、幕末は黒船來航を切掛けに西洋文明を、これまたさしたる抵抗も無く受容して、丁髷を切り散切頭になつた。散切頭を「叩いて見れば文明開化の音がする」からであつた。丁髷を捨て、褌を捨て、草鞋下駄を捨て、駕籠を捨て、幕藩體制を捨て、「大東亞共榮圈」を捨て、「現人神」を捨て、「東京裁判史觀」を拾ひ、「略字新假名」を拾ひ、「茶髪」を拾ひ、かくて平成の今、我々は江戸の御先祖が用ゐてゐた道具類の大半を用ゐず、先祖を縛つてゐた思想の大半を輕んじて顧みない。

二

だが、それもこれも、我々が自前の信念を持合はせてゐないからである。自前のものが皆無なのではない。例へば「につぽん部落」に描かれてゐる恩方村の部落民の生き方は日本特有であつて、佛教傳來以前にも存在してゐた。詰り、佛教も儒教も「西洋思想」も我々にとつては全て借着なのであり、借着を脱げば、恩方村の部落民と同様、我々は皆「古事記」の昔に戻る。そして「古事記」に深刻な思想は何一つ見當たらず、思想信條ゆえの殘虐な振舞ひは何一つ記されてゐない。例へば「下つ卷」安康天皇の章にかういふ件りがある。

これより後に、天皇《おほきみ》神牀《とこ》にましまして、晝寢したまひき。こゝにその后に語らひて、「汝《いまし》思ほすことありや」とのりたまひければ、答へて曰さく「天皇の敦き澤《めぐみ》を被《かがふ》りて、何か思ふことあらむ」とまをしたまひき。ここにその大后の先《さき》の子目弱《まよわ》の王、これ年七歳になりしが、この王、その時に當りて、その殿の下に遊べり。こゝに天皇、その少《わか》き王《みこ》の殿の下に遊べることを知らしめさずて、大后に詔りたまはく、「吾は恆に思ほすことあり。何《な》ぞといへば、汝の子目弱の王、人と成りたらむ時、吾がその父王を殺せしことを知らば、還りて邪《きたな》き心あらむか」とのりたまひき。こゝにその殿の下に遊べる目弱の王、この言《みこと》を聞き取りて、すなはち竊に天皇の御寢《みね》ませるを伺ひて、その傍《かたへ》なる大刀を取りて、その天皇の頸を打ち斬りまつりて、都夫良意富美《つぶらおほみ》が家に逃れ入りましき。

この件りを讀む者はシェイクスピアの「ハムレット」を想起するに相違無い。安康天皇は兄の輕皇子を殺して卽位し、兄の后を娶り、やがてその息子である目弱の王に殺される。目弱の王の物語はデンマークの王子ハムレットのそれに酷似してゐる。だが、狀況こそ酷似してゐるものの二つの物語は全く異質であつて、ハムレットの復讎には正義感の裏打があり、目弱の王にはそれが全く無い。ハムレットはから語つてゐる。

見るもの聞くもの、おれを責め、鈍りがちな復讐心に鞭をくれようといふのか！　寢て食ふだけ、生涯それしか仕事がないとなつたら、人間とは一體なんだ？　畜生とどこが違ふ。（第四幕第四場、福田恆存譯）

畜生と同樣、人間も「寢て食ふ」事をせずして生きては行けないが、畜生と異なり、人間には「寢て食ふ」以上に大切なものがある。それは正義不正義の別を辨へ正義實現のために身命を賭する事だと、ハムレットはさう信じてゐる。が、目弱の王にさういふ信念は無く、衝動的に父の敵を討つに過ぎない。七歲の頑是無い少年だからではない。日本人だからである。赤穗浪士の場合も全く同じであつて、目弱の王の場合と異なり、その復讎は衝動的ではなく周到な計劃に基づいて行はれはしたが、正義實現の爲の復讎でないといふ點では同じである。淺野內匠頭に切腹を命じた幕府の措置を不正と斷ずる譯には到底行かないし、抑も江戶城松之廊下で吉良義央に斬り附けた淺野の動機にしてからが私憤であつて公憤ではない。元祿の昔だけではない。日淸日露から大東亞戰爭まで、日本のやらかした戰爭には「公憤」が缺けてゐる。それらは全て侵掠戰爭ではなくて自衞の爲の戰爭であり、自國が「寢て食ふ」爲に戰はれた戰爭であつた。これに反し、ヴェトナム戰爭も灣岸戰爭も、アメリカが「寢て食ふ」爲に戰はれた戰爭ではない。前者はヴェトナムの共產化を防ぐ爲に、後者はサダム・フセインのクウェイト侵掠を懲罰する爲に戰はれた。ヴェトナムが共產化しようと、クウェイトがイラクの領土にならうと、アメリカが「寢て食ふ」爲の格別の障礙にはならないが、共產主義や侵掠を許し難き不正義だと信じてアメリカは軍事的に介入した。

私はアメリカの遣口の全てが淸く正しいなどと云つてゐるのではない。斷じてさうではない。大東亞戰爭に於てもヴェトナム戰爭に於ても、原爆を投下したり枯葉劑を撒いたりして、アメリカは結構惡辣な手段を用ゐてゐる。いやいや、それはアメリカに限らない。正義感の裏打ちがある國のやらかす戰爭のはうが、「寢て食ふ」爲の戰爭よりも遙かに殘忍である。昔、十字軍はエルサレムにおいて殺戮と略奪を恣にしたし、ヒトラーのドイツとスターリンのソ聯は大量の殺戮を行つてゐる。ヒトラーにはナチズムといふ、スターリンにはコミュニズムといふ、それぞれ「信仰」の裏附けがあつた。己れの「信仰」は常に正しくて、それを認めようとしない「異教徒」はいくらでも殺してよい。それが「神の思召」に適ふ。十字軍の兵士もヒトラーもスターリンもさう信じてゐる。十字軍の遠征を提案したのは法王ウルバヌス二世だが、彼はかう演說してゐる。

　東方で、わたしたちと同じやうにキリストを信ずる人々が苦しんでゐる。かれらはわたしたちに救ひを求めてゐる。何故であるか。それは異教徒が聖地を占領し、キリスト教徒を迫害してゐるからである。（中略）かの地では聖所が瀆されてゐるからである。（中略）當然、神はこの瀆聖を許されない。神はその解放をみづからの業として遂行なさる。この神のみ業に加はる者は神に嘉《よみ》せられ、罪を赦され、つぐなひを免ぜられる。キリスト教徒どうしの不正な戰ひをやめて、神のための正義の戰ひにつけ。（橋口倫介「十字軍」、岩波新書）

三

かういふ事が、神に嘉納される「正義の戰ひ」を戰ふと云ふ事が、多神教の我々には無い。それゆゑ我々のやらかす戰爭は殘忍ではない。かの「南京大虐殺」なんぞもでたらめに決つてゐる。日本兵にも殘忍な奴はゐるから、面白半分、支那の非戰鬪員を二三人殺すくらゐの事はやつたらうが、十人二十人は到底殺せない。「正義」の裏附けが無いからである。それゆゑ我々の國には殘忍な統治が無い。歷代の天皇も將軍家も宰相も皆仁政を心掛け、「民の竈《かまど》は賑はひにけり」とか「修身齊家治國平天下」とか「所得倍增」とかいふ綺麗事だけが語られる。「國家とは正當と稱する暴力による支配」だとマックス・ウェーバーは云ひ、「戰爭とは敵を己れの意のままに從はせる爲の暴力の行使」だとクラウゼヴィッツは云つたが、ウェーバーやクラウゼヴィッツの云ふやうな身も蓋も無い眞實を、この國の爲政者や知識人や學者が口にする事は決して無い。彼らは今なほこんなふうに語る。

かつて政治を矮小化し、そのはるか前に外交を抛擲し、金さへあればいいのだ、といつてきた歳月のつけとして、今日私達は戰略眼ももてず、眼前の事態には欺瞞をしか重ねられず、一片の倫理も、後繼世代への責任感もないがゆゑに、虎の子のはずの經濟すらも臺無しにしてしまひました。もしも、私たちが再生を望むのなら、まづもつとも基本的な土臺である、倫理を取り戻さなければなりません。倫理は、原則を守ることによつてしか、回復できるわけのないものです。（中略）手を汚さないですむのならば同盟關係の信義を破つたり、誤魔化したりしてゐる間は、けして回復できはしないものです。

平成の十四年間は、日本人が墮落をしきつた十四年でした。

（福田和也「いかにして日本國はかくもブザマになつたか」、文藝春秋）

どうしてこんな安つぽい言論が罷り通るのか。政治の「矮小化」は平成元年に始つた譯ではないし、「外交の抛擲」と云ふからには日本獨自の外交なるものがかつては存在してゐた事になる。持つてゐないものは「抛擲」出來ない道理だからである。だが、幕末、歐米先進國との附合ひを始めて以來、日本が獨自の外交を持つた事は皆無である。獨自の外交には力の裏附けが不可缺だからである。それに何より、「倫理」と經濟成長とは全く無關係であり、「同盟關係の信義」はそのまま「倫理」ではない。國際政治における「信義」とは國益に合致する限り守られる代物に過ぎない。日米は「同盟關係」を結んでゐるが、例へば北朝鮮の金王朝と中國の共產黨獨裁體制が崩潰すれば、日米安保條約は不要になつて、國益を重視するアメリカは條約の破棄を通告して來るであらう。春秋の筆法をもつてすれば、金正日閣下のお陰で「日本國はかくもブザマに」なりながら、それでなほ繁榮と平和を享受してゐられるのである。

福田の駄本に缺けてゐるのは論理である。取分け福田は道德と政治とを峻別してゐない。その雙方に對して知的に怠惰だからである。福田に限らない。平成十四年七月三十日附の産經新聞によれば、中西輝政は千葉の正論懇話會で講演して、「教育改革を進めて戰後の惡しき價値觀を變へなくては、經濟再生もありえない」と語つたさうである。中西の論も福田のそれと同樣に虛しき空論であつて、平成の今、我々の有する價値觀が「惡しき」ものだとして、それを變へるなどといふ事が出來る筈が無い。どんな暴虐な獨裁者にも、或る國民の價値觀を變へるといふ事だけは出來ない。明治以後、日本人の價値觀が變質した事は事實だが、それは歐米の文明の攝取が主たる原因である。攝取せざるを得なかつたから攝取したのだが、それを今中止する事が出來るのか。教育なんぞをどう「改革」しようと國民の「價値觀」だけは絕對に變へられない。改革し得るのは教育制度であつて教育そのものではない。けれども、大事なのは教育制度ではなくて教師一人一人の道德的眞摯である。制度なんぞいくら弄つても駄目教師は駄目教師で、駄目教師に價値觀なんぞ無用の長物である。さういふ駄目教師に價値觀を持たせるのに中西は官憲の力でも借りる積りなのか。だが、駄目教師といふ馬を水際まで引張つて行く事は出來るが、水を飮ませる譯には行かない。中西も大學の教師なのだから、綺麗事の空論を弄ぶ前にもう少し頭を使ふがよい。

四

「わしズム」第二號の表紙に小林よしのりのカラー寫眞が載つてゐて、今回小林は白い能登上布を着てゐる。「帶まで含めて百萬圓」ださうである。だが、能登上布を見事に着こなしても小林の書いてゐる事に何の變化も無いし、第一、「わしズム」とは眞當な日本語ではない。俗に馬子にも衣裝といふが、教育制度とはいはば衣裝であつて、馬子の價値觀を變へ得る物ではない、能登上布を着用した小林は、例によつてからいふ愚かな事を書いてゐる。

アメリカはイスラエルと石油利權を守りぬくために、アラブ諸國間を分裂させ、敵對させ、決して一つにまとまらないやうに畫策し續けてゐる。(中略)イラクがクウェートに侵攻したのも、フセインを育て、支援し續けてくれたアメリカが、許可してくれると過信してしまつたからだ。(中略)アメリカは、徹頭徹尾、自國の利益しか眼中にないのだが、それを「正義」と信じ込んでゐる。

（中略）しかし、それでも日本は、アメリカに協力するしかない。良心に照らすと嫌でしやうがなくても、サヨクのやうに「戰爭反對」なんて、言つてられない。倫理を最優先できるほどの「大いなる力」を持たぬからだ！

かういふ支離滅裂な駄文を綴る頭の惡い男の編輯する雜誌が十萬部も賣れたさうで、我々の國はしかく愚かな國なのである。まづアメリカが「自國の利益しか眼中にない」といふ小林の斷定は事實に反する。アメリカに限らず、自國の利益だけを考へる國は、ヘロドトスの昔は知らず、今はもう存在しない。自國の利益だけを追求する事が自國の利益にならないからだが、さういふ事を知らぬ程アメリカの政治家は愚かではない。朝鮮半島やヴェトナムの共產化を防ぐ事がアメリカにとつて何の利益になるのか。それにも拘らず、アメリカは介入して十萬を上廻る自國の青年の血を流した。人は麪麭《パン》のみにて生くるものにあらず、共產主義は正義に反すると、固く信じてゐたからに他ならない。

だが、さういふ小林の事實に關する無知よりも、福田や中西の場合と同樣、道德と政治との混淆のはうが遙に始末に負へない。歐米と附合はずにやつて行けるのなら兩者の混淆は一向に致命的ではないが、再度の鎖國は最早やりたくてもやれはしない。それなら我々は、政治と道德とを峻別する歐米の流儀が遂に我々の物となり得ぬ事だけは承知してゐなければならない。小林はその事を知らずにゐる。知らずにアメリカを難じてゐる。「倫理を最優先」し得るのは世捨人か坊主に限られる。だが、世捨人や坊主に「大いなる力」なんぞある道理が無い。それは歐米諸國にとつての常識である。イエス・キリストは「倫理を最優先」したが、政治的には全く無力だつたではないか。然るに、中西と同樣、小林も亦、政治と道德とを混同して、他國との對立も「協力」も共に政治の問題に過ぎず道德や倫理とは何の關はりも無いといふ事を理解しない。「良心に照らすと嫌」とは道德上の問題だが、マックス・ウェーバーが云つたやうに、政治家は「良心に照らすと嫌」な事をも敢へてせねばならない。他國と對立したり協力したりする事が國益に合致するのなら、「良心に照らすと嫌」な事をもやらねばならない。それは詰り、政治と倫理道德とは別物だといふ事である。小林の云ふやうに、アメリカが「イスラエルと石油利權を守りぬく」べくアラブ諸國の分裂を策してゐるとして、その見事な政治的深慮遠謀を日本のお人好しの「ポチ保守」漫畫家が難ずるのは滑稽極まりない、けれども少々憂鬱なる漫畫である。

戰爭は何故無くならないのか八

作文の勉強をやり直せ

一

「ポチ保守」とはアメリカに尻尾を振る知識人を揶揄《やゆ》する積りで小林がでつち上げた淺薄な造語だが、サダム・フセインやビンラディンに尻尾を振るのもポチであり、江澤民や金正日に尻尾を振るのもポチだから、例へば西尾幹二や田久保忠衞をポチと呼んで土井たか子や久米宏をポチと呼ばないのは片手落ちであるし、ポチは家人に尻尾を振るだけでなく客人には鎖に繋がれたまま吠えもするのだから、からいふ愚かな事を放言する小林自身も亦ポチに他ならない。

戰爭の仕方や人間の知恵一つで世界の覇權の地圖を塗りかへるやうな可能性も全部閉ざしてしまふやうなアメリカの軍事大國化に對して、ものすごい反撥があつたんです。（中略）それであのときに「その手があつたか」と思つたんですよ。
特攻隊ですら本土爆撃までは考へられなかつたけど、日本がやつた特攻といふ戰法で、アメリカの本土の內部に入つていけばやつらをやれるのかと。
（「反米といふ作法」、小學館）

何者かに「ものすごい反撥」を感じてゐても、その反撥を報復に變へられぬ非力を身に染みて知つてゐたら、かういふ淺はかな事は口走れない。非力といふ鎖に繫がれてゐるといふ自覺があるからである。小林といふポチは、鎖に繫がれながら虛しく吠えるポチと同樣、日本の一漫畫家が「アメリカの軍事大國化」に反撥する事の虛しさを痛感してゐない。頭が惡いからである。さうではないか。「特攻といふ戰法で、アメリカの本土の內部に入つて」行つて「やつら」をやるのは、一體全體、何のためなのか。「やつら」とはアメリカ政府の高官もしくは不特定多數の國民だらうが、そのいづれであれ、アメリカは激怒するに決つてゐるが、日本國の「ポチ保守」とは異なり、激怒を卽座に報復に變へ得る强者の報復を覺悟して小林は放言してゐるか。無論、さうではない。鎖に繫がれたポチは客人に吠えても蹴り殺されぬ事を知つてゐる。番犬としての忠實を飼主に愛《め》でられる事も承知してゐよう。小林にとつての「飼主」とは誰か。愚かしい愛讀者である。やはり小林はポチなのである。彼はまたかう語つてゐる。

現在の世界を眺めてみると、本當にとんでもない狀態になつてゐますよね。二〇〇一年九月十一日の同時多發テロ以降、ブッシュはテロ撲滅と言つてアフガニスタンを攻擊し、今度は「惡の樞軸」とか言つてイラクをやらうとしてゐる。（中略）だけど、テロ撲滅と言ひながら、やつてゐることはテロとどう違ふのか全然わからない。（中略）自爆テロが民間人を卷き込む暴擧だと非難されるけれど、アメリカの空爆だつて、イスラエルのパレスチナ侵攻だつて、どちらも民間人の殺傷を前提にしてゐる。ルールや倫理は平然と踏みにじられ國家のエゴがむき出しになつてゐるんです。パレスチナの側から言へば、國家がないといふことはつまり軍隊がないわけだから、戰爭はできないわけです。さうすると、彼らが戰爭を效果的に遂行する手段は自爆テロしかない。

この文章の没論理を私の「愛讀者」は立所に見抜くだらうか。「見抜くに違ひない」と書けば私もポチになるから書かないが、冗談はさて措き、パレスチナには國家が無いから軍隊が無く、軍隊が無い以上戰爭はやれないと小林は云ふ。戰爭がやれないのなら「戰爭を效果的に遂行する手段」も無い道理であつて、さういふ單純な自家撞着に氣附かぬ頭の惡い漫畫家に天下を論ふ資格なんぞありはしない。「反米といふ作法」は小林よしのりと西部邁の對談を收録した駄本だが、兩者それぞれに愚劣な事を放言してゐるから、以後暫くからかふ事にする。西部はかう語つてゐる。

> ここまで讀み書き能力が缺如する、その根本の根本を察してみると、（中略）言語を驅使するはずの知識人たちが、讀み書き能力において致命的なロボトミー（前頭葉手術）を受けてしまつたのだと思ふ。戰後五十七年間で。（中略）僕は「ニハトリ保守」つて言つたんです。ニハトリは三歩歩くと何でも忘れてしまふ。今や左翼といひ反左翼といひ、多くの人たちの文章を少々ゆつくり讀んでみると、三行過ぎると論旨が亂れるんです。それで僕は、ニハトリの三歩と知識人の三行とをくつつけてニハトリ保守と書いた。

小林の「憂國漫畫」は何せ「憂國」が賣物だからさつぱり面白をかしくないが、西部といふ「ニハトリ保守」が小林といふ「ニハトリ保守」と樂しげにつるんで、靖國神社に參拜して、西尾といふ「ポチ保守」を嗤ふ圖も、知的怠惰の日本國ならではの憂鬱な漫畫だから一向に樂しめない。二人の文章はいづれも「三行過ぎると論旨が亂れる」のだから、西部や小林が西尾を嗤ふのは猿の尻嗤ひである。小林は軍隊が無い以上戰爭は出來ないと云ひ、「三行も過ぎない」うちに、「戰爭を效果的に遂行する手段は自爆テロしかない」と云ふ。然るに、小林といふ「ニハトリ保守」の粗雜を咎めずに、同類の鷄は「戰爭のテロル化、テロルの戰爭化の相互乘り入れ」を云ふ。小林も西部も戰爭とテロとを區別してゐない。戰爭についてもテロについても知的に怠惰だからである。鷄並みの知能の持主だからである。西部はかう語つてゐる。

> 灣岸戰爭まではぎりぎり、アメリカはなんとかお芝居

ごととはいへ國際ルールに則るふりをしてゐたんです。でも、（中略）目の前に歴然と現れた出來事から言へば、やつぱり世紀の變はり目あたりに、小林さんの言ふ戰爭のテロル化、テロルの戰爭化の相互乘り入れで、ある種むき出しのゲバルト、つまり物理的强制力が地球全體に廣まり始めたといふことなんです。おぞましいグローブ、地球になつてしまつたとつくづく思ひます。

古代ギリシアの昔から戰爭もテロも「むき出しのゲバルト」だつたし、「國際ルールに則るふり」ならスターリンだつてやつてゐる。「おぞましいグローブ、地球になつてしまつた」とて嘆いて見せて善人を氣取るのは、これまた頭が惡いからである。それに、戰爭が「テロル化」してテロルが「戰爭化」したのなら、テロルが戰爭で戰爭はテロル、兩者の區別は全く無いといふ事になる。だが、そんな馬鹿げた話はない。西部と小林を除く世界中の政治家や知識人がテロと戰爭とを區別せずにゐるなどといふ不條理が存在する筈が無い。テロはテロであつて戰爭は戰爭である。「ブリタニカ」はテロについてかう記述してゐる。

政府、民衆或は個人に對し豫測し得ない暴力を組織的に行使する事。從來、テロリズムの行使は、左右を問はず、政治的・民族的組織及び革命組織によつて、或は政府自身の軍隊や祕密警察によつて、なされてゐる。

一方、「ウェブスター」の定義によれば、戰爭とは「國家間或は民族間の、通常は公然と宣戰を布告して行はれる武力行使」であつて、「當事國の雙方に政府が存在しなければ成立たない」といふ事になる。成程、それなら話は解る。灣岸戰爭もアフガン戰爭も戰爭であつてテロルではなく、宣戰布告こそなされなかつたものの、アフガンにはタリバンの政府が、イラクにはフセインの政府がそれぞれ存在してゐたのだから、アメリカがやつた事は戰爭であつてテロではないし、世界貿易センタービルに突込んだのは、ビンラディンの手下であつてアフガン政府軍の軍人ではなかつたから、あの自爆は紛れも無いテロであつて戰爭ではないと知れる。ビンラディンの手下どもはアメリカの「政府、民衆或は個人に對し豫測し得ない暴力を組織的に行使」したに過ぎない。

二

テロといふ言葉があつて戰爭といふ言葉がある。どちらも至極ありふれた言葉だから、誰でもが氣易く使つてその意味する處を深く詮索しない。テロとは無論外來語で、英語ならterrorだが、そんな事も考へずに人々はテロといふ言葉を用ゐてゐる。だが、知識人の場合はそれでは困る。言葉の意味する處を詮索して、誤用でないかどうかを常に氣に懸けなければならない。我々は頭で考へるのではなく言葉で考へる。言葉を正確に使用する事が物事を正確に考へる事なのである。西部が駄目な物書きなのは言葉を正確に使へないからで、例へばかういふ惡文を綴つて精妙な思考なんぞ出來る道理が無い。

思想史にいふ保守とは「歷史的なるもの」の保守のことのはずである。(中略)西歐保守思想史は、あへて一言で比喩してみれば、プレスクリプションつまり時效(時間の效果)によつて物事の進み方を「豫め(プレ)規定(スクライブ)する」と構へることである。日本においてとて、小林秀雄にせよ田中美知太郎にせよ、福田恆存にせよ三島由紀夫にせよ、そのやうに構へてゐた。

さういふ構へを持たうとしないものは、知識人であれ政治家であれ、經營者であれ役人であれ、マスマンつまり大衆人である。まともな保守思想家たちはおしなべて、大衆社會が、政治にあつては流行の世論にもとづくポピュリズム(人氣主義)といふ形で、經濟にあつては市場の金錢にもとづくマモニズム(拜金主義)といふ形で、膨らんでいくのに妥協できなかつた。「今や流行」してゐるのは保守思想が批判してゐた當のものである。ましてや私は、「流行」といふものに乘るのを常とする「大衆」に批判を加へる、といふ流行すべくもない論を二十餘年前から展開してきたのである。それなのに、西尾氏は保守が流行してをり、それに私が乘つたのだと言ふ。これは保守思想について無知であることを告白してゐるに等しい。ひやかしていへば、『新しい歷史・公民教科書』の採擇率が實質ゼロである、それが今の流行であるといふ事實についても無知なのではないか。そして私について無知なのは構はないが、無知なままに名指しで私を批難するのだから、堪つたものぢやない。

（「親米保守への反論」、「正論」平成十四年四月號）

この凄まじい惡文を一讀して理解出來た讀者がゐるならば、それは氣違ひか癡呆であり、いづれ早速精神科の醫者に診て貰つたはうがよい。私は氣違ひでも癡呆でもないから、この凄まじい惡文を理解しようとは思はない。ここでちと入念に惡文の惡文たるゆゑんについて解説するだけである。まづ、「比喩してみれば」と西部は書いてゐるが、「比喩する」といふ日本語は無い。比喩には直喩と暗喩があるけれども、「暗喩する」とは幾ら愚かな西部も書かぬであらう。だが、「比喩する」が許容されるなら「暗喩する」も許容される。「暗喩する」が許容されるなら、「ニハトリは三歩歩くと何でも忘れてしまふ」と書かずに「三歩アンヨすると忘れてしまふ」と書いてもよく、更には「三歩暗喩する」と書く事も出來る。但し、「三歩アンヨする」と書くのは幼兒に等しい馬鹿であり「三歩暗喩する」と書くのは氣違ひである。西部は醫學的には氣違ひではないのだらうが、「アンヨすれば」、いや「暗喩すれば」氣違ひであり、氣違ひでないのなら、いつそ筆を折り作文の勉強をやり直したはうがよい。

周知の如く、サ行變格活用の語幹には漢語和語の名詞だけでなく外來語も用ゐられる。例へば「スタートする」といふ言ひ方は、決して好ましくはないものの許容し得る。けれども、「流行する」と云はずに「ブームする」とか「ファッションする」とかいふ云ひ方は許されない。誰が許さないか。無論、御先祖が許さない。日本語のみならず全ての國の國語には、外國語の安直な導入を拒む「比喩すれば」抗體（antibody）が備はつてゐるが、傳統を輕視する「ポチ保守」は、抗體を有難く思ふ事が無いらしい。「大衆人」などといふ日本語は無いから「マスマン」といふ外國語を用ゐるのはやむを得ないが、その場合も「マスマン」で通すか、或は「大衆」といふ歴とした日本語を工夫して使へばよい。反米的言辭を弄する癖に、西部は英語が好きなのだらうが、「拜金主義」で充分なのに「マモニズム」なる註釋を附けるのは、難しい英語を知らぬ讀者に對する虚假威しの衒學に他ならない。

三

それに何より、傳統を重んじない保守といふ化け物がゐるる筈は無い。「ポチ保守」だの「ニハトリ保守」などといふ造語を喜ぶのは、「マモニズム」だの「プレスクリプションン」だのといふ外國語を喜ぶ衒學趣味と同質の輕佻浮薄だが、さうして言葉の傳統を輕視乃至無視して平氣でゐる西部が、何と『歴史的なるもの』の保守」を説く。「ニハトリ保守」だからである。西尾幹二は西部の惡文を批判してから書いてゐる。

ソフィストケーションのつみ重ねによつて、日本が置かれてゐる困難な政治狀況などは頭から無視してかかり、いつたい何を言ひ出すのかといふやうな呆れ返つた結論に走つていく。アメリカの抑止力といふ日本防衞の重要なポイントが西部氏の頭にはない。かほどまで政治的思考が未成熟な人とは思つてゐなかつた。

（「正論」平成十四年三月號）

「正論」二月號の西部氏の「テロリズム考」は、閉ざされた概念操作が獨斷を生み、論理が辷つて無關係な幻想へと走つていく、人を困惑させる惡文の典型である。例へば、あらゆる革命はテロであり、大化改新もさうだつたから、テロは歴史の進歩の動因の一つで、もしテロを不當とするなら、「退歩が歴史の眞相であつたことを認めるのか」とわざと讀者に迫る。さう驚かしておいて、テロの正當性をまづ確認する。次いで、社會は法律だけによつて成り立つてゐるのではなく、道德と言ふ價値の體系をもつてゐる。だから、「合法ではないが合德」といふテロルがあり得る、といつて、アルカイダ・テロルを言外に支持するのである。（中略）詭辯の羅列、惡しき

「正論」二月號の西部論文を私は讀んでゐないが、西尾の批判は、右の件りに關する限り、正鵠を射てゐるし、四月號の西部の反論には丸切り說得力が無い。要するに、西部は西尾に負けたのである。なぜ負けたか。云ふにや及ぶ、頭が惡いからである。大化改新は改新であつてテロではない。中大兄皇子と中臣鎌足による「クーデター」の成功以後になされた内政改革、それが大化改新であり、中大兄と鎌足は宮中で蘇我入鹿を暗殺したが、それは暗殺であつてテロではない。暗殺と呼べば充分なのに「テロ」と呼ぶのは「アルカイダ・テロルを言外に支持」したがつてゐるからだと、西尾のみならず讀者にさう思はれても仕樣が無い。それは誤解であると西部は云ふが、誤解はするはうよ

りも寧ろさせるはうが惡い。とどの詰り、「俺はテロを肯定する」と言切るだけの勇氣が無いから誤解されるやうな事を云ふのだらうが、さういふ事より、言葉を正確に用ゐる事の出來ぬ頭腦の缺陥のはうが遙に始末に負へない。小林よしのりとの對談にかういふ件りがある。まづ小林の發言を引く。

> 本當にテロと戰ふのなら、日本はどうやつて防衛するかといふことにも觸れなければならない。わしは「日米同盟に從つて參戰するのはやむなし」、だけど、それならば集團的自衛權の行使を明言し、情報・諜報機關として日本版CIAを設立し、テロとの情報戰に備へよ、と初めつから言つてゐます。「戰爭」は勝つ準備をしてやれ、と。

かういふ流儀で評論家と稱する手合は、至難なる事共をいとも氣輕に提案して無事である。小林の樣な極樂蜻蛉に「日本版CIAを設立」する事の至難乃至不可能を說いても仕樣が無いから、一つ興味ある插話を紹介しておかう。數年前、或る在米防衛駐在官が、假に小林といふ自衛官だつた事にしておくが、朝、ワシントンの官舎を車で出た。ペンタゴンに用事があつたのである。運轉しながら考へ事をしてゐて、うつかりペンタゴンの前を通り過ぎた。すると後方から一臺の車が追ひ越し、前方に停まり、一人のアメリカ人が降りて來て防衛駐在官に云つた、「ミスター・小林、ペンタゴンはあそこだ」。

戰爭は何故無くならないのか九

アメリカを孤立させるな

一

この在米防衛駐在官と私とは昵懇の仲である。實に優秀かつ誠實な自衛官であつて面白半分の法螺話をするやうな男では決してない。一喝すればパンツまで脱ぐ國の駐在武官が、けふ一日どういふ豫定で行動するかをCIAは正確に把握してゐる。そこまで把握されてゐるのなら、日本國はパンツを脱ぎ「ふるちん」でゐるも同然である。而もそれは今に始めぬ事で昔から「ふるちん」であつた。大東亞戰爭中もアメリカに暗號を解讀されてゐた。ソロモン諸島ブーゲンヴィル上空で、山本五十六の搭乘機をアメリカ軍機が待伏せして撃墜した事を、覺えてゐる讀者も多いであらう。我々は「ふるちん」のお人好し、性善説の坊つちやんであり、偵察衛星が空を飛び交ひ、暗證番號無しに使へないキャッシュ・カードを所持してゐる平成の今も、「裸の附合ひ」が大好きで、至誠は必ず天に通じると信じてゐる。漱石の坊つちやんは云ふ、「世の中に正直が勝たないで、外に勝つものがあるか」。無論、坊つちやんは作中人物であつて作者ではない。坊つちやんには「坊つちやん」は書けない。が、漱石すら「坊つちやん」を書き、それが漱石の作品中最も愛讀されてゐるといふ事實、それは我々がお人好しの坊つちやんたる事の證しである。かの大岡昇平といふ古狸すら、漱石は「坊つちやん」に止めを刺すと云つてゐる。西部邁も小林よしのりも、無論、坊つちやんであり、その證據に、戰爭にルールが無くなつて、非戰鬪員が殺戮されるやうになつた事態を頻りに憂へてゐる。二人はかう語つて居る。

西部　アフガンやパレスチナで起こつたこと――もちろんニューヨークで起こつたこともさうですが――それらを見ると、攻撃的のであれ、防衛的のであれ、両方ともルールなんかどうでもいいといふふうになつてゐるわけで、それをニューウォー、「新しい戰爭」と言ふのはをかしいと僕は言つてゐたわけです。

　ところが考へてみたらあなたのはうが一歩先を行つてゐて、本當はルールに基づくはずの戰爭のルールがどんどん根腐れになつてきて、宣戰布告もしない、捕虜虐待もいとはない、非戰鬪員を殺しても構はないといふやうに、戰爭はテロル化する。かたやテロリストのはうも、これまでは自分たちのはテロルだといふ自覺があるから公の場に出てこなかつたけれども、最近は多少とも公然と姿を現して、あたかも戰爭のやうにテロルを推し進め始める。さういふことが現に起つてゐる。

小林　アメリカによるアフガニスタンの空爆は、「ビンラディンを出さなければ、民衆をどんどん巻き添へに殺すぞ」と言つてゐるやうにしか感じられない。「アメリカの敵と一緒に民衆も死ね！」と言ひながら……。

滿洲事變も支那事變も宣戰布告無しの戰爭であつたし、大東亞戰爭の場合も、日本政府の「對米交渉打切りの覺書」がアメリカの國務長官に手渡されたのは眞珠灣攻擊開始直後の事であつた。「戰爭のルール」を無視乃至輕視したのは日本だけではない、宣戰布告無しの戰爭を禁じたのは一九〇七年のハーグ平和會議だが、所謂「陸戰ノ法規慣例ニ關スル條約」が締結されて後も、取分け第二次世界大戰終結以後は、戰爭の大半が條約を無視して戰はれてゐる。朝鮮戰爭もヴェトナム戰爭もさうである。だが、私は宣戰布告無しの戰爭を難じない。そんな事をしても仕様が無い。周知の如く、ソ聯は日本に宣戰を布告してから滿洲や南樺太に攻め込み、五十七萬人もの日本兵捕虜を强制勞働に從事させてゐる。それは無論ジュネーブ條約及びポツダム宣言に違反する行爲だが、「勝てば官軍負ければ賊軍」だから、賊軍が官軍を難じても意味が無い。非戰鬪員の殺傷についても、「殺しても構はない」とは、或は「敵と一緒に民衆も死ね」とは、どの國も決して云はないが、近代兵器の發達によつて非戰鬪員を巻添へにしない戰爭はもはや不可能になつた。戰鬪員の殺害と非戰鬪員のそれとの比率は、第一次世界大戰においては九十五對五だつたが、第二次大戰では五十二對四十八、朝鮮戰爭では十五對八十五、ヴェトナム戰爭では何と五對九十五になつてゐる。非戰鬪員が巻添へになるのは通常は負けたはうだが、負けた國は勝つた國をその事では難じない。廣島長崎に原爆が投下され二十一萬人が死んでゐるが、「勝てば官軍負ければ賊軍」だから、「賊軍」による「官軍」への抗議は何の效果も齎さなかつた。さういふ苦い經驗を有する國の知識人が、「アフガニスタンの空爆」による非戰鬪員の殺傷を難じ、「おぞましいグローブ、地球になつ」たとて歎いて見せるのはまさしく知的怠惰の漫畫である。小林はかう語つてゐる。

　灣岸戰爭でイラクを攻撃したときだつて、ピンポイント爆撃といふのは全く正確ぢやないですよ。民衆が隱れている地下三階建てぐらゐになつてゐる防空壕の中に爆彈を落して、中で爆彈が爆發して、防空壕の壁に髪の毛と子供の手形がべたべたついてるやうなところもイラクにはある。（中略）米軍の誤爆は、明らかになつてゐる事件だけでも、計百九十四件、死者は千二百人以上なんですから、戰爭の近代化を極限まで推し進めて、自分たちの命を徹底的に守つて、地上戰を行なはない。上からただひたすら空爆だけして、下にゐる人間は全く人間として扱はないわけだから、今のアメリカの戰爭のやり方は完全にテロリズム化してゐますよね。

　かういふ粗雜極まる言分を小林の愛讀者は一向に疑はないのか。假に小林が爆撃機に乘込みどこかの都市を空爆する事になつたとして、その場合、「下にゐる人間」を「人間として扱」ふ事なんぞ、金輪際、出來はしない。今は敵の」顔が見えない時代であり、「やあやあ我こそは武藏の國の住人何の何左衞門」と名乘つて戰ふ時代ではない。「平家物語」に出る熊谷次郎直實は、敵に馬乘りになつて首を掻くべく兜を取つて、相手が美少年だつたから助けてやらうとする。今はさういふ呑氣で優雅な時代でもない。「イラクを攻撃した」アメリカに限らず、どの國の空軍が爆撃しようと「下にゐる人間は全く人間として扱はない」し、扱ひやうが無い。頭のよい中學生なら理解出來るさういふ至極簡單な道理が、よい年をした漫畫家に、愚かな漫畫家の愚かな愛讀者に、なぜ解らないのか。「もはや地球は人類が生きるに値しない場所になりつつある」と西部は云ふが、私は地球の未來なんぞに何の關心も無い。但し、西部小林如き癡呆を多くの愛讀者が支持してゐる事實を思ふと、「もはや日本は日本人が生きるに値しない」四等國になり下がつたとは思ふ。

二

何せ四等國だから全ての問題が情緒的に處理される。原爆投下によつて二十一萬の自國民が殺されてゐるのに、誤爆によつて千二百人のイラク國民が殺された事をなぜ難ずるか。それが非戰鬪員の殺傷だからである。非戰鬪員が殺傷されると可哀想なのである。小林に限らず、さういふ情緒的な馬鹿揃ひの國だから、今は北鮮に拉致された數十人の悲運に泣いてゐる。泣いてゐる振りをしてゐる。だが、拉致問題の解決は國交正常化の絕對的な前提條件ではない。國交正常化が我國の國益になるかどうか、專らそれを爲政者は考へなければならない。そして國益になるとは私にはとても思へない。金正日が土下座したつて私が首相なら平壤へは行かない。成程、誤爆による死者は可哀想である。拉致された數十人も可哀想である。私の娘が北鮮に拉致され殺されたら、無論、私は北鮮を許さない。だが、その場合も私は「拉致問題の解決無しに國交正常化はすべきでない」などとは言ひ張らない。極惡無道の國が相手であらうと、それが國益に叶ふのなら國交を結ぶべきだからである。惡辣な國と附き合ひたがらぬのはマックス・ウェーバーの云ふ「心情倫理」のなせる業だが、政治家が重んじなければならぬのは「心情倫理」ではなくて「責任倫理」である。ウェーバーはかう語つてゐる。

心情倫理と責任倫理とを一つの帽子の下にもちこむことは不可能であります。あるいはまたこの原理を一般的に容認するとしても、いかなる目的がいかなる手段を神聖化しなければならないか、を倫理的に決定することは不可能であります。（中略）F・W・フェルスターは、彼の著書で、「善いものからは善いもののみが、惡いものからは惡いもののみが生ずる」といふ簡單な命題によつて、この困難を乘り切るものと信じてゐます。それならばこの全體の問題提起はもちろん存在しなくなります。しかしウパニシャッド以後二千五百年にして、そのやうな命題がなほこの世の光を浴びることができようとは、じつに驚くべきことであります。世界歷史の全過程のみならず、日常經驗のあらゆる無遠慮な檢討は、まさにその反對を物語つてゐます。地上におけるすべての宗教の發展は、その反對が眞實である、といふ事實にもとづいてゐるのであります。（中略）古代のキリスト教の信者たちも、この世は惡魔によつて支配せられ、政治と、すなはち手段としての權力と強制力とにかかはりあふものは、惡魔的な力と契約を結ぶものであつて、彼の行動にとつては、善から善のみが、惡から惡のみが生じうるといふことは、眞實ではなくて、むしろしばしばその反對である、といふことを非常にはつきりと知つてゐました。このことを見拔かないものは、實際において政治的には一個の子供であります。

（「職業としての政治」、西島芳二譯、角川文庫）

西部も小林も專ら「心情倫理」に賴る「一個の子供」なのであり、ウェーバーならば「ロマンチックな感動にみづから陶醉している法螺吹きども」と形容するであらう。何せ夜郎自大のナショナリストだから、アメリカを誹《そし》つて「みづから陶醉」してゐるが、一方「惡の樞軸」には肩入れして、それが日本の國益に叶ふかどうかを全く考へない。だが、ビンラディンやサダム・フセインや金正日をいくら擁護しようと我々には何の利益にもなりはしないが、アメリカを誹る事は確實に我々に不利益を齎すのである。大急ぎで斷つておくが、私は親日であつて親米ではない。ブッシュが小泉を「軍曹みたいなやつ」と評したとか、サマーズ前財務長官が「日本人は俺が命令したらパンツまで脱ぐ」と云つて呵々大笑したとかいふ話を聞けば、私も甚だ不愉快である。だが、同時に私は、さういふ傲慢な國とも附き合はねばやつて行けない自國の現狀と、馬鹿にされても仕樣が無い自國のていたらくとを併せ考へる。實際、西部小林如き愚かな知識人が羽振りを利かせてゐる情けない知的・道德的怠惰の國の首相が「軍曹みたい」で、他國に命令されると「パンツまで脱ぐ」としても、それは一向に怪しむに足りない。西部はかう語つてゐる。

もちろんアメリカの外交官も軍人も、リップサービスで、大事な同盟國日本みたいなことはしよつちゆう言ふでせう。でも、おそらく彼らの神經、感覺、イメージの根本では、ものすごくちつぽけな、どうにでもいぢり回せる國、それが日本なんです。ブッシュは小泉首相のことを、軍曹みたいなやつだ、と言つたといふ話が聞こえてきます。だからこそ惡の樞軸といふ、あの三國同盟を思はせる亂暴な言葉が出てくるのだと思ふ。事實、日米ガイドライン關聯法といふものにしたつて（中略）日本の國益は二の次になつてゐます。
（中略）僕は年に二、三回は自衞隊から講演依賴を受けるといふことがもう十何年も續いてゐますけど、舞臺裏の話として、自衞隊の一部はアメリカに對して本當に憤懣やる方ないと言つてゐます。單に軍事演習場の指揮命令のときに犬ころ扱ひされることへの人格的屈辱感ももちろんありますが、同時に明らかに向かうの兵器、武器の在庫處理としてあれこれ買はされることへの憤り。さういふことを自衞隊幹部は、上にいけばいくほど如實に味はつてゐるわけです。脫脂粉乳と同じ流れが、武器の部類にまで至つてゐる。さういふ自衞隊の不滿を援護する反左翼知識人がゐない。彼らはアメリカにすり寄るばかりですから、自國の軍隊をすら裏切つてゐるんです。

これは西部の知的不誠實を證す恰好の件りである。卽ち、一斑を見て不正確に全豹を卜すのが西部の常套手段であり、それは「日米ガイドライン關聯法といふものにしたつて（中略）日本の國益は二の次」云々の件りに明らかである。「日米ガイドライン」とは一朝有事の際の日米軍事協力を取決めた指針であり、二十八年前に發表されたガイドラインは見直され、今は「新ガイドライン」になつてゐる。舊ガイドラインでは、日本國有事の際は通常日本が獨力で對處して、大規模な侵略に對してのみアメリカが助ける事になつてゐたが、新ガイドラインでは、侵略の規模を問はずにアメリカが日本を助ける事となつた。それを喜ばしいと思ふのは「親米派」で、日本有事のみならず「周邊有事」の際にも在日米軍を支援せざるを得ない事になると考へるのは「反米派」だから、西部は紛れも無く反米である。反米だから「日米ガイドライン」の一斑を見て全豹を卜し、そこにアメリカの身勝手だけを讀む。先に述べたやうに私は「親米」ではない。が、斷じて「反米」でもない。それゆゑ私は「大規模な侵略に對してのみアメリカが助ける事」を、アメリカの身勝手だなどとは決して思はない。自力で「大規模な侵略」に對處出來ない自國の非力を認めざるを得ないからである。

三

序でに書いておくが、福田恆存が「アメリカは貧しい國」と云つて退けたといふ事を「少しは思ひ起こしてもらひたい」と西部は云つてゐる。が、福田は斷じて反米ではなかつた。「アメリカの貧しさ」と題する短文を綴つてはゐるが、それは主としてアメリカの食物が不味いといふ話である。昭和四十年、福田は「文藝春秋」に「アメリカを孤立させるな」と題する文章を寄せ、そこにかう書いた。

私は今年の憲法記念日にＮＨＫテレビの座談會に出て、日本の憲法を當用憲法とからかひ、相手方の護憲派に澁い顔をされましたが、その後で出席者揃つて食事をしてゐる時、「もし自衞隊を廢止し、アメリカの基地を撤廢してしまつた後で、萬一敵が攻めて來たらどうする積りか」と問うた處、護憲派の一人は「そんな事は起り得ないが、萬一起つたら、ゲリラで戰ふ」と答へました。（中略）「第一、そんな時はアメリカが默つて見てはゐませんよ。」

私はそれで萬事が氷解した思ひを懷きました。知識人に限りません。政財界人にしても一般國民にしても、その中で尤もらしく反米的言辭を弄する人の心底には、この樣に牢固として抜くべからざる對米依存心理が潛んでゐる。（中略）私の親米はアメリカの世話女房になれといふほどの事ですが、彼等の反米はアメリカの妾になり、小遣は頂戴出來るだけ頂戴し思ふ存分わがままを言ひ、訪ねて來るのも月に一度位にして貰つて、その間に若い燕と大いに樂しまうといふ譯です。なるほど妾の方が正式の女房より片務的で中立主義で、生産の義務から免れ消費の自由のみを享受出來ます。アジア・アフリカは固より、恐らくヨーロッパの國々もアメリカにさういふ關係を期待してゐるのでせう。「孤獨なるかな、アメリカ」と言ひたくなります。（『福田恆存全集』第六巻、文藝春秋）

このアメリカ擁護の文章を西部も讀んでゐる筈だが、自分の都合の良いやうに「アメリカは貧しい國」のはうだけを、それも捩ぢ曲げて引く。許し難き不誠實である。それゆゑ、裏話を好まない私もこの際やはり書いておく。或日、福田は私にかう云つた、「先日西部邁が來たんだけどね、何しに來たんだか、さつぱり解らないんだ」。序でにもう一つ裏話だが、「大岡昇平、あれは虚榮心の塊だ」と、小林秀雄が福田恆存に云つた。それも福田から聞いた事だが、小林の大岡評は實に的確だから、福田の作り話だとは私は思はない。福田は大事な事柄について作り話をするやうな男ではない。長い附き合ひだつたし、福田を信じて裏切られた事が唯の一度も無いから、私はさう斷言して憚らない。而も福田と私とは逢へば裏話に興じた譯ではない。さういふ下らぬ附き合ひではなかつた。死んだ福田を生き返らせる術の無い事を、今、私は殘念至極に思つてゐる。

戰爭は何故無くならないのか十
美少女泣けば一面トップ

福田和也の駄文

先に引いた自衞隊に關する西部の發言もまた頗る不正確かつ不誠實である。「自衞隊の一部はアメリカに對して本當に憤懣やる方ないと言つて」ゐると西部は云ふ。そして「自衞隊幹部は、上にいけばいくほど如實に味はつてゐる」と云ふ。「自衞隊の一部」が反米である事と「上にいけばいくほど」反米である事とは同じ事であるらしい。だが、全ての組織はピラミッド型だから「上にいけばいくほど」高級幹部の數は減る。自衞隊の場合も陸海空幕僚長以下數名がゐるだけとなる。數名は自衞隊のごくごく「一部」に過ぎない。然るに西部は「自衞隊の不滿を援護する反左翼知識人がゐない」と云ふ。援護とは助ける事である。軍隊の不滿を代辯するのはよいが、不滿を助けられては堪らない。西部は自衞隊を反米に仕立てようとしてゐる知能犯なのか、それとも單なる馬鹿なのか。無論、單なる馬鹿である。馬鹿だから自衛隊を何とか反米に仕立てようとするが、何せ頭が惡いから、その際、己が沒論理に氣附かない。さうではないか。不滿を懷いてゐるのが極「一部」に過ぎないのなら、その不平不滿を、代辯する必要なんぞ全く無い道理ではないか。

「軍事演習場の指揮命令のときに犬ころ扱ひ」などといふ事も斷じて無い。陸海空ともに時々日米共同演習を行ふが、その際、自衛隊を指揮して命令を下すのは自衛隊の指揮官であり、米軍を指揮し命令を下すのは米軍の指揮官だから、米軍が自衛隊を「犬ころ扱ひ」しようにもその機會が無い。生齧りの不正確な知識しか有せぬ癖に、國軍の名譽を毀損するやうな法螺話は以後嚴に愼んで貰ひたい。アメリカの「兵器、武器の在庫處理としてあれこれ買はされることへの憤り」、それも自衛隊には全く無い。例へば、海上自衛隊はP三Cと呼ばれるアメリカ製の對潛哨戒機を數十機保有してゐる。米ソが對立してゐた頃、オホーツク海から太平洋に出ようとするソ聯の潛水艦をやつつけるための軍用機だが、冷戰終結後はいさゝか寶の持腐れになつたものの、アメリカによる「武器の在庫處理」としてP三Cを「買はされ」たなどと思つてゐる海上自衛官は一人もゐない。日米安保條約が存在する限り、アメリカ軍の役割の幾分かを自衛隊が分擔するのは當然の事だからである。

嘗てオスカー・ワイルドは「愚昧以外に犯罪は無い」と云つた。西部小林如き馬鹿の商賣が繁盛するこの國は愚者の樂園詰り犯罪國家である。毎回かうして愚昧知識人の犯罪を摘發して、いつまでたつても「戰爭は何故無くならないのか」の本論に入れずにゐるうちに、さすがの私も愚鈍の摘發に倦き果てた。濱の眞砂は盡くるとも、この國の愚鈍ゆゑの犯罪ばかりは盡きる事が無い。而も本誌で私がやつつけた知識人は誰一人反論しない。そして、拙文を讀んで喜ぶのは極少部數の本誌の、極少數の讀者の、そのまた極一部であつて、それなら戰爭の無くならないゆゑんなんぞ幾ら說かうと徒勞である。それゆゑ、佐藤守と松元直歳には申譯ないが、戰爭論の書き直しはやめにする事にした。本誌（「月曜評論」）の連載も今回限りとして、以後は漱石論に專念する。戰爭なんぞ論つても仕樣が無い。この國はもう一度戰爭に卷き込まれて潰れるのであり、潰れる時までは好きな事をやつて樂しむにしくはない。私の趣味は音樂と釣とコンピューターである。魚釣は久しくやつてゐないが、ペンティアム二・八ギガといふ目下世界最速のCPUを搭載したコンピューターが來週屆く事になつてゐる。それを使つてCDやヴィデオを取込む。まづはウィンドウズXPの再セットアップをやらねばならない。數百枚の音樂CDを全てMP3にして、友人稻葉惠一に貰つた大量のヴィデオをハードディスクに收納しなければならない。正直、漱石下卷を書くより、このはうがずつと樂しい。いづれも一流の藝術家による正直な眞劍勝負の記錄だからである。「やは肌のあつき血汐にふれも見でさびしからずや道を說く君」と與謝野晶子は詠つたが、道だの政だのを論ふ知識人は晶子のやうに正直でない。正直に書かれない文章なんぞ幾ら讀んでも仕樣が無い。正直でない文章の一例を擧げよう。福田和也はかういふ駄文を綴つてゐる。

將來への責任感も、遠い未來を含めた視野も持たない者は、じりじり總べてを失ひ、忘れ、つひには破滅せざるをえなくなる。その敎訓が、今や日本人に降りかからうとしてゐるのではないですか。誇りを失ひ、絆を失ひ、倫理を失ひ、名譽を失ひ、つひには金も、力も失つていく、その過程が、卑小きはまる平成の日本國の歷史ではないですか。生きるに値する人生を持たうとする者しか、生きることが出來ないといふ嚴しい眞實を私たちはつきつけられてゐる。

生き延びようと思ふならば、私たちは賭けるべきものを賭け、挑まなければならない。慘憺たる敗北を、沒落を受け入れなければならないのです。財產を、生命を賭けて原則を守る賭けに挑み、敗北することで、はじめて私たちは生きる資格を取り戾す。

時に私は、沒落せよ、と祖國にむかつて呟いてみます。（「いかにして日本國はかくもブザマになつたか」、文藝春秋）

これは「諸君！」に載つた文章だが、總合雜誌の讀者の多くは、いやいや政治にだけ關心を有して文學や藝術には無關心な本誌の讀者も、かういふ文章を讀んで噴出さないに違ひ無い。噴出すどころか「やは肌のあつき血汐にふれも見で」道を說きたがる政治主義の堅物揃ひだから、終始憂へ顏して眞面目に讀むに違ひ無い。が、假に福田が私のゼミの學生なら私は彼にかう云ふ。おい、福田君、君の文章を讀んで俺は腹を抱へて笑つたよ。噓と綺麗事もあれほど徹底すれば下手な落語より餘程滑稽だ。だがな、噓と綺麗事を竝べるのはお前の性分だから指導の仕樣が無いけれども、文章はもう少し正直に正確に書け。「生きるに値する人生を持たうとする者しか、生きることが出來ない」と君は書いてゐるが、「生きるに値する人生」とは何の事だい。どんな愚者もどんな惡黨も己れの人生は「生きるに値する人生」だと思つてゐるが、「生きるに値する人生」とは持たうとして持てないものだ。「持たうとする者」は幾らもゐるが、現に俺も君も持てずにゐるぢやないか。それとも、持てずにゐても、一生「持たうとする者」、それだけが生きられるといふ意味か。然し、庶民はそんな屁理窟はつゆ考へずに逞しく生きてゐるぜ。「私たちは賭けるべきものを賭け、挑まなければ」と云ふが、一體全體、何を賭け、何に挑むのかい。他動詞の目的語を省略するのは省略して解る場合だけだ。ともあれ、事程左樣に君の修士論文は惡文で不正確、嘘八百、とても合格點はやれないが、「敗北することで、はじめて」君は「生きる資格を取り戻す」事になるらしいから、合格點を與へないはうが君の爲になるな。だが、君は本當に時々「祖國にむかつて呟」くのか。女に愛を囁くのはいいが、國家に囁くとすると君は狂つてゐるぞ。それとも、それも習ひ性と成つた綺麗事の一つか。それなら君は氣違ひぢやない。氣違ひぢやないが低能だ。もう少し説得力のある嘘を吐け。せめて低能を誤魔化せる程の嘘を。

フジ産經の愚行

西部邁も低能、小林よしのりも低能、福田和也は輪をかけた低能。けれども、マスコミも同じく低能だから持ちつ持たれつ破鍋に綴蓋である。暫く休載するから今回は北鮮との國交正常化問題について書くが、まづ今なぜ國交を正常化せねばならないのかが私にはさつぱり解らない。それは前回だか前々回だかに書いたが、何より腹立たしいのは二言目には「拉致」を云ふ愚かしさである。テレビのキャスターは必ず「拉致問題と核開發中止」と云ひ、「核開發中止と拉致問題」とは決して云はない。だが、拉致されたのは高々數十人、北鮮の核開發は日本國民の全てに關はる大事である。然るに、前者は目に見えるが後者は目に見えない。歸還した五人が肉親と抱きあつて泣けば、それを見て視聽者も泣く。かくして拉致は目に見え安全保障は目に見えない。テポドンが仙臺か盛岡に着彈すれば大騷ぎになるが、三陸沖に着彈すれば目に見えない。目に見えないものに對して日本人は頗る鈍感であり、例へばＮＨＫのキャスターは必ず「北朝鮮、朝鮮民主主義人民共和國」と云ふ。それならなぜ韓國と云はずに「大韓民國」、中國と云はずに「中華人民共和國」と云はないか。それは著しく道理に悖《もと》る事だが、道理もまた目には見えないから、ＮＨＫの愚行に國民も政府も寛大なのである。

さういふ道理に對する鈍感を證す恰好の事例がキム・ヘギョン・インタヴューであつた。週刊文春によれば、インタヴュー終了後、フジテレビのキャスター安藤優子は、撮影が「フジテレビの方から申し入れたもの」であつて「北朝鮮から申し出のあつた取材」ではないと語つたといふ。安藤が嘘を吐いてゐないとすれば、フジテレビは度し難き馬鹿である。北朝鮮から申出があつたのなら、謀略に乗せられた薄ら馬鹿に過ぎないが、こつちから申入れて乗せられたとなると、これはもう薄ら馬鹿ではなくて大馬鹿野郎のこんこんちきである。多くの識者が北鮮の謀略を難じてゐるが、今回のインタヴューに關する限り、北鮮には何の越度も無い。理性的論理的でなく專ら感情に溺れるだけの阿呆揃ひの國のジャーナリズムが、美少女へギョンへのインタヴューを申込んで來たとあれば、それに乘じてあれこれ謀略を巡らすのが眞當な國家のなす事、なして當然の事である。北鮮がヘギョンを傀儡として操つたのかどうか、それはまだ解らない事だが、一度も逢つた事の無い祖父と祖母を思つて十五歳の娘なら泣けるものだらうか。空涙だと云ふのではない。己れが哀れだと思ふだけで人間は實に容易く泣けるのであり、今は小菅刑務所にゐるかの擦枯らしも、國會で滂沱《ばうだ》と流してハンカチで拭つた。讀者も覺えてゐるに相違無い。

それにしてもあの少女は實に美しく振舞つた、ああいふ娘が昔は澤山ゐたのになあと友人の臼井善隆が云つた。その通りだが、なぜ昔は澤山ゐたか。國が貧乏で政治が苛烈だつたからである。昭和十八年と二十四年、永井荷風は日記にかう記してゐる。

數日前より毎日臺所にて正午南京米の煮ゆる間佛蘭西譯の聖書を讀むことにしたり。米の煮ゑ始めてより能くむせるまでに四五頁をよみ得るなり。余は老後基督教を信ぜんとするものにあらず。信ぜむと欲するも恐らくは不可能なるべし。されど去年來余は軍人政府の壓迫いよ〳〵甚しくなるにつけ精神上の苦悩に堪へず、遂に何等か慰安の道を求めざるべからざるに至りしなり。（中略）

昨今家に惣菜にすべきものなければ海苔と味噌とを副食物となして米飯に飢を忍ぶ。これにつきて竊に思ふに人間の事業の中學問藝術の研究の至難なるに比して戰爭といひ專制政治といふものほど容易なるはなし。治下の人民を威嚇して奴隸牛馬の如くならしむればそれにて事足るなり。ナポレオンの事業とワグネルの樂劇とを比較せば思半に過るものあるべし。（十八年）

夕刻いつもの如く大都劇場に至る。終演後高杉由美子等と福嶋喫茶店に少憩し地下鐵入口にて別れ獨電車を待つ時三日前の夜祝儀若干を與へたる街娼に逢ふ。その經歴をきかむと思ひ吾妻橋上につれ行き暗き川面を眺めつゝ問答すること暫くなり。今宵も參百圓ほど與へしに何もしないのにそんなに貰つちやわるいわよと辭退するを無理に强ひて受取らせ今度早い時ゆつくり遊ばうと言ひて別れぬ。年は廿一二なるべし。その惡ずれせざる樣子の可憐なることそゞろに惻隱の情を催さしむ。不幸なる女の身上を探聞し小說の種にして稿料を貪らむとするわが心底こそ賣春の行爲よりも却て淺間しき限りと言ふべきなれ。（二十四年）

右の引用文に解說は不要だと思ふから先に進むが、フジテレビといふこんこんちきの「盟友」が產經新聞である。「盟友」だから產經は翌朝一面トップでインタヴューを載せた。ヘギョンは十五歲の美少女だから、その泣顏は頗る魅力的、まさしく雨に惱める海棠の風情であり、それゆゑ產經は十センチ角のカラー寫眞を載せ、「おぢいさん、おばあさん 來てほしい。將來は黨で働きたい。慕はれる人に」との說明文を附けた。インタヴューをテレビで觀なかつた私は、翌朝、產經の朝刊を讀んで啞然とし、ただもう恥づかしかつた。穴があつたら這入りたい程だつた。東京の各國大使館には日本語に堪能な外交官が澤山ゐる。それが產經を讀んでどう思ふか。無論、穴に潛り込みたいなどとは思はない。ただ嗤ふ。何たる赤新聞かとて蔑む。情けない話だが、私の國の新聞は、保革を問はず、大馬鹿のこんこんちきなのである。馬鹿に保革の別は無いと、私は昔書いた事がある。けれども、その頃は產經がこれ程の大馬鹿だとは思つてゐなかつた。文春によれば「救ふ會」の會長佐藤勝巳は「今後いつさいフジテレビの取材は受けない」と云つたといふ。私も產經の購讀を止めようと思ふ。愚者の作る新聞を讀んで悧口になれる道理が無い。

ノーベル賞を受賞した小柴昌俊と田中耕一の英語によるインタヴューをテレビで觀たが、歐米では教師が間違ふと學生がそれを指摘するが、日本ではさういふ事が決して無いと小柴が云つた。成程、この國で重んじられるのは論理や眞理ではなくて長幼の序であり義理人情浪花節である。而も、それが我々の醇風美俗だから厄介で、忌まはしいからとて一概に排する譯にも行かない。インパール作戰の無謀を知りながらも大本營は「牟田口に死花を咲かせてやらう」とて默認して、その結果、夥しい數の日本兵が虚しく死んだが、當時の大本營にも、今回のフジテレビ産經新聞にも、愚行の愚行たるゆゑんを認識してゐた者がゐたであらう。幾ら美少女でもたつた一人の小便臭い娘子に取材する價値なんぞありはしないし、身長體重趣味なんぞを聞出しても仕樣が無いし、ましてやそれを一面トップに載せるとは言語道斷だと、さう考へた社員もゐるに違ひ無い。けれども、嘗て山本七平が云つたやうに、この國を動かすのは「空氣」であつて論理ではない。インパール作戰やヘギョン・インタヴューをやらうとの「空氣」が支配的になつたら少數意見の持主は默るしかない。第一、算盤を彈いても默るはうが身のためである。今回のインタヴュー一面トップは朝日毎日と同樣、産經もまた赤新聞である事を證す本年最大の愚行だが、「正論」欄に愚行を叱る識者の文章が載る事は決して無いであらう。「德孤ならず必ず鄰あり」とは眞赤な嘘である。「得を取らうより名を取れ」、これも綺麗な綺麗な綺麗事である。綺麗事を云ひ續けてこの國はもう一度潰れるのである。

處で、もはや紙數が無い。それゆゑ、聊か唐突に見えようが、昭和天皇とマッカーサーとの會見に關する荷風の文章を引き、極短い解説を附して筆を擱く事にする。昭和二十年九月二十八日、荷風は日記「斷腸亭日乘」にかう書いた。

晝飯かしぐ時、窓外の芋畠に隣の人の語り合へるをきくに、昨朝天皇陛下モーニングコートを着侍從數人を從へ目立たぬ自動車にて、赤坂靈南坂下米軍の本營に至りマカサ元帥に會見せられしといふ事なり、戰敗國の運命も天子蒙塵の悲報をきくに至つては其悲慘も亦極れりと謂ふ可し。（中略）我等は今日まで夢にだに日本の天子が米國の陣營に微行して和を請ひ罪を謝するが如き事のあり得べきを知らざりしなり、此を思へば幕府滅亡の際、将軍徳川慶喜の取り得たる態度は今日の陛下よりも遙に名誉ありしものならずや、今日此事のこゝに及びし理由は何ぞや、幕府瓦解の時には幕府の家臣に身命を犠牲にせん〔ママ〕する眞の忠臣ありしがこれに反して、昭和の現代には軍人官吏中一人の勝海舟に比すべき智勇兼備の良臣なかりしが爲なるべし、

軍部の壓政を呪ひ、「八紘一宇」を嗤ひ、街娼の純情に感じ、昭和天皇の悲運に同情する荷風は、同時にかう日記に記す男であった。「晩間烏森に飰す。藝妓閨中の艶姿を寫眞に取ること七八葉なり」。閨中の艶姿とは男女交合の樣態の事である。もう少し解説しよう。フランツ・カフカとは異り、荷風は死後日記が公開される事を禁じてゐない。平成の我々は、取分け識者や新聞は、荷風の度外れの好色や吝嗇だけでなく、その頭脳明晰と正直とを、詰り振幅の激しさを、見習はなければならない。人間は矛盾の塊である。怖めず臆せず綺麗事を云ふのは頭の惡い片端である。人間の屑である。

Ⅳ

敵の所在

今年（昭和五十一年）の二月、ニューズウィーク誌に載つてゐた西ドイツの外相ハンス・ディートリッヒ・ゲンシャー會見記を讀み、色々と考へさせられた。ゲンシャーが格別深遠な外交哲學を開陳してゐた譯ではない。ゲンシャーはデタントの幻想に醉ふな、ソ聯を信用するな、共產黨との聯立は考へるなと言つてゐるのだが、さういふ事は別に耳新しい警告ではない。ただ私は、日本の外相なら決して言はぬ類の事を、或いは言へぬ類の事をゲンシャーが事も無げに言つてゐるのを、頗る興味深く思つたのである。

例へばゲンシャーは、このままソ聯の海軍力が增强されてゆけば、一朝有事の際、ヨーロッパとアメリカとの間の水路は危殆に瀕するであらう、西側の指導者は自主防衞の意志を固めるとともに國內の自由の敵と戰はねばならぬと言つてゐるのだが、內政においても外交においても戰ふべき敵を明示したこの發言を、このほど日本政府が發表した防衞白書と較べてみるがよい。白書には「米ソは底に强い相互不信感をもつてをり」、デタントには「限界」があるけれども、「わが國の防衞力の保持に關しては、憲法第九條の規定」の趣旨からして、「自衞に徹する專守防衞のものでなければなら」ず、「わが國が防衞力を保持する意義は、有事において戰ふことにあるといふよりも、平和の維持のために機能することにある」と書いてあるのである。

私は宮澤外相や坂田防衞廳長官が無能な政治家だとは思つてゐない。ただ、政府自民黨が外交においても內政においても戰ふべき敵を明示せずにゐる現狀を不滿に思ふのである。人の褌で相撲を取る事も、漁夫の利を占める事も、確かに智慧の一種ではあらうが、アメリカがいつまでも安保の只乘りを許すとは思へないし、敵の所在が不明ないし曖昧では、自衞隊のみならず一般民衆も、國を守る氣槪を持ちはしない。そして、愛國心の無い國民が政府を積極的に支持する筈は無いのである。政府自民黨は、自由社會と全體主義社會のいづれを選ぶか、その選擇を國民に迫るべきである。さもないと、自民黨の凋落傾向に齒止めをかける事など到底出來ぬであらう。

（昭和五十一年）

ぐうたらに神風

先日、佐伯彰一氏及び吉田夏彦氏と話し合ふ機會があり、日本共產黨の前途といふ事が話題になつた。その折にも喋つた事だけれども、日共は日本といふ特殊な風土の中で風化してしまふのではないか、と私は考へてゐるのである。少くともイタリア、フランスにおける友黨ほどの勢力は到底獲得出來ないだらうと思ふ。來年の參院選における保革逆轉は必至であり、一九八〇年代には革新政權が誕生すると考へる向きもあるけれども、萬一さういふ事態になつたとしても、それは決して共產黨主導型の革新政權ではないであらう。つまり私は、共產黨單獨政權誕生の可能性は皆無だと考へる。日本といふ國は大層有難い國であつて、國難の際には必ず神風が吹くやうになつてゐるからである。

思へば大東亞戰爭に敗れてアメリカに占領された事が戰後の神風第一號だつたのであり、もしもソ聯に占領されてゐたら日本の今日の繁榮は無かつた筈である。また、朝鮮戰爭とヴェトナム戰爭でアメリカは自國の青年の血を流したが、日本は平和憲法のお蔭で戰爭に卷き込まれず、それどころか特需によつてしこたま儲け、世界屈指の經濟大國に伸上つたのであつて、してみれば二つの戰爭はいづれも日本にとつての神風だつたと言へるのである。二度ある事は三度ある。そして三度ある事は四度も五度もある筈だ。さうなのだ、日本人はぐうたらにしてゐて大丈夫、必ず必ず神風が吹くのである。

それを思ふと私は時々無性に虛しい氣持になる。先週「敵の所在」と題する文章を書いてゐた時もさうであつたし、日共の微笑戰術に騙されるなと學生たちに說く時もさうである。つまり、さう物事を深刻に考へる必要は無い、必ず神風が吹き、神國日本は千代に八千代に安泰なのだ、といふ心中の聲を私は聞く譯なのである。

ジョージ・スタイナーは、一昨年日本を訪れた際、戰爭無くして文化はありうるかとの深刻な問題を提起した。世界で一番平和な國、それは日本であり、世界で一番ぐうたらな國、それも日本である。平和が人間をぐうたらにするのは確かな事であるやうに思はれる。

（昭和五十一年）

従屬のすすめ

日本が戰後目覺ましい經濟成長をなしとげたのは國民が勤勉だつたからだと言はれる。その通りである。が、それだけではない。赤貧洗ふが如き窮乏狀態から世界屈指のGNP大國に伸上る事が出來たのは、何よりもアメリカが戰後日本に押附けた憲法のお蔭、特に第九條のお蔭なのである。日本人がいかに營々と勵んだところで、アジアでアメリカが戰爭をしてくれなかつたなら、すなはち朝鮮戰爭とヴェトナム戰爭が起らなかつたなら、今日の日本の繁榮はなかつた。日本は憲法第九條のお蔭で二つの戰爭に卷込まれず、日本人の血を一滴も流す事無く、特需によつてしこたま儲け、奇蹟的と稱せられるほどの復興をなしとげたのであつた。

しかしながら、この次にアジアで、例へば朝鮮半島で戰爭が勃發し、アメリカが介入した場合、再びアメリカと韓國の青年の血が流れて日本だけが肥え太るといふ事になるかと言ふと、さうは問屋が卸すまい。次のアメリカの大統領がカーターにならうとフォードにならうと、日本の安保只乘りをアメリカがいつまでも許す筈は無い。現に去る七月十三日に採擇されたアメリカ民主黨政策綱領には「われわれはNATO防衞態勢に對する歐州諸國の分擔を增强するやう奬勵する」とあるのであり、從つて、日本としても速やかに憲法の改正を行ひ、身分相應の軍隊を持つ必要がある、といふ意見もある譯である。

だが、これは實に愚かな考へであつて、憲法第九條を押附けたのはアメリカなのであるから、そのアメリカの弱みに附け込み、ぎりぎりまで本格的再軍備の時期を延ばすに若くはない。今の日本にとつて大切なのは繁榮であつて、愛國心だの國家意識だのといふ腹の足しにならぬ物ではないからである。とは言ふものの不安は殘る。田中角榮前首相の逮捕は自民黨の凋落に拍車をかけるであらうし、さうなればいづれ保革聯立政權が誕生し、アメリカとは距離をおいて附合ふといふ事になつて、アメリカの核の傘の下で稼ぎまくるのは難しくなるかも知れず、アメリカ側からの安保破棄通告といふ事態すら考へられるからである。安保あつての安樂な生活、これだけは何としても失ひたくない。安保、もちろんアメリカとの安保である。ソ聯や中國の衞星國になるのは御免蒙る。現在の生活水準を保つ事など到底不可能だからだ。とすれば殘された道はただ一つ。日本はアメリカの五十一番目の州になればよいのである。さうすれば安保只乘りを批判される事もない。勿論、先々徴兵制になるかも知れないが、日本の工業力とアメリカの資源が一體になるのであるから、それこそまさに鬼に金棒、戰爭を仕掛けられる氣遣ひは無い。

それに、結黨以來最大の危機に直面してゐる自民黨は民主黨か共和黨に合流すればよく、日本共產黨は壓倒的少數となつて政情は安定するし、日本人は皆英語がうまくなるし、オリンピックで水泳の不振に落膽する事もなくなる譯である。どうであらう、名案ではあるまいか。

〔追記〕但し、この名案を實行に移すのは急がねばならぬ。七月三日の英誌エコノミストによれば、イギリスもまたアメリカの一州たらんと畫策してゐるらしいからである。

（昭和五十一年十月）

韓國の安全と日本の安全

アメリカの次期大統領ジミー・カーターはニクソンやキッシンジャーと較べて遙かに理想主義的な人物であるやうに思はれるが、田久保忠衞氏の言葉（「言論人」昭和五十一年十一月十五日號參照）を借りれば、かういつた人々は「反道德」「反倫理」「反宗敎」に對して、「普通の常識では考へられないやうな反擊に轉ずる」のであつて、民主黨所屬の大統領時代に、アメリカがまたしても新たな戰爭に卷込まれるのではないかとの危惧もあながち杞憂とは言切れない。世界のどこが次の戰場となるか、さういふ事は勿論解らないけれども、共產圈における自由の抑壓には腹を立てず韓國における抑壓には苛立つといふ甚だ不可解な理想主義ゆゑに、カーター政權が韓國を見限つた場合、朝鮮半島が次の戰場となるであらう事は火を見るよりも明らかである。で、その場合、韓國を完全に見限つて軍事介入をしないとすれば、アメリカは戰爭に卷込まれずに濟む譯だが、さういふ事がカーター政権にとつて可能であらうか。「自由の盟主」だの「世界の警察官」だのといふ一文にもならぬ誇りは投棄て、北鮮軍の南侵を拱手傍觀、國益第一の現實主義に徹するなどといふ事をカーター政権がやれるであらうか。私は到底やれはしないと思ふ。但しここで斷つておく。私はカーター政權が韓國を見限るまいと考へて安心してゐるのではない。私が言ひたいのは、所詮韓國を見限れぬのならアメリカは朴正熙政權の「抑壓政治」に不滿を述べるべきではなく、また、韓國を見限る氣でゐるのなら、それならそれも結構、ついでに日本やイスラエルやポルトガルをも見限つて貰ひたいといふ事なのである。

假りにアメリカが今後國益だけを考へて行動するとする。そしてその場合の現實主義的政策とは、民主主義だの自由だのといふおよそ腹の足しにならぬもの、詰りインタンジブルな（無形の）ものを一切無視して、經濟的な利害得失だけを重視する政策を意味するものとしよう。その場合、アメリカにとつてなほ重要な地域は、八月二十八日の英誌エコノミストが指摘してゐるやうに、中東の石油產出國だけであり、民主主義國たる西歐諸國も日本も二の次三の次、イスラエルやポルトガルやニュージーランドや、まして韓國や臺灣は殆ど無價値なものとなる筈である。

エコノミストは、幸ひにしてアメリカがインタンジブルなものを無視する事は無いであらうと言ひ、アメリカは石油を持つカダフィよりは石油の無いイスラエルやポルトガルを支持するであらうが、一方アメリカは「非民主主義的」な友邦へのコミットメントの是非を絶えず檢討しなければなるまいと書き、日本といふ「民主主義國」を友邦とする爲に韓國といふ「非民主主義國」をも支持せざるを得ぬ「危險」について語つてゐるのであり、なるほどエコノミストは、アメリカは今後とも北鮮軍の南侵に際しては介入せざるをえまいし、カーターはとどのつまり孤立主義に陷る事無くして韓國や臺灣から手を引く事は出來まいと書いてはゐるのだが、ここにはイギリスが最後の最後までアメリカの庇護を受けるに相違無いとの安心感にもとづく奴隷根性と、より「圓熟した」民主主義國へのアメリカの支持を末長く確保せんが爲、韓國などといふ「いかさま民主主義」國への支持は程々にしておいたはうがよい、とでも言ひたげなさもしい根性とが潛んでゐるやうに思はれて私は少からず不快であつた。

言ふまでも無く、そこには「北の共產主義との間の競爭の時代を迎へたこの時期である。民主的な力量をこそ、われわれは育てあげなければならない」とする金大中氏の甘い理想主義と、北鮮の獨裁政治と韓國の抑壓政治とを等し竝みに考へる無理解とが顔を覗かせてゐる譯であつて、それは「殆どのアメリカ人にとつて韓國の國民が朴正熙大統領の右翼獨裁體制のもとに生きるか、それとも北鮮の金日成元帥の個人崇拜的共產主義體制のもとに生きるかは、さして重要な事ではないのかも知れぬ」などといふ表現に明らかだが、エコノミストともあらう雜誌の寄稿者にしてこの程度の韓國理解かと私はいささか啞然としたのである。

ここで朝鮮半島を二分する二つの體制の歴然たる相違について詳述する紙數は無いが、ただ一つ、アメリカはもとより自由主義陣營に屬する國々のリーダーが忘れてならぬ事は、朴正熙氏の韓國における自由の抑壓は韓國をあくまでも自由主義陣營に留めおかんが爲の緊急にしてやむをえざる政策だといふ事なのであつて、勿論目的がいかなる手段をも正當化する譯では無いけれども、武力による南北統一を繰返し宣言して來た好戰的な北朝鮮と陸續きで繋がつてゐる韓國において、過度の自由などを許容しうる筈が無いのである。實際、非常時には非常時の手段があるべきなのであり、アメリカと雖《いへど》も戰時には國民に兵役義務を課したのであり、徵兵制がある種の自由の抑壓である事は論を俟たない。北鮮には金日成の吸つた煙草の吸殼をガラス箱に入れて保存してゐる市民がゐるさうだが、さういふ恐るべき全體主義國と國境を接してゐる韓國で、國民にアメリカや日本竝みの自由を與へ、日頃朴正熙批判を許容しておいて、それで一朝有事の際、韓國民が北鮮軍を凌ぐほどの軒昂なる意氣をもつて戰ふ筈が無いではないか。

もとより現在の韓國に日本やアメリカにおけるほどの自由が無い事は明らかである。が、それを批判するのなら、それより先にアメリカとしては、北朝鮮が南進の暴擧に出でたならアメリカは核を用ゐるとの、シュレジンジャー前國防長官の發言を改めて確認して貰ひたいと思ふ。そもそもアメリカが（これは勿論カーター氏の責任ではないが）同盟國の頭越しに中國と接近し、ヴェトナムから撤退し、さうする事により小國を犧牲にして顧みぬ大國の身勝手をあらはに示しておきながら、他方で韓國の抑壓政治を批判するのは筋の通らぬ話ではないか。大國アメリカの身勝手の犧牲になりたくないと思へばこそ、卽ちアメリカを充分に信用出來ぬからこそ、朴政權は擧國一致の體制を崩さうとしないのである。

それに何より、そこで行はれてゐる政治がよし抑壓政治であらうとも、あくまで自由主義陣營に留りたいとの願ひは韓國民が殆ど例外無しに抱いてゐるのであり（勿論金大中氏もさうである）、その願ひを無視してアメリカが韓國から手を引くのなら、それならいつそそれより先に、自由陣營に留るかどうかも解らぬポルトガルや日本から手を引いたらよいと思ふ。ポルトガルは知らず少くとも日本においては、國民は韓國におけるほど切實に共產化を恐れてはゐない。アメリカが南ヴェトナムを見限つた時、韓國はアメリカに全面的に依存する事の危ふさを知つたであらう。いや韓國に限らぬ、フィリピンもタイもインドネシアも思ひ知つたであらう。ひとり思ひ知つたとは到底思へぬのがわが日本なのである。

かう言へば朴政權には申譯無いが、私は日本人であり、日本人である以上韓國の安全よりも日本の安全を大切に思ふ。勿論、「韓國の安全は日本の安全にとつて不可缺である から韓國を守る」といふ言ひ方が、韓國人にとつていかに屈辱的なものであるかは私にはよく解つてゐる。要するにアメリカは、韓國はさほど重要ではないが日本が重要だからついでに守つてやると言つてゐる譯なのだ。朴正熙氏自身も確かそれを言つてゐるが、察するところそれは、屈辱に耐へてまでも今はアメリカの庇護を必要とすると考へるからであらう。アメリカも日本も、その韓國の無念を思遣つた事があるのであらうか。

實際私は韓國ほど割に合はぬ立場の國は無いと思つてゐる。さうではないか、アメリカが將來國益中心の現實主義に徹しようと決意した場合、眞先に見捨てられるのは韓國であり、またアメリカがインタンジブルなものを重視しつづける場合には、その抑壓政策ゆゑに道義的アメリカに批判されつづけなければならない。そして、アメリカに庇護されながらアメリカの惡口を言ふ自由を存分に享受してゐる日本は、捨てられるにしても韓國よりはずつと先であり、それまではGNPの一パーセント以下を軍備に割くだけでせつせと稼ぎまくれるといふ譯なのだ。

私は日本の安全のはうが韓國の安全よりも大切だと言つた。そこで私はカーター政權に註文したい。やけ糞半分で忠告したい。アメリカはそろそろ、日本をこれまでのやうに庇護しつづける事が、日本を世界に類例の無いほどの腑抜けに仕立てつつあるといふ事實をはつきり認識すべきである。そしてアメリカは事ある每に言ふべきである、ぎりぎりのところへ來た場合、アメリカは日本を必要としないといふ事を。實際、エコノミストも指摘してゐるやうに、アメリカ人の稼ぐ一ドルのうちの僅か二分の一セントが日本への輸出によつて得られてゐるにすぎないのである。そして、これもエコノミストの指摘通り、アメリカが日本から手を引いた結果日本が共産化したとしても、アメリカが貿易において大きな損害を蒙るなどといふ事はありえない。なぜなら、共産化した日本は依然としてアメリカのマーケットを必要とする筈だからである。

これを要するに、アメリカはGNPの〇・五パーセントだけ生活を切り詰めれば日本を見捨てても大丈夫といふ事なのである。カーター氏よ、思ひ切つて一度それを言つて貰ひたい、アメリカはいつでも日本を捨てうるのだと、その事を。さうすれば韓國に對する日本の思上りなど立所に消え失せ、兩國は非常事態に備へて緊密に協力し合ふ事とならうし、また、韓國から日本は大いに學ぶ事となるに相違ない。さうではないか、滅多矢鱈に稼ぎまくるだけで非常事態なるものをいささかも考へた事の無い日本が、韓國から學ぶべき事は多々ある筈なのである。

（昭和五十一年十二月十五日）

北方領土は戻らない

難航した日ソ漁業交渉は、五月二十四日、暫定協定の假調印が行はれてやうやく妥結したが、暫定協定第八條、すなはち「この協定のいかなる規定も、（中略）相互の關係における諸問題についても、いづれの政府の立場又は見解を害するものとみなしてはならない」とある文章の解釋をめぐつて政府野黨間に意見の對立がある樣であり、「領土權を主張する日本の立場を害さないといふ趣旨を念押ししたもの」と解釋する政府は、魚と領土とを切離す事に成功したと主張してゐるが、この解釋には問題があり、いづれ國會で野黨が追及する事となるのであらう。だが、いづれ水掛論の空騷ぎ、不毛の論爭が行はれるだけの事である。なぜなら、魚のために領土を失ふ樣な事があつてはならないといふ考へは、目下のところ日本國民の總意であるかの如くであり、さればこそ參議院選擧を控へて與黨も野黨も、形振り構はず、その國民の總意なるものに迎合せんと、魚と領土を切離せたかどうかを問題にしてゐる譯だが、第八條が玉蟲色である以上、ソ聯がどの様に解釋してゐるかがしかと摑めぬ限り、政府の解釋が正しいか否か、その決着もつけ様がないからである。

それに何より、これまで日ソ漁業交渉について様々な意見が出されてゐるが、私の知る限り、相手が絶對に返すはずの無いものを聲高にヒステリカルに要求する事の滑稽と空しさとを意識し、それを指摘する意見は殆ど無かつた様に思ふ。魚のために領土を失つてはいけないと、共産黨から自民黨までのすべての政黨が考へてゐるらしいが、まことにもつて馬鹿げた話であつて、素人の總意に他ならぬ國民の總意に迎合するのはいい加減にして貰ひたい。小國日本が國論を統一して大國ソ聯の理不盡を詰《なじ》らうと、ソ聯は決して讓歩しないといふ事、及び日本が日本の領土であると主張してゐる島々をどうでも必要とするのなら、武力に訴へて奪還するしかないといふ事、これはいづれも頗る自明の事ではないか。そして武力を用ゐる事は、現在の日本にとつて到底不可能なのであるから、「北方領土」が日本のものとなる事は決して無いのである。將來日ソ平和條約が締結される事となつたとして、その際齒舞・色丹くらゐは戻つて來るかも知れないが、その場合も日本は相應の代償を支拂はされるに違ひ無い。

要するに、大國は小國に對して横暴に振舞ふものなのであつて、現在の平和憲法を守り抜くつもりならば、日本はさういふ弱小國の悲哀を存分に嚙み締めなければならない。それにも拘らず、魚のために領土を失つてはいけないだの、魚と領土を切離せだのと、何とも呑氣な議論に興じてゐる手合が多いのは、日米安保體制のもと寛大に過ぎるアメリカの過保護に馴れた日本人が、國際政治の嚴しさを充分に認識してゐないからである。日本は弱小國なのだ。經濟大國かも知れないが、金持だといふだけの理由で尊敬されるとは限らないのであり、非常時になつて資源の供給が途絶えれば、忽ちにして音を上げるしかないまこと脆弱な小國なのである。それを忘れ、身の程を知らずして大國の横暴を難じ、北方領土を返せなどと叫ぶのは、中嶋嶺雄氏が「言論人」六月五日號に書いてゐたとほり、「實際には僞善的であるか少なくとも非現實的であり、日ソ關係の安定ひいてはアジアの平和を望まない者の妄言であるか、ためにする戰略戰術であるかのどちらか」である。繰返して言ふ、日本人は今こそ弱小國の悲哀と屈辱を存分に味はふべきなのだ。

　今回の交渉において、魚と領土とを結びつけようとするソ聯のリンケージ戰術に、日本は乗せられたわけではあるまいが、領土問題は未解決のまま、魚の問題ではソ聯にほぼ一方的に押切られたわけであつて、大國ソ聯が勝ち小國日本が負けた事は明らかである。そこで、かういふソ聯の覇權主義に腹を立て、かくなるうへは中國に接近し、日中手を携へてソ聯に當らうなどと主張する馬鹿が出て來るのであつて、さういふ馬鹿を中嶋氏もたしなめてゐたが、日本に對するソ聯の横暴を批判し、日本の尻押しをしてくれたからとて、中國に俄に親しみを感ずるなどと、これまた幼稚な感傷に他ならない。さうではないか、目下いかにソ聯と犬猿の仲であるとは言へ、中國は共産主義國なのであつて、將來中ソが結ぶ可能性は殘つてゐるのである。それに、中國と日本との間には尖閣列島の領有權といふ問題があつて、この點に關して中國が、ソ聯の覇權主義を難じ日本に肩入れする中國が、果して日本に對して物解りのよい態度を示すであらうか。いや、尖閣列島だけではない、竹島の問題もある。竹島には現在韓國軍が駐留してをり、日本人が上陸する事は出來ず、日本はただ竹島は日本固有の領土だと、時折思ひ出したやうに主張してゐるに過ぎない。

　北方領土は武力を用ゐぬ限り戻らないと私は書いた。斷るまでもない事とは思ふが、ソ聯と戰爭をして北方領土を奪還すべしなどといふ事が私は言ひたいのではない。それは親韓派である私が、韓國と戰爭して竹島を奪還すべしなどと主張する筈が無いのと同様である。私はただ、戰爭をやれずまたやる氣も無い弱小國の腑甲斐無さを、この際日本人が徹底的に噛み締めるべきだと言つてゐるのである。日本は寝取られ亭主であつて、他人に女房を、いや女房の身體の一部を占有されてゐながら、それを奪還するだけの實力も氣力も無く、その癖女房は法的には自分のものだと、世間體も考へずに喚き散らしてゐる。その滑稽と空しさとを吾々は充分に意識しなければならない。

　で、さういふ滑稽と空しさを意識して、さてそこから何が生れるか。それは私にも解らない。私に解つてゐるのは、戰爭をやれぬといふ事は、平和が續くといふ事は、必ずしもよい事ではないといふ事である。と、かう書けば、世人は私を戰爭好きの右翼反動と極め附けるかも知れないが、さういふ思考停止の單純な平和主義者に痛棒をくらはせるためには、すなはち「戰爭無くして人間は人間たりうるか」との問ひに答へるためには、一册の書物を書きあげるだけの時間と紙數を要しよう。私はいづれそれをやりたいと思つてゐる。

（昭和五十二年六月十五日）

拝啓ブレジネフ閣下

先般、日ソ漁業交渉に際して、ソ聯が日本の領海における操業を要求し、園田特使に對してビザの發給を遲らせ、インツーリスト・ホテルに泊め、「二日間待惚けを食はせた」時、およそ國際慣行を無視したソ聯の横暴理不盡に日本國民のすべてが憤激したかの樣に日本の新聞は書いたのであります。

一體に日本のジャーナリストや政治家は自分たちの考へを國民全體の意見であるかの如くに表現する惡癖があり、常々私は苦々しく思つてをります。いや、ソ聯の新聞ほど徹底してゐるのなら、それはそれで天晴れであり小氣味よいのですが、それはともかく六〇年安保や大學紛爭やロッキード事件で彼等が大騷ぎをやらかした時も、私が彼等の言ふ「國民」であつた事は一度もなく、常に私は「非國民」だつたのであります。今回もさうなので、私は領土問題を含めてソ聯の言分のすべてを至極當然の事と考へてをりますから、漁業交渉に際してソ聯がその理不盡なる要求を貫徹する様にと心中ひそかに祈つてゐるのであります。

漁業交渉開始前にも、日本近海においてソ聯の大型船團が鰯を亂獲し、罐詰の空罐などを海中に投棄し、日本漁民の定置網を引き破るなど横暴に振舞つてゐるとして、日本側は大いに憤激した様ですが、これも實は筋の通らぬ事で、日本には鰯を大量に捕る大型の漁船が無いのですし、またソ聯船のマナーの惡い事を一方的に非難出來る程、日本人の公衆道德は立派ではない。それに何より、力ある者は横暴に振舞つてもよいのであつて、どうも昨今の日本人はさういふ事が理解出來なくなつてをり、ソ聯の様な超大國に對して當然抱くべき畏敬の念をさつぱり抱いてゐない様に思はれます。

例へば吾國は、先般の交渉において、ソ聯側が讓歩せぬ限りチュメニ油田の開發協力は難しいとして、經濟協力といふ「切札」をちらつかせましたが、これなども小生、金盡くで軍事大國を屈服せしめんとする身の程を辨へぬ鐵面皮、思上りも甚だしいと思ひます。コスイギン首相はチュメニ油田は自力で開發出來ると言切つたさうですが、それが可能であるかどうかは問はず、ソ聯においては經濟的な困難に際して國民の不滿を抑制する機構が頗る見事に機能してゐるのであり、それはまことに羨ましいお國柄だと私は思つてをります。さういふ國の横面を札束で張つて效果があると考へるなどとは、これぞまさしく成上りの思上りに他なりますまい。

昨年のサンフアン先進國首腦會議の申合せにより、七・七五パーセント以下の利率での對ソ貸附けは一切なされぬ事となりましたが、さういふ經濟的な痛手によつてはソ聯國民は決して音をあげないでせう。音をあげるのは贅澤に慣れた自由社會のはうなのです。殊に日本は、閣下も御存じの如く、世界に類のない腑抜け國家であつて、これまた類例無き腑抜け憲法を持ち、專ら「平和を愛する諸國民の公正と信義に信頼して」自國の安全を保持しうると思込んでをります。ですから、今後領海内に「平和を愛さない」外國の漁船や軍艦が侵入したとしても、わが海上自衞隊がそれを拿捕したり擊沈したりする事は無い。さういふ事は法的に許されてゐないし、許されてゐるとしても決してやれはしないのであります。

閣下、日本にさういふ腰抜け憲法を押附けたのは、申すまでもなく世界に冠たる理想主義國アメリカですが、そのアメリカの庇護が未來永劫に續くといふ前提のもとに日本は金儲けに專念して來た譯であります。が、日本を腰拔けに仕立てあげた責任はアメリカにだけあるのではない。ソ聯にも中國にも責任がある、いや、およそ核兵器を所有する國々にはすべて責任があると私は考へます。詰り、私は核兵器こそ諸惡の根源だと信じてゐるのですが、それは核兵器による人類の滅亡を恐れるからではなく、核兵器の戰爭抑止力なるものが全世界に僞善をはびこらせてゐる現狀を——いやいや、全世界などどうでもよろしい、私はわが國が戰爭をやれず、またやる氣もないまま、僞善と感傷の微溫湯にどつぷり漬つて平和と繁榮を謳歌してゐる有樣を腹立たしく情無く思ふので、それゆゑアメリカのみならずソ聯にも八つ當りをしたくなる譯であります。

實際、戰爭がやれなくなつたといふ事は果して人類にとつての幸せでありませうか。ソ聯の樣な逞しい國家さへそのためにますらを振りをますます喪失してゆくのではないかと思はれます。

閣下、昨年も私はベレンコ中尉亡命事件に際してソ聯の採つた態度に頗る失望したのであります。あの時私は、さういふ事態には萬々なるまいと思ひつつも、函館空港のミグ二十五をソ聯が爆擊するのではないか、是非ともさうなつて欲しいと願つたのですが、これは空しい期待に終りました。それゆゑ、今後漁業交渉においてソ聯が理不盡な要求を引込める樣な事があれば、私の貴國に對する畏敬の念は大いに搖らぐでありませう。閣下はツキュディデスの「戰史」をお讀みになつた事があるでせうか。殊に卷五、いはゆる「メロス島對談」の部分を。弱者メロスに對し弱肉强食の理を說く强者アテナイの論法は、人間が人間たる限り今日もなほ立派に通用するものだといふ事實を、政治家たる者は片時も忘れてはならない筈です。いや、衞星國及びソ聯國民を見事に掌握してをられる閣下に對してはこれぞ正しく釋迦に說法、それにソ聯が萬一讓步するとしても、それは日本を重視してゐるからではない、庇護者たるアメリカの軍事力を無視出來ないだけの事でせう。が、ソ聯の腰碎けは强者の理不盡に耐へる逞しさを持合はせぬ弱者日本をますます增長させるだけであります。それゆゑ閣下、今後とも日本に對しては勉めて橫暴に振舞はれます樣、切にお願ひ申上げる次第であります。

（昭和五十二年七月）

ソルジェニーツィンと金炯旭

十五年前、ニューヨークで日本人の大工に會つた事がある。當時私はダグラス・オーバトン氏の家に寄寓してゐたのだが、オーバトン氏は客間の一部を日本風に改造せんと思ひ立ち、日本人の大工を呼附けたのである。大工がやつて來た時、オーバトン氏は留守だつたので、一緒に寄宿してゐた劇團四季の水島弘氏と私とが大工に會ひ、茶菓の持成しをした。その大工は實は彫刻家であつて、彼は日本の美術界の封建的頽廢に愛想が盡き、祖國を捨てアメリカへ渡つて來たとの事であつた。口角泡を飛ばして日本及び日本の美術界を罵る男を眺めてゐると、あはれでもあり滑稽でもあり、同時に頗る不愉快でもあつた。日本の美術界がどのくらゐ穢いか、私は知らない。文學界や新劇界については多少知つてゐるが、いづれも學者の世界と同程度に穢いやうであつて、昨今、文學賞の類は專ら年功序列を考慮して順番に授けられ、作家は批評家に附け屆けを怠らないさうである。だが、あのニューヨークの大工には彫刻家としての才能は無かつたのであつて、日本の美術界がいかに穢からうと、彼の才能については適切な評價を下してゐたのだらうと思ふ。さもなければ、ニューヨークで大工なんぞをしてゐる筈が無い。當時アメリカでは、日本人の藝術家は厚遇されてゐたのであり、それは日本の大學が外人講師を甘やかしてゐるのと一般である。日本の大學が雇つてゐる英米人の非常勤講師には教師の名に値しない手合も多く、取り得は英語が喋れるといふ事だけなのである。

吾々は自分の才能を他國で認めてもらはうとは思はない。かつて吾國が學者を厚遇しないため、優秀な人材が海外に移住し、「頭腦流出」が問題になつた事がある。が、今日では頭腦流出を憂へる聲は聞かれない。まつたうな學者ならよほどの事が無い限り祖國を捨てはしない。例外は無論あらうが、祖國で認められず他國で通用するやうな學者は結局は二流なのであつて、吾國に滯在する有象無象の外人講師も、所詮本國では一流の學者として通用しない手合なのである。

チェコスロバキアの反體制の劇作家パヴェル・コホウトは、チェコ政府による國外退去の勸告を拒絕した理由を問はれて、自國語を喋る觀客を失ふのは劇作家としての自殺行爲だからだと答へた。そのコホウトも結局祖國を離れざるをえなかつたのだから、私は例へばソルジェニーツィンやアマルリクを非難する積りは無い。が、祖國を捨てた作家達は例外無く創作活動の停滯を體驗してゐるといふ。人間は家庭や祖國を捨ててはならない。それがどれほど理不盡であつても、である。そして餘儀無く祖國を捨てる事があつても、祖國への愛を捨ててはならぬ。誤解されるのは覺悟で附け加へるが、祖國の體制を批判するソルジェニーツィンに對して、金炯旭（米國に亡命した元KCIA部長）に對すると同質の不快の念を私は時々抱くのである。

（昭和五十二年十月十七日）

許せない人間侮蔑

以前、「あんたかて阿呆やろ、うちかて阿呆や」といふせりふで人氣を博したテレビ役者がゐた。他人にかう呼びかける人間も、「さうや、うちかて阿呆や」と答へる人間も、ともに私は信じない。それは生きてゐる値打ちの無い人間だと思ふ。自分が阿呆だからとて他人もすべて阿呆だと決め込むのは、可能性としての人間のすばらしさを認めない事である。テレビ役者の道化に目くじら立てるのは大人氣無いが、赤軍ハイジャック事件を扱つたサンデー毎日十月二十三日號の、内容文體ともに下等な記事にも、「あんたかて阿呆やろ、うちかて阿呆や」と同質の人間侮蔑が潛んでゐるのであり、これを私は斷じて容認できない。

今回のハイジャックについてマスコミは様々な意見を述べてゐるが、私はサンデー毎日のそれに對して最も激しい怒りを覺える。毎日は「自分は決して人質にはなるまいといふ豫感からか（中略）人質もろとも犯人抹殺論を（中略）平然とブッ無責任人士（中略）には、今度ハイジャックが起きたら、まつ先に人質身代はり要員に名乗り出ても ら（中略）ひたいところだが、ふだん勇ましいことを言つてゐる人がいざとなると、逃げてしまふのは、これまでにも、まま、あつた皮肉である」と書いてゐるのである。

　福岡市の結核療養所で、ハイジャックにおける人命尊重を主張するハト派が强硬策をよしとするタカ派を刺し殺したけれども、恐らく全國津々浦々でその種の激しい論争が行はれた事であらう。が、「お前が人質になつても强硬策をよしと考へるか」と反問されれば、タカ派は返答に窮したのではないか。私はもとよりタカ派である。が、私は返答に窮しない。私がもし人質となつたとする。そして赤軍に武器を突きつけられ、素裸になつて鰌掬《どぢやうすく》ひを踊れば助けてやると言はれたとする。そして私が、誇りを捨て素裸になつて鰌掬ひを踊り、無事歸國したとする。それでも私は、サンデー毎日の記者のやうな意見は決して口にしない。自分が臆病者である事を認める事と、「勇ましいことを言つてゐる」他人もやはり臆病であらうと勘繰る事とは雲泥の差だからである。

　例へば週刊新潮十月十三日號で勝田吉太郎氏は、「命あつてのモノダネ主義。命のためなら、人間的品位も國の威信も名譽も法體系遵守の氣風も、みんな消し飛んでしまふといふ風土」を痛烈に批判してゐるが、さういふ勝田氏が人質になつたら、私と同様素裸で鰌掬ひを踊るだらうなどとは、私は絶對に思ふまい。それは人間の美しさを否定する事だからであり、さうなれば生きてゆく事も無意味になるからである。そして私が、自分は所詮僞物であつたと自覺してその屈辱を忘れずに生きるとすれば、それは私がこの世のどこかに本物の人間がゐる事を信じてゐるためである。T・S・エリオットの言ふとほり、さういふ人生もまた生きるに値する人生なのである。

（昭和五十二年十月二十五日）

放言と事なかれ主義

石原環境廳長官の新聞記者批判に腹を立て、環境廳記者クラブは十月七日、長官に對する「會見拒否」を宣告した。親睦團體である記者クラブが一致團結してそのやうな行動をおこすのは奇怪だが、それはともかく、大臣が時々「放言」するのはよい事だと私は考へてゐる。それは教師が時々生徒を毆るのと同樣よい事なのである。なぜなら放言する事も毆る事も頗る人間的な行爲だからであり、メナンドロスの言ふとほり、人間が人間である事はよい事だからだ。

實際、昨今の大臣は決して怒らない。國會でのやりとりを聽いてゐると、よほどの腑拔けでなければ大臣は勤まらぬといふ事がよく解るのである。例へば毎年、米價が決定される頃になると、農林大臣が野天で農民と會見するけれども、農民の敬語拔きの野次に對しても、大臣は敬語丁寧語で答へるのである。それが政治家の度量といふものなのだと彼等は考へてゐるのかも知れないが、私に言はせれば、それは彼等が睾拔《きんぬ》きである事の證據なのだ。一人前の男なら、地位を失ひたくないからとてあれほど卑屈になる事を嫌ふはずだからである。新聞記者の思上りに反撥した石原長官の發言を、醫師會の思上りに反撥した渡邊厚相の發言を、それゆゑ私は支持する。二人とも地位を賭けて本當の事を言ふ人物だと考へるからである。

だが、私はここまで書いて來て少々不安になつた。福田首相は石原・渡邊兩氏の「直情徑行」を苦々しく思つてをり、内閣改造の際には兩氏を更迭する氣でゐるのではないか。首相は十月三十日、陸上自衞隊の觀閲式で恆例の訓示をしたが、草稿の「ソ聯の軍事力增强」に言及した部分を省略して朗讀したさうである。もとより首相の眞の意圖が何であつたかは解らない。ソ聯の軍事力が年々增强されてゐるといふ事實さへ指摘する事を憚り、「ソ聯にそれだけ氣を遣ふといふことは、本氣で日中に取り組むつもり」なのかも知れず、それは詰り福田氏の「政治的配慮」といふ事なのだらうが、そしてさういふ政治的配慮は政治家にとつて必要不可缺なものだが、それにしても日本の政治家は事なかれ主義をもつて策の上なるものと看做し過ぎると思ふ。醫師の税金に關しても、食管法の赤字に關しても、理を説いて醫師會や農民を窘めるといふ事をしない。防衛問題に關してもさうである。GNPの一パーセント以下でよいと福田首相は本當に考へてゐるのだらうか。恐らく否である。また、憲法改正は自民黨の黨是のはずである。が、歴代の首相は任期中の憲法改正は無いと繰返し言明した。それは確かに悧口なやり方だつたが、「憲法改正は黨是であり、自分も自民黨員である以上改正したい。が、現在の議席數では不可能である」と答辯する首相が一人くらゐゐてもよかつたのではないか。とまれ、私は政治家諸公に註文しておきたい。事なかれ主義も時に有效である。が、諄々と理を説いて國民やマスコミの嫌がる事も言ひ、それを實行に移す、それだけの强さを政治家は持つて貰ひたい。

（昭和五十二年十一月十四日）

平和惚けの日本人

今回は遲れ馳せながらハイジャックについて書く事にする。日航機及びルフトハンザ機の乘取り事件を解決するに際して日獨兩政府の採つた態度は對照的であり、輿論は概ね日本政府の弱腰を批判してゐた樣に思ふ。けれども西獨政府の嚴しい態度に「ナチズム復活の危險」を感じ、それに怯えた向きも少なからずあつたのである。當時私は「西獨は嚴しい顏で日本を見てゐる、あれは戰爭をやる者の顏である」と書いたが、ソ聯もアメリカも西獨を支持したのだから、「戰爭をやる者の顏」をしてゐるのは西獨に限らない、全世界が平和惚けの日本を嚴しい顏で見てゐるのである。

平和惚けの日本人は、けれども、西獨の嚴しい顏を「戰爭をやる者の顏」だとは思つてゐない。イスラエルのエンテベ空港奇襲作戰にせよ今回の西獨の强硬策にせよ、西歐の遣り方は殘忍であり、「和をもつて尊しとなす」わが國民性とは相容れない、さう考へて安心してゐる。けれども、日本方式と西獨方式とは著しい對照をなしてゐるが、日本には日本獨特の遣り方があつてよいとする考へ方は大變危いと思ふ。近き將來か遠き將來か、それは神ならぬ身の知るよしも無いが、日本もいづれは必ず戰爭に卷き込まれる筈であり、さうなれば、和を尊ぶ日本の國民性なんぞは通用しなくなる。日本はハイジャッカーに十六億圓を支拂つた。西獨は一文も支拂はなかつた。十六億圓と一圓とは程度の差だが、十六億とゼロとは質の差なのである。要するに西獨は人命を金に換算する事を拒否したのである。それゆゑ私は、西獨は「戰爭をやる者の顏」をしてゐると言つてゐる。戰爭とは個人の生命以上の何かのために血を流す覺悟でやるものだからである。しかるに、戰後三十餘年經つて、吾々はその種の覺悟をすつかり失つてしまひ、日本のふやけた顏と西獨の嚴しい顏とを、國民性の相違によるものと考へて安心してゐる。

ところで、先日私は森常治氏の「日本人＝〈殼なし卵〉の自我像」を讀み、驚き、かつ呆れた。昨今流行の日本論の大半は胡散臭いと聞いてはゐたが、この森氏の著作ほど樂天的な日本人論は私も讀んだ事が無い。森氏は「右翼の人々が日本人の國際化を激しく拒否し、他方では、これまでの進歩的知識人がとかくするとわれわれの文化的傳統を輕視する（中略）のは、その兩者ともども、われわれ日本人の心情はあるがままの姿ではどうあつても國際的ではありえない、といふたいへんな誤認のうへにたつて」ゐる、だが、「あと二百年もすれば西歐の人々もかなり日本的になるから、焦るな、焦るな、といふくらゐの氣持で、のんびり構へるべきでせう」と書いてゐるのである。二百年も先の事なら私は斷言して憚らない。日本はそれまでに必ず戰爭をする。そして日本が勝ち拔く爲には、日本が西歐精神にとことん附合はねばならぬ。森氏の日本人論は、要するに平和惚けの日本人論なのである。

（昭和五十二年十一月二十八日）

西ドイツの嚴しい顔

最近子供の自殺が殖えてゐるさうである。そしてそれは大人たちの理解出來ぬ動機にもとづいてゐるといふ。理解出來ないのなら理解出來ないと突撥ねてしまへばよいのだが、そこは溫情主義の國日本の事、大人たちは深刻な顔をして考へ込んでしまふ。が、いくら考へ込んでも解らぬものは所詮解らぬ。燒身自殺した十五歳の少女は「なぜこんな事をするのか、私にもよくわかりません。何の不滿もないし、一番幸せだといふのに」といふ遺書を遺してゐるのであつて、何の不滿も無いのに自殺する子供の心理を、大人は到底理解出來ないであらう。そして、理解出來ないのは大人のはうに責任がある、といふふうに世間は考へてしまふのである。例へば警視廳少年相談室の或る係官は「大人は死んだ子に申し譯なかつた、とだれもいはない」と言つたらしい。

私はかういふ大人の子供に對する溫情と反省癖こそ、甘つたれた子供の自殺を誘發するものだと信じてゐる。子供の自殺が頻發する、大人は自分たちの無理解を反省する、さういふ事では子供の自殺は殖えこそすれ決して減りはしない。子供の甘つたれを冷たく突撥ねるだけの强さだけが、子供を逞しく育てるのである。チェスタトンは、自殺は他殺よりも非難さるべきだと言つた。その通りであつて、他殺は通常數人の命を奪ふにすぎないが、自殺者は全世界の人間の生を否定するのである。このチェスタトンの「冷たい論理」を吾々は認めざるをえまい。そして、さういふ嚴しい考へ方をする人物が、決して血も涙も無い化物ではないといふ事を吾々は知らねばならぬ。それはチェスタトンの愛讀者なら誰でも知つてゐようが、殘念な事に、日本人は嚴しい人間の持つ優しさといふものを理解出來ない。例へば先般の日本赤軍ハイジャック事件についても、强硬策を主張する人々はすべて冷血漢のやうに見做されてしまつた。さういふ精神風土にあつて、人々は競つて善玉にならうとする。子供の自殺が頻發すれば憂へ顔をしてみせ、シュライヤー氏殺さるの報に接すれば、「胸も張り裂けるばかり」だつたと眞赤な噓をつき、シュミット首相の冷酷を難じ、ナチズムの再興を案じてみせる、といつた鹽悔である。度し難き僞善である。

さうして善玉を裝ひたがる人々に私は言ひたい、あなたの心中を覗いてみるがよい、シュライヤー氏の死なんぞ所詮は他人事ではないか。トルストイといふ天才は「人類愛といふ病」に取り憑かれてゐた。が、彼は絶えず己れの心中の闇を覗き、覗くたびに懊惱したのであつて、さうでなければ彼の作品が今日吾々を動かす筈は無い。一方、當時のロシアにはもう一人の天才がゐて、トルストイの「人類愛といふ病」を嚴しい顔をして眺めてゐた。ドストエフスキーである。そのドストエフスキーは「カラマーゾフの兄弟」を書き、作中人物イワンにかう喋らせてゐる。「どうして自分の身近かな者を愛することができるのか、僕にはどうしてもそれが理解できないのだよ。身近かな者だからこそ、僕の考へでは、愛することができないので、愛することのできるのは遠い者に限ると思ふんだ」（小沼文彥譯）。シュライヤー氏は私にとつて「遠い者」である、從つて「胸も張り裂ける」やうな悲しみなんぞを私は感じない。人間を善玉と惡玉とに分類し、善玉を稱へ、自らも善玉に屬すると考へてゐるやうな手合からすれば、イワンもスメルジャコフも惡玉であらう。イワンとスメルジャコフの決定的な違ひについてここで詳述する譯にはゆかないが、イワンは己れの心中を覗き、そこに冷酷を認め、惡魔を認め、それと戰つてゐる。「人間の多くの者には特別な素質がそなはつてゐるものなんだ――それは子供を虐待する喜びだ、しかも相手は子供に限るんだ。（中略）子供の無防備狀態が、加害者にとつては誘惑的なのさ」とイワンは言ふ。これは惡魔のせりふか。しかり。だが、斷じて小惡黨のせりふではない。イワンは弟のアリョーシャにかうも言つてゐるからである。「お前はびつくりするかもしれないがね、アリョーシャ、僕もやつぱりおそろしく子供が好きでならないのさ。それにこれは注意しておく必要があるが、殘酷な人間、情欲的で、肉欲のさかんな、カラマーゾフ的人間というやつは、どうかするとひどく子供が好きなものなんだよ」。

殘酷な人間が同時に子供好きでもありうるとする、さういふイワンの考へ方くらゐ、この僞善と感傷の國日本では理解されぬものは無いであらう。イワンの言ふ通り「あらゆる人間の心の中には野獸がひそんで」ゐる。が、人間の心の中には天使も潛んでゐるのである。野獸の心を持つ人間と天使の心を持つ人間がゐるのではない。同じ人間の心の中に野獸と天使が同居してゐるのだ。私はいづれ日本は戰爭をやると信じてゐる。自ら事を起さないにしても必ず戰爭に卷き込まれると信じてゐる。人間の心に野獸が、「怒りに燃えやすい野獸、毒牙にかかつた犧牲の叫び聲に肉欲的な興奮を感じる野獸」が潛んでゐる以上、戰爭は不可避だからである。

それがいかに不可避であるか、それをここで詳しく論じる譯にはゆかないが、同時に私は、人間が人間である事はすばらしいと、心中の惡魔と戰ふ人間はすばらしいと思つてゐる。多少とも「人間愛といふ病」に罹つてゐない人間は人間でないと信じてゐるからだ。

いささか取留めの無い文章を書いてしまつたが、私の一番言ひたかつた事は、現在の日本に缺けてゐるのが嚴しさだといふ事である。親は子供に、教師は學生に、政治家は國民に、もつと嚴しい態度で接しなければならない。人間が人間である以上、常に他人に甘い顏で接する譯にはゆかない。ハイジャッカーに屈服した日本を、西ドイツは嚴しい顏で見詰めてゐるではないか。西ドイツのあの嚴しい顏は戰爭をやる者の顏である。いや、西ドイツに限らぬ、日本を除く世界中の國々が嚴しい顏をしてゐる。どうして日本が、日本だけが、未來永劫に平和を享受出來るであらうか。

（昭和五十二年十二月一日）

日本株式會社の倒産

「萬國の勞働者よ、團結せよ」などといふスローガンは、昨今あまり用ゐられなくなつた樣だが、萬國の勞働者には二種類あると私は考へてゐる。すなはち、雇主の倒産を考へる勞働者と考へない勞働者である。不況の今日、中小企業に働く人々にとつて一番心配な事は會社の倒産であるに違ひ無い。が、その種の心配と全く緣の無い經營者や勞働者もあつて、例へば親方日の丸の官吏がさうであり、大新聞の經營者や勞働者がさうである。國鐵の職員も大新聞の記者も、雇主の倒産といふ事態はまるで考へてゐまい。國民が國鐵を潰す筈は無い、大新聞を潰す筈は無い、さう考へて安心してゐるであらう。

私は經濟の專門家ではないから、現在の不況に對する處方箋を書く譯にはゆかない。が、日本株式會社は中小企業だと私は思ふ。しかも、中小企業でありながら、親方日の丸の官吏と同樣、會社の倒産といふ事態を全然考へてゐない。中小企業の場合、大企業の下請けの仕事をやつてゐる場合、大企業の善意にだけ縋つてやつてゆく譯には到底ゆくまい。大企業が仕事を廻してくれるやう、他の下請け會社との競爭に負けぬだけの技術を持たねばならないし、時には樣々の策略も巡らし手を汚す事もやらねばならぬ。

ところで、日本株式會社はこれまで、諸外國の善意にだけ縋つてやつて來たのである。現在の圓高ドル安は日本にだけ責任があるのではなく、急增しつつあるアメリカの石油輸入のせゐでもあり、それゆゑアメリカもドル防衞の爲に努力すべきだといふ說があつて、それはその通りだと私も思ふけれども、さういふ事をアメリカに言つてみても問題は一向に解決しないと私は思ふ。この際大切なのは、アメリカやEC諸國の善意に縋つて肥え太つて來た日本に對して、それらの國々が苛立つてゐるのだといふ事實を認める事ではないだらうか。例へばアメリカは日本の經常收支の黑字を一擧に減らせなどといふ無理な註文をしてゐるが、さういふ無理難題をふつかけるアメリカには、これまで散々甘やかして來た日本に對する感情的な苛立ちがあるのではないか。言ふまでもなく、日本の今日の繁榮は平和憲法と日米安保條約のお蔭である。日本の防衞費は、昭和三十年を例外として、今日までGNPの〇・九パーセントを超えた事は無い。さういふ事への苛立ちがアメリカに果して無いと言切れるか。勿論、平和憲法を押附けたのはアメリカであり、片務的な安保條約で滿足したのもアメリカである。それゆゑ、アメリカは苛立ちを公言出來ない。が、公言出來ぬからこそ、苛立ちはますます募るのである。平和憲法を楯にして日本は、「諸國民の公正と信義に信頼して」稼ぎまくつた。が、今や吾々は諸外國の善意にだけ縋る事の危ふさを思ひ知らねばならぬ。日本株式會社の倒産といふ事も、決してありえぬ事ではないのである。

（昭和五十二年十二月十二日）

自由世界に迎合すべし

近頃、大新聞は「日中友好への熱意」に燃えてゐるやうである。熱意に燃えて政府の尻を叩き、「輿論」なるものを喚起しようと思つてゐる。そして、その大新聞の熱意を誰が「高く評價」してゐるか。中共の機關紙「人民日報」である。大新聞にしてみれば、それがまた嬉しくてたまらぬのであらう。奇怪な事である。日本の大新聞がアメリカ政府や韓國政府から、日米友好或いは日韓友好の熱意を「高く評價」された事は無い。それどころか、大新聞はアメリカや韓國に對して頗る敵對的である。日米友好或いは日韓友好と、日中友好と一體どちらが日本國にとつて重要か。「月曜評論」の讀者に向つてそれをくだくだしく說く必要は無いであらう。日本株式會社は自由主義陣營に屬してゐる。自由主義陣營の善意に縋つて生きてゐる。周知の如く、石油と食料の九十パーセント以上を海外から輸入してゐる。私は不思議でならない、なぜ日本の大新聞はアメリカに迎合しないのか。なぜ自由主義陣營との連帶を大切に思はないのか。「人の生くるはパンのみに由るにあらず、神の口より出づる凡ての言《ことば》に由る」とマタイ傳にある。「神の口より出づる凡ての言」とは絶對的眞理の謂である。さういふ絶對的眞理を希求する態度は日本人にとつて殆ど無縁のものだから、すなはち、日本人にとつて大切なのは自由よりもパンだから、日本の自由世界に對するコミットメントが、イデオロギー的なものでない事は怪しむに足りぬ。が、自由世界にコミットしつづけねば日本はパンさへ食へぬやうになる筈ではないか。早い話が、中國の産出する石油だけで日本はやつてゆけまい。中國が日本に食料を輸出してくれはしまい。それなら、パンの事だけ考へても、日本は自由世界に迎合せざるをえない筈である。しかるに日本の大新聞は共産主義國に迎合する。とどのつまりアメリカは日本を捨てる筈は無いと考へて、安心し切つてゐる。寛大で辛抱強い女房を安心して誇つてゐる髪結の亭主の心理である。この腑甲斐無き亭主は、女房に食はせて貰つてゐる事を忘れ、鄰家の女房を戀してゐる。鄰家の女房もまんざら惡い氣持はしないから、垣根越しに秋波を送る。が、心の底では輕蔑しきつてゐる。獨立自尊の念を缺いた男だと、とうの昔から見拔いてゐるからである。

もはや紙數が無いが、一言つけ加へておきたい。去る十一日、東京新聞は「覇權條項で中國側が柔軟姿勢」を示すかのやうな記事を載せてゐた。今日只今のところ中國は日本の主張を認めてはゐない。或いは中國は妥協するかも知れぬ。かつて日米安保條約や自衞隊の存在を肯定したやうに。が、それはあくまで戰術である。策略である。いや、中國に限らない、すべての國家が策略を用ゐるのである。性善説は國際政治には通用しないものなのだ。

（昭和五十二年十二月二十六日・昭和五十三年一月二日）

「ちよつとキザ」な文章

自衞隊の栗栖弘臣統幕議長が、防衞專門誌「ウイング」一月號に「專守防衞と抑止力は竝存しない」と書き、社會黨の石橋政嗣氏が、衆院豫算委で栗栖氏の意見を激しく批判した。すると、一月二十八日のサンケイ新聞紙上で牛場昭彦記者が「國會といふところは極めて當たり前の事が時に問題になるまか不思議なところだ」と書き、「消極防衞こそは虛構であつて、栗栖氏の「正論」を見直すべきだと主張したのである。牛場記者の意見に私は全面的に贊成だが、ここで防衞問題を論ずる譯にはゆかないから、なぜ贊成かについては書かない。とまれ牛場記者の文章は男性的なよい文章である。が、さういふ文章は女性的な今日の日本では俗受けしない。俗受けを狙ふなら、例へば磯村尚德氏が書くやうな文章でなければならぬ。とまれ、牛場記者には防衞問題に關する豐かな知識があり、また自己の信念を貫くだけの覺悟がある。それは氏の文章が明確に示してゐる。「文は人」だからだ。

一方、週刊讀賣が連載してゐる「磯村尚德のサロン」の文章には、この種の覺悟が全く缺けてゐる。磯村氏は「NC・9を放送してゐた當時〝ミスター・ゴメンナサイ〟といふニックネームをちやうだいした」さうだが、最近再び自分の書いた文章について「ごめんなさい」といふ文章を書き、それが「讀者のご好評をいただいてゐるとのことでした。うれしいことです」と書いてゐる。何よりも磯村氏は俗受けを狙ふ「です」體のいやらしさを意識してゐない。氏の文章は甘くて、「ちよつとキザ」で、卑屈な文章である。そして甘い文章は甘い思考にふさはしい。福田恆存氏は劇團昴の機關誌最新號で、「です・ます」體の文章をよしとする外山滋比古氏の輕薄を痛烈に批判してゐる。讀者及び磯村氏に一讀をすすめる。

ところで、進步的だとされてゐる朝日新聞にも牛場記者の如き人物はゐるはずだと私は考へてゐる。なるほど、サンケイがすつぱ拔いた家永三郎氏の變節問題では、朝日新聞は奇怪な態度を採つたし、週刊新潮二月十六日號が批判してゐるやうに、「動勞千葉の甘つたれぶりも鼻もちならぬ」と書いた朝日が、過激派の抗議に屈服したのはまことに嘆かはしいが、週刊朝日二月二十四日號の頗る啓發的な座談會「米海軍長官證言で問はれる『非核三原則』の虚構性」、及びアメリカ總局の村上吉男記者による「日本だけが米核戰略の例外ではない」といふ文章を讀めば、朝日にも國際情勢について現實的な認識をする人々がゐるといふ事實を疑ふ事は出來なくなる。朝日には所謂タカ派もゐるに違ひ無い。そして、村上記者の文章もよい文章である。嚴しい認識を缺く者が甘い文章を書く。磯村氏の文章のやうな、讀者に媚びる女性的な文章で、どうして天下國家が論じられようか。氏はキッシンジャーに會ふ事は出來たが、キッシンジャーと國際問題を論じた譯ではない。

(昭和五十三年二月十八日)

相互理解の迷夢

尖閣諸島周邊における中國漁船群の領海侵犯事件が發生して以來、新聞や週刊誌は中國の動機をあれこれ穿鑿してゐるが、週刊ポストの表現を借りれば、目下のところ「〝中國内の内紛説〟から〝臺灣ロビーの陰謀説〟まで諸説紛々」であつて、その紛々ぶりを日本國民は大いに樂しんでゐると思ふ。

サンデー毎日で松岡英夫氏は、この問題が「突然の海底地震のやうに日本中をゆさぶつた」として、例の如く淺薄な文章を書いてゐるが、そんな事はない。領海を侵犯されたくらゐでこの鈍感な日本國が地震のやうに搖れるはずはない。週刊新潮の言ふ通り「實に日本はのんびりした平和な」よい國なのだ。これは皮肉ではないと新潮は言つてゐるが、それは嘘なので、わざわざ皮肉ではないと斷る事によつて、その實皮肉つてゐる譯である。

さういふ譯で、出版社系の週刊誌は大いに讀者を樂しませたが、一向に樂しませせないのがサンケイを除く大新聞の週刊誌である。週刊現代が批判してゐるやうに、大新聞は「社會面では、〝女郎屋の火事〟式に騷ぎたて」ながら、「社說では（中略）意味のない解說と說教ばかり」を竝べ立てた。が、例へば週刊讀賣は、騷ぎもせず說教もせずといふ全くの默りん坊なのである。

讀賣の編輯長は「圓高も、成田も、尖閣諸島の侵犯事件も、すべてが別世界の繪空事のやうな氣が」すると言つてゐるが、これが本音なら、すなはち親中國の讀賣の社員として尖閣問題に騷げぬ辛さの表現でないのなら、ジャーナリストとして言語道斷の態度である。野次馬精神すら持ち合はせずにどうして編輯長が務まるのか、私にはとても理解できない。

ところで、諸說紛々は自由社會においてのみ樂しみうる現象である。が、これまでのところ誰一人主張してゐない說があつて、それは尖閣諸島を拋棄すべしといふ說である。新潮はそれを言ひたげだが、さすがの天邪鬼も明言してゐない。朝日ジャーナルは、「海上自衞隊を出動させよ」といつた强硬論は「現實の論議としてこれほど虛ろなものはない」と言ひながら、一方「日本にとつて主權を守る道は結局『武力』ではなく」近鄰諸國との相互理解だと主張してをり、これは全く馬鹿げた見解である。

强硬論の虛ろを言ふなら、なぜ尖閣の拋棄を主張しないのか。この期に及んで非武裝中立も等距離外交も「現實ばなれしてゐる」と週刊ポストは言ふ。その通りであつて、「相互理解」も同樣である。相互理解が不可能な相手といふものはある。早い話が朝日ジャーナルと私の間にいかなる相互理解が可能なのか。

冗談と綺麗事は休み休み言つて貰ひたい。强硬論を批判するのなら「日本の主權を捨てて屈從する」しかないと主張して貰ひたい。それなら私も贊成する。日本は弱小國なのだ。最後はアメリカに助けて貰へると信じ切つてゐる甘つたれの弱小國なのだ。そして弱小國に屈辱感は不要である。この際日本は尖閣諸島も竹島も北方領土も拋棄して、「のんびりした平和な」國でありつづけるに如くはない。

（昭和五十三年四月二十九日）

思考の徹底を望む

ソ聯領空に迷ひ込んだ大韓航空機が强制着陸させられた事件については、ソ聯の對應を非人道的だとして非難する向きもあるやうである。が、それに私は納得出來ない。例へば週刊新潮五月四日號は「ソ聯機の發砲に、いかなる『正當性』の主張があらうとも、相手は無抵抗、丸腰の民間航空機である」と書いてゐる。勿論、新潮は「人命尊重のお題目」が今回の「事件であつさり粉砕された」と言つてゐるのであり、サンデー毎日五月十四日號の如く、「國家の威信より乘客の命」を大切にしようなどといふ戲言を言つてゐるのではない。が、ソ聯に對して抗議する事はできないとする外務省の見解は正當であり、それが正當である事を認めながらも、なほ外務省の「冷静」のまやかしを曝きたいと思ふなら、新潮はもつと物事を徹底して考へなければならない。今回の新潮の記事はその點、中途半端であつて、それゆゑ大韓航空機がコンピューターを積んでゐないといふ事實と、大株主小佐野賢治氏のけちとを結びつけるが如き、けちくさい根性が丸出しになるのである。ジャーナリストたる者は、物事を考へぬいて貰ひたい。國際法上正當な行爲とは何か。それは何ゆゑ正當なのか。國際法に限らず、すべて法とは相對的なものではないのか。それなら、正義とは力なのか。

もとよりさういふ問題を、かういふコラムで論ずる譯にはゆかない。それは例へばパスカルを苦しめた問題であつて、苦しんだ結果、人は幸せになる譯でもない。それゆゑパスカルも時々「これは大衆に言ふべき事ではない」と書いたのである。が、ジャーナリストは、世人が自明の理としてゐるものを徹底的に疑はねばならぬ。徹底的に疑へば「これは大衆に言ふべき事ではない」と考へるやうになる。それを言ふ事が政治的に賢明かどうかの判斷が必要となる。が、我國では、ジャーナリズムのみならず學者の世界でも、中途半端な思考を政治的賢明と誤認しがちなのである。

私はさういふ不徹底な物の考へ方を好まない。前回私は、尖閣も竹島も北方領土も抛棄すべしと書いた。憲法前文に則して論理的に考へれば當然さういふ事になるからである。

ソ聯も中國も韓國も、平和を愛し、「公正と信義」を重んずる國家なので、ソ聯が北方領土を返さないのも平和を愛する國の「公正」な行爲であつて、日本としてはソ聯の「信義に信頼して」ゐる以上、北方領土は抛棄するしかないといふ事になる。かういふ言ひ分は詭辯か、書生論か。週刊文春五月十一日號で野坂昭如氏は「自衞隊は人間の集團であり、これだけの歴史を持つてしまへば、違憲だとわめき立てても、無理なのだ」と言つてゐる。が、この卑屈な戲作者の文章は、合憲論としては頗る非論理的である。私は改憲論者だから、この種の野坂氏の輕佻浮薄を喜ぶ。が、一方、既成事實に搖がず、論理的に承服出來ぬものに對して「否」と言ひつづける精神を缺く昨今の風潮を、大變危いとも思ふ。

（昭和五十三年五月十三日）

時に惡魔たるべし

週刊現代六月二十九日號によれば、テレビドラマ「夫婦」の視聽率はつひに三〇％を超えたさうである。私も一度だけ「夫婦」を見た事がある。案の定くだらないと思つたテレビドラマは結局テレビドラマでしかないと思ひ、事がある。だが、何しろ大變な評判である。それを言へば嫌はれる。だから私は默つてゐた。が、先日、「夫婦」を見て笑ひ轉げたといふ惡魔的な友人の告白を聞き、少々安心した。

實は私も少々笑つたからである。淺薄なテレビドラマが受けるのは、人々の思考の不徹底のせゐだと私は思ふ。しからば思考の徹底とは何か。それを知りたい讀者に、今、紀伊國屋ホールで上演されてゐる「ヘッダ・ガーブラー」をすすめたい。ヘッダに扮する鳳八千代の名演技は、作者イプセンの思考がいかに惡魔的なものだつたかを教へてくれるであらう。

「夫婦」と「ヘッダ・ガーブラー」との間には殆ど無限大の隔たりがある。それは日本の進歩的文化人と非暴力主義者ガンジーとの隔たりのやうなものである。ユダヤ人を救ふ爲にヒットラーと戰ふべきか。平和主義者ガンジーは答へる。いや、戰ふべきではない、むしろドイツのユダヤ人が集團自殺すべきである。これも惡魔的な徹底であつて、私はガンジーを好かないが、敵ながらあつぱれだとは思ふ。が、日本の平和主義者はその點、頗る中途半端であつて、例へば週刊現代六月二十九日號が叩いてゐる大島渚、富塚三夫、高澤寅男の諸氏もさうである。成田開港絶對反對を唱へてゐたこれらの進歩派が、いづれ必ず口を拭つて成田を利用するに違ひ無いと、週刊現代は網を張つて待ち受けてゐたのであらう。そして果たせるかな、成田空港に現れ、網に掛つた雜魚の「ヘンないひ分」を現代は手際よく料理してみせたのである。週刊現代の記者の勞を多とする。

一方、週刊新潮七月六日號によれば、園田外相はかつて中尾榮一氏に「私が日中條約を推進しようと思ふのは、日本が戰爭で中國に行き、彼らに可哀さうなことをしたから」であり、「〃私は福田政權を大平政權にバトンタッチする際の潤滑油の役に立てればいいと思つてゐる〃その點からも日中を」やるのだと語つたさうである。政治家は惡魔と契約する、とマックス・ウェーバーは言つてゐる。惡魔との契約といふ事について全く無知な、途方も無い素人に、我々は外交を任せてゐる譯であらうか。

或いは園田氏は、永田町を舞臺にして政治的に賢明に振舞つてゐる積りかも知れぬ。が、「福田政權を大平政權にバトンタッチする」事の意味は何なのか。政治哲學を缺く政治的賢明など何の自慢にもなりはせぬ。それは惡魔とは無縁である。それは世渡りの術に過ぎず、大人なら誰でもそれを持合せてゐる。そして誰でもが持合せてゐるやうなものに、一體何ほどの力があらうか。いやいや、それとも新潮の記事がでたらめなのか。それなら、たかが週刊誌などと言ふなかれ、園田外相は斷乎新潮に反論すべきである。

（昭和五十三年七月八日）

栗栖支持は改憲支持

栗栖統幕議長の解任について週刊ポスト八月十一日號は、自衞隊は有事の際超法規的に行動せざるをえないとの栗栖發言に對する「防衛官僚・新聞の集中砲火は魔女狩り的發想」であり、「防衛論議にタブーを設ける」のは「愚擧」であると書いてゐる。まつたく同感である。

それゆゑここで「防衛問題に關するポストの成熟を喜ぶ」と書きたいのだが、さう書く事を私はやはりためらはざるをえない。ポストは七月二十八日・八月四日合併號に、「憲法を變へなくても（中略）自衞隊の行動を十分に保障する法的根據を得られる」とする意見と、それは「憲法の規定を事實上、無視」する事であり、「實に危險なこと」だとする意見を紹介してゐるが、ポスト自身はいづれを支持するのか、それがよく解らない。防衛問題は冗談事ではないから、私は眞顔でポストに尋ねたいが、栗栖發言を支持する事は憲法改正を支持する事だといふ認識を、或いは少なくとも危惧の念を、ポストは持つてゐるのか、ゐないのか。

栗栖氏は今回、「有事には自衞隊は超法規行動に出る」と發言して詰め腹を切らされたけれども、氏は本年一月、「專守防衛と抑止力は竝存しない」と書いた事があるのであり、このはうが遙かに重大な問題提起だつた。それは憲法第九條の所謂芦田解釋のまやかしを粉碎するに足る發言だつたからである。ポストに註文しておきたい。「庶民本位の未來民主主義」などといふ怪しげな護符にすがりつかず、一度じつくり栗栖氏の發言について考へて貰ひたい。

一方、週刊現代八月十日號は、今回の栗栖解任は「文民統制の大原則上當然の歸結」だらうが、それで問題が解決した譯ではなく、栗栖氏の「發言の眞意はさらに冷靜に檢討されなければなるまい」と書いてゐる。これまた、まつたく同感である。何か事件が起らぬ限り動かうとせぬのがジャーナリズムの惡弊だが、週刊現代はその惡弊を打破し、栗栖發言の眞意を執拗に追究して貰ひたい。制服を脱いだ栗栖氏を活用しないといふ法は無いと思ふ。

ところで、週刊現代が連載してゐる石原愼太郎氏の文章を、私は毎回愛讀してゐるが、それは石原氏が、栗栖氏と同様、常に勇氣ある發言をしてゐるからである。その石原氏は防衛廳内の文官を「無能で卑劣」と形容してゐる。が、私は制服組もだらしがないと思ふ。これまで、かくも久しく「無能で卑劣」な文官の統制に從ひ、それに甘んじて來たとは、私は制服組の情熱を疑はざるを得ない。制服に戰意無く、土木工事に精を出し、日陰者として認知される事だけを望んでゐるとすればそれこそゆゆしき問題である。それをジャーナリズムはなぜ問題にしないのか。もはや紙數が無い。森鷗外の言葉を引用しておく。「要スルニ世間ハマダノンキナルガ如ク被存候。多少血ヲ流ス位ノ事ガアツテ始テマジメニナルカト被存候」。

（昭和五十三年八月五日）

文民統制も虚構

八月第三週發賣の週刊誌のすべてが栗栖解任を話題にしてゐるが、私は週刊現代の記事が最も愚劣だと思ふ。いつぞや書いた事があるが、週刊現代といふ週刊誌は人格の統一を全く缺いてゐる。現代は例へば栗栖發言を是認する石原愼太郎氏や江藤淳氏の文章を載せながら、今回、八月十七日號では栗栖氏が「ことあるごとに、シビリアン・コントロールをののしり、外敵の脅威を言ひ續けてきた」と書き、また「栗栖發言は、その眞意はどうであれ、形の上ではクーデターの〝ハシリ〟といへる」と書いてゐるのである。栗栖氏の顰《ひそ》みに倣ひ、私は敢へて暴言めく事を言ふ。クーデターは惡逆無道であり、一方、革命は正義に發する美擧であると、多分、週刊現代は考へてゐるのだらうが、私はさういふ中途半端な思考が大嫌ひである。中途半端で淺薄な考へにもとづいて、したり顔に國を憂へてみせる手合ひが大嫌ひである。クーデターも革命も「超法規的」手段による權力奪取なのであつて、してみればその絕對的善惡を論ふのは詮無き事だと、少なくともそれだけの認識をもつて物を言つて貰ひたい。

一方、週刊ポスト八月十八日號で栗栖氏は「法といふものは何から何までカバーできるものではない」と言つてゐる。その通りであつて、昨年赤軍による日航機乘取り事件が發生し、福田內閣は「超法規的」處置をもつて赤軍に屈服した。日本國においても法は決して萬能ではない。そしてその際、週刊現代は、人命尊重より法を守るべしと强硬に主張した譯ではない。また現代は栗栖氏が「シビリアン・コントロールをののしり」云々と書いてをり、どうやら現代は「罵」るといふ日本語の意味を皆目、理解してゐないらしいが、それはさておき、週刊現代に限らず、世間は文民統制を絕對善であるかの如くに考へてゐるやうであつて、この點も私は甚だ氣に食はない。民主主義と同樣、文民統制も萬能ではない。愚かな武官もゐるだらうが、愚かな文民もゐるからである。そして賢い制服組が愚かな內局の統制に常に從はねばならないと、どうしてそのやうな事が言へようか。文民統制も民主主義同樣に虛構に過ぎない。そして「虛構に過ぎない」と書いたからとて、私は文民統制を罵つてゐる譯ではないのである。

ところで、週刊ポスト八月十八日號によれば、大新聞は栗栖解任を報ずるに際し、週刊ポストの「栗栖インタヴューの內容を大幅に引用しておきながら、ニュースソースが『週刊ポスト』であることを明記」しなかつたといふ。事實ならけち臭い話である。また週刊文春八月十日號によれば、大新聞の記者たちは栗栖氏が「新聞にしやべらないで、テレビや週刊誌で話」した事を快く思つてゐないといふ。事實なら情け無い話である。佐藤前首相は新聞よりもテレビを信用したが、栗栖氏は新聞よりも週刊誌を信用してゐるのかも知れぬ。

（昭和五十三年八月十九日）

平和憲法もまた虚構

週刊ポストが俗受けするゆゑんは、その煽情主義と頭の惡さだと私は思つてゐる。頭が惡いから「國防問題を〝賢明な大衆〟の立場から凝視すべき時だらう」などと書く。さう書けば「賢明な大衆」に支持されると思つてゐるのか、それとも自身が「賢明な大衆」に屬すると思つてゐるのか、とまれ度し難き愚かしさである。ポスト八月二十五日號は「自民黨の〝全方位外交〟も（中略）非現實的なものといはざるをえない」と書いてをり、「外交といふのは、世界のどこの國とも仲よくはできない現實があるから必要なのであつて、もしどの國とも仲よくやれるのなら外交は必要ない」との加瀬俊一氏の言葉を引いてゐるが、加瀬氏の言葉の意味するところを、ポストはさつぱり理解してゐない。倉前盛道氏や加瀬氏の尻馬に乘る事が何を意味するかについては考へない。全方位外交を批判する以上、「どの國とは仲よくやれないか」についてポスト自身の意見が無ければならぬはずだが、無論そんなものは無い。「事實を提示」するから皆で論議してくれ、「論議がタブーであつてはならない」とポストは「言つてゐるにすぎない」。「賢明な大衆」に考へてもらはうと「言つてゐるにすぎない」。

ポストはまた、日中平和友好條約は「領土棚上げ條約」であり、「日中條約でこんな先例ができてしまへば、ソ聯にせよ韓國にせよ、（中略）かうした日本のウヤムヤ外交の弱味につけ込んでくる」と書いてゐる。私はかつて尖閣も北方領土も抛棄すべしと書いた事がある。そして、憂國の士らしき讀者から「お前は純眞な青年に軟弱な精神を吹き込む教師である」云々の激しい非難の手紙を貰ひ、うれしく思つて笑つた事がある。愚かなポストにも多分理解して貰へまいが、北方領土なんぞ決して戻る事は無いと私は思ふ。それは、春秋の筆法をもつてすれば、平和憲法のせゐなのである。ポストはまた、ミグ二十五事件の際、自衞隊が超法規的行動を起した事を問題にしてゐるが、超法規的存在である自衞隊が超法規的に行動して何が惡いのか。が、これも愚かなポストには到底理解できぬ議論であらう。

ところで、福田首相が全方位外交を説くのは、これまた平和憲法のせゐである。平和憲法を是認しながら全方位外交を批判するのは矛楯だからである。私自身は福田恆存氏と同様「新憲法を女郎の誓紙同然にしか見てゐない」。それゆゑ私は全方位外交に批判的なのである。けれども、イザヤ・ベンダサンによれば、日本人とは「勸進帳」であつて、「虚構の舞臺で虚構の主人公が、虚構の從者のため虚構の文書を讀むと、相手が虚構を信ずる」のである。平和憲法も、もとより虚構であつて、馬鹿はそれを眞に受け、利口はそれを信じないか、さもなくば信ずる振りをしてゐる。週刊ポストは前者であり、福田首相は後者だと私は思ふ。が、昨今は馬鹿が利口を批判して、したり顔なのである。奇妙な事だと思ふ。

（昭和五十三年九月二日）

中國に何を學ぶか

週刊文春九月七日號は飯田經夫名大教授の中國視察記を紹介してゐる。飯田氏によれば中國の民衆の動作は緩慢で、顏は無表情、敢へて言へばそれは「阿呆づら」ださうである。週刊新潮九月七日號の表現を借りれば「大熱狂のうちに日中條約が締結されて（中略）兩國の交流は、いまや、拍車にジェットエンジンがくつついたやうな勢ひ」だといふのに、ずいぶん大膽な事を言ふ御仁だと思ふ。けれどもそれは本當の事に相違無いので、「阿呆づら」ぐらゐで驚く事はない。週刊新潮に連載中の「有吉佐和子の中國レポート」は面白く讀ませるが、有吉女史は人民公社の便所の「床にまつ白な石灰を撒いてある」事に驚き、風呂場があつて「電氣もある」事に驚き、中國に「民法も刑法もなかつた」事、及び「辯護士が、ゐなかつた」事を知らされて愕然とするのである。女史は腰を抜かさんばかりに驚いたのかも知れぬ。

ところが、週刊讀賣九月十日號によれば「中國では、小さなものでも安價なものでも」落し物は「必ず本人の手もとに戻つてくる」といふ。刑法や民法が不要なのは泥棒がゐない國だからであらう。これぞまさしく天國だと、讀賣の記者は思つてゐるらしい。が、泥棒のゐない國とは地獄に他なるまい。わが日本では竊盜ぐらゐで重刑を課せられる事は無い。それゆゑ泥棒諸君は安んじて稼業に精を出す。が、泥棒のゐない國とは泥棒に重刑を課す國である。罪を犯す自由の無い國である。さういふ清く正しく美しい國に住みたいと、讀賣の記者は本氣で思つてゐるのだらうか。

一方、週刊文春九月十四日號は、中國人民解放軍の張副參謀長の來日について、『「人的交流」も結構だが、中國側に鼻づらを引きまはされるやうな愚は冒して欲しくない」と書いてゐる。けれども、日本は今後大いに「中國側に鼻づらを引きまはされ」て欲しい、と私は思ふ。中國の民衆は阿呆づらだらうが、民衆を阿呆づらにさせておく權力者とは、これはもう何とも見事な知者である。「知者に從ふ事は智慧のある事と同じであつて、我々は健康を欲するが、自ら醫學を學ぶ必要は無い」とアリストテレスは言つてゐる。阿呆づらの中國の民衆は智慧ある權力者に從つて清く正しく美しいのであり、それなら日本も中國の支配に從つたはうがよい。中國の叡智に學んだはうがよい。

昨今、日本の右傾化を案ずる向きがあるが、元を糺せばそれも、周恩來が日米安保條約を認めてくれたからではないか。日本は外壓によつて變る國なのである。マッカーサーに日本は十四歳だと言はれて（それとも十二歳だつたか）嬉々として十四歳になりきつた國なのだ。いづれ中國の指導者が「日本の憲法は非現實的である」などと言つてくれるかも知れぬ。サンケイ新聞によれば、河本通産相歡迎宴の席上、中國の對外貿易相は「天皇陛下のご健康」を祈つて乾杯したといふ。望み無きにあらず、である。

（昭和五十三年九月十六日）

惡魔を見ない純情

このほど來日した「鄧小平氏は、中國人といふより、どこか日本のゐなかの小學校で見かける用務員のをぢさんのやうに親しげで、終始、好感が持てました」と週刊讀賣十一月十二日號は書き、「初めて見たをぢさんは、小柄な體ながら、きりつと締まつた物腰で貫祿よろしく（中略）終始、親善ムードの盛り上げをリードする餘裕ぶり」とサンデー毎日は書いてゐる。この種の腑抜けの戯言を讀まされると私は反吐《へど》が出さうになる。よい年をして何たる純情か、何たるお人好しか。讀賣も毎日も日中友好ムードを煽らうと思つてゐるのではない。さういふ意圖的なものは皆目ありはしない。そんな底意があるならそれは小惡黨で、それならまだ附き合へる。が、讀賣も毎日もただもう無邪氣に鄧小平氏に惚れ込んでしまつたのである。ウィリアム・ブレイクは「體驗を通過した無垢」は「體驗を知らぬ無垢」よりも貴重だと言つてゐる。讀賣も毎日もよい年をしておぼこ娘の如く純眞なのである。

一方、週刊朝日十月二十七日號で野坂昭如氏は、アメリカでランバート氏なる友人に「やさしく扱かはれ」て感動し、「かなりアメリカに洗脳され」、「おそまきながら向米一邊倒」となり、「小生は、これまでどちらかといふと、革新側といふことになつてゐた。ミッドウエストの、保守地帯で洗脳されたからには、自分なりに、これまでの革新といふレッテルとおとしまへをつけなければならない」と書いてゐる。

これまた何たる純情か。私は保守派で親米だが、外交とはすべての外國を假想敵國とみなすものだと心得てゐる。アメリカも日本の假想敵國だと考へてゐる。が、週刊誌にせよ、野坂氏にせよ、どうしてかうたわいなく外國に惚れてしまふのか。野坂氏は文士ではないか。「子供を虐待するのは樂しい、子供の無防備狀態が、加害者にとつては誘惑的なのさ」とイワン・カラマーゾフは言ふ。が、イワンはまた、自分は子供が好きだ、「殘酷な人間、情欲的で、肉欲のさかんな、カラマーゾフ的人間といふやつは、どうかするとひどく子供が好きなものなんだ」（小沼文彦譯）と言ふ。イワンの中に天使がゐて惡魔がゐる。おのが心中に惡魔を見ない人間は惡魔と戰ふ事がない。さういふ人間の善良には私は附き合へない。その浮薄に吐き氣を催す。

ところで今回どうしても書いておきたい事がある。週刊文春の田中健五編輯長が辭任した。今だから言ふが、私は田中氏と面識がある。田中氏の人柄を愛する事にかけて私は人後に落ちない。が、これまで私は田中氏をかなり叩いた。田中氏が編輯長になつて週刊文春は確かによくなつたのであつて、その編輯の洗練と工夫をいつか褒めようと思ひながら、その機を逸し、私情を殺して惡口ばかり言つたやうに思ふ。それが少々殘念である。辭任の事情についても釋然としないが、それは書かない。

(昭和五十三年十一月十日)

社會黨だけを嗤ふ片手落ち

鄧小平副首相は「日米安保支持や自衞隊强化論はをかしいといふ人がゐるが、さういふ人こそをかしい」と言ひ、廖承志中日友好協會會長は「日本が民族獨立を守るために、兵力をいくら增强しても、軍國主義の復活とは考へない。(中略)日本が憲法第九條で對外侵略の戰力を持たないことは結構だが、自分を守る戰力を持たなければ大變なことだ。日本の一部の友人が主張するやうな非武裝・中立はあり得ない」と言つた。廖氏の言ふ「日本の一部の友人」とは勿論日本社會黨・總評ブロックに屬する人々の事であり、社會黨も總評も大變なショックを受けたといふ。總評の槇枝議長は「これまでも中國が贊成してくれたから非武裝中立路線をとつてきたわけではない。他國がなんと言はうと右往左往することはないし、困りはしない」と言つたさうだが、それは嘘だらう。鄧、廖兩氏の發言に槇枝氏は大いに困惑したに相違無い。そしてそれも當然のことで、なにせかつて中國は「アメリカ帝國主義は日中共同の敵である」と言ひ、日米安保條約と日本の「軍國主義」を難じ、「天皇ヒロヒト」の「兩手は日本人民とアジア人民の鮮血で眞つ赤にまみれてゐる」とまで言つて退け、それを社會黨と總評はうれしく聞いてゐたのである。それが今、天皇陛下と會見した鄧氏は「陛下は（中略）鄭重にもてなしてくださいました。ここに謹んで感謝の意を表します」と語つたのであつて、この中國の豹變を、社會黨も總評もさぞ苦々しく思つてゐるに違ひ無い。けれども、今後も中國から要人がやつて來る。來年は華國鋒氏がやつて來る（それまで失脚せずにゐれば、の話だが）。そしてそれらの要人は、遠慮會釋も無く、社會黨、總評の神經を逆撫でするやうな事を言ふだらう。そしてその度に、日本國民の安保アレルギー、自衛隊アレルギーは、弱まつてゆくに違ひ無い。それでも社會黨、總評は「困りはしない」のだらうか。

鄧氏來日に先立ち總評の富塚事務局長は、中國大使館に「日米安保條約贊成、自衛隊强化、天皇制支持など餘計なことは言はないでほしい」と賴み込んださうである。が、中國はそれを一切無視した。要するに中國は社會黨を見限つたのである。利用できる時は利用したが、もはや不要になつたからである。中國は日本と組んでソ聯の覇權主義に對抗しなければならない。そのためには日本が軍事的に强くならなければならない。そしてそれなら、サンケイ新聞の吉田信行記者が書いてゐるやうに、黨內に親ソ勢力をかかへ、反ソのためには役立たない非武裝中立論や自衛隊解體論を唱へる社會黨は、中國にとつてむしろ障礙になるといふ譯であらう。要するに中國は自國の存立を第一に考へてゐるのであつて、そのためにはいかやうの豹變も意に介しない。私は日中平和友好條約に諸手を擧げて贊成するものではないが、中國のかういふ鐵面皮とも評すべき現實主義を實に見事だと思ふ。弊履の如く棄てられた社會黨・總評はなほ、「中國の總工會（勞組）を通じて中國側の眞意を確かめたい」などと未練がましい事を言つてゐるらしいが、この期に及んで勞働者同士なら話が通じると思ふその甘さは、實際、馬鹿は死ななければ癒らないとしか言ひ樣が無い。

けれども私は、社會黨や總評の困惑を好い氣味だと思ひ、その凋落を樂しみにしてゐるだけではない。「月曜評論」編輯部の註文は「社會黨の淺はかを叱つてほしい」といふ事だが、淺はかだつたのは社會黨だけではない。戰後の日本は戰爭に卷き込まれない事だけを心掛けて來た。社會黨の非武裝・中立などといふ途方も無い非常識を二十餘年間も放置して來た。それは憲法の改正を眞劍に考へた事の無い日本人すべての責任である。「諸君！」八月號に片岡鐵哉氏が書いてゐるやうに、新憲法は今や「日本人の土性骨の中に喰ひ込んで」ゐる。そして今なほ、社會黨の非武裝・中立論の甘さを嗤ふ者のすべてが平和憲法を嗤つてゐる譯ではない。が、非武裝・中立論を嗤つて平和憲法を嗤はないのは片手落ちだと思ふ。社會黨は、本音はともかく建前は、二十餘年間平和憲法を愚直に信じて疑はなかつた。その愚直を嗤ふ人の何割が平和憲法を嗤つてゐるだらうか。

中國はソ聯との戰爭も覺悟してゐる。鄧小平氏は「日中兩國は覇權主義（ソ聯）の現實の脅威に直面してゐる」のであり、「日中條約にある覇權反對條項は條約の核心、中核である」と語つたが、日本政府は日中條約締結によつて日本が「米中ソいづれかの間の戰爭に卷き込まれる」事は無いのであり、「條約第四條はそのためにある」と言つてゐる。さういふ日本の言分をソ聯がどう解するかは問題だが、ただ一つ明らかなのは、中國が戰爭を覺悟してゐるのに、日本は依然として「戰爭に卷き込まれる」事は無いと考へたがつてゐる、といふ事である。さて、どちらがより現實的なのだらうか。吾々は中國の覺悟を被害妄想として嗤ふ事ができるのだらうか。

日本は將來必ず戰爭をやる、敵はソ聯とは限らない、それは中國かもアメリカかも知れない、私はさう思ふ。さう思つてゐない政治家を私は信用する氣になれない。さういふ政治家に社會黨を嗤ふ資格は無い。自民黨總裁選に四人の候補が名乘りを擧げたが、その點では中曾根氏の政見が最も筋が通つてゐる。中曾根氏は身邊が清潔でないとか言はれてゐるが、清潔は政治家としての消極的な美德に過ぎない。かりに中曾根氏が首相になつたとして、果して憲法改正に手をつけるかどうか、その邊のところは少々疑はしいが、もし本氣で憲法改正に取組むなら、身邊の不潔なんぞは問題ではない。白い猫だらうと黑い猫だらうと、鼠を捕る猫がよい猫なのであつて、中曾根內閣が成立して汚職問題が表面化すれば、中曾根內閣の法相は指揮權を發動すればよいのである。

ところで、以上のやうな私の意見を讀者はどう受け取るだらうか。「月曜評論」の讀者でも、これほどの「暴論」

には耐へられないのではないか。要するに私は、政治と倫理を切離せと主張してゐる譯だが、さういふ事を主張する人間が、政治と倫理を切離すだけでよいと考へてゐるかといふと、それは決してさうではない。究極のところ政治と倫理とは切離せないといふ事を重々承知しながら、それでもなほ政治と倫理の切離しに耐へるのが政治といふものなのである。政治と倫理の切離しに耐へられぬ精神は弱い精神である。それは日本社會黨の精神であつて、政治と倫理を切離して生きてゐるくせに兩者の一致を唱へる脆弱な精神に他ならない。さういふ綺麗事を今回中國は見事に飜弄した。鄧氏が田中前首相を訪問したのは何ら怪しむに足りない。田中派の大鷹淑子女史は鄧氏の田中邸訪問について、「一言でいつて、中國の義理人情の堅さだと思ひます。（中略）中國では、一度信頼すると、トコトン信用するんです」と語つたさうだが、笑止千萬である。林彪を「一度信頼」した毛澤東は、林彪を「トコトン信用」したか。大鷹女史は政治家ではなくて元映畫女優に過ぎないのかも知れないが、その程度の甘い「政治家」は、與野黨を問はず、かなり大勢ゐるのである。

もとより政治と倫理は切離せないとあくまで主張するのもよい。が、それにはそれ相應の覺悟が要る。日本人は「どんな代償を拂つても平和をほんとに求めようとするのかどうか」、「日本列島がフィンランド化してソ聯の事實上の衞星國になつても、奴隸の平和も平和だと思ひ定めて、さういふ平和を甘受するのかどうか」、「その點がどうもよくわからない」と勝田吉太郎氏は言つてゐる（『福田恆存・世相を斬る』サンケイ出版）。社會黨を嗤つて平和憲法を嗤はぬ人々に「奴隸の平和」を甘受する覺悟はできてゐるのだらうか。できてはゐまい。「日本には資源が無い、世界が平和でなければ日本は生きてゆけない。それゆゑ平和憲法で充分である」と彼等は考へる。だが、ソ聯の石油供給能力は一九八五年には限界に達するさうだが、もしもさうなれば、東歐に石油を供給できなくなつたソ聯が專ら日本のために世界の平和を重視する筈は無いであらう。

繰り返して言ふ、中國は戰爭を覺悟してゐる、日本は戰爭を覺悟してゐない。社會黨の非武裝・中立を嗤ふ人々も、全方位外交などといふ綺麗事に滿足し切つてゐる。そして日本國は自衞隊だけで充分に守れると信じ切つてゐる。けれども、片岡鐵哉氏の言ふやうに「自衞隊の存在理由は最低限三十日間日本本土を守る戰鬪をして、あとはアメリカからの援軍にすべてをまかせることにある」が、「最後のどたん場に來て他力本願になることを建軍の目的にしてゐる軍隊は、たたきやうによつては十日で手をあげる」のである。社會黨を嗤つて平和憲法を嗤はぬのは、所詮猿の尻笑ひでしかない。

（昭和五十三年十一月二十日）

日本人の情緒的反應

昭和十五年、ドイツの哲學者カール・レヴィットは書いた、日本人は「二階建ての家に住んでゐるやうなもので、階下では日本的に考へたり感じたりするし、二階にはプラトンからハイデッガーに至るまでのヨーロッパの學問が紐に通したやうに並べてある。そして、ヨーロッパ人の教師は、これで二階と階下を往き來する梯子はどこにあるのだらうかと、疑問に思ふ」（「ヨーロッパのニヒリズム」柴田治三郎譯）。

外國人による日本非難のうちこれが最も辛辣で的確である。日本の知識人は二階にドストエフスキーやニイチェやボードレールを住まはせ、自身は一階に住み、義理と人情と馴合ひの生活をして一向に怪しむ事が無い。執筆してゐる時は二階にゐるのだが、家族や友人と接するのは一階なのである。だから、例へば、ニイチェ學者が總選擧の時社會黨に投票するといふやうな事にもなる。さういふ理解に苦しむやうな現象を、私は大學の教師として屢々見聞きしてゐる。

と言つて私は一階での生活を輕蔑してゐるのではない。斷じてさうではない。「二階と階下を往き來する梯子はどこにあるのだらうか」と、それを氣にかける人々が少いのを怪しんでゐるだけである。一階での生活をどうして輕蔑できようか。我々は二階でクリスト教を奴隷道徳ときめつけるニイチェを讀んで感動するかも知れないが、一階におりて來れば、例へば本居宣長の次のやうな言葉を懷かしく聞くのである。「人情ト云モノハ、ハカナク兒女子ノヤウナルカタナルモノ也、スベテ男ラシク正シクキツトシタル事ハ、ミナ人情ノウチニハナキモノ也」。

福田恆存氏はかつて「永井荷風」にかう書いた。「荷風の作品のうちに出てくる男女はおよそ眞や善と無縁であり、そんなややこしい心理などといふ代物をもつてゐないのです。それが現代の知識階級の不滿を買つてゐるのでありますが、僕の僕自身を顧るかぎり、僕自身のうちには荷風の作品の男女がすこしも傷つけられず、いまだに無智な生活を續けてゐるのを感じますし、思ひあがつた言動のあとでかならず彼等に恥しいおもひを禁じえないのであります」。

よく言はれる事だが、日本は西歐の技術文明に追ひつき追ひ越したのである。が、私たちの中には「荷風の作品の男女がすこしも傷つけられず、いまだに無智な生活を續けてゐる」。「心中天網島」の紙屋治兵衞は、妻子ある身でありながら遊女小春を忘れられず、「枕に傳ふ涙の瀧、身も浮くばかり」泣くやうな何とも腑甲斐無い男だが、私たちがもし、ほんの少々緊張を弛めれば、すなはち「男ラシク正シクキツトシタル」ものを一時忘れるならば、治兵衞は私たちからさう遠い所にゐる譯ではない、といふ事が解る。「うれしかるべき事はうれしく、をかしかるべき事はをかしく、かなしかるべき事はかなしく、こひしかるべきことはこひしく、それ〳〵に、情の感《うご》くが」ままに生きたいといふ氣持は、私たちの中に深く根差してゐるのではないだらうか。

けれども私は、私たちが紙屋治兵衞であつてよいなどと言つてゐるのではない。私たちの中にあつて西洋化されぬものに自信を持たう、などと言つてゐるのではない。シェイクスピア悲劇の主人公には治兵衞のごとき腰抜けはゐない。リチャード二世すらある種の威厳を失つてはゐない。

近松を「日本のシェイクスピア」などと呼ぶのは荒唐無稽である。私はただ、シェイクスピアは二階にゐるが、近松は一階にゐるといふ事が言ひたいに過ぎない。

それゆゑ、二階にあげたシェイクスピアの威を借りて近松を叩くなら、私たちはそれが滑稽な行爲である事を意識してゐなければならない。が、昨今、さういふ意識を缺く日本人論や比較文化論が多過ぎると思ふ。勿論、私たちの中にあつて西洋化されぬものに自信を持つ事は、なほ一層滑稽である。滑稽であるばかりか、それは頗る有害である。例へば森常治氏は「日本人＝〈殼なし卵〉の自我像」の中に「右翼の人々が日本人の國際化を激しく拒否し、他方では、これまでの進歩的知識人がとかくするとわれわれの文化的傳統を輕視する（中略）のは、その兩者ともども、われわれ日本人の心情はあるがままの姿ではどうあつても國際的ではありえない、といふたいへんな誤認のうへにたつて」ゐるのだが、「あと二百年もすれば西歐の人々もかなり日本的になるから、焦るな、焦るな、といふくらゐの氣持で、のんびり構へるべきでせう」と書いてゐる。かつて私はこの森氏の文章を引き、森氏の著書を「平和惚けの日本人論」と評した。西歐とは戰爭無しにやつてゆけない人間の集團である事を、森氏はまるで理解してゐない。西歐は戰爭無しにやつてゆけない。なぜなら彼等は「世界滅ぶとも、正義行はるべし」と考へてゐるからである。が、われわれ日本人が重んじるのは和である。圓滿な解決であり爭ひを水に流す事である。それを疑ふ人は河竹默阿彌の作品「三人吉三廓初買」、庚申塚の場を讀むがよい。お孃吉三とお坊吉三の對立を和尚吉三が解決するあの場面において、正義はつひに一度も問題にされる事が無い。

ところで私は、日本人論や比較文化論を批判しようと思つてこの文章を書いてゐるのではない。ここで私が論ひたい事は鄧小平副首相來日の折、日本人が示した情緒的反應についてである。鄧小平が、中國は醜い、「顔がみにくいのに美人のやうにもつたいぶることはできない」と言つた時、多くの日本人は思はず相好を崩したのではないか。福田首相と鄧小平が抱きあつた時、思はず氣を許したのではないか。昭和二十年、「鬼畜米英」の片割れがやつて來た時、日本人は忽ち氣を許した。それゆゑルース・ベネディクトは書いたのである、「日本人は態度變更を、西歐人のやうに、道徳問題とは考へない。われわれは『主義』に熱中し、イデオロギー上の事柄に關する信念に熱中する。われわれはたとへ敗れても、依然として前と同じ考へを抱き續ける。（中略）日本人はアメリカ占領軍に對し不服從運動をしたり、地下潜行的反對をしたりする必要を認めない。彼らは古い主義を固守する道徳的必要を感じない。占領の當初から、アメリカ人は單獨で、すし詰めの列車に乘つて日本の邊鄙な片田舍へ旅行しても何の危險も感じず、かつては國家主義で凝り固まつてゐた役人に鄭重な禮をもつて迎へられた。今までに一度も復讐が行なはれたことはなかつた」（長谷川松治譯）。

それはいかにも日本的な現象であつた。そして今日、鄧小平を迎へて同じ現象が起つたのである。鄧小平の笑顔に惑はされて、尖閣列島問題も反覇權問題もどうでもよい事柄になつてしまつた。尖閣の歸屬問題に關する園田外相の説明と鄧副首相のそれとは一致しない。が、サンケイ新聞國際報道部長清水邦男氏が書いてゐるやうに、鄧小平の「かうした發言に對して日本政府、輿論からの否定ない し、對抗發言」は殆ど無かつたのである。日頃「男ラシク正シクキツトシタル」事を大切だと考へてはゐても、一度鄧小平の笑顔に魅せられれば、私たちは鄧小平の腹の中を探らうとはしなくなる、といふ事なのだらうか。それは日本人の通弊で、民衆やマスコミが「鄧小平フィーバー」とやらに現を拔かしたとしても不思議ではない。が、政治家までが心から日中友好を喜んでゐるとすれば、私は日本國の前途について甚だ悲觀的にならざるをえない。十一月五日附の世界日報に那須聖氏が書いてゐるやうに、日中條約を締結した事は今後日本が「どの國とも仲よくやつていきませう」といふ外交ができなくなり「事實上それを放棄したことを意味するもので（中略）日本がいくら第三國條項がありますよといつてみたところで、中國だつて、ソ聯だつて、そんなものを本氣に受けとつてはくれない。これを本氣に受けとつて、これで反覇權條項をプラス・マイナス・ゼロにしたと思つてゐるのは、外交の素人である園田外相ぐらゐのもの」であらう。

園田外相が「外交の素人」なのか。それとも園田外相を素人呼ばはりする那須氏が「外交の素人」なのか。日本の前途を思へば那須氏のはうを素人と考へたい。が、ここ數箇月間の園田外相の言動を思ひ出せば、「外交の素人」に他ならぬ私も、那須氏の指摘の正しさを信じたい氣持になる。鄧小平と張り合つて痰壺に痰を吐いた話などを得意げに語る男は、決して外交の玄人ではないであらう。

要は日中條約締結によつて日本が大國のパワー・ポリティックス・ゲームの渦中に引摺り込まれたといふ事實を、日本人が承知してゐるのかどうかといふ事なのである。日本人はパワー・ポリティックスには向かない。日本の大新聞の殆どは鄧小平の腹の中を探らうとはしない。中國の冷徹な計算を知らしめようとはしない。そしてそれも無理からぬ事で、民衆がそれを望まないのである。民衆が望まない事を、新聞が書き立てる筈が無い。

日本人は日本人論を好む。何かにつけ「われわれ日本人」と言ふ。私も今それをやつてゐる。日本人である私が、日本人の惡口を言つてゐる。それは少しく滑稽である。滑稽ではあるが、それはどう仕様も無い。が、何もさう深刻に考へる必要は無いのかも知れない。何せ日本は神國であつて、國難の折は必ず神風が吹くのである。そしてそれゆゑに、私たちは紙屋治兵衞である事を止めないのかも知れぬ。

(昭和五十三年十二月五日)

憲法は諸惡の根源

日本の文化は罪の文化ではなく恥の文化だとベネディクトは言つた。が、今日われわれが他人を罵る時、「恥を知れ」といふ言葉はもはや用ゐられる事が無い。昨今の日本人は恥を知るといふ事を美徳だとは思つてゐないのである。その證據はそれこそ枚擧に遑無いほど有るけれども、先日私は、典型的な恥知らずがしたり顔をしてテレビに出演してゐるのを見た。それは色眼鏡を掛けた六十歳くらゐの男で、若い頃から女道樂を唯一の生甲斐となし、今なほ現役として活躍中であり、性欲を旺盛に保つべく健康には細心の注意を拂つてゐると言ひ、最後にかう言ひ放つたのである。「私の大學時代の同級生にも、社會になにがしかの貢獻をした男はゐます。だが、さういふ連中は今は皆墓の中にゐる。ところがこの私は、社會的地位こそ無いけれども、かうして元氣に今なほ女を漁つてゐる。結局私が勝者なのです」。

いつの時代にも、千人斬りを悲願とするやうな好き者はゐたに違ひ無い。が、さういふ手合が白晝堂々おのが生き方を誇るなどといふ事は、昔は絶えて無かつたと思ふ。長生きをするといふ事が何よりであり、社會に貢獻したところでそのために骨身を削り壽命を縮めるは詮無い事だと、心中ひそかにさう思ふ者は無論多かつたらうが、それを公言する事だけは憚られたのである。「死ぬ者貧乏」とか「死んで花實が咲くものか」とかいふ類の諺は昔からあつたけれども、一方「老來《おいきた》りて始めて道を行《ぎやう》ぜむと待つ事なかれ。ふるき墳《つか》、多くは是れ少年の人なり」との戒めを、人々は忘れてゐなかつたやうに思はれる。

しかるに今、日本人は恥を知らない。赤面するといふ事が無い。どうしてさういふ事になつたのか。憲法が惡いのである。憲法こそは諸惡の根源なのである。日本國憲法を讀み返してみるがよい。日本國の主權者は國民だが、この主權者に課せられてゐる義務は驚くほど少い。それに反し權利と自由ばかりは矢鱈に保障されてゐる。いや、權利や自由をふんだんに保障しても構はぬ。ただ一つ、國家防衛義務の規定さへあればよい。兵役の義務さへ課せられてゐればよい。祖國防衛のためとあらば國民は命を捨てる覺悟でゐなければならぬと、その事を憲法が命じてゐるのなら、人々は公のために時に私を殺さねばならぬといふ事を、私利を追ふだけが人生でないといふ事を、長生きする者が人生の勝者ではないといふ事を、忘れはしないからである。けれども、周知の如く、日本國憲法に兵役義務の規定は無い。勤勞の義務を規定してはゐる。が、勤勞とは私利私欲のためにもなしうるものである。納稅の義務にしても、所詮は金錢上の負擔に過ぎない。金錢では購へぬものを國民に要求する事の無い憲法が、よろづ金錢づくのエコノミック・アニマルを育てたのは、してみれば當然の事ではないか。

昨年、日航機およびルフトハンザ機の乘取り事件が發生した時、日本政府はハイジャッカーに十六億圓を支拂ひ、西獨政府は一文も支拂はなかつた。當時私は「十六億圓と一圓とは程度の差だが、十六億とゼロとは質の差なのである。要するに西獨は人命を金に換算する事を拒否したのだ」と書いたけれども、人命を金に換算しないといふ事は、正義といふ金錢に換算できぬもののために、同じく金錢に換算できぬ人命を犧牲にする、といふ事なのである。そして、この種の覺悟を全く持合せぬ國民とは、いかなる辱めを受けようと「健康で文化的な最低限度の生活を營む」べく、ひたすら生きのびたい、死にたくないと考へ、死ぬる事は負ける事だと信じきつてゐる畜生同然の國民なのである。沐猴《もくこう》にして冠するやからなのである。それゆゑ私は憲法を憎んでゐる。日本人を墮落させつつあるもの、それは「平和憲法」である。「平和憲法」こそは諸惡の根源なのである。

（昭和五十三年）

世界有數の長壽國

國後、擇捉にソ聯軍の基地が建設されて「明日にも赤熊が押し寄せてくるみたいな、ヒステリックな論議が多い」けれども、「食ひものの方が、外敵よりもはるかに心配だし、地震列島に住む以上、その被害を、より深く憂ふ」と週刊朝日三月二日號に野坂昭如氏は書いてゐる。野坂氏の文章は八方破れ、矛楯だらけであつて、しかも野坂氏はそれを全然氣にしない。柳に雪折れなし、野坂氏はきつと長生きするだらう。週刊朝日二月九日號で野坂氏は、三菱銀行人質殺害事件を論じ、犯人の言ひなりになつた人質の臆病を怪しんだが、三月二日號では「自衞隊などいらない、日米安保はなるべく早く解消するべし、中小加工列島として、みなさんにかはいがられるやう」生きてゆけばよいと書いてゐる。野坂氏は時に勇ましい事を言ひ、舌の根も乾かぬうちに道化を言ふ。それですべては帳消しになり、「憎みきれないろくでなし」として「みなさんにかはいがられ」ると思つてゐる。情けない乞食根性である。

この種の戯作者の道化は週刊ポストの煽情主義よりも質が惡い。ポスト二月二十三日號は「ひところは騷々しかつた」國防論議が尻切れとんぼに終つたと言ひ、新聞や防衛廳を批判してゐる。それは正論である。けれども、かつてこのコラムで指摘したやうに、ポストの思考は不徹底なのである。無視するより註文をつけるはうが相手を重んずる事になる。それゆゑ再びポストに註文しておきたい。ポストは諸外國の「みなさんにかはいがられ」ようなどとは考へてゐまい。それなら「栗栖見解への贊否はともかく」などと逃げを張らず、栗栖氏の言ふ自衞隊の「超法規的行動」なるものについて一度とくと考へて貰ひたい。野坂氏の如く「柳に雪折れなし」で長生きしようと思つても、さうさういつも柳の下に泥鰌はゐない。人間は安樂や安全を欲するが、同時に鬪爭や自己犧牲をも欲するのであつて、ヒットラーはそれをよく承知してゐた。ヒットラーは國民にかう言つた、「私は諸君に鬪爭と危險と死を提供する」。かくてドイツの「みなさん」は、ヒットラーの足下に身を投げ出す事になつたのである。

さういふ事態にはもう決してならないと、多分野坂氏は思つてゐる。自國の領土に無斷で外國が基地を建設しても、「今ならどうつてことはない」と思つてゐる。が、個人も國家も時に非理性的に振舞ふ。他人や他國に苦痛と屈辱を與へて樂しむ。オーウェルは作中人物に「他人の顏は何のためにあるか、踏みつけるためにある」と言はせてゐる。三菱銀行を襲つた犯人と同樣、ヴェトナムも中國もソ聯も、さういふ事を考へてゐるのである。朝日ジャーナル三月二日號の頗る啓發的な座談會で、笹川正博氏はアメリカの無能とソ聯の脅威を憂へてゐる。が、平和惚けの大方の日本人は「どうつてことはない」と考へてゐるだらう。なにせ日本は世界でも有數の「長壽國」なのである。

（昭和五十四年三月三日）

人間は變らない

昭和五十四年三月三日附のサンケイによれば、ベ平聯のメンバーは今頗る困惑してゐるといふ。「被侵略者・ベトナム」が「カンボジアに對する侵略者」となつたかと思ふと、今度はその侵略者ヴェトナムを中國が侵略した。ために、ベ平聯の闘士たちは、「カンカンガクガクの論爭をくり返す」より他になす術が無いといふのである。けれども、彼らは本氣で社會主義國は戰爭をしないと信じてゐたのだらうか。信じてゐる振りをすると儲かるし、平和を愛する善良な人間を演じるのは何としてもよい氣持なので、こんなぼろい商賣いつまで續くかしらんと時々不安に思ひながらも、ついつい今日まで惡事を重ねて來ただけの事ではないか。儲かつてその上尊敬されるとあつては、それほどうまい話は無い。それが今、突然難しくなつて大いに慌ててゐるのだらうが、これが薬になつて彼らの商賣が今後もう少し上手になるのではないか、實は私はさう思つてゐたのである。が、それは私の買被りだつた。やはり、この世には死ななければ癒らないほどの馬鹿がゐる。

例へば、かつて新左翼の「理論的支柱」だつた東大助教授の菊地昌典氏は、二月十九日附の朝日で、社會主義に對する幻滅を率直に告白してゐる。「がつくりしました。社會主義に幻滅を感じさせるこれほど決定的なものはないでせう。(中略) 社會主義は國際連帶といふチャームポイントを完全に失つてしまつた氣がします」と菊地氏は言ふのである。かういふ菊地氏の率直を褒め、一方、三月二日の朝日夕刊に「人間の基本から」と題する愚劣な文章を寄せた小田實氏の厚顔無恥を批判する向きもある。が、私はそれはどうかと思ふ。私は差別を惡事だとは思はないが、純眞な馬鹿と厚かましい馬鹿とを「差別」する事には反對である。菊地氏は「弱さにもとづく率直さ」を「チャームポイント」にして再び稼ぎまくるかも知れないではないか。それゆゑ今やらねばならぬのは、純情であれ厚顔無恥であれ、すべての馬鹿に冷飯を食はせる事なのだが、これが實はとても出來ない相談なのである。吾國のマスコミもまた馬鹿に牛耳られてゐるからだ。例へば朝日である。朝日は菊地氏に對して「知識人としての責任はどうか」などと言つてゐるが、この厚顔無恥には私も呆れた。ヴェトナム戰爭酣なりし頃、馬鹿の尻馬に乘つて散々アメリカを叩いた馬鹿が、今や臆面も無く馬鹿の責任を云々してゐる。目糞が鼻糞を笑つてゐる。これではもうどう仕樣も無い。何ともはや絶望的である。

社會主義國同士も戰爭をする。それは少しも驚くにはあたらない。社會主義國といへども人間の集團である。そして人間は人間たる事の限界を越えられぬ。解り切つた事である。古來、いかなる人間も人間の缺陷を免れなかつた。けれども、ただそれだけの事が進歩派やマスコミにはどうしても理解できない。ロッキード事件やグラマン事件にあれほど熱《いき》り立つゆゑんである。他人の惡徳を批判してゐると、人間はとかくおのれを善玉に仕立ててしまふものだが、馬鹿はその事に氣づかない。そして、氣づかないからこそぼろ儲けが出來る。

さういふ馬鹿を日本の吾々が制裁出來ない以上、諸外國をあてにするしかない譯で、中ソ戰爭でも勃發したのではないかと、ひそかに期待して、私は毎朝、新聞の第一面を見る。中ソ戰爭が勃發すれば、左翼文化人やマスコミの反省競爭も勃發するだらう。反省競爭は日本人のお家藝である。日本人は三十餘年前「一億總懺悔」をやつた前科がある。今日、同じやうな事態になつたら、さぞ面白からう。新聞を讀む事はさぞ樂しからう。

けれども、敗戰直後、反省競爭に現を拔かす馬鹿を尻目に、俺は「無智だから反省なぞしない。利巧な奴はたんと反省してみるがいいぢやないか」と放言した男がゐた。小林秀雄氏である。そして小林氏は時勢の變化などに左右されぬ人間の本性を見拔いてゐた。他人の不幸を喜び、他國での戰爭を樂しみ、おのれの惡徳を棚上げして他人の惡徳に腹を立てる、さういふ度し難い人間の本性を見拔いてゐた。そしてそれが、菊地氏や小田氏には見えてゐない。利巧と馬鹿との違ひは、結局それだけの事なのである。

けれども、三月十二日附の讀賣は馬鹿が利巧になつた例を紹介してゐる。「フランス左翼の良心とも目されてきた」ジャン・ダニエルが、「人間は（中略）戰爭が好き」なのであり、「共產主義者もかうした、あまりにも人間的な缺陷を免れてはゐない」と言つてゐる。あまりにも當り前な意見で、人間は戰爭が好きなのだが、どうして日本の左翼はダニエルのやうな考へ方が出來ないのか。やはり中ソ戰爭の勃發ぐらゐでは、日本の馬鹿はたうてい癒らないのかも知れぬ。

サンケイが連載した「米ソ戰力バランスと日本の防衞」は好企畫であつた。とりわけアメリカの對ソ戰略專門家、ジョン・M・コリンズの意見は興味深いものであつた。コリンズはアメリカを信じ切つてゐる日本の甘さを痛烈に皮肉つて、「友人を守るために自分が死ぬことなど、一體だれが考へるだらうか」と言つたのだが、日本の新聞人にはかういふ發想が出來ない。國家も個人も人間の本性を免れないといふ事に氣づかない。が、「世界の軍事史上、大國が小さな國のために自分を犧牲にした例はない」のであり、個人も國家も、己れが生き殘るためとあらば非情にならざるをえないのである。

さういふ國際政治の非情をツキディデスが描いてゐる。大國アテナイは小國メロスに戰はずして降伏せよと迫る。メロスは同盟國スパルタの助勢を信じてゐる。アテナイは言ふ、スパルタは助けに來ない、助勢するだけの價値がある場合だけ、他國はその國を助けようとする、負けると解つてゐる國を誰が助けようとするものか。やがてアテナイはメロスを攻擊する。案の定、スパルタは助けようとしない。メロスは敗れ、メロスの成年男子は悉く處刑され、女子供は奴隷になつた。今から二千四百年も昔の話である。

そして二十世紀の今日、中越戰爭はあつけなく終つた。中國は自分を犧牲にしてまでカンボジアを助けようとはしなかつたが、それはポル・ポト政權が援助するに足りなかつたためであるよりも、ヴェトナム軍に腑甲斐なく敗れたポル・ポト軍の非力のせゐであらう。そしてまた、中越戰爭が起つても、ソ聯は同盟國ヴェトナムにリップ・サーヴィスをしただけである。してみれば、人間の本性は二千年以上たつて少しも變つてゐないといふ事になる。日本人が知るべき事はそれにつきる。大方の日本人がそれを知れば、馬鹿はおのづと稼げなくなる。けれども、日本が戰場にならない限り、日本は愚者の樂園でありつづけるであらう。

（昭和五十四年三月）

人間不在の國防論議

「文藝春秋」昭和五十四年七月號の「大論爭―戰爭と平和」はずいぶん評判になつたやうである。私の友人の一人は「萬が一にもソ聯が攻めて來た時には自衞隊は毅然として、秩序整然と降伏するより他ない」との森嶋通夫氏の「愚論」が、關嘉彦氏の「堂々たる反論」によつて「粉碎」された事を喜んでゐたが、別の友人は關氏の文章よりも森嶋氏の文章のはうが「說得力に富んでをり」、森嶋氏の論理は「日本社會黨の理論武装に役立つかも知れない」とていささか氣懸りな様子であつた。森嶋、關兩氏の論爭はまづ北海道新聞紙上で行はれ、ついで「充分紙面をさいて論議を盡」すべく、論爭の場を「文藝春秋」に移したのださうである。「月曜評論」が私に與へた紙數では、森嶋、關兩氏の言分のすべてについて立ち入つた論評はできないから、兩氏の論爭を出しに使ひ、戰爭と平和について日頃私が考へてゐる事の一斑を語らうと思ふ。

私はどちらかといへば關氏の主張を支持する。けれども、日本が戰ふ意志と力を持つ限り、「友好國を見捨てる程、アメリカは無慈悲な國ではない」といふ關氏の考へは首肯し難い。その點「ソ聯に對して不信感をもつなら、アメリカに對しても、日本は、南ベトナムや臺灣同様、見殺しにされるかも知れないといふ不信感をもつべきだ」とする森嶋氏の意見は尤もだと思ふ。けれども、「不幸にして最惡の事態が起れば、白旗と赤旗をもつて、平靜にソ聯軍を迎へるより他ない。(中略)ソ聯に從屬した新生活も、また核戰爭をするよりもずつとよいにきまつてゐる」といふ森嶋氏の考へを私は首肯しない。その點、「ソ聯が日本の全部を無血占領すれば」、日本は「政治的自決權」など獲得できぬ、「ハンガリーやチェッコスロヴァキアは、政治的自決權を囘復しようとして無殘にもソ聯の戰車で征服されてしまつたではないか」といふ關氏の言分は至極尤もである。

だが、森嶋氏を論駁する關氏はいささか不徹底だと私は思ふ。關氏は「議論の歸着するところは、結局は人間觀の差異である」と書いてゐるが、私に言はせれば關氏の人間觀は不徹底である。關氏はアメリカを信用してゐるが、ソ聯は信用してゐない。私は國際政治に關しては素人だが、すべての他國を假想敵國と見なすのが外交の常識だと心得てゐる。いや、それは外交の常識であるばかりか、人間が他人と附き合ふ際の常識である。アメリカといふ鄰人があって、ソ聯といふ鄰人がある。そして關氏は「日本側の對應策」がよろしきを得るならば、アメリカは日本を見捨てないと信じてゐる。だが他人に懸命に盡くしてその擧句裏切られるといふ事もあるではないか。さういふ事を關氏は考へてゐない。不徹底な人間觀と評するゆゑんである。

　さういふ人間觀によって森嶋氏の人間觀を粉碎する事は難しい。關氏の主張はソ聯は信じられぬがアメリカは信ずるといふ事になるから、アメリカは信じられぬがソ聯は信ずると考へてゐる人々には通じまい。まして「私は人間を信じるがゆゑに、アメリカ人と共にソ聯人を信じる」といふ樂天的な森嶋氏を論破する事は到底できないと思ふ。

　と言つて私は、森嶋氏の人間觀を認める譯ではない。

「白旗と赤旗をもつて、平靜にソ聯軍を迎へる」しかないとする森嶋氏の考へは「アメリカ人と共にソ聯人を信じる」とする森嶋氏の人間觀にもとづくが、私はさういふ人間觀を斷じて容認しない。ソ聯が攻めて來た時、日本人は森嶋氏の言ふ樣に「白旗と赤旗をもつて」ソ聯軍を迎へるかも知れないが、さういふ情け無い事態となるかも知れぬといふ事と、さういふ事態は好ましくないといふ事とは別である。「ソ聯が攻めて來た時」に「毅然として、秩序整然と降伏する」氣でゐるのなら、自衞隊なんぞは無用の長物だが、それはさておき、日本が自由社會に屬してゐる時は「アメリカを激怒させてでも（中略）米ソ間の關係を改善するのに主要な役割を演じ」、日本がソ聯の支配下におかれる時は「ソ聯に從屬した新生活」を樂しめばよいといふ森嶋氏の考へは、人間の本性を無視した淺はかな考へである。森嶋氏は「史家の多くは、一九三五―三八年の期間での英佛のだらしない讓歩こそが、ヒトラーを増長させ、大戰爭をもたらしたと結論を下すのが常」だが、「これらの國民が、どんな犧牲を拂つても戰爭を回避しようとしてゐたのは、人間性のしからしめるところ」だと言ふ。それはさうかも知れぬ。が、人間には「どんな犧牲を拂つても」戰爭をやらうとする一面もあるのであって、森嶋氏はそれを少しも考へてゐない。さういふ淺はかな考へに對しては、鷗外の「護持院原の敵討」の山本九郎右衞門と同樣、「人間はさうしたものではない」と答へるか、あるいは同じく鷗外の描いた興津彌五右衞門のせりふを引けば足りよう。「主命たる以上は（中略）批判がましき儀は無用なり」。

かういふ主君に對する絶對的な從順を、人はあるいは古色蒼然たる時代錯誤と評するかも知れぬ。そして勿論、封建時代にも鷗外の時代にも臆病者はゐたであらう。いや、臆病者のはうが多かつたに決つてゐる。だが、人間が月面に着陸した今日も、人間の本性は少しも變はつてゐない。人間はなるほど臆病だが、臆病であつていいとは思ひたがらぬ。人間は醜いが、醜惡であつていいとは思ひたがらぬ。人間は平和を愛するが、平和でありさへすればよいとは思ひたがらぬ。名譽を重んじ榮光を求め、おのれが正義と信じてゐるもののためには、暴力の使用を辭さない、さういふ本性が人間には確かにあるのである。

言ふまでもなく、戰爭は暴力の行使である。そして人間は時に「どんな犧牲を拂つても」暴力を行使したがるものなのだ。つまり、人間は「世界亡ぶとも正義は行はれるべし」と考へたり、「暴君のゐない世界などは、ハイエナのゐない動物園と同じくらゐ退屈」だと考へたりするのである。さういふ事が森嶋氏には解つてゐない。そして、さういふ事が解らぬ者、あるいは暴力の行使にアレルギー反應を起す者の議論は所詮「空想的國防論」でしかありえない。「國際社會のなかで防衞力が演じる役割を否認して、自分たちが平和に徹してをれば侵略される惧れはない」と信じてゐる手合だけが「空想的」なのではない。「國際社會のなかで防衞力が演じる役割を過大視し、自分たちが最小限の防衞力を持つてをれば侵略される惧れはないと信じてゐる」人々も「空想的」である。もとより私も、日本は「最小限の防衞力」を持たねばならぬと考へる。が、それは他國が日本の及ばぬ所を補ひ、日本「にかはつて、暴力を行使してくれるにちがひないと信じて」ゐるからではない。どのやうな規模のものであれ、國家は軍隊を持たねばならぬと考へるからである。なるほど日本の核武裝は「大仕事」であらう。が、戰爭が常に核戰爭であるとは限らない。通常兵器を用ゐての戰爭で、日本が應分の戰爭をする事は必要である。名譽を重んじ、時に榮光を求めて戰ふ事は、個人にとつてと同樣國家にとつても必要だからである。森嶋氏の「空想的國防論」は、「ソ聯に從屬した新生活」よりも「核戰爭をする」はうが「ずつとよいにきまつてゐる」と言ひ切る人間を說得できない。そして、さう言ひ切る人々が常に少數だとは言ひ切れぬ。萬一ソ聯が北海道を侵略したら、「威嚴ある降伏」を說く森嶋氏は、その時ロンドンでなく日本にゐたとすれば「戰爭に關する常識」を書いた時のバーナード・ショーの如く、「非國民」扱ひをされ袋叩きにされるかも知れぬ。

森嶋氏は「日本中さへ分裂しなければ、また一部の日本人が殘りの日本人を拷問、酷使、虐待しなければ」、日本はソ聯に占領されても何とか「立派な社會」を建設できると言ふ。再び、人間はさうしたものではない。ソ聯占領軍に諂つて「殘りの日本人を拷問、酷使、虐待」する奴が出て來るに決つてゐる。森嶋氏には、さういふ度し難い人間の本性も解つてゐないのである。森嶋、關兩氏の論爭が呼び水となつて、今後樣々な意見が出されるかも知れぬ。が、正義と信じてゐるもののためには善人も暴力を行使するといふ、例へばメルヴィルのやうな文學者が知つてゐた厄介な事實を、解決し難い難問を、ことさら避けて通る議論はすべて空想的である。人間不在の國防論議はもう澤山だと私は思ふ。

（昭和五十四年八月十三日）

昨今、合點がゆかぬ事ども

國後擇捉のみならず、「北海道の一部」であり、「わが領土の一部」である色丹島にもソ聯軍が駐留し、軍事基地を建設してゐるといふ事實が最近判明したといふ。さういふ事實が確認されたとしても、必要以上に騷ぐのは日本國の利益にならないと、園田外相は語つたといふ。が、所謂北方領土返還運動について、私には合點のゆかぬ事がある。私は實は、北方領土なんぞ決して戻る筈が無いと思つてゐる。ソ聯のやうな强かな國が、おいそれとは國後擇捉まで返してくれる筈が無い。先日、遠山景久氏と語り合つた際、それを私が言つたところ、遠山氏も同感で、政治とは實行可能な事を考へそれを實行する技術であると言ひ、ついでかんらからと笑つて、いつそ日本としては金を出して北方領土を買ひ取つたらよいと言つた。その通りだと思ふ。とまれ私にとつて合點がゆかないのは、北方領土の返還を叫ぶ人々は本氣でそれが實現するなどと思つてゐないのではないか、どうしてもさうとしか思へないといふ事である。金で買ひ取る事を潔しとしないなら、武力に訴へても北方領土は奪取すると、さういふ覺悟があるか。ありはしない。それは丁度、女房を寢取られて、その「寢取られ料」で生計を立ててゐる髪結ひの亭主が、いづれは女房を奪ひ返してみせると、酒に醉つた時だけ强がつてみせるやうなものである。それは途方も無い茶番に他なるまい。

もう一つ、合點のゆかぬ事がある。「經濟論壇」には每號木内信胤氏の文章が載つてゐる。私は必ずしも木内氏の主張のすべてを肯定はしないが、木内氏の文章は歴史的假名づかひで書かれてをり、その點木内氏の信念を私は見事だと思ふ。私は今、この原稿を舊假名づかひで書いてゐる。舊假名が正しいと信じるからである。「經濟論壇」編輯部が今囘、私の假名づかひを尊重するかどうか、私には解らないが、もしも私のこの文章を新假名に改めたとすると、私にとつて編輯部の仕打ちは「昨今、合點がゆかぬ事ども」の部類に入る。なぜなら、戰後の日本人は平等といふ事を重んじてゐる筈だが、木内氏には舊假名づかひを許し、私にはそれを許さないといふ事になると、それは人間の平等だの自由だのを無視する「保守反動」的な所業だと言はざるを得ないからである。

以上二つの問題に限らず、昨今合點のゆかぬ事ばかり多く、私は常に不服顏である。「文藝春秋」誌上の森嶋・關論爭で文民統制といふ事が問題になつたが、兩氏とも文民統制が善である事は疑つてゐないやうで、これもまた私には合點がゆかぬ。「中央公論」昭和五十四年十月號に福田恆存氏は「日本が主權在民の民主主義國家であるにしても少くとも文民統制に關する限り、人民の選んだ國會議員にのみ文民を代表させるのは危險である」と書いてゐる。私も同感だが、もう少し身も蓋も無い事を言へば、文民が常に軍人より悧巧だとは限らないのである。それなら、いついかなる場合にも、愚かな文民が賢い軍人を統制しなければならぬとは、これは頗るつきの不條理に他なるまい。賢い文民が統制してこそ文民統制の實をあげる事ができる。つまり、民主主義と同樣、文民統制も絶對善ではない。が、國防について論ずる場合に限らず、昨今は綺麗事を絶對善に祭り上げ、タブー扱ひにして、思考を停止する傾向がちと强すぎるのではないかと思ふ。

（昭和五十四年十一月一日）

許し難い韓國蔑視

　朴正煕大統領が兇彈に斃れて以來、日本の新聞は例によつて浮薄な記事を書き流したが、私はいづれ、それらを束ねて批判する積りでゐるから、このコラムでは韓國には一切觸れまいと思つてゐた。が、サンデー毎日十二月三十日號の「銃聲再び　ソウルの闇夜に第四幕があく？」を讀み、私は腹立ちを抑へられなかつたのである。それゆゑ、今、ここでサンデー毎日を血祭りに上げておかうと思ふ。

　まづ、先般本欄で叩いた藤原弘達氏もさうだが、韓國といふ獨立國を日本の新聞や識者は屬國なみに考へてゐるのではないか。韓國で知つたことだが、かつて韓國を訪問した「親韓派」として著名な日本の知識人は、「女を世話しろ」と韓國の役人に言つたといふ。言語道斷である。さういふ物書きが何を書かうと、その「親韓」は商賣に過ぎない。もちろんサンデー毎日は「親韓」ではあるまいが、韓國を對等の獨立國と考へぬ點では、「女を世話しろ」と言つた保守派の物書きと少しも變らない。先日の鄭昇和戒嚴司令官の逮捕について、毎日は「このごろソウルに出回つてゐる」といふ「軍部をサーカスのライオンにたとへた話」を紹介し、「鋭いムチを振るつてゐた調教師がボス格の一頭にかみつかれ、姿を消したため」、「當然、ボスの座を獲得するため激烈な死鬪を演じ出したわけだ」と書いてゐるのである。つまり毎日は、眞劍勝負をしている韓國軍をサーカスなみに考へ、韓國民の直面してゐる試練を對岸の火事として興がつてゐるのであつて、許し難い輕佻浮薄であり、韓國蔑視である。

　毎日によれば、鄭陸軍參謀總長逮捕を指揮した全斗煥少將は陸士十一期卒で親朴派だが、李熺性新參謀總長は陸士八期卒であり、「そこから八期と十一期との對立といふ新局面の出てくることも考へられてゐる」といふ。馬鹿が文章表現上の工夫を凝らしても、たちまちにして馬脚をあらはす。毎日は韓國が不幸になることを望んでゐるのである。「馬鹿正直」といふことがある。なぜそれを正直に書かないのか。

　かういふ小さいコラムでは、他國の不幸を樂しむ毎日の記者の心理を詳細に分析できないが、證據として一つだけ引いておかう。毎日はかう書いてゐる。「もし金桂元室長と鄭總長が金部長に同調してゐたら、もし盧國防相が金部長の逮捕に失敗してゐたとしたら（中略）韓國は國民を巻き込んだ未曾有の混亂に陷つてゐただらう」。

大統領をサーカスの調教師にたとへてゐるのだから、毎日の「歴史的イフ」は、韓國が「未曾有の混亂に陷」ることがあらうと、「全斗煥將軍が何とか失脚してくれないものか」との願望のあらはれに他ならない。それならさうと、小細工をせず、なぜ正直に書かないか。鷹派なら私は將軍を支持する。毎日に尋ねたい、全斗煥將軍が氣で金載圭を支持するのか。毎日は本

（昭和五十四年十二月二十二日）

戰爭は無くならぬ

サンデー毎日に「サンデー時評」を連載してゐる松岡英夫氏の愚鈍はすさまじい。もはや病膏肓、いくら叩かうと直る事は無い。けれども、一月二十七日號で松岡氏は「國際紛爭に臆病な國でもいいぢやないか」と題して戲言を口走つてをり、それを戲言と受取らぬ讀者もあらうから、ここで取り上げて批判しておかうと思ふ。

松岡氏は、日本は「無資源國」だから、「世界のどの國とも」仲良くやつてゆかねばならず、日本は「戰爭をしない國」ではなく「戰爭のできない國」だと言ふ。そしてこれは「保守とか革新とかの思想の問題ではなく、客觀的事實」であり、「憲法の不戰・平和條項から出る觀念論ではない」と言ふ。かういふ安手の議論に感心する手合も結構ゐるのだから、日本國の將來を思へば默殺する譯にもゆくまい。

まづ、「觀念論ではない」と斷れば「觀念論ではない」

と松岡氏は思つてゐて、そこが何とも無邪氣だが、それはともかく、「戰爭のできない國」でも「戰爭に巻き込まれる」事があるといふ事を、松岡氏は全く理解してゐないのである。よい年をして、さういふ中學生にも理解できる事が理解できない手合の言分は、「憲法の不戰・平和條項から出る觀念論」に他ならない。松岡氏はまた、「戰爭に絶對巻き込まれまいとするおく病なほどの用心深さ」が大切であると言ひ、日本の「國際紛爭には近づかない、紛爭の火種は國内に持ち込まないといふ〝逃げ〟の外交」を高く評價し、かう書いてゐる。「かういふ逃げの外交がアメリカを怒らせ、イランからも非難されるといふ結果を招き、アブハチ取らずになつてしまつた。しかし、世界で一國くらゐ、國際紛爭に近寄らないといふおく病な國があつてもいいだらう」。この文章の後半に私は同意する。臆病ゆゑに輕蔑され、擧句の果てに滅びてしまふ、さういふ國が「世界で一國くらゐあつてもいい」。だが、それが日本國では困るのである。

いづれ私は腰をすゑて戰爭について考へ、この種の愚鈍な平和主義者を成敗する積りだが、松岡氏の愚鈍の證しとして、今回これだけの事を言つておく。この私の口汚い罵倒の文章を讀めば、松岡氏は平然としてはゐられまい。が、私に反論すれば、いづれ叩き返すだけの紙數を私に與へる事になる。紙數さへ與へられれば、私は完膚無きまでに松岡氏を粉碎してみせる。それこそ赤子の腕を捩るやうなものである。と、これほどまでの事を言はれても、松岡氏は「日本に一人くらゐ、論爭に近寄らないといふおく病な人間があつてもいいだらう」と呟くであらうか。もしも呟けるなら松岡氏はあつぱれなる腰拔けだが、立腹して反撃しようとするならば、愚鈍な松岡氏にも自尊心はあるといふ事になり、松岡氏は自らの主張を裏切る事になる。個人と同樣、國家にも自尊心がある。それゆゑ戰爭は決して決して無くならない。

（昭和五十五年一月十九日）

まさに「立憲亡國」

ソ聯のアフガン侵略について、週刊現代一月三十一日號は、例によつて多數の識者の意見を徵してゐる。現代は何と各界の名士十八人に電話を掛けたのである。だが、現代自身の意見となると、わづかに數行、すなはち「兵器の本格生産は日本の工業力ならいつからでも始められます」との宍戸壽雄氏の意見を紹介した後に、「そのいきつく先がさきほどの『憲法改正』にもつながるが、しかしここから先は論議の的。こんな時こそつぎの意見には耳を傾けたい」と書き加へてゐる程度である。そしてその「つぎの意見」とは「平和憲法を守り、何事も非軍事的にやるべし」との、東大教授關寛治氏の愚論であつて、してみれば、現代自身の意見は關寛治氏のそれに近いのであらう。が、關氏ほど弱腰の意見を述べてゐる識者は他に一人もゐないのである。四人の記者の取材による四頁にわたるこの記事に、記者の主張らしきものが「つぎの意見には耳を傾けたい」との一行だけとは、頗る奇怪な事だと思ふ。週刊現代の記者は、例へば編輯會議の席上、專ら他人の意見を記錄するばかりで、とどのつまり最も弱腰で不景氣な意見に「耳を傾けたい」と、さう思ふだけなのであらうか。かつて曾野綾子女史は、「日本人は笊の上の小豆だ、笊をちよつと右に傾ければ、皆一齊に右に寄る」と言つたが、現代の記者も笊の上の小豆で、おのれの信念などさつぱり持ち合はせぬ化物なのかも知れぬ。

だが、週刊誌の記者なんぞはこの際どうでもよい。有事の際、日本國を專ら守る事になつてゐる自衞隊はどうなのか。ジャーナリストの世界や論壇、そしてもとより政界も今やだらけ切つてゐるのだから、自衞隊の性根だけがすわつてゐる筈はあるまいと、かねがね私は不安に思つてゐた。そしてそれは杞憂ではなかつたと、週刊新潮一月三十一日號を讀んで私は思つたのである。新潮によれば、ソ聯に情報を漏らしてゐた宮永幸久陸將補と現職の自衞官二名が逮捕された事件に、「自衞隊は、上は將から下は兵まで」少しも驚いてゐないといふ。陸上自衞隊の元將校がから語つたといふ。「いやあ、日本の自衞隊員はみんな平和主義者ですよ。日本國民の誰よりも平和主義で、憲法を尊重してゐます。（中略）戰へば負けることをよく知つてをりますからね」。

そんな事だらうと思つてゐた。「日本に國家がない以上、宮永たちは賣國奴でも何でもない」と新潮は言ふ。その通りである。宮永氏を賣國奴と罵る前に、吾々はそれを考へねばならぬ。「日本の生きる道は對ソ戰略降伏だ」と宮永氏は信じてゐたといふ。それなら宮永氏は森嶋通夫氏と同じ事を考へてゐた事になる。いづれすべての日本人が、笊の上の小豆よろしく、森嶋氏の先見の明を稱へる日が來るかも知れぬ。新潮の言ふ通り「立憲亡國のわが國を象徴するやうな氣の重い」話ではないか。

（昭和五十五年二月二日）

他人を嗤ふ前に

「私は最近の新劇を知らない。知らないで難じるのもどうかと思つて、參考までに俳優座を見物に行つた」と、週刊新潮二月十四日號に山本夏彦氏が書いてゐる。するとそこには、五十年前と同樣、ベレー帽をかぶつた客がをり、山本氏は「思はず顔をおほつた」といふ。役者たちの發聲の奇怪に新劇人はよくも我慢できるものだ、「芝居ごつこを始めると何も見えなくなるのだらうか」と山本氏は書いてゐる。なに、他の分野でも「ごつこ」は今や全盛で、夢中になつて「何も見えなく」なつてゐるのは役者に限らない。

週刊朝日二月八日號は、宮永元陸將補とコズロフ大佐との情報賣買は「少年探偵團」の如き「幼稚なスパイごつこといふ感じを拭ひきれない」と書いてゐる。朝日は宮永、コズロフ兩氏を嗤つてゐるかの如くであるが、朝日は「宮永が、なぜ、こともあらうに自衛隊ひいては日本國が假想敵國とするソ聯側になびいたのか」と書いてゐて、朝日もまた「幼稚なスパイごつこ」を嗤ふ事に夢中になり、おのれの姿は見えなくなつてゐる、自分の幼稚が見えなくなつてゐる。朝日はいつからソ聯を日本國の「假想敵國」と認めるやうになつたのか。

二月十四日號の新潮は、栗栖元統幕議長が「現代」一月號において自衛隊のレーダーサイトの状況などを明かしたのは自衛隊法違反ではないかと、共産黨の正森代議士が追及したのは、實は選擧對策に他ならぬと書き、情報公開法を作るべしと主張してゐるくせに「自衛隊の機密漏洩を咎めるやうな發言」をする共産黨の矛楯をからかつてゐる。栗栖氏が「現代」編輯部でなく、「赤旗」に原稿を持ち込めば、共産黨はにつこりした筈で、それなら、共産黨も今や「革命ごつこ」に夢中で、これまた自分の姿が見えなくなつてゐるのである。

けれども、共産黨の幼稚と自家撞着を嗤つてゐる新潮にしても、「選擧といふバカ騒ぎの前では、日本の國防問題もひとたまりもないやうです。生きのびられるかな、'80年代」（傍點松原）と書いてゐるのである。新潮には文章について敏感な記者が揃つてゐると信じるから、敢へて苦言を呈するが、傍點を附した部分は、ジャーナリスト特有の、高みの見物的浮薄を裏切り示してゐる。「生きのびられるかな」では濟まぬ、日本はどうしても「生きのびねばならぬ」のである。

週刊文春二月七日號の防衛廳關係の特集も私は興味深く讀み、日蔭者の自衛隊の腑抜けぶりに呆れ果てた。週刊現代二月十四日號に江藤淳氏が書いてゐるやうに、憲法を改正せずして「ノホホンと日々をおくり續け」たから、今や日本中が「ごつこの天國」になつた。共産黨や社會黨を嗤ふ前に、人々はなぜその事をまじめに考へないのか。

（昭和五十五年二月十六日）

ぐうたら日本、わが祖國

中相楚先生、韓國滯在中は一方ならぬお世話になり、まことに忝く、ここに改めてあつく御禮申し上げます。けれども、まづ何よりも、かうしてサンケイ新聞の週刊誌評のコラムに、先生あての私信といふ形で書く事にした理由について申し述べねばなりますまい。

第一の理由は、この文章が歸國後に書く最初の文章で、私は机上に積んだ週刊誌を讀まうとしたのですが、今回ばかりはどうしても本氣で讀む氣になれません。それでも週刊新潮と週刊文春四月二十四日號の、濱田幸一代議士追及の記事、モスクワ五輪ボイコット及びイラン制裁問題をめぐる「大平ハムレット」批判などを讀み、それぞれ感ずるところはあつたのですが、それをどうしても文章にする氣になれない。全斗煥將軍のすばらしい人柄、鄭鎬溶特戰團司令官と崔連植師團長の眞劍な表情、及び先生と鮮于煇氏との樂しい旅行の思ひ出などが邪魔をして、濱田幸一氏の事なんぞ論ずる氣になれない、それが第一の理由であります。全斗煥將軍や先生の如き、何とも見事な人間の思ひ出に壓倒されて、私の「韓國惚け」は容易に癒えず、家族や友人や學生に韓國について語つて倦む事を知らぬていたらくなのです。

第二の理由は、歸國して私を待つてゐたのが、私の書いた文章に對する一種の嫌がらせであつたため、目下のところ私は、その卑劣極まる人物もしくは組織と戰ふといふ、頗る非生産的な作業に忙殺されてゐるといふ事でありま す。今回の韓國滯在中、私はお國の缺點もかなり知つた積りですが、それでも、こちらが本氣になると必ず先方も本氣で應ずる韓國人の見事を、今回も私は、何よりも貴重に、かつ羨ましく思ひました。正々堂々と反論せずに、搦め手からの嫌がらせしかやれず、またさういふ嫌がらせに頗る弱い日本の言論界の風潮を、私は日本人として甚だ情けなく思ひ、眞劍勝負の國から歸國したばかりだけに、腹立ちを抑へかねてをります。

けれどもいづれ私は、このぐうたら天國特有の處世術に對する勘を取り戻すでせう。週刊現代五月一日號は「日本人はいまや世界一セックス好きになつた！」と題する記事を巻頭に載せてゐる。セックスが嫌ひな民族などこの地上に存在する筈がない。そんな當り前な事を取上げると巻頭記事になる、さういふだれ切つた日本國を、しかしながら、私は世界中で一番愛さねばなりません。また、週刊讀賣四月二十日號は、何と、本年四月私の母校早稲田大學に入學した學生三千六百名の氏名、及び申先生の母校東京大學の教授、助教授百六十八名の氏名を載せてをります。これまた沙汰の限りです。が、それでも日本は私の國、私が最も愛する國なのです。いささかとりとめもない事を書いてしまひました。末筆ながら、鮮于煇氏はじめ皆々様にくれぐれもよろしくお傳へ下さい。

（昭和五十五年四月二十六日）

見事なり、全斗煥

私はこれまで、知人が週刊誌の餌食にされるのを見た事が無い。ところが、今回、私は全斗煥将軍について四つの週刊誌から意見を求められ、将軍のために精一杯辯じたにも拘らず、それが充分に誌面に反映されてゐない事を知り、それどころか將軍が餌食にされてゐるのを見、改めて記者の頭腦の粗雜を思ひ知らされ、週刊誌のお粗末な樂屋を覗き見たのである。

「全斗煥つて、身長はどれくらゐでせう」などといふ質問に私がまともに答へたのは、今にして思へば馬鹿馬鹿しいが、それも結局、全斗煥といふ男の頭腦明晰と節操と膽力に、私が惚れ込んでゐたからに他ならぬ。實は私は「中央公論」七月號にも全斗煥將軍の事を書いたのだが、それを書いてゐる時、一番苦心したのは、どこまで書いてよいかを決定する事であつた。例へば金鍾泌氏が連行される前に、全斗煥氏は金鍾泌氏に對して批判的である、などといふ事を書く譯にはゆかなかつた。が、太つ腹の全斗煥氏は私に「これは書いてくれるな」とは一言も言はなかつたのである。金鍾泌氏が連行された事を知つて、私は少しく原稿を書き直したが、松原は必ず金鍾泌批判をやるだらうと、頭のよい全斗煥氏はそれも見通してゐたのではないかと思ふ。

だが、私は今、全斗煥氏の身の上を案じてゐる。日本の新聞や週刊誌の餌食にされたからではない。週刊現代六月十二日號で、韓民統の金鍾忠氏は、全斗煥氏を「殺さうといふ政敵、軍人は多い」と言つてゐる。どうしてさういふ事が解るのか、私にはそれが解らないが、全斗煥氏を殺したがつてゐる手合が日本にも韓國にもゐるであらう事は確かである。それゆゑ私は心配なのである。あんな見事な男が殺されてはたまらぬと思ふのである。

私は今回、週刊サンケイを斬る。「女高生や女子大生が裸にされたうへ刺殺された――口コミで傳はる光州暴動の慘狀はすさまじい」云々の文章が示すやうに、週刊サンケイの記事は惡意の噂にみちてゐる。週刊サンケイはまた「鄭昇和の人脈、金載圭の人脈は軍部の中に脈々として生きてゐる」と書いてゐるが、「脈々」とはどういふ事か。金載圭は國家元首を殺した男である。週刊サンケイは殺人犯の人脈に期待し、前捜査本部長全斗煥氏の失脚を望んでゐるのであらう。まさに言語道斷の愚鈍である。

また週刊サンケイはさしたる根據も示さず「全斗煥氏、天下人としてはまだ器が小さいのか、人氣はあまりない」と書いてゐる。日本には言論の自由があるといふ。それなら、日本にも一人くらゐは、さしたる根據も示さずに、全斗煥氏の器が大きいと主張し、彼の所業を賞揚して「見事なり、全斗煥」と書く男がゐてもよい譯だし、また週刊サンケイが「鄭昇和の人脈、金載圭の人脈」に期待してゐるとしても、サンケイ新聞一紙くらゐは「見事なり、全斗煥」と題する文章を載せてよい筈だと思ふ。

（昭和五十五年六月十四日）

柴田穂著「射殺」
——精力的な取材と推理

本書の巻末に朝鮮日報前主筆、鮮于煇氏とのインタヴューが收録されてゐる。そこで鮮于氏は、「日本の韓國報道について批判や要望をお聞きしたい」との柴田穂氏の註文にこたへて「こちらは一生懸命やつてゐるのに（日本の新聞は）不眞面目だ。こちらが眞面目になつてゐる半分ぐらゐに眞面目になつて考へてくれといふ氣持ちだ」と言つてゐる。まつたく同感である。日本の新聞記者は韓國についておよそ眞面目に考へる事が無い。それゆゑ、朴正熙大統領の死後今日まで、新聞報道だけで韓國を判斷せざるをえなかつた人々は、韓國を何か途方もない野蠻な國と思つてゐるかも知れぬ。先日、愚妻の友人は「全斗煥」といふ固有名詞を愚妻から聞かされ、「ああ、あの惡い人?」と言つたといふ。

さういふ韓國についての恐るべき無知を何とかせねばならぬ。さういふ切實な願ひをもつて、柴田氏はソウルに二カ月間滯在し、「ホテルに泊らず、友人宅で過ごし」、數十人の韓國人の「意見をたたき、そこから總合的判斷を引き出し、私の推理とを組み合はせて結論を導き出すといふ作業」に從事したのであり、本書はその精力的取材の結晶である。柴田氏の中國報道の見事については改めて述べる必要は無いが、韓國に關しても柴田氏の取材の熱心と眞面目はまことに見事である。そして、朴大統領の死後、これほど詳細に韓國を取材した新聞記者は柴田氏しかゐない。

私はかつて「柴田氏の鋭い批判精神」を出色のものだと評した事がある。それは精力的に取材したものと「推理とを組み合はせ」る柴田氏の能力を高く評價したからで、本書第五章の、「金鍾泌、全斗煥兩氏の握手が成立した」との柴田氏の推理が今日否定されたのは事實だが、そして「射殺」といふ題名は感心できないが、凡庸ゆゑに勇み足もせぬ凡百のルポと違ひ、本書は韓國理解のために大いに役立つ筈である。一讀をすすめたい。（サンケイ出版・一二〇〇圓）

（昭和五十五年六月二十三日）

他人の痛さを知れ

これは週刊誌ではないが、「自由民主」八月號で小谷豪治郎氏が途方も無い發言をしてゐる。小谷氏は「僕は今まで韓國政府に非常に近」かつたのだが、今は「韓國軍のやり方に非常に面白くない氣持ちを抱いて」をり、今や「日本のバイタル・インタレストは韓國にあるんだといふ考へ方を（中略）再検討すべき」で、アメリカも「韓國から撤退して日本に一時駐留することが（中略）必要だらう」と言つてゐるのである。この、いはば惚れた女に失望してやけのやんぱちになつた親韓派のでたらめは許し難いが、小谷氏の變節は韓國にとつてまたとない教訓になると思ふ。これまで韓國は、かくも無節操な人間を身方と思ひ込んでゐたのである。この際韓國に忠告しておく。これまで金鍾泌氏と親しかつた親韓派が、今後、軌道修正して全斗煥氏を褒めそやす、といつた事態になるかも知れないが、さういふ非人間的な變節に欺かれてはならぬ。私は金鍾泌氏と一時間半話した事があり、金氏を批判する文章を書きもしたが、失脚した金氏をあはれに思ひこそすれ、「いい氣味だ」などとは露ほども思つてゐない。

ところで、私はどうしてこんな事を書いたのか。實は、週刊ポスト七月二十五日號の宇都宮徳馬、文明子兩氏による對談「『金大中廢人説』を抉る」を讀み、そこに「世界」編輯長安江良介氏のコメントを見出し、小谷氏の變節を思ひ、私は考へ込んでしまつたのである。安江氏および著名な韓國問題評論家について、韓國の新聞人S氏は私に、友情をこめて語つた事があるが、そのS氏の態度と安江氏や韓國問題評論家の、韓國人についての冷ややかな意見との間には甚だしい懸隔があつたのである。宇都宮、文兩氏の對談は例によつて何の裏附けも無い惡意の噂話に過ぎない。だが、週刊ポストで安江良介氏は「一説には、（金大中氏は）すでに殺害されてゐる、といふ情報もあるんです」と語つてゐる。いづれ金大中氏が軍事法廷に姿をあらはしたら、安江氏はどうする積りか。いや、どうする必要もありはせぬ。「情報もある」といふ言ひ方をしておけば、責任は一切とらずにすむ。それゆゑ私も安江氏の傳に倣ふが、安江氏は韓國のS氏にあてた私信の中で、卑劣極まる本音と建前の使ひ分けをやつた、といふ情報もあるのである。

ところで、金大中氏の事となると、日本のマスコミが冷静に考へる事ができなくなる。週刊新潮のヤン・デンマン氏は、日本の元總理大臣田中角榮氏を「裁きの庭にひつぱりだしてゐるのはけしからん」と、もしも韓國のマスコミが騷いだら、日本人は一體どんな氣がするか、と書いてゐる。その通りである。ちとわが身を抓つて他人の痛さを知つたらよいのである。

（昭和五十五年七月二十六日）

韓國相手の寄生蟲

週刊現代十月二日號は、金大中氏を辯護する記事に、「たとへ金大中氏が惡だとしても、惡に對して寛大なのが民主主義です」との金一勉氏の言葉を引いてゐる。かういふ恐るべき愚昧をどう成敗すべきか。金一勉氏だの、鄭敬謨氏だの、大江健三郎氏だの、宇都宮德馬氏だの、さういふ度し難い愚者を料理しようと思ひ立つて、そのつど私は絶望する。自分が用ゐる言葉が何を意味するか、それすら解らずにゐる手合を遣り込めるのは至難の業だからで、金一勉氏の場合も、「惡」だの「民主主義」だのといふ言葉を、一體どういふ意味で用ゐてゐるのか、それがさつぱり解らない。それにまた、たとへ金一勉氏が、韓國についてどんなにでたらめを書き捲つても、それに對して寛大なのが民主主義國日本なのだから、金氏に限らず、愚鈍な手合の成敗は、至難の業であるばかりか、勞多くして功少なき行爲とならざるをえない。

だが、いづれ私は、金大中氏の知的怠惰について詳細に論じようと思つてゐる。その際、金大中支持派を徹底的に成敗しようと思つてゐる。かういふ小さなコラムでは所詮意を盡せないが、これだけは言つておかう。管見では、金大中氏の罪は「内亂罪」ではなくて「知的怠惰」である。そして、日本國と異り韓國においては、政治家の思考の不徹底は死に當るほどの重罪となるのである。

だが、私は今、金大中支持者に對してよりも、韓國の身方であるかのやうに裝ひ、その實、商賣の事しか考へぬ日本人に對して怒つてゐる。先日、ソウルで、さういふ韓食蟲に出會ひ、私は本氣で怒つた。そして、本氣で怒つたから確實に損をした。詳しい經緯はここでは語らないが、私が喧嘩した相手は日本の雜誌の編輯長だつたのである。編輯長と喧嘩すれば、物書きは確實に損をする。その雜誌には以後書けなくなる。

もとより私も聖人君子ではない。損ばかりしてゐたくはない。が、韓食蟲退治は、金大中支持派の成敗より大事だと思ふ。編輯者に限らない。韓國との新しいパイプを求めて暗躍する韓食蟲どもは、この際、徹底的に退治しておかねばならぬ。サンデー毎日十月五日號の長谷川峻氏の言葉を借りれば、彼らの「ソロバンづくの商魂」を徹底的にあばかねばならぬ。

だが韓食蟲だけが惡いのではない、韓國も惡いのである。實際、損を覺悟で行動する事の損得について「大人の智慧」を云々する淺薄な手合に、私は今同ソウルで、ずいぶん出會つた。「損を覺悟のお坊ちやんの正義感くらゐ始末の惡いものはない」、さう彼らは心中ひそかに呟くのである。が、さういふ「大人の智慧」ゆゑにこそ、これまで韓國は韓食蟲の好餌となつたのである。それを韓國人は今、眞劍に考へるべきである。

（昭和五十五年九月二十七日）

本氣の內政干涉か

十一月二十六日の朝日新聞によれば、鈴木首相は崔慶祿駐日韓國大使に對し、金大中氏が「處刑されれば（日本の）國會の情勢や言論の論調も嚴しくなり、（政府としては）韓國に協力したくてもできなくなる。（中略）社會黨などが現にさうだが、北朝鮮との交流を進めるべきだ、といふこと（輿論）も出てくるかもしれない」と語つたさうである。それを知つて私は啞然とした。鈴木氏の指導力の缺如については聞き知つてゐたが、まさかこれほどとは思はなかつた。外國の大使に向つて首相は何といふ事を口走つたのか。私は日本國民として首相が恥を曝した事を遺憾千萬に思ふ。要するに首相は、個人的には「韓國に協力」すべきだと信じてゐるが、「國會の情勢や言論の論調」が嚴しくなり、「韓國に協力せず北朝鮮との交流を進めろ」と主張する連中が出て來たら、首相としても與黨の總裁としてもお手上げになる、さう言つた譯である。それが一國の指導者の言ふ事か。

吾々は、おのが指導力の缺如を外國人にまでさらけ出し、恬然として恥ぢない首相を戴いてゐるのか。韓國の新聞は鈴木發言に內政干涉とて反撥したが、本氣で內政干涉をやるだけの氣力は鈴木首相にはあるまい。事實、首相は「內政干涉をする積りは無い」と再三言明してゐる。そのくせ金大中氏が「極刑にならぬやう最善の努力をする」と、社會黨の飛鳥田氏には答へてゐる。まさに支離滅裂としか評し樣が無い。「極刑にならぬやう最善の努力」をすれば、それは必然的に內政干涉にならざるをえないのである。

一方、サンデー每日十二月十四日號は「金大中氏が處刑されれば、日本政府の道義的責任のなさ、外交的拙劣さを世界にさらけ出すことになる」と書いてゐる。首相が韓國の大使に恥を曝した事さへ遺憾千萬なのに、日本政府の恥が世界中に知れ渡るとしたらそれは一大事である。每日は「日本政府は主權侵犯された當事國として、言ふべきことは言ひ、毅然とした態度」で臨めとの靑地晨氏の意見を紹介してゐる。每日の言ふやうに、金大中氏が處刑されると、日本政府が世界中に恥を曝す事になるのなら、それは何としても避けねばならぬ。この際日本は徹底的に韓國の内政に干渉すべきで、主權侵害もためらふべきではない。だが、毎日に尋ねたい、徹底的に内政干渉をやつたらどういふ事になるか、それを毎日は本氣で考へた事があるのか。

私は鈴木首相やサンデー毎日の揚げ足を取つて樂しんでゐるのではない。首相から週刊誌まで、日本人はどうして韓國に關してからもいい加減な事を言ふのかと、それを怪しむのである。正直、私にも韓國に對する不滿はある。韓國人と激しく論爭した事もある。だが、論爭した時、私も相手も本氣であつた。本氣で附き合つてみるがよい、韓國から學ぶ事は多々ある事が解るであらう。

（昭和五十五年十二月六日）

善なりや戰爭抛棄

「奥野法相の〝自主憲法制定〟論は、將來の改憲に備へて、自民黨のホンネを述べたものとされてゐるが、鈴木首相は今國會で、憲法改正せずと語つて」をり、「前者が政府自民黨のホンネとすれば後者はタテマへといふことになる」が、「新たな國内、國際情勢の中で、ゴマかしの論爭は許されるべくもなく」、「軍事力問題」は「國民的課題として抉られるべき時」だと、週刊ポスト二月二十日號は書いてゐる。つまり、「自主憲法制定」論は「自民黨のホンネ」なのだから、鈴木首相が「ゴマかし」てゐるのであり、許されないのは法相ではなく首相であつて、「奥野法相を見習ひ本音を吐け」とポストは主張してゐる事になる。

なるほど、ポストの記者に答へる法相の發言はすこぶる率直かつまつたうであり、法相の「誠實は書生の誠實」だと評する向きもあるが、とんでもない事である。「政治的賢明」に終始すれば、政治的に賢明たりうるとは言ひ切れない。私は法相の氣骨にぞつこん惚れ込み、頼もしい政治家が日本國に殘つてゐた事を喜んでゐる。

　大方の日本人は忘れてゐようが、改憲は自民黨の綱領なのであり、綱領とは根本方針の謂だから、鈴木善幸氏に限らず、護憲論者の自民黨員は根本方針にそぐはぬ主張をしてゐるのである。法相の罷免を社會黨は要求し、首相も「改憲を主張して譲らぬ閣僚は去つてもらふしかない」などと言つてゐるが、なんとも面妖な言分で、護憲を主張する閣僚こそ離黨すべきではないか。保革を問はず、法相の氣骨を苦々しく思つてゐる手合に言ひたい。根本方針を無視するのが政治的賢明なら、御都合主義にのつとり、自民・共産の連立政權さへ認めてもよいといふ事になるのである。

　ポストが意見を徴した護憲論者は、いづれも「戰爭抛棄を唱へてゐる憲法を守らねばならぬ」と考へてゐる。が、吉村正氏は「憲法なんてたいしたことない」と言ふ。これは果して暴論か。とまれ、私も「暴論」を吐いておく。大方の日本人が戰爭は惡いと言ふ。が、戰爭の何が惡いのか。戰爭抛棄の何が善いのか。わが國の非戰論者は「死にたくない」と言つてゐるに過ぎぬ。私はこの「暴論」の責任を斷じて回避しない。奥野法相の頑固を見習ひ斷じて自説を撤回しない。保革を問はず、だれでもよい、私をたたくがよい。私はたたき返す。戰爭は惡事ではないのである。

　ポスト二月二十七日號は、「あのやうないいかげんな改憲論議ではファッショになつてしまふ」との會田雄次氏の意見を引いてゐる。が、ポストの記事もまた「いいかげんな改憲論議」の域を出ない。つまり、ポストは專ら、八百長の喧嘩は許されぬ、もつとやれ、と言つてゐるだけなのだ。ファッショを恐れての事ではない。そのはうが儲るからである。

（昭和五十六年二月二十八日）

他人を責めぬ風潮

週刊文春四月二十三日號に野坂昭如氏は、僧侶の墮落を批判して「町を歩いて眼につくのは鐵筋コンクリート製の本堂と、その經營する駐車場、佛の道を說く者など、絕えて久しい。大都市で托鉢、說法に觸れた者はまずゐないと思ふ、よくまあここまで墮落したものである」と書いてゐる。けれども、野坂氏は昨年、「防衞大合唱を嗤ふ」と題する文章を綴り、「武士の心はやめた方がいい、商人の氣がまへ、前垂れかけて、膝に手を當て、頭を下げる」のが「一億一千萬人の生きる道」だと主張したのである。それなら、僧侶が「前垂れかけて、膝に手を當て」、鐵筋コンクリートの本堂を建て、駐車場を經營してゐる事を、なぜ野坂氏は怪しまねばならないのか。場當りを狙つて思ひ附きを書き散らし、「右も左も蹴つとばし」した積りでゐる戲作者風情に、僧侶や神官の墮落を批判する資格なんぞありはせぬ。宗教の「導きによつて救はれたい人たちが、世に滿ち滿ちてゐるのに」と野坂氏は言ふが、今の日本國に、宗教の「導きによつて救はれたい」人々が「滿ち滿ちてゐる」筈は斷じて無い。斷じて無いと斷ずる根據を私はいくらでも擧げられる。「武士の心はやめた方がいい」と書いて、野坂氏は世の笑はれ者になつた譯ではない。それこそ日本人が眞劍に生きてゐない事の證しに他ならぬ。眞劍に生きてゐない者がどうして宗教の救ひなんぞを必要としようか。

當節、吾國の知識人は、宗教や道德に言ひ及ぶ事頗る稀である。言及しても必ずお座なりを言ふ。サンデー毎日四月二十六日號に、鳥井編輯長が書いてゐる、「裁判官、大學教授、知事、市長……モラル喪失をつきつける事件がどこまでつづくのでせう」。かういふ文章を讀んで、なぜ人々は腹を抱へて笑はないのか。「どこまでつづくのでせう」などと涼しい顏で書いてゐる男が、本氣で「モラル喪失」を憂へてゐる筈は無い。昨今、おのれを省みる事無く專ら他人に努力を要望する風潮が顯著だが、それこそ「モラル喪失」の何よりの證左である。政治家は、宗教家は、教師は、新聞人はかくあるべしと、識者はしきりに言ふ。が、おのれはかくあるべしといふ事を決して考へない。

野坂氏は週刊讀賣五月三日號にも、「戰爭に行きたくなけりや米を食へ」と題する駄文を寄せ、「子供を戰爭に行かせたくなかつたら、今のうちに子供に米を食べる習慣をつけたはうがいい」と主張してゐる。これほど粗雜な思ひ附きを公表しても、右からも左からも、野坂氏は決して叩かれない。「人を責むるの心を以て己を責め」よといふ。が、他人を責めず、他人に責められる事も無いとすれば、どうして己れだけを責める氣になれようか。かくて人々は馴合ひの快を貪るのである。

（昭和五十六年四月二十五日）

筋道よりも和を重視

週刊新潮五月二十八日號によれば、石原愼太郎氏はかつて佐藤榮作氏に、「核を作らず、持たず」まではよいが「持ち込ませず」はナンセンスであり、「そんなアホダラ經みたいなゴロ合せはやめたはうがいい」と忠告したといふ。だが「作らず、持たず、持ち込ませず」と三拍子揃ふと、それはあたかも七五調のごとく、吾々日本人に生理的快感を與へるのである。俗に「飲む打つ買ふ」といふが、「飲む打つ」だけでは調子が惡からう。それで、「持ち込ませず」を加へた、その程度の事でしかない。私は冗談を言つてゐるのではない。週刊現代六月十一日號に江藤淳氏は、非核三原則を堅持せよと主張するのなら、「核の傘」も要らぬ、「同盟も願ひ下げ」、「ソ聯が攻めて來たら白旗を立てて」降伏すると、さう公言すべきである、「筋道を立てて考へるなら」、どうしてもさういふ事にならざるをえぬ、と書いてゐる。が、「筋道を立てて考へる」のは日本人が何より苦手とするところなのであつて、週刊新潮五月七日號にヤン・デンマン氏が書いてゐるやうに、吾々は「戰爭は惡だ、惡だ、と叫び續け」るだけで戰爭はなくなると、さう思ひ込んで久しいのである。

江藤氏はまた週刊現代六月四日號に、「この度の一聯の首相發言は、外交音癡を遺憾なく暴露したもので、お粗末」この上無しだと書いてゐる。同感である。鈴木首相は憲政史上最低の總理大臣だと私は思ふ。首相は「外交音癡」であるばかりか、元社會黨員だけあつて、戰爭アレルギーをいまだに脱し切れずにゐる。首相はレーガン大統領に、日本は軍事大國にならず、平和憲法と非核三原則を守り、專守防衞に徹すると言つた。本氣でさう言つたのである。

だが、社會黨員だつた頃の鈴木善幸氏と、自民黨總裁である今の鈴木善幸氏と、その「外交音癡」も思考の不徹底もさして變らず、しかも自民黨の派閥力學ゆゑに當分鈴木體制が搖がないとすれば、何を言はうと所詮は徒勞であらう。吾々日本人は「筋道を立てて考へる」事をしない。何よりも和を重んずる。それかあらぬか、例へば改憲問題をめぐつての保守派同士の「近親憎惡」を何よりも恐れる向きもある。私は最近保守派イデオローグの「第一人者」と目される學者の防衞論のでたらめを批判する文章を綴つて、或る雜誌の編輯長にその淺はかを窘《たしな》められた。言論の自由が保證されてゐるはずの吾國において、猥褻な事を書く自由はあつても、首相やジャーナリズムを批判する自由はあつても、保守派が保守派を批判する自由は無い。明治時代、「物質的の革命」は「外部の刺激に動かされて來りしものなり。革命にあらず、移動なり」と北村透谷は書いた。が、吾國の論壇が知的誠實を重んずるやうになるためには、すさまじいまでの「外壓」が必要なのかも知れぬ。

（昭和五十六年六月六日）

淺薄極まる法意識

筑波大學の中川八洋氏が「月曜評論」紙上に、猪木正道氏は「ソ聯政府の代理人になつたかの如くである」と書いた。すると猪木氏は「極めて惡質な誹謗であり、到底看過できない」とて、中川氏及び「月曜評論」に對し謝罪を要求、「刑事および民事上の法的手段を採る」と通告した。週刊文春八月二十日號はこの「前代未聞のチン事」を報じ、中川支持派と猪木支持派の「兩陣營は全面戰爭に突入」したと書いてゐる。私自身、文春に意見を求められ、猪木氏の「理解不可能なレトリック」を散々批判したのだから、文春が私を中川氏の「應援團」の一員だと思つたのは是非も無い。だが、私は中川氏の論文にも批判的なのであり、七月三十一日の朝、ラジオ關東の「今日の論壇」でも、私は中川氏の論理の杜撰を指摘した。それに何より、ソ聯が脅威かどうかについて論じて、それがそのまま防衞論として通用するのは馬鹿馬鹿しい限りだと思ふ。すべての他國が潛在敵國ではないか。ソ聯は脅威かどうかなどといふつまらぬ事柄は、アメリカや中國の論壇では決して論じられてゐるまい。「脅威脅威とやみくもに騷ぎ立てるのは、逆效果でマイナス」だと猪木氏は言ひ、「ソ聯が脅威ではない、などといふのは〝太陽が西から昇る〟と同じくらゐをかしな議論」だと中川氏は言ふ。だが日本人の大半は、ソ聯の脅威なんぞ一向に感じてゐまい。それゆゑ、この蝸牛角上の爭ひが話題になるのであらう。

だが、言論人が安直に裁判官の判斷を仰がうとするのは感心できぬ。先般、東京高裁は「百里基地裁判」の判決において、自衞隊が合憲か否かについての「判斷を回避」したが、七月八日附の朝日新聞社説は「なぜ憲法判斷を避けるのか」とて判決を批判した。朝日は猪木氏と同樣、法の裁きを過信してゐるのではないか。それは日本人の法意識の未熟を例證するもので、三權分立とは司法權の優位を意味しないのである。

一方、週刊新潮八月二十七日號の「田中角榮被告『有罪までは無罪』に嚙みついた石川達三氏」と題する愚劣な記事も、日本人の法意識の淺薄を如實に物語るものであつて、石川氏は「有罪の判決が有るまでは無罪」とは「まるで中學生の理論のやうに短絡的であつて、筋が通らない」などと、法治國の國民にあるまじき戲言を口走り、それを新潮は頗る好意的に紹介してゐる。本欄に執筆して五年、私は今回ほど新潮を輕蔑した事が無い。「有罪の判決が有るまでは無罪」なのではない。元首相であれ殺人鬼であれ、有罪と決るまでは無罪の扱ひをするのが法治國なのである。新潮には何か石川氏を持上げなければならぬ事情があつたに相違無い。さう考へねば理解できぬほどの、これは淺薄なる法意識である。

（昭和五十六年八月二十二日）

言論か暴力か

中川八洋氏が「月曜評論」に、猪木正道氏は「ソ聯政府の代理人になつたかの如くである」と書いたところ、猪木氏は「重大な侮辱」であり、もはや「言論ぢやない」、「これは暴力だ。（中略）暴力に對しては刑法に賴るほかない」（九月一日附「世界日報」）とて、中川氏及び月曜評論社代表桶谷繁雄氏を告訴した。その程度の「刺戟的な文句」がどうして名譽毀損になるのか、「猪木さんといふ人は、文章から類推するかぎり大變な權威主義者のやう」だと、九月二十一日附の「月曜評論」に大久保典夫氏が書いてゐたが、全く同感である。權威主義者でも頭腦明晰なら取柄はあるが、猪木氏の場合、その著書には論理の破綻や飛躍がふんだんにあり、いづれ私はそれを拾ひ集め丹念に批判しようと思つてゐる。國防は一國の大事であり、大事に關する限り容赦も無く批判し合ふのが言論人たる者の責務だと、中川氏もさう信じて猪木氏を批判したのであらうし、「若い評論家の世に出る早道は、權威ある先輩に喧嘩を賣ることで、これは山路愛山に論爭を挑んだ〈人生相涉論爭〉の北村透谷以來の傳統」だと大久保氏も書いてゐるが、もはやその傳統は死に絶えたのではないかと私は思ふ。今や「若い評論家の世に出る早道は、權威ある先輩に媚を賣ること」であり、さういふ處世術を忘れて先輩を批判すれば、今回の中川氏の如く、逆に先輩から喧嘩を賣られる羽目になる。

だが、今回は大いに喧嘩の花が咲いたはうがよい。週刊文春八月二十日號は、「猪木・中川論爭」に關する諸氏の意見を徵してゐるが、猪木氏が中川氏を告訴する事に關する限り誰一人贊成してゐない。「ソ聯政府の代理人」云々の表現が名譽毀損になんぞなる筈は無いと、皆、承知してゐるからである。それゆゑ、喧嘩の花は咲かずして、猪木氏の鼻が折れてしまふ恐れは多分にあるが、さういふ事にならずして、この喧嘩にならぬ喧嘩が何とか長續きするやうであつて欲しい。なぜなら「猪木・中川論爭」は、改憲の是非についてこれまで曖昧な態度を採り續けて來た保守派知識人に、一種の踏繪を突き附ける事になるかも知れないからである。改憲の是非などといふ大事に較べれば、保守派同士の和合なんぞは小事であつて、「文人、相輕んず」る事となるのも止むをえない。

けれども、私はここで改憲の是非を論じようと思つてゐるのではない。猪木正道氏の思考の淺薄について語らうと思つてゐるのである。猪木氏が法と道德を混同していかなる戲言を口走つてゐるかについては「ボイス」十一月號にも書いたけれども、中川、桶谷兩氏を告訴するといふ相も變らぬ「短絡思考」にもとづく今回の淺はかな行爲も、猪木氏の思考の淺薄を如實に示してゐるのである。

「なぜ中川氏に反論せずに告訴したのか」との「世界日報」記者の質問に對し、猪木氏はかう答へてゐる。「ボクは言論の自由のためには、これまで一貫して鬪つてきたつもりだ。だから言論であれば、ボクは反論しますよ。だけどね、『ソ聯政府の代理人』とか『ソ聯への忠誠心』というのは言論ぢやないと思ふな。これは暴力だ。（中略）暴力に對しては刑法に賴るほかない」。かういふ杜撰な思考力をもつてして、よくも防大の校長や京都大學教授が勤まつたものだと思ふと、もしも私が書いたならば、それは「言論」なのか、それとも「暴力」なのか。ここで「暴力」といふ言葉の意味を詮索する暇は無いが、暴力に對しては暴力もしくは權力の制裁があつて當然である。だが、中川氏は「ソ聯政府の代理人になつたかの如くである」と書いたのであつて、「ソ聯政府が猪木氏に鼻薬を嗅がせた」と書いた譯ではない。それに何より、暴力に對する場合と異り、言論に對しては言論による制裁が可能である。「猪木といふ人は馬鹿だ、頓馬だ、間抜けだ、薄鈍だ」とだけ喚き立てるのも言論だらうが、さういふ「暴力的言論」をジャーナリズムが本氣で取上げるのなら話は別だが、「ソ聯政府の代理人」云々の言論に對しては、言論による反撃や制裁が可能ではないか。猪木氏はなぜそれをやらないのか。いや、なぜやれないのか。

私は今、かうして猪木氏の思考の淺薄を嗤つてゐる。實際、かくも劣弱な思考力の持主に、よくも防大の校長や京都大學教授が勤まつたものだと、私は思つてゐる。さて、猪木氏は私と「月曜評論」をまたぞろ名譽毀損の廉で訴へるのか。もしも訴へないのなら私は猪木氏に問ふ、「ソ聯政府の代理人」云々と言はれるのと、頭が惡いと言はれるのと、言論人にとつて一體どちらが不名譽か。「ソ聯政府の代理人」云々と言はれたら、ソ聯政府の代理人でないゆゑんを言論によつて述べ立てるか、さもなくば默殺すればよい。だが、かうして猪木氏を愚鈍と極め附けてゐる私は、暴力を行使してゐる事になるのか。暴力か否かの判定は司直の手を煩はせねばならぬのか。

俗に「畑に蛤」といふ、畑を掘つて蛤を探す事は愚かしい事だといふ意味である。中川、桶谷兩氏を告訴した猪木氏の行爲がそれだと思ふ。猪木氏は言論人である。そして言論人とは、大久保典夫氏の言葉を借りれば「〈言葉〉の專門家」である。勿論、檢事も判事も言語によつて思考するのだから、言葉を蔑ろにしてよい筈は無い。だが、言論人は「言論の專門家」なのであり、專門家はおのが專門とする事柄について、他の領域の專門家の判斷を輕々に仰ぐべきではない。例へば自衞隊の存在は憲法違反なりや否や、さういふ事まで裁判官に決めて貰はうとするのは、私には非常識としか思はれぬ。假に最高裁が、日本國憲法は戰力の保持を禁じてをり、それゆゑ自衞隊は違憲であるとの判決を下したら、日本國は自衞隊を解散し、完全なる非武裝國に徹しなければならぬのか。最高裁の判事といへども神ではない。三權分立とは司法權が立法權や行政權よりも常に上位にあるといふ事を意味しない。

私は判事を侮つてこれを言ふのではない。言論人が司法官に過大な期待を寄せる事を戒めてゐるに過ぎぬ。そしてその過大な期待は、司法權の尊重であるかに見えて、その實、輕視に他ならない。例へば村松喬氏は、田中角榮氏が「有罪になればともかく、逆の結果が出たら、はなはだ困つた事になる。政治に對する不信感は、永久にぬぐへなくなる」と言つてゐる（週刊新潮八月二十七日號）。これほど淺薄な意見を口走つて袋叩きに遭はぬのは奇怪千萬だが、「政治に對する不信」は司法官だけが拭ふべき筋合のものではない。村松氏は司法權に過大な期待を寄せてゐる譯だが、もしも最高裁が田中角榮氏を有罪とせず、「逆の結果が出たら」、村松氏の「司法に對する不信感は、永久にぬぐへなくなる」のであらう。そして村松氏は、おのが意見に合致せぬ最高裁判決を惡しざまに言ふのであらう。

猪木氏は「言論であれば、（中略）反論」するが、中川氏の言分は言論にあらずして「暴力」だと言ひ、猪木氏を支持する學者たちも、中川氏の「直情徑行」を批判してゐる。だが、中川氏が「直情徑行」なら、それを窘めたらよいので、反論せずして裁判官の判斷を仰いだ以上、猪木氏は言論人としての責任を拋擲した事になる。日本國の檢事も判事も猪木氏ほど愚昧ではあるまいから、猪木氏はこの喧嘩に負けるであらうが、その場合、言論人としての責任を拋擲した猪木氏は潔く判決に服し、猪木氏は「ソ聯政府の代理人になつたかの如くである」との中川氏の主張の正しさを全面的に認めるのであらうか。それともおのが言分を認めぬ司法官を惡しざまに言ふのであらうか。

中川氏は、「今回の事件によつて猪木さんの諸論文および諸發言がより多くの人に讀まれ、猪木さんがいかに貧弱かつ劣惡な知識しかなく、わが國の防衛政策を論じるに全く適さない人物であるかが廣く知れわたると思」ふと言つてゐる（「世界日報」）。私もさういふ事になると思ふし、さうなつて欲しいと思ふ。中川氏はまた、「猪木さんはご自分を批判する人に對していやがらせ、その他の陰濕な裏工作をもつて封じてきた、といふウハサ」があると言つてゐるが、私もさういふ噂を聞いてゐる。私自身も被害者だとの噂も聞いてゐる。事實なら怪しからぬ事だが、私はしかし、眞僞のほどを確かめずして猪木氏に腹を立ててゐる譯ではない。「猪木・中川防衞論爭」は、その根柢に、改憲の是非をめぐる保守派知識人の意見の對立がある。そして、その對立は私怨や私恩によつて曖昧にする事のできぬものであり、それゆゑ私は今回の喧嘩に花が咲く事を望むのである。

日本國はいつまでも「モラトリアム國家」を極め込む譯にはゆかず、いづれ必ず眞劍勝負を强ひられるであらう。竹刀で面を取られても生命に別狀は無いが、眞劍なら負けたはうは死ぬ。言論の場合も同樣で、論爭に負けたはうは、いかに惡しざまに腐されようと、文句は一切言へぬ筈である。だが、目下のところ日本國は馴合ひ天國であり、それゆゑ眞劍を振り翳《かざ》す「直情徑行」の野暮天は必ず村八分になる。それを存分に思ひ知らされたから、このところ私は口汚い罵倒を愼んでゐた。今回、私は久し振りに「愚鈍」といふ言葉を用ゐたが、それは中川氏の猪木批判と私のそれと、一體どちらが猪木氏にとつて不名譽かと、その事が言ひたかつたからに他ならない。

最後に猪木氏に問ふ、私の批判は言論なのか、それとも暴力なのか。言論と認めるなら猪木氏は反論すべきであり、暴力と思ふなら告訴すべきである。ただし、告訴は歡迎するが、「陰濕な裏工作」だけはやらないで貰ひたい。夏目漱石は「私の個人主義」と題する講演で、三宅雪嶺の「子分」による言論抑壓を批判し、「槇雜木《まきざつぽう》でも束になつてゐれば心丈夫」だらうと皮肉つたが、さういふ卑劣な振舞は一時功を奏しても、必ずや後世の知るところとなる。猪木正道氏は「貧弱かつ劣惡な知識」の持主だつたけれども、決して卑劣漢ではなかつた、道徳的に立派な人間だつたと、後世が評するやうであつて欲しいと私は思つてゐる。

（昭和五十六年十月五日）

今や年貢の納め時

週刊新潮十月二十九日號によれば、都内のホテルで開かれた外交豫算說明懇談會で、自民黨の秦野章氏は、園田外相の服裝について「あれはいかんよ。成金趣味じゃないか」と言つたといふ。なるほどポローニアスのせりふではないが「華美は禁物。たいてい著るもので人柄がわかる」のである。そして「一國の外相はその國の顏」ならば、成金國家の外相が「赤いルビーの指輪をしたり、ダイヤのネクタイピンを光らせたり、金のブレスレットをちやらちやらさせ」たりするのは一向に怪しむに足りない。ただし、奥野法相が「金のブレスレットをちやらちやらさせ」て改憲を訴へたり「人の道」を說いたりする、さういふ圖はちと想像し難いから、日本國の「關節がはづれてしまつた」譯ではあるまい。奥野發言については次回に書くが、園田夫人の話では外相の指輪は「ルビー」ではなくて「サンゴ」だといふ。指輪もブレスレットもネクタイピンも「みんないただき物」なのだといふ。さういふつまらぬ些事の報告に新潮は四ページの大半を割いてゐるのだが、「フルコースの晝食をとりながら、外務省側から來年度の豫算說明などが行はれ」たといふその會合で、中尾榮一氏は「今の外交はなつてゐない。だいたい、あの（外相の）マニラ發言は何だ」と言つたさうである。全く同感だが、秦野氏にせよ中尾氏にせよ、園田外交には腹を据ゑかねてゐるのであらう。外相の服裝よりもむしろその人格と識見を新潮は論ふべきではなかつたか。

一方、このところアメリカの日本に對する不滿は、「對日貿易赤字增の問題ともからんで一氣に噴出しさうな形勢」である。十一月三日の朝日新聞社說は「これからは日米交流の場に、ハト派ももつと登場」すべきであり、「米國が日本の意見の多樣性をよく認識した上で對日對策を立てる」べきだなどと、頗る悠長な事を書いてゐるが、その種の甘えはもはや許されまい。日本が今後もなほ「モラトリアム狀態」の國家として繁榮を享受できると考へるのは「あまりにも蟲がよすぎる」と、十一月一日附サンケイ新聞に北詰洋一氏が書いてゐる。その通りであつて、日本はたうとう年貢の納め時を迎へたのである。

しかるに週刊ポスト十一月六日號では、野坂昭如、筑紫哲也兩氏が「〃世界核競爭〃下における日本人のあり方」とやらを論じてをり、筑紫氏は「武器を持つのは、世界の常識だ」といふが、「世界の常識はまちがつてゐる」のだから、「それに附き合ふことはない」と言つてゐる。つまり軍備增强をやめようとせぬ國々は非常識だと、筑紫氏は言ひたいのであらう。が、四方八方、馬鹿に取り圍まれてゐる時は、馬鹿になるのが智慧ではないか。さもないと、いづれ四方の馬鹿の袋叩きに遭ひ、大損したのは利口馬鹿の日本だつたと、さういふ事になりかねないと思ふ。

（昭和五十六年十一月七日）

後の世をこそ恐るべし

野坂昭如氏は愛嬌のある文士である。羞恥心が有るやうにも無いやうにも見え、頭が良いやうにも見え惡いやうにも見える。八方破れではあるが、邪氣がまるで無い。それゆゑだだつ子のやうに憎めない。週刊ポスト二月五日號によれば、このたび野坂氏は「『軍擴元年』に宣戰布告」したさうで、「幻の『大東亞共榮圈構想』を斬」り、「日本の場合には、何も守るべきものがないから困つちやふ」と、ポストの記者に言つたといふ。だが、野坂氏はまた、守るべきは「ぼくたちの生命、財產、四季の移り變はり、あるいは、好きな人間とか友だち」など「個人レベルのもの」であり、さういふ者を守るためなら「GNP一パーセントにこだはらず、三・五パーセントだらうが十パーセントだらうが、支出して當然」だとも言つてゐるのである。週刊ポストの頭の惡さと野坂氏のそれとが二重寫しになつてゐて、野坂氏の言分は不得要領だが、いづれ「個人レベルのもの」が危ふくなれば、野坂氏は「我、愛するもの、ためなら戰はん」とて、「二十パーセントだらうが三十パーセントだらうが、支出して當然だ」と主張するやうになるに違ひ無い。

それゆゑ、かういふ陽性の文士ははふつておけばよい。厄介なのは陰性の僞善的文士である。週刊文春二月四日號によれば、中央公論社の安原顯氏が大江健三郎氏の「作品をケナした」ところ、大江氏は「怒つて嶋中社長に電話をかけ」、「もう中公の仕事はしない」と言つたといふ。柳田邦夫氏は大江氏について「心のトゲだとか『内なるオキナハ』だとか、よく言ふよと私は心の中で舌打ちする」と「現代の眼」一月號に書いた。同感である。「内なるオキナハ」だの「内なる金大中」だのと、反吐の出さうになる美辭麗句を大江氏はしこたま連ねて來たが、大江氏の言行不一致については私も色々と聞いてゐる。大江氏に警告する、昔と異り今は記錄の殘りやすい時代なのである。テープ・レコーダーがあり、電話盗聽器もある。深夜、一人切りになつて胸に聞け、などと古めかしい忠告はせぬが、編輯者の誰かが大江氏の言行不一致を苦々しく思ひ、それを日記に書き殘してゐるかも知れぬ。後世に殘るのは大江氏の作品だけではないのである。

だが、當節の文士は利那的で、後の世の事なんぞ考へぬ。先日の文學者による「反核アピール」を讀んで私は呆れた。あの僞善は許せぬとか、反米運動に利用されるとかいふ大形な批判には及ばない。あの文章は惡文である。では、惡文と知りつつ三百三人は署名したのか。さうではない。「モラトリアム」國家の文士も「後の世をこそ恐るべし」といふ事を考へないのである。だが、惡文のアピールに同意したといふ事實は殘る。一月二十八日附の「世界日報」は三百三人の氏名を公表した。それを國會圖書館は保存するのである。

（昭和五十七年二月六日）

高木は風に折らる

「日米關係は日を追つて惡化し、日歐關係も險惡になつて」ゐるが、日本には「自分にとつて都合の惡い情報は、存在しないことにするといふ奇妙奇天烈な心理」がある、嘆かはしい事であると、週刊現代三月二十七日號に江藤淳氏が書いてゐる。同感である。

週刊ポスト三月二十六日號が報じてゐるやうに、アメリカは今や「日本による經濟植民地主義の支配下にある」などといふ物騷な發言がアメリカの上院の公聽會でなされたといふ事實を、日本に對する「嫉妬」ゆゑの「理不盡」な「イヤガラセ」に過ぎぬとて輕視する譯にはとてもゆかない。

しかるに、週刊朝日三月十九日號は、「米國側の姿勢で一貫してゐるのは、今秋に控へた中間選擧に向けての政治家の人氣取りだ」と、頗る悠長に斷じ、「今回の日米貿易摩擦といふものは實體がない。日米兩政府とも、幽靈を相手に格闘してゐるやうなもの」だ、との長谷川慶太郎氏の意見を引いてゐる。長谷川氏はまた、日米貿易摩擦を解消するには日本が「アメリカからアラスカ原油を買へば」よいので、それで「萬事うまくいく」と主張してゐるさうである。この長谷川氏の「アイデア」には、一石二鳥どころか三鳥、四鳥ものメリットが期待できる」と週刊朝日は言ふ。それは奇怪千萬な話だと、常識のある讀者なら思ふであらう。そんな結構な解決策があるのなら、なぜ「日米兩政府」が「幽靈を相手に格闘」してゐるのか。

私も常識家のつもりだから、眉に唾を塗りながら朝日の記事を讀み進んだ。すると果せるかな、アメリカがアラスカ原油の對日輸出を解禁できぬ理由が書いてあつた。それどころか、日本の「石油業界にとつてアラスカ原油」が「魅力に乏しい」理由まではつきり書いてあつた。私は啞然とした。日米雙方にもつともな理由があるのなら、「アラスカ原油を買へば萬事うまくいく」との長谷川氏の御託宣はまさしく机上の空論といふ事になる。

週刊現代三月二十七日號によれば、過日「東京にサケを呼ぶ會」は三十萬匹の鮭の稚魚を多摩川に放流したが、「多摩川は、汚れはもちろん水量不足も深刻。假に魚道を整備しても（中略）サケは堰を越えられず全滅する」といふ。成長して「母なる多摩川に歸つてくる」鮭の事は考へず、専ら「多摩川をきれいにするためのキャンペーン」として放流したとすれば、「この自然復活運動、どこかにエラク不健全な精神がうかがへる」と現代は書いてゐる。同感である。だが「東京にサケを呼ぶ會」の無責任は、たかが鮭にとつての「殘酷物語」を招來するに過ぎぬ。しかるに、貿易摩擦についての無責任な發言は、日本國民にとつての「殘酷物語」を招來しかねない。「黄禍論」の理不盡を言ふ前に、週刊誌はさういふ事をちと考へてはどうか。「高木は風に折らる」といふ。その理不盡を云々しても始まるまい。

（昭和五十七年三月二十日）

内村剛介氏と片桐機長

先月二十日、日本の文學者二百八十七人が「核戰爭の危機を訴へる聲明」とやらを發表した。二十七日附の朝日新聞は「文學者の苦澁を反映、廣がる署名、三百人を超す」との見出しをつけ、署名した「文學者」十一人の意見を紹介してゐる。「苦澁を反映」だなどとは白々しい限りである。この飽食暖衣の國の文士が「苦澁」なんぞする譯が無い。狐狸庵先生こと遠藤周作氏も署名して、「聲明文が聲明だけではなく何かもつと影響と効果のある方法を考へられないでせうか。不發彈に終はれば殘念です」と言つてゐるが、週刊誌に「ぐうたら」な文章を書き擲り、テレビでも稼ぐ似非カトリックが、「核戰爭の危機」なんぞを本氣で案じてゐる筈は斷じて無いのである。だが、轉びバテレンの「苦澁」とやらを題材にして「ああ、日本になぜクリスト教は根附かぬか」などと、心にも無い「苦澁」を訴へて稼ぎ捲るぐうたらカトリックの事は今はこれ以上論ふまい。私は內村剛介氏のでたらめに腹立ちを抑へられぬからである。朝日新聞によれば內村氏はかう言つてゐる、「署名します。（しかし）全般にこの聲明文は空疎で心を打たない。練り直しが必要と思ふ」。

中野孝次氏だの、大江健三郎氏だの、柴田翔氏だのが署名したのは解る。井伏鱒二氏だの、尾崎一雄氏だのが署名したのも解る。井伏氏も尾崎氏も要するに「政治音癡」なのである。だが、聲明文が「空疎で心を打たない」のなら、なぜ內村氏は署名したのか。內村氏の文章は頗る粗雜であり、聲明文を「空疎」だなどと極め附ける資格は內村氏には斷じて無い。そして「文は人なり」であつて、粗雜な文章しか綴れぬ男だからこそ、「空疎で心を打たない」聲明文に署名するといふ、破廉恥とも評すべき粗雜な行爲をやつてのけたのである。文學者は讀者の「心を打つ」事だけを考へる。「心を打たない」文章に同意するのは、「文學者」でない證據である。例へば次に引く內村氏の惡文を見よ。

反核も平和も反戰もそれ自體としてはいいことで、文句はつけられない。この事は今ではもうコモン・プレースに屬する。ならばそのコモン・プレースにコミットしたからといつてコミットメント自體に何ほどの意味があらうとも思はれない。（中略）しかも、またしてもヨーロッパの反核ぶりを見てわがふりなほせのくちなのだから笑はせるつてことになる。

（「月曜評論」昭和五十七年二月十五日號）

この內村氏の恐るべき惡文の惡文たるゆゑんについて解說する紙數は無い。だが、私は「言論春秋」の讀者に言ひたい。「月曜評論」は、「言論春秋」と同樣、頗る信賴しうるミニコミ紙なのである。その「月曜評論」にも、これほど破廉恥な惡文が載るのである。とまれ、愚かしい「反核アッピール」は「心を打たない」と言ひながら、內村氏はそれに署名し、しかも、あらうことか、「月曜評論」において「反核アッピール」を批判した。正氣の沙汰とはとても思はれぬ。內村剛介などといふ物書きを、「言論春秋」の讀者が、今後一切信用しないやう、私は切に望む。

先般、日航機が墜落して、ジャーナリズムはしきりに片桐機長の異常を論つてゐる。だが、內村剛介氏の異常と片桐機長のそれとは甲乙無い。しかるに世人は內村氏の異常を論はぬ。奇怪千萬である。

（昭和五十七年三月）

許し合ひ天國、日本

「教壇に立つ教師めがけてハサミが飛ぶ。たばこを吸ふのは日常茶飯事。金の貸し借りには二十倍から七倍もの利子がつく」、それが京都府長岡京市の「小學校の實態」だと、共産黨員の教師が日教組の教研集會で報告した。けれども「今や父兄の間では（中略）反撥が高まる一方」だと、週刊新潮四月八日號は書いてゐる。「報告の內容が捏造されたものだつた」からだが、その點を追及されて森眞人教諭は「ニタニタした笑ひを浮べながら」謝つたといふ。新潮の言ふとほり、さういふ性惡な教師の首も切れぬとはまことに解せぬ話だが、許し合ひ天國日本では、それも致し方の無い事なのである。

なにせ內閣總理大臣にしてからが、ワシントンでは、「自分の國は自分の手で守つてゆくといふ氣概が重要」とて胸を張つたものの、先刻、國會で答辯した際は、すつかり腰碎けのていであつた。アメリカ側は憮然としたらうが、この日本國ではさういふぬらりくらりが功を奏するのである。けれども、イギリスのサッチャー首相は鈴木首相との會見に十五分しか割かなかつたといふ。通譯が喋つた時間を差し引き、また二人の首相が等分に喋つたと假定すると、一人三分四十五秒である。サッチャー女史に鈴木氏は一體全體何を語つたのであらうか。

とまれ、この許し合ひ天國では、どんなでたらめを口走つても滅多に咎められる事が無い。例へば週刊現代四月十七日號は、「六月八日のロッキード裁判全日空ルート判決がクロと出れば、その關聯で二階堂幹事長の『灰色』も『黑』となる」と書いてゐる。現代に借問する。二階堂氏の「灰色」が「黑」になるためには、二階堂氏を被告とする裁判が開かれてをらねばならぬ。それは今、どこで開かれてゐるのか。現代は私の問ひに到底答へられまい。それなら、二階堂氏に謝罪しろとは言はぬ、現代はおのが愚鈍を大いに恥ぢるがよい。「腐敗と不祥事の巢窟と化して久しい」國勞、動勞さへ、「惡慣行返上の具體的方針」とやらを發表したではないか。

だが、國鐵のストは「惡慣行」ではない。それはれつきとした「犯罪」なのだと、週刊新潮四月十五日號にヤン・デンマン氏は書いてゐる。その通り、國鐵のストは「違法スト」なのだ。が、十五、十六の兩日、人を殺すと豫告した手合を、驚くべし、世人は許すのである。けれども、國勞、動勞だけを咎められぬ。上智大學教授内村剛介氏は「文學者の〝反核〟聲明」に署名しておきながら、「週刊讀書人」二月十五日號に「いいかげんな文章にサインする文學者つてのは、そりやもう『口舌だけの徒』だ」と書いた。そしてこの恐るべきでたらめを、誰も咎めなかつた。やはり日本國は許し合ひの天國なのである。

（昭和五十七年四月十七日）

英國に學ぶは難し

ＮＨＫは「フォークランド事件」については「手を抜いてゐ」るが、「あんなくだらない戰爭のニュース（中略）は日本のマスコミ界において默殺していいとさへ思ふ」と、サンデー毎日五月三十日號に松岡英夫氏が書いてゐる。それかあらぬか、煽情的週刊誌がフォークランド紛爭について書き立てぬ事を私は怪しむ。察するにイギリスは「鐵血の女宰相」（週刊朝日）にひきゐられてをり、一方、アルゼンチンの大統領も軍人だから、どちらか一方を惡玉に仕立てる譯にもゆかず、週刊誌は當惑してゐるのであらう。

松岡氏は「私どもに何の關係もないフォークランド事件を（中略）目や耳に押しつけられる義理は全くない」と書いてゐるのだが、これまでのところ週刊誌はフォークランド紛爭を讀者の「目に押しつけ」ようとはしてゐない。「目に押しつけ」るなどといふ粗雜な言ひ方をする松岡氏の頭腦が粗雜である事は無論だが、まさか日本の週刊誌の記者のすべてが、今回の紛爭は「私どもに何の關係もない」などと、極樂とんぼよろしく信じてゐる譯でもあるまい。私はさう思ひたい。

週刊朝日六月四日號は西川潤早大教授に意見を徵してゐる。西川氏は「名譽のために莫大な戰費をかけてゐるといふ點では、戰爭がいかにおろかかを示す見本」であり、「平和憲法を持ち、ナガサキ、ヒロシマの體驗のある日本は最適の調停國だ」といふ。かういふ極樂とんぼが酸いも甘いも知らぬげに、いや酸い事ばかりは知らずして、すいすい飛びまはつてゐる樣を見るたびに、一刻も早く日本國憲法を改正せねばならぬと、私は聲高に叫びたくなる。

週刊朝日によればアルゼンチンの巡洋艦を擊沈した魚雷は一發一億二千萬圓、擊沈されたイギリスの驅逐艦は四、五百億圓、「英艦隊が一日行動するだけで十二億圓以上かかる」といふ。さういふ「莫大な戰費をかけてゐる」から愚かだと西川氏は言ひ、「英國はすでに一兆圓使つたといふが、金はどんどん消えてなくなり」云々と松岡氏も言ふ。要するに朝日にとつても、極樂とんぼたる兩氏にとつても、戰爭は金がかかるから愚かなのである。

だが、「言論人」五月二十五日號に林三郎氏は、イギリスが「算盤勘定には合はない」遠征を敢へてしたのはナショナリズムゆゑだが、「領土問題にもナショナリズムの熱情を燃え立たせることのない、世界に稀な民族」、それが日本人だと書いてゐる。五月二十六日附の本紙にも氣賀健三氏が、日本の新聞の論説の「どの一つとしてイギリスの立場に贊成したものは」ないが、イギリスの「斷固たる行動」は「わが國にとつて重要な教訓となる」と書いた。けれども、林、氣賀兩先輩よ、日本國のぐうたらは手の施し樣も無く、もはや、外壓を待つしか手は無いのではありますまいか。

（昭和五十七年五月二十九日）

眞の鄰人なら迎合するな

日韓は頗る「厄介な鄰人」同士だが、「兩國關係を考へていくには、その厄介なところをみつめて、そこから出發していかないと、それはきれいごとで終はつてしまふ」と李健氏は「日韓相互理解への構圖」のプロローグに書き、「相互嫌惡の實體をみつめなければならない。ドロドロしたものがあるなら（中略）吐き出しつくさなければならない」とエピローグに書いてゐる。

李健氏に限らず、日韓關係を論ずる者は必ずその「厄介」を言ふ。けれども、さうして厄介を强調する事が、厄介に拍車をかける結果になるといふ事は考へない。李健氏の新著は二百頁だが、そのうち百五十頁以上が、文祿・慶長の役以後今日までの「日本人の對韓意識における傲岸不遜」に對する批判であり、日本の「前科」を洗ひさへすれば「きれいごとで終」らないと、著者は考へてゐるらしい。なるほど著者は在日韓國人としての厄介な心理について語つてはゐる。例へば「外國で日本選手とその國の選手のボクシング試合を見ることがある。なにがなんでも日本選手に負けさせたい氣持ちがある」と書きながら、すぐにつづけて「しかしその一方で（中略）もつと深いところで、私は日本選手を應援してしまつてゐる。それに氣づくとき、私は苦笑する」と書いてゐるが、著者が日本と韓國との「相互嫌惡の實體をみつめ」て頗る眞劍ならば、「もつと深いところで」日本の選手を應援してしまつて「苦笑する」、などといふ悠長な文章はつづらぬはずである。

私は親韓派であつて、これまで何回か韓國のために辯じた事がある。けれども、韓國のために辯じて何か得をしようと思つた事は無い。また今後も得をしようなどとはつゆ思はぬ。それゆゑ率直に言ふが、韓國人が日本の前科を洗ひ立てるのは、兩國の友好親善に役立たないのである。韓國人が日帝支配の三十六年を言ふ。日本人が「ごもつとも、われわれは反省してゐる」と言ふ。もとより決して本氣ではない。韓國人を喜ばせるためである。「それは實に效果的なんだよ、一度やつてみろ、安重根をほめてみろ、韓國人はとたんに氣を許す」、私は親韓派の日本人にさう言はれた事がある。

要するに、日本の「前科」を洗つて日韓關係を論じた事になると考へるのは頗る甘いと思ふ。李健氏はわが吉田松陰や福澤諭吉の朝鮮觀を批判してゐる。福澤は「痲疹に等しき文明開化の流行に遭ひながら、支韓兩國は其傳染の天然に背き、無理に之を避けんとして一室内に閉居し」うんぬんと書いた。また吉田松陰は「國力を養ひ、取易き朝鮮・滿州・支那を切り隨へ」うんぬんと書いた。けれども、私は日本人だから、私にとつて松陰や諭吉は安重根以上に大切な先學なのである。われわれが親を愛するのは親が立派だからでも、金持ちだからでもない。同樣にわれわれ日本人は、「征韓論」を唱へたからとて、松陰や諭吉を惡しざまには言はぬ。が、李健氏はさういふ事を少しも考へずに日韓關係を論じてゐる。それゆゑ李健氏の著書は、在日韓國人及び親韓派の日本人を喜ばせるに過ぎまい。「日本の特殊性・優位性を主張する日本至上主義」の「國學・神道」によつて「儒教のもつ普遍主義」が否定され、日本は「征韓」へと傾いたやうな事を李健氏は言ふが、自國の「特殊性・優位性を主張」したがる國粹主義は、常に「普遍主義」よりも强力なものなのである。

最後に豫言しておくが、この拙文を讀んで、「征韓論」

を肯定するとは何事かと、いきり立つ韓國人が必ず出で來るであらう。「そのとほり、あいつは日韓共同の敵だ」と、韓國人に迎合して私を罵る日本人も必ず出で來ると思ふ。けれども、日本の「前科」を論じて韓國人を喜ばすやうな事だけを言ふ、さういふ言論に一體何ほどの力があるか。今や韓國人は、韓國に對して率直に苦言を呈する日本人の意見に、耳を傾けるべき時なのである。

第三十六回光復節祝賀式典において全斗煥大統領は「われわれはみづからの失敗を他人の責任に轉嫁してはならず、成功を他人にたよつてもならぬ。國を失つた民族の恥辱についても、われわれは日本帝國主義のせゐだけにするのではなく（中略）われわれ自身のいたらなさを嚴しく自覺する姿勢をもたなければならぬ」と語つたといふ。まさしくそのとほりだと、日本人が言つてはならないのなら、日韓の附き合ひはいつまでもまやかしでありつづけるであらう。

（昭和五十七年六月一日）

日本だけが正氣か

反核集會とやらに集つた何十萬人もの馬鹿が、「合圖一つで、ごろごろと地べたにころがつて、いつせいに死んだふり」をする、あの遊戲は「ダイ・イン」と呼ぶらしい。週刊新潮六月十日號のヤン・デンマン氏によれば、或るアメリカ人記者は「狂氣の指導者の命令一下、實に九百十四人の老若男女がいつせいに毒を仰いだ」、かの四年前のガイアナの悲劇を思ひ出すと言つて、顏をしかめたといふ。けれども、所詮はお遊びなのだから、さまで深刻に考へる事はない。

やはりヤン・デンマン氏によれば、「日本の安全保障論議はビールの泡」で、「ついだときだけ盛り上る」と、スイスの記者が言つたさうだが、その通りであつて、目下流行の反核運動もいづれは必ず凋むのである。けれども、これまた、ヤン・デンマン氏によれば、六月の國聯軍縮特別總會に千五百人もの馬鹿を派遣して、國聯本部前の路上で

「ダイ・イン」をやらうと考へた手合もゐるらしい。「馬鹿と鋏は使ひやう」といふが、この種の「馬鹿に附ける藥は無い」のである。

なるほど、いかなる馬鹿にも人權はある。つまりお遊びをやる權利がある。けれども何事にも程がある。フォークランドでも、レバノンでも、ホラムシャハルでも、お遊びならぬ本氣の戰鬪が行はれてゐるではないか。

もつとも、「ダイ・イン」をやつて樂しんでゐる手合は、馬鹿は自分たちではなくて、本氣で殺し合ひをやつてゐる奴等だと思つてゐよう。昨年十一月六日號の週刊ポストで、朝日新聞の筑紫哲也氏は、「武器を持つのは、世界の常識だ」といふが、その世界の常識が間違つてゐるのだから「それに附き合ふことはない」と語つた。つまり、世界各國はいづれも馬鹿で日本だけが悧巧なのだと、愚かな筑紫氏は考へてゐる譯だ。しかも、この種の馬鹿は筑紫氏に限らぬ。「世界の軍事支出」が「ＯＥＣＤ加盟國の發展途上國向けの政府開發援助（ＯＤＡ）二六〇億ドルの十九倍に達してゐる」現狀は正氣の沙汰とは思はれぬと、「中央公論」六月號に永井陽之助氏も書いてゐる。正氣なのは商人國家日本だけといふこの種の愚かしい思上りは一度徹底的に批判されねばならぬ。

今回はピース罐爆彈事件の牧田吉明氏についても語りたかつたのだが、もはや紙幅が無い。ただ牧田氏の行動もまたお遊びとしか思へぬとだけ言つておかう。言論人もテロリストも、この國では遊ぶのである。

六月四日附の讀賣新聞に菅直人氏が書いてゐた事だが、「人間だけでなく犬猫だつて核戰爭で死ぬのはいやなはずと、犬猫反核手形署名を始めたグループ」があるといふ。菅氏は「うまい方法だと感心してゐる」のだが、犬猫が核戰爭で死にたくないのなら、牛も馬もげじげじも松食蟲も死にたくないであらう。げじげじや松食蟲はよいとして、牛、馬、そしてどぶ鼠の「手形署名」がなぜ不必要なのか。

（昭和五十七年六月十二日）

韓國民に訴へる

週刊新潮八月十二日號にヤン・デンマン氏は、「日教組は（中略）世界に冠たる國際的自虐性の持主だ。その點では新聞もひけをとらない。對日批判があれば、すべて増幅して」しまふ、と書いてゐる。まつたく同感である。

一方、八月十七日附のサンケイ新聞「サンケイ抄」の筆者は、日本人には「人道的思考や人生觀、世界觀を期待できない」との韓國の文教相の發言を紹介し、「それでもなほ、日本の政治家も新聞もエヘラエヘラとお愛想笑ひをし」てゐるが、「日本の對韓經濟協力は『克日』のために進められるのだらうか」と書き、さらに八月十六日附の同紙にも、牛場昭彦記者が、同じ文教相の發言について、「かうした感情にまかせた穩當を缺く言葉が、兩國關係にどれほど破壞的效果をもたらすことになるか注意を喚起」したらよいと書いた。これまたまつたく同感である。

この際、韓國に考へて貰ひたい。サンケイは日本のすべての大新聞のうち、最もよく韓國を理解し、常に好意的な態度を示して來た。しかるに今、「教科書問題」に關する限り、韓國に對して最も批判的なのはサンケイである。然るに、金大中事件の際も光州暴動の折も、反韓報道に血道を上げた新聞が、いま、奇怪なる「自虐性」を發揮して、韓國と中國の「内政干渉もどきの强要」に大いにはしやいでゐる。だが、朝日や毎日が願つてゐるやうに、日本が今後も腰抜け腑抜けの平和國家でありつづけるならば、日本人は韓國を、戰爭の危機を賣物にする「戰爭屋」とみなし、韓國の苦境を決して理解しないに相違無い。

私はこれまで、ただの一度も韓國を批判する文章を綴つた事が無い。それどころか常に韓國の國防意識の眞劍を稱へ、日韓の友好を心から念じて來た。けれども、「益者三友、損者三友」といふ事がある。それゆゑ、相手が將軍であらうと、青瓦臺の高官であらうと、韓國人に對して卑屈に振舞つた事は一度も無い。

敬愛する申相楚氏を成田空港に出迎へるべく車を走らせてゐる時、私は年甲斐も無く少年のやうに胸を躍らせる。その申氏を前にして、私は屢々「日帝支配の三十六年」を思ひ出す。けれども、申氏のはうは決してそれを言はない。そして日本にも韓國にも、私が申氏の惡口を言ふのを耳にした者は一人もゐない筈である。韓國人とさういふ附合ひをしてゐる日本人のあまりの少きを、私は日頃殘念に思つてゐる。が、私は日本人である。萬一、日韓が戰ふやうな事になれば、私は申氏に對しても發砲しなければならない。

かつて侵略戰爭をやり、植民地を持つたのは日本だけではない。しかるに、敗戰を道德的惡事ゆゑの天罰と思ひ做し、「被害者諸國」の抗議に見苦しくうろたへるのはわが日本だけである。さういふ「便辟《べんぺき》」が果して韓國にとつて眞の友邦たりうるであらうか。

（昭和五十七年八月二十一日）

被虐症こそ日本病

週刊朝日九月三日號に飯澤匡氏は、「英國人たちはインドの獨立運動の英雄たちをみせしめに大砲の口にくくりつけて、發射し處刑した。殘酷なのは決して日本人だけではない」と書いた。しかるに週刊朝日の記者は「殘虐なのは決して日本人だけでない」と「いつてすましたくない」と書いてゐる。飯澤氏に意見を徵し、それをそのままに掲載したものの、朝日の記者は飯澤氏に不滿だつた譯である。そしてまた朝日は、十一箇の中國人の生首が竝んでゐる寫眞だの、「敵の死體の前で記念撮影する日本兵」の寫眞だの、中國人の「若い男女を一組連れ出し、性交させてながめたこともあ」るとの讀者の手記だのを載せ、「日本は『中國』、『朝鮮』で何をやつたか・あの頃の日本人を信じたくない」と書いてゐる。信じたくないのなら載せなければよささうなものだが、そこはそれ朝日ならではの「正義感」、日本人の舊惡だけは默過できないのである。

サンデー毎日九月五日號も、中國人の首を斬らうと軍刀を振りあげてゐる日本兵の寫眞を載せてゐるが、朝日や毎日に限らず「日本人の殘酷」だけを指彈して樂しむ被虐症患者は、被虐症こそわが日本の「特殊性」だと信じてゐるのである。すなはち、侵略戰爭をやつたのは日本だけではないのだが、日本だけはいつまでもその「前非」を悔い、折ある毎に低頭平身せねばならず、それが日本の「特殊性」だと、さういふ事になるらしい。

それかあらぬか、朝日ジャーナル九月三日號でも內山秀夫慶大教授が日本の「特殊性」を强調してゐる。「平和を愛する諸國民の公正と信義に信賴して」云々の憲法前文について內山氏は、『「諸國民の信義』なんて實體はなんにもないのかもしれない。しかしそれでも信賴する、さういふ特殊性ですね。戰後われわれが世界に貢獻してゐるのはその一點だけだ」と言ふ。これはもう被虐症などといふものではない、卑屈なる奴隸根性である。

一方、八月二十八日附の世界日報によれば、世界教職員團體總聯合の大會で「惡しざまに自國民を罵」つた日教組の槇枝委員長を、日教聯の田名後委員長は「强い口調で批判した」といふ。もとより日教組も被虐症患者ぞろひで、まつたうな日教聯としてはさぞ腹立たしからうが、當節まつたうなのは少數派で、それゆゑ世人は日教聯の存在も知らぬであらう。

だが、被虐が快樂なのは生命の安全が保障されてゐる場合だけである。なにせ日本國は三十七年間も安穩無事だつたのだから、被虐症の流行は當然の事、一向に怪しむに足りない。そして人間、三十七年間も反省し續ける筈は斷じて無いから、朝日も毎日も槇枝氏も餘所事のやうに「自國民を罵」り、罵られた日本人も、同じく餘所事のやうに「教科書問題」に關する記事を讀んだ。すなはち日本國民の誰一人として、本氣で反省なんぞしなかつたのである。

（昭和五十七年九月四日）

許し難き開き直り

検定によつて「侵略」が「進出」に書き改められた教科書なんぞ實は一册もありはしない、しかるにマスコミは連日何を騒ぎ立てるかと、世界日報がつとに批判してゐたのである。そして先日、週刊文春九月九日號が「つひには外交問題までも招來させた『誤報』のメカニズムを克明に追ひ、新聞の責任を問ふ」記事を載せ、ついで九月七日、サンケイ新聞は誤報を認め、謝罪記事を掲載したのであつた。サンケイだけが率直に謝罪した事は「評價するにやぶさかではない。しかしながら、問題は、一片のおわびだけで終はるものではない」と先週の本欄に生田正輝氏が書いてゐたが、同感である。潔く謝罪してそれで濟むといつたものではない。

九月十日附の世界日報によれば、サンケイ以外の新聞は「責任逃れに苦慮してゐる」らしいが、他紙が擧つて「奇辯を弄」し、責任をうやむやにしようと企んでゐるからとて、それに引き替へサンケイだけは立派だなどと評する譯にもゆかぬ。だが、週刊朝日九月十日號は、何と、かう書いたのである。許し難い卑怯きはまる文章だから、少し長いがそのまま引用する。

> 本誌は八月十三日號の記事で、検定前の白表紙本に中國での日本軍について「侵略」とあつたのが、検定後は「進出」「侵攻」になつたケースをあげ（中略）一覧表にして示した。しかし、その後の再調査で、表のうち上記二點については検定前の白表紙本から「進出」「侵攻」となつてゐたことが分かつた。當初の調査が不十分だつたためで、ここに訂正しておきたい。

「ごめんなさい」と謝れば大抵の事は許される。それがわが日本國の弊風だと思ふから、私はサンケイについて嚴しい事を言つたのだが、この週刊朝日の「盗人猛々し」としか評しやうの無い言種には呆れ返るしかなかつた。けれども、「ウラをとらずに記事を書く」のは新聞記者の何よりも愼まねばならぬ事ではないか。しかるに「ここに訂正しておきたい」とは何たる言種か。「當初の調査が不十分」

だつたのは大した事ではない、それよりも教科書の「右傾化」に歯止めをかける事こそ肝要と、朝日は言ひたいのであらう。だが、右傾がよいか左傾がよいかは價値判斷であり、一方、誤報だつたかどうかは價値判斷とは全く無關係である。

週刊朝日に借問する。例へばの話、この私が、朝日新聞の社長は實は共産黨員であつて、朝日新聞も週刊朝日もソ聯の祕密警察から巨額の賄賂を受けてゐると、「ウラをとらずに」書いた場合、そしてそれが事實無根であると判明した場合、私が潔く謝罪せず、「當初の調査が不十分」だつたから「訂正しておきたい」、けれども大事なのは朝日の左傾に歯止めをかける事だと開き直つたら、朝日は果して私を許すであらうか。

（昭和五十七年九月十八日）

道化はやはり道化

「子供の頃、自分はかなりおつちよこちよいで、すぐ人のそゝのかしにのると反省したが、この性癖は變つてゐない」と、週刊朝日十月十五日號に野坂昭如氏が書いてゐる。なるほど野坂氏は三年前、アメリカ國務省の招待を受けて渡米し、「下にもおかぬもてなし受けて、ころつといかれてしま」ひ、アメリカの「保守地帯で洗腦されたからには、（中略）これまでの革新といふレッテルとおとしまへをつけなければならない」と書いたのだが、その後も野坂氏は「右も左も蹴つとば」す「おつちよこちよい」として振舞ひ、「革新といふレッテルとおとしまへをつけ」はしなかつた。無理ならぬ事であり、「すぐ人のそゝのかしにのる」やうな男にそんな事がやれるはずは無い。十月十五日號に野坂氏は「弱くなつたアメリカときくと、すぐ信じこんでしまふ、火事場泥棒に巧みなソ聯といはれりや、これにも疑ひをいだかぬ。（中略）かういふのを植民地根性といふ」と書いてゐる。が、それは野坂氏自身の事なのだ。そして野坂氏は、三澤基地にF十六が配備されるのは「大問題」であり、「アメリカのいふなりになるなら、以後（中略）はつきり植民地を自認」すべしと主張してゐるのだが、所詮、おつちよこちよいの書いた戯文であつて、目くじらを立てるには及ぶまい。

だが、「リア王」を書いたシェイクスピアが承知してゐたやうに、この世のすべての事象をお茶らかす事はできぬ。すなはち、道化が無用になる領域が人生にはある。けれども、このぐうたら天國日本では、さういふ事がなかなか理解されない。例へば、このたびラジオ日本はソルジェニーツィン氏を招いたが、週刊文春十月十四日號はラジオ日本の遠山景久社長について「かつて共産黨員だつたと噂されながらいつのまにか保守政治家と密着し」云々と書き、また、ソルジェニーツィン氏は「日本のだらしなさを批判してくれるんぢやないか」との清水幾太郎氏の言葉を引いて「〝批判されたがり病〟はなにも革新陣營だけではないらしい」と書いてゐる。だが、ソルジェニーツィン氏は去る九日講演し、日本の「比類無き經濟力も自國を救ふ事は出來ぬ、他國が日本をも守つてくれるとの期待は幻想だ」と語つた。サンケイ新聞編輯委員の澤英武氏が書いたやうに、ソルジェニーツィン氏の「主張には獨斷的に過ぎる」ところもあつたし、私自身彼の文學をさう高く評價してはゐない。けれども、その日本への警告は「聽衆に深い感銘を與へた」のである。「愚者は己れを賢と思ひ、賢者は己れの愚者なるを知る」。ソルジェニーツィン氏の「西側社會の病根」批判について、その「元氣のいいこと」などと書いた文春の輕佻浮薄なお茶らかしは、眞面目と不眞面目とのけぢめをつけぬ愚者が悧巧ぶる際に用ゐる常套手段なのである。いづれ詳しく語る機會があらうが、ラジオ日本は「敵の敵は身方」といふやうな輕薄な動機から、ソルジェニーツィン氏を招いた譯ではない。

（昭和五十七年十月十六日）

タブーが破れる時

朝日新聞は中曾根内閣と徹底的に戰ふ決心をしたといふ。だが、朝日はこのところ、渡部昇一氏に連打されて深手を負ひ（「諸君！」一月號、二月號）、今また香山健一氏に打ちのめされ（「文藝春秋」二月號）、氣息奄奄のていたらく、「徹底的に戰ふ決心」なんぞどうせ空元氣に決つてゐる。例へば朝日ジャーナル一月二十一日號は、「あへて巨額の經濟協力を急ぎ、貸し方から出向いていくほどに日韓問題を重視してゐる」中曾根首相だが、韓國は「日本にも安全保障分擔金を求める姿勢を強めて」をり、それが「何とも氣がかりなのだ」と書いてゐる。いづれ日韓米の「三角安保協力體制」が確立されよう、されば吾々は斷乎戰ふとジャーナルは書いてゐるのではない。「何とも氣がかり」だとて、案ずる振りをしてゐるに過ぎない。つまり、首相の「暴走」を阻止せんとする氣力なんぞ微塵もありはしないのである。

「大言海」によれば、日本語の「わたくし」は「我盡《つく》し」に由來するといふ。我を盡すとは、もとより我を無くす事である。我を無くして和を樂しむ、それが日本國の美風なのだから、朝日新聞が中曾根内閣と徹底的に戰ふ筈は無い。それかあらぬか、先般私は「月曜評論」紙上で「最高檢次長檢事に」と題して次長檢事の見解を批判し、伊藤榮樹氏の反論を期待したが、伊藤氏はそれを斷つた。次長檢事は素人の私の問ひに答へてくれなかつた。だが、それは奇怪な事だとは、讀者は多分考へないであらう。「赤信號、皆で渡れば怖くない」といふ。私は「赤信號」で渡り始めた。が、誰も一緒に渡つてくれないに相違無い。

「私自身は改憲論者だ」と言ひ切つて、中曾根首相も「赤信號」で渡り始めた。新聞や週刊誌がさぞ激昂するであらうと思つた國民もあらうが、一旦タブーが破られてみると、そのタブーの馬鹿らしさのみが目立ち、新聞、週刊誌は及び腰の批判をするしかない。週刊讀賣二月六日號は、「平和主義を國是とするわが國こそ、世界の流れを（中略）轉換する先頭に立つことができるし、立たねばならない」と書いて中曾根首相の「四海峽封鎖」發言を批判してゐるが、もとより日本が世界の「先頭に立つことができる」と本氣で信じてゐる譯ではない。朝日ジャーナルも「首相の助走から獨走、暴走にブレーキがあるとすれば、國民の知恵と根しかあるまい」と書いてゐる。中曾根氏は「赤信號」で渡つてゐる、それをやめさせるためには「皆が渡らない事だ」と、ジャーナルは言つてゐる譯だが、さういふ他力本願の「我盡し」に首相の「暴走」を阻止できる譯が無い。いづれ日本國民は「赤信號、皆で渡れば怖くない」とて、ぞろぞろと交差點を渡る事になるであらう。そして皆が渡り出せば、信號のはうがあわてて青に變るであらう。呵々。

（昭和五十八年一月二十九日）

反ソを標榜する安直

週刊文春四月二十一日號によれば、フランス政府は去る四月五日「ソ聯の外交官、ジャーナリストなど四十七名を、一齊に國外追放した」が、朝日新聞編輯委員の鈴木卓郎氏は「フランスの論法でいくなら、狸穴のソ聯大使館員など、スパイの容疑で全員退去」になるだらう、と語つたさうである。そして、四月十九日附世界日報に矢野健一郎氏は、文春の記事について「歯切れがよくて、參考になりさうだ」云々と評してゐる。だが、週刊ポスト四月二十九日號で、鈴木氏は「レフチェンコは、やはり亡命の手みやげをふくらませすぎた」のではないか、彼の「證言に重さはなく、犯罪に結びつくかどうかもわからない」と語つてをり、これは私には「歯切れがよくて、參考になりさう」な意見とはとても思へない。レフチェンコだつて神樣ではないし、間違ひもやらかせば噓もつくであらう。だが、彼の「證言に重さ」が無いなどと斷定する事が誰を利するか。鈴木氏は「公安評論家」ださうだが、さういふ計算もできずして「公安情報」を扱へるとは奇怪千萬である。鈴木氏はまた、レフチェンコ證言の「政治的な利用價値はべらぼうに高い」と言ふ。けれども、鈴木氏がレフチェンコの「證言に重さはなく」云々と言切る事も、誰かにとつて多少の「利用價値」になる。KGBの「エージェント」として實名を暴露された人々の大半はレフチェンコのでたらめを強調してゐるが、鈴木氏の意見はさういふ人々の主張を補強する事になるであらう。「公安評論家」に限つた事ではないが、迂闊な事は言ふべきではないのである。

　しかるに今回、實名をあげられた人々の大半が、おのが無實を主張して、ずいぶん迂闊な事を口走つてゐる。例へば週刊新潮四月二十一日號によれば、社會黨の岡田春夫氏は「社會黨になら、私の口から言ふのも變だが、ソ聯に近い筋でもつと選べる人がゐる」と語つたといふ。「私の口から言ふのも變」といふ事は無い。「惡いのは俺だけではない」と言ひたがるのは凡人の常なのであり、さういふ場合、「惡いのは當人だけではない」場合が多いのである。

　一方、同じく新潮によれば、社會黨の小林進氏は「僕は反ソ親中の巨頭ですよ。一年中ソ聯の惡口いつてる」と語つたといふ。けれども、「一年中ソ聯の惡口いつてる」KGBのスパイだつてゐるに相違無いのであり、「反ソ親中の巨頭」である事は、必ずしもKGBの第五列ないし第六列たる事の妨げになる譯ではない。ともあれ、今回實名を暴露された人々が躍起になつて事實無根を主張してゐるのは奇怪であつて、彼等の主張が正しいとすると、日本は「スパイ天國」ではなく、またレフチェンコは頗る無能で、「亡命の手みやげをふくらませ」ただけなのに、天下のCIAはそれが見抜けず、レフチェンコが亡命してから約三年、彼を保護して證言させ、それを半年がかりで報告書にまとめるといふ、途方も無い無駄をやつたといふ事になる。だが、それは到底信じ難いではないか。

　ところで、四月二十二日附の世界日報に齋藤忠氏が書いてゐた事だが、レフチェンコと同様、「ノーボエ・ブレーミヤ」の日本支局長だつたバンドウラは先頃、ソ聯政府の機關紙「イズベスチャ」に寄稿し、「つい十九世紀までは、北海道の北半分はロシア領、そして、南半分はアイヌ族の國土であつた」と書いたさうである。つまりソ聯は「米國の死命を制する核攻撃の基地としてのオホーツク海を、確實に、彼等の手中に確保」しようとしてゐるのだと、齋藤氏は言つてゐる。そのとほりだが、問題はさういふソ聯の遠謀深慮に日本人があまりにも無關心であり、しかも無關心で一向に支障の無い狀態が久しく續いてゐるといふ事なのである。

日本國憲法前文にあるとほり、吾々は「平和を愛する諸國民の公正と信義に信頼」してゐる筈で、「平和を愛する諸國民」の中には當然ソ聯の國民も含まれよう。とすれば、私にとつて理解し難いのは、レフチェンコ證言の公表に狼狽する連中の心理である。サンケイ新聞の山根卓二編輯局長が辭職したが、なにゆゑ辭職せねばならぬのか、これまた理解し難い。結果的にKGBに乘せられた事は確かだが、「平和を愛する」ソ聯の「雜誌記者」から情報を貰つて何が惡いのか。それともソ聯は「平和を愛する諸國」には含まれず、憲法發布以來今日までの假想敵國だつたのか。それなら山根氏の辭職もやむをえない。けれども、「日本のプラウダ」と言はれるやうな新聞は依然健在なのである。これは一體どういふ事なのであらう。

（昭和五十八年五月十六日）

人命尊重でなにが國防か

鳥羽と岩國で訓練中の自衞隊機が相次いで墜落し、二十四名の自衞隊員が死亡した。四月二十八日附の朝日新聞は、「人命輕視でなにが國防か」と題する社說を揭げ、「いま、自衞隊が守るべき第一は、個人の生命と人間の尊嚴ではないか。自分たちは國の守りに生命をかけてゐるのだから、少々のことは大目に見てもらつていいはずだ、と考へてゐるならそれは誤りだ」と主張してゐる。朝日は「自衞隊内の教育は、人命尊重からスタートすべ」く、「裝備や訓練の安全について隊員の間に不安があるなら、それを吸ひ上げる」べしと書いてゐるのだから、「自衞隊が守るべき第一」としての「個人の生命」とは、まづ「第一」に自衞隊員の生命であるらしい。だが、航空自衞隊の事はよく知らないが、軍人の生命を守る事を第一義にしてゐる軍隊が、果してこの地球上に存在してゐるであらうか。私には軍用機に搭乘した經驗が無いけれども、大韓民國國會の國防委員である中相楚氏の話では、ファントム戰鬪機の安全性は旅客機のそれには到底及ばないといふ。それはつまり、民間航空會社が「守るべき第一は、乗客乗員の生命」だが、軍隊は軍用機の「裝備や訓練の安全」よりも、戰鬪能力を重視せざるをえず、旅客機竝みの安全性を確保すれば、勢ひ戰鬪に用ゐる機器を削減せねばならないといふ事である。吾が航空自衛隊のファントムは特別製で、韓國空軍のそれ以上の安全裝置が施されてゐるといふ事は無いであらう。とすれば、領空侵犯のソ聯空軍機を退去さすべく基地を飛立つ自衛隊員も、低空の編隊飛行や曲藝飛行を行ふ自衛隊員も、「乗員の生命を守る事を第一義にして」ゐない設計の飛行機におのが命を預ける譯である。朝日の論説委員は、自衛隊の戰鬪機や對潛哨戒機に、民航機竝みの安全裝置を施すべきだと、本氣で考へてゐるのであらうか。それなら、自衛隊員の生命は一般市民のそれよりも貴重といふ事はないのだから、日産も豊田も本田も三菱もヴォルヴォ竝みの頑丈な自動車だけを製産すべく、柔な小型車の製産販賣は許し難き「人命輕視」だと本氣で主張したらどうだ。そして、日本全國津々浦々をヴォルヴォ竝みの大型車だけが走り、「人命輕視でなにが國防か」などといふ戲言を口走る阿呆も、決して柔な小型車には乗らず、かくて日本國において交通事故が根絶されるといふ白晝夢に耽つたらよい。

　一方、同じ朝日新聞の「素粒子」は「逆艫《さかろ》を忘れた馮《ひよう》河《が》か、惡天候の訓練。特攻の悲劇をくり返すな」と四月二十日に、「タキギのそばでマッチのやうな、特攻訓練。また超低空自爆の自衛隊機」と四月二十七日に書いたのであり、これを批判して本紙第六四二號に「蟹」氏はいかに「低空で訓練してゐたとはいへ、體當り攻撃」とは何事か、「自爆」とは何事かと書いてゐた。「蟹」氏の言ふ様に、「素粒子」は自衛隊を嘲笑してその訓練が「いかにも無意味（中略）な行爲であると讀者に印象づけようとしてゐる」譯だが、同じ朝日の社員が書いた駄文ながら、「素粒子」の輕薄なおちやらかしよりも、社說の猫撫で聲のはうが遙かに惡質だと私は思ふ。社說にはかういふくだりがある。

　二つの事故のあと、防衛廳內で「若ものの生命を失つたことも悲しいが、三機百五十億圓の機體を失つたことに國會がなんといふか」と心配する聲があつたといふ。

冗談ではない。かつて兵隊を「一錢五厘の消耗品」と考へた舊軍幹部の聲をきく思ひだ。

要するに、二十四名の「若ものの生命」は掛替へが無い、「人命は地球よりも重い」、百五十億圓なんぞ鴻毛《こうもう》よりも輕いのだ、自衞隊には「舊軍のいちばん惡い體質の一つ」がある、それは「人命輕視」だ、「人命輕視でなにが國防か」と、さう朝日は主張し、猫撫で聲で若き自衞隊員に反抗を唆《そそのか》してゐるのである。「素粒子」の「超低空自爆の自衞隊機」などといふくだりを讀めば、自衞隊員は腹を立てるであらう。が、「冗談ではない、自衞隊員は一錢五厘の消耗品ではない」などと言はれると、若き自衞隊員も惡い氣はしない。さうだ、朝日の言ふ通りだ、惡天候下の低空編隊飛行なんぞ中止すべきだと、さう思ふ愚かな自衞隊員だつて出て來るかも知れぬ。

だが、國防とは外國の侵略から自國を防衞する事で、しかも外國の侵略が常に上天氣の日に行はれる譯ではない。とすれば、自衞隊が朝日新聞ほど人命を尊重できぬとしても、それは止むをえない。「現在の日本社會の中で、自衞隊の幹部が隊員の生命を粗末にするやうな非人道的訓練（中略）をさせる譯はない」と「蟹」氏は書いてゐるのだが、それは果して望ましい事であらうか。「人命重視」で國防はやれぬのである。

（昭和五十八年六月六日）

不可解なる事ども

週刊誌は屢々、「緊急大特集」だの「緊急大解剖」だのと銘を打つた記事を載せ、新聞を讀むだけでは解らない眞相を暴露したかのやうに言ふ。けれども「新聞では分からない」事が解つた例《ためし》は殆ど無い。週刊ポスト九月九日號の「緊急大解剖／新聞では分からない、東アジア激變の深奥」と題する記事を讀んでみても、「激變の深奥」とやらについてはもとより、アキノ氏暗殺事件の謎も依然として謎のままで、「新聞では分からない」事が解るといふ事はない。「至近距離からの目撃者」たる若宮清氏によれば、アキノ氏を連行した三人の將校のうちの「二人がいきなり銃を抜き（中略）至近距離からアキノの後頭部を撃ち抜いた」さうで、若宮氏は「その瞬間を夢中でフィルムにをさめたといふが、現在までのところそれがどのやうなものかは明らかにされてゐない」とポストは書いてゐる。これは一體どういふ事か。夢中で撮つた寫眞ゆゑ公表する値打の無い代物だつたといふ事か。それとも、何ぞ公表を憚る理由があるといふ事か。讀者はそれを何より知りたく思ふ筈だが、ポストの記者は一向にそれを知りたがらぬ。奇怪千萬である。

一方、週刊現代九月十日號は、アキノ氏が射殺された時、若宮氏は「瞬間的に腕時計を見た。一時二十分だつた」と書いてゐる。そして若宮氏は、「フィリピン軍兵士たちと報道陣の押し合ひ」に「巻き込まれ」、四つん這ひになつたさうだが、「四つんばひだから、みんなの足の間からタラップの下がよく見え」たのだと若宮氏は言ふ。だが、知人が暗殺されるのを目撃しながら腕時計を眺めたり、四つん這ひになつてもなほ、知人の身の上を案じ、しかも「夢中でフィルムにをさめ」たりするとは、何とも信じ難いほどの離れ業ではあるまいか。

要するに私には現場に居合せた證人の證言さへ信じられないのであり、それゆゑ新聞、週刊誌の輕信を頗る奇怪な事だと思つてゐる。例へば週刊現代のやうに「權力によるデッチ上げ」を難じたり、或いは八月二十三日附の朝日新聞、「天聲人語」のやうに「言論の自由を暴力で抹殺する（中略）勢力に對して、激しい憤りを覺え」たりする連中の心理が、私にとつては奇怪千萬なのである。眞犯人の正體も解らぬのに、これほどまでに憤激するのだから、大韓航空機を撃墜したソ聯空軍のパイロットに對しては、「天聲人語」はさぞや激しく罵るだらうと思つたのに、九月三日には「國益のための撃墜であり、國益のための沈默であるのか」などと、へつぴり腰に書いてゐたのには呆れ返つた。日本のジャーナリストはソ聯や北朝鮮に甘く、フィリピンや韓國にはやたら嚴しいが、アキノ氏を暗殺した犯人にとつても、おのが行爲は「國益のための暗殺」だつた筈ではないか。だが、さういふ事を「天聲人語」の筆者は、ただの一度も考へた事が無いらしい。これまた奇怪千萬である。

（昭和五十八年九月十日）

人命尊重の大合唱

大韓航空機をソ聯防空軍の戰鬪機が撃墜して、新聞も週刊誌も猫も杓子も、親ソ派も反ソ派も、「人道上許し難い」とてソ聯の野蠻を非難した。或いは非難する振りをした。振りをしただけの者は、例へば朝日ジャーナル九月二十三日號のやうに、「今度の事件を、ソ聯脅威論と防衞力强化に結びつける短絡思考は、願ひ下げにしたい」とか、「大韓航空機も惡い」とか主張して、俗に十人十色といふのに、よくもまあ似通つた事ばかり言へるものだと、私にはそれがまづ興味深かつた。

さすがに週刊朝日九月十六日號はソ聯に同情して、「ピリピリしているソ聯軍は、識別裝置をオンにしたまま（大韓航空機が）飛んでくるのも、ソ聯軍の目をあざむくための戰術の一つ、と考へたかもしれない」と書いたが、その朝日でさへ「ソ聯の行爲は人道上許されない」が、と斷つてゐる。以前はもつと元氣のよい親ソ派をあちこちでお見受けしたのだが、このところ全面的にソ聯に荷擔する言論は皆無なのである。「人命尊重の大合唱に怯えきり、誰一人わがソ聯のために辯じようとはしない。日本は何たるぐうたらに成り果てたか」とて、さぞソ聯は絶望してゐるに違ひ無い。

冗談はさておき、ソ聯非難の大合唱を聞かされ、生來天邪鬼の私は、いつそ自分だけでもソ聯を辯護しようかと本氣で考へた。だが、それは止めにした。「一億一心」火の玉になつてゐる今、そんな事をやつてやり損なつたら闇討ちにだつてされかねない。が、それを思ひ止まつた時、ふと、あらぬ事に思ひ至つた。大韓航空機でなくて日航機が撃墜されればよかつた。それも九月一日でなく田中角榮氏に對する一審の判決が下る十月十二日であつて欲しかつた、さう思つたのである。十月十二日なら、新聞はきりきり舞ひをして、地團駄を踏みくやしがつたであらう。

「日航機ならよかつたのに」と、私はラジオ日本の放送で喋つて無事だつたが、週刊新潮九月二十九日號によれば、山本夏彦氏も同じあらぬ事を考へたらしい。だが、乘客が、「日本人だけだつた場合、日本人は韓國人より怒ること少ないのではないか」と山本氏は書いてゐる。

なるほど、さうかも知れぬ。日本人は自衞隊の情報收集能力なんぞに滿足してをり、週刊現代九月二十四日號によれば、中曾根首相も「自衞隊の能力がかなりあることをおわかりいただけたと思ふ」とていたく御滿悦だつたといふ。だが、情報收集能力がすぐれてゐて、侵略の危險をいち早く察知して、さて有事の際に自衞隊はどう戰ふのか。「自衞隊の能力がいかに無いかをおわかりいただきたい」と、自衞隊のある「將軍」が私に言つた事がある。居丈高に、或いは及び腰にソ聯を難ずるだけでなく、自國の軍人の無念もちと思ひ遣るがよい。人命尊重で國は守れないのである。

（昭和五十八年十月一日）

平和屋はまだまだ稼げる

大韓航空機を情け容赦も無く撃墜したソ聯空軍の冷酷無慘については諸氏の論じてゐるとほりであり、私がここに屋上屋を架す必要は無いであらう。猪俣敬太郎氏の言葉を借りれば「ソ聯は虎狼の國なり、信ずべからず」であつて、さういふ兇暴な國家を「平和を愛する諸國」の一つと看做し、その「公正と信義に信頼」すると誓つてゐる現行憲法の馬鹿らしさに、吾々はこの際、思ひを致すがよいのである。だが、ソ聯の非情を言ひ、その非を打つのはよいが、それに引換へ日本や西側諸國は頗る人道的だといふ事實を強調するのは迂闊である。例へば九月八日附のサンケイはから書いた。

日本の自衛隊ならスクランブルをかけた時、ウエポン・システムを「オン」にすることはまづない。が、ソ聯の場合は目標識別もなにもなく、とにかく「撃墜」を念頭に置いた態勢で空に舞ひ上がる。

いかにも自衛隊機がウエポン・システムを「オン」にする事は「まづない」。が、それは決して自慢にはならぬ。元統幕議長の竹田五郎氏が「月曜評論」第六五九號に書いてゐた事だが、自衛隊法第八十四條には「外國の航空機が（中略）我が國の領域の上空に侵入した時は、自衛隊の部隊に對し、これを着陸させ、または、我が國の領域の上空から退去させるための必要な措置を講じさせることができる」とあるけれども、「武器使用を含む強力行使、着陸後の調査、航空機の取扱ひなどについては的確な準據」は無いのであり、例へば吾國の商船やタンカーが潛水艦に撃沈され、對潛哨戒機P三Cがその「潛水艦を發見できたとしても對潛攻撃はできない。何故ならば、相手が潛水艦であれば國籍は不明であり」、その場合、内閣總理大臣は防衛出動を發令できないからである。つまり、吾が自衛隊の場合、いかなる場合にも外國の航空機や艦船に對する撃墜や撃沈を敢行する事が無いのであつて、そんな腑甲斐の無い軍隊は軍隊の名に價しない。なるほど、侵犯機が「攻撃姿勢を見せた時には發砲してよい」事になつてをり、現に自衛隊機はミサイルを搭載し、海上自衛隊の護衛艦も魚雷を積んではゐる。だが、相手が撃つまではそれを發射する事ができない。往時の機關銃による攻撃なら命中を免れる事もあらうが、今はミサイルであり、相手が「攻撃姿勢を見せた時」に撃つといふ事なら、それより先に自衞隊機は撃墜されてしまふであらう。

先年、ミグ二十五が函館空港に不法着陸した際、私は函館空港のミグをソ聯空軍機が爆撃してくれないものかと切に期待した。さういふ事態にでもならぬ限り、吾國の平和惚けが癒える事は無いからである。竹田氏も書いてゐるが、假にあの時、函館空港のミグを爆撃すべく、ソ聯の「戰鬪機、あるいは（中略）ヘリコプターが領空を侵犯しても、スクランブルした要撃機はこれを阻止することはでき」ず、目的を達して悠々歸還するソ聯機をただ見送るだけ、といふ事になつた筈であり、さうなれば、いかに「防衞音癡」揃ひの日本國民も愕然として、一遍に目が覺めるのではないかと、それを私は期待したのであつた。

その私の期待は無論外れたが、大韓航空機が撃墜された事を知つた時、撃墜されたのが大韓航空機ではなく日航機であつたらよかつたのにと、私はまたぞろ不謹愼な事を考へた。大韓航空機に乘つてゐた二百六十九人の乘客の非運には深く同情するが、大韓航空機だつたからこそ、ソ聯も「スパイ行爲をやつてゐた」などと强辯する。が、「スパイ天國」の日本國の民間航空機がスパイ行爲をやつてゐたとは、いかに鐵面皮のソ聯も言ひ張る譯にはゆくまい。それに何より、日航機が撃墜されたならば、例へば每日新聞九月三日附社說のやうに、「今回の事件」は「まさに昨年來の極東における緊張激化の結果だ」などといふ戲言を口走る手合は袋叩きに遭ふであらう。さういふ好ましき事態になるためには、尋常一樣の外壓では不充分なのである。

とまれ、今回の事件を契機として日本國民が非武裝中立論の迷夢から覺めるといふ事にはならないであらう。九月十二日附のサンケイ新聞に曾野綾子女史は「本當に平和を通すといふことは、相手に攻撃されたら殺されていく決意をすること」であり、「相手も自分に惡をしないだらうからといふ前提のもとに唱へる平和論など子供だまし」だと書いた。だが、さういふ自明の理はこの日本國においては一向に通じない。なにせ諸外國が日本に「惡をしない」まま、三十八年もの年月が經つたのである。事によると日航機が撃墜されても、「子供だまし」の平和屋が失業する事は無いかも知れぬ。やんぬるかな。

（昭和五十八年十月十七日）

頭の上の蠅を追へ

「教室での詰め込みといふ授業形式には、抵抗感なく適應できる從順な素質の類型もあれば、生まれつき適應できない拒絶型の性格も少なくない」のに、戰後の教育はその間の事情を無視し、かくて「その犧牲者である反學校型の生徒たちは（中略）たとへば授業時間中にオートバイに乘り、大音を立てながら廊下を走りまはるなど、あらゆる反抗の限りを盡くし始めたのである」と、谷澤永一氏は八月十七日のサンケイ新聞に書いた。谷澤氏ともあらう物書きが、ずいぶん「短絡」的な事を言ふ。なるほど、學校の授業についてゆけない所詮「落ちこぼれ」は昔もゐたが、さういふ生徒は義務教育を受けた後、學校以外の場所で、その能力に應じた活躍をしたのであつて、さういふ學校嫌ひの「落ちこぼれ」に無理矢理、高等教育を受けさせようとした戰後教育の愚かしさについては、谷澤氏の指摘するとほりである。私も現行の義務教育は長過ぎると思つてをり、昔の「落ちこぼれ」は六年間、さつぱり理解できぬ授業に耐へればよかつたが、「高校全入」時代の今は十二年間も拷問に耐へねばならぬ譯で、これは甚だ非人道的な仕打ちではないかと書いた事がある。けれども、「生まれつき適應できない拒絶型」のすべてが「あらゆる反抗の限りを盡くし」てゐる譯ではないし、學校の廊下をオートバイで走り廻るやうなやくざな手合を「犧牲者」と呼ぶのは、日頃の谷澤氏に似合はぬ粗雜な論法である。

考へてもみるがよい。「詰め込みといふ授業形式」に「適應できない拒絶型」といへども、小學校において「讀み書き算盤」は習得せねばならず、その間は「詰め込みといふ授業形式」に「適應」せざるをえないのであつて、それは谷澤氏も否定すまい。吾々大人は子供に、或る程度の苦行を課さねばならぬのである。「讀み書き算盤」の習得をも「拒絶」して「反抗の限りを盡く」すやうな手合が、何で犧牲者なんかであるものか。そんな奴原には生きてゆく資格も無いのである。

それに何より、「詰め込み」教育を「拒絶」して實社會に出てみたところで、若者はやはり別樣の苦行を課されねばならぬ。當節の大人はぐうたらで、從つて若者に對しても寛大だが、さらいふ大人の寛大こそ「犧牲者」面をする若者を増長させるのだ。例へば古今亭志ん生の自傳「びんぼふ自慢」（立風書房）を讀めば、「拒絶型」であつた志ん生がいかに嚴しい修業に耐へたか、そしてそれは、甚だ不寛容な社會にあつてこそ、すなはち物解りの惡い大人に取卷かれてこそ、可能だつたのだといふ事を吾々は知る。志ん生は優等生ではなかつた。が、藝の道において彼は苦行に耐へたのである。

人間を立派にするのは學校だけではない。若者に嚴しく接する事によつて、實社會の大人も若者をまつたうにする。しかるに昨今、大人が若者に嚴しい苦行を課する事は無い。それでも日本が經濟大國で、日本製のテレビや自動車が優秀なのは、軍事支出をけちつて三十七年間も平穩無事だつたからに他ならない。が、「上等舶來」といふ言葉が死語になつた今日、往時の職人氣質は消え失せた。科學技術の粹を凝らしたワープロを用ゐようと、作家がすぐれた作品を書ける譯ではない。テープレコーダーの發明は口述筆記による粗雜な文章を氾濫させただけではないか。

それゆゑ、吾々は今、精密に製造されたテレビやコンパクト・ディスクを、粗雜に作られた家の中で樂しんでゐる。當節大工は平氣で歪んだ家を作るからである。私は最近書齋を改造して寸法の狂つた家を作る事の大嫌ひな大工、柳澤勝雄氏と知り合ひ、その職人氣質に大いに感服した。棟梁が嚴しければ下職も叮寧な仕事をする。しかるに昨今、例へば大工がドアの額縁を正確に拵へておくと、建具屋は自分の仕事のでたらめを大工のせゐにできず、それゆゑ嚴しい棟梁は卻つて嫌はれるといふ。けれども自分は損な性分で、づさんな仕事はどうしてもやる氣になれないと、柳澤氏は言つて笑つた。なるほど性分のせゐもあらうが、彼が歪んだ家を作らないのは、若い頃、嚴しい修業に耐へたからなのである。

そして柳澤氏は自分一人でやれる事をきちんとやつて、仕事の事で頭が一杯だから、「政治倫理の確立」なんぞについて考へてゐる暇が無い。「この政治危機のさ中こそ、孤立を恐れず、〝義〟のブレーキについて眞劍に考へたい」などといふ阿呆な事は言はぬ。昨今は自分一人でやれる事をきちんとやらぬ手合が、卽ちづさんな文章を綴る物書きジャーナリストが、自分一人では決してやれぬ事について「眞劍に考へたい」などと書くのである。憲法の改正も核兵器の廢絶も「政治倫理の確立」も、一人では決してやれぬ事だが、おのれ一人でなしうる事を立派になさぬ手合が、おのれ一人でやれぬ事ばかり聲高に叫ぶ馬鹿らしさを、いつになつたら世人は悟るのであらうか。

（昭和五十八年十一月七日）

いとをかし　猿の尻笑ひ

「猿の尻笑ひ」といふ事がある。自分の尻が見えないものだから、淺はかな猿めは他の猿の尻が眞赤なのを嘲り笑ふといふ。人間も動物だから、おのが短所を棚上げにして他人の非を打つといふ事がある。例へば、石橋政嗣氏の非武裝中立論は荒唐無稽の世迷言だとて嘲笑ふ保守派知識人が、同じ程度の愚論を開陳して平然としてゐるといふ、腹の皮が捩れる程の滑稽が無いであらうか。それが實はふんだんにある。七年前、東京大學教授の佐藤誠三郎氏は「諸君！」昭和五十二年六月特別號にかう書いたのであつた。

私は、國家の自衞權を肯定する。そして日本は、その領域を保全するためだけにも、防衞豫算を現在の三倍位にはすべきだと考へる。（中略）しかし私は、第九條に關する限り、現行憲法の改正に贊成しえない。（自衞隊）合憲論も違憲論も、論理的には共に成立可能である以上、國際的にも國内的にも混亂や疑惑を惹き起こしかねない第九條の改正をあへてやるのは、愚かなことだと考へるからである。

周知のごとく、保守派知識人には改憲論者もゐるし護憲論者もゐる。佐藤誠三郎氏は後者だが、さりとて石橋政嗣氏の様に自衞隊は違憲だと考へてゐる譯ではない。第九條は「文意があいまいで彈力的解釋を許容しうるので、改正しなくても日本の防衞にとくに支障が生ずるわけではない」と佐藤氏は信じてをり、無論「非武装中立」なんぞは阿呆の白晝夢に他ならぬと考へてゐる。だが、私には佐藤氏が非武装中立論を嗤ふのは、まさしく「猿の尻笑ひ」だとしか思へない。それに石橋政嗣氏と日本社會黨が、かくも久しく非武装中立の白晝夢に耽つて今なほ正體無きていたらくなのは、日本國に現存する綺麗事中の綺麗事たる「ぐうたら憲法」の馬鹿らしさを笑ひ飛ばすだけの知力を缺いてゐる保守派のせゐ、取分け佐藤氏の様な、所謂「解釋改憲」論者の頭脳のお粗末のせゐなのであり、それゆゑ、石橋政嗣氏の暗愚を嗤ひたいなら、石橋は叩いて渡るべし、まづは「解釋改憲」論者を成敗せねばならぬのである。

佐藤氏が右に引いた珍無類の愚論を披露して七年、佐藤氏は世の笑はれ物になりもせず、今なほ東京大學で教鞭を執つてをり、時折新聞雜誌に寄稿してもゐる。これを要するに、學界も論壇も、そして讀者も、知的怠惰に對して箆《べら》棒《ぼう》に寛大なのであり、秦野前法相の捨臺詞を捩つて言へば「この程度の讀者なら、この程度の物書きですよ」といふ事になる。つまり、佐藤誠三郎氏の愚鈍は石橋政嗣氏のそれと、おつつかつつなのだ。石橋氏の愚鈍はこの際論《あげつら》はないが、佐藤氏の場合、東京大學教授ともあらう者が、中學生にも理解出來る程度の事を理解出來ずにゐる。さうではないか、憲法第九條の文章は自衞隊を合憲としてゐるか、或いは逆に違憲としてゐるか、さもなくば合憲としてゐるとも違憲としてゐるとも決め兼ねる程曖昧か、この三つのうちのいづれかなのであつて、「合憲論も違憲論も、論理的には共に成立可能」な文章なのでは斷じてない。

いや、憲法第九條に限らない、凡そ文章といふ物は、千々に亂れる胸の内を吐露した艶書でもない限り、「論理的には」白か黒か、それとも白とも黒ともつかぬ程曖昧か、そのいづれかなのであり、「論理的に白黒いづれも成立可能」な文章などといふ物は無い。佐藤氏の正氣を信じて借問するが、佐藤誠三郎氏は紛れも無く男性である。では、「佐藤氏男性論も女性論も、論理的には共に成立可能」な文章といふ物を、佐藤氏は思ひ附く事が出來るのか。「佐藤さんはお人好しだが、少々頭が惡い」といふ文章は、「佐藤さん」の性別を問はぬ文章なのであつて、男性とも女性とも「論理的には共に成立可能」な文章なのではない。

そして吾々は、白とも黑ともつかぬ文章を讀まされれば、狂人でもない限りは必ず當惑し、さういふ曖昧な文章の「改正をあへてやるのは、愚かなことだ」などとは決して考へない。佐藤誠三郎氏の愚昧と正氣とは「論理的には共に成立可能」だと信ずるから、私は再び借問するが、例へばの話、この私が佐藤氏に、「來る四月二日、（エープリル・フールの日にあらず）ホテル・オークラ新館ロビーにて八時にお目に掛りたし」との文面の手紙を出したとして、佐藤氏に私と逢ふ意志がある場合、佐藤氏は私の迂闊に呆れないであらうか。文面からは「午前八時」と解する事も「午後八時」と解する事も「論理的には共に成立可能である以上」、松原に對して午前か午後かと「あへて問ふのは愚かなこと」であり、文面は「彈力的解釋を許容しうるので、とくに支障が生ずるわけではない」とて、佐藤氏は四月二日まで悠然としてゐるであらうか。

勿論、私に逢ふ理由も意志も無いのなら、佐藤氏は私の要請を無視する事が出來る。が、それは佐藤氏が私の價値を認めない場合である。そして佐藤氏が私の價値を認めないのは勝手だが、今の場合、佐藤氏が論つてゐるのは「國の最高法規」なのである。「國の最高法規」の文意の曖昧を看過出來るといふ事は、その價値を認めてゐないといふ事ではないか。東京大學教授としての佐藤氏は、曖昧な文章を綴る學生を、相手の價値を認めてゐる限りは批判するであらう。それとも學生の文章を讀んで佐藤教授は、お前の文章は「文意があいまいで彈力的解釋を許容しうるので、書き直さずともとくに學業に支障が生ずるわけではない」と許するか。それなら、佐藤氏は惡しき教師であり、おのが職責を等閑《なほざり》にしてゐるといふ點で、授業を拋擲しても赤旗を振る日教組の教師と同罪である。

かうして、佐藤誠三郎氏に限らず、いはゆる「解釋改憲」を主張する手合の頭腦はいともお粗末であり、それゆゑ憲法や國防を論つて眞摯ではない。つまり彼等の知的怠惰はそのまま道義的怠惰だといふ事になる。例へば、これも「解釋改憲」論者の一人である京都大學教授の高坂正堯氏は、昭和三十九年、「潮」十月號に、「第九條はわれわれ日本國民に對して、軍備の問題について大いに惱みなさいと呼びかけてゐるのだ」と書いたのだが、高坂氏のその文章自體が「大いに惱」んでゐる者の綴つた文章ではなかつたから、私はまづ腹の皮を縒《よ》り、ついで物書きの知的誠實といふ事について眞顔になつて考へた。先に述べた樣に、いかにも「この程度の讀者ならこの程度の物書き」といふ事はある。けれども、物書きが心にも無い綺麗事ばかりを言ふ事は、讀者に對する詐欺に他なるまい。それに何より、物書きが眞劍に書けば讀者もまた眞劍に讀むといふ事だつてあるに違ひない。少なくともこの私は常にそれを信じて物を書く。いや、教壇や演壇に立つ時もその心構へを忘れる事は無い。そして私が體驗した限りでは、こちらが眞劍に喋れば先方も必ず眞劍に聽くのであり、さういふ時に私は教師冥利或いは辯士冥利を痛感するのである。

勿論、高名なる高坂正堯氏がその種の冥利を知らぬとまでは言はぬ。だが、私はこのところ高坂氏の文章に知的誠實を痛感する事が無い。屢々私はなまくらな同業者を成敗し、その都度世間を狹くしてゐるが、私の同業者批判は、これまで常に、なまくらな文章といふ紛れも無い「物證」がある場合に限られ、言論人の私生活を論つた事は一度も無い。だが、これは私生活を論ふといふ程の事ではないし、證人もゐる事だし、敢へて書く事にするが、高坂氏はかつて私に「午後九時以後、自分はファンダメンタリストになる」と語つた事がある。それが本當なら、これまで高坂氏が綴つた文章は、すべて午後八時五十九分までに書かれた事になる。そして午後九時以後の高坂氏は頑强な改憲論者になるのかも知れないが、それは讀者に對する詐欺である。高坂氏は昭和五十六年、「文化會議」一月號に、憲法論議は今後「十年間ほど棚上げすべし」と書き、奧野法相の誠實を批判して「本心を語らない」事の政治的賢明を政治家に說いたけれども、その「文化會議」の原稿を書いたのは午後九時以前だつたのか、それとも午後九時以後だつたのか。高坂氏は「ヴォイス」昭和五十九年二月號においても、「軍事的な雙務關係が必要だといふアメリカの議論も、日本國內の非武裝中立論も、共に一九五〇年代の亡靈なんです」と語り、「輕武裝と押しつけ憲法といふ、ふつうの國ではハンディキャップになつたものが、國際關係の經驗が少ない日本人に、逆に絶大な教育效果をもたらした」とも語つてゐるが、高坂氏がそれを語つた時刻が判然としない限り、本氣で批判する氣にはなれない、といふ事にもなる。

しかるに、なほ一層奇怪な事に、高坂氏は「本心を言つていいのは學者だけ」だと、「文化會議」に書いたのである。だが、高坂氏は物を書いてをり、學者として通用してもゐる。一體全體、高坂正堯氏は物書き・學者なのか、それとも政治家なのか。いやいや、「本心を言つていいのは學者だけ」と書いた時の高坂氏が、本心を語つたのかどうかが判明しない限り、これまたいづれとも決し兼ねるといふ事にならう。だが、高坂氏にしても、午後九時以前に書いた原稿を翌日の午後九時以後に讀み返す事がある筈、その場合、おのが主張を眞に受けるかも知れぬ讀者の事を思ひ、內心忸怩たるものを感じないのであらうか。

それ程まで無責任な物書きはゐない筈だと、さう書きたいところだが、それが實はゐるのである。「戰爭は無くならない」（地球社）にも書いた樣に、清水幾太郎氏の文章からも私は知的誠實を唯の一度も感じた事が無いが、先日某所で清水氏は「（自分は）無責任なジャーナリストとして生きようと思つた」と述懷したさうで、私はさもありなんと納得した。だが、清水氏が威勢よく赤旗を振つてゐた頃、清水氏の言論を眞に受けて、その擧句、痛手を負つた若者もゐたであらう。清水氏の正體を見破れなかつたのは若氣の無分別で、自業自得と言つてしまへばそれまでだが、それにしても清水氏は今、餘りにも涼しい顏で反共の旗を振り過ぎるのである。「無責任なジャーナリスト」として書き擲つた當時の文章を、清水氏は今、一體どんな顏をして讀むのであらうか。

以上、「猿の尻笑ひ」の實態についてその一端を披露したが、非武裝中立論を批判する保守派知識人がしかく知的・道義的に怠惰なのだから、さういふ手合が寄つて集《たか》つて社會黨を嘲笑はうと、さつぱり效果は無かつたのである。社會黨は今なほ非武裝中立の白晝夢に耽つて正體無く、「長期低落傾向」にこそ齒止めを掛けられずにゐるものの、依然として野黨第一黨の座を守つてゐる。石橋政嗣氏や社會黨だけが愚鈍なのではない。「平和憲法」の隨處に竝べられた度し難き綺麗事を本氣で恥ぢぬ保守派の知的・道義的怠惰こそが、非武裝中立などといふ凄じい世迷言をのさばらせてゐるのである。

けれども、「日本國憲法の各條章の中で、九條ほどその解釋、ありやうをめぐつて論議を呼んでゐる條章はほかに見當たらない」（「日本國憲法を考へる」、學陽書房）のであつて、「九條の解釋をめぐつて定説がなく、條文は一つであるにもかかはらず、まつたく一八〇度も違ふ解釋が竝存してゐる」のだから、紙幅の制約もある事だし、私はここで、「一八〇度も違ふ解釋」を一々解說して改憲論者としての自説を開陳する必要を感じない。石橋氏の様に「憲法を金科玉條のやうに考へ」る護憲論者も、「條文を文字通りに一字一句、硬直した解釋で通さうとするのはをかしな話」だと考へる高坂正堯氏の様な「解釋改憲」論者も、自衞のための戰力保持を論つてゐるに過ぎないが、私は自衞はもとより「集團自衞」も「海外派兵」も、時には「先制攻撃」さへも必要だと考へるからである。さう考へる理由については「戰爭は無くならない」に詳しく書いたからここに繰返す事はしない。だが、考へてもみるがよい、どこの世界に、「私は、國家の自衞權を肯定する」などと、餘りにも當り前の、それゆゑ途轍もない戲言を、胸を張り得意げに公言する馬鹿がゐるか。

　さういふ次第で、非武裝中立の阿呆陀羅經を唱へつづける阿呆よりも、佐藤、高坂兩氏の様な現實追隨主義者の方が有害だと私は思ふ。高坂氏は「ヴォイス」二月號に、「自民黨のなかには（中略）やむを得ないからいまの狀態でいくといふ考へ方が強い」けれども、「解釋改憲が（中略）理想であるからには、それが理想だといふ事をはつきり言」ふべきだと主張してゐる。これまた珍無類の愚論であつて、「東に佐藤誠三郎あらば、西に高坂正堯あり」と言ひたい。高坂氏に借問する。ここに一人女房に逃げられた男がゐる。だが、その男が女房の事を忘れられず、「やむを得ないからいまの狀態でいく」と言ひ張る場合、彼はやもめ暮しを理想としてゐる譯ではない。さういふ男に對して高坂氏は、今やトルコ風呂もあれば「愛人バンク」もある、それゆゑ、「やもめ暮しが理想であるからには、それが理想だといふ事をはつきり言ふべきだ」と、眞顏で忠告する氣になれるであらうか。

　近頃とみにさういふ益體も無い戲言を竝べる様になつた高坂氏は、現實追隨の安樂に溺れて燒きがまはつたに相違ない。高坂氏は社會黨を批判して「實現不可能な理想を掲げて」、「實際はなにもやらない」と言ふ。だが、高坂氏も知的・道義的怠惰の「いまの狀態」にあぐらをかいて「實際はなにもやらない」。「いまの狀態」が理想なら何もやる必要は無い。そして、衣食のみを重んずるがゆゑに現狀を肯定する日本國民が、欲と二人連れ、護憲勢力としての社會黨の存在をも肯定し、「今の狀態でよい、社會黨が減つても困る、自民黨が減つても困る、政情不安ゆゑに今の生活水準が低下するのは眞平御免」と考へ、それゆゑ高坂氏の樣な「愚者の蜜」を有難がるのだといふ事實、これだけは高坂氏も御存じない。何せ「自惚れと瘡氣《かさけ》の無い者は無い」からである。

午後九時以後の高坂氏は「ファンダメンタリストになる」といふ。かつてはさうであつたと思ふ。高坂氏との對話を私は大いに樂しんだからである。だが、今はもう信じない。それゆゑ遠慮はしない事にしたのだが、今の高坂氏は、午後九時以後に「ファンダメンタリスト」の文章を讀んでも、「この男、本氣で信じてもゐないのに、いや、本氣で信じてゐないからこそ、かうして熱《いき》り立つてゐるのだ」と、さう思つて薄笑ひを浮べるに相違ない。さういふ高坂氏の道義的怠惰について論ふだけの紙數は無いが、佐藤誠三郎氏と同樣高坂氏も、中學生にも劣る頭腦のお粗末をかうして私に指摘され、多分反論は出來まいから、「知的怠惰は道義的怠惰」だとだけ言つておかう。頭の惡い手合が道德の問題を眞劍に考へる道理は無い。彼等は決つておのれの器で人を量り、逃げた女房への未練を斷ち切れぬ男を見れば、「本氣で女房を慕つてゐる譯でもないのに、心にも無い强がりを言つてゐるが、實は女が欲しいのだ」とて、薄笑ひを浮かべるのである。數年前、「あんたかて阿呆やろ、わてかて阿呆や」とのコマーシャルが大いに受けた事がある。これを捩つて言へば、「あんたかて色魔やろ、わてかて色魔や」となるし、「あんたかて死にたうないやろ、わてかて死にたうない」となる。なるほど男は皆「色魔」だし、誰しも死にたくはない。が、おのれもまた色魔だといふ現實を認める事と、色魔であつてよいといふ事とは斷然違ふのである。

しかるに今、さういふ道德の問題は眞劍に論じられる事が無い。何せ「あんたかて色魔やろ」と他人の弱みを指摘した途端、「わてかて色魔や」と言つてしまふのだから、道德的に厄介な問題なんぞに氣附く暇は無い。專ら許し合ひ馴れ合ふだけである。それゆゑ論壇においても保守派が保守派を斬る事は無い。「戰爭は無くならない」に屢々說いた樣に、「道德的にいかがはしい人物であつても、對立するイデオロギーを批判しうるのであつて、これを要するに、イデオロギーと道徳とは簡單に繫がらない」のだが、世人は今、政治と道徳とを混同し、イデオロギーを同じくする者同士が肌を合せ、「連帯」の快を貪るばかりなのだ。

それゆゑ所謂「鷹派」の威勢のよい發言を、高坂氏は薄笑ひを浮かべつつ聞くに相違ないのだが、實は私は、それも無理ならぬ事だとも思ふ。「鷹派」の私自身が、屢々「鷹派」の强がりや無責任に苛立ち、イデオロギーと道徳とは別物であるゆゑんを痛感するからだ。例へば、「鷹派」であるらしい勝田吉太郎氏はから書いたのである。

政治家だけではない。どんな職業人も、教師も醫者も新聞人も企業人も、それぞれの職業倫理を嚴しく問はれてゐるのが現今のわが國の狀況ではないか。戰後社會の平均的な道德的水準を少しでも引き上げる努力こそが、いま緊急の必要事となつてゐるのではなからうか。

（「ヴォイス」昭和五十九年三月號）

無論、かういふ綺麗事に騙される暗愚な讀者もゐる譯で、例へば本誌第六八三號の匿名批評家も、「平均的な道德的水準引上げの努力」を訴へる勝田氏は、「倫理の刃を堅持するがゆゑに僞善者を斬ることができる」と書いた。暗愚もかうなるともう、手の施し樣はない。だが、「月曜評論」の讀者諸君、次に引くのは明治の昔、西村茂樹が綴つた文章なのである。

今日より引續きて爲す所の講演は、余が（中略）日本國民各人の爲めと思ひ込みて滿身の力を盡して講述する所なれば、願くは聽衆諸君は一場の閑言語と看做すことなく、若し余が演述する所道理に合へりと思はゞ同心協力して斯道を國中に擴めんことを務め、疑はしき條件あらば十分に質問あらんことを、若し又余が言ふ所を以て道理に違へりと思ふ者は、之を攻擊するも駁論するも諸君の意に任かす、余は其人に對し毫も不平を懷くことは決してあらざるべし。

（「日本道德論」、岩波文庫）

勝田氏は心にも無い綺麗事の文章を綴つて「平均的な道德的水準を少しでも引き上げる努力」をしてゐる積りだらうが、西村茂樹の眞摯も勝田氏のお座なりも、それぞれの文章が明確に證してゐる。「平均的な道德的水準を少しでも引き上げる努力」とやらをせねばならぬのは一體誰なのか。中曾根首相なのか、文部大臣なのか、「教育臨調」なのか。他人に努力を要望して涼しい顔をする前に、おのが文章の「水準を少しでも引き上げる努力」をして貰ひたい。西村茂樹も聽衆に「同心協力」を要望してはゐる。だが、それに先立ち、西村は他人の「爲めと思ひ込みて滿身の力を盡して」ゐるではないか。

とまれ專ら他人の努力を要望する樣な男に「倫理の刃」なんぞありはせぬ。いや、「倫理の刃」なんぞを神ならぬ身の吾々が持合はせてゐる筈が無い。しからば吾々は他人の沒義道に寛大でありうるか。さういふ道德に關する難問について眞摯に考へぬ手合が、今、政治家の汚職を咎め君子面をしたがるのであつて、これもまた「いとをかし、猿の尻笑ひ」に他ならない。

（昭和五十九年三月二十六日）

馬鹿の眞似は難し

『サンケイ』の「マスコミ論壇」で週刊誌評を擔當する松原正・早大教授の表看板は「保革を問はぬ知的・道義的怠惰を突く」ことださうだ。だから、『週刊ポスト』のグラビアで女の子を逆立ちさせた〝パンモロ〟寫眞などが載ると、烈火のごとくお怒りになるし、（中略）彼の著書、論文などは、舊字、舊かな、舊「道德」に徹してゐる。（中略）なにしろ自著『戰爭は無くならない』が「侵略戰爭さへ否定しない」ものだと自慢してゐる。『改革者』の（中略）特輯でも、「憲法も教育基本法も」（中略）教育をだめにしたといふ。やはり同誌八三年七月號の「戰爭論」特輯で、「この世から殺人をなくすために、あへて人を殺さなければならない場合がある」と、「道德的難問」にいどみ、自著『道義不在の時代』の防衞論の延長戰を展開。これを讀まされると、「赤面」どころか、その「道德」錯亂性毒ガスで偏頭痛が起こる。

以上は朝日ジャーナル昭和五十九年六月八日號に載つた「蒙御免！」なるコラムの一節である。「他人の文章」を過度に引用するのは原稿料泥棒だから以上で止めたのだが、敢へて引用したのは、まこと忝《かたじけな》いと思つたからである。ただし週刊ポストの「〝パンモロ〟寫眞」は私も樂しむと書いた記憶があつて、「烈火のごとく」怒つた覺えは無いけれども、眞顔でそれに抗議するのは阿呆らしいし、「この世から殺人をなくすために」云々の道德的難問の難問たるゆゑんを、朝日ジャーナルの筆者に理解して貰へる道理は無い。それゆゑ、私の「『道德』錯亂性毒ガス」による「偏頭痛」に對してはお氣の毒に思つてゐる。が、何せ本欄に執筆して七年、今回の朝日ジャーナルが、私にとつての最初の手應へだつたのである。例へば、拙著「戰爭は無くならない」において、私は永井陽之助氏を激しく批判した。が、永井氏は私に反論せず、手應への無さにやけくそになつた私は、「言論の虛しさの度が過ぎると、早晩テロの季節がやつて來る」などと、本欄であらぬ事を口走つた。そこへジャーナルの酷評、これぞまさしく旱天の慈雨、私がジャーナルに感謝しない道理は無い。

ところで、「音樂の冗談」といふ絃樂とホルンのための愉快な曲がある。下手糞な作曲家ならかういふ音樂を作るに違ひ無いと考へて、モーツァルトが作つた曲である。それを聽く度に私は笑ひ、かつ舌を卷く。「蒙御免！」の樣な下手糞な文章を、私はとても書く事が出來ない。それが出來れば、「今後も大いに松原とサンケイを批判してくれ」とジャーナルに賴むべく、僞名を用ゐて投書する事も出來る。だが、それは出來ない。馬鹿を眞似て書く、それは頗るつきの難事なのである。モーツァルトはやはり、正眞正銘の大天才だつたのだ。「音樂の冗談」（K五二二）の一聽を勸める。

（昭和五十九年六月九日）

「核狀況」下の茶番狂言

岡崎久彦氏の「戰略思考」は「日淸戰爭當時にとどまつてゐる」とまで「文藝春秋」に書いた永井陽之助氏は、その後「岡崎さんとぼくとは、(中略)これは樂屋裏のオチになつてしまふけど、對決してることが必要なんです」と語つたさうであり、してみれば永井氏の岡崎批判はどこまで「本氣かわからん」と、本紙第七〇五號に原田統吉氏が書いた。だが、岡崎氏も「諸君!」六月號に、「永井先生については、私は、多年にわたつて、その該博な學問的知識と知的な閃きに深い敬意を表してゐる」とか、「文春連載中の御說を拜見してゐると、表向きの表現はともかくとして、永井先生の御議論と私の議論の間にあまりにも私が反論すべき相違點が少なすぎる」とか書いてゐるのであつて、岡崎氏の「反論」もまたどこまで「本氣かわからん」のである。「對決してることが必要」だと永井氏が言ふ場合、それは正確には「對決してゐるかの樣に振舞ふ事が必要」といふ事であり、一方、「あまりにも反論すべき相違點が少なすぎる」のに反論の筆を執る岡崎氏も、殊更に「對決して見せる事が必要」だと考へてゐるのであらう。「對立するこの兩論は、良かれあしかれ現代日本の防衞論爭の縮圖だ」と原田氏は書いてゐるのだが、「政治的リアリスト」と「軍事的リアリスト」との「對立點」なんぞ土臺ある筈が無い。「ほとんど九〇%、森嶋說に贊成である」樣な「政治的リアリスト」や、「國家が有する政治、經濟・文化のすべてを含む種々の力の中で、古來何人も否定しえない最も基本的なものは、畢竟軍事力であつて」などと今更の樣に力み返る「軍事的リアリスト」の存在を信ずる事は難事なのである。原田氏は「マーシャルプラン方式に、全く環境の變つた現在もシガミついて」ゐる「政治的リアリスト」の「影響力がいまだに大きいのは悲しい」事だと言ふが、私はむしろ、八百長と知りつつ八百長を樂しむプロレス見物よろしく、一國の防衞が論じられ、それを誰も怪しまぬ事こそ「悲しい」事だと思ふ。

例へば西部邁氏は昭和五十九年七月二十五日附の東京新聞に、「讀者は、大江健三郎氏の『再び狀況へ』(世界)から小さくない慰めをうることができるであらう。愼みにみちたしなやかな文章を味はふのは、それだけで、今時めつたにない經驗である」と書いた。一方、本紙第七〇五號の鄕士氏は、大江氏の拙劣な「政治學」を扱き下し、大江氏は「惡臭を放つてゐる」と書いてゐる。もとより私は鄕士氏に與する。大江氏の惡文を「愼みにみちたしなやかな文章」などと評する手合はたうてい信用できないからである。そして當然の事ながら西部氏の文章も醜惡であつて「惡臭を放つてゐる」。西部氏はかう書いてゐる。

大江氏は（中略）現在の核狀況下にあつて「破壞していい最後のものは何か」と問うてゐる。自然を不必要に破壞して恥ぢることのない單なる人間中心主義としてのヒューマニズムにたいしては、氏も不同意である。しかしこの種の不同意は、しばしば、「人間が滅び去ることは、むしろ他の動物、生物にとつていいことではないのか」といふペシミズムへ、さらにはニヒリズムへと流れ込んでいくと氏は懸念する。（中略）たしかに、「核狀況の大國專制への順應主義者たち」の、私は全てとは思はないのだが、少なからざる部分がこの（人類滅亡の）小唄を口ずさんでゐるといつてよい。

本紙の讀者といへども、この種のぺてんにはたわいなく引掛るのではあるまいか。だが、考へてもみるがよい、もしも人間が「自然を不必要に破壞」する事をためらふとすれば、さういふ破壞が人間にとつて不利だからであつて、そこに恥などといふ道德的な問題が忍び込む餘地は無い。大江氏も西部氏も「人類の全的滅亡の可能性」を眞顏で案ずる振りをしてゐるに過ぎないが、核戰爭による人類絕滅後の「他の動物、生物」の事まで考へるペシミズムを「懸念」するとは、人間業とはたうてい思はれぬ。そして人間業と思へぬ程の感傷ならそれは眞つ赤な噓に決つてゐる。すなはちこの地球上に、「人間が滅び去ることは、むしろ他の動物、生物にとつていいことではないのか」などと本氣で考へてゐる樣な者は、ただの一人もゐはしないのであつて、さうと解れば西部氏が「もうひとつのかたちの、全的滅亡の可能性への、ヒューマニズムに立つ想像力の文學モデルを提出しなければならぬ」との大江氏の提言について、「巧みに語られた一般命題はなまじつかな特殊命題よりはるかに具體的で說得的」だなどと書いてゐるのは、これまた惡臭を放つ拙劣な處世術、もしくは八百長だと知れるのである。

「設使《たとひ》我れは道理を以て云ふに、人はひがみて僻事《ひがごと》を云《いふ》を、理を攻《せめ》て云ひ勝《かつ》はあしきなり」と道元は言ひ、情のために道理を枉げる處世術の大事を說いた。けれども「佛法の爲に佛法を行」ずる者は「道理に順ずるか順ぜざるかと案じて、道理に順ぜば、いひもし、行《ぎやう》じもすべき也」と、道元は言ひもしたのであつて、さういふ捨身の道理に對する執着は、西部氏の文章のどの部分にも見出す事ができない。西部氏は大江氏を批判して「權力といふ惡にたいする世論といふ善といふありきたりの構圖」云々と書いてゐるのだが、そんな「ありきたりの構圖」に賴る男にどうして「愼みにみちたしなやか」な文章なんぞが書けようかと、さう疑つてみるだけの才覺は無いのである。

だが、才覺の無さは至し方が無いとしても、大江氏にせよ西部氏にせよ、どうしてかうも臆面なく眞つ赤な噓ばかり竝べ立てるのか。西部氏は例へばかう書いてゐる。

　大江氏は、（中略）核狀況のなかで身を持するにあたつて、信仰の問題がうかびあがつてくるであらうといふことを示唆してゐる。（中略）私もまた、信仰への豫感を保持しつゞけるのでなければ、核への恐怖を感受しつゞけることは難しいと思ふものである。（中略）私たちは神を殺した父祖たちから文明といふ名の虛無主義を引き繼いだのではないだらうか。（傍點松原）

西部氏は「信仰への豫感を保持」してゐるかの樣に言ふが、これが眞つ赤な噓なのである。その證據に西部氏が「神を殺した父祖たち」と言ふ場合、それは例へばデカルトであり、ニイチェであり、ガリレオなのであつて、福澤諭吉でもなければ西周でもない。明治七年津田眞道は「今ヤ宇內人民一般ノ開化ヲ贊《タス》クル者基敎ニ如ク者ナシ、（中略）其《ソノ》尤《モツトモ》新尤善尤自由尤文明ノ說ニ近キ者ヲ取テ我開化ノ進步ヲ助クルヲ以テ我邦今日ノ上策トスベシ」と書いたが、文明開化の方便としてクリスト敎の導入を提唱した津田の淺薄を嗤ふ資格は西部氏には無い。吾々日本人は「神を殺した父祖」なんぞを斷じて持つてはゐないのだが、大江氏にせよ西部氏にせよ、その事實を忘れて「核狀況のなかで身を持するにあたつて、信仰の問題がうかびあがつてくる」などと書く。度し難い知的不誠實である。

明治十年、中村正直は「君臣、朋友、一國ノ人、天下之人、皆神ノ造ル所タル吾ト同ジ、審《ツマビラカ》ニ此ヲ思ヘバ、則親愛ノ心浡然《ボッゼン》トシテ生ズ、（中略）竊《ヒソカ》ニ嘆ズ、東洋諸邦ノ人民、往往ニシテ神ヲ知ラズ、而シテ唯務メテ人ト角《アラソ》フ」と書いた。中村の「神」は西部氏の「神」と同樣異國の神であり、自身が敬してもゐず憎んでもゐない神なのである。しかるに、異神の權威を笠に着てヒューマニズムやニヒリズムを論ふぺてんの作業を、中村正直から西部邁氏まで、我國の西洋學者は藝も無く繰返して來た。「天下之人、皆神ノ造ル所」だなどと、いまだかつて日本人は信じた事が無い。それゆゑ「ニヒリズムに色濃く汚染された世論こそが核狀況を支へる大きな柱」だなどと、西部氏が本氣で信じてゐる筈は無い。「神の死」を知らぬ者にニヒリズムは遂に無縁のものだからだ。

いつになつたら吾國の西洋學者は、おのが商賣のいかがはしさを悟るのであらうか。レーガン氏もチェルネンコ氏も、時偶「全面核戰爭」を案じてゐるかの樣に言ふ。が、ともに密かに衞星攻擊兵器を開發し、人間、發明した物は必ず使ふのだから、相手が先に核兵器を使つても、途中でそのすべてを叩き落せばよいとて、着々と手を打ちつつある。しかるに、「非核三原則」の吾國においては、「人類滅亡の小唄を口遊む」手合が、「人類滅亡の小唄を口遊む」手合を批判する。何と迂闊な猿の尻笑ひであらうか。「核狀況」なんぞを本氣で案じてゐる日本人は一人もゐはしない。しかるに、その明白な事實を認めたがらぬインテリ大根役者がブレイクだのオルテガだのを奉じてヒューマニズム、ニヒリズムの茶番狂言を演じ、阿呆なインテリの觀客だけが虛假にされて喜んでゐる譯であり、さうと解れば、木戸錢を拂つてまで附合ふ樣な見世物ではないと知れるのである。

（昭和五十九年八月二十日・二十七日）

永井陽之助氏の眞つ赤な嘘

「核兵器といふハードウェア自體を絶對惡として、その異物排除と絶滅をめざすレーガンの哲學そのものが、ＳＤＩといふ防禦兵器と、防禦網突破補强の攻撃兵器とのイタチごつこを生み出さうとしてゐる」が、それよりはＭＡＤ（相互確證破壞）のはうがましではないかと、永井陽之助氏は昭和六十一年一月四日附の朝日新聞夕刊に書いた。ＭＡＤとは「核の先制奇襲があつても、それを吸收したのち、なほ敵の都市人口の二十五％（中略）を確實に破壞できる能力（確證破壞能力）を保持し、たがひに敵國民を『人質』にしてゐる狀態がつゞくかぎり、核戰爭を囘避できるといふ考へ方」であり、それは「一見、インモラルにみえるが（中略）モスクワの子供、婦人、老人の生命を守つてゐるのは、米國人であり、ワシントン、ニューヨークの市民の生命を守つてゐるのは、ソ聯人である、といふのとおなじこと」だから、防禦兵器と攻撃兵器との「イタチごつこ」よりもましだと永井氏は言ふのである。

私は舊臘《きうらふ》、「自衞隊よ胸を張れ」六百枚を書き上げ、それはこの二月に地球社から出るが、その中で私は永井陽之助氏と岡崎久彦氏の知的怠惰を徹底的に批判した。永井氏も岡崎氏も、錢儲けによつて成り上つた二流國の分限を忘れ、摸擬手榴彈も無いから靴下に砂を詰めてぶら下げ演習場を走り囘つてゐる自國の陸軍の悲慘を知らず、書齋に籠つて空疎な國家戰略を論ふ。早い話が、モスクワ市民の生命をアメリカが守り、ワシントン市民の生命をソ聯が守る事の有難さなんぞを、日本人が痛感する筈は無く、それゆゑ、これは眞つ赤な嘘である。

だが、永井氏の所論を批判して保守派の論客は、永井氏が實はアメリカよりもソ聯に對して同情的で、從つてＳＤＩを批判すべく朝日に寄稿したのだと言ふであらう。そのとほりだが、それで永井氏のいかがはしさが分明《ぶんみやう》になる譯ではない。

では、永井氏のいかがはしさとは何か。部分色盲である。すなはち彼はおのが眞つ赤な嘘の眞つ赤が見えない。防禦兵器と攻撃兵器との「イタチごつこ」なんぞを憂へるのは、いや憂へる振りをするのは、頭の惡い證據だが、それはまた色盲の症狀でもある。人類史上、その種の「イタチごつこ」は性懲りも無く繰り返され、未來永劫止む事が無い。男が女の色香に迷ふのも「イタチごつこ」だが、それをしかつめ顔して憂へる振りをするのは馬鹿か閑人であり、馬鹿か閑人と見られ兼ねぬ事を綴るのは色盲のせゐである。

永井氏はエイズ・ヴィールスの發生について「二十世紀文明が多量の抗生物質などの使用で細菌、ビールス（惡）を根絶しようとして、逆に自然の復讐をうけてゐるため」ではないかとも書いてゐるが、これまた見え透いた嘘であり、扁桃腺炎に苦しめば永井氏だつていとも安直に抗生物質の世話になるのである。

ところで、馬鹿や閑人の成敗も「イタチごつこ」だが、中澤茂和氏に責め立てられて隔週それをやる羽目になつた。よろしく。

（昭和六十一年一月二十七日）

何たる國家か

中曾根首相が藤尾文相を罷免すると、大新聞は擧《こぞ》つてそれを支持した。サンケイ新聞や世界日報すら支持したから、敢然藤尾文相を辯護する言論は決してあらはれまいと、私は友人に豫言した。サンケイ新聞「正論」欄に、香山健一氏は藤尾文相を批判して「この暴言の不當性と非常識さは今後日本國民自身の輿論によつて、長期にわたり徹底的に裁かれなければならない」と書いたけれども、さうして香山氏の文章が載つてしまつた以上、香山氏の意見だけが「正論」となつてしまひ、他の「正論」執筆者が異論を唱へる事は不可能になる。香山氏の文章は頗るつきの惡文であり、「戰後四十年間、戰爭と侵略の歴史から深く教訓を學び、二度と再び過ちを繰り返さないといふ固い決意のもとに、平和國家、自由民主主義國家、文化國家としての再生と再建の道を懸命に歩み續けてきた我が國の苦惱にみちた努力」云々との、齒が浮くやうな綺麗事も書かれてあつたから、いくら何でもこれは酷いと思つた「正論」執筆者もゐたに相違無いが、それを「正論」欄に書く事だけは思ひ止まるのである。理非曲直よりも和を重んずるのがこの日本國の醇風美俗だからで、サンケイ新聞もまた「正論」執筆者の意見が對立する事は決して望むまい、香山氏を駁する文章を受け取ればサンケイはさぞ困惑するであらうと、それを察して執筆を諦める譯である。それは政治的に賢明な判斷である。

けれども藤尾發言のどこが「不當」で「非常識」であらうか。「臨教審答申は屁のやうなもの」だと私も思つてゐるし、中村粲氏が「月曜評論」（昭和六十一年九月二十九日號）に書いたやうに、日韓併合について「韓國側にもやはり幾らかの責任なり、考へるべき點はある」との藤尾氏の發言には「一點の非禮も不穩當も見出すことは出來ない」。しかも藤尾氏の「發言内容は眞實であり、表現は十分に抑制されてゐる」と中村氏は言ふが、そのとほりであつて、昔福澤諭吉は「大砲彈藥は以て有る道理を主張するの備に非ずして無き道理を造るの器械なり」と書いたけれども、さういふ苦き眞實を吾國の言論人が語らなくなつて久しいのである。福澤はまたから書きもした。

今西洋の諸國が威勢を以て東洋に迫る其有様は火の蔓延するものに異ならず。然るに東洋諸國殊に我近鄰なる支那朝鮮等の遲鈍にして其勢に當ること能はざるは、木造板屋の火に堪へざるものに等し。故に我日本の武力を以て之に應援するは、單に他の爲に非ずして自から爲にするものと知る可し。武以て之を保護し、文以て之を誘導し、速に我例に傚て近時の文明に入らしめざる可らず。或は止むを得ざるの場合に於ては、力を以て其進歩を脅迫するも可なり。

この福澤の言に較べれば、藤尾文相の發言は「十分に抑制されてゐる」と言へよう。しかるになにゆゑ藤尾文相は罷免され、マスコミの集中砲火を浴びねばならなかつたのか。苦き眞實を直視しうるほど、日本國民の「知的水準」が高くなかつたからに他ならない。去る三月、增岡鼎陸將が訓戒處分を受けた折も、苦き眞實を直視せずして理非曲直のけぢめに鈍感な風土における言論の虚しさを私は痛感した。自衞隊の現狀について增岡陸將は眞實を語つたのである。文部大臣であれ東部方面總監であれ、眞實を語つてなぜ非難されねばならぬのか。この知的道徳的に怠惰な日本國において、國民の大半は眞實なんぞを知りたがらず、爲政者もジャーナリストも知らせたがらず、ともども愚者の樂園における安逸を貪るばかりなのだが、いかに不快であれ眞實は眞實として重んずる知的誠實無くして、言論は所詮虚しき徒物《あだもの》に他ならない。

例へば保守派知識人や右翼はしきりに北方領土返還を言ふが、領土問題は日ソの間にだけ存在するのではない。韓國と日本との間には竹島の領有權をめぐる對立がある。そして日本が日本領土だと主張してゐる竹島には韓國兵がゐて、消極退嬰事勿れの防衛廳は、陸海空自衞隊に對し竹島に近附くなとの指令を出してゐる。さういふ事實を知らずして、北方領土を返さうとせぬソ聯のみを難じ、日韓親善を言ふ虚しさに、政治家は致し方無いとして、なぜ言論人やジャーナリストが氣づかぬのであらうか。私は斷じて「反韓派」ではないから、北朝鮮が韓半島を武力統一するやうな事態は何としても避けねばならぬと思つてゐるが、萬一さういふ事態になつて竹島に北朝鮮軍が駐屯するやうになつたなら、今、「政治的賢明」或いは無知ゆゑに竹島問題を論はぬ保守派知識人は、たちまち北朝鮮の「侵略」を聲高に難ずるやうになるのであらう。が、領土問題とイデオロギーとは全く無關係なのである。

竹島はちつぽけな島である。が、いかにちつぽけであらうと日本の領土であつて、今日只今、日本の領土が韓國軍に占領されてゐるのに、日本はそれを咎めずして、昔犯したおのが「罪」を悔い、低頭外交を餘儀無くされるとは奇怪千萬ではないか。往時、植民統治を行つたのは日本だけではない。例へばインドはイギリスの、ヴェトナムはフランスの、フィリピンはアメリカの植民地であつた。なぜ日本の植民統治だけが、日本の「侵略戰爭」だけが咎められねばならぬ惡事なのか。アヘン戰爭についての反省が足りぬと、中國はイギリスに言ひはしないのである。

とまれ私は藤尾文相が自說を撤回せずして罷免された事を、まことにあつぱれだと思つてゐる。それは近來の快事である。通産相になれなかつたのを恨んでの事であらうとか、知的に怠惰な手合はしきりに勘ぐり、大臣のポストを棒に振つてまで、言はねばならぬ事を言つてのけた藤尾氏の「政治的不賢明」の見事を、褒め稱へた識者は極く少數であつた。が、今の日本國が何よりも必要としてゐるのは、袋叩きにされる事は覺悟の前で言はねばならぬ事を言ふ勇氣なのであり、それゆゑ私は、藤尾正行氏が防衞廳長官でなかつた事を殘念に思つてゐる。このところ航空自衞隊の事故が續發して、防衞廳は航空自衞隊の初等練習機を合む一切の航空機の飛行を二日間中止したけれども、藤尾氏のやうな豪傑を長官に戴いてゐたならば、さういふ筋の通らぬ決定は或いはなされなかつたかも知れぬからである。百里基地におけるサイドワインダーの誤發射も、新田原におけるT二の墜落も、初等練習機や輸送機とは何の關係も無い。F十五やそのサイドワインダーに何ぞ缺陷があつたとして、そのためになぜファントムやT三三Aまでが飛行を中止しなければならないのか。

かつて雫石事故の折、自衞隊機と全日空機のいづれに責任があるかいまだ不明の段階で、防衞廳は陸海空自衞隊機の飛行中止を決定したが、今なほ防衞廳の知的道德的怠惰は一向に改まつてをらぬのである。そして、さういふ筋の通らぬ決定がいかに自衞隊の士氣を沮喪させるかといふ事を、防衞廳の高官は考へてもみないらしい。T二が新田原で墜落したためか、それとも事故續發に畏縮してか、松島基地航空祭のブルーインパルス曲技飛行も中止されたが、新田原のT二のエンジンに不都合があつたからとて、松島のT二にも缺陷があるといふ事にはなるまい。T二と同じエンジンを搭載してゐるF一が千歳基地において對領空侵犯措置を實施してゐるではないか。

とまれ今回、事故續發に狼狽したせゐか、防衞廳空幕の對應はいささか不樣であつたから、朝日の田岡俊次記者の好餌になつたけれども、假りに藤尾防衞廳長官が、この際防衞廳にも言はせて貰はうとて、「文藝春秋」に寄稿し、おのが知的怠惰を棚に上げて航空自衞隊の弛みを論ふ手合を激しく批判したら一體どういふ事になつたらうか。中曾根首相はもとより藤尾長官を罷免するであらうが、藤尾發言によつて自衞隊への理解は深まり、自衞隊は長官の勇氣に喝采し狂喜し感謝するに相違無い。さういふ狂喜を、おのが屬する職業集團の存在理由が理解される喜びを、なにせ三十年も忍從したのだから、そろそろ自衞隊も味はつてよい頃ではないか。

だが、「戰爭と侵略の歷史から深く教訓を學び、二度と再び過ちを繰り返さないといふ固い決意のもとに」云々などといふ、社會黨の御用學者が書いたのかと思はれるやうな文章が、今なほサンケイ新聞の「正論」欄に載るほどなのだから、自衞隊の存在理由を世人が充分に認識するやうになるなどとは所詮白晝夢に過ぎない。もはや紙數が無いが、昨年日航機が墜落した折、日本航空は航空機の運行を中止しなかつたし、新聞もそれを求めはしなかつた。しかるになぜ、航空自衛隊は二日間軍用機の飛行を中止せねばならなかつたのか。民航機を利用しての商用や遊山、或いは北海道の毛蟹や下關の河豚の空輸は大事だが、軍用機の訓練なんぞはさほどの大事ではないと、この平和惚けの日本國民の大半が思つてゐるからに他ならない。何たる國家であらうか。

（昭和六十一年十月十三日）

ウォルフレン問題

私に反論した日本の知識人は「自ら目隱しをして、日本が抱へる深刻な問題點を見ないでゐる」と「諸君！」昭和六十二年六月號にK・G・v・ウォルフレン氏が書いてゐる。ここでウォルフレン論文について詳述はできないが、それはまことに有意義な文章で、掲載した「諸君！」の見識は後世高く評價されるであらう。日本の知識人の弱點がそこに鮮やかに示されてゐるからで、貿易摩擦に對する對症療法よりも、彼我の文化の差異に思ひを致すはうが結局は近道なのである。

例へばウォルフレン氏は「諸君！」に載つた椎名素夫氏と小和田恆氏との對談について、「ご兩人は、讀者の目よりは互ひに對談相手の目に、へうきんに映らうと懸命であるらしい」と書いてゐる。日本人には麗しき和合の精神もウォルフレン氏には道化芝居としか思へない。長年ウォルフレン氏の流儀でやつて來て挫折した私としては、知識人諸氏の反論を期待して待つ事にする。

けれども、大東亞戰爭勃發前も、敗戰後も、和合を重んずる日本國において眞に語られねばならぬ事が率直に語られたためしが無い。かつてジョージ・スタイナーが來日してＮＨＫテレビに出演し、「戰爭なくして文化はありうるか」との深刻な問題を提起した時、私は感動し失望した。戰爭を肯定する上質の言論が公共の電波に乘つたのはスタイナー發言をもつて嚆矢とするが、無念殘念、發言者は日本人ではなかつたからである。

ところで、栗栖弘臣氏は「改革者」昭和六十二年四月號に、海上自衞隊が「既に數回參加してゐるリムパックの如き、米海軍の助けを借りた訓練といふのは、餘りにも白々しい」と書いてゐる。全く同感である、と書いただけではは本紙の讀者の大半が理解しまいから、簡單に説明するが、日米海軍が同一海域で演習をやつてゐて、ソ聯空軍機の攻撃を受けた米艦が沈沒しても、すぐ近くにゐる日本の護衞艦は傍觀してゐると、日本政府は海上自衞隊に命じてゐるのであり、さういふ「幼兒の戲言《たはごと》」に等しい命令を海上自衞隊が忠實に守りつつリムパックに參加してゐるなどと、そんな事を信じる馬鹿がどこにゐようか、栗栖氏はさう言ひたい譯である。

リムパックに限らず、防衞に關する政治家や官僚の答辯は、新聞記者の無知に助けられての事か、啞然とするほど「白々しい」。例へば、Ｆ十五導入に際しての政府見解は、朝雲新聞社刊行の「防衞ハンドブック」を買へば誰でも知りうるが、その眞つ赤で「白々しい」詭辯には腹の皮のよぢれる思ひがする。

「國家的優先順位を變更できるメカニズム」が日本には存在しない、とウォルフレン氏は言ふ。その事と和合を重んずる精神と、世界史上類例無きごまかしの軍隊を持つてゐる事とは、それぞれ深く關はつてゐる。それゆゑ、ウォルフレン氏に誰も反論しない場合は、不肖私めがそれをやらねばなるまい。ただし私は反論はしない。日本の知識人には「本當の問題點が見えない」と、外國人が思ひ込むのはなぜか、といふ事についてウォルフレン氏の蒙を啓かうと思つてゐる。だが、それは難事であり、取分けウォルフレン氏の「忠告」に從ひ英語でやらねばならぬとなると大事だから、暫くは他人任せの拱手傍觀を決め込むとしよう。

（昭和六十二年五月二十五日）

いづれ誰かが「非國民」

「一九三〇年代を聯想させるこの危機的状況が、經濟の論理のみによつて論じられてゐるのはどういふことか」と、原田統吉氏は昭和六十二年六月六日附のサンケイ新聞に書いた。同感である。かつて「總合安全保障」だの「戰略論」だのを「賣り物にした論客」は、今、口を拭つてそ知らぬ顔をしてゐるが、まことに奇怪である、と原田氏は皮肉つてゐるのだが、日本國のジャーナリストも讀者も重度の健忘症を患つてゐるから、いづれ軍事小國經濟大國日本を世界が「みならふ」日が來ると、長谷川慶太郎氏が宣《のたま》うた事なんぞきれいさつぱり忘れてゐる。百圓ライターや「じやりタレ」と同様、言論もまた今や使ひ捨てにされる時代なのである。

ところで「諸君！」昭和六十二年七月號、ウォルフレン氏との「大激論」とやらは何ともつまらぬ座談會であつた。ウォルフレン氏は何一つ自説を撤回してゐないし、日本人出席者のうち深く思考してゐるのは田久保忠衛氏だけだが、その田久保氏も控へ目な發言に終始してゐるし、「日本問題」を論議しながら誰一人防衞には觸れようとしない。これを要するに使ひ捨て時代の言論人には、「戰爭に最も近い人間の營みは貿易である」とのクラウゼヴィッツの警句なんぞを思ひ起す暇は無い、といふ事なのであらう。だが、永井陽之助氏が「現代と戰略」なる愚劣な文章を一年間「文藝春秋」に連載して、有事の際の「日米間の利害對立」を想定する事の無い岡崎久彥氏を頗るつきの「お人好し」と評したのは、ほんの二年ほど前の事である。その愚者と「お人好し」との意見對立を當時世人は「『戰略論』ブーム」と稱し、岡崎氏の「戰略的思考とは何か」はベスト・セラーになつた。が、「日米間の利害對立」があらはになつた今、「アングロ・サクソンとうまくやつてゆけばよい」と主張した岡崎氏はまさに「晝行燈」なのである。

それゆゑ「月曜評論」の讀者に私は忠告する、今こそ「戰略的思考とは何か」を讀み返すべきである。そして、たつたの二年間でなぜ岡崎氏が「晝行燈」になつてしまつたのか、それを篤と考へてみるがよい。どこまでが岡崎氏の責任で、どこまでが讀者の責任か、それ等も併せて考へるがよい。

　岡崎氏に限らず、日本國の物書きは齒に衣着せず物を言ふ事が無い。それゆゑ例へば原田氏も、「《總合安全保障》を唱導（中略）して來た論客」と書いて固有名詞を書かない。田久保氏にしても椎名、古森兩氏に激しく反論する事が無い。が、それは原田、田久保兩氏の處世術ではない。それをやつたら原田氏は論壇の村八分にされ、田久保氏はアメリカに肩入れする「非國民」にされてしまふ。しかもさういふ事情を讀者もジャーナリストも理解してゐない。それは物書きの責任ではない。

　だが、いづれ原田、田久保兩氏が「非國民」の役を演ぜざるをえない時代が來るであらう。再び「パール・ハーバー」といふ譯には斷じてゆかぬ。そしてそれなら、「外壓」に屈するだけの「軟弱外交」に血氣さかんな手合が決起するより先に、知識人が「非國民」の役を演じなければならないのである。


（昭和六十二年六月二十二日）

夜郎自大の金滿國

　ヴェネチア・サミットにおいて中曾根首相は六兆圓の內需擴大を約束したが、「米聯邦財政赤字削減の問題については、きはめて抽象的な要望に止められたのに、日本だけはなぜ六兆圓なのか」と、神谷不二氏は六月十九日附のサンケイ新聞に書いた。そんな事少しも怪しむには足りぬ。日本は世界一の金滿家で、ジャーナリストも政治家も知識人も、慾と二人連れ、金錢が萬能だと信じてゐる。そしてその嘆かはしき事實は今や諸外國の遍く知るところとなつたから、今後も日本は「もつと金を出せ」と、折ある每に脅迫されるに相違無い。

　餓鬼の世界と同樣、國際社會においても、金力あつて腕力無き奴は脅《おど》かされゆすられる。サミットにおいて「米聯邦財政赤字削減の問題」が「抽象的な要望に止められた」のは、金力無くとも腕力の強い奴は脅せないからに他ならない。アメリカとソ聯はそのうち、ヨーロッパのＩＮＦを全廢し、東アジアにＳＳ−二十を百彈頭殘す事に合意するやうだが、中曾根首相はヴェネチアで「歐亞差別の合意はのめないともつとはつきり主張すべきではなかつたか」と神谷氏は書いてゐる。笑止である。腕力の無い日本が腕力をもつてしか片附かぬ問題に容喙して效果が上がる筈が無い。なるほど「地獄の沙汰も金次第」といふ事も確かにある。が、萬事金で解決すると思ひ込むのは間違ひだし、金で解決しうる事ばかり要求されるのは屈辱的である。

先般ペルシャ灣においてアメリカのフリゲート艦が被彈し、三十七名の米兵が犧牲になつた時、債權國日本を債務國アメリカが無償で守らねばならぬ不條理に思ひ至り、それを怪しんだアメリカ人が多かつたといふ。だが、アメリカが日本にもつと金を出させようと考へる事はあつても、海上自衞隊の出動を望む事は無い。これを要するに、日本はアメリカの「對等のパートナー」では斷じてないのである。

しかるに、厄介な事に、日本人はそれを屈辱とは思つてゐない。今なほ軍事大國經濟小國の愚を嗤つて夜郎自大の危ふさを知る事が無い。神谷氏にしても、金滿家の日本が「主張」すればソ聯のＳＳ−二十が撤去されると本氣で信じてゐるのか、それとも、無效と知りつつ虚しい主張をし屈辱に耐へよと自國の首相に忠告してゐるのか。いづれにせよ神谷氏の主張自體も頗る虚しいのであり、その虚しさを神谷氏は意識してゐない。

かつて、日本が日本領だと主張してゐる尖閣列島の領空を臺灣の戰鬪機が侵犯した事がある。その時、すみやかに退去せよと警告した我が航空自衞隊のパイロットに、臺灣空軍のパイロットは英語でかう言つた、Shut up, Japanese!（默れ、日本人！）

中華民國と國交を絶つた折の吾國の非禮と身勝手を私は今なほ恥ぢてゐる。それゆゑ兩國の友好親善を損なはうとてこの祕話を披露したのではない。夜郎自大の金滿國は輕蔑されて當然である。そして、臺灣空軍に輕蔑されてゐると知つても、「月曜評論」の讀者すら切齒扼腕せず、拙文を讀み終ればそれを忘れるのかも知れぬ。やんぬるかな。

（昭和六十二年七月六日）

「律儀」を信じる岸信介を尊敬する

私は岸信介と二度會つた事がある。初めて會つた時、その場にはラヂオ日本會長の遠山景久、評論家の清水幾太郎及び勝田吉太郎が居合はせたが、食後の歡談中、私は岸に、戰前の政治家と戰後の政治家とどこが一番違ふかと尋ねた。岸は卽座にかう答へた、「戰後の政治家は活字を恐がります」。

蓋《けだ》し至言であつて、以來、私は岸を尊敬するやうになつた。活字とは無論ジャーナリズムを意味する。今の永田町に活字を恐れぬ政治家はゐまいが、ジャーナリストも人間だから必ず過ちを犯す。その時、その過ちを誰が剔抉するのか。檢察や警察ではない。無論、政治家でもない。これらの職種に携はる手合は、みな活字を恐れてゐる。私は今はジャーナリズムの村八分になつてゐるが、昔、さほど嫌はれてゐなかつた頃、道路交通法違反で罰金を拂はねばならぬところを、親しい新聞記者の一言で救つて貰つた事がある。その時の巡査のへつぴり腰はそれはもう大變なものであつた。さういふ強い權力を保持してゐるのはジャーナリストだけだが、ジャーナリズム同士が相互に批判し合ふ事はない。同じ穴の狢で、仲良し倶樂部に屬してゐるからである。してみれば、政治家や警察や檢察が活字を恐れるのは當然の話である。

しかも新聞は輿論を作る。新聞の作る輿論こそは戰後日本の獨裁者である。早い話が、岸信介は「昭和の妖怪」なのださうで、岸に關する記述には、必ずといつてよい位、「妖怪」といふ言葉が用ゐられる。新聞の作つた輿論だからである。「日本大百科全書」には、「變はり身が早く、情勢判斷力・政治力にたけた典型的な官僚政治家」と記されてゐるが、これもまたジャーナリズムの拵へた輕佻浮薄な輿論の一つで、「情勢判斷力・政治力にたけ」てゐない政治家なんぞ政治家の名に値ひしないし、「變はり身が早」い事も政治家たる者の必須の條件である。ここでグーグルの檢索欄に「岸信介 妖怪」と入れて檢索したところ、かういふ文章に出會した。

岸信介は律儀な人間でもあつた。滿洲時代からの愛人を最後まで面倒を見た。彼女の葬式にも出席し、愛人家族と共に寫眞に收まつてゐる。普通の政治家はそんなことはとてもやらないだらうが、岸の場合、あまりに堂々としてゐたので、マスコミも結局騷ぎはしなかつた。眞面目な人間ほど、やくかいなものだ。

普通の政治家が「そんなことはとてもやらない」のは、無論、活字を恐れるからだが、岸が愛人の葬儀に列席して寫眞にをさまつたのは、日頃、新聞の作る空虚で聲高な輿論を全く信用せず、「律儀」といふ倫理的價値のはうを強く信じてゐたからである。それゆゑ、彼は物言はぬ律儀な國民の心はよく理解してゐた。「安保騷動」の際も、「安保反對」デモなんぞ浮薄な新聞ジャーナリズムに踊らされる愚者の茶番に過ぎないと高を括つて、官邸に亂入しようとするデモ隊と警官隊とが衝突して騷然たる雰圍氣になつても、實弟の佐藤榮作と二人でテレビの野球中繼を觀てゐた。そしてぽつんとから云つた、「兄弟二人、ここで死ぬのもいいか」。

二度目に岸に會つたのは敬愛する韓國の代議士申相楚と共に御殿場の私邸を訪れた時である。申相楚について語りたい事は澤山あるが、今はその紙數が無い。その日、岸はパジャマ姿であつた。老齢ゆゑに手術が出來ず、肝臟だつたかに複數個の大きな結石を蓄へてゐたのだが、それが痛み出し、我々に會ふ直前まで伏せつてゐたのである。申相楚はこれまた政治家らしからぬ政治家だつたから、岸とは大いに話が彈み、私は殆ど聞き役に廻つたが、以來、私はますます岸を尊敬するやうになつた。日韓關係について申相楚も私も、隨分常識はづれの「暴論」を吐いたが、岸はさつぱり驚かずに微笑を湛へて頷くのであつた。遠山景久によれば、詰まらぬ意見に同意出來ない時、岸は向きになつて逆らはず、けれども「その通り」とは決して云はなかつたさうである。

さういふ芯の強い政治家が今はもうゐない。それはどうしてだらう。T・S・エリオットの云ふ「政治に先行する領域」について、今の政治家が無知だからだと私は思ふ。エリオットによれば、「政治に先行する領域」とは倫理の領域であり、いかなる政治思想も、無論、いかなる政治家も、そこから榮養を攝らねばならない。岸信介はさういふ事をやつてゐた類稀な政治家である。深い附き合ひをした譯でもない私がさう斷定するのは、その後、拙著を獻呈したところ、全部讀んだとしか思へぬ禮狀を受け取つて驚いたからである。そこには、私のやうな物書きが干される事情についての深い洞察が記されてあつた。岸の書翰は松原家の家寶の一つである。

（平成十七年十一月一日）

一

まづ、本巻第二部に収められた韓國に纏はる論攷についての解説から始めよう。それらは松原氏の戰爭論、防衞論、自衞隊論へと展開する重要な契機を成したものだが、取分けその中の、昭和五十五年三月二十八日から十九日間に及ぶ訪韓體驗に基いた「全斗煥將軍の事など」と題する一文は、私個人にとつても頗る忘れ難い思ひ出と結び附いてゐる。と云ふのも、松原氏は單身訪韓したやうな書き振りだが、實は大韓航空で成田を發つたその時から私は終始行動を共にしてをり、松原氏に隨つて私も大韓民國國軍保安司令部で全斗煥司令官と會見し、特戰團の訓練を鄭鎬溶司令官の説明を受けながら見學し、第三トンネル內を崔連植第一師團長に案內して貰ひ、更に申相楚維新政友會國會議員と鮮于煇朝鮮日報主筆といふ敬愛する二人の韓國人の先輩と四人の扶餘旅行を大いに樂しんだのであつた。

當時は前年十月に朴正熙大統領が暗殺されて程無い韓國の大混亂期で、松原氏は「『親韓派』知識人に問ふ」や「朴大統領はなぜ殺されたか」等を執筆して、日本の親韓派の出鱈目やアメリカの正義病の愚昧を散々叩いてゐた頃だつたし、我々弟子に向つて韓國を話題にする事も多かつたから、私も一度動亂の韓國の現實を自らの目で確かめてみたいと思つてゐた處に、松原氏が二度目の訪韓をする積りでゐると聞いて、蠻勇を揮つてメモ係としての隨行を申し出た。が、その頃私はまだ助手の身分だつたし、「鷹派」の師匠と連れ立つて韓國問題などに首を突込んでゐる事が發覺したら、それでなくても「鳩派」や「左巻き」や「政治音癡」が壓倒的多數を占める大學社會で損になる事こそあれ得になる事はあるまいと懸念した師匠の「親心」ゆゑに、訪韓中の私の存在は伏せられる事になつたのだが、それはさて措き、今回、この解説を書くに當つて、當時のメモを纏めたルーズリーフで百數十頁に及ぶノートをめくつてゐると、三十七年前の新鮮な驚きや强烈な興奮が昨日の事の樣に甦つた。戒嚴令が布かれた非常事態下の韓國に於て、「肅軍クーデター」をやつてのけたばかりの國軍の動靜を皆が固唾を飲んで凝視してゐる緊迫した狀況の眞つ只中に我々は飛込んだ譯だが、故朴正熙大統領に對する一般國民の眞率な敬慕の念と、日米の大方のメディアの傳へる怖面《こはもて》の獨裁者像との間には甚しいギャップが存在する事を事ある毎に知らされたし、特に軍事問題をめぐつて「平和惚け」の日本では到底考へられぬ極論の類が韓國の政治家や言論人の口から當り前の事のやうに平然と語られるのを耳にして、驚嘆すると同時に、眞の言論の自由が日韓いづれに存在するのかとつくづく首を捻らせられた。それに何より、亡國の危機、戰爭の危機に直面する國家として「眞劍勝負」を餘儀無くされた韓國に於て、全斗煥將軍を始めとして「死ぬる覺悟で大事をやつてのけた男」（「日本にとつての韓國、なぜ『近くて遠い國』か」）達の姿を目の邊りにする事が出來たのは、二度と巡り合へる筈も無い實に得難い經驗であつた。「日本が韓國から學ぶべき事は眞劍勝負といふ一事に盡きるが、それこそは今の日本人が一番學ぶ必要が無いと思つてゐる事だ」と、訪韓中に松原氏が繰返し語つてゐたのが忘れられない。なほ、歸國後に松原氏も產經新聞の書評欄で紹介した「射殺──朴大統領の死」（柴田穗著、サンケイ出版）が、丁度我々が訪韓した時期の韓國の狀況を克明かつ誠實に報じてゐる事を附記して置く。

　處で、私の訪韓ノートの中には、松原氏は言及してゐないが埋もれさせて仕舞ふのは惜しい逸話も記錄してあるので、折角の機會だから、それらを一二披露して置くとしよう。戒嚴令下のソウルで軍人や政治家や言論人と頻繁に會つてゐたからとて、我々はいつも眉根を顰めながら堅苦しい話ばかりをしてゐた譯ではない。松原氏も記してゐるやうに、四人で扶餘旅行をやつた時には笑ひの絶える暇が無かつたし、三十七年後の今になつても、つい思ひ出し笑ひをして仕舞ふやうな出來事も少くなかつたのである。

　まづは、我々二人がソウルのホテルに到着して、銘々の部屋に荷物を收め、松原氏の部屋で一服しつつ明日からの行動計畫について話し合つてゐた時の事である。突然、ノックの音がして、ドアを開けると、流暢な日本語を操る韓國人の男が入つて來た。交通公社からテレックスが入つたので御二人を空港まで御迎へに行つたが、殘念ながら會へなかつたと、何やら旅行會社關係の人間のやうな事を云ふ。が、まことしやかな前置きが濟むと、時に御二方に若い女性祕書などは如何であらうか、と切り出した。要するに「ポン引き」だつた譯だが、その時師匠は少しも騷がず、まあ、お坐りなさい、と云つて椅子に坐らせると、しかつめらしい顏で說教をやり出した。曰く、なるほどキーセン観光の爲に訪韓する日本人は少くないし、大韓航空の機中にもそれらしき團體を見かけたから、貴君が早とちりするのも無理は無いが、偉大な朴正熙大統領が殺されて以來、韓國の置かれてゐる嚴しい狀況を打開すべく必死で頑張つてゐる韓國人も少くない筈ではないか、とまあ、こんな具合にこんこんと說教する松原氏を見て、何處まで野暮な師匠かと、私はほとほと感に堪へたが、面白かつたのは「ポン引き」氏の反應であつて、次第に俯向きがちになりながら、松原氏の言葉に對して「解りました」を連發してゐたかと思ふと、その裡に自分の身の上話をやり出した。日本に留學したかつたが家が貧しくて望みが叶はず、今は色々な事をやつて三人の妹を養つてゐるといふ。そして最後に、さつき渡した名刺を返して欲しいと云ふと、何か困つた事があつたらいつでも聯絡して欲しいと云ひながら本當の住所氏名を書き殘して、倉皇《さうくわう》として退散した。因みに、彼の本名は私のノートにしつかり記錄してあつた。ソウル到着直後のこの珍事を思ひ出す度に、我々は二人で腹を抱へて笑つたが、「ポン引き」すら眞面目にならせる或る種の尋常ならざる雰圍氣が當時の韓國には確かにあつた。そして、上下の別無く、松原氏の野暮がその儘通じ得る國、それが當時の韓國であつた。

全斗煥將軍もさういふ野暮天の一人であつた事は松原氏が記してゐる通りだが、その將軍に晩餐會に招かれた日（昭和五十五年四月八日）は、午前に特戰團の訓練の見學、午後に第一師團及び第三トンネルの見學と續き、晩の七時に、指定された韓式料亭に車で連れて行かれた時には、私はもう疲勞困憊の極みだつたが、料亭の正門を入ると門の脇に濃い茂みがあつて、その暗がりの中に、警護の爲であらう、何人かの屈強さうな男達が潛んでゐるのが車窓越しにちらりと見えた。私の身心に緊張が走つた。晩餐會に同席した申相楚議員が後に話してくれた處によると、全將軍は料亭が頗る嚴重な警戒下に置かれてゐる事を酒席で噯氣《おくび》にも出さなかつたが、實は晩餐會の前に申議員に對して、松原教授達に氣取られないやう議員にも配慮を願ひたいと傳へて來てあつたのだといふ。實際、酒席の將軍は悠然と樂しさうに酒盃を傾けてゐたし、スコッチ・ウィスキーをストレートでぐいぐい呷つて少しも亂れぬ飲みつぷりだつたが、松原氏は當時はあまりアルコールを嗜まなかつたから、グラスの中身がさつぱり減らない。一方、私は行ける口だし、喉も乾いてゐたし、すぐにグラスが空になる。

將軍はそれに氣附いて、なぜか「ルー先生、ルー先生」と呼びかけながら、私のグラスにスコッチをどんどん注がせる。その裡に將軍が、男はやはり酒が飲めるのがいい、といふやうな事を云つたので、下戸の師匠を辯護しようとでも思つたか、酒が飲めるなんて大した事ではありません、と私が口走ると、傍にゐた師匠が「おいおい」と云つて私を制した。後になつて松原氏が、全斗煥に口答へするとは好い度胸だ、流石我が弟子と云つたが、なに、その日の疲勞も手傳つて、私はかなり酩酊して氣が大きくなつてゐただけの事に過ぎない。

　とまれ、十九日間はあつと云ふ間に過ぎ去り、申相楚議員から「韓國軍は大丈夫です。松原さんは日本の國防問題の方をしつかりやつて貰ひたい」と云はれて、我々は日本に戻つた譯だが、本文中にも記されてゐる通り、松原氏は全斗煥大統領の施策に「釋然としない」事があつたり、眞に「近くて近い國」同士となる方向にさつぱり動かぬ日韓關係に嫌氣が差したりもして、韓國を論ふ事は少くなり、その後は「眞劍勝負」を學びたがらぬ「平和惚け」の日本國の戰爭論、防衛論の出鱈目の成敗に專ら精力を傾注する事になる。本卷に收められた文章の大半がそれである。が、それらについて解説する前に、ここでどうしても紹介して置きたい一書がある。全斗煥・盧泰愚と續いた軍人出身政權が崩壞し、朴正熙大統領と激しく對立した金泳三・金大中といつた野黨指導者が政權を握り、その後、政權の保守革新の別無くなにかにつけて「反日ナショナリズム」を噴出させたがる近年の韓國の有樣を眺めてゐると、三十七年前に私が見た韓國と同じ國とは到底思ふ事が出來ない。朴正熙大統領は固より、今は亡き申相楚・鮮于煇の兩先輩を始め、我々の出會つた健全かつ見事な韓國人が眞劍に冀つてゐた方向とはまるで異る道を韓國が辿つてゐるとしか思へない、久しくそんな面白からざる氣持でゐた處、一昨年七月、産經新聞のコラムの中で黑田勝弘記者が「現代韓國ウオッチャーの草分け」だといふ田中明元拓殖大學教授の著書「韓國政治を透視する」（亞紀書房、平成四年刊）を取上げ、朴正熙政權時代が實は「韓國史における例外の時代」だつたとの著者の指摘を紹介してゐたので、私は早速取寄せて讀んでみて、文字通り目から鱗が落ちる思ひをした。それによれば、朴正熙大統領は韓國の近代化を推進すべく、「前近代的な遺風」に引摺られる「自民族と戰ひつづけたするゑ、壯烈な戰死を遂げた」指導者であり、近代化に逆行する「傳統政治への挑戰者」であつたが、他方、野黨指導者の金泳三や金大中達は、その心根は表向きの旗印たる「民主化の進展」などとはおよそ無縁で、實は「國造りのビジョンもなく、ひたすら權力鬪爭」に沒頭する舊弊固陋な「傳統政治の申し子」でしかなかつたといふ。そして、朴正熙の死と共に「例外の時代」は終焉し、李朝朝鮮時代から連綿と續く韓國の「通常」が復活した揚句、かつての「例外の時代」には「國造りにかけた韓國指導者の熱意が日本人にも通じ、それが日韓をつないでゐたが、韓國が成長したいまは、さういふ狀況も失せてしま」ひ、「批判精神を缺いた自己の全面的な肯定」に耽る近年の韓國は「かつて私を感動させた獨立韓國とはあまりにも違つて、私はただ呆然と眺めてゐるばかりである」との著者の慨嘆でこの本は結ばれてゐる。韓國の「通常」の問題性を剔抉する彼の筆致は嚴しいが、昨今流行の情緒的な「嫌韓・反韓」物の類とは到底同列に論じられない、眞摯な韓國硏究者ならではの好著であり、一讀を勸めるが、就中そこに指摘されてゐる、近代化や合理化を阻害する「朝鮮人のエトスの核心的な部分」、卽ち傳統的民族性の恐るべき威力といふ問題は、我々日本人にとつても決して他人事ではない。自國文化の宿命的な弱點を露ほども意識せず、「批判精神を缺いた自己の全面的な肯定」に耽る「保守派」知識人の狂態は、昨今、少しも珍しからぬ光景ではないか。とまれ、三十七年前、松原氏と私は韓國の「例外の時代」が終焉を迎へんとする、正にその最後の光芒を放つてゐた時代に際會してゐたのかもしれない。

二

昭和五十五年一月、朴正熙大統領が暗殺されて三箇月後、福田恆存は「孤獨の人、朴正熙」なる一文を雜誌「文藝春秋」に寄せたが、「それを讀んで心から感動した、韓國人は福田恆存に感謝せねばならない」と眞劍な表情で語る韓國の軍人や政治家にソウルで私達は何度か出會つた。その文章が收められた評論集「人間不在の防衞論議」が上梓された頃であつたらう、「あの本の題名は自分が師匠に勸めたんだ」と、何かの折に松原氏が私に洩らした事がある。なるほど、如何にも松原氏の好みさうな題名であつて、本卷に收められた戰爭論・防衞論の悉くが吾國に於ける防衞論議の「人間不在」なるがゆゑの欺瞞と不毛を剔抉し糾彈したものと云つてよい。本巻第一部には松原氏が昭和五十九年に單行本として刊行した戰爭論「戰爭は無くならない」の全文が收められてゐるが、そこで氏はプラトンやマキャヴェリやモンテーニュ等々西洋の天才達が敎へる「人間に關する眞理」、卽ち人間理性への信頼を徹底的に疑つてこそ知り得る動物にも等しい人間存在の在るが儘を見据ゑつつ、「自分よりも他人を十九倍も愛してゐるかの如き」綺麗事を書き綴る永井陽之助や大江健三郎等の、己が下半身の存在を忘卻した「男根不在」の文章の數々を粉碎してゐる。

だが、動物と變らぬ側面が人間にもある以上、人間理性への信頼は幾らでも疑つて然るべきである一方、斷じて「人間は犬畜生ではない」のであつて、「人間と動物との決定的な相違點」を忘れてはならぬとも松原氏は云ふ。シェイクスピアの描いた稀代の惡黨イアーゴーの臺詞が證してゐるやうに、人間である限り、「いかな惡黨もおのが行爲の正當・不當を氣にかけずにはゐられない」が、動物はそんな事は決してやらない。卽ち、動物と異り人間は「正義とは何か」を常に問はざるを得ず、何處迄も「正邪善惡を氣にかけずにはゐられない」存在なのだ。松原氏は書いてゐる。

動物は繩張を守るために戰ふに過ぎないが、人間は自國を守るために戰ふと同時に、その戰ひが正義の戰ひであるかどうかを常に氣にせずにはゐられない。これこそ動物と人間との決定的な相違點なのである。人間も動物も共に生殖器を有してゐる。けれども、人間は動物と異り、妙な言ひ方だが、男根の正しい用ゐ方を氣にせずにはゐられない。

そして、人間をして人間たらしめてゐるゆゑんが「正邪善惡を氣にかけ」る點にこそあるとすれば、正義が我にありと信ずる時、卽ちベルジャエフが「人間の運命」に書いてゐるやうに、人たる者が「一つの價値を選んで他の價値をすてる時」、己が信念を貫くべく時に他に對して「寛容な心を失ひ、冷酷となり（中略）、熱狂主義者となり、容易に暴力に訴へるやうになる」（野口啓祐譯）のも開闢以來の人間の現實に他ならない。松原氏は云ふ。

人間は正義を氣に掛けずにゐられない。それゆゑ戰爭は無くなる事がない。正義われにあると信ずる時、人間は頗る殘忍に振る舞ふ。宗教や代用宗教を信ずる事篤ければ、それだけ人は殘忍になる。おのが正義の蹂躙されんとする時、吾々は「道徳の支配の埒外に出る」のであり、「目的と一致すれば、狡猾、裏切、暴力、（中略）幽閉、殺人などのあらゆる手段に訴へることが是認される」と、ディートリッヒ司教も、スターリンも、ルターも信じたのである。つまり宗教やイデオロギーに對する獻身が人間を殘忍にする譯だが、「新潮國語辭典」の定義によれば、獻身とは「自己の利害を顧みずに力を盡くすこと」であつて、それを誰も好もしからざる事とは思はぬであらうから、聖戰もしくは正戰を根絶する事は到底不可能なのである。

これを要するに、人間が「正邪善惡の別を全く氣に懸けぬ動物に墮」する事でもない限り、卽ち人間が人間である事を止めぬ限り、未來永劫この世から戰爭は無くならないといふ事であつて、「全ての戰爭が正戰」であると松原氏が云ひ切るゆゑんに他ならない。氏は書いてゐる。

日本國の平和病撲滅のためには、（中略）國際社會において戰爭は今なほ犯罪と看做されてゐないといふ事實のみならず、なにゆゑ人間が戰爭を犯罪と看做さないのかといふ事について、眞劍に考へねばならないのである。

本卷第一部は正しく「人間が戰爭を犯罪と看做さない」ゆゑんについての「眞劍」かつ精緻なる考察の記録であり、國民の大多數が「平和はよい事に決つてゐ」ると信じて疑ふ事のない、久しく「平和病」を患ふこの日本國に於て、寡聞にして私は類書を知らない。何しろ松原氏の云ふやうに、「極言する自由だけは差控へ」る「知的怠惰」を言論界の特徴となす我が國に於ては、人間理性への信頼を徹底して疑ふ知的誠實も、「戰爭は惡事ではない、侵略戰爭すら惡事ではない」と云ひ切る知的勇氣も、共に藥にするほどもないからだ。例へばプラトンやマキャヴェリの教へる「人間に關する眞理」を知れば、國際社會が昔も今も「力が正義」の世界、「力が沒義道を正當化する」世界であるといふ「冷嚴なる事實を認めねばならぬ」し、さういふ過酷な「禽獸世界」（福澤諭吉）を日清日露この方必死で生き拔いて來た我々の先人達の「侵略の歷史を正當化することは行き過ぎでもなんでもない」と知らねばならぬ道理だが、何せ日本の言論人の特徴は「何事であれ、行き過ぎぬ」事にあるから、百年千年經つて變らぬ歴史の「冷嚴なる事實」を追究するどころか、「侵略戰爭は惡いから惡い、といふ女の論理」に惑溺して憚らない。福田恆存が日本を「僞善と感傷の國」と呼び、松原氏が日本の現代を「知的怠惰の時代」と評するゆゑんだが、氏が屢々口にするやうに、「知的怠惰は道義的怠惰」でもあつて、「平和病患者」たる今の日本人は「正邪善惡を氣にかけてこそ」犬畜生ならざる人間なのだといふ「人間に關する眞理」に「無知」だから、卽ち深刻な「知的怠惰」に蝕まれてゐるから、戰爭に巻込まれずして只管安穩に生き永らへる事ばかりが人間らしい生存だと信じて疑ふ事がない。要するに、ジョウゼフ・ヘラーの小説「キャッチ二十二」に出る、「生存を第一義とし正義を二の次三の次」として長生きする「百七歳の女郎屋の親方」よろしく生きてゐる。それゆゑ松原氏は云ふ。

　戰爭をやれなくなると人間は墮落する。正邪善惡よりも生命を尊重して、日本人は今、すつかり墮落してしまつた。

「知的怠惰は道義的怠惰」たるゆゑんだが、今の大方の日本人は己が「墮落」を墮落と意識してゐないから、「腐敗の時代」の頽廢を手放しで讃美する渡部昇一の破廉恥、卽ち「人間についての無知に基く沒道德的な白晝夢」に怖氣立つ事が無いし、或は又、生命至上主義の道德不在の非人間性をまるで理解してゐないから、「アメリカの庇護なくして自國の存立無し」との儼然たる現實が存在するにも拘らず、「生存を第一義とし正義を二の次三の次」にするといふ日本にしか通用しない「常識」を持上げて、「世界滅ぶとも正義行はるべし」と信じる西洋のそれを貶めたがる、森常治や筑紫哲也の夜郎自大、卽ち「西洋についての無知」の凄じさに呆れ返る事もない。

　けれども、松原氏が頻りに強調するやうに、「絶對者を後盾とする熱情、絶對者と張り合はうとする熱情」を有するがゆゑの、「正邪善惡」に飽迄も固執する「洋魂の凄まじさ」は、ベートーヴェンもブレイクもトルストイもドストエフスキーもニーチェも持合はせてゐたものだし、アルベール・カミュやE・M・シオランの様な西洋現代の知識人の文章が如實に示してゐる通り、西洋には今も脈々と生き續けてをり、それゆゑ、西洋の優れた知識人の著作を讀むと、「道徳上の重要な問題について徹底的に考へ」たがゆゑの、例へばシェストフがトルストイ論に於て指摘したやうな、「善には惡が必要である」といふ類の「道徳に關する逆説」や、ベルジャエフが「人間の運命」に於て指摘したやうな、「この世から殺人をなくすために、あへて人を殺さねばならない場合がある」といふ類の「道徳的難問」に我々は逢着する事になる譯だが、さういふ厄介な問題を吾國の防衞論議は實に簡單に素通りし、「道徳的難問を回避して、專らたわいのない太平樂に興」じたり、「國防に關する空疎なシナリオ」を書き綴つたりするばかりなのだ。防衞大學校長を勤め、防衞問題の權威と目された猪木正道にしても何ら例外ではない。本巻第二部に收められた「猪木正道氏に問ふ」に、松原氏はかう書いてゐる。

　三十年前も今も、猪木氏はおのが權力欲を一向に氣にしない。實生活においては、我々と同様、結構權力欲に驅られて行動する事もある筈だが、文章を綴る段になると、おのが權力欲には目を瞑り、とたんに空想的な道學先生になる。この手の空想家ほど始末の惡い存在は無い。それは計り知れない害毒を流す。おのがエゴイズムを抑へうる者はおのがエゴイズムに手を燒く者だけだといふ事を、すなはち有徳たらんと欲する者は、おのが不徳に思ひをいたす者だけだといふ事を、昨今人々は眞面目に考へようとせず、平和憲法護持を唱へればすなはち道徳的であるかのごとく思ひ込んでゐる（後略）。

おのが心中に惡魔を見ようとしない「空想的な道學先生」ほど、松原氏が一貫して唾棄して已まぬ存在は無い。その手の「空想」家の流す「害毒」に政治的立場の相違はない。全集第二巻「文學と政治主義」に於て、松原氏が大岡昇平や大江健三郎の僞善や欺瞞や破廉恥を「成れの果ての政治主義」と評して痛烈に批判した通りである。けれども、トマス・マンが云つたやうに、洋の東西を問はず、時の古今を問はず、「眞に道徳的なのは自己批判である」。おのが心中に惡魔を見る事である。「おのがエゴイズムに手を燒」き、「おのが不徳に思ひをいたす」事である。それが出來ない人間に「おのがエゴイズムを抑へ」られる譯がない。さうではないか。おのが心中に潛む惡魔を自覺しなかつたら、惡魔と挌闘する意思も生じよう筈が無い道理ではないか。松原氏は本巻第一部の「戰爭、道德、そして愛國心」と題する章に於て、淸水幾太郎の防衞論の「諾と否とのあひだの緊張」の缺如を咎めつつ、第二次大戰に於ける「非戰鬪員に對する爆擊」を批判したヴェラ・ブリテンを窘めるジョージ・オーウェルの次のやうな一文を引いてゐる。

若者の殺戮に限定されれば戰爭は「人道的」になり、老人まで殺される樣になれば「野蠻」になるとは、私は思はない。

戰爭を「制限」するための國際協定は、それを破棄して引合ふ時には決して守られる事が無い。（中略）戰爭とは野蠻なものなのである。それを認めたはうがよい。我々自身が野蠻人であるといふ事を認めれば、多少の向上が可能である。少くとも向上について考へる事が出來る樣になる。

「知的誠實」を宗とした、これはいかにもオーウェルらしい文章だが、「僞善と感傷の國」に於ては、かういふ優れて「道德的」な文章が物書きによつて書かれる事が殆ど無い。オーウェルの云ふやうに、戰爭が「野蠻なもの」であるのは人間たる「我々自身が野蠻人である」からだ。けれども、同時に、人間は「向上について考へ」られる存在でもある。詰りオーウェルは「野蠻人」たる事を自覺する己れと、「多少の向上の可能」性を意識する己れとの間の葛藤、卽ち「諾と否とのあひだの緊張」の裡に身を置いて文章を書いてゐる。本巻第二部の「朴大統領はなぜ殺されたか」に於て、松原氏は「ニューズウィーク」の韓國報道の淺薄な矛楯、卽ちその「意識せぬ自家撞着」を批判して、「意識された自家撞着だけがディアレクティークたりうる」と書いてゐるが、オーウェルはさういふ眞の「ディアレクティーク」をやつてゐる。然るに、「おのが不德に思ひをいたす」どころか、己が心中の惡魔の存在に目を瞑り、「平和憲法護持を唱へればすなはち道德的であるかのごとく思ひ込んでゐる」愚鈍にして輕佻浮薄な輩が罷り通る今の日本國に於ては、オーウェルの「道德的」な文章などは「猫に小判」、「豚に眞珠」の類でしかない。松原氏は本巻第一部の「善には惡が必要である」と題する章の冒頭にかう書いてゐる。

私はかつて伊藤仁齋について語つて、考へるといふ事は「對峙」するものの間の「往來通行」だと書いた事がある。人間は「考へる葦」であり、善と惡、美と醜、肯定と否定といつた「兩極の間を往來」して止まぬのだが、さういふ事が、知的に怠惰な知識人にはどうしても理解出來ぬものらしい。

だが、元祿時代の伊藤仁齋にまで遡らずとも、さういふ眞摯な「往來通行」が未だこの國に於て命脈を保つてゐた時代はある。さう遠い昔の事ではない。松原氏は大東亞戰爭時に南洋のビアク島で戰死した無名の一將校の「道義的にまこと見事な文章」を本卷第一部の最終章「『無魂洋才』の國」の最後に引用してゐる。『『自力でなさねばならぬ事』のみをなさざるをえぬ極限狀況に置かれて」、それを「渾身の力を籠めてなし、南海の孤島に陣沒した」若き將校の遺した手記だが、松原氏はそれを引いた後、「洋魂の凄じさについて、私は執拗に語つたが、私は唯の一度も和魂を貶めた事は無いのである」と結んでゐる。「和魂」無くして、「道義的にまこと見事な文章」もあり得ない。「無魂」の今、「知的怠惰」と「道義的怠惰」が跳梁跋扈するのは、してみれば至極當然の事なのである。

三

本卷第三部は元來「戰爭は何故無くならないのか」と題して平成十四年二月から十一月まで十回に亙つて「月曜評論」に連載されたものであり、全集第二卷第三部に收められた「政治好色花鳥風月」と題する連載評論と同樣、小林よしのりや福田和也や西部邁等々の「安つぽい言論」の數々を完膚無き迄に叩いてゐる。「アメリカべつたりで何が惡いか」、「死ぬる覺悟と安易に云ふな」、「團結と和合の微溫湯」、「作文の勉强をやり直せ」等の表題からも知れる通り、時流に媚び、徒らに勇ましがり、徒黨を組んで許し合ひ、平氣で惡文を書き毆る似非知識人達を、松原氏は「刀汚し」となるのも厭はず成敗してゐるのだが、その中に鏤《ちりば》められた、「われわれだけの文化を保守する事がいかに難事かを世人は痛感してゐない」とか、「平等思想は我々日本人になじまず、生き甲斐を與へない」とか、「名譽を重んじ、時に榮光を求めて戰ふ事は、個人にとつてと同様、國家にとつても必要」だとか、「おめず臆せず綺麗事を云ふのは人間の屑」であり、「綺麗事を云ひ續けてこの國はもう一度潰れるのである」とか、一々説明はしないけれども、いかにも松原氏らしい「反時代的」な激語を讀者は隨處に樂しむ事が出來るであらう。

　また、本卷第四部は昭和五十一年から平成十七年に至る迄の、卽ち松原氏の三十年に及ぶ本格的な評論活動の全部の時期の、防衞論・戰爭論・韓國論に關聯するものの、主として短文を現段階で集められる限り集めたものだが、それらはいづれも、「知的怠惰」と「道義的怠惰」に蝕まれた現代日本に於て世人が「自明の理」と看做して疑はぬあれこれを徹底的に疑ふ姿勢に貫かれてゐる。試みにこれまたその表題の幾つかを拾つてみるが、「北方領土は戻らない」、「許せない人間侮蔑」、「惡魔を見ない純情」、「人間は變らない」、「許し合ひ天國、日本」、「日本だけが正氣か」、「人命尊重でなにが國防か」、「平和屋はまだまだ稼げる」、「夜郎自大の金滿國」等々は、そつくりその儘今の日本の現實にも適用し得る。

　が、それは取りも直さず、三十年間、松原氏が口を酸くして何を云はうと、とどの詰りは何の驗《げん》もなかつたといふ憂鬱な事實を證してもゐる。昭和六十一年十月三日號の「月曜評論」に掲載された「何たる國家か」と題する一文に於て、松原氏は「苦き眞實を直視せずに理非曲直のけぢめに鈍感な風土に於ける言論の虛しさを私は痛感した」と嘆じてゐるが、全集第二卷の「解說」にも書いた通り、本卷全體もまた、自國の「風土」といふ最强の敵との格鬪といふ、「出來ない藝當」の實踐の稀有なる記錄以外の何ものでもない。

　處で、本卷第四部には、松原氏が二度目の韓國訪問を決意する切掛ともなつた「許し難い韓國蔑視」と題する一文も收められてゐるが、先述の通り、松原氏と私が十九日間に及ぶ頗る刺戟的な韓國滯在を樂しんだ後、日本に戻つてまもなく、勤め先の教員室ロビーで松原氏が私に、「しかし、つまらん國に戻つて來たもんだな」と吐き捨てるやうに語つた事がある。昭和五十五年四月二十六日附の産經新聞に掲載された「ぐうたら日本、わが祖國」（原題は「ぐうたら日本愛す」）によると、歸國した松原氏を待つてゐたのが氏の「書いた文章に對する一種の嫌がらせであつたため」、その「卑劣極まる人物もしくは組織と戰ふといふ、頗る非生産的な作業に忙殺されてゐる」とあつて、續けてから書かれてゐる。

今回の韓國滯在中、私はお國の缺點もかなり知つた積りですが、それでも、こちらが本氣になると必ず先方も本氣で應ずる韓國人の見事を、今回も私は、何よりも貴重に、かつ羨ましく思ひました。正々堂々と反論せず、搦め手からの嫌がらせしかやれず、またさういふ嫌がらせに頗る弱い日本の言論界の風潮を、私は日本人として甚だ情けなく思ひ、眞劍勝負の國から歸國したばかりだけに、腹立ちを抑へかねてをります。

申相楚議員への私信といふ形で綴られたこの一文からも窺へる通り、松原氏が終始冀ひ續けたのは、祖國日本こそが「眞劍勝負の國」、眞劍勝負ゆゑの眞摯な感動を味はへる國となる事であつて、さればこそ非常事態下の「本氣で應ずる韓國人の見事」を「何よりも貴重に、かつ羨ましく思」はざるを得なかつた譯だが、言論人として眞劍勝負を求め、「文人相輕んず」を實踐して已まなかつた松原氏は、本卷第一部にも記されてゐるやうに、「事あるごとに眞劍を振り廻す野暮天として嫌はれ」、世間を狹めざるを得なかつた。「つまらん國」たるゆゑんである。最後に、昭和五十三年八月五日附の產經新聞に掲載された、「栗栖支持は改憲支持」と題する短文の結びに松原氏が引いた森鷗外の文章を、ここにも引いて筆を擱くとしよう。「要スルニ世間ハマダノンキナルガ如ク被存候。多少血ヲ流ス位ノ事ガアツテ始テマジメニナルカト被存候」。

解題

I

第一部には、單行本「戰爭は無くならない」(地球社刊、昭和五十九年一月三十一日)の全篇を收めた。「後書」に記されてゐるやうに、「十三箇月もの長きに亙つてラヂオ日本で放送した」番組(「世相を斬る」)に於て語られた內容が土臺となつてをり、最後の一章のみが書下しである。著者の本格的な戰爭本質論であり、今回全集に收錄するにあたり、著者が一部加筆修正を行つた。

人間は犬畜生ではない
生存が至高の價値か
正義は相對的である
侵略戰爭は惡事か
力が正義なのか
善には惡が必要である
モラトリアム惚けの防衛論議
戰爭、道德、そして愛國心
＊「戰爭、道德、愛國心」の題名にて「改革者」に掲載。昭和五十八年七月號、第二十四卷第四號、通卷第二百八十號、民主社會主義研究會議刊、昭和五十八年七月一日。
「無魂洋才」の國
後書

II

第二部には、昭和五十年代に書かれた、主として防衛論・日韓關係論に關聯する雜誌論文を收めた。單行本未收錄の文章一篇の他、「知的怠惰の時代」(PHP研究所刊、昭和五十五年七月三十一日)より二篇、「道義不在の時代」(ダイヤモンド社刊、昭和五十七年三月十八日)より五篇を收めた。今回全集に收錄するにあたり、著者が一部加筆修正を行つた。

二つの正義——力と數のバランス
＊「正論」、昭和五十一年十一月號、通卷第三十四號、サンケイ出版刊、昭和五十一年十一月一日。

「親韓派」知識人に問ふ

＊「知的怠惰の時代」に收錄。

＊『親韓』派知識人に問ふ」の題名にて「中央公論」に掲載。昭和五十五年四月號、第一一一八號、中央公論社刊、昭和五十五年四月一日。

朴大統領はなぜ殺されたか

＊「知的怠惰の時代」に收錄。

＊「誰が朴大統領を殺したか」の題名にて「VOICE」に掲載。昭和五十五年四月號、第二十八號、ＰＨＰ研究所刊、昭和五十五年四月一日。

全斗煥將軍の事など

＊「道義不在の時代」に收錄。

＊「全斗煥將軍と會つて考へたこと」の題名にて「中央公論」に掲載。昭和五十五年七月號、第一一二三號、昭和五十五年七月一日。

反韓派知識人に問ふ

＊「道義不在の時代」に收錄。

＊「VOICE」、昭和五十六年三月號、第三十九號、昭和五十六年三月一日。

〈對談〉日本にとつての韓國、なぜ「近くて遠い國」か

＊「道義不在の時代」に收錄。

＊「なぜ『近くて遠い國』か」の題名にて「月曜評論」に掲載。第五六七號および第五六八號、月曜評論社發行、昭和五十六年十二月七日および十二月十四日。

道義不在の防衛論を糾す

＊「道義不在の時代」に收錄。

＊「VOICE」、昭和五十六年十一月號、第四十七號、昭和五十六年十一月一日。

猪木正道氏に問ふ——現實的保守主義者か、空想的共產主義者か

＊「道義不在の時代」に收錄。

＊「人と日本」、昭和五十六年十二月號、第十四卷十二號、行政通信社刊、昭和五十六年十二月一日。

Ⅲ

第三部には、ミニコミ誌「月曜評論」に平成十四年二月より十一月まで連載されたコラム「戰爭は何故無くならないのか」を掲載順に收めた。最後の回の文章に記されてゐるやうに、當初は平成に於ける新たな戰爭論を意圖して始められた連載であつたが、十回で中斷されて終つてゐる。今回全集に收錄するにあたり、著者が一部加筆修正を行つた。

アメリカ「べつたり」で何が惡いか――戰爭は何故無くならないのか一
＊「月曜評論」、平成十四年二月號、月刊第二十六號、通卷第一四三七號、平成十四年二月十八日。

政治が緩褌の生き甲斐――戰爭は何故無くならないのか二
＊「月曜評論」、平成十四年三月號、月刊第二十七號、通卷第一四三八號、平成十四年三月十八日。

徒黨を組んでやる事やれぬ事――戰爭は何故無くならないのか三
＊「月曜評論」、平成十四年四月號、月刊第二十八號、通卷第一四三九號、平成十四年四月十五日。

死ぬる覺悟と安易に云ふな――戰爭は何故無くならないのか四
＊「月曜評論」、平成十四年五月號、月刊第二十九號、通卷第一四四〇號、平成十四年五月二十日。

中國に强姦された知的怠惰の國――戰爭は何故無くならないのか五
＊「月曜評論」、平成十四年六月號、月刊第三十號、通卷第一四四一號、平成十四年六月十七日。

團結と和合の微溫湯――戰爭は何故無くならないのか六
＊「月曜評論」、平成十四年七月號、月刊第三十一號、通卷第一四四二號、平成十四年七月十五日。

政治は高々政治である――戰爭は何故無くならないのか七
＊「月曜評論」、平成十四年八月號、月刊第三十二號、通卷第一四四三號、平成十四年八月十九日。

作文の勉强をやり直せ――戰爭は何故無くならないのか八
＊「月曜評論」、平成十四年九月號、月刊第三十三號、通卷第一四四四號、平成十四年九月十六日。

アメリカを孤立させるな――戰爭は何故無くならないのか九
＊「月曜評論」、平成十四年十月號、月刊第三十四號、通卷第一四四五號、平成十四年十月二十一日。

美少女泣けば一面トップ――戰爭は何故無くならないのか十
＊「月曜評論」、平成十四年十一月號、月刊第三十五號、通卷第一四四六號、平成十四年十一月十八日。

Ⅳ

第四部には、昭和五十一年から平成十七年に至るまでの、卽ち著者の三十年に及ぶ本格的な評論活動の最初の時期から最後の時期に至るまでの、防衞論・戰爭論・日韓關係論に關聯するものの中から、主として短文を收めた。なほ、掲載時期が正確に把握出來ない文章も幾つかあるが、それらについては、内容から推定される時期等に基いて掲載順を決定した。今回全集に收録するに當り、著者が一部加筆修正を行つた。

敵の所在
＊「暖簾に腕押し」に收錄。地球社刊、昭和五十八年二月十日。
＊初出紙誌不明、昭和五十一年。
ぐうたらに神風
＊「暖簾に腕押し」に收錄。
＊初出紙誌不明、昭和五十一年。
從屬のすすめ
＊「續・暖簾に腕押し」に收錄。地球社刊、昭和六十年八月二十六日。
＊「正論」、昭和五十一年十月號、通卷第三十三號、昭和五十一年十月一日。
韓國の安全と日本の安全
＊「言論人」、第三二七號、言論人懇話會刊、昭和五十一年十二月十五日。
北方領土は戻らない
＊「續・暖簾に腕押し」に收錄。
＊「言論人」、第三四五號、昭和五十二年　六月十五日。
＊原文の最後の約三分の一は、本卷第一部にほぼ重複する部分があるため、今回全集に收錄するにあたり削除した。

拜啓ブレジネフ閣下
＊「諸君！」、昭和五十二年七月號、文藝春秋刊、昭和五十二年七月一日。
ソルジェニーツィンと金炯旭
＊「暖簾に腕押し」に收錄。
＊「月曜評論」、第三五一號、昭和五十二年十月十七日。
許せない人間侮蔑
＊「知的怠惰の時代」に收錄。
＊「サンケイ」、產業經濟新聞社發行、昭和五十二年十月二十五日附。
放言と事なかれ主義
＊「暖簾に腕押し」に收錄。
＊「月曜評論」、第三五五號、昭和五十二年十一月十四日。
平和惚けの日本人
＊「暖簾に腕押し」に收錄。
＊「月曜評論」、第三五七號、昭和五十二年十一月二十八日。
西ドイツの嚴しい顏
＊「續・暖簾に腕押し」に收錄。
＊初出紙誌不明、昭和五十二年十二月一日。
日本株式會社の倒產
＊「暖簾に腕押し」に收錄。

＊「月曜評論」、第三五九號、昭和五十二年十二月十二日。

自由世界に迎合すべし

＊「暖簾に腕押し」に收錄。

＊「月曜評論」、第三六一・三六二合併號、昭和五十二年十二月二十六日・昭和五十三年一月二日。

「ちよつとキザ」な文章

＊「知的怠惰の時代」に收錄。

＊『甘い文章』を排す」の題名にて「サンケイ」に掲載。

昭和五十三年二月十八日附。

相互理解の迷夢

＊「知的怠惰の時代」に收錄。

＊「〝相互理解〟の迷夢」の題名にて「サンケイ」に掲載。

昭和五十三年四月二十九日附。

思考の徹底を望む

＊「知的怠惰の時代」に收錄。

＊「サンケイ」、昭和五十三年五月十三日附。

時に惡魔たるべし

＊「知的怠惰の時代」に收錄。

＊「サンケイ」、昭和五十三年七月八日附。

栗栖支持は改憲支持

＊「知的怠惰の時代」に收錄。

＊「サンケイ」、昭和五十三年八月五日附。

文民統制も虚構

＊「知的怠惰の時代」に收錄。

＊「文民統制こそ虚構」の題名にて「サンケイ」に掲載。

昭和五十三年八月十九日附。

平和憲法もまた虚構

＊「知的怠惰の時代」に收錄。

＊「平和憲法こそ虚構」の題名にて「サンケイ」に掲載。

昭和五十三年九月二日附。

中國に何を學ぶか

＊「知的怠惰の時代」に收錄。

＊「サンケイ」、昭和五十三年九月十六日附。

惡魔を見ない純情

＊「知的怠惰の時代」に收錄。

＊「嚴しくものを見よ」の題名にて「サンケイ」に掲載。

昭和五十三年十一月十日附。

社會黨だけを嗤ふ片手落ち

＊「續・暖簾に腕押し」に收錄。

＊「社會黨だけを嗤へない」の題名にて「月曜評論」に掲載。第四〇八號、昭和五十三年十一月二十日。

日本人の情緒的反應

＊「續・暖簾に腕押し」に收錄。
＊「言論人」、第三九八號、昭和五十三年十二月五日。

憲法は諸惡の根源

＊「憲法は『諸惡の根源』」の題名にて「續・暖簾に腕押し」に收錄。
＊初出紙誌不明、昭和五十三年。

世界有數の長壽國

＊「知的怠惰の時代」に收錄。
＊「サンケイ」、昭和五十四年三月三日附。

人間は變らない

＊「暖簾に腕押し」に收錄。
＊初出紙誌不明、昭和五十四年三月。

人間不在の國防論議

＊「月曜評論」、第四四六號、昭和五十四年八月十三日。

昨今、合點がゆかぬ事ども

＊「暖簾に腕押し」に收錄。
＊「經濟論壇」、昭和五十四年十一月號、經濟論壇社、昭和五十四年十一月一日。

許し難い韓國蔑視

＊「暖簾に腕押し」に收錄。
＊「サンケイ」、昭和五十四年十二月二十二日附。

戰爭は無くならぬ

＊「暖簾に腕押し」に收錄。
＊「サンケイ」、昭和五十五年一月十九日附。

まさに「立憲亡國」

＊「暖簾に腕押し」に收錄。
＊「まさに〝立憲亡國〟」の題名にて「サンケイ」に掲載。昭和五十五年二月二日附。

他人を嗤ふ前に

＊「暖簾に腕押し」に收錄。
＊「他人をわらふ前に」の題名にて「サンケイ」に掲載。昭和五十五年二月十六日附。

ぐうたら日本、わが祖國

＊「暖簾に腕押し」に收錄。
＊「ぐうたら日本愛す」の題名にて「サンケイ」に掲載。昭和五十五年四月二十六日附。

見事なり、全斗煥

＊「暖簾に腕押し」に收錄。
＊「サンケイ」、昭和五十五年六月十四日附。

柴田穗著「射殺」――精力的な取材と推理

＊「サンケイ」、昭和五十五年六月二十三日附。

他人の痛さを知れ

＊「暖簾に腕押し」に收錄。
＊「サンケイ」、昭和五十五年七月二十六日附。

韓國相手の寄生蟲

＊「暖簾に腕押し」に收錄。
＊「サンケイ」、昭和五十五年九月二十七日附。

本氣の內政干渉か

＊「暖簾に腕押し」に收錄。
＊「サンケイ」、昭和五十五年十二月六日附。

善なりや戰爭拋棄

＊「善なりや戰爭放棄」の題名にて「暖簾に腕押し」に收錄。
＊「サンケイ」、昭和五十六年二月二十八日附。

他人を責めぬ風潮

＊「暖簾に腕押し」に收錄。
＊「サンケイ」、昭和五十六年四月二十五日附。

筋道よりも和を重視

＊「暖簾に腕押し」に收錄。
＊「筋道忘れ和を重視」の題名にて「サンケイ」に掲載。
昭和五十六年六月六日附。

淺薄極まる法意識

＊「暖簾に腕押し」に收錄。
＊「サンケイ」、昭和五十六年八月二十二日附。

言論か暴力か

＊「暖簾に腕押し」に收錄。
＊「月曜評論」、第五五八號、昭和五十六年十月五日。
＊奧原唯弘、他著「猪木正道の大敗北——ソ聯を愛し續けた前防大校長の〝言論抑壓裁判〟の眞相」（日新報道出版部刊、昭和五十八年七月二十日）にも收錄。

今や年貢の納め時

＊「暖簾に腕押し」に收錄。
＊「サンケイ」、昭和五十六年十一月七日附。

後の世をこそ恐るべし

＊「暖簾に腕押し」に收錄。
＊「後の世を恐るべし」の題名にて「サンケイ」に掲載。
昭和五十七年二月六日附。

高木は風に折らる

＊「暖簾に腕押し」に收錄。
＊「サンケイ」、昭和五十七年三月二十日附。

內村剛介氏と片桐機長

＊「暖簾に腕押し」に收錄。
＊「言論春秋」、中外ニュース社刊、昭和五十七年三月二十一日。

許し合ひ天國、日本

＊「暖簾に腕押し」に收錄。
＊「許し合ひ天國日本」の題名にて「サンケイ」に揭載。
昭和五十七年四月十七日附。

英國に學ぶは難し
＊「暖簾に腕押し」に收錄。
＊「サンケイ」、昭和五十七年五月二十九日附。

眞の隣人なら迎合するな
＊「續・暖簾に腕押し」に收錄。
＊初出紙誌不明、昭和五十七年六月一日。

日本だけが正氣か
＊「暖簾に腕押し」に收錄。
＊「サンケイ」、昭和五十七年六月十二日附。

韓國民に訴へる
＊「暖簾に腕押し」に收錄。
＊「韓國民に訴へたい」の題名にて「サンケイ」に揭載。
昭和五十七年八月二十一日附。

被虐症こそ日本病
＊「暖簾に腕押し」に收錄。
＊「サンケイ」、昭和五十七年九月四日附。

許し難き開き直り
＊「暖簾に腕押し」に收錄。
＊「サンケイ」、昭和五十七年九月十八日附。

道化はやはり道化
＊「暖簾に腕押し」に收錄。
＊「サンケイ」、昭和五十七年十月十六日附。

タブーが破れる時
＊「續・暖簾に腕押し」に收錄。
＊「サンケイ」、昭和五十八年一月二十九日附。

反ソを標榜する安直
＊「續・暖簾に腕押し」に收錄。
＊「月曜評論」、第六四二號、昭和五十八年五月十六日。

人命尊重でなにが國防か
＊「人命重視で何が國防か」の題名にて「月曜評論」に揭載。第六四五號、昭和五十八年六月六日。

不可解なる事ども
＊「續・暖簾に腕押し」に收錄。
＊「サンケイ」、昭和五十八年九月十日附。

人命尊重の大合唱
＊「續・暖簾に腕押し」に收錄。
＊「サンケイ」、昭和五十八年十月一日附。

平和屋はまだまだ稼げる
＊「續・暖簾に腕押し」に收錄。

夜郎自大の金滿國
＊「月曜評論」、第八五八號、昭和六十二年七月六日。
「律儀」を信じる岸信介を尊敬する
＊「Rentier」霜月、第一巻第一〇號、角川春樹事務所刊、平成十七年十一月一日。

阿部敬子
島森尚子

＊「月曜評論」、第六六四號、昭和五十八年十月十七日。
頭の上の蠅を追へ
＊「續・暖簾に腕押し」に収錄。
＊「月曜評論」、第六六七號、昭和五十八年十一月七日。
いとをかし　猿の尻笑ひ
＊「月曜評論」、第六八七號、昭和五十九年三月二十六日。
馬鹿の眞似は難し
＊「續・暖簾に腕押し」に收錄。
＊「サンケイ」、昭和五十九年六月九日附。
「核狀況」下の茶番狂言
＊「月曜評論」、第七〇八・九號、昭和五十九年八月二十日・二十七日。
永井陽之助氏の眞つ赤な嘘
＊「月曜評論」、第七八三號、昭和六十一年一月二十七日。
何たる國家か
＊「月曜評論」、第八二〇號、昭和六十一年十月十三日。
ウォルフレン問題
＊『「ウォルフレン」問題』の題名にて「月曜評論」に掲載。第八五二號、昭和六十二年五月二十五日。
いづれ誰かが「非國民」
＊「月曜評論」、第八五六號、昭和六十二年六月二十二日。

追悼　松原正先生

去る四月初旬、松原先生が餘命一二箇月の末期肝臟癌と診斷され入院されたとの知らせを奥樣から頂戴して、私は驚いて寓居のある仙臺から急遽御茶ノ水の病院に驅けつけた。先生は態々ベッドから車椅子に移つて迎へて下さつたが、口は殆ど開かれなかつた。暫く奥樣と話をしたりしてゐる裡に、先生にやや御疲れの樣子が見えたので、ベッドに戻つて頂き、名殘り惜しかつたが御暇乞ひをしようとすると、先生が横になつた姿勢の儘で、やにはに兩腕を大きく廣げて私の方に差伸べられた。先生の手を握つて、「先生、頑張つて下さいよ」と申上げると、先生は默つて靜かに頷かれた。私の見た先生の生前最後の姿であつた。

「言論は虚しい」、晩年が近づくにつれて、先生はよくさう仰り、文章にも書かれるやうになつた。先生が長年師事された福田恆存もさうである。この御二人のやうな見事な本物の知識人が言論の虚しさを揃つて託たねばならぬといふ事の甚だ深刻な意味合を、世人はどう考へてゐるのであらうか。抑々それを自覺してさへゐないのではあるまいか。先生が亡くなられてからといふもの、私は頻りにそんな事を考へてゐる。所詮この國では言論は虚しいのか。知は力たり得ないのか。

福田恆存も松原先生も森鷗外の所謂「二本足の學者」であつた。「東洋の文化と西洋の文化とが落ち合つて渦を巻いてゐる」近代日本に於て、「東西兩洋の文化を、一本づつの足で蹈まへて立つ」べく眞摯に努めた知識人であつた。現在刊行を急いでゐる松原正全集第三卷第一部「戰爭は無くならない」は、「二本足の學者」たる松原先生の正に面目躍如たる論攷だが、それは無論「戰爭は無くならない」に限つた事ではない。既刊の全集第一卷「この世が舞臺」を繙いても、第二卷「文學と政治主義」を繙いても、先生の「洋魂」への本質的理解と「和魂」への眞率な愛情とが、「二本足の學者」ならではの强靭な二元論のディアレクティークとなつて表出せられる有樣を讀者は隨處に見出すであらう。

福田恆存は西洋文學の翻譯といふ「文化的・平和的略奪行爲」を最後まで諦めようとせず、松原先生はそれに早く見切りをつけられ、さういふ點、「洋學の果實の輸入」(鷗外)の問題について師弟に樂觀悲觀の違ひはあつた。だが、「二本足の學者」を必要とせざるを得ぬ吾國の根本狀況、近代日本の最も深刻な宿命の認識に於て何ら本質的な違ひはなかつた。そして、かつては鷗外のみならず、漱石や荷風のやうな優れた先達もそれを痛切に自覺してゐた。

「西洋を怖がらないやうになつてから日本は駄目になつた」と、いつぞや先生は私に云はれた。「洋魂」の何たるかを辨へぬ夜郎自大、卽ち昨今の浮薄な「一本足」の跳梁を先生は最後まで憂いてをられた。しかし、鷗外が夙に喝破したやうに、日本には「二本足の學者が容易に出て來」ず、「一本足同士が、相變らず葛藤を起したり、衝突し合つたりしてゐる」といふのが、明治の昔から平成の今に至る迄、相も變らぬ吾國の情けない現實なのであつて、「二本足」の知的緊張の厄介に耐へ得ず、「一本足」の知的怠惰の安逸に逃避したがる、宿痾とも云ふべき脆弱な國民性が克服されぬ限り、未來永劫、「二本足の學者」たらんとする者は言論の虛しさを託たざるを得ぬであらう。

だが、松原先生は「二本足の學者」の壯絕な格鬪の跡を遺して逝かれた。種子は撒かれてゐるのだ。それを少しでも成長させる爲に、先生の著作が一人でも多くの讀者に、取分け若い讀者に讀まれる事を私は願つて已まない。

(「時事評論石川」平成二十八年七月二十日號)

留守晴夫

ワ行

ラ行

ヤ行

マ行

ハ行

ナ行

タ行

サ行

カ行

索　引

＊韓國、中國の人名については、漢字音讀みの五十音順にした。
＊本文中に示されてゐない場合、適宜、執筆當時もしくは終焉時の肩書を附した。

ア行

著者略歴

松原正（まつばら　ただし）昭和四年、東京都生。
昭和二十七年、早稲田大學第一文學部卒業。
早稲田大學文學部名譽教授（英米演劇）
平成二十八年、沒。

著書

「知的怠惰の時代」（ＰＨＰ研究所・絶版）
「道義不在の時代」（ダイヤモンド社・絶版）
「人間通になる讀書術」（徳間書店）
「暖簾に腕押し」（地球社）
「續・暖簾に腕押し」（地球社）
「戰爭は無くならない」（地球社）
「自衛隊よ胸を張れ」（地球社）
「天皇を戴く商人國家」（地球社）
「我々だけの自衛隊」（展轉社）
「文學と政治主義」（地球社）
「夏目漱石　上」（地球社）
「夏目漱石　中」（地球社）
松原正全集第一巻
「この世が舞臺　増補版」（圭書房）
松原正全集第二巻
「文學と政治主義」（圭書房）

松原正全集　第三巻
戰爭は無くならない
平成二十九年二月一日初版第一刷發行
令和三年五月二十八日初版第二刷發行
著　者　松原正
發行所　圭書房
〒九八一・三三二五 仙臺市泉區福岡字岳山七—八九
電　話（〇二二）三七九—〇三二三
ＦＡＸ（〇二二）七七四—一九二五
E-mail oizaka@yahoo.co.jp
装幀・本文組　葉yo
印刷・製本　笹氣出版印刷（株）
ISBN978-4-9904811-5-5

ビリー・バッド　ハーマン・メルヴィル著　留守晴夫譯

「こんな素晴しい物語は讀んだ事がない。ああ、こんな作品が書ければよかつた」と、死期を眞近に控へたトマス・マンをして叫ばしめた、アメリカ最大の作家ハーマン・メルヴィル最後の傑作の新譯。

好評既刊　定價　千六百二十圓（税込）
電子書籍・キンドル版　定價　千二百圓（税込）

バートルビー／ベニト・セレノ　ハーマン・メルヴィル著　留守晴夫譯

大作「モービー・ディック」の作者メルヴィルは、優れた中短篇小説の書き手でもあつた。ニューヨークの若き代書人の謎めいた生涯を通して、神無き虚無の世界に於ける人たる者としての生き方を追究した「バートルビー」、黑人奴隸に乘つ取られたスペインの奴隸運搬船を舞臺に、いつの世にも變らぬ人間性の深淵を剔抉して、樂天的な人間觀を痛烈に批判した「ベニト・セレノ」。メルヴィルの代表的中篇小説二篇を正統表記の新譯で送る。

好評既刊　定價　千七百二十八圓（税込）

南北戰爭の遺產　ロバート・ペン・ウォーレン著　留守晴夫譯

今から約半世紀前の千九百六十一年、アメリカは南北戰爭勃發百周年に沸いたが、その喧噪の中から生れた「最も理知的な評言」と評されるのが、二十世紀アメリカ文學を代表する一人、ロバート・ペン・ウォーレンによる「南北戰爭の遺產」である。小册ながら、南北戰爭が今日のアメリカを形作つた所以、今なほアメリカ人の心を強く惹きつけて已まぬ理由、戰爭や歷史や文化の普遍的本質等々について、教へられる處の頗る多い名著である。

詳細な解說、豐富な寫眞と圖版、年表や索引を附して、讀者の便宜を圖つた。

好評既刊　定價　千九百四十四圓（稅込）

松原正全集　第一回配本、第一卷「この世が舞臺 增補版」　解說＝大島一彥

私は人生の諸問題に關する卽效性のある忠告といふものを信じない。それらはいづれも「愚者の蜜」だからである。けれども、吾々は駄本だけではなく名著をも讀む。では名著を讀む事にはいかなる效用があるのだらうか。大風呂敷は廣げまい。「愚者の蜜」に騙されなくなるといふ事である。「古典」とか「名著」とか稱せられる作品は、天才や賢人の眞劍な思索の結晶であり、それとじつくり附合へば、吾々はこの世に充滿してゐる噓八百を見拔けるやうになる。それは素晴しい事ではないか。

（「プロローグ」）より

好評既刊　定價　二千九百十六圓（稅込）

松原正全集　第二回配本、第二卷「文學と政治主義」　解說＝留守晴夫

批評とは作品の善し惡しを論ふ事であつて、惡しと判定すれば、それを包まず正直に語るのが批評家の責務である。それゆゑ、大岡昇平や三島由紀夫や大江健三郎の缺陷を論つて私は手加減をしなかつたし、江藤淳、西尾幹二その他、ぐうたら批評家をも齒に衣著せずに成敗したが、同じく政治主義ゆゑの勘違ひを指摘しながらも、二葉亭四迷や芥川龍之介について語るのは遙かに樂しい仕事であつた。

（「後書」）より

好評既刊　定價　三千二百四十圓（稅込）

圭書房の本

賢者の毒　　留守晴夫著

心中に惡魔を見、鬼を見た、古今東西の作家達の「心と心との格鬪」の跡を。

「自らの裡に悲しみよりも喜びを多く持つ人間は眞實ではあり得ない、もしくは未發達だ」とメルヴィルは「白鯨」に書いたが、ヘミングウェイもさう信じた。……彼は名作「老人と海」に於て、何物にも打負かされぬ人間の無私のストイシズムの見事を描くが、それは人間の悲哀を知悉した男の、人間肯定への眞摯な祈り以外の何物でもなかつた。（本文より）

一葉自身も誇り高い士族の娘だつたから、貧窮と辛勞の生活の中で「隨分胸の燃える」思ひをした。一葉の「文は血や汗や涙の化けた」ものだと露伴の云つた所以だが、さういふ一葉自身の生々しい胸奥の「消息を傳へる」ものとして、「一葉日記」をぜひ薦めたい。……己が「神聖なるもの」と眞摯に向合ふ二十三四歳の娘の肺腑を絞る名文に讀者は瞠目せざるを得ないであらう。（本文より）

好評既刊　　定價　二千九十圓（税込）